1975—1982年

1982—1988年

1988—2001年

2001—2004年

2004年以来

首任所长（1975.10—1979.8）
于光远

第二任所长（1979.9—1982.12）
薛暮桥

第三任所长（1983.1—1984.8）
柳随年

第四任所长（1984.9—1987.3）
桂世镛

第五任所长（1987.4—1992.3）
王积业

第六任所长（1992.4—1995.9）
周才裕

第七任所长（1995.10—1998.5）
王永治

第八任所长（1998.6—1999.8）
刘福垣

第九任所长（1999.9—2007.12）
陈东琪

第十任所长（2008.1—2014.8）
刘树杰

第十一任所长（2014.9至今）
宋　立

1986年 月坛北小街2号院3号楼部分同志合影留念

1995年 所庆20周年部分同志合影留念

2008年 社会所分立前合影留念

2015年 五四青年节部分同志合影留念

观大势 谋大局 出大策

国家发展和改革委员会
经济研究所
获奖成果集
1975—2015

国家发展和改革委员会经济研究所　编著

中国计划出版社

图书在版编目（CIP）数据

观大势 谋大局 出大策：国家发展和改革委员会经济研究所获奖成果集：1975—2015/国家发展和改革委员会经济研究所编著. —北京：中国计划出版社，2015.9
ISBN 978-7-5182-0222-5

Ⅰ.①观… Ⅱ.①国… Ⅲ.①经济－文集 Ⅳ.①F－53

中国版本图书馆 CIP 数据核字（2015）第 191474 号

观大势 谋大局 出大策
国家发展和改革委员会经济研究所获奖成果集
（1975—2015）
国家发展和改革委员会经济研究所 编著

中国计划出版社出版
网址：www. jhpress. com
地址：北京市西城区木樨地北里甲 11 号国宏大厦 C 座 3 层
邮政编码：100038 电话：（010）63906433（发行部）
新华书店北京发行所发行
北京京华虎彩印刷有限公司印刷

787mm × 1092mm 1/16 32. 5 印张 606 千字
2015 年 9 月第 1 版 2015 年 9 月第 1 次印刷

ISBN 978-7-5182-0222-5
定价：88. 00 元

序　言

国家发展和改革委员会经济研究所成立于1975年9月，前身为国务院工资理论小组。该小组是1975年初邓小平同志复出后主持中央日常工作期间，着手进行全面整顿，纠正极左经济理论观点，为解决多年遗留的工资问题而成立的，是小平同志的一个理论参谋部。后来，由于历史原因，国务院工资理论小组被迫停止，为了保存这支好不容易集中起来的研究力量，在时任国务院副总理李先念同志的直接关心下，着手筹建了新中国成立后的第一个国家级综合性经济研究所——国家计划委员会经济研究所。成立之初，我国十年文革浩劫接近尾声，经济所成为老专家从“牛棚”回到科研岗位的中转站，国内一批知名经济学者汇聚于此，成为中国经济理论与政策研究的溯源地。后几经变革，最终将研究方向确定为中长期经济发展战略规划、宏观经济管理和经济体制改革等领域。

自成立以来，经济所紧密结合党中央、国务院以及发展改革委的决策需要，紧扣中国改革开放发展的时代脉搏，针对各个时期的热点、难点和重点问题进行了前瞻性、战略性研究。薛暮桥等完成的著作《中国社会主义经济问题》，原经济史研究室完成的新中国第一部经济发展史——《中国社会主义经济简史》等，在国内外具有重大影响。王积业等提出的“国家调节市场、市场引导企业”重要论断，王建提出的“国际大循环”战略思想，刘福垣提出的“以人为本、以中为重、全方位开放”新发展观，陈东琪等提出的财政货币“双稳健”调控理念，被中央宏观决策采纳或参考，产生了广泛社会影响。近期完成的《面向2020年的我国经济发展战略研究》被党的十八大报告起草组作为参考资料，并获得国家发展和改革委员会优秀研究成果一等奖。在40年的发展历程中，经济所始终走在经济理论与政策研究的前列，成为我国宏观经济形势分析的发源地、国家产业政策研究的孵化器、国有企业与中小企业发展政策研究的主阵地、政府调控与竞争政策研究的主力军。建所以来，经济所多次获得国家科学技术进步奖，1994年获第23届国际管理学界最高奖——国际管理科学弗朗兹·艾德曼奖，是迄今为止我国内地唯一获此奖励单位，并获得部委级奖励40余项，涵盖了经济社会发展战略与规划、农业发展政策、财政货币政策、国有经济与企业改革发展等研究领域，本书就收录了其中的部分优秀成果。

经济所走过的40年历程，是积极探索、奋力拼搏的40年，是硕果累累、成绩非凡的40年，是为我国改革开放事业做出重大贡献的40年。四十而不惑，经济所历经波折，不仅为中国改革开放事业做出了重要贡献，而且探索出了可以发扬光大、可资借鉴的办所经验和方法。一是坚持观大势、谋大局、出大策的办所方针，始终把为党中央决策和委中心工作服务放在首位，集中优势资源研究关乎国民经济社会发展的重大问题，产生了一系列理论水平高、应用价值大、社会影响广的成果。二是坚持理论与政策并举的研究导向，既注重开展前沿理论研究，又注重围绕重大问题、重大战略、重大改革和重大政策开展应用研究，实现政策研究引领理论研究、理论研究支撑政策研究。三是坚持人才培养和团队建设的工作重心，注重人才梯队建设，为青年科研人员搭架子、压担子，让科研骨干走上台、唱主角，涌现了一批具有决策影响力和社会影响力的领军人才，打造出具有战斗力和富有创新力的科研团队。四是坚持制度和文化建设并重的管理理念，积极构建符合智库运行规律、适应经济所特点的管理规则和制度体系，倡导“为祖国奉献、为国家服务”的职业理想，增强全所职工责任感和使命感，保障科研方向正确、高效运行。

面向未来，经济所肩负着重大历史责任。当前，国际环境复杂多变，我国处于“三期叠加”的特殊阶段，经济发展进入新常态后需要研究的问题很多，也相当复杂，政策研究可作为的空间更大。经济所要充分利用建所历史长、学科门类全、人才队伍强、科研氛围好、社会影响大的优势，围绕服务中央宏观决策，在实现中华民族伟大复兴的“中国梦”进程中，针对经济新常态中的重大理论问题，积极开展前瞻性、针对性、储备性的宏观政策研究，进一步提高战略谋划和综合研判能力。要继续加强与有关部门、委职能部门和地方政府的联系，深入基层、对接实践，密切与国内外高端智库合作，进一步提高研究的针对性、有效性和前瞻性，出更多精品、创更优品牌，全面提升科研创新力、决策支撑力和社会影响力。作为国家发展改革委所属、宏观经济研究院管理的综合性研究所，经济所是宏观院创建国家高端智库的中流砥柱，还要主动适应发改系统定位转型、事业单位分类改革、智库竞争日趋激烈的大环境，不断提高理论研究水平，加快形成紧跟时代潮流、适应市场竞争的新优势，为国家发改委职能定位转型和宏观院建设国家高端智库做出新贡献。

2015 年 9 月 10 日

目　录

国家级奖项

部委级一等奖

部委级二等奖

部委级三等奖

重要学术奖

国际级奖项

附 录

导　言

国家发展和改革委员会经济研究所成立于1975年9月，前身是原国务院工资理论小组，是新中国成立的第一个国家级综合性经济研究所。经济研究所的主要职责是研究国家和区域性经济发展战略与总体规划，经济结构转型升级，宏观经济形势分析预测，财政政策与财政税收体制，货币政策与金融体制，收入分配与消费，信用体系与信用环境，国有经济与企业改革发展等重大理论与政策问题。自成立以来，经济研究所主要根据国务院及发展改革委（原国家计委）的决策需要开展经济政策和理论研究工作，直接参与了若干宏观调控、产业政策、国民经济与社会发展规划、经济体制改革方案的研究及相关中央文件的起草工作。

建所初期，主要研究按劳分配、价值规律等关系拨乱反正的重大理论问题，并对苏联东欧、美日等经济体制进行过系统的比较研究。1979年，时任所长薛暮桥等完成的专著《中国社会主义经济问题》受到国内外的普遍重视。20世纪80年代以来，经济所主要对国民经济综合平衡、计划与市场的关系、经济体制改革与发展、宏观经济管理等问题进行了比较深入的研究。1984年，原经济史研究室完成的新中国第一部经济发展史——《中国社会主义经济简史》受到广泛好评，并被翻译成多国文字出版。1987年，时任所长王积业等提出的“国家调节市场、市场引导企业”的经济运行模式为中央决策所采纳，写入了党的十三大报告。同期，学者王建提出的“国际大循环”战略思想，得到了中央主要领导的重视和批示。90年代后期以来，随着机构和专业调整，经济研究所加强了发展战略与规划、宏观经济形势与政策，政府管制等领域研究。1997年时任所长刘福垣提出的“以人为本、以中（中小企业、中等收入阶层和中部地区）为重、全方位开放的发展观”受到有关领导的重视，并被国家“十五”、“十一五”规划采纳。2004年，时任所长陈东琪等提出的财政货币“双稳健”政策主张获得广泛认同并被中央宏观调控决策采纳。2011年，时任所长刘树杰主持、举全所之力完成的《面向2020年的我国经济发展战略研究》课题成果，成为十八大文件起草的重要参考资料之一，并获得2012年度国家发展和改革委员会优秀研究成果一等奖。

建所以来，许多重要研究报告或政策建议曾获时任中共中央总书记赵紫阳、时任国务院总理温家宝，以及姚依林、宋平、朱镕基、李岚清、黄菊、李克强、张高丽、姜春云、曾培炎、回良玉、华建敏、马凯等中央领导同志的肯定性批示三十余次，获得丁关根、房维中、陈锦华、桂世镛、王春正、佘健民、段应碧、马凯、朱之鑫、李子彬、汪洋、张国宝、杜鹰、魏礼群、毕井泉、彭森、谢伏瞻、连维良等时任委领导及其他部委级领导肯定性批示七十余次。相关研究成果获国家级科技进步奖励两项、部委级科技进步和优秀科研成果奖励三十余项，其中国家发改委优秀成果奖二十六项。获国际管理学界最高奖——国际管理科学弗朗兹·艾德曼奖一项，孙冶方经济科学奖一项，薛暮桥价格研究奖八项。

其中：

国家科技进步奖两项，获奖成果包括：《技术进步与产业结构研究》、《中国劳动就业与社会老年保障研究》；

部委级优秀科研成果一等奖六项，获奖成果包括：《全国粮食和经济作物发展研究》、《农业和国民经济的关系》、《企业集团制模式研究》、《“十五”计划时期中国经济和社会发展的若干重大问题研究》、《面向2020年的我国经济发展战略研究》和《行业协会与经济发展的关系研究》；

部委级优秀科研成果二等奖十项，获奖成果包括：《对恢复关贸总协定缔约国地位的效应分析和对策建议》、《“九五”期间调整与优化产业结构的重点与对策研究》、《中长期粮食供求状况分析与政策思路》、《社会主义市场经济的基本内涵和主要特征》、《中国国家经济安全战略研究》、《在市场体系建设中打破地方市场分割对策研究》、《完善货币政策传导机制研究》、《深化财税体制改革研究》、《深化改革，建设国有企业职业企业家队伍》和《我国宏观税负研究》；

部委级优秀科研成果三等奖十五项，获奖成果包括：《经济调整中的农业危机与发展出路》、《中国工业化的成就与战略》、《增加农民收入与稳定农业发展》、《我国居民消费结构变化对国民经济发展的影响》、《中国小企业发展政策研究》、《国有经济战略性改组与产业结构调整》、《中国小企业发展战略研究》、《新形势下我国金融安全问题研究》、《公共服务供给中各级政府事权、财权划分问题研究》、《双稳健政策》、《增强消费对经济增长的拉动作用》，《中国消费与经济增长关系研究》、《“十二五”时期扩大消费需求的思路和对策研究》、《推进财税体制改革研究》和《我国经济潜在增长率研究》；

国际管理科学弗朗兹·艾德曼奖一项（第23届，1994年），获奖成果是《中国煤炭运输》，这是迄今为止我国内地获此奖励的唯一研究成果。

国家级奖项

技术进步与产业结构研究总报告

主要完成单位：国家计委计划经济研究所　航空航天部七一〇所
中科院数量经济与技术经济所　机械科学研究院
复旦大学　天津大学系统工程研究所
主 要 完 成 人：史清琪　李　敏　郭孝宽　范木荣　陈　刚
秦宝庭　郑友敬　王金存　张守一
获 奖 时 间：1990 年
获 奖 名 称：国家科学技术进步二等奖

"技术进步与产业结构研究"是国家科委重点软科学招标课题，有近四十个单位投标，1986 年 3 月经国家科委政策局组织评议，确定国家计委经济研究所、航空航天部七一〇研究所和社会科学院技术与数量经济研究所为中标单位，分别组织课题组进行"背靠背"的研究，目的是引入竞争机制，力求在三课题组相对独立研究的基础上，从不同侧面取得更为合理、综合、科学、客观的研究成果，为中央和国务院决策提供参考。我国对技术进步问题的研究起步于八十年代，中标单位在技术进步问题研究上，在国内外都有一定影响。但对于产业政策问题的研究，在国内还是空白，特别是人们已看到整个经济的宏观调控，仅仅有总量控制是不够的，产业结构的调整势在必行，而将技术进步与产业结构结合起来的研究，无论在国内还是国外，尚没有先例。该课题的研究工作是困难的，也是十分必要的。三个研究所在接到任务通知书后，立即分别组成了以史清琪、于景元、李京文和郑友敬等所长或副所长为项目主持人的研究组，各单位又邀请了国家信息中心经济信息部、机械科学研究院、复旦大学管理科学系、天津大学系统工程研究所、中国社会科学院世界经济与政治研究所等单位一百多名学者、专家参加了研究工作。同时，还邀请了国家计委、国家科委、机械电子工业部、纺织部、冶金部、能源部、航空航天部等部门的有关同志，参与了我们的研究工作。

为提高研究质量，我们聘请了著名科学家、经济学家和国家制订产业政策、科技政策的领导同志担任课题顾问工作，并特别聘请了马宾、张寿、刘国光同志分别担任三个课题组总顾问。

本课题的研究工作用了近两年时间，三个课题组共完成总报告 3 份，专题研究报告 81 份，共 100 多万字，取得了丰硕的成果，不少成果已被党和国家采用，近一年多来，大部分成果已正式出版，同时在国内有关部门和地区已推广应用，有些成果在国际学术会上进行了交流，在国内外产生了较大的影响，分别获得了国家计委 1988 年度技术进步一等奖、中国社会科学院 1987 年优秀科研成果一等奖，1989 年孙冶方经济学奖。

尽管三个课题组的研究结果在某些具体问题上有一些不同意见，而且三个组的侧重点和特色亦不完全一样，但十分可贵的是大家均有相同的指导思想，在重大问题上得出了比较一致的共同的结论，同时，在理论上都做出了贡献，在方法上都有所创新，分别被鉴定委员会评为国际先进水平，并对党和国家的决策产生了重要影响，该研究成果部分被十三大报告及国务院“关于当前产业政策要点的决定”所采纳，其理论方法已被不少地区和部门所运用，对制订部门和地区中长期计划和目前的调整工作将发挥较大作用，这是决策民主化、科学化的一次成功的尝试。现将三个课题组的研究结果综合报告如下：

一、指导思想

1. 理论与实际相结合。技术进步与产业结构变化的关系，既是一个重大的理论课题，又是一个十分重要的国民经济发展迫切需要解决的实际问题。以正确的理论为指导，以解决实际问题为目标，必须把二者有机地结合起来，以提高科研成果的实用性和可行性。作为本课题指导思想的理论，首先是马克思列宁主义扩大再生产的理论，重视各产业部门间的协调发展和提高结构综合效益，是我们建模和进行经济分析所遵循的原则。同时，我们又十分重视当代，特别是第三次产业革命以来产生的有关这一课题的新的理论，所以，我们不仅按五大物质生产部门进行了分析和预测，还按三次产业的划分进行了分析。在研究过程中，我们强调不能把各种学说、结论当作教条，还必须掌握足够的、可靠的实际数据和资料，从不同的角度探索技术进步与产业结构变化的规律性。总之，我们不拘泥于前人已有的结论，包括马列经典作家的结论。

2. 国内与国外相结合。为掌握科学技术发展与产业结构变化的趋向和规律，必须放眼世界，研究世界不同类型国家，特别是大工业发展历史的较长的发达国家的理论与实践。但我们同时也要求，研究我国要立足于本国，要服务于本国。我们提出了美、苏、联邦德国、日本、英、法、巴西、印度等 8 个国家的专题报告和世界产业结构变化趋向的综合报告，其他各个专题的研究成果也都参阅了有关方面的国外情况和资料，几乎每个报告都涉及国外内容的比较研究。三个课题组的成员还分别去美、苏、联邦德国、日本、法国、英国、匈牙利等国家进行了考察。在我国，对于技术进步与产业结构变化问题进行如此大规模的国际比较研究还是第一次。

3. 定量和定性研究相结合。依照科学的经济理论，从中国经济与技术现状出发，考虑收集统计数据的可能性，借鉴世界各国先进的、适用的模型及方法，我们建立了一整套模型体系，在计算的基础上，进行系统分析，得出比较客观与科学的结论，为制订政策提供重要依据。这次研究工作，凡涉及产业结构的有关数据全部发掘出来，有关科技与产业结构的关系和数据也收集了起来，在资料比较齐全的前提下，进行了分析，这在国内是第一次。

4. 多学科专家的联合合作。参加课题攻关的专家、学者来自于不同的学科。包括：政治经济学、计划经济学、技术经济学、数量经济学、系统工程学、世界经济学、管理科学、决策科学和运筹学，以及许多工程技术专家和研究人员，大家互相学习，互相支持，取长补短，发挥了经济理论、数学方法、工程技术的联合优势。虽然每个分报告都有专门的负责人或执笔人，但都经过了集体讨论和审阅，力图在定性研究与定量分析、经济分析与技术评价等方面都能有较高的科学性。同时，在研究过程中，我们召集了多次论证会和对话，广泛听取了各方面的意见，做到了决策者、研究者、管理者的结合，这是研究报告被决策者采纳的关键。

二、理论贡献

1. 提出了我国经济发展战略的新思路。

产业结构调整是经济发展战略的核心，技术进步是战略首位，经研究，我们提出了以技术进步为动力，以需求为导向，以经济协调发展和不断提高经济效益为目标，建立起多层次的、在国内良性循环基础上积极参与国际分工的、并充分发挥优势的多维产业结构的战略思想。特别阐明中国不能以外向型经济为主，首先应立足于国内的良性循环，同时又必须坚持开放的方针，积极参与国际分工，以促进我国经济与技术的发展。

2. 提出了我国经济的发展由速度型向效益型转变的关键是产业结构的调整。改变我国经济发展的高速度与低效益，必须经过产业结构不断调整与优化的途径来实现。结构不合理是经济增长不稳定、效益低下的主要根源。因此，2000 年前我国经济发展的主要任务是在保持适当增长速度的基础上，实现产业结构合理化，实现资源最优分配。首先应控制和保持适当的经济增长速度，关键在保持经济增长率、货币供应量增长率和投资增长率之间的适应性关系。投资增长率一定要低于经济增长率，否则，投资需求膨胀的势头得不到控制，就必然带来经济生活绷得过紧、供应全面紧张、忽视产品质量、落后产品纷纷上马的局面。我国今后 8 年内的经济增长速度应保持在党的十二大所确定的 7% 左右为宜，并使投资和货币发行的增长逐步与其保持大体同步的关系。其次，应研究资源的合理配置，真正依靠技术进步实现产业结构的合理化。必须制订相应的产业政策，包括部门结构政策和地区结构政策两部分，以实现经济稳定、协调与高效地发展。

3. 提出了我国 2000 年前的产业发展序列。

三个研究组虽然所用模型不同、经济分析的侧重点也不完全一样，但在产业序列的大的框架设计上，却得出了比较一致的结论。

首先，我们认为应当确立优先发展产业予以重点扶植。其次，认为必须要加强农业和基础产业的发展，特别是能源、原材料、交通邮电业的发展已成为国民经济发展的瓶颈产业，应重点倾斜。第三，坚持改革开放的方针，要扶植创汇产业，提高机电、纺织等产业的技术水平，促使其在为国内服务的同时，积极打入国际市场。第四，要正确处理新兴产业与传统产业的关系，促使以高技术为基础的新兴产业为国民经济服务，以促进技术进步对产业结构合理化的作用。第五，从三次产业划分的预测结果看，三个单位都提出了到 2000 年前，我们的第一产业比重还将随农业劳动生产率的提高、农业劳动力的转移而下降，第三产业的比重还将上升，必须重视我国的商业、服务业等第三产业的发展。

4. 论证了技术进步与产业结构合理化的关系，我们认为，从理论和实践上论证技术进步与产业结构变化和发展的依存关系，并在此基础上设计我国 2000 年的产业结构，是本报告的基本要求。为实现这一要求，我们专门研究了技术水平与产业结构的相关性、技术进步与技术改造对产业结构变化的影响等问题。并在研究国内外技术进步和产业结构变化的基础上，从生产（供给）和消费（需求）等不同角度，论证了技术进步对产业结构变化的影响，以及产业结构状态对技术进步的反作用。得出了一定的技术水平和生产力发展水平产生一定的产业结构的结论。区分了在一定技术水平影响下产生的不同产业结构层次，提出了提高技术水平是提高产业结构层次的关键，以及推进技术进步和提高国民经济综合效益，是产业结构合理化的基本标准等结论。

5. 提出了产业结构合理化的基本原则。产业结构调整应建立在技术进步基础上，面向市场需求，同时综合考虑资源约束、产业关联、创汇作用及经济效益等因素，这原则已在十三大报告和《国务院关于当前产业政策的决定》中具体应用。具体原则如下：

①掌握产业结构变化的规律性，使产业结构的调整与我国经济发展所处的阶段相适应。

②产业结构的变化要与需求结构相协调，要加强农业、交通邮电、能源、原材料等薄弱产业和短缺部门的发展。

③产业结构的调整必须建立在技术进步的基础上，这是经济协调发展和不断提高经济效益的关键，必须改变以资金和劳动力的重新配置来调整产业结构的格局，应使资金主要投向技术结构中的中高层次，提高投入要素效率，走出一条以现代化技术和工艺为先导、以一般机械化为骨干、同时大量存在半机械化和手工操作的多层次技术结构的中国式道路。同时，创造必要的条件，提高我国工业吸收现代科技成果的能力。

④必须坚定不移地把农业这个国民经济的基础放在重要战略地位。

⑤通过扶植一些出口产业，使产业结构变化有助于出口结构的高级化。

⑥依靠技术进步，调整地区产业结构，发挥地区优势，形成合理的区域分工和地区经济结构。

6. 提出了评价产业结构合理化的指标体系。

以投入量的比例和产出量的比例为中心，涉及消费结构、投资结构、就业结构和外贸结构等，利用大量数据，借鉴国外学者的最新方法，定量分析了国内需求变化，出口产品结构变化，国内生产对进口替代和技术进步诸方面的影响，从而估量出它们的相对改革企业运营机制：完善企业承包经营责任制，提高企业技术进步的活力等。这些对策包括了一系列措施和建议。

三、方法的创新

该课题的研究采用了定性定量相结合的系统工程方法，即定性研究与定量研究相结合、多学科研究相结合、决策部门与研究部门相结合、科学方法与经验知识相结合，突出了研究人员和研究手段的系统组织和研究对象与环境及大系统相互作用的系统观点。实践证明，这是软科学研究行之有效的方法。

1. 为保持经济协调、稳定地发展，确定合理的产业结构，我们建立了“中国大道模型”，该模型的理论基础是托夫曼、萨缪尔森和索洛提出的大道定理，它的基本原理是：根据生产技术情况（对应于投入产出系数矩阵）、投资效益（对应于投资系数矩阵）和消费模式（对应于消费结构）确定出国民经济各部门在均衡高速增长、资源最优配置意义下的最佳产业结构，以及测算期国民经济发展的最佳轨迹。“中国大道模型”由616个约束条件、1148个变量组成。从模型的完整性出发，在“中国大道模型”的基础上、我们进一步细化了国民经济最终产品项目分类，根据国民经济运行的短期特性（如国民收入的当年分配）和应遵循的长期规律（如扩大再生产模式）：考虑各部门产值供给和需求的平衡，消费产品供给和需求的平衡和国际收支平衡等，综合科技进步因素于投入产出系数的修正，投资时滞系数的变化等方面：以 1983 年 ~2000 年贴现累积人均消费和 2000 年非生产性固定资产存量为目标函数，建立了“中国宏观经济优化模型”。该模型是目前我国经济数学模型中规模最大的一个，理论模型包含 4572 个约束条件和 5490 个变量，简化后用于计算的模型由 4026 个约束条件和 4212 个变量组成，每年测算 251 个主要经济指标的数值。我们以上述两模型的测算结果为基础，建立了一系列国民经济关系递推方程，每年测算出国民经济各部门科技投资的需求值，技术进步增长速度以及技术进步增长对产值增长的贡献。为了全面有效地分析研究我国的经济结构，同时选择适当的模型规模。各模型中采用 MPS 核算体系，按国家计委经济预测中心和国家统计局 1981 年全国投入产出表的数据口径，把整个国民经济划分为 22 个物质生产部门，其中 17 个工业部门。

2. 建立了动态模型体系。

在国内外首次对新古典经济增长模型修正的基础上，应用数字信号滤波理论，对综合要素生产率进行深化分解，得到更为准确的技术进步率，然后，建立广义科技系统时间序列分布延迟模型，定量描述科技投入、教育投入、企业更新改造投入与技术进步的动态关系，上述研究方法有所创新，达到国内先进水平。

利用我们多年研究的技术进步模型，建立技术进步与产业结构协调发展模型，包括国民经济优化目标、投资积累与生产过程、国民收入分配、进出口与国际收支平衡、技术进步五大部分，成功地把具有缓慢变化特性的科技系统与具有较快速度变化特性的经济系统有机地结合起来，全面、精确地定量描述技术进步与产业结构之间复杂的变化关系。

及时抓住了农村劳动力转移和乡镇企业发展的命题，建立农村劳动力转移与国民经济关系的三部门模型，预测了发展趋势，分析了我国技术进步与产业结构变化对农村劳动力及乡镇企业的影响和对策，具有重要的现实意义。

利用我们多年积累、完善的人口模型，把人口问题与技术进步、产业结构问题结合起来，预测人口发展和人口结构变化，为技术进步和产业结构合理化提供了环境分析，在国内外同类研究中有独到之处。

四、对党和国家决策的影响

1. 课题组成员直接参加了国家计委长远规划办公室工作，课题负责人为国家计委长远规划办公室成员，研究成果曾在国家计委党组会上报告过，是制订长远规划的组成部分。同时，还向国家计委工业综合司、长远规划司、产业政策司等提供过报告，在以下几个方面具有决策参考价值：

（1）我国产业结构的调整必须依靠技术进步，从中国国情出发，应进一步发展技术—劳动密集型产业，使国民经济的发展逐步完成由速度型向效益型的转变。

（2）我国经济和技术的发展尚处在工业化中期的起始阶段，实现工业化是当前的基本任务。

（3）研究成果中关于2000年产业结构定量与定性分析报告，国家计委党组会议曾专门讨论过，为决策提供了重要参考。

（4）对重点发展的产业，以及必须依靠技术进步发展这些产业的论证，也得到国家计委长远规划办及有关司局的肯定。

2. 在十三大报告起草过程中，我们将研究成果的主要结论报送起草小组参阅，我们的研究报告与十三大报告的精神是一致的，特别是“关于经济发展”部分：

（1）关于为实现第二步奋斗目标，“必须坚定不移地贯彻执行注重效益、提高质量、协调发展、稳定增长的战略，这个战略的基本要求是，努力提高产品质量；重视发展第三产业”，以及发挥地区优势，“形成合理的区域分工和地区经济结构”的战略部署。

（2）为实现产业结构合理化，达到资源优化配置，“不仅要发挥市场和竞争的作用，而且要依靠国家制定正确的产业政策和企业组织结构政策，并运用价格、财政、税收、信贷等经济杠杆来进行干预和调节”等战略措施。我们的研究报告与上述战略思想、战略部署及战略措施是相符合的。

3. 直接参加了《国务院关于当前产业政策要点的决定》的部分工作，研究成果送国家计委产业政策司参阅，在以下主要方面“要点”与我们的研究报告相一致：

（1）对产业结构存在的比较严重的问题的估计；

（2）制定当前产业政策的原则及保障政策和组织实施；

（3）关于产业发展序列中生产领域，重点支持生产的产业、产品，以及基本建设领域、技术改造领域、对外贸易领域等方面的规定等。

4. 研究成果还在全国一些地区和部门应用。例如：科技系统分析及技术进步问题的研究结论，提交国家科委政策法规司，作为决策参考，受到重视和好评。

此外课题的研究方法、模型和部分结论，在邮电部“邮电通信产业社会经济效益分析”课题中应用，受到邮电部领导和业务机关的高度评价，并在制定邮电通信产业政策中采纳了研究结论和政策建议。

（按国家科委政策司的要求，1990年由作者执笔为国家计委经济研究所、航空航天部七一〇研究所、社会科学院数量技术经济研究所、国家计委信息中心经济信息部等单位，联合申请国家科技进步奖而撰写的总报告）

部委级一等奖

农业和国民经济其他产业的关系

主要完成单位：国家计委计划经济研究所
主 要 完 成 人：雷锡禄　马晓河等
获 奖 时 间：1986 年
获 奖 名 称：国务院农村发展研究中心农村经济社会发展研究优秀成果一等奖

一、我国农村经济现状和主要矛盾

20 世纪 50 年代以来，根据当时国际和国内的形势要求，我国工业化没有采取一般经济发达国家先发展轻工业、后发展重工业的道路，而是在经济发展较长时期实行以重工业为主的超前发展战略。这个战略有取得成就的一面，即在较短的时间内为国家工业化打下了相当的基础；也有存在问题的一面，就是付出了沉重的代价，农业发展缓慢，轻工业生产不足，农轻重比例严重失调，人民生活改善缓慢。党的十一届三中全会以来，在实事求是的经济建设路线指引下，在农村广泛推行家庭经营承包责任制的同时，国家大幅度提高农副产品收购价格，大力发展乡镇企业，并在发展农业的基础上，加速发展轻工业，调整重工业服务方向。这些战略性的调整与改革，使我国经济面貌，特别是农村经济面貌发生了深刻的变化。它标志着我国农业发展走向一个新的阶段。但是在前进的道路上，也出现了一些新情况和新问题，这些问题主要有：

（1）主要农产品产量，尤其是粮食产量自 1985 年以来，发展缓慢，出现了新的徘徊的态势。到 1987 年，粮食等主要农产品产量，尚未恢复到 1984 年（或 1985 年）的水平，而社会的需求却日趋旺盛，产需矛盾日益突出。

（2）农业生产后劲不足，主要是农业投入不足，耕地面积和灌溉面积减少，水土流失严重，草原退化，土壤肥力下降，农业基本生产条件有恶化的趋势。

（3）农用工业品供需矛盾较大，有些农用工业品质次价高，影响农民收入的增加。

（4）农村还有0.6亿~1亿的剩余劳动力尚待安排；工农业产品比价和农产品内部比价关系尚未理顺；农村文化科技水平较低；“人人分田，家家种地”的分散型小生产与大市场的矛盾加剧，这些已经成为农村经济进一步发展的制约因素。

上述问题存在的主要原因之一是，我国过去实行重工业倾斜发展战略，十一届三中全会以来，尽管有了较大的改变，但对我国国民经济发展仍有很大的制约作用。实践证明，在经济比较落后的基础上，实行重工业倾斜发展战略，需要大量的资金，这样就不得不一方面提高积累率，另一方面降低人民生活改善幅度。50年代初期，我国农业净产值占国民收入50%以上，农民占全国人口80%以上。因此，工业化积累主源便落在农业身上。通过工农业产品价格“剪刀差”，农业向工业化提供了几千亿元资金。这样，虽然促进了重工业快速发展，但对农业索取过多，使农业缺乏扩大再生产的能力。加上农村生产关系变革超越了农业生产力的现实水平，挫伤了农民的生产积极性，从而使农业生产陷入恶性循环之中。特别是重工业倾斜发展战略，造成一方面农业大量积累流入重工业，但只能容纳少量农村劳动力，因此，农村劳动力转移缓慢，使大量剩余劳动力滞留在农村；另一方面，重工业的自我循环，又抑制了商品经济的发展，使城乡之间和工农之间在经济上呈现分割的状况。

因此，要解决目前农村经济中存在的主要矛盾，并使农村经济稳定增长，必须选择新的经济发展战略。

二、经济发展战略的选择和比较

中国共产党第十三次全国代表大会报告中提出：农业是关系建设和改革全局的极端重要的问题，“农业的稳定增长和农村产业结构的改善，是整个国民经济长期稳定发展的基础”。在新的形势下，采取何种经济发展战略和基本对策，以保持农业的稳定增长，大体有三种选择。

（一）先农业后工业发展战略

即把农业放在第一位，优先配置各种生产要素。这种战略对农业发展有它有利的一面，就是能够较快地扭转农业供给能力不足和生产力下降的矛盾，推动农业的较快发展。但是，另一方面，也要看到在当前情况下，粮食要上两个台阶，到2000年产量达到5000亿公斤以上，如果没有工业的发展，为农业提供现代化生产资料和科学技术，农业要在有限的耕地上提供质好量多的农副产品是难以做到的。农业的大量剩余劳动力的转移也是没有出路的。

（二）工业轻型化发展战略

实行这种战略不需要大量资金，又可以吸纳大量农村剩余劳动力，对农业发展有利。但是，也要看到工业轻型化一般来说是工业化初期阶段的产物，而目前我国工业化已发展到初期向中期过渡阶段，如果继续实行轻型化战略，将会使重工业发展缓慢，不能为发展农业提供大量装备和其他农村生产资料，也会影响农业的发展。

（三）产业协调发展战略

即工业的发展（包括工业内部行业的发展）要与农业、服务业发展保持一定的比例关系。产业间、行业间的发展要相互适应、互为市场，组成整体基本协调的国民经济产业体系。这种战略的特点是，工业的发展要建立在农业稳定发展的基础上，并建立起与农业发展要求相适应的支农工业体系。协调主要包括：产业生产力在供求结构上保持基本平稳，从而实现各产业协调发展，取得最佳的社会经济效果。

综上所述，上述几种发展战略中，产业协调发展战略能够实现生产要素合理配置，提高资金使用效益和资源利用效率，使第一、二、三产业协调发展。它有利于提高产品质量，做到产品适销对路，降低物质消耗和劳动消耗，从而实现发展速度较快和社会经济效益良好的要求。我们认为，采取这种发展战略，是比较恰当的，也是适合我国的基本国情的。

三、基本对策

要使农业稳定增产，基本途径是加快农业商品化、社会化和现代化建设的步伐，大力发展农村商品经济，逐步改变目前先举的工业和落后的农业并存这种二元结构的状况。为此，需要采取相应的基本对策。

（一）进一步认识农业是国民经济的基础

1. 农业是国民经济的基础，反映了经济发展的规律和客观要求。农业又是国民经济最基础的产业，它是关系社会经济全局的极端重要的问题，成为国民经济长期稳定发展的决定性因素，在温饱问题未解决以前是这样，在基本解决温饱问题后，由温饱型经济生活向小康型经济生活转变过程中也是这样。

2. 我们要深刻认识到目前的农业是不能够适应国民经济发展和人民生活提高的需要的，矛盾很大。今后随着向小康型经济生活的转变，对主要农产品的需求将进一步增长，产需矛盾将更加尖锐。如果不采取重大措施，尽快改变这种情况，将会影响党的十二大和十三大确定的2000年经济发展战略目标的实现和国民经济的稳定发展。

3. 要正确处理农业和国民经济其他产业间的关系，各行各业都要坚定以农业为基础的思想，把国民经济特别是工业的发展真正转到以农业为基础的轨道上。

（二）大力发展农村文化科技事业，培养农村人才，提高农民素质是农业稳定增产的基本途径

1. 有计划地实行9年义务教育（经济发达地区应实行12年义务教育），首先要扫除新老文盲，特别是青壮年文盲。要重视培训在乡中小学毕业生、复员军人和能工巧匠，使他们成为发展农村商品经济的骨干。特别要提高县乡干部的经济管理水平和文化科技水平，使他们更好地发挥农村经济的组织者和领导者的作用。

2. 请进来、派出去是“引进”和培训农业人才的好办法，请外地和本地的“能人”来办企业，培养人才，或者把本地农民派到经济发达地区学习劳动和参加管理，都可以培训人才。

3. 大力进行农业科学技术的研究和推广工作。积极研究生物工程，因地制宜地培育和推广优良品种、推广先进的农作物栽培技术，合理施肥，灌溉，节约用水，在干旱地区大力研究和推广旱作农业技术。

4. 各级政府要进一步建立和充实农业科研机构，重点建设县及县以下农业科研和技术推广系统，逐步形成农业科技网络。

5. 制定适当的政策和措施，解决农业科技人员的科研、学习、家庭生活等方面的实际问题，稳定现有农业科技队伍，鼓励他们到农村基层和老少边穷地区从事农业科技和管理工作。

（三）正确处理农业和工业的关系，改变农业生产落后局面，从而保证国民经济稳定发展

1. 农业和工业发展速度要保持恰当的比例关系，以促进工农业协调发展。工农业是社会物质生产领域中的两大基本生产部门，它们之间存在着相当紧密的内在联系，在不同的经济发展阶段又有其不同的相适应的比例关系。我国农业和工业年平均增长速度比：1953～1971年为1:4.3，1972～1981年为1:2.4，1982～1986年为1:1.8。从一些国家来看，农业和工业生产年平均增长速度比：处于工业化初期阶段大体是1:3，处于工业化中期阶段大体是1:2～1:2.5，工业

化后期阶段大体是1∶1.5～1∶2。这种比例关系有一定的规律性，可以作为我们研究工农业关系的参考。参照国外趋势和根据我国情况，今后相当时间内，我国农业和工业生产年平均增长速度比以1∶2比较恰当。

2. 工业要把武装农业放在重要位置。国内外农业发展表明，物质投入同农业增长成正比关系。在我国当前情况下，物质投放的数量和质量在相当程度上决定了农业生产水平。据初步测算，2000年全国粮食总产量要求达到5000亿公斤以上以及生产其他农副产品，大体需要化肥1.5亿吨左右，农业机械总动力达到4.8亿马力左右，分别比1985年增长105%和69%。要达到这个目标，需要采取的对策是：

（1）增加农用工业投资。国家农用工业投资占全国基建投资的比重应由"六五"期间的1.3%逐步恢复到1953～1980年4.3%的水平，建议今后国家要尽快建立一批大中型化肥厂等农用工业项目。

（2）调整农用工业产品结构，增产高效优质化肥和农药等产品，逐步淘汰低效劣质产品。

（3）适当提高农用工业品出厂价格，力求保证农用工业的基本生产条件，并适当降低所得税率，使农用工业生产企业有利可图。

在增加农业物质投入的同时，要不断提高投入效益。

3. 积极发展乡镇企业，正确处理农村工业和农业、农村工业和城镇工业发展的关系。在我国由落后的农业国变为现代的工业国的过程中，大力发展乡镇企业是建设有中国特色的社会主义和振兴农村经济的必由之路。因此，我们对乡镇工业的发展要有长远的战略部署。

（1）发展乡镇企业要根据各地的条件，选择正确的产业政策，做出合理的安排。东部沿海地区应根据当地的优势和可能积极发展外向型经济，从国外进口原材料（也从国内购进原料），加工产品出口，或者发展"三来一补"，赚取加工费，把发展生产、增加外汇、安排就业结合起来，从而把这些地区的经济搞得更活，使之发展更快。在大中型城市郊区，为城市发展、为大工业配套、为创汇和与外地联营而发展。在经济不发达地区，要选择起步产业，一般要从促进农业生产发展和增加农民收入着手，并发展产前、产中、产后服务体系。

（2）乡镇工业的发展要有稳固的基础。一是要建立在农业稳定发展的基础上，不能离开农业而孤立发展；二是要建立在国家承受能力的基础上，不能离开国家能够提供的条件而过度发展。因此，乡镇工业的发展速度要适当。在20世纪内，我国城镇工业和乡镇工业年平均增长速度比以1∶1.5～1∶2为宜。

（3）乡镇企业发展要把提高产品质量和经济效益放在首位。为此，要积极推行"星火计划"，加速技术改造，不断提高经营管理水平和科技水平，培训人才，树立商品经济观念和竞争思想。“星火计划”项目的安排，应照顾西部经济不发达地区。

（四）调整农村产业结构，合理安排农村劳动力

1. 在基本解决10亿人民温饱问题的形势下，在由传统农业向现代农业转变的过程中，合理安排农村剩余劳动力，是提高农业劳动生产率和发展农村经济的重要环节。目前全国农村有剩余劳动力0.6亿～1亿人，到20世纪末，农村还要增加1.5亿个劳动力。因此，要从开辟经济门路和调整农村产业结构等方面着手，合理安排农村劳动力，以促进农村经济的繁荣和社会的安定。

2. 农村劳动力的安排要同产业结构调整和城乡经济发展密切结合起来。要利用我国劳动力资源丰富、自然资源比较丰富的优势，大力发展农业，积极发展轻工业、基础工业的基础设施，相应发展第三产业，使第一、二、三产业协调发展，尤其应发展劳动密集型产品，为出口创汇创造条件。

3. 考虑到工农结合和城乡结合的要求，根据国家财力、物力情况和有利于农村经济发展和方便农民生活的原则，1986～2000年转移出来的1.5亿农村劳动力和他们赡养的人口共达2.9亿农业人口，重点是转到农村集镇和中小城市，少数转到大城市。

4. 实现以上设想的基本对策是：农业劳动力转移首先要保证农业生产特别是粮食生产所需劳动力；国家对城乡劳动力就业和农业人口转移要统筹兼顾，全面安排；有计划有步骤地实行城乡通开和对流政策，引导和鼓励农民转向农村集镇和中小城市，限制盲目进入大城市；加强城镇规划和管理，大力节约土地；坚持计划生育，严格控制人口增长；提高农民文化科技水平，为农业劳动力转移创造必要条件。

（五）大力发展交通、通信和流通，是发展农业和综合发展农村商品经济的重要措施

1. 采取多种渠道和多种方式，筹集县、乡交通与邮电资源安全。本着谁投资、谁兴办、谁受益的原则，提倡地方、企业自建专用公路、航道、码头和电话。采取“民办公助，民工建勤”修建县、乡公路。国家采取“以工代赈”的办法，帮助贫困地区修建公路。

2. 通过改革，增强交通邮电部门自身积累能力，是发展县、乡交通和邮电事业的根本途径。

3. 在自愿互利原则的基础上，鼓励农民个人或联合办农村车队、船队，承包邮路与报刊投递。

4. 供销社改革的总目标，一是服务，二是联合，应根据不同经济情况和不同类型地区，因地制宜地建立综合服务体系，发展横向联合服务体系和专业化服务体系。

5. 发展多渠道流通。在国家政策和计划指导下，贯彻国家、集体、个人一起上的方针，发展事业商品流通和横向联合。

6. 进一步开拓边境贸易，有选择地开放内陆边境直接对外口岸，在有条件的地区试办内陆经济特区，使内陆地区直接同国外交往，促进地区和农村经济发展。

（六）解决农村发展资金，增强农业发展后劲

加强农村经济建设，发展农村商品经济的主要矛盾是资金不足。解决这个问题的基本途径是：

1. 解决农村发展资金问题，主要是改变不利于农业发展的国民收入分配格局。可以考虑通过价格税收等手段调整国民收入分配比例和通过各种途径增加农业投资等办法。首先依靠农民和农村集体在发展生产的基础上筹集，这是筹集资金来源的基础；地方政府增加对农业的投资，这是关键；中央财政大力支持，这是必不可少的；引进外省（区）、企业投资和外资，这是补充。在深化农业改革的同时，国家、集体和农民个人都应增加农业投入，地方财力要更多地用于农业。

2. 农民向农业投资的规模，既取决于农业生产发展水平和消费积累比例，又取决于引导农民对农业建设投资的积极性。为此，在20世纪内应进一步缩小工农业产品价格“剪刀差”，力争消除（即取之于农业，用之于农业），以增强农业自身积累能力，并适当提高农村生产性积累比重和增强农业固定资产投资比例。

3. 乡镇企业纯利润用于支农资金的比例，要适当增加，一般应不少于20%（1980年的比例）。

4. 要采取有效政策和措施，引导和鼓励农民和集体增加农业建设方面的投资和投劳。适当延长土地、山林承包期，对于农民个人或联合治理荒山、荒地、荒坡、耕地、水域、草原、草山和草坡等，国家应在贷款、物资分配、税收等方面给予必要的优惠；并采取相应政策和措施，使农民务农收入尤其是种粮收入，同从事其他产业收入的差距逐步缩小。

5. 建议在今后国家预算内基本建设投资中，农林水气部门的投资比重由1985年的7.6%（按部门投资）提高到1980年14%的比例。地方基建投资用于农业比例应更大一些。同时增加农贷资金。

（七）调整固定资产存量结构，压缩加工制造的增长速度，以减轻靠农业提供积累的压力

1. 当前各种迹象表明，在低技术水平上靠原有产业继续以外延扩大再生产为主来实现经济总量增长，不但使无效部分日益增加，还会对基础产业特别是农业有更大的需求，还会使整个技术装备水平处于低下的态势。我国经济将要逐步进入产业结构高转换率时期，这决定了经济发展在相当程度上将要靠资产现存结构的调整和更新来实现。也就是通过对现有产业生产要素的重新组合和更新，使现存结构由“缺乏”和“过剩”并存、高耗低效型向供求均衡、低耗高效型转化。

2. 为了实现上述要求，需要采取以下几项重大改革措施：

（1）打破部门分割的资产所有制结构，建立能够统管国家工业资产的机制，对闲置固定资产进行行业间和地区间的调剂。

（2）利用法律和行政、经济手段，限制加工工业滥铺摊子，乱上项目，盲目发展，并对生产积压产品和无效及低效的加工制造企业，进行有效的改选、转产、合并或破产，把无效益的增长速度压下来。

（3）加快大中型企业的技术改造，提高其技术设备水平和产品质量层次。

（4）增加投资，加快能源、交通运输、原材料和农业等基础产业的发展，以适应经济发展的需要。

（八）调整居民消费结构，减轻对农产品的压力

1. 近几年来，随着经济的发展，城乡人民收入增长较快，对消费品特别是对主要农副产品提出了旺盛的需求。

2. 城市职工由于住房、医疗、交通等方面享受国家大量补贴，职工个人开支很少，因此，居民消费主要局限在吃、穿、用等狭小的消费范围里，而粮、油、肉、蛋、菜等商品，国家又支出大量补贴（1986 年达 218 亿元）。因此，居民消费除了指向食品外，还冲向高级消费品，形成消费超前，带来了比较复杂的社会经济问题。

3. 逐步改革住房、食品补贴制度，逐步实现住宅商品化，使城市居民消费构成逐步趋向合理，从而推动产业结构的合理化。

（九）坚持农村改革，深化农村改革，把改革和发展结合起来

1. 在稳定家庭联产承包制的基础上进一步完善双层经营制。从搞好对家庭经营的服务入手，逐步巩固和完善以家庭经营为主的多种形式的联产承包责任

制，鼓励兼业经营，建立社会化服务体系。在自愿互利的基础上，鼓励和提倡多种形式的合作与联合经营。在生产发展的过程中，逐步达到合理的经营规模。

2. 进一步改革供销合作社体制。实现由全民所有制向集体所有制的转变；完善农村商品生产服务体系；发展横向经济联合，改革批发体制；健全社章社法，坚持民主管理制度。

3. 继续改革农副产品收购制度。根据我国农业生产力水平比较低、人口多、耕地面积少和主要农产品供需矛盾大的特点，在今后相当长的时期内，粮、棉、猪肉、蔬菜、鲜蛋等主要农副产品的流通应实行计划调节和市场调节相结合的“双轨制”，并且必须贯彻增产和节约并重的方针。

4. 改革农村金融体制，发展多种资金融通形式。改革信用社的官办性质。开拓资金市场、技术市场，允许劳动者在地区和行业间流动，使资金、技术和劳动者能够顺利流动和优化组合。

5. 改进和加强农村经济的宏观管理。

（1）目前农村经济管理分割、互相脱节，不利于农村经济的发展，建议成立农村经济管理委员会，统一管理农村的生产和建设，统一管理农副产品收购、加工、分配、销售服务和农用生产资料供应工作。农村经济管理委员会的组建有两种办法：一是由目前的农牧、林业、水利、商业（农副产品收购、农用生产资料供应部分）部门，合并而成；二是在这些部门之外，新建一个精干的机构。

（2）财政、银行、税收都要相应改革，以促进农村经济的全面发展。

（3）改革目前那种鼓励农民进入大城市的方针、政策和措施。同时还要改革限制农民进入农村集镇和中小城市从事劳动密集型产业或行业的户籍制度和其他规定等。

（4）成立农用生产资料供应公司。统一管理，经营农用生产资料，对经营农业生产资料采取适当的财政补贴政策。

面向2020年的我国经济发展战略研究

主要完成单位：国家发展和改革委员会经济研究所
主 要 完 成 人：刘树杰　宋　立　臧跃茹　孙学工　王　蕴
曾　铮　张岸元　王　元　刘国艳　郭丽岩

获 奖 时 间：2012年
获 奖 名 称：国家发展和改革委员会优秀研究成果一等奖

2020年是我国“新三步走”战略中第二步的目标年。不出大的意外事件，“人均GDP在2000年基础上翻两番”的目标可提前实现。真正的经济困难或危机可能发生在2020～2030年间。因此，面向2020年的战略安排，事关为2020～2030年跨越“中等收入陷阱”奠基，必须及早谋划。基于这样的理解，本报告不研究增长速度、主要产品产量等传统的规划指标，而是重点讨论对2011～2020年这一发展阶段特征的理解，经济发展战略的重点与路径选择，以及体制改革、政策调整等具有关键作用的支撑条件。

一、未来十年的我国经济发展的环境变化及面临的挑战

我国过去30年的快速发展是多种因素共同作用的结果。简而言之，充足价廉的劳动力和广阔的国内市场是最有利的资源禀赋，冷战结束、经济全球化与信息技术革命是天赐良机，增量改革、区域递进、出口导向是成功的路径选择，政府（主要是地方政府）精英化提供了组织与制度方面的基本保障。归根结底，是实行了改革开放。我国确实走过了与众不同的发展道路，但这条道路是一系列天时、地利、人和因素偶然相遇的结果，正如所有模式都有其局限性一样，中国以往成功的经验或模式也不可能普遍适用，更不能一成不变地用于自己未来的发展。

（一）外部环境的变化

总体来看，未来十年我国仍处于大有作为的战略机遇期。但由于世界经济调整及不同板块此消彼长变化、我国与主要发达国家力量对比及景气周期差异等原因，我国面临的外部环境趋于复杂严峻，各种可以预见和不可预见的风险和挑战将明显增多，我国有可能进入外部挑战大于机遇的复杂时期。

1. 世界经济有可能进入长期复杂严峻的低速调整期。不仅全球金融危机持续时间和影响超出预期，危机后的世界经济中长期趋势可能也远比预期复杂和困难。欧美发达国家债务危机持续发酵，去杠杆化将导致消费需求减缓，难以摆脱增长乏力局面。新兴经济体虽增长前景要好于发达国家，但并未真正实现与发达国家的脱钩。世界经济总体将进入低速调整期，全球经济不得不进行发展模式、结构和动力机制等新一轮调整。由于短期内难以在一些关键技术和产业方面有所突破，世界经济将在中期内缺乏新的增长点，但新兴国家需求持续扩张，加上中东北非等动荡冲击，类似20世纪70～80年代滞胀的复杂局面有可能在世界范围重现，我国将面临来自外需和输入性通货膨胀压力等多方面的冲击。

2. 经济全球化进程可能放缓而国际竞争加剧。随着原有新兴经济体产业持续升级和后续新兴经济体的相继崛起，一方面先进新兴经济体开始替代新兴工业化和发达国家产品，另一方面后起新兴经济体开始替代先进新兴经济体产品，全球化进程由原来以收入效应为主的双赢阶段推进到替代效应凸显的利益分化阶段。发达国家作为全球化的领导者其成本收益格局开始变化，来自新兴国家的产业替代放大了发达国家内部的贫富差距等严重社会问题。由此决定全球化进程将趋于放缓，一方面发达国家保护主义将加剧，另一方面新兴经济体之间的竞争将加剧。我国将在技术资本密集型产品和领导密集型产品出口方面同时面临发达国家和后起新兴经济体的双重夹击与复杂挑战。

3. 世界经济格局及我国与主要发达国家关系将发生重大甚至转折变化。在可以预见的未来，发达经济体与新兴经济体之间“差速增长”将成为全球经济增长最为显著的特征。新兴经济体在全球经济中的份额将不断上升，预计2020年左右将成为全球经济增长的主导力量。世界经济格局变化必将引起国际政治经济关系的再调整。作为最大也是增长最快的新兴经济体，不仅我国在世界经济版图的位置将发生重大根本性变化，我国与世界其他国家的关系也将发生重大甚至转折性变化。一方面随着我国对世界经济拉动作用持续增强，各国与我国合作需求将趋于增强，但另一方面，我国与主要国家和其他新兴经济体的竞争有可能加剧。主要国家尤其是处于领导地位的美国可能将我国视为“竞争者”、“挑战者”甚至“假想敌”，其对我国基本态度有可能转折变化，超过80年代日美贸易摩擦的情形有可能以更大范围在我国和美国间重现。且由于中美之间经济周期的不同，“十二五”后期到“十三五”前期美国有可能进入新的繁荣周期，而我国将进入优势调整和增长动力转换的相对低迷时期，相对优势的此消彼长，将导致外部环境对我国出现不利的变化。

（二）内部条件的变化

1. 要素供给增长速度放慢但供给质量有所提高。未来十年要素供给增长将明显放慢，导致经济增长减速。首先，随着生育率持续下降和老龄化步伐加快，劳动年龄人口比重将下降，劳动力增长减速并转为下降。其次，储蓄率在人口年龄结构与国民收入分配格局调整、养老、医疗等社会保障制度建设以及信贷政策等各种因素的影响下也将出现下降的趋势，预计未来十年储蓄率将下降5个百分点左右。第三，劳动力再配置进程接近尾声。一方面农村剩余劳动力的数量减少，转移难度加大，另一方面二次产业就业比例超过工业化国家历史峰值，对劳动力的吸纳能力也在减弱。但要素供给质量将有所提高。其一是人力资本积累速度加快，劳动力整体素质提高。其二是研发投入增长迅速，绝对额已经超过日本成为世界第二。第四，是资本存量质量上升，建设了一大批具有国际一流水平的重大装备和重要基础设施，为长期发展奠定了坚实基础。要素供给质量的改善有利于生产率的提高，在一定程度上弥补要素供给数量增长减慢对经济增长的影响，劳动力贡献趋弱的同时资本技术贡献将有所提高，并推动结构升级。

2. 要素禀赋关系与成本上升将改变原有的比较优势。我国改革开放以来经济高速增长基于劳动力相对于资本大量剩余这一基本要素禀赋关系，但随着资本存量在高投资带动下迅速积累，农村剩余劳动力大幅减少，以及人口和劳动力增长的放慢，劳动与资本的关系将发生逆转，直接影响到经济比较优势转变，不仅对经济增长速度，还对经济结构产生重要影响。要素禀赋关系变化总体上有利于我国投资消费关系、内外需关系和产业结构的调整，但也将对建立在劳动力比较优势上的原有增长模式产生较大冲击。同时，劳动力成本上升与人民币汇率升值等因素的叠加将进一步改变我国原有的比较优势和国际竞争力。

3. 经济增长速度逐步减缓的同时社会矛盾积累到较高程度。在经济增长速度逐步减缓的同时，我国在高速发展期积累的社会矛盾有可能进一步显现，有些则已到了必须处理的程度。首先是收入财富分配的不均等性显著提高，在世界各国中属不均等程度较高的国家，城乡、行业和地区间收入差距在不断扩大。其次是各项社会事业发展不足，公共服务水平较低，且有限的公共服务又分布不均，城乡和地区间公共服务差距很大。收入差距大和公共服务不足问题如果处理不好会导致社会矛盾激化，使经济发展丧失必要前提和基础，有可能因此而重蹈拉美国家的覆辙。

4. 资源环境制约将成为我国发展的掣肘因素。相对其他国家，我国经济增长的资源使用强度较高。① 从未来发展趋势看，我国作为后发国家由国际市场保证资源供给的难度进一步上升。如果现行资源利用方式没有重大转变，今后我国主要矿产资源供需矛盾将更加突出，对经济增长的制约将显明上升。尤其在国际环境趋于复杂多变的背景下，海外资源供应将成为我国持续稳定发展的一个掣肘因素。而资源供给和产品销售的双重对外依赖将在一定程度上加大我国经济发展的不稳定性。环境问题也日益成为制约我国经济增长的重要因素。发达国家两百多年工业化进程中分阶段出现的环境问题，在我国现阶段集中凸显，不仅会影响到经济发展，还将会严重威胁到基本生存空间。在未来发展中还将面临气候变暖这一全球环境问题，如果不能在低碳化方面取得积极进展，经济的增长空间将进一步被压缩。

总之，2020 年前，我国经济规模及市场容量巨大、地区间产业梯次升级空间广阔、储蓄率高、基础设施完善等有利于发展的因素仍会继续存在，加之"求富裕、谋发展"的强烈意愿不减、体制改革尚未完成，因此，发展能力提升的空间仍然很大。但阻碍发展的因素也在累积，人口老龄化的提前到来导致人口红利对经济增长的贡献逐步消失，经济增长的技术支撑脆弱，内需不足，资源约束凸显，环境不堪重负，社会矛盾日趋尖锐，国际关系趋于恶化，这些障碍如果不能成功破解，完全有可能落入"中等收入陷阱"，导致经济停滞、倒退和社会动乱。

根据我们对未来十年中国的经济增长趋势的预测，如果延续原有增长模式和轨迹，经济增长率将由 2010 年的 9.4% 下滑到 2020 年的 5.3%，而如果实施正确的发展战略，2020 年的经济增长率可以提高到 7.1%，以 2010 年价格和汇率计算，人均 GDP 可以达到 9215 美元。

---

① 朱之鑫：《以加快转变经济发展方式为主线是推动科学发展的必由之路》，《〈中共中央关于制定国民经济和社会发展第十二个五年规划的建议〉辅导读本》，人民出版社，2010 年。

二、面向2020年的经济发展战略目标与实施重点

（一）战略阶段的特征与目标

1. 战略阶段的特征。以2050年基本实现现代化、达到中等发达国家水平的第三步战略目标衡量，未来十年是我国现代化进程承上启下、继往开来的阶段，是跨越“中等收入陷阱”的力量积蓄阶段或起跳阶段，是进入现代化国家并成为全球性领袖国家的战略准备阶段。总而言之，未来十年是中华民族伟大复兴进程中极为重要的历史阶段：①“全面建设小康”的攻坚阶段。如前所述，实现2020年全面建设小康目标的挑战不在于人均GDP比2000年翻两番，而是“各项制度更加完善”所带来的可持续发展能力翻番。实现这一目标，不仅要靠经济结构优化升级和“自主创新”，而且必须真正解决长期累积的体制障碍，这些问题在未来十年都已无法回避，因而真正进入了“全面建设小康”的攻坚阶段。②跨越“中等收入陷阱”的起跳阶段。据初步测算，如果现有的发展势头得以保持，我国将在2030年后进入高收入国家行列。但从一些发展中国家追赶发达国家的实践看，到达中等收入阶段后，只有极少数国家能够保持原有的势头进而成功进入现代化国家行列，大多数国家经济都进入了较长时期的停滞或倒退阶段，即落入了所谓的“中等收入陷阱”。我们认为，“中等收入陷阱”实际上是一个制度陷阱，是不发达国家追赶发达国家过程中财富增长与制度建设未能协同并进的产物，即进入中等收入阶段后，没有相应做到“各项制度更加完善”，进而未能形成可持续发展能力的必然结果。我国在经历了30余年高速发展之后，一方面存在一系列导致财富增长速度减慢的因素如城市化落后于工业化、创新能力不足、生产要素供给增长放缓等，另一方面，导致社会矛盾激化的因素如收入分配不公、政府越位与缺位并存等长期持续，陷入“中等收入陷阱”的风险不能低估。因此，未来十年是决定我国能否成功跨越“中等收入陷阱”的关键时期，是跨越“中等收入陷阱”的起跳阶段。③确立全球性领袖国家地位的力量积蓄阶段。重新成为全球性领袖国家，是中华民族实现伟大复兴目标的必然要求。从经济规模上看，在2025年之后，我国将有可能超过美国成为世界第一大经济体。因此，未来十年是我国成为全球性领袖国家的战略准备阶段，未来十年的经济发展、技术创新、产业升级以及国际金融中心建设和人民币国际化等，不仅决定2020年的发展水平，也将对2025乃至2030年产生深远的影响。

2. 战略目标。这一阶段的战略总目标是：转变经济发展方式取得切实成效，为跨越中等收入阶段进入高收入国家行列奠定坚实基础。具体为：改革

攻坚完成，各项制度更加完善；经济结构调整取得突破，高新技术产业和服务业比重上升；创新能力明显增强，由“中国制造”转向“中国创造”；城市化深度推进，实现与工业化进程大体同步；内需增长加快，消费结构升上新的台级；收入和发展差距扩大势头得到遏制，社会矛盾明显缓解；资源与环境约束明显改善，可持续发展能力增强；对外经济关系更加平衡，国际影响力上升。

（二）战略的实施重点与路径

根据2020年我国经济发展战略的总体目标，考虑到未来我国经济发展内部条件与外部环境变化及未来发展面临的主要矛盾与挑战，需要实现以下几个方面的战略目标与任务：一要增强发展的公正性，重建社会正义；二要挖掘经济增长潜力，重构增长动力；三要提高资源利用效率，降低环境污染；四要促进对外平衡，扩大国际影响。为此需要在以下六大战略重点方面进行突破。

1. 经济与社会并重的协调发展战略。经济发展与社会进步相辅相成。30年前国民经济濒于崩溃，发展重心必须集中于经济建设。但目前我国已进入中上等收入国家行列，居民收入差距、城乡差距、地区差距仍不断扩大，公共服务供给长期匮乏，社会进步明显落后于经济发展程度，已经导致社会矛盾日趋尖锐，长此以往，终会阻滞经济发展能力的提升，落入“中等收入陷阱”。为此，发展重心必须兼顾经济与社会，将公平正义的理念贯彻于各项经济政策之中，推动经济与社会的协调发展。一是要大力加强以改善民生为主的社会建设，大幅度提高教育、就业、医疗卫生、住房保障和社会保障等公共服务的数量和质量，使经济发展的成果惠及全体人民。二是要强化环境保护、社会治安、城市交通等经济发展环境的问责制度，弱化经济增长速度的绩效考核。三是破除阻碍地区间、城乡间生产要素特别是人口流动的障碍，如加快户籍制度改革，完善社保体系，建立城乡间及区域间大致均等的基本公共服务体系等。四是要鼓励各类公益型非政府组织的建立，为其提供广阔的活动空间。对于消费者权益保护、环境保护等公共利益维权型的非政府组织（非指目前官办的“消协”），政府还应为其提供必要的经济支持，以提高相关法制的执行效率。

2. 创新驱动的产业结构优化升级战略。未来十年是我国由工业化中期向后期的过渡阶段，必然要求以加快技术创新来推动高加工度化、实现在全球价值链上的动态攀升，并为工业化后期产业结构向技术集约化阶段演进做准备。实施以创新主导的产业结构优化升级战略，应主要解决创新的主体、动力、领域和平台等问题。应将企业作为创新的主体，将市场竞争作为创新的动力源泉，因而提高创新能力的根本措施，是加强知识产权保护。此外，应遵循产业创新的规律，从我国的具体国情出发，还应重视以下几个方面：一是在技术进步方式上采取技术创新与技术引进“双轮驱动”，实现“引进技术—消化吸收—创新开发—提高国际竞争力”的良性循环。二是形成技术创新的政府和市场“双向引导”。通过加强知识产权保护激励微观企业的技术创新活动，解决技术创新领域内的市场失灵和系统失灵。三是实现二产和三产创新的融合发展。四是以硬设施和软环境的建设推动创造有利的技术创新内部条件，营造崇尚创新的良好氛围。

3. 以消费升级为重点的扩大内需战略。消费结构升级是扩大内需进而实现经济稳定增长的动力源泉。当前我国已经进入了以住房需求为主体的消费升级阶段，以“限购”为主基调的房地产调控，与扩大内需的中长期战略目标背道而驰，应变“限制”住房需求为增加住房供给，并长期坚持鼓励购房的政策取向。

4. 以农民工市民化为突破口的深度城市化战略。城市化是建立扩大内需长效机制的重要依托，城市化是提高劳动力配置效率的有效途径，城市化是提高劳动力素质的重要手段。目前我国城市化仍然滞后于工业化 10 ~ 15 个百分点，向现代化国家迈进的过程必然要求为城市化补课，以农民工市民化为突破口实施“深度”城市化战略。深度城市化战略包括三大支点：一是保持较高的城市化增长速度，二是实现我国城市化质量的战略性提升，三是大幅度提高城市综合承载能力，积极提高城市综合管理和服务水平。

5. 破除资源环境约束的可持续发展战略。当前资源环境问题对我国社会经济发展的制约越来越明显，主要战略性资源数量持续下降，资源空间分布和生产布局严重逆向配置，自然资源利用率低下，环境问题呈现不断恶化趋势。要破解我国资源环境约束，实现可持续发展，应将战略重点放在可持续发展的基本制度安排和政策保障方面。需从“开源”和“节流”两方面同时入手，提高资源保障能力和环境承载力，减少资源的低效率利用及对环境的损害。一要提高资源的持续供应保障能力，二要完善高效利用资源和环境保护的激励与约束制度，三要促进形成节能减排的长效机制，四要健全资源环境可持续发展的支持体系。

6. 包容、平衡的经济大国战略。未来十年我国经济地位将显著而持续上升，我国与外部世界的关系需相应做出调整。要更加平衡地开放，更加包容性地开放，更加有所作为地开放。基本对外经济战略应该是尊重现有国际经济制度基本框架，从具体规则、程序层面着手，通过实际的贸易和投资活动影响外部环境，争取有利的权利格局。贸易领域坚持竞争开放原则，运用我国进口地位迅速上升的优势，制衡针对我国出口的不利因素；投资领域应在继续引进外资的同时，着力为我国资本输出创造良好的制度环境；国际合作应多边、区域、双边安排齐头并进，首先在周边取得突破。在国际宏观经济政策协调上，应发挥我国财政稳健、储备规模巨大的优势，在促进全球经济稳定增长方面发挥更大作用。随着我国经济地位上升，人民币国际化不仅大势所趋，也是我国对外经济战略的必然选择和必要组成部分，应根据国际经济、金融形势与格局的变化，相机推进并促其动态优化。

三、面向 2020 年经济发展战略的体制保障

体制改革既是“全面建设小康社会”的内容，也是可持续发展能力翻番的动力源泉和制度基础。总的目标是：关键领域的改革迈出实质性步伐，真正做到“各项制度更加完善”。主要包括以下四个方面：

（一）以国家能力建设为核心推进政府改革

市场经济国家的政府动辄干预市场，反复动用行政手段，是国家能力低下的表现。实现“全面建设小康社会”的目标，必须以国家能力建设为核心，加快推进政府改革。

1. 严守政府与市场的边界。在解构、破除全能主义国家的基础上建构现代国家能力体系。所有政府机构均应依法设立、依法授权，使之严守政府与市场的边界，明确决策、执行、监督等权限归属。规范政府直接干预经济运行的时机、方式和退出机制。严格界定政府投资范围和投资审批范围。应广泛引入公众参与，强化社会监督、增加公共政策的公正性及可执行性。

2. 重构行政组织体系。机构改革应基于市场经济运行规律，“部”制不在大小，而在职责清晰、分工合理，彻底扭转部门间的职能交叉和互相掣肘的局面。

3. 建立基于市场经济的现代监管组织体系。首先应通过监管业务独立和监管者决策独立的途径，使监管机构能独立而有效地行使监管职能。要有分层的系统的规则设计，建立和完善监管的规则体系。应集所有监管职能于同一机构，并以行业技术经济特性及财政责任为主要依据设置监管层级，建立职能完备、分工合理的监管组织体系。被监管企业的经营信息、监管者的决策信息都必须公开。建立新型的消费者组织，以真正做到监管的公开、透明和公众参与，形成对监管者的监督制衡机制。

4. 建设多元共治的社会管理与公共服务体系。政府应尽可能地向社会还权和授权，充分发挥社会组织自主管理的能力与作用。可考虑采用合同外包、特许经营、发放公共服务凭证以及补贴私营部门投资公共项目等市场化方式，提高基本公共服务供给的数量与质量，而将优质的非基本公共服务交由市场提供。完善公共卫生、社会安全等突发事件应急管理与问责制度。进一步整合基层资源，强化城乡社区服务体系，健全新型社区管理与服务体制。

5. 以推进基本公共服务均等化和支持创新为重点深化财税体制改革。政府提供基本公共服务的绩效，是国家能力的核心体现。为此，应以基本公共服务均等化为重点完善公共财政体系，稳定居民的消费预期，扩大中等收入群体规模，为打破地域限制、扩大内需、深度城市化以及可持续发展战略创造有利条件。一是要基于事权合理分配安排中央与地方的财税关系；二是要深化预算管理体制改革；三是要持续推出和完善激励创新的财税优惠政策。

（二）以要素市场改革为重点推进新一轮市场化改革

要加快以土地和金融领域改革为重点的要素市场化改革步伐，提高要素质量，提升要素配置效率，为我国经济发展提供体制支撑。

1. 土地制度改革。近期应打破政府垄断城市建设用地供应的局面，推进土地使用权流转：一要打破政府对土地供应的管制；二要推进农村集体建设用地市场化；三要完善征地补偿机制。远期要加快推进土地产权制度改革，推进城乡土地产权多元化。

2. 金融体制改革。要加快推进金融市场化改革，促进金融对扩大国内消费和投资需求、城乡统筹发展等战略形成支撑；通过为技术创新提供资本支持，增强创新对产业结构调整的带动力；同时着眼于推动金融国际化发展，加快国际金融中心建设和跨境金融服务基础设施完善，与经济大国地位和总体经济发展战略相匹配。一要允许中小金融机构发展，促进金融中介结构优化；二要放松资本市场管制，提高直接融资比重；三要进一步推进利率和汇率市场化改革；四要改革政策性金融体系，建立政府引导的创新金融体系；五要完善对外经济战略的金融支撑。加快国际金融中心建设，推动人民币国际化及与其他国家的双边或多边货币金融合作，加快建立并完善跨境结算基础设施。

（三）以充实社保基金为重点统筹国有企业改革

以“国企”为主体的市场经济，其活力终归有限。未来 10 ~ 20 年间，“国企”改革不能局限于减少“国企”个数，更不能明减暗增，应把大幅度降低“国企”的影响，相应扩展民营经济发展空间作为改革的方向。利用庞大的国有企业资产适当充实社保资金，使国有资产真正服务于公共利益，体现了国有资产的全民属性，有利于改善民生、释放潜在需求、推进城镇化、激励企业创新以及经济发展方式转变。

1. 合理定位和划分国有企业逻辑边界。要合理定位国有企业职能，确定国企逻辑边界，国企的最终走向，是转变为非营利性、受公法约束的企业。近中期内，国企应成为股权多元化的混合所有制公司，并在竞争性领域逐步退出；对垄断性国企要合理区分垄断性业务和竞争性业务，尽快将竞争性业务分拆，加强对自然垄断性业务的政府监管，因技术进步和市场结构改变而不再具有自然垄断属性的行业，国企改革应与行业的市场化改革同步。

2. 国有资本适当补充社保资金。要统筹安排国企改革与社保体系的完善，逐步将退出的经营性国有资产转入社保体系。国企所获利润也不应完全归企业支配，而应适当上缴作为政府对社保的投入。这样既可有效补充社保资金缺口，为增加基本公共服务的有效供给和较大幅度减少低收入阶层税费负担创造条件，又可以控制国企投资规模，减少投资失误，进而形成以国企改革促进社保体系完善、以社保体系完善保障国有企业改革顺利推进的良性互动格局。具体途径可考虑以下三种：一是“国企”收益向社保资金分红；二是“国企”资产变现划拨；三是社保基金转持国有股。

3. 重新定位“国资委”职能。“国资委”职能需要重新定位，应明确其过渡性质，改变“婆婆加老板”的地位及以“保值增值”为核心的国有资产管理方式。过渡期间可保留部分行政管理职能。构建变现预算和经营预算相结合的国有资本预算体系，使“国资委”从“国企”利益代言人向公共利益代言人转变。因此，“国资委”核心的职责，就是约束“国企”高管的薪酬发放和职务消费行为，确保包括社保基金在内的国有股东作为所有者的正当权益。

（四）以增加居民可支配收入为重点推进收入分配制度改革

我国劳动报酬在初次分配中所占比重大幅下降的主要原因，一是农民工在非农就业者中的比重大幅提高，二是工业化重化阶段资本要素比劳动要素投入的增速更快。经营性国有资产比重大及事实上的土地国有制，决定了居民的财产性收入必然较少。而国有资产收益未能用于社会公共物品的提供，又导致宏观税负过重，进一步降低了居民可支配收入在国民收入中的比重。考虑到我国现阶段劳动力相对过剩的要素禀赋条件及所处的工业化重化阶段要素投入结构的特点，短期内劳动报酬在初次分配中的比重不会有太大的变化。中近期收入分配改革的重点，是财产性收入分配的合理调整。基本思路是通过国企红利上缴财政并用于社保支出，相应减免劳动者的社保缴费，以提高低收入阶层的可支配收入水平。此外，还应严格限制国企管理层特别是高管的薪酬水平，加快推进电信、石油、银行等具有竞争属性行业的市场化改革，通过市场机制和科学的监管，促进行业间收入的公平分配。

行业协会与经济发展的关系研究

完成单位：国家发展和改革委员会经济研究所
主要完成人：宋　立　郭春丽　郭丽岩　黄卫挺　李清彬
获奖时间：2013 年
获奖名称：民政部部级理论研究课题一等奖

行业协会能够有效弥补“政府失灵”和“市场失灵”，在各国的工业化过程中均扮演重要角色。改革开放以来，我国行业协会经历了由无到有、由小到大、由体制内生成到体制外发展的历程，在加强和改善行业管理中的作用日益突出，并在推动经济总量增加和经济结构尤其是产业结构调整优化中发挥了重要作用。

一、行业协会与经济发展关系的作用机理

行业协会是指介于政府、企业之间，围绕某行业领域的纵向型社会中介组织，在经济发展框架内，属于中观层面的行为主体，这直接决定了行业协会的功能特征，即服务于政府和企业，沟通政府和企业。

（一）经济发展框架下的行业协会及其作用

为了建立起行业协会发展和经济发展之间更为深入的联系，要将适用于宏观和发展战略分析的新古典生产函数转变为适合产业层面分析的新框架，即：

$$Y = AF(H, K, L) = \alpha(A_p, A_s) \times f(h_i, k_i)_{i=1}^{n} \times f(k_a, k_m, k_s)$$

其中，制度和治理机制（A）分为两类：一是政府提供的制度以及相应的公共治理机制（A_p），二是私人部门，包括社会惯例、行业协会[①]提供的制度规则和治理机制（A_s）。将要素投入转变为人均量后，F 可分解为两个维度：一是技术和人力资本（h_i）、资本（k_i）之间的关系函数 $f(h_i, k_i)_{i=1}^{n}$，其中 i 代表不同行业，二是产业结构的函数 $f(k_a, k_m, k_s)$，a，m，s 分别代表农业、工业和服务业。

① 承担政府职能的行业协会是一个例外，它所对应的治理类型也包括公共治理。

从供给体系来看，行业协会发展对经济发展的具体作用分别通过 $\alpha(A_p, A_s)$、$f(h_i, k_i)_{i=1}^{n}$ 和 $f(k_a, k_m, k_s)$ 实现。其中，第一项是治理职能，或称为制度建设职能，这是经济发展的基础；第二项是要素动员职能，通过有效动员高层次要素投入推动产业升级；第三项是要素配置职能，包括要素在企业间、产业间和区域间的优化配置，实现要素配置的帕累托改进。从需求角度来看，行业协会发展的第四项职能是扩大经济价值的循环半径，通过市场范围扩展，让供给和需求在更大的市场空间内和更高的市场竞争水平上实现均衡。

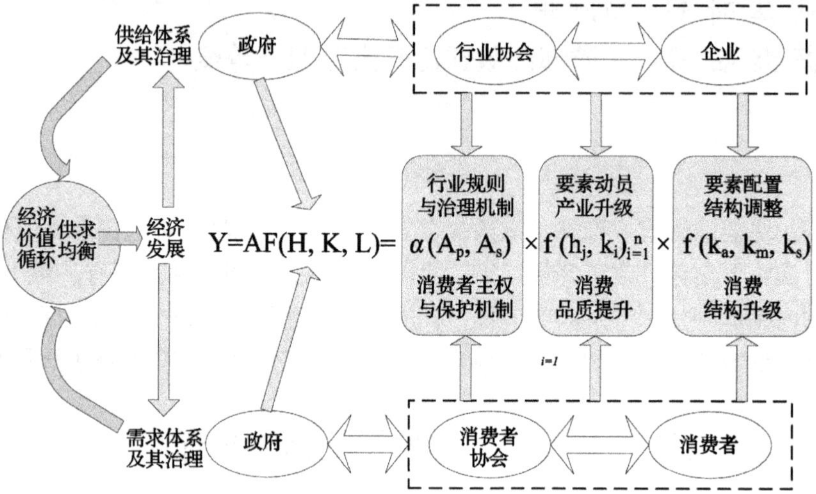

图 1　行业协会在经济发展框架中的功能

具体来说，行业协会在以下几方面对经济发展产生影响。

1. 行业协会通过提供行业规则和治理机制，为维护行业秩序奠定制度基础。一是行业协会代表企业要求政府建立适合行业发展的正式制度框架。行业协会可利用自身的信息优势，通过游说、政治参与等方式对政府制度供给提出行业诉求（对应于 A_p）。二是行业协会在行业内部提供俱乐部式的治理机制，包括行业发展战略和规则制定、行业自律等（对应于 A_s）。这种微观上的行业治理优化将减少经济发展中的各类交易成本，最终将在宏观上形成发展效应。

2. 行业协会通过加快资本深化和动员高层次要素投入，推动劳动密集型产业向资本和技术密集型产业转变。行业协会可以通过三个渠道影响公式 $f(h_i, k_i)_{i=1}^{n}$ 内的要素投入和配置，促进产业发展和提升，提升行业自身的质量和效益。一是可为企业融资提供帮助，加快资本深化进程，进而推动劳动密集型产业向资本密集型转变。二是通过发挥信息优势提高资本配置效率和投资效率，减少无效投资。三是通过提供同业（教育）培训、开办公学、推介行业先进技术等，提高人力资本和技术要素投入，推动劳动密集型产业向技术密集型转变。

3．行业协会通过优化要素在不同组织和空间的配置，推动产业组织结构、三次产业结构和产业区域布局的调整优化。一是通过参与集聚区的规划选址、产业基础设施建设、公共服务平台建设等，推动形成规模效应和集聚效应。二是通过优化要素在不同产业间的配置，推动产业结构向更高层次升级。行业协会可通过行业发展规划对过剩产能实现“挤”的功能，也可通过宣传和引导对企业进入新领域实现“拉”的功能。三是通过优化要素在不同区域的配置，推动产业区域布局调整，获得更为持久的梯度发展效应。

4．行业协会通过提高经济价值循环半径和竞争强度，推动供给和需求在更大范围和更高竞争水平实现均衡。一是通过其自身优势推动经济价值循环半径的提高，发挥协助企业走出去、开拓国际市场的作用，这直接将经济价值循环的半径从国内扩展到全球。二是通过引入全球技术装备，营销和管理技能，协助处理经贸纠纷等，在提高经济价值循环半径的同时提高行业竞争力。

（二）转型和发展过程中的行业协会作用机制变迁

国内很多行业协会是从政府部门演变而来，有必要从经济发展的角度对行业协会演变过程中的职能重心转移，以及对经济发展的作用机制变迁进行考察。

1．“市场－政府”关系维度下的不同行业协会功能定位。研究行业协会对经济发展的作用机制变迁，必须综合考虑体制转轨和经济转型过程。图 2 给出了体制转轨和经济转型轨迹下的不同类型行业协会所在的位置。从政府和市场关系的维度来看，官办行业协会更加接近政府，民办行业协会更加贴近市场，中间是各种中间形态的行业协会。官办和民办行业协会的功能是各有侧重的。以行业治理为例，官办行业协会更多的是提供弥补政府失灵的“市场支持”服务，如产权保护、基础设施等；而民办行业协会更多的是提供弥补市场失灵的“市场补充”服务，如协调企业间的横向和纵向关系，克服市场失序和恶性竞争等。

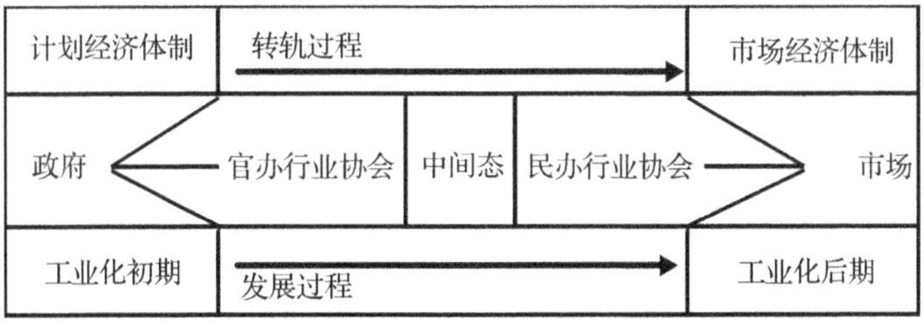

图 2　体制转轨和经济转型轨迹下的不同类型行业协会

2. 行业协会类型转变带来的影响机制变迁。在经济起步阶段，行业协会影响经济发展的具体形式主要是行政手段，随着官办行业协会转型以及民办行业协会出现，行业协会影响经济发展的具体形式从行政命令变成引导式，甚至是企业下单式，行业协会影响经济发展的主要渠道从提供公共治理转向俱乐部式的治理，从直接干预要素资源配置转向动员和引导要素配置，行业协调功能得到强化。

3. 未来行业协会将进一步强化的功能。在进一步“向市场放权，向社会放权”的改革进程中，我国将进一步推进行业协会商会与行政机关脱钩，强化行业自律，使其真正成为提供服务、反映诉求、规范行为的主体，并探索一业多会，引入竞争机制。由此可见，未来行业协会的定位将进一步向市场靠拢，由此将进一步导致行业协会功能重心向市场补充转移。具体来看，诸如配额分配、产能协调等横向协调功能，上下游企业的供给、价格、质量等纵向协调功能，减少信息成本和交易成本功能，制定标准功能都将得到强化。

二、行业协会与经济发展关系的国际比较研究

由于资源禀赋条件、历史文化传统、社会经济体制、发展战略不同，各国经济发展方式及工业化推进路径差异较大，行业协会在经济发展中发挥的作用程度不尽相同。

（一）国外行业协会发展模式及运行机制的比较

根据体制传统和价值理念，可以将国外行业协会分成两种模式，一种是“水平式”行业协会，又称多元主义行业协会，常见俱乐部组织，特点是自愿联合、竞争性、非科层化组织与低覆盖率等，英国和美国较为典型；另一类是“垂直式”行业协会，又称法团主义行业协会，具有强制参与、垄断性、科层化组织与高覆盖率等特点，德国和日本较为典型（见表1）。

表1 发达国家行业协会的类型及特征

模式类型	美国模式（水平式）	德国模式（垂直式I）	日本模式（垂直式II）
影响地区	英联邦、北美	欧洲大陆国家	韩国等亚洲国家
价值理念	自由市场/新自由主义 偏重经济效率	社会市场/法团主义 偏重社会正义	威权主义 兼顾公平效率
法系传统	普通法系	大陆法系	大陆法系

续表 1

模式类型	美国模式（水平式）	德国模式（垂直式 I）	日本模式（垂直式 II）
政会关系	政府不干预 院外集团	政府推动 授权公法协会管理	政府发起、推动参与、辅助决策
协会覆盖率 权威性	一般，不限一业一会	很高，法定一业一会	较高，多见一业一会
协会治理结构	松散、规范性一般	很紧密、规范性强	较紧密、较规范
协会经费来源	全部自筹	自筹为主	有政府资助

资料来源：课题组总结。

1．英美行业协会的运行机制及管理功能。英、北美及澳洲国家行业协会对成员企业的影响主要在于经济方面。这些国家崇尚自由市场，认为只有自由竞争能够带来经济运行的高效率，倾向用市场自律和私人诉讼解决争端，而不是通过行业协会等社会组织进行协调。英、北美及澳洲国家的工业企业较少能够在全国性政策问题上达成一致，并对于国内外竞争者采取统一立场。大企业会员在与政府机构沟通方面可能拥有更为通畅的渠道，往往不经过行业协会而直接与政府机构联络沟通。结果造成在影响这些国家工业经济政策方面，某些行业龙头企业比行业协会更有发言权与影响力。英美行业协会服务于市场经济体系建设，对会员企业没有强制性约束力，会员企业自愿参与或退出。一定规模的行业协会都具有法律、商务、技术、信息等方面的咨询服务功能，促进会员企业进行技术、市场、政策等方面的交流。有的协会还主动承担工业产品或工艺革新、标准认证、技工培训、行业统计和融资担保等业务，并为处理劳资关系提供对策建议。

2．欧洲大陆行业协会的运行机制及管理功能。受法团主义影响，德国等国家法定要求工业企业至少参加一个同业社团组织，同业社团组织在行业管理中具有权威性。欧洲大陆国家行业协会与自由市场国家相比，组织更加严密，功能更加强大，与政府和企业的关系更为密切。首先，从内部治理结构来看，欧陆行业协会不会像英美那样松散，内设机构有一整套杜绝职责交叉与扯皮现象的机制与规范，工作效率较高，甚至成为会员企业法人治理的表率。其次，欧陆国家尤其是德国各类行业协会驱动庞大的社会协作网络，是整个工业经济体系高效运行的根本保障。全国性行业协会基本在主要行政区均设有分支或专业协会，紧密联系同业企业，对企业内部治理和国内外市场拓展均有直接影响。如德国工业联合会下辖 35 个全国性成员协会，领导 153 个州代表处及州以下的

344 个专业协会，末端关联的是 8 万多家工业企业。再次，欧陆国家更多行业管理具体事宜委托行业协会承担，行业协会拥有强大功能并非源自官办性质，而是源自其能够获得政府机构和会员企业的双重信任。

3. 日本行业协会的运行机制及管理功能。日本工业领域的行业协会一般包含同业 90% 以上的企业，具有广泛代表性，能够反映大多数企业诉求。由于发展阶段和社会体制差异，日本行业协会与欧美相比，有一系列特征。首先，日本行业协会的首要功能是在政府与企业之间扮演中介角色，协助政府统筹规划产业发展与产业结构调整。其次，日本行业协会的情报搜集与分析能力在全球范围都是可圈可点的，企业选择加入行业协会的重要考量就是协会信息搜集能力和在政府部门拥有的人脉渠道。再次，大型工业和金融业财团在日本行业协会中发挥较大作用，大财团往往扮演协会领航者角色。日本拥有独特的制造业协作网络，制造业零部件协作企业会加入主制造商所在协会。大财团帮助协会为成员企业提供国内外形势相关情报，协助培训会员企业，按照自身管理规范指导中小企业精细化管理。最后，日本行业协会两极分化较严重。全日本大约有 2 万多家行业协会，由同业中小企业联合而成的协会数量较多、竞争较为激烈、生存较为艰难，基本职能是发挥自律、资金互济、情报搜集等。而真正服务于本行业国际市场竞争优势全面提升的行业协会数量较少，能够向政府机构直接提供对策建议并直接参与政策制定的协会数量更少。

（二）国外行业协会促进经济发展的作用机制及经验教训

西方自由市场国家、社会市场国家、东亚赶超型国家的行业协会，在推动产业结构升级、优化产业布局与组织结构、规范行业竞争秩序、提高国际竞争力方面，都能够发挥较大作用。

1. 无论水平式还是垂直式行业协会均可在推动产业结构升级方面发挥较大作用。发达国家的行业协会，一般采取多种形式介入或参与政府产业发展战略与规划决策。首先，发达国家行业协会经常通过政治参与或影响公共政策形成来争取土地、技术等资源。如美国商会要求各地方分会动员选民向国会议员施压支持延长对华最惠国待遇。其次，发达国家行业协会通过促进共性技术研发，帮助会员企业沿着价值链向高附加值环节延展，直接推动产业升级。如德国弗朗霍弗协会、工业联合会为中小私营企业提供面向商业化推广的应用技术委托研发服务，提高了基础性与共性技术共享范围，显著提升了经济效益。再次，行业协会有意愿承接更多公共职能，通过辅助政府决策促进产业结构升级。如英国行业协会直接参与环境协议谈判，为会员企业提供规制政策知识与环保技术培训。

2. 垂直式行业协会在优化产业组织结构、提高行业集中度方面发挥更大作用。因为垂直式行业协会的覆盖率和组织程度较高，能够协调同业大、中、小微各类企业采取一致性集体行动，在促进同业企业兼并重组方面能够发挥更为直接的作用。如德国工业研究联合会（AIF）包括34个工业部门的96个研究机构，能够协调并明确各会员企业（特别是中小企业）的研发需求，据此协助政府分配公共性研究基金并定期评估应用效果。

3. 垂直式行业协会在优化产业布局、促进区域经济协调发展方面作用较为明显。发达国家组织程度较高的垂直式行业协会擅于利用自身专业与组织优势，为分散的中小企业会员提供有关研发、生产、营销、物流、售后等方面的咨询服务，通过促进中小企业发展直接推动区域经济协调发展。如德国为了加速有较好市场前景的应用技术在中小企业之间传播，组建了工商联合会和地区性技术转让与创新中心等，直接壮大了中小企业协作网络。

4. 各类行业协会采取不同方式规范行业竞争秩序、维护行业长远利益。发达国家行业协会较为强大的监督与自律功能体现在制定并贯彻质量标准上，负责对产品和服务进行严格质量认证与鉴定，全面规范所在行业市场秩序，从根本上杜绝恶性竞争与质量安全隐患对行业长远利益的损害。20世纪80年代，美国实行知识产权发展战略，着力加强行业协会在知识产权立法咨询和保护监督过程中的作用。日本提出“知识产权立国”战略，政府主动修改法律法规优化产业竞争环境，大型行业协会承担起专业咨询服务职责，从根本上巩固了产业结构升级与发展方式转变的成果。在法国和德国协会的推动下，欧盟成立了知识产权和企业协会，负责推广知识产权领域各种培训与研究项目。

5. 发达国家行业协会在提升本国产业国际竞争力方面作用显著。在国际贸易领域，欧美行业协会在制订标准、参与立法、搜集证据、发起调查、提起诉讼等方面积累了大量经验。应对国际贸易摩擦上，美国各类行业协会拥有将个别企业或行业投诉转化为政府间贸易磋商议题的能力，能够寻求在多边贸易体制下解决贸易争端。此外，美国行业协会有意愿和能力抢先制定各类市场准入标准，政府经常借助这些行业标准来设置隐性贸易壁垒或限制。美国约有9万多个标准，其中一半以上由600多家行业协会组织制定，这些行业协会能够提供一整套有偿的高水准标准咨询服务，从而直接创造经济效益。欧盟行业协会拥有通过游说影响国际贸易规则制定的意愿与能力。如“温州打火机事件”就是欧盟打火机行业成功游说欧盟立法机构，在国际贸易规则中嵌入符合自身利益的技术壁垒所致。在面对海外贸易救济调查或司法诉讼时，欧盟各类行业协会积极组织中小企业应诉，指导填写反倾销调查问卷，协调相关企业分摊应诉成本。

（三）国际比较研究的结论

发达国家行业协会在工业发展过程均扮演举足轻重的角色（见表 2）。在促进技术创新、助力产业结构升级方面，无论哪种类型的行业协会都能够发挥作用，就作用机制而言，美国模式更多通过院外游说活动，德国模式更多通过行使行业管理权限，日本模式更多通过影响产业发展规划。在优化产业组织结构、提高行业集中度方面，德国和日本模式下的行业协会功能更为强大，这与其规范的治理结构、紧密的政会关系密不可分。在优化产业布局、促进区域经济协调发展方面，德国、日本垂直式行业协会的功能比水平式行业协会强大，主要体现在组织严密的中小企业社会协作网络、影响政府有关产业布局政策方面。在规范行业竞争秩序方面，水平式与垂直式行业协会的作用机制不同，但功能不分伯仲，美国主要是通过行业协会贯彻知识产权发展战略，德国模式主要是通过行业协会推进行业和欧盟统一市场标准化工作，在这方面日本协会的监督、自律功能发挥得也较为明显。在提升产业国际竞争力方面，美国、欧盟行业协会在发起跨国贸易诉讼、协调解决国际贸易摩擦方面都发挥了较为强大功能。

表 2　发达国家行业协会的功能及对经济发展的作用

模式类型	美国模式（水平式）	德国模式（垂直式 I）	日本模式（垂直式 II）
促进产业结构升级	强 院外活动	强 分担行业管理权限	较强 影响产业发展规划
优化产业组织结构	一般	较强 合同创新体系	强 影响产业组织政策
优化产业布局	一般	强 组织社会协作网络	较强 影响产业布局政策
规范行业竞争秩序	一般 知识产权战略	强 标准化工作	较强
提升产业国际竞争力	强	较强	一般

资料来源：课题组总结。

三、我国行业协会的发展历程及主要作用

改革开放以来，我国行业协会经历了从无到有、从小到大、由体制内生成到体制外发展的历程，在一定程度上支持了经济增长和经济结构调整。

（一）我国行业协会的发展历程

1. 初步发展阶段（1980～1992 年）。1984 年，在机械工业部和电子工业部行业管理体制改革试点中，催生了中国汽车工业协会等一批行业协会。1985 年发布《国民经济行业分类和代码》，为行业协会的组建和发展奠定了基础。1986 年国务院撤销了一批省市行政性公司，改建为地区性行业协会。1988 年成立了一批全国性行业协会。

2. 快速发展阶段（1993～2002 年）。1993 年机构改革中，一批行业经济管理部门改为全国性行业总会。1997 年底经民政部登记的，由各部委主管的全国性行业协会超过 208 家。2000 年 9 个工业管理局改组为 8 个综合性部门协会，国家经贸委授权其代管 259 个二级行业协会。截至 2003 年，全国行业性团体达 25109 家，其中政府组建的全国性行业协会 362 家，工业行业协会 206 家，企业自建的地方同业公会、行业商会 2000 多家。在促进产业结构升级、产业布局优化过程中发挥作用，并推进了国企改革与非公经济发展。

3. 规范发展阶段（2003 年至今）。2007 年国务院《关于加快推进行业协会商会改革和发展的若干意见》强调政会分开原则，指明市场化与民间化的改革方向。2013 年《国务院机构改革和职能转变方案》指出，新成立行业协会可直接向民政部门依法申请登记，不需挂靠业务主管单位，探索一业多会，加速行业协会去行政化。随着对外开放不断扩大，行业协会在支持企业参与国际竞争和维护产业安全中发挥了作用。

（二）行业协会的功能及其在我国经济发展中的作用

改革开放 30 多年来，我国行业协会对经济总量增加、产业结构优化升级和经济发展方式转变起到促进作用，行业协会在破除垄断、纠正负外部性、弥补信息不对称及提供公共品方面发挥了重要作用。

1. 行业协会一定程度上促进了产业结构升级、经济发展方式转变。行业协会通过游说或政治参与等方式介入行政决策，争取有利于该产业发展的资源（包括信贷、土地、科技支持等），促进产业结构升级。行业协会致力于知识产权保护与高技能人才培育，帮助企业在技术、设计、研发、管理、信息、质量

标准等方面提升能力。

2. 行业协会一定程度上促进了产业布局优化和产业集群化发展。伴随全球化进程加快，我国行业协会主动承担为同业集群中小企业提供技术、信息、法律和管理咨询的责任。东南沿海地区（如温台地区）企业自发组建的草根型行业协会，最擅长的是行业情报信息搜集，能够通过建设信息共享机制，促进上下游供应协作网络平稳运行。

3. 行业协会一定程度上促进了行业标准化及知识产权保护。中国知识产权研究会等一批专门从事知识产权保护的专业性行业协会脱颖而出。产业领域行业协会较为重视共性技术、核心技术与配套技术研发及知识产权保护。确保同业自主创新成果及时产权化的同时，努力避免行业内侵权事件与恶性竞争，以不断提高经济发展品质与内涵。

4. 行业协会一定程度上规范了市场竞争秩序、优化了市场诚信环境。行业协会在参与市场监管方面有先天优势，与政府机构相比，他们更加了解同业企业较为复杂的经济活动，能够更为有效、及时地对企业经营全流程实施无缝监管。依托行业协会组织或引导的企业自我监管是市场监管的高级形式，有利于改善市场诚信环境和企业信用意识。

5. 行业协会一定程度上帮助了企业开拓国际市场，提高产业国际竞争力。维权意识和能力较强的行业协会，能够代表行业企业积极应对国外反倾销诉讼。行业协会能够运用自身信息和技术优势，及时拆除掣肘企业拓展国际市场的绊脚石。温州打火机协会等企业自愿发起的、市场内生型行业协会比官办协会作用发挥得更加充分。

四、我国行业协会与经济发展关系的实证研究

（一）数据来源和行业协会特征描述

1. 数据来源。12 个省民政部门调查问卷，涉及各地行业协会数量和构成情况；450 份行业协会问卷（全国性协会 18 份，地方性协会 432 份），涉及行业协会经费、内部建设、功能发挥、政会关系等问题；879 份行业协会企业会员问卷，涉及对所在行业协会各项功能的评价；以及行业协会调查数据，包括 388 个样本，数据更新至 2012 年。

2. 行业协会的基本情况和主要特征。①主管单位发起的行业协会占比很大。“由业务主管单位发起成立”和“由企业自行发起”分别占 47% 和 46% 。②协会资金来源渠道单一。会费和提供服务收入合计占到了行业协会资金来源的 85% 。③大企业主导型行业协会占比较高。约有 50% 的协会最大 4 家会员企

业市场占有率在50%以上，纯粹由中小微企业组成的互助型行业协会较少。④绝大多数协会的领导人由民主选举产生。87.1%的协会领导人是会员民主选举产生的，对行业协会的制度与能力建设起到了积极作用。⑤协会主要从事传统服务。“定期向政府反映会员企业呼声”、“为会员企业培训”、“搜集、发布相关产品或服务供求信息”等传统服务项目，分别占71.6%、60.7%和46.0%。⑥行业自律主要依靠管理制度。“行规行约”和“行业自律制度”分别占77.78%和75.56%。⑦协会通过正规协商渠道影响政府决策。“以协会名义正式向政府提交政策建议”、“协会会长或秘书长直接找政府有关部门协商”占比较高。⑧部分协会积极为政府决策建言献策。三分之二的协会“得到有关部门采纳并对行业发展起到明显的促进作用”，只有8.1%的协会未有过建言献策行为。

（二）行业协会影响经济总量的实证研究

1. 协会数量与经济增长的关系。各省行业协会数量总体呈现逐步增加态势，这与我国经济飞速增长、产业规模不断扩大和专业化分工深化有密切关系。以广东和四川为样本，四川协会数量与GDP呈显著正相关关系（相关系数0.9841）。广东协会数量与地区GDP关系并不明显，相关系数为-0.087。可见，行业协会数量是否与GDP存在正相关关系，与经济发展阶段有一定关系（见图3）。

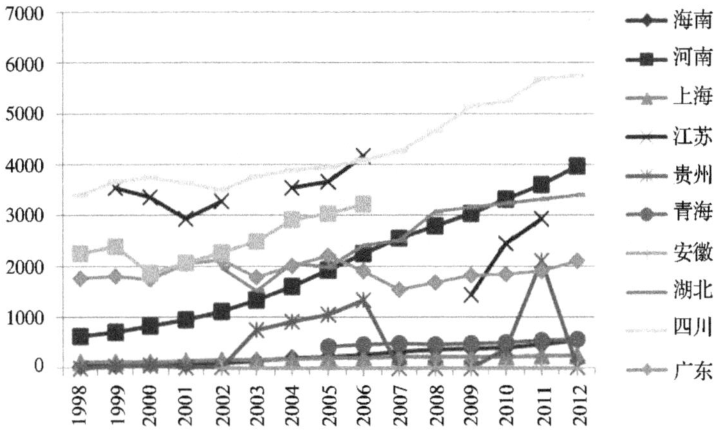

图3 样本省份行业协会数量变化（1998~2012）

回归结果显示（见表3）：①四川协会数量对GDP具有正向促进关系，协会数量每增加8个，GDP约增长1亿元。②广东回归系数为负，但统计不显著，协会数量与GDP不存在明显关系。③使用两地区混合样本数据的回归结果显示，协会数量对 GDP 是负向拖累作用，且统计检验是显著的，协会数量每增加 5 个左右，GDP 就会被拉低 1 亿元。④加入协会数量的平方项再使用混合样本回归，结果显示，协会数量的平方项系数为正，而协会数量的系数为负，且都通过了 1% 显著水平的统计检验，表明协会数量与 GDP 呈现倒 U 型关系。

表 3　协会数量与地区 GDP 回归结果

	(1)	(2)	(3)	(4)
	四川	广东	全部	全部
协会数量	8.202***	-7.485	-4.897*	41.23***
	(0.410)	(25.84)	(-2.45)	(10.36)
协会数量的平方				—
				0.0126***
				(0.00038)
Constant	-25,535***	42,677	34001.1***	87,161***
	(1,792)	(49,427)	(4.92)	(16,024)
Observations	15	13	28	28
R-squared	0.968	0.008	0.1871	0.460

Standard errors in parentheses, *** $p<0.01$, ** $p<0.05$, * $p<0.1$

结论 1：协会数量与 GDP 呈现倒 U 型关系，地区经济发展水平较低时，行业协会数量与经济增长呈显著正相关关系；地区经济发展水平较高，社会组织相对饱和、成熟度相对稳定时，协会对经济发展的影响不再表现为数量增加，而更侧重于行业协会内外部治理制度的健全、各项功能的充分发挥等。

2. 协会活动与企业产值。从微观层面来看，协会与经济总量的关系表现为行业协会活动情况与会员企业产值的关系。我们用协会经费来代表协会活动，以会员企业产值为结果变量，以自然对数处理，消除两变量数量差距，进行普通回归和分位数回归。

普通回归结果显示（见表 4、表 5），协会经费每增长 1%，会员企业产值就增多 0.8%。分位数回归结果显示，四分位的前三个分位的回归结果差异不大，自变量 Log（协会经费）的回归系数显著为正，协会经费增长 1%，企业产值增长 0.8% ~1%。但最高分位数的回归结果则变为负值，且在 5% 的显著水平下通过检验。这意味着对企业产值大到一定程度的企业来讲，协会经费增多，反倒对企业产值起到负向作用，协会经费增长 1%，企业产值降低 0.8%。进一步将 Log（协会经费）的平方项加入回归，平方项的结果在普通回归和分位数回归中均不显著，这表明倒 U 型特征的微弱性，与我国所处转型阶段有关。

表4 企业年产值和协会会费回归结果（1）

VARIABLES	普通回归	分位数回归			
	Log（企业产值）	q25	q50	q75	q01
Log（协会经费）	0.823***	1.002***	1.099***	0.825***	-0.800**
	(0.0619)	(0.0488)	(0.0621)	(0.0296)	(0.387)
Constant	8.471***	6.215***	8.146***	10.39***	5.213***
	(0.188)	(0.116)	(0.313)	(0.113)	(1.257)
Observations	764	764	764	764	764
R-squared	0.188				

Standard errors in parentheses, *** $p<0.01$, ** $p<0.05$, * $p<0.1$

表5 企业年产值和协会会费回归结果（2）

VARIABLES	普通回归	分位数回归			
	Log（企业产值）	q25	q50	q75	q01
Log（协会经费）	0.791***	0.874***	0.884***	0.878***	-1.172***
	(0.162)	(0.225)	(0.264)	(0.0923)	(0.296)
平方项	0.00596	0.0389	0.0298	-0.0120	0.121
	(0.0282)	(0.0588)	(0.0346)	(0.0238)	(0.0794)
Constant	8.497***	6.215***	8.412***	10.42***	5.239***
	(0.225)	(0.0807)	(0.398)	(0.114)	(0.502)
Observations	764	764	764	764	764
R-squared	0.188				

Standard errors in parentheses, *** $p<0.01$, ** $p<0.05$, * $p<0.1$

结论2：协会经费与会员企业产值呈现倒“U”型特征，表明随着协会经费增多，会员企业年产值呈现上升—下降—上升的趋势规律。在协会发展初期，协会经费增长1%，企业产值增长0.8%～1%；由于我国协会经费主要来源于会员企业缴纳的会费，随着缴纳会费的增多，会员企业的正常运营可能会受到一定影响。行业协会需不断完善功能，为会员企业提供更为完善的服务，使企业创造出更多的产值。

（三）行业协会在经济结构调整中的作用

1. 推动建立标准体系和产业联盟，促进产业结构升级。一是制定国际和国家标准。仅有2.4%的协会参与制定过国际标准，25.6%参与制定过国家标准（可能两项标准都参与过），超过60%的企业未参与制定过任何标准。从党政相关机构脱钩而来的协会在参与制定标准上作用相对较大。二是开展标准检测或产品认证。26.5%的协会帮助会员企业参与国家或地区行业检测与认证，但有接近55%的协会没有检测认证职能，也未向会员提供相关服务。目前行业协会在标准检测或产品认证方面发挥作用不够。三是开展从业资质、技能等级认定工作。有超过50%的协会从未参与从业资质、技能等级认定，20%左右的协会是自行组织从业资质、技能等级认定工作，另有20%左右的协会是政府授权的认定机构。四是形成联盟或协作关系，促进技术创新。近40%的协会并未组织结成协作平台或联盟，近20%的企业形成了投融资和担保平台，结成研发技术联盟的协会不足8%（见表6）。整体上看，我国行业协会在制定标准上的主导性不强，在搭建企业平台、构建协作关系上仍有欠缺，这影响到企业运营和结构调整升级。

表6　不同类型的行业协会组织企业联盟和协作关系情况（%）

指　　标	全部样本	从党政相关机构脱钩而来	由业务主管单位发起成立	由企业自行发起	其他
1. R&D技术联盟	7.33	0	6.67	8.70	5.88
2. 投融资或担保平台	19.78	15.38	16.19	23.67	23.53
3. 统一采购标准、供应商体系	8.22	0	8.57	8.21	11.76
4. 共用物流网络、库存基地	5.78	0	6.67	5.31	5.88
5. 统一营销网络、服务标准	18.22	0	19.52	17.87	23.53
6. 统一制造体系、工艺标准	9.33	7.69	10.48	8.70	5.88
7. 其他	15.11	23.08	15.24	13.53	29.41
8. 没有结成协作平台或联盟	39.56	61.54	41.90	36.71	35.29

注：此为多选项，最多选择3项。

2. 协助企业兼并重组，优化产业组织结构。通过协助企业兼并重组，利于提高产业集中度，推动大中小企业分工协作，实现产业组织结构优化调整。协会起到的作用主要是提供信息服务和政策协调两项，分别占到78%和59.8%，只有14%的协会向会员企业推荐中介机构（见表7）。从党政相关机构脱钩而来的协会相对更倾向于向会员企业推荐中介机构，由企业自行发起的协会在为会员企业提供信息服务和融资担保服务上作用更为突出。

表7 不同类型的行业协会协助企业进行兼并重组情况（%）

指　　标	全部样本	从党政相关机构脱钩而来	由业务主管单位发起成立	由企业自行发起	其他
1. 为会员企业提供信息服务	78.00	76.92	77.73	79.61	76.47
2. 为会员企业提供政策协调	59.78	46.15	61.14	60.19	58.82
3. 向会员企业推荐中介机构	14.00	30.77	15.64	11.65	11.76
4. 为会员企业提供融资担保服务	11.56	7.69	8.53	15.53	5.88
5. 帮助会员企业出境兼并重组协调使用外汇问题	0.89	0	0.47	0.97	5.88
6. 与国内被兼并企业所在地区的政府或行业协会沟通	10.00	0	11.37	9.22	11.76
7. 其他	4.22	7.69	4.74	3.40	5.88

注：此为多选项，最多选择3项。

3. 制定标准和规则，规范行业竞争秩序。在制定标准方面，我国协会仍难起到主导性作用。在维护市场竞争秩序方面，多数行业协会采取措施来维护市场秩序，只有16.4%的协会没有专门措施维护市场秩序。主要方式为“出台自律规章规范会员企业市场行为”，占到73.1%；其次为“采取措施抵制同业低价恶性竞争”，占到42.2%。帮助会员企业应对外资恶意并购的协会占到12.7%，而针对行业突发信用危机制定预案的协会仅为10%。我国行业协会在维护市场竞争秩序方面主要采取规章制度方式，针对市场中出现的无秩序现象，既缺少预案，也缺少专门的应对措施。

4. 帮助企业开拓国内外市场，增强企业竞争力。一是组织开拓国内市场。协会组织企业开拓国内市场使用最多的三项措施是为会员企业维权（69.6%）、组团到全国各地参会（55.8%）、协作会员企业处理纠纷（50.9%）（见表8）。从党政相关机构脱钩而来的协会在组团到全国各地参会、建立市场供求信息平台和搭建统一流通或营销平台等方面热情更高，但在协助会员企业维权或处理纠纷方面相对较弱。二是帮助企业参与国际竞争。协会主要“为会员企业走出去、引进来提供信息服务”，占65%。紧接的两项为带企业参加展会和博览会、在本土主办博览会，分别占25%和19%。在跨国纠纷问题上，协会表现欠佳。从党政相关机构脱钩而来的协会“在本土主办本行业的国际博览会”发挥作用更为突出，而由企业自行发起的协会在处理纠纷方面发挥更大作用。

表8　不同类型行业协会服务会员企业参与国际竞争情况

指　　标	全部样本	从党政相关机构脱钩而来	由业务主管单位发起成立	由企业自行发起	其他
1. 帮助会员企业解决跨国贸易摩擦与纠纷	4.22	7.14	2.38	5.39	12.5
2. 协助会员企业迎战国际反倾销诉讼	3.11	0	3.33	3.43	0
3. 协助会员企业进行跨国知识产权诉讼	1.78	0	2.86	0.98	0
4. 帮助会员企业解决外汇储备方面问题	0.67	0	0.48	0.98	0

续表 8

指　　标	全部样本	从党政相关机构脱钩而来	由业务主管单位发起成立	由企业自行发起	其他
5. 带领会员企业海外参加专业展会、博览会	24.67	28.57	22.86	26.47	31.25
6. 在本土主办本行业的国际博览会	18.67	35.71	18.57	18.14	18.75
7. 为会员企业走出去、引进来提供信息服务	64.67	71.43	68.10	61.76	75.00
8. 其他	7.33	7.14	6.19	8.82	6.25

注：此为多选项，最多选择 3 项。

综上，我国行业协会通过推动建立标准体系和技术创新联盟，鼓励引导企业兼并重组，制定行业标准和市场竞争规则，通过帮助企业开拓国内外市场等，在促进产业结构升级、产业组织结构优化、规范行业竞争秩序，增强企业的国际竞争力等方面发挥作用。

（四）行业协会与经济发展的关系：基于协会功能实现角度

1. 分析方法。我们通过问卷设计对行业协会功能加以定量刻画。确定了 7 个绩效维度（见表 9），对相关数据进行了标准化，采用算术平均数来计算各绩效维度的分值，通过因子分值系数矩阵对指标进行加成，形成四个分项指标和一个综合指标，最高分为 10 分，最低分为 0 分，数值越大表明行业协会在该功能方面发挥的作用越大。

表 9　不同绩效维度的题项构成

行业治理	行业治理一	制定行业标准
		出台自律规章规范会员企业市场行为
		制定专门措施维护本地行业市场秩序
		制定并监督执行本行业的职业道德准则
	行业治理二	定期开展行业内部检查
		定期召开会员企业会议
		指导会员企业节能减排

续表 9

促进产业结构升级	产业升级一	为企业提供管理和技术研发咨询
		指导会员企业技术创新
		组织科技成果推广
	产业升级二	指导会员企业调整产品结构
		帮助企业获得产品认证
		为企业生产管理提供指导
促进产业组织结构优化		防范或对抗针对会员企业的恶意并购
		指导会员企业兼并重组、做大做强
改善政企关系		定期向政府反映会员企业呼声
		主动联系会员企业了解他们的需求
		向政府建言献策发挥了实质影响
		及时向会员企业传达政府政策
帮助企业走出去（提高国际竞争力）		组团到外地或国外参加展销会
		帮助会员企业解决跨国贸易摩擦纠纷
		为会员企业走出去引进来提供服务

2．分地区和产业的行业协会功能绩效比较。为了考察行业协会在不同地区和产业领域的功能发挥情况，分别计算了东、中、西地区和三次产业的绩效得分（见图4），并得出结论3－5。

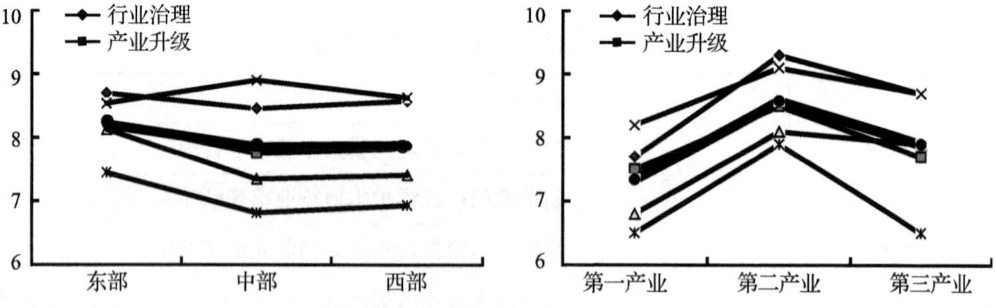

图 4 不同区域、不同产业行业协会功能发挥评价比较

结论3：东部地区的五项行业功能绩效指数普遍高于中西部地区，中西部地区之间的差距不明显。行业协会发挥作用大小排序为：行业治理和改善政企关系、产业结构升级、产业组织结构优化、服务企业走出去。东、中、西部地区改善行业治理的功能绩效指数分别为8.7、8.5和8.6，促进产业结构升级的功能绩效指数分别为8.2、7.8和7.8，促进产业组织结构优化的功能绩效指数分别为8.1、7.3和7.4，维护政企关系的功能绩效指数分别为8.5、8.9和8.6，服务企业走出去的功能绩效指数分别为7.5、6.8和6.9，综合指数分别为8.2、7.9和7.9。

结论4：行业协会功能发挥排序依次为第二、第三、第一产业。三者均在行业治理和改善政企关系方面发挥较大的作用，其他领域作用发挥较小。在服务企业走出去方面，第三产业行业协会受到的评价最低。第一、二、三产业行业治理的功能绩效指数分别为7.7、9.3和8.7，促进产业结构升级的功能绩效指数分别为7.5、8.58和7.7，促进产业组织结构优化的能绩效指数分别为6.8、8.1和7.9，维护政企关系的功能绩效指数分别为8.2、9.1和8.7，服务企业走出去的功能绩效指数分别为6.5、7.9和6.5，综合指数分别为7.3、8.6和7.9。

结论5：行业协会功能发挥与经济发展水平和工业化阶段直接相关，经济发展水平越高，行业协会功能发挥越好。

3. 职能发挥指标与经济发展之间的关系。将职能发挥指标与不同地市的人均GDP数据结合起来研究，共确定64个地级市712份有效样本，通过计量分析得出结论6。

结论6：除行业治理绩效指标与人均GDP之间的关系较为平稳外，其他四项职能绩效指标与人均GDP水平存在相关关系（见图5），产业结构升级绩效指标和产业组织结构优化绩效指标都存在加速上升的过程，加速期对应的人均GDP水平分别为3万~5万元（按当前汇率计算分别为4700美元~8300美元，下同）和4万~8万（6300美元~13000美元），从服务企业走出去职能与人均GDP之间的关系来看，在人均GDP达到4万至8万元（6300美元到16000美元）时相对平缓，此前是加速期，之后再次进入强化期。2012年我国人均GDP约为3.8万元（6000美元），根据上述五项绩效指标与人均GDP之间的关系，行业协会促进产业结构升级和服务企业走出去职能仍处于强化阶段。在打造中国经济升级版中，行业协会应在产业结构升级和产业组织结构优化中发挥重要作用，行业协会在服务企业走出去方面仍然大有可为。维护政企关系绩效指标与人均GDP之间的关系则表现出某种程度的倒U型关系，特别是当人均GDP接近10万元（16000美元）之后，该项职能的重要性将有所降低，这可能与更高发展阶段市场作用增强和政府职能转变有关。

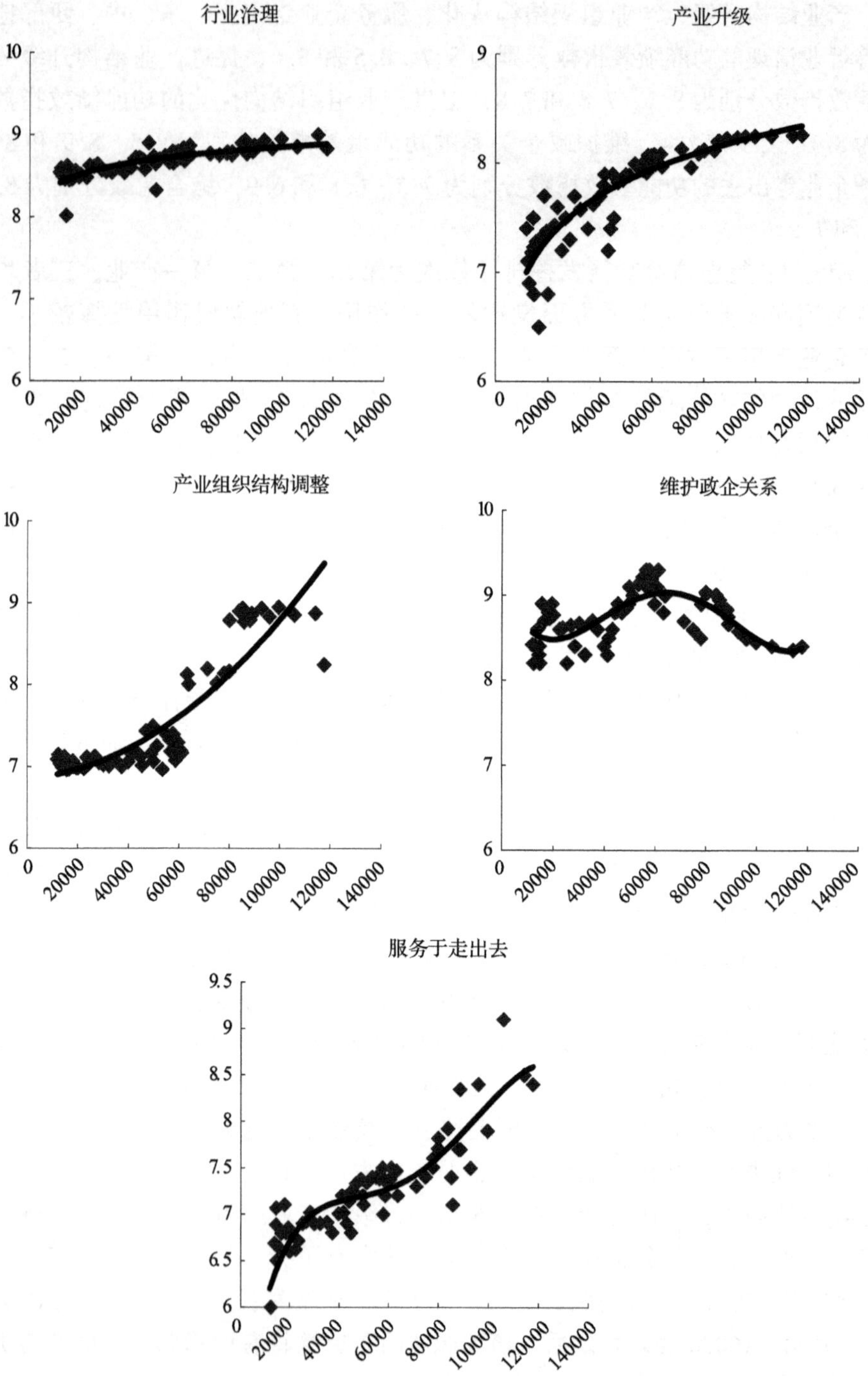

图 5　人均 GDP 与行业协会功能绩效指标的关系

五、行业协会在促进经济发展中存在的问题及原因分析

（一）当前行业协会在促进经济发展中存在的问题

当前，我国行业协会在提高经济总量方面的作用有减弱趋势，在优化经济产业结构方面的功能发挥略显迟滞，在改善经济发展质量与水平方面的作用亟待加强。

1．参与发展战略制定、促进产业升级等方面的功能尚待加强。通过问卷调研发现，行业协会在协调产业技术联盟、投融资担保、联合研发平台、零部件协作网络建设方面“力不从心”，意愿和能力都较弱。不同类型行业协会的内部协调与服务功能差距也较大，多数正常运转的协会都能够给企业提供的信息情报服务，但是其他方面的服务项目较为缺乏，而且及时性不够、技术含量较低。我国很多行业企业兼并重组是由政府“拉郎配”形成的，行业协会推动产业兼并重组方面的功效微乎其微。

2．政府、行业协会、企业通力配合的知识产权保护体系亟待完善。行业协会普遍能够提供较基础、较低端的信息类服务，而那些拥有市场前景的、高端知识与技术服务因协会能力不足而无法提供。很多标准化与知识产权相关的衍生服务仍处于空白状态，知识产权保护仍呈现碎片化、分散化局面。

3．优化产业布局、促进大中小企业协调方面的功能尚待提高。据不完全统计，我国会员企业一般不超过同业企业总数的四成，整体覆盖面过窄是导致行业协会掌握企业信息不够充分，难以在开拓国内外市场中发挥协调功能的主要原因。与国外相比，我国行业协会的初创和运行对大企业都有较大依赖性。

4．维护行业竞争秩序方面的觉悟与能力有待进一步提升。通过调研发现，某些主管部门仅把行业协会作为命令上传下达的“传话筒”，没有正视行业协会作为社会主体能够发挥自律与自我监管功能。行业协会没有得到充分的法律或行政授权，协会和会员企业对协会承担监管职责的“合法性”缺乏共识。多数行业协会缺乏有效管理团队，尤其是具有丰富实战经验的专家。

5．在解决国际贸易纠纷、服务企业“走出去”方面有较大的作用提升空间。总体来看，我国行业协会在协助企业跨国处理贸易纠纷问题上，反应迟钝、表现欠佳，实际上放任了国际贸易纠纷与摩擦对个别中小产业集群的市场打击。在服务企业“走出去”方面毫无建树，导致同一领域几家企业在海外“打架”，影响企业声誉乃至对中国企业的整体评价。

（二）制约行业协会在经济发展中发挥作用的原因分析

过去30多年，我国行业管理体制改革侧重于对政府行业管理部门的改革和调整，对行业协会的体制改革则重视不够，陷入了“行业协会管理能力不足—政府部门无法放权—行业协会管理水平难以提升—在经济发展中不能有效发挥作用”的循环圈。

1. 各类行业协会都还不能积极有效地发挥作用。改革开放至今，我国形成的官办型、大企业主导型和中小企业互助型三类行业协会，目前都还不能积极有效地发挥行业管理进而促进经济发展的作用。一是从政府机构演化而来或由主管部门发起成立的官办型行业协会。一般都依托于某一政府职能部门，保留着浓厚的官方或半官方性质，这类行业协会联系政府的功能强，但服务企业的功能弱。二是中小企业互助合作型行业协会。这类行业协会确实是独立的社会中介组织，但由于历史原因，对整个行业和会员企业发展状况缺乏总体把握。三是大企业主导型行业协会。这类行业协会受传统意识影响，协会领导者往往从企业本位利益出发，缺乏整体观念，在制定行业发展规划或对应对重大问题决策时很难达成共识并采取集体行动。

2. 存在制约行业协会发展及发挥作用的体制机制问题。一是政府职能转变不到位，政会分开不彻底，主管部门直接干预行业协会，政府职能向行业协会转移迟滞；二是行业协会存在行政化、垄断化倾向，大多实行“一业一会”，缺乏更为灵活的竞争机制；三是行业协会在组织上、经费上缺乏自主性，部分行业协会面临经费困难的压力，不得不将主要精力放在有偿服务与创收上，有违办会宗旨；四是行业协会内部治理和外部监督机制不完善，影响其执行力和社会公信力；五是行业协会覆盖范围狭窄，代表性不够，体制内行业协会与体制外行业协会无法接轨与融合；六是行业协会专职人才尤其是年富力强的复合型人才匮乏；七是行业管理法律法规不健全，影响管理组织体系建设，一方面，协会管理职能不是直接来自法律规定，而是取决于政府的主动退出与让渡；另一方面，地方垄断性行业协会独立于全国性协会而存在，造成行业全局信息搜集与协调链条断裂，影响协会在行业管理与经济发展中发挥作用。

3. 缺乏引导行业协会积极有效发挥作用的评价制度和激励约束机制。对于行业协会在行业管理方面发挥的作用与效果，没有统一评价标准与功能绩效监督、考核、问责制度，政府资助支持未能与功能绩效挂钩。由此造成行业协会缺乏参与行业管理的动力与压力，并为部分协会利用所掌握资源及与政府的密切关系为自身谋取额外利益留下了空间。

六、促进行业协会在经济发展中积极有效发挥作用的建议

围绕我国转变经济发展方式、实现经济持续协调健康发展的战略需要，加快消除制约行业协会发展的体制机制问题，建立行业协会功能绩效评价考核和激励约束机制，并建立健全政会合作的长效机制。

（一）加快消除制约行业协会发展及发挥作用的体制机制障碍

1. 分类推进体制内行业协会改革。社会团体类行业协会纳入社会团体登记管理范围，在职能、机构、人员、资产和财务等方面与政府机关彻底脱钩，不得承担行政职能；办事机构不得与政府机关处室、事业单位合署办公；在职公务员不得在行业协会兼任领导职务；现有国有资产要明确归属。管理类行业协会要明确法律授权或委托关系，明确政府与行业协会的职能分工，强化公益服务属性。专业经济类行业协会中以行业自律、代表、服务、协调职能为主的协会应向社会团体转变，与政府脱钩，做到机构分设、人员分离、职能分开、财产分割；以经营服务为主的协会应转为经济实体或社会中介，并同步实施转企改制；职能弱化或消失的协会应及时撤销，收回编制；由政府机构改革中撤销的国家局演变而来的协会，不应承担制定和组织实施行业发展规划、产业政策、执法监督、行政许可等行政职能，按只出不进原则管理人员编制。

2. 加快推进政会分开。加快转变政府职能，将适宜行业协会行使的行业标准制定、同业竞争规范、行业对外经济技术交流及反倾销应诉、行业统计、质量认证、行业资格审查及职称评审、市场准入资格认定、许可证发放等职能转移给行业协会。建立行业协会依法、有序承接政府转移或委托职能的工作机制，避免政府对行业协会的不当干预。加快推进挂靠行政管理部门和具有一定行政职能的行业协会从人员、场所、经费等方面彻底脱钩（“三脱钩”），实行“五自四无”（即自愿发起、自选会长、自主会务、自筹经费、自聘人员，无行政级别、无行政事业编制、无行政业务主管部门、无现职国家机关工作人员兼职）。

3. 大力推进社会组织去行政化、去垄断化。探索“一业多会”，通过引入竞争机制，增强自主性和活力。改进行业协会登记管理办法，将业务主管单位改变为业务指导单位，减少对行业协会成立、变更和注销的前置性审批以及对人财物的直接管理。改革行业协会由登记机关和业务主管部门管理的“双重管理”体制，设立行业协会发展委（局）等机构，将行业协会划归到统一的主管单位管理；主管单位只对行业协会进行合法性审查和依法进行监管，不干涉具

体业务。条件成熟时取消行业协会的双重管理体制。

4. 完善扶持行业协会发展的制度与政策体系。各级政府应将行业协会发展列入国民经济和社会发展规划，形成与地方经济社会发展相适应的行业组织体系，并完善政府购买行业协会服务的制度。多渠道开辟行业协会的资金来源，鼓励企业等经济组织对行业协会的公益性捐助。设立行业协会发展专项资金，资助协会用于技术开发、培训、市场推广（会展）、信息咨询、经济技术合作、贸易诉讼等公共服务领域。行业协会用于自身发展且经核准收取的会费收入、社会捐赠、政府资助和不以营利为目的的服务性收入，免征营业税和企业所得税。

5. 加强行业协会职业队伍建设。改变党政部门退休领导干部在行业协会担任领导职务的惯例，认真执行换届选举制度，推举行业内有代表性、影响力和社会责任感的企业家担任协会负责人。健全行业协会劳动人事制度，全面实行劳动合同制，解决协会工作人员社会统筹保险、医疗保险、职称评定等问题。引导协会队伍向年轻化、专业化、职业化方向发展，注重老中青相结合，吸收行业专家、业务骨干到协会工作。

6. 加强监督以提高行业协会公信力。建立自律与他律、问责与监督相结合的多元化社会监督体系。强化以章程为核心的协会内部管理制度，健全会员大会、理事会制度，完善法人治理结构，防止内部人控制。加强对协会的财务审计监督，要求定期以报告形式向社会公开财务、管理等方面信息。完善公平竞争、失信惩戒和自律保障机制，推动行业协会规范、公开、高效、廉洁办事。支持和指导协会制订并组织实施行业职业道德准则，推动行业诚信体系建设。

7. 扩大行业协会的覆盖面和代表性。主动顺应我国混合所有制经济发展趋势，吸收不同所有制企业入会，加快实现行业协会由主要代表国有企业向代表不同所有制企业的转变，引导现有行业协会朝着跨系统、跨所有制、跨区域的多元方向发展。将国资委管理的十大行业总会及其261家全国性二级协会移交工业和信息化部，为其代表不同所有制企业提供社会合法性。推动体制内行业组织转型及与体制外行业组织融和，加强各类行业组织之间横、纵向联系。探索行业协会与商会对接的有效形式，将代表中小企业的行业商会纳入行业协会体系。

8. 加快培育和发展一批新型行业协会。结合产品结构和产业结构升级方向，加快培育一批能够代表产业发展方向并积极参与行业自律和行业管理的新型行业协会。结合行业技术经济特点，加快培养一批制度完善、运作规范的企业互助型行业协会，引导其在规范市场竞争秩序、优化产业组织结构及增强产业国际竞争力方面发挥更大作用。

9. 完善行业管理法律法规体系。加快行业协会统一立法，提高立法层次。制定《行业协会法》，明确其在行业治理中的主体地位、基本职能、管理权限、运作方式、会员权利与义务等内容。完善行业协会法规，设定行业协会成立门槛、组织规范、法律责任等，形成保障行业协会健康有序发展的法律法规体系。从法律上明确行业管理权限及行业管理权限在中央和地方之间的划分，明确全国性行业协会与地方性行业协会之间的关系。

10. 建立行业协会绩效评价制度和激励机制。完善评价标准与评价制度，由政府部门和会员企业对行业协会年度工作绩效进行综合评价，并将评价结果作为政府支持的依据。加强对尚未成功转型的体制内行业协会的绩效考核与问责，建立行业协会退出机制。加强引导体制外行业协会发展，畅通参与行业治理的渠道，健全激励机制。

（二）进一步明确行业协会发挥作用的着力点

1. 引导行业协会在促进产业结构升级中有效发挥作用。围绕产业发展中战略性、前瞻性、综合性的重大问题，组织开展课题研究，为制定实施行业规划、产业政策、行业标准等提供有力支撑。运用行业协会平台整合行业资源，协调共性技术、关键技术和配套技术研发，推广应用先进适用技术和工艺设备，提高行业技术进步和管理创新水平。积极为企业提供经济信息、技术创新和管理咨询服务，帮助企业提高劳动者素质，改善经营管理。

2. 引导行业协会在优化产业组织结构方面有效发挥作用。加强信息服务和交流平台建设，引导行业内企业兼并重组，形成行业内大、中、小企业之间分工合理、优势互补的配套协作关系，提升产业组织效率。

3. 引导行业协会在优化产业布局和促进区域经济合作中有效发挥作用。鼓励行业协会在区域合作中发挥协同作用，打破行政区划瓶颈，制定区域行业发展规划，探索区域资源整合。引导企业之间、地区之间的横向经济联系与合作，建立公共服务平台，指导和引导企业进行跨地区、跨行业、跨所有制重组。

4. 引导和敦促行业协会在维护行业秩序中有效发挥作用。建立健全行业自律管理制度，组织制定“行规行约”并监督实施，防止同业恶性竞争，维护市场秩序。严格防范借行业协会、商会之名，行使垄断市场、扰乱市场秩序等不法行为。

5. 引导行业协会在支持企业参与国际竞争和提高产业国际竞争力中有效发挥作用。建设行业公共服务平台，组织国内企业尤其是中小企业开展国内外经济技术交流与合作。建立行业损害预警机制，在维护产业安全中发挥协调、组织、服务作用。加强行业管理、自律和对外协调，规范会员企业的贸易和投资行为。通过在海外设立分支机构或开展针对性服务等方式，协调本行业走出去企业在海外实现产品差异化、市场错位化发展，减少同业企业在海外市场的摩擦，维护我国企业国际形象。

（三）加快建立政会合作的长效机制，为行业协会联系政府、服务企业、促进行业自律提供制度保障

建立行业协会参与政策制定的征询机制，政府在出台行业发展战略、规划、政策、标准、技术法规前，认真听取和征求行业协会意见和建议。加快建立政府与协会之间制度化、规范化的工作机制。建立常规化的信息交流制度，针对行业发展中的重大问题，及时组织召开协会座谈会，沟通情况和动向，研究提出政策措施。加强和改善协会信息报送机制。支持和帮助协会完善统计分析、研究、协调等基础性工作体系，不断提高行业协会综合工作能力与水平。

部委级二等奖

对恢复关贸总协定缔约国地位的效应分析和对策建议

主要完成单位：国家计委经济研究所
主要完成人：王积业　张立群　武士国　王　建　王纪伟
胡春力　杨小兵
获奖时间：1993年
获奖名称：国家计委科学技术进步二等奖

重返关贸总协定将对中国的体制模式、经济增长以及发展战略选择等方面产生广泛的影响，充分认识“入关”效应，有针对性地选择政策措施，具有重大现实意义。

一、“入关”对经济体制和进出口贸易的影响

1. 现行贸易体制与关贸总协定的差距。关贸总协定是一个以市场经济为基础的多边国际协定，按照自由贸易原则统一调整大多数国家之间的经贸关系。与关贸总协定的原则比较，我国除关税税率偏高之外，更主要的是体制方面的差距。表现在：①市场发育不完善，比价关系还不能完全反映供求状况，市场环境对于不同企业存在着明显差别。市场约束企业经营，调节资源配置的机制还不健全。②外贸活动中非市场的因素较多，一部分进出口还实行计划管理，外贸企业受计划管理的限制还很多，外贸经营权下放不够，大多数企业还没有外贸经营权。由于地区间政策的不一致，外贸政策在全国还缺乏统一性和透明度。③许可证数量限制涉及的方面过宽，进口审查制度偏严，特别在机电产品方面更为突出。

2. 主要减让内容。根据关贸总协定工作组的谈判情况，我国在减少数量限制、增加贸易管理和贸易政策透明度方面要做出一定的让步：①在1995年前减少2/3的进口许可证。②增加透明度，包括公布五年和年度计划中与进口有关

的数字，公布许可证审批的程序、主管部门和主管人员等。③统一地区间的贸易政策。④加快价格改革进程，提出价格改革时间表，尽快形成一套市场化的价格形成机制。这些变化将直接对我国的进口管理制度以及国内经济体制产生影响。

3. 减让影响分析。“入关”减让将导致我国的关税总水平大幅度下降，关税的屏障作用将明显弱化，这是90年代进口管理体制面临的一个新的因素。然而，更为重要的是，在实际进口中起着主要调控作用的一系列非关税措施，如进口计划、许可证管制、进口审批、外汇管制和外贸经营权等行政性管理和数量限制，将被迫或主动进行相应的管理方式转换和增加透明度。从长远看，这些减让有助于我国外贸体制向国际规范化方向行进。但从短期看，它将对我国在80年代中期形成的某些进口替代特征突出的贸易政策产生冲击。概括地讲，我国商品和劳务出口条件的改善有限，而进口管理体制面临很大压力。

4. 市场调节作用的不断上升对进口体制的要求。1991年，我国非全民所有制经济占国民生产总值的比重已上升到60%左右，占社会商品零售总额的比重已达60.4%。目前国家计委下达的指令性计划的产品产值只占工业总产值的11.6%，市场调节的比重则不断扩大。在农副产品、工业消费品零售价格和生产资料出厂价格中，市场调节的部分已分别占到77.8%、79.1%和64.0%。与经济体制的上述变化相比，我国的进口管理制度和方式已经不大适应。例如，对组装生产线的重复引进和建设不是靠市场进行调节，而是借助于直接的进口数量限制；同时在引进过程中，不是根据国内市场的供求状况，而是从安排生产的角度加以管理。在限制生活消费品进口和鼓励生产资料进口方面，主要靠行政手段、数量限制进行管理，而不是以关税、汇率等市场手段进行调节。因此，针对目前国内的体制格局，特别是根据建立社会主义市场经济的要求，进口管理制度和政策也必须加以调整。

5. 对国内体制改革的推动。“入关”减让在一定程度上与国内体制改革特别是进口管理制度的调整要求是一致的，主要表现在：从行政手段为主转向市场手段为主，从着眼于生产计划转向着眼于市场供求。进口管理要更加适应市场经济体制的要求。这既是“入关”对外贸体制的影响，也是国内建立社会主义市场经济的需要。因此，“入关”对外贸体制的影响以及对整个经济体制的影响，与我国90年代的改革方向是一致的。从外贸体制和价格改革及完善市场环境等方面看，“入关”将加快国内改革的进程。

6. 90年代的进口需求。在新的进口管理体制下，进口总量和结构将更多地受国内市场供求关系的影响，国际收支状况仍将主要受制于国内总量平衡。90

年代，国内对进口的需求十分旺盛，主要有以下几方面：①对新型消费品的需求。到1991年底，我国居民的结余购买力已达1.16万亿元，相当于1991年社会商品零售总额的123%。按照90年代计划规定的国民生产总值增长速度，到2000年我国人均GNP与日本1970年时相仿，消费水平和消费结构将拉动以家用汽车、高档家电产品为主的新型消费品工业的快速增长。限制我国居民消费结构变化的主要问题，除了收入水平低和有效支付能力不足外，还有以高新技术为主要生产手段的新型消费品的供给不足。因此，90年代国内市场对某些新型消费品的需求潜力是很大的。以家用汽车为例，日本1965年时每千人拥有22辆小轿车，我国在2000年时如达到这一水平，社会私人轿车拥有量相当可观。国内如此巨大的潜在需求将对我国汽车工业发展产生强有力的拉动。限于我国外汇支付能力现状和产业保护重点，不可能大批量进口整车，唯一的选择是扶持国产汽车工业。②引进技术设备的需求。90年代伴随结构升级，对新型技术装备的需求必然增加，一方面会拉动国内装备工业的发展，另一方面必然会增加进口需求。③进口生产原料的需求。90年代国民经济仍将保持较高增长速度，生产原料紧张的问题仍很突出，原料进口将较大幅度增加。此外伴随汽车消费量的增长以及石化工业的发展，对成品油、原油的进口需求也将大量增加。因此，90年代进口需求很大，增长速度也很快，这必然影响到贸易外汇收支平衡。

7. 保持国际收支平衡。随着经济增长的加快，进口规模也将扩大。“入关”后，商品和劳务出口有可能具备较稳定的贸易环境。鉴于我国目前商品出口占GNP已达20%，今后扩大出口的重点是进一步改善出口结构，提高产品高附加值比重。

8. 汇率变动的影响。我国的货币要逐步朝着自由兑换货币方面迈进，它有助于对外贸易的发展。鉴于目前人民币汇率仍存在双重价格，预计90年代汇率进一步贬值，从而会对进口形成较强限制。因为人民币贬值将使进口商品的人民币标价不断提高，从而降低进口商品的价格竞争能力，其作用与提高关税税率是相同的。根据计算，人民币对美元汇率从5.5∶1降低到6.5∶1时，相当于对每一种进口产品加征18.6%的关税，降低到8∶1时，相当于对每一种进口产品加征46%的关税。可见，汇率下浮对进口的限制作用是非常明显的。

9. 保持汇率的相对稳定。汇率过于剧烈的波动，将导致进出口总量的剧烈变化，对优化进出口结构，稳定国内供求总量，协调国内供求结构，影响很大。汇率的过度下浮，还会加剧贸易摩擦，引起贸易伙伴国的强烈反响。不仅如此，汇率下浮将对国内的物价形成压力。因此，改善国际收支，稳定汇率，将是90年代进口保护的重要根据之一。

二、"入关"后国内外竞争能力比较和对国内产业的影响

1. 进口增加的影响。"入关"减让的另一个重要方面，是进口的大量增加将对国内产业造成冲击。因此必须分析比较国内外产业的竞争能力，以确定贸易保护的重点。保护重点的选择要根据两方面的情况：一方面是目前国内外产业竞争力的比较，这是一种静态情况；另一方面要分析今后产业发展的重点，这是动态变化。只有将这两方面的情况结合起来，才能正确选择和确定贸易保护重点。

2. 产业发展重点的变化。1978 年以前，我国的产业体系是以加强农业和发展生产为目的建立发展起来的。技术结构主要是针对上述目的和国防军事目的形成的。改革以来，我国产业体系开始围绕为生活服务的目的进行转变和调整，但还只限于传统消费产业规模的扩大以及依靠引进形成的新型消费品生产，并未实现产业体系和技术结构的总体转变。在这种情况下，与市场需求变化密切联系的消费品生产的整体技术水平和开发创新能力，都还停留在较低层次上。

3. 技术水平比较。从技术水平差距看，首先表现在机械、电子和新型消费品方面：例如彩电生产，国际上正向集成化、高画质、数字化、薄型、多功能型方面发展，而国内 25 英寸以上的大屏幕彩电生产才刚刚起步。又如录像机生产，日本一年可开发出 4 种新机型，并向小型化、多功能、高画质、高可靠方面发展，而我国绝大部分录像机生产还处于 SAK 组装阶段，不具备开发能力。再如汽车生产，从技术水平上看，引进技术产品达到 80 年代水平的占 30%，技术落后的占 40%。轿车生产的国产化率，1991 年底，桑塔纳达到 70.37%，切诺基 44.75%，标致 505 仅 29.8%，都还停在组装加工阶段，基本没有开发创新能力。

4. 基础原料、元器件和工艺技术比较。新型消费品生产技术的提高涉及很多方面，如基础材料、基础元器件、基础工艺等，是一个完整的生产技术体系。我国新型消费品技术水平方面的差距，更主要的还表现在基础技术方面。例如我国的数控机床在工作母机制造行业只占 5%，在有些行业还大大低于这一比例。因此，加工精度很低。再如电子产品的基础元器件集成电路生产，目前仅能满足国内市场需求的 30%，主要是中小规模、低档次集成电路。目前刚刚建设线宽 0.8 微米的集成电路，而国外已生产 0.5 微米的集成电路。据估计，技术上与国外的差距在 15 ~ 20 年之间。又如广播通讯行业，国际上已成熟的数字技术和智能化技术，我国还未掌握，基本以模拟技术为主。国际上已采用的微电

子小型元器件为主的表面贴装大生产工艺国内才刚刚开始。微电子基础技术的差距，必然限制如大型计算机、数控机床等技术设备的生产。设备生产方面的限制，必然限制新产品的开发能力，阻碍新型消费品的开发生产。此外还有基础材料生产技术方面的差距，如钢铁工业与国际水平比较，装备水平低，产品质量差，结构不合理，一些特殊钢材的生产还不过关。一些深加工建材产品，如高档玻璃、建筑卫生陶瓷、墙体砖、防水材料等，与国际水平比较，质量也还有较大差距。

5. 工业品价格分析。与技术水平的差距相联系，还要分析产品价格水平的差距。从质量价格的综合比较中，才能全面了解国内外产业竞争力的差别。价格水平比较的情况是：资金技术密集型产品的价格，国内高于国外。具体而言：桑塔纳、切诺基和奥迪三种车的国内价格比国际价格分别高 89. 9% 、21. 7% 和 47. 0% ，彩电高 19. 1% ，复印机高 34% 。劳动密集型产品，国内低于国外，如轻纺服装鞋袜低 297% ，建材低 138. 5% 。重化工原材料，国内高于国外，但幅度不大，如钢材和有色金属国内外价格基本持平，化工原料国内比国外高 14% 左右。从价格比较看，劳动密集度高的产业，如传统消费品产业和其他的一般加工工业，价格竞争力较强；而资金技术密集度高的产业，如新型消费品产业，与之联系的高新技术产业，价格竞争力弱，与国际价格水平差距较大。这种情况与我国劳动力资源丰富，劳动力价格低廉，资金技术短缺的情况是相联系的。基础材料工业介于上面两者之间，价格水平与国外没有明显差别。

6. 农产品价格分析。目前我国的多数农产品在出口中还具有较明显的价格优势。“入关”的有利之处在于：①根据关贸对发展中国家规定的某些优惠条件，即发达国家对发展中国家农产品进口实行较优惠的政策，我国的多数产品出口仍能借助于价格优势保持增长。②成为缔约国后，容易争取关贸和其他国际金融组织的经济、技术和资金援助。鉴于我国长期以来一直为粮食净进口国，“入关”将使我国的粮食进口条件相对稳定。当然“入关”后，我国也要承担降低关税，减少进口限制，从而使国内某些不具备价格和生产优势的产品，如橡胶、糖料、烟草、奶制品和热带水果等受到进口冲击。此外，改革开放以来，我国主要粮食生产成本普遍以年均 10% 以上的速度递增。如果今后不在资金、技术和政策方面适度倾斜，目前的价格优势将难以保持。

7. 产业升级目标。我国今后的产业升级，仍应面向市场需求，针对提高生活服务的目标进行。因此机械电子、石油化工、汽车是升级的主导产业。与产业的这种发展特点相联系，应该重点保护扶持基础设备、微电子基础元器件以及基础材料工业的发展和某些新型消费品产业。

三、“入关”的对策建议

1. 改进外贸进口管理体制，适应“入关”新要求。“入关”首先影响的是现行的进口管理体制。调整的重点是：①减少指令性和指导性进口商品的管理范围（目前两种指标覆盖进口商品约35%）。需要转变凡是用中央外汇进口的商品均为指令性计划的传统观念和管理方式。根据国内外市场供需状况，对一些进口量不大，同时又实行许可证或进口审查等方式管理的进口，可以减少计划管理环节。对于与国民经济关联度大的重要产品，如粮食、化肥、棉花、羊毛、耐用消费品类和新型消费品（汽车、摩托车和高档家电产品等）及重要生产技术设备，仍维持进口计划管理，但进口管理要逐步适应市场经济的要求。②进一步放开外贸经营权，改变目前只有少数企业有外贸经营权的状况。对于有出口创汇能力的各种类型企业，赋予其充分的外贸经营权。扩权过程中，还可扩大工技贸结合和自主确定代理制的范围。③按照“入关”需要，加快价格改革的进程。

2. 改革进口管理体制中过多的非市场措施。①用3～4年时间，逐步取消进口许可证中明显不适应市场配置资源要求的行政性手段。需要取消的是一些在特定时期（如三年治理整顿期间）发挥过积极作用，现在看来已不再适用的许可证限制，如对各种粗钢材、木材、木浆、化纤服装和纤维、烟草、药材、合成橡胶等。对一般技术密集型产品，如黑白显像管、洗衣机、电冰箱、计算机及外部设备和部分医疗设备等，也可考虑分期取消许可证限制。用许可证控制的应是一些关键性高技术产品和国家产业政策关系密切的重要产品，如汽车、摩托车、彩电、录像机等新型消费品及一些重要生产技术设备。②机电进口审查应简化管理程序，与许可证重复的部分，不应再搞多重控制，提高机电进口审查的透明度。③对于以弥补国内需求缺口为主，并对稳定经济增长有重要影响的大宗进口商品，如化肥、棉花、涤腈纶纤维、化纤布料等辅之以配额管理。

3. 关税减让幅度和方式。鉴于目前关税水平偏高及来自关贸的压力，关税下调势在必行。在今后3年内使关税总水平下调50%。下调重点和步骤是：对于确定偏高偏严而且与国内产业关联度不大的产品关税可以大幅度下调，如以动植物为原料的各类食品制品、干鲜冷冻蔬菜、纺织加工原料、建立产品（税率在70%～100%）等。主要依据是，我国食品类价格总体上比国外价格低约25%；其他原料产品进口已有相应限制措施，关税实际保护作用不突出。对于技术含量高、价格和性能竞争力强于国内的产品，如机械运输车辆、新型耐用消费品，关税下调需慎重，可考虑分期下调。按照“入关”的预期日程，提出

1993～1995 年分步下调幅度及减让内容，并且在关税下调过程中辅之以其他必要的非关税措施，防止进口失控。

4. 创造条件，改进外汇管理方式。从发展趋势看，改额度留成为现汇管理是必然趋势，目前在上海和海南等省酝酿试行多时的现汇管理试点应扩大推广。凡国家批准有外贸经营权的企业，相应地也实行现汇留成。改进外汇管理还应做好以下工作：①尽早制定国家外汇指导序列，国家外汇指导序列是指国家投向各个产业、部门和重大建设项目的外汇安排依据。这个指导序列应由国家决策部门根据发展战略、产业政策、地区政策，进出口和外汇管理需要加以制定。②建立平准基金。这是使我国的外汇管理和外汇储备制度更趋完善的基础条件，也是构建我国金融政策调控体系的一个组成部分。基金来源构成中，一是由中央银行以外汇形式注入；二是规定拥有外汇的企业按比例无偿缴纳；三是基金中还要有相当规模的人民币作为买卖外汇的支付手段。

5. 逐步统一地区间的贸易政策。国家对于特区和开发区以及沿海、沿边、沿江边境地区的贸易优惠政策缺乏统一。随着“入关”日程的逼近和这些地区自我发展能力的增强，在关税计费、运输和销售方面的各种优惠应逐步统一，并缩小与内地的差距。对于障碍地区生产、流通、分配的各种法规、法令和内部文件，应遵循市场配置资源的原则予以取消。

6. 保持工业生产的稳定增长。进口管理体制的变化必然对依赖进口原料产品和设备的部门带来新的影响。对于发展相对成熟、原料和市场在国外、产品价格和质量具备一定竞争力的产业，如纺织、轻工、食品和建材工业，在资源配置方面应采取：①如国内确实存在供需缺口而必须通过进口弥补时，可以在降低关税的同时，辅之以进口配额加以控制，这类产品主要是基础原材料，如钢材、铜材、木浆和各类化纤原料等，特别是对于低于国内价格的外部产品，进口调控目标以弥补总量不足为主。②扶持重点产业和重点产品出口。按照行业技术水平和创汇能力，纺织、轻工、食品、建材和医药等行业仍作为传统出口部门。尽管目前我国的出口产品的贸易条件并不十分有利，甚至仍存在以量取胜的倾向。但为了维持现在的创汇规模和满足建设用汇需要，应当首先保证进口原料供应，维持生产正常运转。其次，改革各种阻碍出口创汇的管理体制。

7. 对进口替代产业的发展实行有限度保护。今后十年，我国外贸战略转型不可能太快。80 年代刚刚起步的几大高新技术产业仍需维持一段进口替代政策。例如汽车工业不可能靠进口整车满足国内市场需求。在目前提高国产化率不可能太快的情况下，仍需靠进口关键散件支撑刚刚起步的规模经济。家电生产线的引进需进一步控制，重点放在对已引进生产线的技术改造和产业重组上，走规模经济的道路。

8. 强化国家对农业的支持，投入必要的资金和技术，保持农业生产增长势头和在出口中的价格优势。从今后一个时期看，我国仍然摆脱不了每年净进口粮食的状况。增加对农业的外部资源投入（进口农药、化肥、资金和技术引进），是稳定今后几年农业生产继续上台阶的重要途径。按照1991年化肥、农药、农用拖拉机零部件和近1400万吨粮食进口，今后几年，每年仍要保持55亿~60亿美元的中央支农外汇进口规模。从稳定农业生产大局，满足国内需要的扩大农产品出口看，这是每年必保的一块进口。从长远看，限于我国农业土地资源状况和比较优势理论，对于同国民经济关联度大的农产品，进行有重点的扶植和发展。相应地也要淘汰那些在国内生产不具备优势，与国民经济关联度不大的农产品，适当让出一部分国内市场，充分利用国际分工机制。

9. 保持国际收支平衡和增强出口能力。国际收支平衡既是总量平衡指标，又是缓解“入关”冲击的重要手段。今后几年，国际收支平衡主要取决于保持商品贸易顺差和非贸易账户中的旅游收入两项。前面分析表明，90年代国际筹资条件并不乐观。因此今后主要借助几大出口部门的创汇能力（纺织业1991年出口167亿美元，各类农副产品约219亿美元，各类机电仪产品约160美元）。从强化出口创汇角度看，今后几年，除了立足于国内外贸体制的改革，增强企业出口活力外，还要充分利用关贸总协定的有关条款，保护出口。据不完全统计，1991年，因美国、欧共体和日本等国指控我国低价倾销钨砂、轴承、自行车、金属硅及软盘等，涉及我国出口商品达5亿美元。“入关”后，可以①依据保护原则抵制外国的不正当反倾销报复。②利用非歧视原则，为我国机电仪器出口获得较稳定的最惠国待遇和国民待遇。③利用谈判磋商原则，解决出口中的贸易争端。

10. 对重要产业实施有限度的保护措施。据有关部门的分析，“入关”对我国产业冲击较大的顺序是：电子工业（计算机、录像机、复印机、彩电彩管、照相机、广播通讯设备）、汽车和摩托车、石油化工、数控机床、仪表工业等。上述产业既具有高新技术特点，又是我国通过引进开发，逐步建立起来的幼稚产业。根据关贸总协定第18条规定，国家在一定时间内可以对关系本国人民生活水平提高和经济增长关系密切的特定工业进行资助或保护。保护方式是：①电子工业，国家必须集中力量选择几大行业作为重点给予扶持。②汽车和摩托车工业，瞄准今后10年左右的国内市场，选择中低档车型进行批量生产，走规模经济的道路。③石化工业，由于多种化工原料的国内外差价较大，保护重点着眼于通过必要的进口限制，控制国外原料及制品对国内市场的冲击。④机床装备工业，应集中全力抓好数控机床的研制开发。据分析，数控机床设备生产线的引进费用很高，而且受到“巴统”限制。国家除了在财政、税收、信贷、投资、价格等方面给予扶持外，还可以吸引外国著名研究开发机构来国内设分支机构或重金聘请外国专家传授关键性技术。

11. 对一些新型消费品的保护措施。根据对产业升级和产品保护的分析，无论是近期还是远期，都需要对新型消费品和基础原材料、元器件和工艺技术进行保护。今后几年，对已选择的五大工程（录像机、传真、计算机软件工程、集成电路和电子产业改造）和十大工程项目（移动通讯、激光传真、程控交换、电子信息工程、电子印刷技术、彩管等），进行重点扶持，促进这些产业进口替代的国产化活动向深层次发展，实现产业升级和加速工业化进程的目标。从目前产业特点看，新型消费品已有一部分整机组装能力发展较多，如彩电、冰箱等家电产品的组装生产。这方面的贸易保护重点，应移向微电子基础元器件方面以及相关的高新技术产品方面。对基础材料工业，也应提高保护程度，作为贸易保护重点之一。

“九五”期间调整与优化产业结构的重点与对策研究

主要完成单位：国家计委经济研究所
主 要 完 成 人：胡春力　王岳平　刘国艳　李捷生　杨　桦
杨伟民　秦　海
获 奖 时 间：1996 年
获 奖 名 称：国家计委科学技术进步二等奖

本研究报告以探索维持我国经济继续增长的条件为出发点，以分析我国产业结构的变化过程、揭示结构问题的表现及形成原因为基本线索，从发展战略层次提出“九五”期间我国产业结构调整的方向、重点与对策。

一、研究报告的几个要点

(一) 当前产业结构调整的实质是要解决现结构带动经济增长的作用迅速减弱的问题

自改革以来，我国的经济增长主要是靠已有供给能力的数量扩张，去补缺由非均衡发展战略造成的缺口实现的。在目前需求结构高级化趋势日益明显的情况下，供给不能与之适应，经济增长随即受到影响。在20世纪80年代，主要是通过补消费需求的缺口，消费品工业的扩张带动了第一阶段的经济增长；从80年代末到90年代上半叶，对基础工业和基础设施的巨额投资带动了重工业打头的第二阶段经济增长。到目前，在一般消费品供大于求的局面已经形成、基础设施建设受到财力制约不能继续扩大规模、出口增长乏力的情况下，国内现有供给能力出现富余，现供给结构对经济增长所能起到的推动作用也就随之减弱。

在国内供给能力大大富余的同时，需求缺口仍然在，不过，弥补这一缺口是靠日益增长的进口进行的。国内的需求增长只能拉动国外的供给。至此，改革以来供给随需求的扩张而扩张的增长越来越受到投资能力的限制而影响了经济增长。这也是当前经济运行中诸多矛盾的主要根源。因而，为国民经济持续增长寻求新的支撑点应该成为“九五”期间产业结构调整的出发点。

（二）当前产业结构的缺陷主要表现为结构过于向初级加工部门倾斜，形成高级化需求结构与低级化供给结构的矛盾

我国产业结构所存在的问题是显而易见的。投资能力限于搞土建工程，设备则主要靠进口；家电等新型耐用消费品的生产已引进十几年，至今仍不能自主开发产品和降低成本开拓市场，实际尚未脱离进口零件组装的阶段，这样在技术密集产业内我国企业也处在主要从事劳动密集工序的分工地位。劳动密集的一般轻纺消费品则是严重积压。从表象上来看，这些问题的存在说明中国企业缺乏开发产品的能力，从结构分析的角度看，其实质是产业结构当中缺乏一个与需求高级化趋势相对应的、有能力设计产品、生产零部件和工艺装备的产业群。

需求结构的高级化趋势，就意味着对产品的性能、质量、更新速度提出更高要求。这就需要提高产品技术含量，使产品加工过程延长，工艺更加复杂化。从更为“迂回”的生产过程中就会衍生出更多的专业加工，形成分工更为细化的零部件、工艺设备等机电产品生产部门。这也就是说适应需求的生产迂回化过程主要体现在技术含量的机电工业部门的扩大上。

我国产业结构当中，流量（产值）和存量（固定资产形成）都明显向初级加工部门（能源、原材料等）倾斜，机电等深度加工部门相对薄弱，这样的结构特征严重影响了供给适应需求升级的能力。

在发展战略上应明确，发展机电工业与基础产业、基础设施同等重要，要把培育经济增长点与创造增长的基础条件区别开来。

（三）克服产业结构缺陷，发展民族技术密集产业，是防止贸易条件继续恶化、改善我国国际分工地位的唯一途径

如果我国不尽快改变产业结构过于低度、粗放的状况，按照目前我国在国际贸易分工中的地位，潜伏着国际收支难以平衡、市场被占、利润流出等一系列危险。

目前我国每年都在大量进口的机电产品实际是以纺织品、杂货等劳动密集产品的出口为条件的。随着城乡居民收入的增加，需求升级的趋势更加明显，必然产生进口高档耐用消费品、组装用各种元器件及技术装备更大的需求。然

而劳动密集型产品出口的扩大却面临着越来越大的困难。一方面，劳动密集型产品也是原料密集产品，并且主要是农产品原料密集产品，而我国是个土地等自然资源相对贫乏的国家，迅速增长的劳动密集产品出口造成国内和国际市场轻纺产品原料的涨价，使产品成本大幅度上升；另一方面，劳动密集型产品供给弹性大，供给超过了市场需求的容量，国内各地区之间，我国与其他发展中国家之间为扩大市场份额展开了激烈的竞争，致使产品价格大幅度下跌。在成本上升和产品价格下跌的双重压力下，出口产品生产企业生存已十分困难。实际上自80年代开始，我国贸易条件一直趋向恶化，靠劳动密集型产品换技术密集产品的贸易格局随国内需求的扩大越来越难以维持。

改善国际分工地位，发展能够与国外产品竞争的技术密集产业，必须在引进技术的同时，注意消化、吸收、创新，直正形成自己的开发能力。如果只谈向跨国公司开放市场、“以市场换技术”，不谈自主开发是不行的。国内外的教训都已证明，采取多种手段造成对技术的垄断，通过对技术的垄断获取超额利润，这是跨国公司基本的经营战略。同时，从长期看跨国公司的投资最终会转换成资本净流出。因此，为了我国经济发展不致受制于人，不但要发展技术密集产业，还应利用我国拥有巨大市场这一有利条件培育起具有自主能力的技术密集型产业。

（四）微电子工业的发展应提上日程，也可以选择大宗进口产品开始新一轮进口替代。新兴产业的发展要以大企业为依托

根据对未来需求变化的预测，我国居民需求向多样化、多档次发展，这就要求供给有很强的产品开发能力。因此，微电子、机电一体化产业应作为重点。

为了发展具有开发能力、掌握核心技术和关键制造技术的现代技术产业，必须建立有能力进行巨额R&D投资和设备投资且有实力频繁更新设备的巨型企业。建议在企业的改革中，搞一两个以扶持新产业为出发点的试点单位。为了避免分散，国家应直接抓微电子这样的战略产业，不能再由地方、部门各自为战地推进。企业规模应大到有能力与国际跨国公司抗衡。为了取得技术，可以在国家支持下购买发达国家的企业或设计机构。为了使企业具备发展能力，可以广泛授予融资、外贸、多种经营的权力，同时要加强考核和监督。

二、研究报告的实证过程及内容提要

（一）结构面临调整，我国经济增长格局中的新矛盾

自改革开放以来，我国经济发展所取得的成就，其基本动力是消费品工业

及能源、原材料工业的发展。以1988年为界，我国经济发展经历了以轻工业为主和重工业为主的两个阶段。

1. 传统消费品在经济增长中作用的变化

在轻工业发展阶段，纺织等传统消费品工业增长在1985年达到顶点，此后增长速度直线回落。其根本原因是供给能力的扩张超过了需求的增长。具体原因是传统消费品对收入的需求弹性很低，衣着、日用品需求对收入的弹性在1979～1985年为0.75，到1994年降至0.57。这说明，就业的增加、收入水平的提高并不会按同一幅度扩大对轻纺等劳动密集型产品的需求。由此也可以得出结论，单纯用发展劳动密集型产业来扩大就业，会受到国内市场容量的限制。

2. 新型耐用消费品工业在经济增长中作用的变化

自1985年开始电视机、电冰箱等家电产业取代传统消费品而起着带动经济增长的作用。各种家电增长峰值都集中于1985～1988年间，1988年后销售锐减，发展势头剧衰，实际上当时彩电在农村普及率仅有3.6%，在城市也只有50%。衰退的原因一是不能开发新产品以适应高收入阶层消费升级的需要，这一市场被进口产品占领；二是不能降低产品成本以适应农村及低收入家庭的需要。关键的问题是没有消化吸收引进的技术，没有建立开发产品的关联产业。这与日本的情况形成鲜明对照。

3. 投资带动下重工业增长所面临的问题

土建是90年代以来投资热的实际内容，如开发区热、房地产热以及各地竞相上马的港口、机场、道路、城市设施建设等。即使是工业项目投资，国内也只是承担厂房土建工程，设备投资的65%靠进口。土建热引发原材料、能源及相关产业的扩张。原材料、能源等初级加工部门生产比重上升，技术相对密集的机电工业比重下降，与此同时，对技术产品的进口依赖度急剧上升。以1989年为转折点，我国对国际市场的依赖由原材料转向技术设备。这样，我国经济发展又重新回到改革前以原材料为中心的重工业发展模式。对基础设施的大规模投资产生了对基础工业的巨大需求，而基础工业供给能力的扩大又是以运输等基础设施建设为条件。这样，围绕着对基础工业、基础设施需求与供给的相互推动，形成了内生的扩张动力，维持了增长的高速度。问题是，基础工业、建筑业都是高消耗部门，据投入产出分析，在1992年社会对能源、原材料的总消耗中，这两个部门占到54.3%。基础工业部门单位产出的物耗是机电等重加工业部门的2.6倍。基础工业部门的运量占到铁路总运量的80%。这样的生产结构必然导致高消耗、低效益的结果。

更应引起注意的是，由于工业内部的固定资产结构向基础工业倾斜，其比重占到50%，而机电工业仅占20%，并且基础工业固定资产的新度系数也高出机电工业 8～11 个百分点，因此，今后增长优势仍在基础工业部门，如果不注意调整，高消耗的生产结构仍将维持下去。

以土建带动的增长格局是目前经济运行中出现诸多矛盾的主要原因。这是因为基础工业、基础设施建设周期长、资金回收率低，这一格局造成资金周转缓慢，投资交付使用率下降至 50%。同时，大兴土木挤占了技术资金，使技改投资比重也降低到最低点，影响了企业适应市场的能力。

4. 我国出口产业面临着新的挑战

我国出口增长主要是由劳动密集型产品带动的。服装、杂项制品的国际市场份额大幅度上升。但是，劳动密集型产品的出口进一步增长将是困难的。这是因为。第一，劳动密集型产品出口的竞争加剧，导致产品价格下跌。我国大宗产品的出口价格指数自 1989 年以来下降了近 30 个百分点。第二，我国原料不足又使原料大幅度涨价。在原料价格上升、成品价格下跌的双重打击下，我国的贸易条件迅速恶化，并且表现出恶化程度随出口增长率的提高而加剧的趋势。问题在于，如果不通过提高出口产品档次和附加价值，而单靠劳动密集型产品来扩大出口，以我国劳动力的规模，就会引发更为过度的竞争，使生产者无法承受。

5. 结构调整的实质是重构能带动经济持续增长的产业结构

综上所述，从消费、投资到出口这三方面的需求都要求供给加速结构的高级化而与之相适应。结构的高级化决不能重复 80 年代发展家电的老路。由于没有及时建立相关产业、不能掌握关键技术，至今没有摆脱受制于人的局面，应该在建立迂回化、深度加工、高技术含量的生产体系的过程中，不但为经济增长找到新的支撑点，而且为今后的持续发展在技术、结构方面奠定坚实的基础。

（二）关于产业结构调整目标和重点的思考

1. 对于产业结构调整目标的选择

一种观点认为，应把扩大就业尤其是转移农村富余劳动力作为“九五”期间产业结构调整的目标。通过前面的论证已表明，扩大就业单靠扩大劳动密集型产业的规模已不能奏效。低水平的扩张不但会受到国内、国际市场容量的制约，也为资源条件所不允许。唯有通过延长产业链条，提高加工深度，建立相应的产业部门的方式，才能为扩大就业找到为有效需求所容纳的产业空间。也就是说，就业必须以开拓市场为前提，扩大了市场份额，生产可以增长，就业才能增加。

还有一种观点认为，“九五”期间仍应该把基础工业和基础设施建设作为结构调整的首要任务。这里首先强调，本研究报告没有半点贬低基础工业和基础设施建设对于经济发展的重要意义的意思，但是我们想说的是，我国的基础设施建设欠账很多，人均钢铁石油、电力占有量也不多。但这是历史上长期积累下来的问题，需要较长的时间来解决。不能把长期任务与某个经济发展阶段所能允许实现的目标混同起来。在近期，仍向基础设施集中投资是困难的，政府财力无法承担，企业也很难给予支持。

为了给基础设施建设寻求源源不断的财源，为了拓宽就业空间，为了给基础工业寻找提高效益、增加附加价值的产业关联和组合，为开拓市场、为经济增长提供新的动力，最好的办法还是促进产业结构的升级，克服低级化的现有结构。

为了达到上述目标，还要考虑需求变化的趋势。

2. 消费的多样化要求

近年来，城乡居民尤其是城镇居民收入有了很大提高，然而当前收入增长能够在多大程度上转为商品性消费并形成消费新热点，还要考虑以下因素：

第一，大多数工薪阶层的储蓄存款为“一时收入”而非“持久收入”所得，因此很可能成为长期消费基金。一项问卷调查的结果证实，医疗、养老保险、子女上学、子女结婚是居民储蓄的前四位动机。

第二，城乡居民持久收入仍将不断增长，同时，城乡之间、不同职业之间的收入差距拉大，今后人们的消费水平和消费偏好会呈现多层次和多样性。轿车、住宅等“万元级”高级耐用消费品将陆续进入家庭，但进入这一消费档次家庭的数量不会很多。对大多数人来说，家电、电脑等“千元级”商品仍为主流消费品，消费呈追求产品的多性能，多档次、个性强的“差别化”特征，要求供给方面必须具备很强的产品开发能力。

3. 开发能力的形成需要产业支持

在工业化大生产当中，开发一种新产品需要有一个支撑体系，需要一系列既有专业化分工，又能在创新活动中密切协作的关联产业。一个新产品从材料、零件加工到加工设备是许多行业共同开发的结果。造船业决定竞争胜负的关键因素是船用钢板，录像机最关键的技术是轴承等，都说明开发能力、产业高级化是广泛制造技术的集成，由许多关联产业给予支撑的结果。在具备开发能力的工业生产体系当中，突出的特征是加工精细化。用精炼技术冶炼的特性材质、精密加工机械所加工的高精度零部件使产品的性能不断提高。能够实现精细化生产的最核心的因素是电脑控制系统在设计、制造、检测等环节都发挥着作用。

4. 要充分认识微电子、机电一体化技术对我国产业结构升级的重要意义

已实现产业化的现代技术当中，应用最为广泛的是微电子技术。微电子技术已成为所有制造业从产品、工艺装备到生产过程的控制、管理及设计开发的

中枢，也是当前国外工业产品实现智能化、柔性化、微型化的基本技术手段。

与此相对照，我国各工业产业部门目前占主体的产业技术仍停留在机械技术的水平上。如果概括一下我国与国际产业技术先进水平的差距，可能主要表现在以下三个方面：①微电子产品本身的制造、开发技术；②利用微电子技术对各种开发过程和生产过程进行控制的自动化技术；③与利用微电子技术改造传统产业相关的各种技术，比如微电子化、智能化、柔性化的产业专用设备的制造技术。要缩小在这三个方面的差距，一方面需要建立新产业，另一方面更需要引起高度重视的是通过改造现有产业，向现有产业扩散高新技术产品来加强以微电子为代表的高新技术产业与原有产业、传统产业的关联。

5．“九五”期间调整产业结构的重点

根据对需求变化和不同产业在结构升级中作用的分析，我们认为“九五”期间调整产业的重点有以下三个层次：第一，在近期可以从高档家电等耐用消费品、数控机床等基础机械和专用机电设备的进口替代做起。第二，借鉴日本的经验，可根据我们的技术优势，选择一批市场需求量大、产业关联度高的非成熟技术产品，重点给予扶植，加紧进行独立的研制工作。第三，微电子、机电一体化产业一定要作为重点当中的重点来发展，“九五”期间应做好开局工作。

(三) 指导思想与政策建议

1．指导思想

第一，要树立新产业必须分阶段向纵深发展的思想。第二，要把发展新技术产品零部件、工业装备的生产与改造现有企业结合起来。第三，在新产业的发展规模达到一定程度的情况下，就要考虑建立为新产业所必需，而国内又空白的新材料、新工艺等产业。第四，新产业的发展最终要立足于开发能力的提高。第五，要下大力气消化引进技术，要有具体布置。第六，这里必须强调指出，建立和发展新技术产业必须走适度集中的路子，避免分散。要集中，首先要有统一的产业组织指导。其次，在投资来源、投资决策和资金使用方面也应适当集中。最后，集中管理应以具有独立法人资格的大企业集团为依托，以能为实现提高开发能力、吸引中小企业参加专业化协作、达到经济规模等目标创造条件。

2．有关几个政策问题的建议

（1）要把发展大企业集团作为培育新产业、建立新机制的结合部。第一，要真正把我国的技术密集型产业搞上去，就必须有几个跨行业经营，技、工、贸结合，销售额在100亿美元以上的大企业集团，才能为新技术产业发展创造条件。第二，巨型企业集团必须不受行政的干预。我们设想，对于规模大到销售额达到100亿美元以上、具有独立法人资格的少数企业集团，应该直接向人大或国家负责，由人大或国家直接监督。第三，企业必须具备靠自身抗风险、求发展的实力和激励机制。

（2）发展新技术产业的资金来源。解决发展新技术产业的资金，从根本上来说，是如何分配使用现有资金的问题。其关键是对建立现代技术产业意义的认识。认识问题解决了，战略转变过来了，通过什么样的渠道向这些部门投资，那只是方式的问题。前三个五年计划中向基础产业、基础设施建设倾斜的方法都可以借用。

首先是计划安排。也可以利用各种金融渠道。还可以通过加价、附加费等，设立用于新技术产业专业开发、建设基金；或把基金用于新技术产业贷款的贴息，则能动员更多的资金。应调整利用外资政策，由主要为加工业引进外资，调整为主要为基础设施、基础工业引资。

（3）关于依靠跨国公司来实行“以市场换技术”。对我国这样一个具有足可以培育任何产业的大市场，具有一支很大的科研队伍，并有一定工业基础的国家来说，把技术引进，包括引进跨国公司与自主开发结合起来，才能取得更好的效果。因此，政策上不能走极端，更需要通过在每个谈判项目上的讨价还价来保护我们的权益。

中长期粮食供求状况分析与政策思路

主要完成单位：国家计委经济研究所　国家计委农村经济司　国家计委对外经济研究所　国家计委市场与价格研究所

主要完成人：马晓河　王为农　方　言　范剑平　韩志荣　周海春　吴晓华

获奖时间：1997 年

获奖名称：国家计委科学技术进步二等奖

一、当前中国的粮食供求状况：不是总量矛盾，而是区域性和结构性矛盾

经过 18 年的改革和发展，我国粮食生产取得了很大的成就，粮食总产量先后迈过三个台阶由 30477 万吨达到 49000 万吨，增长了 60.8%。相应地，在人口增长、收入提高和城市化带动下，全社会的粮食消费总量也由改革初期的 30000 万吨增加到 46350 万吨。在粮食供求之间，尽管在年际间多有波动，有些年份国内粮食产量小于消费需求量，有些年份则大于消费需求量。但总的看，从 1980 年到 1996 年，国内粮食生产小于消费需求的有 6 年，供求缺口为 7495.5 万吨；粮食生产量大于消费需求量的有 11 年，盈余 17385 万吨。余缺相抵，净余粮食 10145 万吨。自 1995 年以来，由于连续两年粮食大丰收，我国粮食盈余量则更大。因此，改革以来，特别是当前，我国的粮食供求不是总量问题。

改革开放以来，我国通过自己的努力，在有限的土地空间上，提高了人均粮食产量占有水平，解决了城乡居民的吃饭问题，人民的生活水平有了明显改善。1996 年我国人均粮食产量占有水平达到 402 公斤，而目前世界平均水平仅为 346 公斤。由此可见，当前中国的粮食供求不是生存问题和温饱问题，而是

发展问题。

总量平衡，温饱有余，并不表明当前中国粮食供求不存在矛盾。其实，近几年中国粮食的结构性矛盾和区域性矛盾已越来越明显。从品种结构上分析，我国的玉米平衡有余，有较大的出口数量；稻谷虽在总体上供大于求，但在进入 90 年代后，由于生产徘徊不前，而需求旺盛，使得稻谷供求偏紧，甚至有由净出口变为净进口的趋势。我国的小麦供给一直不足。1978 年以来从国际上进口了 19000 多万吨，占全部粮食进口量的 83% 以上。但进入 90 年代后，由于国内小麦产量增加，自给率上升，年均进口量有减少的趋势。大豆一直是我国自给有余的产品，多年来始终向国际输出，但近年来连续减少，出口下降，供求关系出现了由余转平的趋向。从区域上分析，近几年我国粮食供求在区域上出现了两极化倾向。即粮食生产愈来愈向余粮区集中，粮食生产区的余粮数量越来越大；而粮食主销区生产徘徊，粮食缺口日趋扩大。具体表现是南方粮食开始由供大于求变为供小于求，北方则由供小于求变为供大于求，由此使“南粮北调”变为“北粮南调”。

二、未来粮食发展前景：既会产生总量不足的矛盾，也会有结构性短缺矛盾

从长期趋势看，在人口不断增长、人均收入水平继续提高和城市化进程加快的情况下，我国城乡居民乃至全社会对粮食的消费需求有越来越快的增长趋势。依据我们的分析，当我国每增加 1 亿人口时，全社会口粮消费量就会增加 1300 万吨；当人均 CNP 每增长 10 个百分点时，全社会对粮食的间接消费量也将增加 1054 万吨。以此分析，到 2030 年，我国全社会对粮食的消费需求总量将达到 63280 ~ 72580 万吨。在未来的粮食消费结构上，城乡居民的口粮届时约占粮食消费总量的 43.2%，而间接消费量比重约占 50.7% ~57%。

与此同时，我们又根据今后农业政策变动的可能性、市场以及价格弹性的影响、粮食复种指数变动、荒地开垦以及中低产田改造进程和科技进步程度，预测到 2030 年，中国国内粮食总产量可能为 66250 万吨，比 1995 年增长了 42%。

综合上述供求两个方面的分析，我们认为未来 35 年我国粮食供求关系将发生如下变化：①粮食供求由总量平衡将逐渐向供求不平衡，供求缺口越来越多的方向转化。供求最大化缺口为 6330 万吨，国内粮食自给率可保持在 90% 以上。②粮食供求结构上，小麦仍将短缺，但缺口可能有所缩小；饲料用粮缺口将会越来越大。因此，将来中国是一个粮食净进口国，是饲料用粮的需求大国。

与目前国内外一些专家或机构的预测结果相比，我们的结论是相对乐观的。我们认为进入21世纪后，中国在保证粮食自给率90%以上水平的基础上，从国际进口的粮食数量占国内消费总量的比重最高也不会超过9%。因此，未来中国粮食问题不会威胁世界粮食安全，“让世界挨饿”。

三、实现粮食供求平衡的制约因素：既有生产、流通领域的问题，也有消费和对外贸易领域的问题

从目前我国粮食生产、流通、消费以及进出口贸易方面分析，未来我国粮食要实现供求平衡的制约因素较多，问题十分严峻，具体表现在以下几个方面：

1. 在生产领域，耕地不断减少、生产成本日趋上升、土地经营规模狭小和农业科技发展滞后严重制约着粮食产量的增长。

（1）耕地减少使得粮食生产的空间越来越小。我国的耕地总面积减少是从1957年开始的，1957年到1978年全国共净减少耕地18661万亩，改革开放以来又减少了6628万亩。耕地面积的减少同非农产业的发展特别是发达地区的卫业化和城市化有着极为密切的关系。1978年以来，凡是经济发展较快和城市化率较高的地区，其耕地减少数量都较大。例如，从1986年到1995年南方14省耕地面积共减少了1634.8万亩，占同期全国耕地面积减少总量的86.6%。耕地面积的不断减少，直接威胁着我国的粮食生产，使得粮食播种面积随之下降。改革前，我国粮食播种面积曾达到204509万亩，此后便随耕地减少而下降，到1995年粮食播种面积下降到16509万亩。据测算，1978～1995年，耕地减少使我国粮食生产损失了2265亿公斤。更使人担忧的是，今后随着城市化和农村工业化进程的加快，耕地资源进一步减少，将把粮食生产推到更小的空间。

（2）生产成本上升，收益率下降，直接威胁粮食生产的发展。1978年以来，随着资本和物质技术投入的增加，我国粮食生产成本直线上升。据统计，从1978年到1994年全国六种粮食每亩生产总成本上升了2.6倍至3.5倍，其中物质生产成本上升速度最快。相反每亩粮食产量增长速度要慢得多。需要指出的是，近年来，随着农业生产资料价格的急剧上涨，粮食生产成本又进一步上升了。紧随生产成本上升，粮食价格也节节上扬，结果是到目前为止国内粮食价格已普遍超过了国际市场价格水平。可以想到，在逐步开放国内市场并以国际粮食价格作为参照系的条件下，今后国内粮食价格很难再有大幅度上涨，相反农业生产成本仍会迅速增加，最终这将导致粮食的收益率急剧下降，种植粮食会变得无利可图。届时，如果农民得不到必要的保护，他们可能会压缩甚至放

弃粮食生产。

（3）农业投入不足，严重制约着粮食产量的增长。近几年的农业发展实践已经表明，我国粮食产量的增长已经发生了一个转折性变化，即粮食生产对活劳动投入需求不断减少的同时，对资本和物质技术投入需求在迅速增加。这意味着中国粮食产量的增长已越来越多地依赖于资本和技术。可以预测，今后这种生产方式的转变将更加迅速，对资本和技术投入需求更加强烈。据初步测算，从现在到2030年如果我国要改造9亿亩中低产田、开垦2.2亿亩荒地、扩大2.6亿亩灌溉面积就需要投资7400多亿元。要增加如此之多的资本投入对国民经济来说难度是相当大的。因为今后我国产业结构高速转换、工业结构升级和集约化经营以及城市化都需要大量的资本投入，于是在资本、技术等稀缺资源配置上，非农产业与农业便形成了强烈的竞争关系。

（4）土地经营规模狭小，粮食的劳动生产率和商品生产率都很低。目前粮食生产过程中有两个突出问题亟待解决，一是农业劳动力过多，人均经营耕地规模过小，而且还在下降。二是经营地块零碎、分散、难以形成集聚效应。土地经营规模狭小并且分散有两方面消极后果：一方面它严重抑制了劳动生产率的提高，另一方面又阻止了粮食商品率的提高。这些最终都会使粮农的收入增长缓慢，影响种植粮食的生产积极性。

还有，农业科技发展滞后，也给增加粮食生产造成了很大障碍。

2. 在流通领域，粮食的生产者与经营者之间的关系以及他们同国家之间的关系没有理顺，中央与地方的财事权不清，政府对粮食市场调控不力，没有形成全国性的有序型粮食市场，由此不能对粮食供求关系进行有效调节。

（1）国家同生产者和经营者之间关系不顺。首先反映在同粮农的关系上。主要是农民的利益得不到充分体现，生产积极性没有得到有效保护。一方面是国家对粮食生产的保护制度不完善，保护价格难以落实。其次反映在同经营者的关系上，国营粮食企业在市场上是一个特殊的机构，它既代表政府行使调控市场的政策性职能，又身为企业，为追逐赢利必须参与市场竞争。这样就带来以下问题：一是政策性与经营性职能难以分清和划断，造成国家利益不断流失，政策性亏损大幅度增加（丰收时或歉收时都增加亏损），财政负担日趋沉重。二是国营粮食企业和其他市场经营主体行为不规范，地位不平等，竞争不公平，市场无序，法律约束乏力。

（2）中央与地方的财权、事权不清，地方与地方之间的利益关系缺乏市场协调。一是中央与地方的财事权不清，中央的政令不能有效畅通，全国很难形成开放、统一、竞争、有序的粮食市场。二是主产区和主销区之间的利益关系不协调，当粮食歉收时，主销区要求大量调入，而主产区不愿调出，这无形中放大和加剧了粮食短缺的矛盾；当粮食丰收时，主产区愿意大量调出，而主销区不愿大量调入，因此地区性的粮食过剩矛盾被人为放大了。究其原因，关键是主产区与主销区之间的利益缺乏有效的市场协调机制。

（3）生产者与经营者的关系扭曲。一是需求相对集中的粮食市场与分散的小农户之间缺乏有效的市场中介主体，现有经营者远离生产，造成信息不灵，供给与需求无法很好衔接。二是粮食市场体系不健全（批发市场、期货市场与无形市场发育滞后），市场价格在引导生产方面发挥的作用十分有限，粮农对变化着的市场往往无所适从。

（4）在国家与粮食市场的关系上，主要表现为国家对粮食市场的调控能力弱。一是储蓄职能不清，调节行为混乱。主要是专项储备与周转储备职能不分，中央储备与地方储备不分。二是对粮食的吞吐调节不规范，不是通过市场（批发市场）而是在国有粮食系统内层层分配指标。

3. 在消费领域，现行消费政策同市场化改革相矛盾，仍在不断鼓励和刺激粮食消费，一方面是粮源紧缺，另一方面却是超前消费和严重浪费。

同经济发展水平相比，我国居民特别是城镇居民的粮食消费水平明显超前，特别是对动物食品的消费水平已明显超过于人均国民生产总值相对应的水平。据有关研究分析，目前我国居民对粮食的直接和间接消费水平已达到了东南亚、台湾、新加坡、香港、韩国等国家或地区六七十年代的消费水平。这就是说，当前我国居民对粮食尤其是由粮食转化而来的肉禽蛋的平均消费量已达到这些国家或地区人均国民生产总值1000美元时的享用水平。我国出现粮食消费水平超前，同现行社会福利制度有关。原因是这种制度在住房、医疗、交通等方面对城镇居民进行着大量的补贴，结果是它把居民的货币收入无形中引向食品消费领域。不仅如此，国家还对居民在食品消费方面进行了各种价格补贴。例如，1995年国家对所有城镇居民进行了近300亿元的价格补贴。这意味着当前我国与此有关的制度及其政策是刺激粮食消费。

就补贴政策而言，随着市场化取向的改革，我国已基本放开了粮食销售价格。但国家仍沿袭着以往的政策，通过国有粮食系统对所有城镇居民进行包括粮食在内的各种食品价格补贴。然而现实情况是，第一，伴随着市场化改革的深入，居民在粮食消费总量中，从国营粮店购买的粮食份额在迅速下降，而从市场上购买的粮食份额在迅速上升。继续通过原有系统实行补贴政策，极易造成一部分财政补贴流失。第二，改革以来，大部分城市居民的收入增长都远远高于粮食消费支出的增长速度，继续实行原有补贴政策已不必要。

此外，在粮源紧缺的情况下，消费领域还存在着严重的浪费现象。目前，国民在节约和爱惜粮食方面还未形成共识。讲排场、摆阔气和铺张浪费倾向比较严重。据有关资料估计，我国在生产、流通和消费等环节存在的损失和浪费在450亿公斤以上。每年仅从餐桌上直接扔掉的粮食约合200亿公斤。此外，1978年以来我国城乡居民对酒类需求增长过快，也造成粮食消耗量大幅度增长。1985~1995年，我国酒类生产量增长了200.8%，其中白酒生产量由338万吨增加到791万吨，仅白酒一项每年耗粮达到1740万吨。

4. 进出口方面，多年来，由于内贸与外贸脱节，外贸体制改革滞后，由此造成粮食进出口调节不灵，往往是丰收了进口，歉收了出口。对国内粮食市场不仅难以起到调节作用，反而形成了冲击，放大和加剧了国内粮食供求矛盾。

四、战略选择：立足国内，增加生产，控制需求，适当进口

由以上预测和分析可以看出，我国要实现中长期粮食供求平衡既有可能，又有矛盾。如何消除矛盾并将可能变成现实，关键取决今后我国将采取什么样的粮食战略思路和对策措施。

从总体上看，未来35年里中国解决粮食供求平衡问题，既要考虑总量结构因素，又要考虑国内和国际两个市场；同时还要在保持政治、社会稳定的前提下，充分考虑农业的比较优势原则。依照这种思维，今后实现我国粮食供求平衡的一般战略思路是，立足国内、增加生产、控制需求、适当进口。这就是说未来粮食供求平衡的立足点应在国内，政策侧重点也主要是通过提高国内自给率平衡粮食供求关系。但这并不意味着关闭国内市场，而是要根据比较优势原则，充分利用国际市场，调剂品种余缺，适当进口国内供不应求的粮食。

解决中国粮食供求平衡还必须考虑在不同的国际环境和国内自然条件下的特殊粮食安全战略问题。当发生突发事件引起国际环境恶化，几个主要粮食出口国对中国实行经济封锁时，或国际粮食市场供给能力萎缩无法满足中国进口需要时，我国解决人民吃饭问题的思路是，调整农业生产结构，扩大粮食种植面积，适当提高国内粮食自给率水平。例如，在遇到紧急情况时，可适当调减一些油料、糖料、烟叶等作物种植面积，用来发展粮食生产。此外，还可通过一些法规政策让果树上山，鱼池下滩入河进湖，由此调整出一部分耕地用于粮食生产。当国际环境比较宽松，对中国发展经济有利时，我国则可以根据比较优势原则，合理配置农业资源，适当减少粮食生产，降低粮食自给率，多发展一些比较效益高的农产品，同时从国际市场上多增加一些粮

食进口数量。总之，在平衡粮食供求关系上，中国离不开世界，但中国不能完全依赖世界。

与上述战略选择相配套，今后我国粮食的具体供求政策是：①以耕地保护和财政、信贷、税收、价格以及技术等方面的优惠政策，扶持粮食生产，稳定增加国内供给总量。②深化粮食流通体制改革，逐步建立一个多渠道、多形式、多主体、统一、开放、竞争、有序的粮食市场。建立和健全国家对粮食市场的调控机制，不断完善粮食的保护价制度和安全储备制度。③通过对粮食消费补贴政策、税收政策的改革以及媒介宣传，引导城市居民的粮食消费。最后，还要搞好粮食的贸易体制改革，进一步规范粮食的进出口政策，更好地协调国内市场和国外市场的关系。

社会主义市场经济的基本内涵和主要特征

主要完成单位：国家计委经济研究所　国家计委投资研究所　国家计委产业经济与技术经济研究所　国家计委社会发展研究所　国家计委市场与价格研究所
主 要 完 成 人：王永治　江春泽　常修泽　韩文秀　俞建国　张小铁　李　爽
获 奖 时 间：1997 年
获 奖 名 称：国家计委科学技术进步二等奖

一、社会主义市场经济的主要特征和基本内涵

市场经济是商品生产和商品交换发展到一定阶段的产物。在人类社会发展的历史上，它是适应社会化生产而产生和发展起来的。随着封建社会的解体和资本主义社会的建立，市场经济逐步取代自然经济而占据统治地位。在资本主义社会中，市场经济发展到很高的阶段，从而推动生产力长足发展。市场经济不是固定不变的。从纵向看，它是随着社会生产力的发展而发展的，在不同历史时期（即使是同一历史时期的不同发展阶段）各具有不同的特点；从横向看，它又是与不同国家的国情紧密联系在一起的，因而带有明显的国情特点。像其他任何事物一样，市场经济既具有共性，又具有特殊性。

就现代市场经济而言，其共性主要有以下几点：①价格是市场经济中反映供求关系变动最灵敏的信号，它引导企业不断调整投资和生产经营的方向与结构；②竞争是市场经济最基本的法则；③市场主体（企业或个人等）具有经济上的独立性，他们在经济活动中可以自主地作出经济决策，独立地承担决策的经济风险；④市场活动是由社会契约和制度规范加以保证的，要求各种经济行为都要受法律、法规以及共同行为准则的约束；⑤在现代市场经济中，要求建立国家宏观调控机制，对市场运行实行导向和监控，弥补市场经济本身的弱点

和缺陷。

市场配置资源的优点在于：①供求直接在市场上通过价格联系起来，其信号及时、灵敏。②价格体现的经济利益会产生激励作用，它不仅促使市场主体自动调节生产与消费，还使创新行为成为他们内在的要求。③市场主体独立化、多元化，大大分散和降低了决策风险。④竞争规律将有效地淘汰那些浪费资源或低效率使用资源的市场主体。但是，市场配置资源也存在其固有的缺陷。这就是人们常说的“市场失效”和“市场失败”。

以上是市场经济的共性，在这些方面，无论是社会主义条件下的市场经济还是资本主义条件下的市场经济都是相通或相似的，其运行规则大体上是差不多的。正是在这个意义上，邓小平同志深刻指出：“社会主义的市场经济方法上基本上和资本主义相似。”（转引自马洪主编：《什么是社会主义市场经济》第6页）市场经济作为一种资源配置方式是人类共同创造的文明。

我们现在所从事的建立社会主义市场经济体制、发展社会主义市场经济的伟大事业，是在中国这个特殊的国度里进行的。因此，不仅要研究市场经济的一般规律，而且要研究中国社会主义条件下市场经济发展的特殊性。

我国社会主义市场经济的主要特征是由下列因素所决定的。

因素之一：我国社会主义社会基本制度。

社会主义的基本制度，从经济上说是以公有制为主体；从政治上说，是以共产党为领导，二者都以实现共同富裕为社会目标。市场经济在我国是与这样一种社会基本制度结合在一起运行的。在这里，我们看到一种极其复杂的社会现象，即在我们这个社会里，事实上存在着两种情况：①公有制为主体成为我国社会主义经济关系的基础，是一种“普照之光”；②市场经济是我国经济运行的现实存在形态，而且是普遍存在形态。公有制与市场经济存在着一致性的一面，但也存在着差异性的一面。这种差异性主要表现在公有制（尤其是国有经济）更强调物质利益的统一性的一面，而市场经济则更强调物质利益的差别性的一面。因此两者之间要互相取长补短，采取“双向调整”的方针，才能达到协调发展的目的。所谓“双向调整”，首先是指要按照公有制的本质要求，调整、引导市场经济，使之适合于社会主义公有制的要求。这表现在：第一，要引导商品生产者和经营者，在维护自己的物质利益的同时，必须尽量考虑整个社会的整体利益和长远利益，特别是当局部利益与整体利益发生矛盾的时候，要从全局利益的角度来考虑和处理问题（当然社会对它也要考虑给予适当补偿。）第二，不要使非商品或不宜商品化的东西流入商品交换领域，尤其是要防止“权力商品化”的倾向。社会主义公有制的规定性，从根本上决定着市场经济的社会主义性质。社会主义市场经济，由于以公有制为主体，体现出与资本主义市场经济的根本区别。与此同时，也要按照市场经济的内在要求，对传统公有制形式进行调整。这表现在把公有制企业（包括国有企业）塑造为真正的市场主体。公有制这种“普照之光”和市场经济这种普遍存在形态的上述“双向调整”，必然会促使两方面各自发生某种变化以适应对方的内在要求，从而在此基础上产生一种既不同于西方的市场经济、又不同于传统的公有制实现形式的社会主义市场经济。

因素之二：我国所处的社会主义初级阶段。

正确判断我国所处的历史阶段，是研究社会主义市场经济特征的另一重要基点或出发点。提出我们处在社会主义初级阶段，这就意味着，不仅要回答“社会主义市场经济应当是什么”的问题，而且要进一步回答“社会主义市场经济在我国现阶段只能是什么”的问题。我国是超越了资本主义的完整发展阶段，从半殖民地、半封建社会经过新民主主义革命直接进入社会主义社会的，生产力水平和生产的商品化、社会化程度都比较低。处在这样一个发展阶段的社会主义市场经济是不发达的，无论是市场主体、还是市场体系，都带有明显的不成熟性和不完善性。由不发达、不完善的社会主义市场经济到发达、完善的社会主义市场经济需要经历一个相当长的历史发展过程。特别是当前这一时期，我国正处在工业化的中期阶段，担负着既要推进传统的产业革命，以实现工业化，又要迎头赶上世界新技术革命浪潮，实现经济现代化的双重任务。这种双重任务向市场配置资源和国家宏观调控提出了新要求。

因素之三：发展中的大国经济特点。

我国是一个人口众多的国家，其中农业人口又占 70% 以上。农村约有两亿左右剩余劳动力，城镇新增劳动年龄人口亦将达数千万人，将形成庞大的就业压力；加之，我国地区经济发展不平衡，自然资源和资本相对短缺，如何提高资源的利用效率是一个突出问题。特别是在日趋激烈的国际经济竞争和综合国力较量中，我国面临发达国家在经济和科技上占有优势的压力，在国际关系中还面临着霸权主义和强权政治的压力。在这种情况下，既要加快工业化和现代化进程，又要保持社会的稳定。这就要求一方面发挥市场对资源配置的基础性作用，又要实施强有力的宏观调控，包括发挥计划手段的作用。

总之，社会主义社会的基本制度、我国所处的社会历史阶段，以及我国独特的大国经济特点，决定了我国社会主义市场经济具有不同于其他类型市场经济的特征。其主要特征表现在以下几个方面：

第一，公有制为主体的市场经济。

生产资料所有制是社会经济的基础，而市场经济是社会生产的组织形式和运行方式。两者有联系又有区别，不属于同一层次。历史上的市场经济是同资本主义私有制相联系的，但是，作为一种有效率的资源配置方式和经济运行机制，也完全可以同社会主义公有制经济结合在一起。公有制经济之所以也必须采取市场经济的运行机制是因为：

1. 市场经济要求经济活动的主体具有各自的物质利益。在社会主义公有制经济中，由于劳动还是个人谋生手段，还具有质的差别，这就决定了劳动者之间存在着根本利益一致前提下的物质利益差别，从而要求各经济单位也具有独立的经济利益。公有制和市场经济的结合，使公有制经济充满生机，以崭新的面貌出现在社会主义市场的舞台上。

2. 市场经济要求经济活动的主体以平等的地位进行商品交换，以平等的资格参与竞争，从而达到追求效率的目的。公有制不仅不否认对效率的追求，相反正是要具有超过私有制的效率才成为其存在的理由。由于财产占有上的平等，社会主义国家的公民能够以更加平等的资格参与市场竞争，更好地实现对效率的追求。公有制的目标是实现共同富裕，要求公平和效率的内在统一；市场经济则要求在公平竞争的基础上实现资源配置的高效率。可见，通过市场经济，公有制可以更有效地实现高效率；从而更有利于保证社会公平。

3. 现代市场经济是建立在社会化大生产基础上的。社会化大生产要求全社会的经济单位互相联接、互相贯通，以实现产品、人才、技术、信息的全方位开放。在市场经济中，这种经济单位间的互相联接、互相贯通和互相开放，是通过市场契约的形式完成的。而建立在社会化大生产基础上的公有制经济也要求各部门之间、各经济单位之间加强经济联系，这种经济联系在存在商品、货币的条件下需要通过市场契约，实现全方位的开放，摆脱传统公有制经济的封闭模式。

既然采取市场经济的运行机制，就不可避免地要对公有制经济提出一系列新问题：一是在全社会范围如何保持公有制的主体地位；二是公有制经济自身如何重塑，寻求与社会主义市场经济相融合的实现形式，特别是如何使国有企业成为真正的市场主体。

公有制主要采取国家所有制和集体所有制形式，也包括改革开放以来出现的以公有制成分为主的合作经济、股份经济、混合经济等形式。公有制为主体是指国有和集体的资产在社会总资产中占优势。这是就全国范围来说的，而不是指某一具体部门和局部地区。

在社会主义市场经济中，要保持公有制的主体地位和发挥国有经济的主导作用，除了依靠国家的作用以外，更重要的，必须依靠与公有制企业特别是国有企业在市场竞争中增强活力、提高效益来实现。

重塑与社会主义市场经济相适应的公有制形式，最重要的是，要使国有企业真正成为市场主体。这就要求国有企业产权双重分离，即实现投资者所有权与法人财产权的分离，以及法人财产权与企业经营权的分离，在国有企业内部建立“产权明晰、权责明确、政企分开、管理科学”的现代企业制度。国有企业除少数垄断性、社会公益性企业承担一定的社会目标外，其余企业都要有自身的经济目标。

国有企业成为市场主体，要求实现国有资产具体形态的变化和保值、增值的统一。市场经济条件下，资产流动是一种客观要求。由于市场情况瞬息万变，在消费需求不断发生变化、企业技术创新不断涌现、新型产业不断崛起以及企业经营不断变换等诸种因素作用下，社会资源（资产）势必以市场信号为导向进行持续的调节，从收益低的企业和行业流向收益高的企业和行业，最终实现资源的最优配置。在社会主义市场经济条件下，国有资产也同样需要具有流动性。只有通过流动，国有资产才能实现保值增值；只有通过流动，国有经济才能发挥主导国民经济的作用。这就要求在产权明晰化的同时，建立产权交易市场，使资产流动有借以承担的载体。国家要制定相应的政策法规，为资产的合理流动和优化组合提供广阔的活动空间，保证国有资产的保值、增值。国有资产的这种流动，即在各部门间的退出与进入，在动态发展过程中保持国有经济的旺盛活力，是发挥国有经济主导作用的重要方式。

第二，以共同富裕为目标的市场经济。

分配关系是生产关系的重要方面，生产条件的分配决定个人收入的分配。一定的生产资料所有制决定了与之相适应的分配关系。以公有制为主体、多种所有制共同发展的所有制结构，决定了按劳分配为主，多种分配形式并存，以共同富裕为目标。没有个人消费品按劳分配，公有制就不成其为社会主义公有制，市场经济也不成其为社会主义市场经济。这是就分配关系的本质而言的。但在市场经济条件下，收入分配是通过市场并采取按要素分配的形式来实现的。按要素分配是指资本、土地、劳动力、知识产权等生产要素都参与收入分配，并按照各种要素供求关系决定的要素价格进行分配。我们要发展社会主义市场经济，以市场作为配置资源的基础性方式，发展资本市场、劳动力市场、土地市场、技术市场等要素市场，就不可避免地要承认在全社会范围内的按要素分配。没有按要素分配就不会有真正的市场机制。这就是市场经济条件下分配关系的形式而言的，并不反映分配关系的本质。要强调指出的是，按要素分配，关键要看要素归谁所有。我国是以公有制为主体的社会主义国家，生产资料大部分是公有的，特别是矿山、城镇土地以及国有资产都掌握在国家手中，国家是最大的所有者，承认按要素分配，有利于国家利用国有资源和收益为整个经济社会的发展和实行按劳分配创造宏观经济条件。

在社会主义市场经济中，实行按要素分配与在公有制经济内部实行按劳分配完全可以并行不悖。按要素分配和按劳分配是不同层次的问题，两者不构成互相排斥、非此即彼的关系。按要素分配是全社会不同要素的所有者凭借要素所有权参与全部国民收入的分配。按劳分配则是公有制经济内部的劳动者，对根据要素分配归公有制经济所有的那部分国民收入中用于个人消费部分进行的分配。

按要素分配是市场经济中各种经济成分都必须遵守的规则，而按劳分配只是公有制经济内部个人消费品分配的原则。因此，按劳分配必须在遵守按要素分配规则的前提下，借助市场经济的一般范畴进行。但就分配关系的本质来看，在公有制经济范围内的按要素分配，不同于资本主义私有制条件下的按要素分配，也不同于社会主义条件下非公有制经济的按要素分配。这是由于生产资料归全民所有或劳动者集体所有，劳动者在不同范围内同生产资料是结合的，按要素分配体现的是国家或集体扣除之后的按劳分配，多劳多得、少劳少得。在这里，按劳分配是公有制决定的分配关系的本质，按要素分配是市场经济决定的必然采取的分配形式。

在非公有制经济中实行按要素分配。资本所有者凭借资本所有权得到利润；受雇于非公有制经济单位的劳动者按照劳动力的市场价格得到工资。在这时，按要素分配的内容与形式是一致的。

社会主义市场经济条件下坚持按劳分配为主体现在两个方面。其一，所有经济成分中，公有制经济占主体地位。在此基础上，广大劳动者的个人消费品均采取工资 + 社会福利的形式进行分配，而这正是按劳分配原则在社会主义市场经济中的实现方式。私人凭借资本所有权获取利润、利息，在全社会范围内不占主体地位。其二，部分劳动者会将根据按劳分配原则获得的个人消费资金转化为投资，获得要素报酬。对绝大多数劳动者而言，这种由个人消费品转化的投资，由于数量有限，加上国家税收的调节作用，所能带来的回报极为有限，难以在全社会范围内形成劳动者个人主要收入来源。在这个意义上也体现了按劳分配为主。

效率优先，兼顾公平体现了公有制与市场经济对分配的要求。坚持“效率优先”，有利于调动企业和个人生产积极性，促进经济发展，把蛋糕做大，从而增加可分配的产品和服务。不讲效率的平均主义分配方式，只会带来普遍的贫穷，而贫穷不是社会主义。效率与公平的统一在不同领域有不同的侧重点。在初次分配应坚持效率优先，侧重于效率的实现，同时兼顾公平；在再分配领域侧重于公平，但也要兼顾效率。只有建立起一个良好的收入分配机制，才能使效率与公平相得益彰。

共同富裕是发展社会主义市场经济的目标，但实现共同富裕要有一个过程。因此，鼓励一部分地区一部分人通过诚实劳动和合法经营先富起来，可以形成示范效应，并通过先富带动和帮助后富，逐步实现共同富裕。在不同的发展阶段，共同富裕有不同的内容。在现阶段实现小康就是初步的共同富裕。在目前体制转轨时期，要特别注意按资本分配可能产生的累积效应，也就是说，富者可以凭借资本更多地获取社会财富，使富者更富。因此，国家要通过收入分配政策和税收政策等，调节过高收入，保障低收入居民的基本生活，防止贫富悬殊和两极分化，保证现阶段共同富裕目标的实现。

第三，社会主义国家宏观调控下的市场经济。

在国家宏观调控下，发挥市场在资源配置中的基础性作用，是社会主义市场经济的另一主要特征。

发挥市场对资源配置的基础性作用，主要是指：由市场信号引导资源配置的基本方向和基本结构；一般而言，所有竞争性领域，包括在行业内部各企业之间以及行业之间，资源配置均首先通过市场进行。国家针对市场机制的缺陷进行宏观调控，也要根据市场信号进行决策，并主要通过市场机制实施。

在我国现阶段，发挥市场对资源配置的基础性作用，主要表现为：在通常情况下，投资周期短，需求弹性大，替代品多的一般商品与服务，通过市场配置资源。公益性、垄断性行业以及某些投资周期长，需求弹性小，替代品少，关系国计民生的重要商品和服务，则由国家组织生产与流通，也要以市场信号为决策依据，并尽可能通过市场机制实施。

在社会主义市场经济中强调国家宏观调控的作用，是因为市场在资源配置中存在着固有的缺陷。

1. 市场机制是在经济波动中逐步实现资源均衡配置的，不可能自动有序地实现总量均衡和结构均衡。如只依赖市场机制配置资源，无数企业和众多行业波动的总和，将形成宏观经济的振荡，生产能力越强、生产规模越大，其振荡幅度越大。在出现总量失衡和结构失衡时，它只能采取周期性经济危机的办法强制恢复均衡，从而直接影响社会稳定，妨碍国民经济的持续发展，并造成社会资源的极大浪费。

2. 自发的市场竞争必然导致垄断，垄断将阻碍技术进步，干扰市场信号，影响资源合理流动，从而使资源配置效率下降。

3. 工业化社会中的市场竞争将导致两极分化，从而引起尖锐的社会矛盾，社会矛盾的激化最终会对经济和社会生产造成破坏。

在我国现阶段，加强社会主义国家宏观调控尤为重要。这是因为：

其一，我国是一个后起的发展中国家。发达国家几百年的发展历史已经展示了市场的积极作用及其缺陷，在通过宏观调控克服市场缺陷方面，也有成功的经验和教训。这些经验和教训，是人类的共同财富。我们应当也可以很好地利用这些财富，加强宏观调控，不必事事经过市场筛选，重复发达国家曾经走过的曲折道路。

其二，改革开放以来，我国市场体系培育已经取得了较大进展。但迄今为止，市场体系还很不健全。大多数国有企业并未真正成为市场主体；土地、资本和劳动力三种基本要素的市场配置成分还较微弱；尤其是在国有经济内部，三要素基本上还未真正通过市场配置。完善的价格体系和统一市场，也还没有最终形成。在这种条件下，市场配置资源的优点尚难充分发挥，而其缺陷却有可能被扩张。只有在强有力的宏观调控下，才能最大限度地发挥市场对资源配置的积极作用，有力地抑制其消极作用。

其三，我国正处于体制转型和经济高速增长时期。世界经济发展的历程表明，这一时期极易发生经济结构失衡和社会动荡。只有通过国家强有力的宏观调控，才能实现经济与社会协调发展，保持宏观经济稳定，实现产业结构升级，有序地完成社会转型，保持国民经济持续、快速、健康发展。

其四，我国是一个大国，但又是一个穷国，资金和资源严重短缺。在这样的国度里进行现代化建设，必须加强宏观调控，由国家统一协调各地区均衡发展，同时调节收入分配，实现社会公平，防止两极分化，并由国家集中掌握一定财力，用在最迫切、最重要的地方，使有限的资源发挥最大的效益。

我国社会主义市场经济中的宏观调控具有以下几个特点：

一是社会主义市场经济的根本目的是促进社会生产力发展和社会进步，实现共同富裕。宏观调控服务于这个根本目的。

二是公有制经济作为社会主义市场经济的主体，为国家宏观调控提供了坚实的依托，使国家可以更有效地对经济活动进行调控。因此，社会主义市场经济中的宏观调控在范围和力度上也不同于西方国家市场经济中的宏观调控。

三是我国宏观调控除了财政政策和货币政策两大手段之外，还有计划手段。作为宏观调控手段的计划有两个层次：第一层次的计划是国民经济与社会发展的总体规划。这种计划提出国民经济与社会发展的战略目标，并确定国民经济与社会发展中重大比例、结构和速度，因而成为国家宏观调控的依据。第二层次的计划是对国民经济运行中的某些重要经济活动进行调节的计划。它和财政手段、货币手段并列为经常性宏观调控工具。在这里，计划不仅要以市场为基础，而且要引导市场、培育市场、调控市场。

尽管社会主义市场经济的宏观调控包括了计划这种手段，但它与计划经济中的宏观调控仍然有着重大区别：一是决策依据不同。在计划经济体制下，决策依据是按照行政隶属关系自下而上汇集起来的信息，并且在大多数情况下采取实物指标，经过中央主管部门的综合平衡形成决策。而在社会主义市场经济中，宏观调控决策的主要依据是市场反映出来的经济运行基本状况，主要采取价值指标或各种经济参数。二是决策实施方式不同。在计划经济条件下，宏观调控决策主要采取指令性计划方式，通过行政隶属关系落实到基层。在社会主义市场经济中，宏观调控决策主要通过间接方式实施，它以各种经济手段、法律手段为主，辅以必要的行政手段。即使是直接指导和调节的计划，也可以采取非行政手段实施。此外，计划制定的社会参与程度上也有很大区别。

第四，建设社会主义精神文明的市场经济。

社会主义精神文明与市场经济的结合，是社会主义市场经济的又一个重要特征。

在任何社会都存在着由经济基础决定并为这一基础服务的思想文化系统。人类在建设物质文明的同时，精神生产与精神生活也随之发展，由此形成相适应的精神文明。

把我国建设成为高度文明、高度民主的社会主义现代化国家，这是现阶段我国各族人民的共同理想。高度文明既包括高度的物质文明，也包括高度的精神文明。建设高度的社会主义精神文明，既是我们的重要目标，又是实现高度的物质文明的强大动力和重要保证。

发展社会主义市场经济必须与建设社会主义精神文明相结合。精神文明建设包括思想道德建设和文化教育建设。以马列主义理论为指导，加强思想道德建设，坚持不懈地进行爱国主义、集体主义和社会主义思想教育，使全国人民有共同理想，才能保证发展市场经济的正确方向，并形成与社会主义市场经济相适应的道德规范，提供强大的精神动力和良好的社会环境。同时，加强文化建设、发展科技教育、提高全民族的素质，才能为社会主义市场经济提供必要的智力支持。

另一方面，发展社会主义经济，不断增强综合国力，提高人民生活水平，才能为建设社会主义精神文明提供坚实的物质基础。发展市场经济也有利于增强人们的开放、竞争、务实、创新、讲求效率等思想观念，从而为社会主义精神文明增添新内容。因此，发展社会主义市场经济与建设社会主义精神文明存在着相互结合、相互促进的共同基础。实践已经证明，改革开放与社会主义市场经济的发展给我国社会主义事业带来强大的动力，人们的思想意识精神状态发生了深刻变化，对精神文明建设是巨大的促进，也对精神文明建设提出了新课题，如何在发展市场经济中抵制拜金主义、损人利己的极端个人主义等资产阶级腐败思想的侵蚀，防止种种迷失方向的危险，形成有利于发展社会主义市场经济的舆论力量、价值观念、文化条件和社会环境，是对我们的一个历史性的重大考验。如果我们在发展市场经济过程中，不重视精神文明建设，把我们的精神支柱丢掉了，就会走上邪路。

综上所述，社会主义市场经济是以公有制为主体，在社会主义国家宏观调控下，发挥市场配置资源的基础性作用，促进物质文明建设和精神文明建设协调发展，实现共同富裕的市场经济。

二、深化改革，建立和完善社会主义市场经济体制

按照社会主义市场经济基本内涵和主要特征的要求，要进一步深化改革，在20世纪末初步建立社会主义市场经济体制，在2010年形成比较完善的社会主义市场经济体制。

第一，加快国有企业改革步伐，构造社会主义市场经济的微观基础。

近几年来，国有企业改革虽然取得了不少进展，但并未取得实质性的突破；国有企业改革中的一些重点、难点问题虽已基本理清，可是缺乏决断和有效的措施，使问题迟迟得不到很好的解决。其原因是多方面的，但主要的还是要不要根据社会主义市场经济内在的要求改革国有企业，转换经营机制，使之真正成为市场主体。这样做主要是坚持公有制、发展公有制还是搞“私有化”的认识问题没有解决，姓“社”、姓“资”的思想束缚使国有企业迈不开步子。国有企业改革滞后，使企业缺乏生机活力，不能从根本上扭转企业效益下降、亏损增加，国有资产流失严重的状况。这不仅会搞垮国有经济本身，还会阻碍整个经济体制改革和经济增长方式的转变，使宏观调控措施得不到有效贯彻落实，职工生活也难以提高。因此，不管从构造社会主义市场经济的微观基础，还是从改革、发展、稳定大局的需要来讲，都要求加快国有企业改革步伐。深化国有企业改革的关键是要以邓小平同志建设有中国特色社会主义理论为指导，解放思想、打破禁区，以“三个有利于”作为判断是非的标准，“看准了的，就大胆地试，大胆地闯。”（《邓小平文选》第三卷第372页）

深化国有企业改革，首先要着眼于发挥国有经济的主导作用，进行国有经济结构的调整和国有企业的战略性改组。进行这种“调整”、“改组”，是由生产力水平和国家财力所决定的。当前，符合社会化大生产要求的大中型企业只有4.68万户，占国有企业总数30.2万户的15.5%，其余的小型企业的技术装备水平离现代化差距较大，其生产和经营的产品并不一定要求采取国有经济的组织形式。而且，现有国家财力也难以向上述国有企业注入所需的资本金。因此，没有必要也不可能维持现在国有经济的格局，国有经济必须缩短战线，有

"进"、有"出"，进行"调整"、"改组"，以便集中力量加强必须由国家控制的行业，确保国有经济的主导地位。国有经济经过"调整"、"改组"后，资产的比重会下降，但仍必须保证国有资产和集体资产在社会总资产中占2/3，其中国有资产在社会总资产中占1/3以上。属于国民经济命脉的领域要完全控制在国家手里；自然垄断性和社会公益性领域国有企业要保持绝对比重；属于新的经济增长点或投资风险大的具有竞争性的高新技术产业，在一段时间内，由国家投资发展，随着新的经济增长点的发展和高新技术产业日渐成熟，国有经济逐步退出；在某些重要的原材料和加工工业，国家通过控制其中少量特大型和大型企业，在行业中发挥国有经济的主导作用。对竞争性的加工工业，包括轻工、纺织、一般机械和某些原材料等行业，要加快企业股份制改造，国家出让国家股或国家减少投入，由企业向社会发行新股增加企业总资产，相对降低国家股份比重，从而有步骤地使国有经济转移出来，充实需要重点发展的领域。当然，国家股的转让或国有企业新股发行，要尽可能分散化，避免集中在少数私人手中。"调整"、"改组"要与发展结合起来。要实施国有大公司、大集团的发展战略。要使企业集团的核心企业成为国家授权经营国有资产的主要单位，以资本为纽带联结国有中小企业。国家要在投资、外贸、外汇、金融、技术开发等方面给予重点倾斜和政策扶持，使之在技术档次、经营规模、管理水平等方面上一个台阶，真正发挥出国有经济在国民经济中的主导作用。

对国有小企业以及大部分国有中型企业要采取多种形式放活。对这些企业放活要作出明确规定。如规定采取改组、联合、兼并、股份合作制、租赁、承包经营和出售等多种形式，对国有中小企业的产权进行重组，其中，对小型企业胆子可再大一些，可以考虑实行以"改制"为主的改革方略，同时注意"聚小为大"，发展"小型巨人"，实现规模经济；产权重组，要有透明度，通过规范化的产权交易市场，要进行科学的资产评估，要确定合理的价值观，要保证成交后及时交割、足额到位，防止某些人以权谋私或把国有企业作为炒作的垫脚石；出售国有资产的收入必须相对集中使用，投入国家需要加强的行业，不能弥补财政亏损，也不能由部门各切一块，分散使用甚至造成国有资产流失；产权重组可分解拆散进行兼并、联合、租赁、股份合作、出售，让能活起来的一块先活起来，而不要捆在一起等死；建立中小企业发展基金，为中小企业的发展提供资金保障。要力争"九五"期间完成国有中小企业的改制工作。

总之，"抓大放小"有利于发展壮大公有制经济，发挥国有经济的主导作用。把这种战略性"调整"、"改组"，归之于"私有化"，在理论上是讲不通的，在实践上是不利于改革的。

这里需要特别强调指出，深化国有企业改革不能离开发展而"孤军深入"。

必须遵循邓小平同志“发展是硬道理”的指示，抓住发展不放松，在发展中实现资产重组，在发展中促进制度创新，在发展中壮大公有制经济。以发展为宗旨，国有企业摆脱面临的困境就能找到新的出路。从宏观上讲，政府要将支持国有企业改革与支持国有企业发展结合起来，加强领导，统一规划，全面安排，有关部门形成合力，共同促进国有企业的改革、发展。

国有企业改革面临的一个大难题是企业债务的处理。债务负担已成为不少企业沉重的包袱，严重影响企业的正常经营。企业债务在相当程度上是历史遗留问题。国家有责任支持帮助企业解决债务问题。可考虑采取多种办法，如经批准企业可发行股票；政府发国债，以其收入作为企业资本金注入；建立投资基金对企业投入；允许银行与企业少量的债权股权转换；建立债务拍卖市场，对实行兼并的企业先行实施债务重组，对“大带小、优带劣、外带内”实行兼并的，债务实行停息挂账或部分免除以及推行“贷改投”等。通过这些办法，争取在“九五”期间使国有企业的负债率从目前的71%降到50%左右。

要尽快建立健全社会保障制度，为国有企业改革创造必要的社会条件。建立退休养老、失业、医疗等保障基金，要坚持国家、集体、个人共同负担的原则，符合我国的国情并与经济发展水平相适应。要加强宏观调控，确定统一政策，克服政出多门、分散决策的状况。国家要拨出必要的资金作为启动资金，还可从转让国有资产的收入中提取部分资金补充社会保障基金的不足。要使政府主管部门与保险机构或保障基金的经营单位分开。保障基金的经营也要引入市场竞争机制，由多个单位经营，形成竞争局面。

加强企业领导班子建设，改革企业干部管理制度，建立一支高素质的职业企业家队伍，是深化国有企业改革必须解决的问题。按照投资者所有权与法人财产权分离，法人财产权与企业经营权分离的要求，由上级任命企业法人代表(董事长)。由董事会从经营者市场上公开招聘权威机构认定资格的经营管理人员，并相应建立对其的激励机制和约束机制，从而形成企业内部领导体制的新格局，以适应企业作为市场主体的需要。

在确立企业经营者在国有企业的指挥地位后，还要正确处理经营者与职工的关系。这是建立现代企业制度面临的现实问题。国有企业的职工具有双重身份，作为共同占有国有资产的主人，与经营者处于平等地位，作为劳动者要服从经营者的指挥。正确处理两者的关系，经营者要尊重职工，保障其合法的权益，同时要调动职工的积极性，让职工参与民主管理、民主监督。另外，董事会中要有职工代表；监事会中职工代表要有相当比重。

第二，加快资本市场的发育。

当前市场体系的发展已进入了加快培育发展要素市场的阶段，而培育发展要素市场要以资本市场为重点。现代市场经济是货币经济、信用经济，市场化、货币化、国际化是紧密相连的，正如邓小平同志指出的，“金融很重要，是现代经济的核心。金融搞好了，一着棋活，全盘皆活”（《邓小平文选》第三卷第366页）。可是当前包括资本市场在内的金融市场发展相对滞后，金融活动受到抑制，资金流动不活，不适应国有企业改革和投融资体制改革的需要，是造成资金使用效率低、效益差，影响资源有效配置的重要原因。在继续深化银行体制改革的同时，加大资本市场发展的力度，已刻不容缓。要把发展包括证券市场、中长期信贷市场和产权市场在内的资本市场作为重要任务来实施。要改变直接融资为辅的政策，实行直接融资与间接融资并举发展。这样既可分散银行风险，又可为国有企业拓宽筹集资本的渠道，发展壮大国有经济，保障经济安全，克服“寻租”现象。当然，发展资本市场关系重大，必须慎重。但只能在发展资本市场中规范金融秩序，在规范金融秩序中发展资本市场。

适应国有资产流动的需要，特别是当前要对国有经济进行战略性的“调整”、“改组”以及缓解企业的债务负担，必须加快产权交易市场的发展。国家应尽快颁发规范化的产权交易法律、法规。

第三，要转变政府职能，建立统一、高效的宏观调控体系。

要按照政企分开的原则，转变政府职能，把应由市场调节的经济活动都交给市场，把应由企业决策、经营的事都交给企业。国家通过调控经济参数来调控市场，由市场引导企业发展，使之符合经济和社会发展目标。要建立强有力的国有资产经营体系和国有资产监管体系。国家通过国有资产投资经营公司（控股公司）和国有资产监管部门（政府机构），保证国有资产的保值增值，不再直接干预绝大多数国有企业的经营活动，保障企业按《公司法》等法规办事。对少数国有企业可实行国有国营，单独立法，保留国家直接调节和管理的权利。要强化综合管理部门，逐步改组专业经济管理部门。专业经济管理部门要将国有资产监管职能、社会经济管理职能和行业协调服务职能分开，把社会经济管理职能移交给综合经济部门，国有资产监管职能交给国有资产管理的部门，自身改组为不具有政府职能的自律性行业管理组织，一般而言不宜改组为国家授权经营国有资产的单位，如确需改组为国家授权经营单位的，要作出严格规定，以防止出现“翻牌公司”，以新形式干预企业。

建立宏观调控体系的重点是建立计划、财政、金融之间相互配合、相互制约的机制。计划、财政、金融在社会主义市场经济中都具有相对独立而又不能互相替代的功能。因此，既要发挥财政、金融的作用，又要重视发挥国家计划的总体指导和综合协调的作用。财政部门要按照国家计划确定的财政收支目标运用财政政策，促进经济结构和收入分配结构的调整。中央银行要按照国家计划确定的货币供应量和信贷计划，运用货币政策和金融手段保持币值的稳定，并在此前提下支持经济适度发展。计划部门要认真履行综合协调的职责，认真听取财政、银行的意见、建议，在制定计划时要充分考虑到财政支出的承受能力和货币的稳定。从社会经济全局高度提出“战略、总量、结构、布局”的目标、政策、措施，经全国人民代表大会或国务院批准后，积极促使其实现。要从制度上把计划、财政、金融三者关系确定下来，以形成合力，集中力量办大事，保证宏观调控的科学性、统一性和有效性。

建立完善监督约束机制、反腐倡廉，严厉打击经济犯罪活动。要规范政府行为，加强对行政权力的监督，包括加强政府内部的上下之间、各部门之间、前后程序之间的互相监督，要同时加强人民代表大会的监督。司法监督、群众监督、舆论监督以及党的纪律监督等。行政权力越在，监督制约越要严格。要反腐倡廉，制止各种权钱交易，打击各种经济犯罪活动。

国家经济安全战略研究

主要完成单位：国家计委经济研究所　国家计委对外经济研究所
国家计委社会发展研究所
主 要 完 成 人：常修泽　王永治　慕海平　李建立　王小广
王允贵　林晨辉
获　奖　时　间：1998 年
获　奖　名　称：国家计委科学技术进步二等奖

一、国家经济安全问题的重要性

国家经济安全是国家安全体系的重要基础。保障国家经济安全是指防范、化解各种外部或内部的经济或非经济因素对国家经济主权、国民经济发展和运行的威胁、冲击或破坏，以维护国家根本利益。

保障国家经济安全是任何一个主权国家，特别是大国都十分重视的问题，各国都积极采取措施保障国家经济安全。在我国，党和政府历来重视国家经济安全问题，在不同的发展时期曾针对所处的国内外环境和矛盾，采取过相应的战略和对策。改革开放以来，我国经济和社会发展取得了举世瞩目的伟大成就，综合国力和国际地位大大提高，保障国家经济安全的能力显著增强。

当前提出国家经济安全问题的主要背景是：

国际经济竞争空前剧烈，我国面对着强大的压力与挑战。“冷战”结束后，世界政治、经济格局发生很大变化，全球经济一体化、区域经济集团化以及多极化的趋势日益明显，经济竞争成为国际关系的焦点。各大国力图在国际竞争中保持领先地位，争夺世界经济与政治主导权，纷纷对本国经济结构进行战略性重组，调整对外战略，把经济安全摆在十分突出的位置，并制定适合新形势的国家经济安全战略。如美国克林顿政府一上台就把国家经济安全放在国家安全的首要位置。俄罗斯政府 1996 年制定了《俄联邦国家经济安全战略基本条例》。日趋激烈的国际竞争同样对我国经济安全构成新的威胁。

在我国扩大开放的条件下，经济领域的控制与反控制斗争加剧。我国“大国经济”的特点和坚持社会主义制度的原则决定了美国等西方国家不仅会继续对我国实行军事威胁、政治遏制、文化侵蚀，搞西化、分化，而且会千方百计对我国进行经济渗透；外商对华投资规模迅速扩大，世界主要跨国公司大量进入或随时准备进入我国的重要产业和市场。在进一步扩大开放的情况下，如何防止外国势力的控制是一个尖锐的问题。在这方面我国缺乏充分的准备，潜伏着不安全的因素。

在我国体制转轨、结构升级的过程中，出现了一些新的不确定性和不稳定性因素。过去长期积累的深层次矛盾在新的形势下显现出来，同时出现了新的问题和新的矛盾，如财政收入两个比重下降、银行不良资产增多、失业率上升、居民收入差距扩大等问题，这都可能导致重大经济风险的发生。如果再考虑到我国人均资源占有量相对不足、人口规模过大及经济高速发展这些特点，资源所承受的压力会越来越大，粮食、能源等战略物资的供需矛盾有可能趋于尖锐，潜在风险将会随之增大。

影响国家经济安全的内外因素是相互作用、相互传递的。国内发生严重的经济不安全问题会影响对外开放的进程，减弱抵御外部风险的能力；而对外部诸种侵害性因素抵御不力，则会影响国内经济的稳定，加大国内经济的风险。为避免经济发生大的风险和波动，特别是防止外国对我国经济的控制，有必要从战略的高度研究我国经济安全问题，未雨绸缪，有针对性防范和引导，以保证我国改革开放和现代化建设事业的健康发展和国家的长治久安，并在国际舞台上牢牢占据经济强国地位。

二、国家经济安全战略的指导思想和目标

根据我国的实际情况，参照其他国家的做法，要把保障国家经济安全作为一项基本国策，制定我国国家经济安全战略。

（一）通过政治、经济、军事、外交、文化等综合措施来保障国家经济安全

我国经济安全面临的威胁是多方面的，因此防范、化解经济不安全的因素，首先要从经济方面考虑对策，同时也要从政治、军事、外交、文化等方面考虑对策，采取综合措施，把保障国家经济安全体现在各项工作中，在全党全民中树立经济安全意识。

（二）通过立足于自身发展、提高国际竞争力来保障国家经济安全

国际竞争力是国民经济在国际竞争中表现出来的综合国力的强弱程度。从

一定意义上说，国际竞争力的状况是国家经济安全与否的根本标志。要把增强持续稳定发展能力，提高国际竞争力作为保障国家经济安全的关键。要通过深化改革，实现两个根本性转变，加快现代化建设的步伐，建立保障国家经济安全的可靠基础。

（三）通过提高对外开放水平来保障国家经济安全

坚持扩大开放，发挥比较优势，参与国际分工与交换，充分利用国际国内两个市场、两种资源，以增强自我发展能力。努力完善对外开放的机制和政策措施，掌握好对外开放的度，积极开拓国外市场、资源基地和投资场所，以提高防范重大国际风险，保障国家经济安全的能力。

（四）通过中长期战略与短期对策相结合的方式，中央、地方、企业事业单位、个人从不同层面上采取措施来保障国家经济安全

保障国家经济安全在中长期和短期有不同的侧重点。因此，一方面要从战略的高度，着眼于解决未来可能面临的重大潜在经济风险，居安思危，积极防范，化大震为小震。另一方面又要针对现实存在的不安全因素，及时采取常规或非常规措施予以解决，切实保障国家经济安全。

保障国家经济安全是全党全民的事业，建立中央、地方、企业事业单位、个人相结合的经济安全体系，动员和组织各方面力量，共同努力，来防范、化解各种不安全因素。

在新的历史时期，我们要确立的国家经济安全战略，必须是能够适应中国经济市场化、国际化和现代化要求的国家经济安全战略。其基本目标是坚持社会主义市场经济体制，不断提高国际竞争能力、科技发展能力、经济和社会可持续发展能力，建立有效的安全机制和政策框架，以维护国家根本利益，确保国民经济持续、快速、健康发展和社会稳定、政权巩固。

当前及今后一段时间内，保障国家经济安全的主要任务是：

第一，保证财政和银行货币体系安全，金融活动规范，物价相对稳定；

第二，保障关系国家经济命脉的战略性产业和国内市场不被外国势力所控制；

第三，保障石油、粮食等战略性资源的安全、可靠、有效的供给；

第四，保障居民就业和基本生活水平，防止失业率的上升和居民收入差距的扩大超过社会稳定所允许的最大限度。

三、关于财政、金融安全问题

（一）关于财政安全问题

1. 财政是维持国家政权正常运作的财力基础，制定和实施各项经济政策的物质保证。财政困难是国民经济运行和发展中各种矛盾的集中表现，也是经济不安全的主要因素。

2. 目前我国财政状况比较严峻。财政收入相对规模不断缩小，1996 年财政收入占国内生产总值的比重由 1993 年的 12.7% 继续下降至 10.9%（如果加上不列入预算的各种财政资金，按全口径计算则为 22% 左右）；中央实际可支配收入占全部财政收入的比重由 31.6% 降至 27.6%。财政支出结构不尽合理，赤字规模不断扩大，1996 年达 548 亿元，若把债务收入也作为赤字计算，则赤字率已达 2.9%，接近国际公认的 3% 警戒线。债务规模迅速膨胀，1996 年国债发行高达 1967 亿元，债务依存度跃升到 21.3%，中央财政支出中一半以上依靠债务收入支撑。

3. 从发展趋势分析，财政困难状况在短期内难以根本扭转。由于资源配置效率不高，国有企业效益较低，税收结构不尽合理，使税收收入明显滞后于经济增长；经济结构的调整，科技、教育、卫生、社会保障等各项事业的发展需要财政给予重点支持，行政事业费支出刚性又强，财政赤字有继续扩大的可能；加之累积债务的偿债压力将逐年加大，因而财政风险将增大，成为经济不稳定的重要因素。

4. 参照历史数据和国际公认的合理界限，建议：

——财政收入（全口径）占国内生产总值的比重不低于 22%；

——中央实际可支配收入占全部财政收入的比重不低于 35%；

——财政赤字（含内外债务）占国内生产总值的比重不超过 3%；

——债务依存度为 10% ~15%，中央财政的债务依存度不超过 30%。

5. 防范和化解财政风险，从根本上讲是要发展经济，提高效益，把蛋糕做大。同时必须采取以下对策：规范收入分配体制，完善财政复式预算制度，逐步建立起公共财政预算、国有资产经营预算和社会保障预算的规范预算制度；合理划分中央与地方政府的事权，调整收入范围，提高中央财政收入的比重；进一步完善税制，强化征管；严格预算约束机制，优化支出结构，进一步精简机构、压缩编制，减少行政经费支出；控制债务规模，建立国债偿还基金，促使债务良性循环。

（二）关于金融安全问题

1. 金融是现代经济的核心，经济运行的中枢。保证人民币体系的稳定、银行体系的安全、资本市场的健康发展、金融保险业的规范运作，对保障国家经济安全具有十分重要的意义。

2. 当前，我国金融领域存在的隐患主要有：国有商业银行资本金严重不足，不良贷款额巨大，到1996年上半年，不良资产比重高达24.7%；非银行金融机构经营管理不规范、监督管理不力、违规经营现象严重；外债使用效益不高，项目亏损面偏大，项目风险有向国家风险转变的趋势；股票市场投机过度，利用信贷资金炒作股票的现象严重等。

3. 今后一段时间，国有商业银行不良贷款的数额和比重有上升趋势，孕育着支付危机和挤兑风波；国有商业银行、城乡信用社等金融机构存在利润下降、亏损增加的趋势，将加剧中央财政收支矛盾和加大通货膨胀压力；国际资本流动特别是投机性资本流动有可能冲击国内金融市场和金融体系。

4. 为保障金融安全，建议：

——通货膨胀率不超过5%；

——商业银行的资本充足率不低于8%，备付金率不低于5%，银行不良资产比重不超过同期资本充足率的2倍，呆账资产比重不超过资本充足率；

——外债偿债率不超过15%，债务率不超过130%，负债率不超过20%。

5. 为保障我国金融安全，需采取以下对策：

保持人民币的币值稳定和汇率稳定；积极推进银行的商业化改革和发展，严格信贷资产的管理；进一步推进商业银行建立存款保险制度，保障储户利益和银行体系的安全；适当控制资本流入，努力增加经常项目顺差，保持足够的国家外汇储备，建立合理的外汇储备结构；加强外债全口径计划管理，合理控制外债规模和结构；审慎实施金融对外开放，依法监管外国资本的流动；加强对银行和非银行金融机构的监督管理；提高银行资产质量，增加银行资本金，减少不良资产；积极培育并严格监管资本市场，防止过度投机。

财政安全与金融安全是连通的，财政安全为金融安全提供保障，金融安全为财政安全提供坚实的基础，必须把财政安全与金融安全通盘考虑，互相配合，保障国家财力安全。

四、关于产业安全问题

产业安全是经济安全的基础。产业不安全的影响是深远的、长期的。历史上的大帝国，如西班牙、英国，都是由于产业国际竞争力的下降，而导致经济逐渐走向衰落和政治霸主地位的丧失。

（一）产业安全的内涵

产业安全包括以下四方面内容：本国资本对关系国民经济命脉的重要经济部门掌握控制权；主要行业的发展依赖于本国的资金、技术和品牌；国内市场不被外国资本和产品所垄断；支柱产业具有较强的国际竞争力，能确保我国产业在国际分工体系中利益最大化。

（二）当前我国产业从总体上看是安全的，但局部不安全问题已经发生

目前在部分关键行业，如移动通信设备、集成电路、子午线轮胎、工程机械、合成材料等，外商投资企业已经占据着国内大部分市场，行业发展的独立性和自主性明显下降，国内资本正在被挤出市场。从发展看，局部不安全的趋势有扩大的可能。第一，目前外商对华直接投资累计额已超过 1748 亿美元，预计到 2000 年将达到 3000 亿美元。如果全部开业投产，无论以资产额比重，还是以市场占有率衡量，外资对我国产业的渗透和控制程度都将扩大。第二，外商投资企业中的外资控股企业（按国际标准即为跨国公司的子公司），在资金、技术、品牌方面，具有强大的竞争力，国内资本受体制、结构、资金、技术等因素制约，将进一步受到挤压。第三，随着我国加入世界贸易组织进程的加快，国内一些行业将进一步受到进口商品的冲击。第四，外商进入我国金融保险业、批发零售业的步伐正在加快，局部产业不安全的状况有可能扩大。

（三）产业安全的警戒线

参照国外有关经验，并根据我国改革开放的具体情况，需要确定以下警戒线：

——在当年全社会固定资产投资总额的资金来源中利用外资的比重不超过 15%；

——外商控股企业（包括外商独资企业）资产占全社会资产总额的比重不超过 15%；

——在主要行业中，外商投资企业产品的市场占有率不超过 30%；

——外贸进口依存度不超过 40%。

（四）保障产业安全的对策

1. 要进一步明确外商投资国内产业的一般准入原则。国防工业、广播电视

报纸、文化遗产等领域绝对禁止外商进入；关系国民经济命脉的重要经济部门、某些基础性行业的经营和重要资源的开发一般禁止外商进入，个别要进入的应经中央政府审批；支柱产业和高盈利部门，应多利用国外贷款进行技术引进，利用国外直接投资特别是规模较大的项目，必须坚持我方控股；高新技术领域利用国外直接投资要少而精，由国家统一选择项目；一般制造业应允许外资直接投资，但对重点国有企业和国有名牌参与的合资项目，应禁止外资控股；金融保险业、商业批发零售业、对外贸易业、文化服务业利用外商直接投资的规模不宜过大、过快。禁止外商投资企业垄断或企图垄断我国市场的行为；禁止外资企业任何非法的、以不公平手段进行竞争的行为；防范国外产品对我国市场的倾销，扶持国内受害的企业，必要时，采取非关税技术壁垒、配额等行政措施，保护国内企业。

2. 支持国内产业发展，提高国际竞争力。加快实施大公司、大企业发展战略；尽快培育一批世界级的跨国公司，提高与国外跨国公司竞争的能力；加大研究开发的投资力度，在关税优惠、财政补贴、项目融资等方面，为国内资本企业引进、吸收国外先进技术，创造相对有利的政策条件，提高自主创新能力；对影响我国未来产业发展方向的高新技术产业如集成电路、计算机、生物工程、新能源、新材料等产业的发展要有强有力的政策、财力等支持；对有市场销路、经济效益好、在国际竞争中有发展潜力的国内企业，在资金上给予必要的支持。

五、关于战略性资源的安全供给问题

（一）关于粮食安全问题

粮食是居民最基本的生活必需品。对我们这样一个人口众多、耕地资源相对贫乏、经济处于高速发展时期的国家来讲，保障粮食的安全供给尤为重要，要始终重视粮食安全问题。

1. 尽管近期内我国粮食安全问题尚不突出。但从长期看，存在着一些影响粮食供给能力的不确定性因素，主要是优质耕地减少的趋势未得到根本遏制，生态环境的破坏，特别是水土流失和干旱化引起的耕地退化仍在发展，降低了土地的长期增产潜力；另一方面，随着人口增长与经济高速发展，粮食需求也将稳步增长。鉴于此，粮食供求缺口将趋于扩大。据测算，2000 年、2010 年、2030 年将达 700 万吨、3000 万吨、6000 万吨左右。必须看到，美国等西方国家有可能利用粮食作为对我施加政治压力和贸易谈判中讨价还价的筹码。因此，保障粮食安全是一项长期而艰巨的任务。

2. 根据中国国情，建议：

——从粮食生产能力角度来说，必须在相当长时期内保持100%的自给能力；

——每年粮食播种面积不低于16.5亿亩；

——粮食每年净进口量占全社会消费总量不超过10%，近期不超过6%；

——全社会粮食储备量不低于全社会消费总量的20%（73天），其中国家储备（包括周转储备与后备性储备）不低于全社会消费总量的17%（60天），后备性储备不低于6%，即600亿斤~800亿斤。

3. 为了保障粮食安全，必须采取以下对策：

实行占有耕地与开发、复垦挂钩政策，进一步严格建设用地的审批管理，加快建立永久性的基本农田保护区，保护耕地；加强水利基础设施建设，强化对基本农田的生态保护及大江大河上游的森林保护，遏制水土流失，提高防灾抗灾能力；加大对农业科技的投入，实施重点种子工程和节水工程，提高单产；在国外建立稳定的粮食生产基地；利用有利时机增加粮食进口；建立国家粮食储备为主、地方和个人储备为辅的三级储备制度和粮食风险基金制度，预防粮食供给的短期风险；一旦出现紧急情况，可采取冻结粮价、扩大粮食播种面积、强化国家调配等非常措施，保障粮食安全。

（二）能源安全问题

能源为国民经济提供动力，也是居民的生活必需品。煤炭、石油天然气还是重要的工业原料。能源安全是国家经济安全的重要内容。

1. 从长期看，我国石油供给潜伏着较大的风险。一方面，石油供求缺口迅速扩大，到2000年和2010年石油缺口将分别为0.4亿吨左右和1.2亿吨左右，缺口率分别为30%和40%。这将会加大经济发展对国外石油的依赖；另一方面，我国正处于工业化加速时期，能源消耗量迅速增加，又缺乏对国际石油市场的控制力和影响力，潜伏着较大的风险。

2. 保障能源安全要做到两个基本点。一是严禁跨国公司对我国煤炭、石油、天然气、核能生产和销售业的控制。二是确定最低的石油安全储备量。参照国际能源机构对成员国保持90天进口储备量的规定，我国的石油最低储备量不低于100天经济发展所需的石油消费量。

3. 为保障能源安全应采取以下对策：

要立足于国内能源的供给。在相当长时期内，继续保持以煤为主的能源结构不变，要将煤炭更多地转化为电力，实行气化和液化，开发和推广洗选煤技术，提高煤炭的清洁化水平以减少环境污染。在此基础上，一方面利用国际油价相对稳定的时机，尽可能地进口石油，满足国内工业发展的需要，但要注意通过进口地区和渠道的多元化来分散风险；另一方面，要加大对核能、太阳能、风能和生物质能等新能源的开发力度和水能的利用。

在平等互利的基础上，采取多种形式的合作，与友好石油大国建立战略伙伴关系，重点稳定并加强同东南亚和中东国家的石油勘探、生产和贸易合作关系，积极参与新兴石油基地（中亚和中美地区）的投资开发，建立长期安全的海外市场供应基地。

适度抑制石油消费，节约能源；加快能源产业的结构调整和组织创新，鼓励企业开发节能技术，提高能源效率。

加强国内油气资源的勘探，特别是加大海上油气勘探、开发，以确保国内石油资源储量不断增长；尽快建立国家石油储备制度和政府指导下的企业石油储备制度。

（三）其他资源安全问题

水资源和其他矿产资源也存在一定的安全问题，需要引起高度重视。

水是人类生存和发展的重要资源。我国是世界上少数贫水、水旱灾害频繁的国家之一。1949 年以来，我国对水患的控制能力和利用水资源的能力有了很大提高，但仍潜伏着巨大的水资源危机，突出表现为北方不少大中城市严重缺水制约了工业发展和城市人民生活。如不及时加以解决后患无穷。今后工业生产布局要充分考虑水资源供给的约束，限制耗水工业在北方大城市的发展；加快建设节水型城市步伐，逐步使水价市场化，适当抑制城市的用水需求；将地下水开采控制在可持续的水平；加快实施南水北调工程，缓解北方城市缺水问题；大力推广节水灌溉技术和节水型农业技术，加强对水利基础设施的投入和维护。

一些重要矿产资源的短缺对国家经济安全也会形成一定的影响，要尽早采取措施，防患于未然。要注意开发替代资源；建立矿产资源的储备制度，重点储备铁、铜、钾盐等进口依存度大的矿产，对铬、钴、铂、镍等 10 多种短缺矿产资源也要增加必需的储备。支持国有矿业集团建立海外供矿基地。

六、关于就业和分配安全问题

就业问题和分配问题直接关系着人民生存和发展的根本利益。就业和分配安全是经济和社会稳定的基本条件。

（一）目前我国就业问题十分突出，潜伏较大的风险

1. 就业压力日益加大，失业加速显性化。全国城镇登记失业率已从 1992

年的2.3%升至1996年底的3.0%，登记失业人口已超过560万人，下岗人员近千万人，再就业面临较大困难；一些地区、行业的就业和特困人群的就业困难更加严峻。

2. 农村劳动力流动正孕育着规模急剧膨胀的危险。1995年全国流动人口达到了7500万人。

3. 社会保障制度很不健全，因而增加就业风险。未来15年劳动力自然增长压力依然存在；从发展趋势看，结构调整又不可避免地强化就业矛盾；在我国经济对国际市场依存度不断提高的情况下，国际市场的变化给就业带来的波动和风险越来越大。

4. 根据社会对就业和劳动力流动的实际承受能力，需确定以下就业安全警戒线：

——全国城镇总体登记失业率不超过5%；

——个别地区登记失业率不超过8%。

5. 为保障就业安全，应采取以下对策：

要大力促进有市场竞争力的劳动力密集型经济和中小企业的发展，努力拓展第三产业的发展空间，深化农业开发力度和深度，提高就业容量；积极引导农业剩余劳动力多渠道转移和有序流动，加强流动人口管理，避免跨地区劳动力流动规模突然加大；积极培育和规范劳动力市场，建立和扩大富余人员安置基金，在国有企业改革中积极稳妥地分流富余人员，做好再就业工程，缓解就业压力；尽快建立全国统一的社会保险制度；大力加强教育和职业培训体系的建设，提高劳动力素质，为扩大就业创造条件。

（二）当前在分配的问题主要体现在：社会成员收入差距扩大

1. 我国居民收入的基尼系数，城镇由1985年的0.16上升到1995年的0.31，农村由0.24上升到0.33。城镇居民中20%的最高收入户和20%最低收入户的差距由1990年的2.9倍扩大到1995年的4.2倍。城镇贫困人口有增加的趋势。

2. 1996年，全国城镇人均收入低于贫困线以下的贫困人口为1200万人，随着失业率进一步攀升，新贫困人口将会不断增加。

3. 灰色收入、非法收入和地下经济有膨胀的势头。目前我国工资外收入和预算外收入数量大、透明度低，处于管理失控状态。1995年全国职工工资外收入相当于收入的40%左右，个别企业甚至超过了100%。社会和个人收入的一半以上处于隐蔽状态，与之相伴随的是地下经济不断膨胀。这是滋生腐败和社会不安定成分的土壤，严重危害正常的经济秩序和社会稳定。如果不采取积极有效的措施，隐蔽性收入比例将会扩大，社会收入分配将进一步失控，国家对收入差距调控将更加困难。与之同时地下经济也会进一步膨胀，产生的副作用对经济安全和社会稳定的危害将逐步加大。

4. 根据我国国情，参照国际经验，建议：

——城镇居民收入基尼系数不超过0.4；

——城镇居民中20%最高收入户和20%最低收入户差距不超过5倍；

——城乡居民收入差距不高于2.4:1。

5. 为保障分配安全，必须采取以下对策：

规范收入方式，尽快实现职工全部收入工资化和货币化；建立合理、规范、公开的行政性收费制度和标准，加强预算外收入管理；建立严格的个人收入向税务部门申报制度，实行银行个人存户实名制；建立和强化国有企业劳动力成本约束机制，加强对国有垄断行业的工资管理；尽快出台遗产税和赠与税，加大消费税的征收范围和力度；加强监察力度，严厉打击各种偷、漏、逃、抗税行为；保障低收入人口的基本生活；依法严厉打击各种非法谋取个人收入的行为；加强廉政建设，加大反腐败的力度。

七、保障国家经济安全的组织制度保证

（一）积极推进“两个根本性转变”，为保障国家经济安全奠定牢固的物质技术基础和经济体制基础

深化经济体制改革，建立和完善社会主义市场经济体制，是新时期国家经济安全的前提，也是保障国家经济安全的根本措施和制度保证。促进经济增长方式的转变，实行集约型发展经济之路，提高国民经济的技术水平和整体素质，是国家经济安全的物质技术保证。按照“两个根本性转变”的要求，要支持以国有经济为主导、公有制为主体、多种经济成分共同发展的方针，正确处理改革、发展、稳定的关系，加强和改善宏观调控，充分发挥市场机制配置资源的基础性作用，加快国有企业改革的步伐，加大经济结构调整的力度，深化宏观经济体制和科技、教育等方面体制的改革，提高对外开放水平和质量以增强国际竞争的能力、科技发展的能力、经济和社会持续发展的能力。

（二）把保障国家经济安全作为我国经济社会发展战略和国家计划的重要内容

1. 制定和实施我国的全球战略。要从全球战略的高度考虑我国的生存与发展问题，统筹考虑发展问题、竞争问题和安全问题。根据维护国家根本利益的

要求及所面临的挑战，确定敌人与朋友、对手与伙伴，制定和实施近期和长远的全球战略及其相应的区域战略和国别战略。对美国、日本、欧盟要利用矛盾，为我所用，既斗争又合作，努力增加外贸互补性，积极引进先进技术；对俄罗斯，要利用双方缔结战略伙伴关系的有利时机，加强在经济、军事等方面的合作；把加强与发展中国家的友好合作关系作为全球战略的重点，大力开拓市场，推进投资开发，实行综合性经济协作；对我战略性资源依存关系密切的国家，要建立长期稳定的战略伙伴关系。要与周边国家建立友好睦邻关系，积极参与亚太经济合作，重点搞好与东南亚、东亚、中亚国家的经济协作关系。

把建立在全球战略基础上的国家经济安全战略与三步走的发展战略衔接起来，作为我国经济社会发展战略的重要内容之一。

加强对我国现代经济生命线的安全保障。对于通信、信息网络、海上运输线路等经济生命线的安全问题应有超前的战略安排，要防止敌对势力或潜在敌对势力控制我经济生命线。加强国防现代化建设，提高以军事手段维护经济安全的能力。

2. 在国家中长期计划中对保障国家经济安全作出具体安排。国家中长期计划，要把国家经济安全问题放在极其重要的位置，充分考虑在经济安全方面可能面临的威胁和存在的弱点，把提高国际竞争力和增强综合国力作为突出的战略目标，把实施“科教兴国”战略和国家产业技术政策作为重要内容，支持战略性产业的发展，增加科技教育的投资拨款，促进科技进步，加强素质教育，尽快缩短我国与发达国家的竞争力差距。在计划中对重大建设项目和地区布局要作出相应的安排。

3. 拟订应对各种重大紧急情况的应急计划。要针对现实存在的各种不安全因素，结合国民经济动员工作和年度计划的制定，拟订应急计划，并切实组织落实，以提高我国的应变能力。

(三) 加强法制建设和组织制度建设，为保障国家经济安全提供有效的组织制度保证

1. 建立保障国家经济安全的法律体系。尽快制定《国家经济安全法》或《国家经济安全条例》；制定《反垄断法》、《反倾销法》等法律法规；充实完善其他相关的法律法规，增加与国家经济安全相关的条款。

2. 明确各级政府在保障国家经济安全方面的职责。要将防范、化解、应对经济风险列入各级政府的议事日程。在中央政府统一领导下，各级政府分级负责，各相关部门分工协作，形成保障国家经济安全的合力。

3. 建立保障国家经济安全的机构。由中财办和国家计委牵头，国家安全部

等有关部门参加组成保障国家经济安全的非常设机构，就涉及国家经济安全问题的事项为中央决策提出意见、方案或措施，并在中央决策后组织实施、监督检查。具体办事机构可设在国家计委，并由其负责处理紧急事态。

4. 加强我国的经济外交工作。将保障国家经济安全作为外交工作的重要内容，增进和维护我国在世界各地的经济利益。

5. 加强经济情报工作。有关部门要准确地把握国际社会和主要国家的经济动向和战略动向，为保障国家经济安全提供情报支持。要强化经济和科技领域的反间谍工作，采取措施防范国外势力的经济渗透和对我国经济的控制。

6. 加强国家经济安全问题的研究。有关部门及科研单位、高等院校要加强对各国经济动向和国际经济环境的跟踪研究，特别是对跨国公司的背景和对华战略的系统研究，及时掌握我国的竞争对手和敌对势力的战略意图和战略动向；并定期对我国经济安全问题进行监测、评估、分析，准确把握国家经济安全面临的威胁或挑战。

7. 加强保障国家经济安全的思想教育。利用各种舆论工具在全民中进行经常的、普遍的思想教育。重点是教育广大干部特别是领导干部增强国家经济安全意识，提高保障国家经济安全的自觉性。在学校教学中，要结合爱国主义教育，增加国家经济安全的内容。

在市场体系建设中打破地方市场分割对策研究

主要完成单位：国家计委经济研究所　国家计委社会发展研究所
国家计委市场与价格研究所　国家计委产业经济与技术研究所　国家电力公司
主 要 完 成 人：陈东琪　银温泉　臧跃茹　杨宜勇　曹建军
杨合湘　刘国艳
获 奖 年 份：2001 年
获 奖 名 称：国家计委优秀研究成果二等奖

地方市场分割是我国改革开放以来经济运行中一直存在的突出问题之一。尽管中央政府和有关部门多年来积极采取措施，如推行以分税制为核心的财税体制改革、制定与实施《反不正当竞争法》，但地方市场分割问题并没有得到根本解决，在某些领域甚至有愈演愈烈之势。在面向 21 世纪新的经济发展时期，在改革开放和经济全球化的新形势下，打破地方市场分割，建立全国统一市场，对于我国进一步推进经济改革与发展，积极参与国际竞争，提高国际竞争能力，都具有重要的战略意义。

一、地方市场分割的实质与不良影响

地方市场分割主要指一国范围内各地政府为了本地的利益，通过行政管制手段，限制外地资源进入本地市场或限制本地资源流向外地的行为。自改革开放以来，随着经济发展水平和市场发育程度的提高，也由于国家立法、执法等环境的变化，地方市场分割的重点内容和表现形式也在变化。如在 80 年代中期，地方市场分割主要表现为限制本地的一些特色产品、主要是基础原材料流到外地；进入 90 年代，特别是 1993 年我国经济实现“软着陆”、出现买方市场以后，除产品与服务市场以外，劳动力市场、资本市场包括产权市场也都存在大量的地方市场分割现象。地方市场分割的主要形式也从一些明显的“硬性”分割形式如全面禁止或限制性地禁止进入或流出，发展到“软”“硬”兼施，一些隐蔽的“软”形式如技术壁垒等开始大量出现。目前，地方市场分割几乎渗透到市场体系的各个组成部分，整个市场被“切块、切丝、切末”，市场体系建设零落不全。与这种以政府强制力为基础形成的人为分割的市场格局（Fragmented Market）相对应的，是一种联结成一个整体的统一市场，或称“一体化市场”（Integrated Market）。与之相关但内容迥异的是另外一对概念，即全国性市场和区域市场。一种资源具备了在全国范围内流动的性质，就称这种资源面向全国市场；而如果一种资源只能在一定区域范围内流动，就称这种资源面对的是区域市场。一种资源的市场半径究竟有多大，是面向全国还是面向一定的区域，在很大程度上取决于该资源的某些特性和其他相关条件。以产品为例，一种产品是面向全国市场还是面向区域市场，取决于该种产品的生产成本、交易费用的高低，保存的难易程度，运输条件是否便利，地区性的消费习惯，以及生产经营商的营销能力，等等。因此严格地说，是建立全国市场还是建立区域市场，决定性的因素不是政府，而取决于产品本身的特性和生产经营该产品的商家的能力，尽管政府在其中发挥一定的作用，如改善交通等基础设施。但在形成全国统一市场还是分割性的市场方面，地方政府的影响则至关重要。地方政府可以通过行政手段强制性地使管辖范围内的本地市场变成封闭半封闭的市场，即分割性的市场；而区域市场则是不以行政边界为限的、开放型的市场。

从理论上讲，计划（行政手段）与市场是资源配置的两种手段，地方市场分割赖以进行的行政管制也是行政配置资源的方式之一。一般而言，在市场经济中，在资源配置过程中起基础性作用的是市场机制，行政手段或计划则是为解决市场失灵问题而采取的辅助手段，尽管有时或在某些场合下很重要。不过，由于信息不充分、决策与执行成本高、决策者能力有限及受其自身利益的影响，政府干预不一定能提高资源配置效率，甚至会产生不利影响，从而导致政府失灵（Wolf，1988）。因此，政府干预、行政管制尽管可以作为对市场失灵的替代，但可能是一种成本更高昂的替代，反而降低资源配置效率。在某些情形下，政府干预往往被用于特殊目的，置效率不顾（史普博，1989）。地方政府对地方市场加以保护，从而割裂全国统一市场的做法，在某种程度上的确收到了一些实效，包括提高了本地企业的生存能力，增加了地方财政收入，有助于本地社会稳定。但是，这种行政干预可能使整个国民经济运行受到扭曲，无法实现社会资源的优化配置，从而带来更大的全国性市场失灵。而且，即使对当地而言，这种干预最终也不利于提高本地的资源配置效率，因而也是失灵的，所有这些

“好效果”基本上都是短期的、局部的，从长远的、全面的观点看问题，这类做法得不偿失、弊大于利，甚至可以说是饮鸩止渴。

（一）地方市场分割导致经济运行机制扭曲，市场信号失真，干扰宏观经济平衡，社会资源无法实现最优配置

市场经济赖以有效运行的最关键因素是正确的价格信号。只有在价格反映资源的稀缺程度的情况下，商品交换才能使全社会的资源实现最优化配置，使全社会的福利总量实现最大化。地方政府对当地市场的保护、对外地商品的封锁所造成的市场分割，则扭曲了价格信号。而各地的市场分割的负效应累加起来，将导致全国性的市场失衡放大，并使社会净福利减少。尽管本地企业有可能因为这种保护而暂时获得比统一市场条件下更多的利润，但其社会成本很高，消费者蒙受的损失将超过本地生产者的收益。

（二）地方市场分割严重妨碍市场体系建设

我国经济体制改革的目标是建立社会主义市场经济体制，其核心内容之一是建立和完善全国统一、公平竞争、规范有序的市场体系，充分发挥市场在资源配置中的基础性作用。如上所述，产品市场上的地方分割扭曲了价格信号，使市场机制不能有效发挥作用。劳动力市场、资本市场上的地方分割同样也是如此。在劳动力市场上，目前进城务工农民的就业大多集中在传统部门，这固然与进城务工农民的自身素质有关，但可以肯定，这种就业分布并不是充分竞争的结果；地区市场分割因素有相当大的影响。这一方面人为抬高了“体制内劳动力市场”或“正式的劳动力市场”的价格，使要素价格失真，从总体上抑制了对劳动力的需求；另一方面又导致“体制外劳动力市场”或“非正式劳动力市场”上的过度竞争，人为压低了这一市场上的劳动力价格（杜鹰，1997）。资本市场上的地方市场分割，不仅阻碍了资本在全社会的自由流动，而且保护了落后的生产力，阻碍了国有存量资产向高效益的领域转移，不利于实现国有资产的保值增值，并使经济结构特别是产业结构的战略性调整升级增加了难度（臧跃茹，2001）。

（三）地方市场分割不适应当前经济全球化和我国对外开放新形势的需要

地方市场分割不利于确定地区比较优势。要赢得国际竞争，必须恰当确立自己的产业定位、产品定位。这需要根据市场供求状况、产品的市场占有率和竞争优势以及地区的资源禀赋，寻求生产经营成本相对较低、具有比较优势的

产业和产品。而地方政府采取行政规制手段“修正”了的价格，是一种故意“弄错”的扭曲的价格。根据这种价格，很难区分清楚哪些产品的生产成本低，有市场竞争力，哪些产品的生产成本高，市场竞争力弱。由此带来的必然结果将是资源误配置，大量资源被配置在政府关心并采取行政措施加以保护的领域；在其中一些行业，本地企业不一定有优势，很难在全国统一市场的条件下生存，更遑论参与国际竞争了。地方市场分割不利于实现规模经济。在地区市场分割下，市场规模被人为划小，企业发展的市场空间变得狭窄，规模经济将难以实现。在我国加入 WTO 后企业面对规模庞大的全球性跨国公司开展竞争时，这将产生非常不利的影响。

地方市场分割不利于培育企业的市场意识和竞争能力。地方市场分割为本地企业的发展创造了一个“温室性的”环境。这种在政府羽翼保护下成长起来的企业，在经营遇到困难时，往往不是改进经营方式，投资于研发活动（R&D），致力于加快产品升级换代，而是“找市长”。在我国加入 WTO 或实现国内市场一体化后，这样的企业将很难在激烈的市场竞争中生存下去。

同样值得重视的是，加入 WTO 后，更需要中央政府有全国统一的管理和明晰的决策，这是符合 WTO 精神的，对于在我国投资和同我国贸易的外国公司维持信心也是至关重要的。世贸组织的基本原则之一最惠国待遇条款规定，成员国不得以货物始发国或抵达国为由对其他成员国实行歧视性待遇。这就要求地方政府遵守世贸组织的义务，如果继续坚持地方市场分割，将使中央政府受到其他 WTO 成员国提出争端仲裁的危险。

二、地方市场分割的主要动机与原因分析

地方市场分割是从 80 年代初实行“放权让利”、行政性分权以后出现的，传统集权的计划经济体制基本上没有出现过这类现象。从发达市场经济国家的经历看，法国、德国在中世纪时曾因诸侯林立、国内关卡重重等因素，限制了工商经济与贸易的发展。但这时的市场分割、流通不畅主要是土地分封等政治因素引起的。在美国，19 世纪后半期到 20 世纪初，州政府为促进本地经济发展，曾对本地的企业实行特殊优惠和保护。例如，经营农业的各州通过税收或禁止出售人造黄油来保护牛奶场主们的利益（沙伊贝等，1976）。这些都随着立法的完善和联邦政府权力的增强而逐渐解决。从发达市场经济的当前实际运行看，尽管存在市场失灵现象，政府（包括地方政府）也在不同程度上干预经济运转，但其国内市场基本上是一体化的，或是全国统一的，几乎不存在地方市场分割问题。因此可以认为，地方市场分割是我国从集权的计划经济体制向社

会主义市场经济体制转轨过程中的产物。对这一现象产生的原因也应从转轨经济的角度加以分析。特别值得注意的是，导致地方市场分割的体制性因素也正是导致改革开放以来我国（包括各地）经济迅速发展的重要因素。因此，我们不仅要研究导致地区市场分割的重要因素，特别是体制性因素，更要研究决策者为什么要选择这样的体制。为此，本文在这一部分将运用路径依赖理论，分析和解释导致地方市场分割现象的一些历史与现实因素。

（一）地方市场分割的发源和基础：行政性分权及其后果

在高度集权的传统计划经济体制下，财政统收统支，企业的一切经济活动都由政府决策。毛泽东在其《论十大关系》著作中把这种体制的弊端概括为两条，一是抹杀了地方利益，二是抹杀了企业利益。改革因此从放权让利开始。我国在50年代末和70年代初曾进行了两次以向地方政府放权让利为核心的行政性分权。在当时计划经济体制和商品短缺为典型特征的经济中，行政性分权不可能导致地方市场分割，但出现了地方过度投资行为，引起全国性的经济不平衡，结果两次改革都以失败告终。尽管如此，从1978年开始的新一轮改革仍选择把放权让利作为改革的突破口，与前两次不同的是，这次改革的放权让利对象还包括企业，提出了“扩大企业自主权”，由于前两次改革没有导致地方市场分割，我们的分析就从这一次改革开始。

1. 行政性分权的主要内容

这次行政性分权的核心内容包括三个方面：①下放财政权和税收权，实施财政包干体制；针对传统体制下财权的过分集中，从1980年起，中央对大部分地区实行“划分收支、分级包干”体制，1988年又第三次改革，实行“财政大包干”，基本精神是包死基数，递增收入分成，地方多收多支。②下放投融资权限。主要是扩大地方、部门和企业的投资融资权力，包括简化基建项目审批手续、扩大地方政府投融资审批权限（如对生产性技术项目，国家计委的审批资金限额由1000万元以上提高到3000万元以上等）、扩大企业的投资决策权。③下放企业管理权限。中央政府把对部分国有企业的管辖权下放到省一级。地方政府拥有实际的剩余控制权和剩余索取权，实质上是拥有了所有权。

2. 对行政性分权的评价

（1）行政性分权的积极效果。以下放财政权和税收权、投融资权和企业管辖权为核心的放权让利，成为1994年以前我国经济体制改革的主要思路和政策。从实际效果看，基本上实现了改革初衷。

从财税体制上看，经过三次改革，突破了原有体制在财权财务上高度集中的格局，地方已构成相对独立的一级预算，增加了地方财政通过财务分配在区域经济中的调控职能，形成了地方政府自身的利益（项怀诚，1994）。实行财政包干和投融资权下放后，凡是地方政府有动力、有能力组织税源、扩大税基的，其固定资产投资规模在全国排序中也名列前茅，如江苏、浙江、山东、广东等省。从1979年到1988年，这些地区的财政收支平均增长分别为：江苏19.2%和24.6%，浙江33.1%和33.6%，山东14.5%和29.8%，广东30.5%和41.1%。在1985年，山东、江苏和广东固定资产投资规模在全国排序中分列前三位，到1990年，前三位分别是广东、江苏和山东，仍是这三个省份。浙江在1985年名列第11位，到1990年上升到第8位。所有这些，都推动了地区经济的迅速发展。1988年与1978年比较，国内生产总值指数江苏为313.4%，浙江365.6%，山东285.5%，广东336.2%，均明显高于全国平均水平的260.7%（专家组，2000；邵宗明，1996）。

企业下放和投融资权的下放，使地方政府在促进地区经济发展的同时，积极推动市场体系的发育和发展。地方政府一是加快了对市场主体的培育，在推动管辖范围内的国有企业产权制度改革的同时，积极培育非国有企业的成长，推动经济运行微观基础的重构；二是在本地区积极创造更好的市场发育条件，如争取改革开放试点、改善交通运输体系、建设和完善服务设施等；三是努力弥补市场不完善之处，通过“政府搭台、企业唱戏”等方式，充当中介角色。

（2）行政性分权的不良影响。应当看到，这种以行政性分权为核心所形成的体制存在严重的缺陷，直接导致了地方市场分割。

从财税体制看，80年代的几次改革都突出“包”的特点，明显带有向地方倾斜收入的色彩。地方政府往往对企业减免税，然后以集资、摊派等形式，走体外循环，纳入地方政府的财库。而包死基数、超收全留或多留地方的做法使中央财政拿不到增量收入，造成国家财务分散。特别是，财政包干使各地在增加本级财政收入的动机诱导下，热衷于大上项目，特别是生产高税产品和预期价高利大的项目，不顾规模经济和技术更新换代的要求，导致盲目投资、重复建设严重，地区间产业结构趋同，降低了资源配置效率。同时，有些地方政府对市场横加干预，实行地区封锁和经济割据，设置进入壁垒或流出壁垒，或采用不正当手段对外倾销，甚至保护、纵容假冒伪劣产品的生产销售（楼继伟，1991；魏礼群，1994；贾康，阎坤，1999）。

从企业的实际上的地方所有制看，企业划归地方或由地方新建后，由于按照企业隶属关系征税，地方国有企业就成为地方财政的重要财源。地方政府为了维持地区经济的持续发展，保证财政收入的稳定性，在新建大量企业的同时，千方百计地保护本地企业发展，包括采取市场分割手段，如把过去外销的优质原材料留给自己的企业。同时，国企改革进展相对迟缓，政企没有真正分开，企业没有成为独立经营的市场主体，也强化了地方政府作为一级利益主体的身份（沈立人等，1990）。为完成所辖企业的脱困与发展任务，地方政府除从中央政府争取优惠政策外，还凭借行政规制权力，在一些领域设置进入壁垒，减少本地国有企业的竞争对手。另外，国有企业与政府之间的千丝万缕的人事关系格局使地方国有企业对本地政府有很大的影响力，构成一个实力很强的“压力集团”，在市场激烈竞争的情况下，可以通过“找市长”，要求政府采取行动，帮助阻击竞争对手。

3. 对行政性分权体制的校正、改革及其局限性

对于现行体制的弊端及其造成的经济运行在一定程度上的失控状态，中央政府一直试图解决，特别是当1988年出现经济运行过热、经济秩序混乱、通货膨胀不断加剧的严重局面时，曾经尝试扭转分权改革趋势，强调集中计划，但遇到了现行体制下既得利益者特别是地方政府的反对，没有成功（参见专家组，2000）。

到80年代末90年代初，行政性分权体制的不良影响更加明显。中央政府的财政收入基础不稳，税基狭窄，财力不足。地方政府过多的税收减免也严重侵蚀了中央财政收入的基础，中央政府财政状况因此非常困难，削弱了国家承担社会义务和提供社会服务的能力，助长了社会公益事业市场化、货币化的不正常现象，不正之风和腐败达到十分猖獗的程度。同时，这种体制增加了政企分开的难度，助长了地方保护主义，导致出现了严重的市场分割，并使地方政府存在强烈的投资冲动，成为投资过热、总需求膨胀、重复建设的重要根源（参见课题组，1993；项怀诚，1994，pp. 4～5）。为此，中央政府在1994年对财税体制再次进行改革。改革的重点是借鉴发达国家经验，把包干制改为在合理划分中央与地方事权基础上的分税制，建立中央税收和地方税收体系；按照统一税法、公平税负、简化税制、合理分权的原则，改革和完善税收制度，等等。

这一次改革建立了以增值税为主体、消费税和营业税为补充的流转税制度。增值税作为中央与地方的共享税，避免了助长地方保护主义的不良倾向。但是，从有关研究看（如魏礼群，1994），这次改革仍带有很强的过渡色彩，并没有消除地方市场分割的财税体制基础。其中最突出的问题是中央和地方固定收入的划分没有完全脱离隶属关系，如中央企业所得税归中央、地方企业所得税归地方，地方政府仍然设法保护地方企业的利益。特别是这一次改革并没有触动行政性分权体制的另一重要基础，即大量国有企业实际上的地方所有制。地方政府仍通过种种方式保护本地企业，尤其是本地国有企业，进而保护本地企业发

展所需的（本地的）市场空间，从而决定了不可能消除地方市场分割现象。

(二) 地方政府的社会经济发展目标的实现，强化了地方市场分割行为

政府干预经济的基本目标包括经济发展，实现社会就业等内容。这也是地方政府的行动目标。在这种动机支配下采取的市场分割行为，主要是为了本地的利益，而非某些特殊利益集团的影响所致。

就经济发展而言，当前中国政府强调经济建设为中心，发展是硬道理。"为官一任，造富一方"，经济发展成为考核地方官员业绩的最重要指标之一。现行的干部考核制度特别是对地方干部政绩的评价与考核办法过分强调与其管辖地区经济发展业绩直接挂钩，并且这种业绩又主要以上了多少项目、建了多少企业、经济增长速度多少等指标来进行简单量化和比较。地方选举制度的日益民主化，也使地方领导以发展当地经济和福利为根本目标。这样，就必然导致各行政区首脑或部门干部强化资源配置本地化和保护本地市场。

由此达到登峰造极地步的是对造假售假的保护。据调查（黄传芳，2000），当前假冒伪劣违法犯罪的一个突出现象是，有些地方制假售假已成"气候"，出现假冒伪劣一个村、一条街，生产、销售、运输、仓储、保管呈现"一条龙"、"社会化"的格局。之所以出现打假不力、假冒伪劣泛滥成灾现象，一个重要原因就是有的领导干部为自己的政绩和仕途着想，认为制造假冒伪劣商品"是地方财政重要来源"，"有利于本地经济发展"，打击假冒伪劣会影响本地经济发展。

(三) 地方政府机构庞大，财政拮据，也是导致地方市场分割的重要动因

当前，我国政府机构人员队伍十分庞大，超编严重，不少地区政府财政因此十分紧张，拖欠工资现象很普遍。1993～1997 年，国家财政收入每年增加 1000 亿元左右，但同期财政人口每年增加 100 多万人，加上增加工资的部分，财政每年需增加工资性支出 600 多亿元，占国家新增财力的 60% 以上。在不少地区，新增财政收入约 80% 以上用于人员经费。政府财政成了典型的"吃饭财政"。为了解决财政经费紧张问题，除采取其他措施外，实行市场保护也成为一种重要手段。

(四) 传统体制下遗留的工业布局，强化了地方市场分割倾向

在传统体制下，中央政府除强调在全国建立独立的工业体系外，还强调大区、某些省份建立自己独立的工业体系，从而形成了封闭的或自成体系的工业

布局。这种人为的条块分割、画地为牢，助长了“大而全”、“小而全”重复建设，阻碍了地区间分工和交换的发展；尽管中央从80年代初就陆续出台了一系列文件、政策，鼓励发展社会化分工协作，但这一问题并没有得到多大改观。据统计，在80年份我国省区间贸易比重呈下降趋势。1989年同1978年相比，各省区间互相调入的消费品由38%降到36%，互相调出的消费品由47%降到38%，呈现出与市场化反向变动的趋势（林森木，1995）。另据世界银行有关研究报告，1985～1992年，我国外贸进出口总额年均增长分别为10%和17%，而国内省际贸易额的年增长率仅为4.8%，大大低于外贸增长速度，同时也大大低于全国零售商品总额9%的年均增长水平，因为各省之间结构趋同、存在种种贸易壁垒，所以有时省际贸易比外贸更难做（杨再平，1996）。

（五）小结

以上分析表明，地方市场分割主要是行政性分权体制形成、演进的结果，传统体制下形成的工业布局、经济发展不平衡也有很大影响，还有一些则是地方政府的目标追求、干部评价与考核制度等方面的原因造成的。可以认为，要解决地方市场分割问题，任何单项措施、单兵突破都不可能成功，必须采取一揽子方案，统筹考虑，相互配套。针对上述不同性质的影响因素，采取相机性的解决办法。对于财税体制不合理、国有企业实际上的地方所有制及政企不分等体制性因素，需要加大改革力度，完善改革措施；而对于另一类因素如经济发展不平衡等客观原因，则需要考虑到地方政府采取市场分割行动是不得已而为之，有其一定的合理性。对于后一类因素，所要采取的政策措施的目的不是消除这种因素本身，而应当考虑通过转移支付等政策，消除这类因素产生的不良影响。但需要强调的是，地区之间发展不平衡、交通系统不发达绝不是产生地方市场分割现象的一个充分条件。国内经济发展在地区之间的差别与统一市场并不存在逻辑上的矛盾。有研究表明，发达国家也存在国内发展不平衡问题（郭树清，1988）。例如，美国50个州也不是整齐划一的，意大利的北部和南部不可同日而语，但这并没有妨碍形成统一市场。更重要的是，这些国家的经验都表明，统一市场是有利于国民经济运行和发展的，是大多数（即使不是全部）发达国家或地区取得发展的关键因素，也是落后地区实现“赶超战略”的重要制度基础。

三、打破地方市场分割，建立全国统一市场的政策建议

展望21世纪初，我国经济面临着新的发展与改革形势，面临新的对外开放

形势。从发展方面讲，我们面临着经济增长方式的转变和经济结构的调整升级；从改革方面讲，中共十五届五中全会明确提出，到2005年我国将在完善社会主义市场经济体制方面迈出实质性步伐，到2010年，按照中共十五大要求，要建立比较完善的社会主义市场经济体制；从对外开放方面讲，我国将成为WTO的一员，在更大范围内和更深程度上，同时也在更多的贸易规则约束下，融入国际经济分工体系，参与国际竞争。所有这些，都迫切要求国内有一个运转正常、全国统一、公平竞争、规范有序的市场体系。必须采取有力措施，加快体制改革与完善步伐，消除地方市场分割的制度基础，推动全国统一市场的尽快形成。

(一) 深化财税体制改革，完善分税制

1. 进一步合理界定政府事权，划清各级政府的支出责任，并以此为基础划分财权

1994年实施财税体制改革后，中央政府和地方政府各自的职责范围基本上是清楚的，但仍有许多模糊之处，突出表现是各级政府都争相投资于一般盈利性项目，对公共用品的投资不太重视。直到1997年亚洲金融危机爆发后，中央政府重点投资基础设施、刺激国内需求，这种局面才有所改观。

从市场经济国家的实践看，中央政府与地方事权的界定，都是根据各级政府对有关事务的驾驭能力和适应程度进行的。一般而言，中央政府除负责国防、外交、公安、国际国内政治事务外，在经济方面则实施宏观管理，进行收入再分配及需要中央统筹安排的各项社会事业。地方政府则主要担负地方行政管理、城市设施和公用设施建设、地区经济发展及本地文教事业等方面的事务。参照市场经济国家的有关做法，根据我国的具体国情，我国中央政府的事权范围主要应是负责宏观调控和协调全国经济、社会的发展；地方政府主要是完成中央政府下达的宏观调控任务，协调本地区经济和社会的发展，并根据适当集中、合理分权的原则，适当扩大地方政府的税收管理权限。同时，在合理划分事权范围的基础上合理划分财权。将与维护国家权益相关和有利于实施宏观调控的税种划为中央固定收入，与地方经济和社会事业发展关系密切、适宜地方征管的税种划为地方固定收入。在财政支出方面，适当调整中央与地方的支出项目，属中央事权范围内的由中央财政支出，属地方事权范围内的由地方财政负担。

2. 建立规范化的中央对地方的转移支付制度

为了调节地区财务平衡，实现经济的协调发展和各民族各地区的共同富裕，应在中央集中国内大部分财力的前提下，建立规范化的中央对地方的各种补助

制度。具体可包括：①一般性补助即税收返还。必须强调规范化，按照因素法，建立由各种因素（如人口、人均 GNP、地区教育水平、地区医疗水平、区域面积等）加权组成的转移支付公式，测定地方财政公共开支的数额。如果支大于收，由中央财政给予一般性税收返回。对于一般性税收返还，中央不规定具体用途，由地方政府统筹使用。应当看到，一个随意性较大的转移支付制度，很容易使财政分权制度长期固定下来，从而不利于发展负责、高效的地方政府，同时还使中央政府与地方政府经常讨价还价，不利于提高财政管理的科学化程度。②专项拨款补助。这主要是为了有效贯彻中央政府的有关政策，解决经济和社会发展中的特殊问题设置的，是中央实施宏观调控的有力手段。③特殊因素补助。这包括对老、少、边、穷地区在一般性税收返还基础上，再增加一些补助，以体现国家的民族政策，调节分配结构和地区结构，特别是扶持经济不发达地区的发展，除此以外，有一些特殊补助是临时性的，主要是在地方遭受特大自然灾害和其他意外重大事故时，中央政府预算给予必要的补助。

3. 调整税费关系，规范政府收入，同时进一步完善地方税体系

要建立以税收收入为主，收费收入为辅，税费并存的财政收入运行机制。发达市场经济国家政府理财的一条重要原则是预算的完整性，即政府部门依赖国家的行政权威、资产所有权或提供某种特殊服务而向企业和个人征收的各种收入，都应作为财政收入。从公共财政理论来说，政府的资金收支活动都看作财政活动而予以全面反映和管理，实现公开化、透明化，防止政府部门出现各种经济浪费和腐败现象，我国深化财政体制改革的一项重要行动应是认真解决多年来各种行政性收费和预算外资金恶性膨胀、愈演愈烈、大量蚕食和挤占国家财政收入的积弊，增强国家可支配财力，提高国家的宏观调控能力，铲除政府机关腐败的经济根源；对各级政府及其所属部门越权设置或巧立名目设置的不合理乱收费项目予以取消；对于确实需要保留的收费项目，国家通过法律法规予以规范，同时纳入国家预算统一管理；对大量具有税收性质的基金和收费，则通过“费改税”，扩大现有税种税基或设置新税等办法加以规范，并入国家预算。

在采取积极措施扩大中央财力的同时，应为地方政府建立稳定的税基。地方税规模应扩大到国家税收总额的 30% 左右，占整个地方财政收入的 70% ~80% 。省县两级都要有自己的骨干税种。地方税体系内的大税种仍由中央统一立法，统一制定细则；中等税种也由中央立法，地方可因地制宜制定细则；一些不影响其他地区的小税种，可考虑由省人大立法，征管减免权也归地方。

（二）加大企业改革力度，实现政企分开，消除地方市场分割的微观基础

建立社会主义市场经济体制，建立全国统一市场，核心之一是形成独立运转的市场主体，使企业成为真正的法人实体和市场竞争主体。我国经济体制改革已历20年时间，但至今为止，国有企业改革仍然滞后。大量国有企业实际上的地方所有制、政企不分，是产生地方市场分割的重要微观基础。要打破地方市场分割，建立全国统一市场，当前应重点抓好以下两项工作。

第一，积极推动地方国有企业的产权改造，大踏步地推进非国有化。必须认真贯彻落实中共十五大、十五届四中全会以及江泽民总书记关于国有企业改革与发展的一系列讲话精神，对国有经济实施战略性布局调整，有所为有所不为。从整个国民经济的角度讲，除在少数行业和重点领域保持国有独资外，绝大部分国有企业都要实行股权多元化，国有股权应尽量通过出售等方式转移到其他公有制形式和居民手中。地方政府投资兴建、代理中央管理的企业，绝大部分都应转让出去。在一些公用事业领域，也可以通过特许权拍卖的方式让其他经济成分经营，或实行国有民营，如承包、租赁等。股权结构变动直接涉及利益关系调整，不可避免地触及一部分人的利益，必须拿出一往无前的勇气，排除来自各方面、各种因素的干扰。

第二，加快国有资产管理体制改革步伐。国有资产管理目前实行的是“国家所有，分级管理”的体制，与业已形成的地方利益格局很不适应。因为在行政性分权体制下，地方政府投资兴建了很多企业，中央也将不少企业下放给地方政府，这些企业的重大投融资权、重要人事任免权、资产收益权等所有者权利实际上掌握在地方政府手上，地方政府成为实际上的所有者。中央政府的利益则通过税收得到体现。此时仍强调国家所有、分级管理，在很大程度上已经失去了实质内容。而且，名义上没有所有权，还使地方政府对一些大中型企业难以推动产权多元化和非国有化。改革国有资产管理体制，一是承认现实，明确将大量国有企业归不同层次的地方政府所有，二是要求各级政府尽快实现政企分开，包括成立独立于行政系统的国有资产运营机构，通过出售等方式加快非国有化。

需要强调的是，当前的改革正处于攻坚阶段，不应再继续执行“摸着石头过河”的改革战略，而要高屋建瓴统筹考虑，事先定出制度和游戏规则，特别是对于国有经济战略性布局调整这样复杂而又关乎全局的重大问题，否则将“差之毫厘，谬之千里”，路径依赖的作用有可能使既得利益集团将改革的方向偏离社会主义市场经济体制目标。拉美地区和东南亚地区的一些国家，

尽管实行了很长一个时期的市场经济，但并没有建立起有效运转的市场经济，也没有取得如发达市场经济那样的效率，其中的教训十分深刻，值得我们警惕。

（三）切实转变政府职能，恰当界定地方政府在经济发展中的作用

从理论上讲，政府在市场经济中的作用主要立足于四点考虑，即外部性、规模经济、市场不完全、分配不公平。外部性的存在要求政府在外部效应明显的领域如知识产权保护、环境污染等方面采取行为；规模经济的存在要求政府完善市场竞争机制，制定相关的规制政策，如反垄断政策等；市场不完全则要求政府在信息的收集、整理、处理以及基础性的制度建设方面积极行动；而不公平分配则要求政府消除过大的收入差距。对于后起国家而言，政府作用还在于主动推进产业结构升级，推动工业化及随后的产业高级化进程。如单纯依靠市场，产业结构升级进程可能旷日持久，不利于经济发展。不过，即使在这些市场失灵方面，限于自身组织经济活动的高成本和政府失灵因素，政府所要做的也并不全是替代市场，更多的则是增进市场（Market-Enhancing）的作用，完善市场功能，充分发挥市场在资源配置中的基础性作用。即使是被称为“强政府”，并被认为是“东亚奇迹”构成因素之一的东亚经济，也是建立在市场配置资源的基础性作用之上的，政府的作用在于：“促进或补充民间部门的功能，通过某种机制，改革民间部门解决问题和克服其他市场缺陷的能力”，即起“增进市场”的作用（青木昌彦等，1997）。打破地方市场分割，要求恰当界定地方政府在市场经济中的作用，推动政府职能转变。地方政府的主要经济职能是为一定区域提供商品和服务，但这并不意味着政府就是这些商品和服务的生产者，很多地方性的共用品可以交给非国有企业包括私人企业来经营。地方政府应着力于加快培育市场主体、包括中介组织的形成和发展，同时完善市场基础设施，包括制定有利于公平竞争的“游戏”规则。

在转变政府职能，规范政府行为的同时，还应建立对地方干部的科学规范的政绩考核制度（杜平，1999）；应当设计一套科学、规范、可量化的干部政绩考核指标体系，其中不仅要有经济数量、增长速度指标，更要关注经济增长的质量指标、社会效益指标和环保指标，关注在遵守国家法律法规方面的表现，对直接干预市场运转或企业活动所造成的经济损失必须承担相应的法律和经济责任。

（四）加强法制体系建设，加大执法力度，严格执法程序，形成有利于市场主体公平竞争的法制环境

改革开放以来，特别是进入90年代中期明确把建立社会主义市场经济

体制作为改革目标以来，我国法制工作进展非常迅速。在规范市场主体、市场交易与维护市场秩序、宏观经济调控、劳动及社会保障等方面，陆续制定了不少法律法规，对实现公平交易、平等竞争，促进新体制的发育和加快经济发展起到了重要的保障作用。但同时还要看到，从目前有关法律法规的立法和执法实施情况，以及从社会主义市场经济体制的目标来看，以上诸方面的立法、执法等任务仍然十分艰巨。这突出表现在：在有关市场主体的法律方面，各类企业地位不平等、税负不一现象仍然存在，阻碍了各类市场主体在同一起跑线上的平等竞争；企业的法人地位和资格没有真正完整地得到法律上的认可与保障，这在国有企业中尤其突出。在规范市场交易、维护市场秩序的法律方面，一是缺少如《反垄断法》等法律，二是执法不严，违法不究现象比较普遍。在规范宏观经济调控的法律方面，至今仍缺少预算法，因此没有从法律上明确界定立法机关与行政机关的预算的制定、执行、调整和监督方面的职权，难以使预算的制定真正实现民主化、规范化。

要加强法律建设，创造公平竞争的环境，反对不正当竞争，打破地方市场分割，在当前主要应做好这样几个方面的工作：①规范市场主体行为。市场主体不仅包括各类企业，也包括政府和各种组织。政府不能以任何方式限制或破坏公平竞争。②加强执法队伍建设，保证正常执法。对于执法机关、执法人员出于自身利益，偏袒一方，坑害另一方的行为，必须严厉打击。③完善法律法规体系，尽快制定《预算法》、《反垄断法》等法律，为消除地方市场分割创造有利的法律环境。④成立省际贸易仲裁委员会之类的机构，协调处理省际贸易争执。⑤参照关贸总协定的有关制止不正当竞争的规定，制定关于各地企业之间倾销反倾销、补贴反补贴的有关法律法规，使中央政府对省际贸易战的仲裁有法可依。

四、评论性的结论

地方市场分割现象是我国从集权的计划经济体制向社会主义市场经济体制转轨过程中的必然产物，有其深厚的体制根源和经济社会根源，其中一些因素可以随着体制改革的深化而在不太长的时间内消除，有些则可能长期存在。但是，如果抓住主要矛盾，解决根本性的问题，在当前主要是体制性问题，完善分税制为核心的财政体制，加快国有经济布局的战略性调整，转变政府职能，那么，地方市场分割现象将有可能在5到10年的时间内得到根本性的扭转。也只有这样，才能适应社会主义市场经济体制的发展和完善的需要，适应我国加入 WTO、直接面对国际竞争的对外开放新形势。中共十五届五中全会对“十五”期间的经济改革与发展做了全面的规划。可以预料，只要认真贯彻、落实党中央关于经济改革与发展的一系列文件精神，加大改革力度，加快发展步伐，强化市场经济的基础性结构建设，“十五”期间及到 2010 年，我国的全国统一市场建设将取得突破性的进展。

我国货币政策传导机制存在的主要问题及完善思路

主要完成单位：国家发展和改革委员会经济研究所 国家发展和改革委员会经济政策协调司
主要完成人：宋 立 孙学工 刘 成 孙天琦 李恩强
获奖时间：2002 年
获奖名称：国家发展和改革委员会优秀研究成果二等奖

一、货币政策传导机制理论与国外货币政策传导实践（略）

二、我国现阶段货币政策传导机制的基本现状与存在的问题

改革开放以来，随着经济体制改革的深化和金融市场的发展，尤其是近年来信贷规模的取消、货币市场、资本市场的发展和利率杠杆的运用，货币政策传导开始从单纯的直接信贷传导向信贷、利率和资产价格多渠道传导过渡。由于这一过渡过程仍然在进行之中，在新的利率渠道和资产价格渠道没有完全建立起来之前，原有的信贷渠道已开始萎缩，致使货币政策传导机制遇到了“未立先破”问题，不能顺畅地发挥应有的作用，货币政策的有效性因此受到了一定程度的影响。

（一）我国货币市场、利率渠道对货币政策的传导

利率渠道对货币政策传导作用的发挥，首先是在货币市场调节金融机构的资金供求，进而间接影响实体经济的总需求。货币市场及其完善与否是利率渠道发挥作用的重要条件。

1．我国货币市场的发展及其对货币政策的传导

货币市场在我国的出现是同货币调控模式的转变直接相关的，我国的货币市场是从20世纪80年代开始发展起来的。从目前的情况看，货币市场已经开始在货币政策传导中发挥积极的作用。但从完全转向间接调控的需要看，货币市场存在的问题仍然是突出的，并已成为目前限制货币政策有效传导的重要因素。

（1）我国货币政策传导机制的转变与货币市场的发展。改革开放以来，随着计划经济向市场经济的转变，我国资金管理体制进行了重大改革，各种金融机构和企业逐步成为独立的经济主体，在继续保持直接调控模式的同时，金融市场得到初步的发展。我国货币市场从无到有，并已经得到相当程度的发展。各种金融机构、各种企业通过货币市场被联系在一起。货币市场的发展，为货币政策有效传导创造了基本条件。

（2）货币市场在我国货币政策传导中的作用。我国货币市场在货币政策的传导中的作用主要体现在以下几个方面：①银行间同业拆借市场和债券市场已经成为调节金融机构资金头寸的重要场所。②货币市场的发展为运用公开市场业务等货币政策工具发挥作用创造了条件，公开市场业务迅速成为中央银行调节货币供应量的重要工具。③银行间债券市场、同业拆借市场、票据市场的发展为利率市场化提供了基础。为中央银行将来通过调控货币市场利率间接影响金融机构存贷款利率，最终实现通过利率机制传导货币政策创造了条件。④货币市场保证了国债和政策性金融债券的发行，促进了财政政策与货币政策的协调。

（3）从货币政策传导状况看我国货币市场存在的问题。由于货币市场发育不充分，仍然成为限制货币政策有效传导的重要因素。①我国货币市场中银行间市场相对发展较快，票据市场发展严重滞后，中央银行对货币市场的调控不能有效地作用于实体经济。②我国货币市场相互割裂，参与主体不够广泛，市场容量有限，难以对宏观经济运行产生足够的“冲力”。③我国货币市场的发展层次较低，市场工具种类比较少，利率市场化程度不高，使货币政策工具的选择余地有限，货币政策效应的传导受到制约。由此可见，尽管我国货币市场已经得到很大发展，并且在货币政策传导中开始发挥出积极的作用，但货币市场发育的深度还远远不够。在我国，货币市场体系存在缺陷，货币市场子市场之间相互分割，还不能成为牵动整个金融体系反应灵敏的“神经系统”。从建立间接货币调控模式的需要看，我国货币市场在体系的完整性、深度和广度上都需要进一步的发展。

2. 我国货币政策传导中的利率

从我国货币调控框架和货币政策传导的角度看，通过利率影响总需求、实现货币政策目标的机制还未能建立，利率机制仍然存在着相当明显的缺陷。

（1）我国经济运行中利率的作用。从货币政策传导的角度看，利率的作用体现在两个环节上。一是利率的变化对金融体系特别是银行的影响程度。二是利率的变化能否导致消费、投资、汇率和国际收支的变化，并最终达到货币政策的调节意图。在我国现实中，利率机制的形成与发达国家不同。在金融机构与企业、居民之间的信贷活动中，利率仍然是管制利率。利率对金融机构特别是银行发挥什么作用，在我国是一个十分复杂的问题。在我国利率变动过程中，金融机构的行为调整是否符合货币政策的需要还难以肯定。从利率变动对企业和居民行为的影响角度看，应当说作用是十分巨大的。①我国利率与消费的关系。从总体上看，我国消费和储蓄的变动对利率的变化反应并不敏感，利率变动条件下消费和储蓄的变动与一般的理论解释并不一致。②我国利率与投资的关系。我国投资活动对利率变动的反应也不敏感。③利率与国际收支的关系。在我国宏观经济运行中，至少从实际经济运行看，还很难证明利率能够对消费、投资和国际收支特别是进出口活动产生符合政策意图的调节作用。这实际上说明，简单套用一般的经济理论，通过中央银行变动利率以达到影响总需求的目的难以得到实证支持。

（2）从货币政策传导看我国利率机制的缺陷。就利率传导过程看，我国利率调整在传导过程中不能明显地作用于消费、储蓄和进出口活动，达到货币政策目标。其原因在于我国货币政策传导中的利率机制还存在如下几个方面的缺陷：①利率的非市场化形成机制是制约利率传导渠道有效发挥作用的关键。我国经济运行中，通过市场化的利率传导货币政策的渠道并未打通。中央银行以行政方式直接决定的利率机制不能反映真正的资金供求状况，难以灵活有效地带动经济主体行为进行调整，大大降低了对货币政策传导的有效性。②中央银行利率调节与货币政策目标之间的矛盾破坏了利率调节经济的内在机制。中央银行对利率的调节只有服从于货币政策目标才有利于货币政策的传导。但利率的作用是多方面的，并且直接涉及各个经济主体的经济利益。在我国利率的决定中，中央银行往往不能简单地从调节资金供求、货币供求的角度来确定利率。这在很大程度上降低了利率的作用效果，阻碍了对货币政策的有效传导。③我国利率机制缺乏发挥作用的微观基础。利率要能够发挥作用不仅在于中央银行如何调节，更主要地在于金融机构、企业、居民的反应如何。④我国目前的利率机制不能有效适应国际经济因素的变化。在开放经济条件下，国内利率的调整不能不考虑国际利率的变化以及其他国际经济因素的影响。利率机制不能很好地协调国内经济与国际经济关系，同样不利于对货币政策的传导。综上所述，我国利率对总需求的调节作用不明显。由于利率机制缺乏市场基础，运用利率杠杆中产生目标差异，利率杠杆缺乏发挥作用的微观基础，利率机制不能适应开放经济的新形势，在很大程度上限制了利率对总需求的调节作用，也成为制约货币政策有效性的重要因素。

（二）我国银行内部改革、信贷渠道及对货币政策传导的影响

我国长期以来信贷政策是货币政策的主要内容，或者说只有信贷政策，而没有现代市场经济意义上的货币政策。改革开放以来尤其是20世纪80年代中期，中央银行制度确立以来，在相当长的一段时间内，信贷规模仍然是受控制的，信贷政策在货币金融政策中处于极其重要的地位。90年代市场经济体制初步建立以来，逐步建立了以货币供应量为中间目标、以稳定货币为最终目标的货币政策体系，利率杠杆在货币政策中的作用越来越大，但直到1998年信贷规模控制才最终取消，新的货币政策体系最终确立。近年来发展货币市场、推进利率市场化是货币政策体系建设的一个重要任务，利率渠道在货币政策传导中的作用必将越来越大。但我们也不能不看到，利率市场化是一个长期的过程，也就是说利率渠道在货币政策传导中主要地位的确立将要经过一个相当长的过程。在此之前，信贷渠道仍将发挥不可替代的重要作用，至少将影响货币政策其他渠道的传导效果。

1. 作为信贷与利率传导渠道基础设施的金融机构密度比较低、结构不合理

货币政策通过信贷渠道的传导离不开信贷服务机构尤其是商业银行，中央银行的政策意图能否及时有效地通过信贷渠道传导到实体经济之中，首先要看有没有足够数量和合理结构的信贷服务机构如商业银行等的存在。从改革方向来看，即使未来利率渠道在货币政策传导机制中发挥主要作用，但也应该看到，利率传导的基础是健全的金融市场体系的存在和有效运作为前提的，信贷机构是否健全、信贷市场是否有效直接影响利率渠道的传导，因此，信贷体系在货币政策传导中发挥着基础设施的作用。

（1）银行等信贷机构密度偏低、覆盖面远低于国外水平。我国千人拥有的商业银行数量远远低于发达国家，企业拥有的独立银行数量也低于发达国家。目前我国500户企业拥有一家真正意义上的银行，300户企业拥有一家半真正意义上的银行，远远低于美国200家企业拥有一家银行，德国40家企业拥有一家银行的水平。即使不考虑经济发展阶段等不可比因素，相对于发达国家我国货币政策的信贷传导渠道显然是比较欠缺的。

（2）信贷组织结构欠合理、小型机构比重过低。我国的信贷服务机构尤其是商业银行不仅数量偏少，而且组织结构不合理，大银行不够大，小银行明显

偏少。目前我国中小型信贷服务机构占全部信贷服务机构的45%。美国为地方和小企业服务的小型信贷服务机构占全部信贷金融机构的75%。我国立足于基层和地方的小型信贷服务机构尤其是小型银行数量明显偏少，信贷渠道的毛细血管不足，货币政策传导到一定层面之后面临“山重水复疑无路”的困难，难以到达实体经济。

2. 地方金融机构发展缓慢、国有商业银行信贷投放减少且集中化

由于国有商业银行在我国的商业银行体系中处于主导地位，因此，信贷渠道的传导状况主要取决于国有独资商业银行的信贷行为。而国有商业银行的信贷活动不仅受其组织结构、行为模式、资产结构的影响，同时也受制于改革进程、目标约束等，由于我国金融体制的内在问题，致使商业银行信贷投放和防范金融风险难以双全兼顾、安全性和盈利性两个目标之间存在比较大的矛盾。近年来，受目标约束变化即NPL目标大于利润目标的影响，国有银行行为变异比较大，机构数量趋于减少、权限日益集中化。加上没有贷款营销，在机构减少的同时，信贷投放相应下降，致使货币政策的信贷渠道逐渐变窄。

（1）国有银行内部改革趋势：机构权限集中化与分支机构储蓄所化。金融机构向城市尤其是大城市集中、信贷权限也随着集中化，并呈现加速趋势。相当比例的县以及县以下的基层分支机构逐渐撤并，没有撤并的县级分支机构也因为权限减少而有“储蓄所化”的倾向。国有商业银行适当地收缩基层机构、上收贷款权限是其本身的“制度性进步”。但由于没有及时在整个金融体系方面进行必要的补救措施，地方性中小金融机构的发展没有及时跟上，致使在县级出现了一些金融服务的空白至少是薄弱环节，从而导致了整个银行体系的“体系性退步”，加剧了信贷服务机构的分布不平衡和货币政策传导的结构性矛盾。

（2）国有银行的信贷行为：信贷投放集中化与金融风险集中化。一方面，随着资金向上级银行尤其是省级银行和总行的集中，信贷投放也越来越向大城市和大企业集中。另一方面，对小企业的资金支持明显弱化，企业资金供求的结构性不平衡越来越突出，甚至出现了越来越不利于货币政策传导的“马太效应”。货币政策作用对于小企业来说，多少有点“春风不度玉门关”的味道。如果说信贷资金越来越向大企业集中在短期内造成的不利影响仅仅是中小企业贷款难加剧、股票价格不断攀升和实业投资持续低迷的话，那么从长远来看，其不良后果将可能是信贷资金向大企业集中所造成的新的银行不良资产的隐性累积，使目前主要公开分散于商业银行基层分支机构的不良资产逐渐汇集成为长期性、集中化而又隐性化的巨额不良资产。

（3）地方信贷服务机构：有退无进、发展缓慢。国有商业银行基层分支机构几乎是农村和小城市信贷服务的主要提供者，但近年来在国有银行机构撤并的同时，地方性中小金融机构并没有得以应有的发展，以致相当一部分小城市和农村基层成了金融服务链条中“薄弱环节”，客观上形成了货币政策覆盖的“稀薄区”。

3. 企业与消费者的信贷需求与信贷可获性存在双重不对称

从货币政策传导的第三环节，即通过投资与消费作用于宏观经济的过程来看，在一定程度上存在着信贷供给与信贷需求的双重不对称：一是大企业与小企业的不对称，二是实体经济与虚拟经济的不对称。

（1）大型企业资金富余而信贷可获性高、信贷资金间接进入股市。大型企业无论在资本市场，还是信贷市场都处于相对优势地位，一些垄断性行业的大型企业等所谓优质客户甚至成了商业银行竞相争夺的重点对象。大型企业既可以从资本市场获得资金，也可以从银行获得资金。一些大型企业将部分过剩资金投入了资本市场。但拐弯进入资本市场的信贷资金并没有间接进入实业投资，而是在股票市场自我循环。货币政策经由大型企业的信贷渠道传导的效果，因为拐弯资本市场而受到影响，难以发挥预期或应有的作用。

（2）中小企业的资金需求强但信贷可获性差。近年来，由于宏观经济环境变化、一些企业尤其是中小企业的资产负债变化，资信评级下降、银行的信贷投放减少，结果信贷资金在大企业与小企业、大城市与小城镇和农村地区之间分布极不平衡，并在一定程度上加大了虚拟经济与实体经济的不平衡，致使货币政策的效果发生了一定的变化和扭曲。金融机构集中于大城市、信贷投放集中于大企业尤其是国有企业，而大企业实业投资增长缓慢、证券等非实业投资比重偏大，致使货币政策的松动作用更多地表现在资本市场而不是实体经济，而货币政策的紧缩则主要体现为中小企业、非国有经济和实体经济的紧缩。也在一定程度上使得货币政策被动地受制于资本市场，松动措施不能有效地传导到实体经济之中，但旨在调节资本市场的紧缩措施则有可能伤及实体经济，形成了紧缩超强、松动乏力的被动格局。

（三）我国资本市场发展、资产价格变化与货币政策传导

近年来我国金融市场有了比较快的发展，居民资产结构中有价证券的份额在持续上升，居民总财富更紧密地与资产价格进而与货币政策传导联系在了一起。

1. 我国资本市场的 Q 效应不显著

Q 效应是指货币政策通过股票市场对企业投资的影响，用企业市场价值与

资本重置成本之比即q值衡量。q值越大，企业越倾向于增加投资，货币政策可影响到股票市场的q值变化，进而影响企业投资。当前在我国，一方面，由于股票市场仍处于早期发展阶段，缺乏机构投资者场内投机气氛较浓，股价波动幅度较大，q值变化也较大，企业难以据此进行投资。另一方面，企业上市不是通过竞争择优选择，而是进行行政指标分配，导致大量并无实际融资需求的企业进入股市，上市募集资金中实际用于投资部分的比例不高，且随意改变使用方向，决定了中国股市的Q效应不会很大。

2. 我国资本市场财富效应比较小

财富效应是指货币政策通过股票市场对消费行为的影响。研究表明，中国股市存在着0.04左右的一定的财富效应，且强度还在逐渐加强。由于股市规模较小，中国家庭的证券财富总量只约为消费支出的十分之一左右，由财富效应导致的消费就只占总消费的0.4%左右，财富效应对总消费进而对总产出的影响比较微弱。

3. 货币政策难以通过资产市场进行传导

从资产价格变化与宏观经济走势的关系来看，由于我国资产市场特别是资本市场的发展还处于初期，市场规模较小，市场行为不规范，市场效率不高，加之一些特殊的制度安排，资产价格的变化对实体经济的直接影响还相对较弱，货币政策很难通过资产市场进行传导。但随着资产市场的发展，特别是资本市场和各类金融市场的发育发展，资产价格对宏观经济的影响在不断加大，这种趋势值得关注。

（四）货币政策传导渠道的相互影响及加入WTO对货币政策传导机制的影响

1. 货币政策不同传导渠道的相互影响

从理论上来说，货币政策的传导可以划分为各种不同的传导渠道，但在政策实践中各种渠道的传导往往是相互影响、共同发挥作用的。在此过程中相互之间可能是良性互动，相互促进，放大货币政策当局的政策意图；也可能是恶性互动，相互制约，抵消或减弱货币政策的应有作用。从我国现阶段的现实状况来看，货币政策传导的不同渠道之间的相互影响，制约表现为利率渠道与信贷渠道的相互影响以及信贷渠道与资产价格渠道的相互影响。

（1）利率渠道与信贷渠道的相互影响。利率渠道传导的部分作用和信贷渠道的传导都必须通过商业银行等金融机构，即需要以信贷机构作为赖以发挥作用的基础，因此，银行类金融机构成为连接信贷渠道和利率渠道部分作用的共同载体，二者有可能相互促进，也有可能相互制约。在我国当前以信贷作为货币政策传导主渠道的背景下，信贷渠道的紧缩惯性对利率渠道的松动的影响要更大一些，因此，我国当前信贷渠道抵消利率渠道作用，从而使得货币政策力不从心的状况将继续延续下去，货币政策在促进经济持续稳定增长方面发挥更大的作用比较困难。

（2）利率渠道、信贷渠道与资本价格渠道的相互影响。资本市场的快速发展已经初步改变了原有的货币政策传导机制，资产价格开始在货币政策传导中发挥作用，并且对利率渠道和信贷渠道的传导造成了一定的影响。一方面，由于我国现行经济体制等体制性、阶段性因素对实体经济中的投资和消费有一定的制约作用，而资本市场当前存在的一些扭曲现象为证券类资产价格的攀升包括一定程度的泡沫提供了便利，因此，降低利率在很大程度上对实体经济的作用比较小，而对于资产价格的影响比较大。另一方面，国有商业银行行为模式的变化，致使信贷渠道的作用受到了一度的限制，从而使得信贷资金通过各种方式间接进入股市，导致资产价格的攀升。如果说资本市场的财富效应和收入效应即资产价格上升对消费和投资的促进作用比较大的话，那么资产价格渠道对于利率渠道和信贷渠道的吸收和“兼并”所造成的影响将是比较有限的。当前的问题是，我国资本市场的财富效应和收入效应比较小，因此，资产价格渠道对于利率渠道和信贷渠道的影响不是相互促进，而是相互削弱，没有发挥应有的作用。在此背景下，利率杠杆的运用和利率渠道的传导以及信贷渠道作用的发挥在一定程度上都被动地与资产价格变动和资本市场走势联系在了一起，对于货币政策的操作及其作用的影响发挥构成了一定的约束。

2. 加入 WTO 对我国货币政策传导机制的影响

我国加入 WTO 必将对我国的金融体制改革和金融市场发展造成一定的影响，从而对货币政策传导机制造成一定的影响。从短期来看，加入 WTO 对货币政策传导机制的影响将主要集中于信贷渠道的影响。外资银行在金融服务包括信贷投放方面具有一定的技术和制度优势，不仅本身不会存在惜贷、慎贷现象，其带来的竞争压力和榜样作用，必将有助于促使内资银行尤其是国有独资商业银行改进金融服务，减少惜贷、慎贷现象。同时，由于外资银行不可能设置过多的分支机构，可能将从内资银行购买存款，有助于信贷资金整体上的合理配置和有效运用，必然有利于信贷渠道的疏通和货币政策的传导。但另一方面，外资银行进入也有可能引发国有商业银行进一步的惜贷、慎贷甚至信贷收缩行为，无论对货币政策的信贷传导还是利率渠道的传导都有可能造成不良影响。从中长期来看，加入 WTO 对货币政策的影响将是广泛而复杂的，一是证券业的开放和外资证券公司的设立有助于打破当前资本市场的诸多扭曲，有利于资本市场的健全发展，从而有利于通过资产价格渠道对于货币政策的传导；二是虽然 WTO 并不直接要求金融业混业经营和资本项目的开放，但外资金融机构和外国资本的进入，客观上有助于打破金融业的混业经营，推动金融创新，并将推动资本项目开放，不仅有利于利率渠道的传导，也将有利于资产价格渠道的传导，同时又将为未来汇率渠道的传导创造有利的条件。

(五) 投资、消费及相关外部因素对货币政策传导机制的影响

从理论上来说，货币政策的传导机制，无论是利率渠道、资产价格渠道还是信贷渠道，要最终发挥作用，都需要作用于投资和消费两个总需求的重要构成因素，才能最终发挥作用，这是货币政策传导机制的第三个环节。在健全的市场经济体制中，货币政策传导机制方面的问题主要是出现在第一和第二环节，第三环节一般不出现问题。但在我国这样的转轨中和发展中国家，市场体系正在建立形成之中，原有的企业体制改革和机制转换还没有完成，个人消费受制于诸多因素，作为投资和消费主体的企业和消费者的行为机制方面存在一些制度性或结构性变化，在一定程度上影响了对货币政策的最终传导。

1. 国有企业与非国有企业的行为模式

总体来看，当前大多数企业投资需求与资金供给不对称，影响了货币政策的经由投资变量的最后作用。国有企业由于政府隐含担保与预算软约束的存在，对于货币政策变化的反应不够敏感，影响货币政策作用有效发挥，且货币政策制定和操作中往往不得不考虑到国有企业的负担尤其是利息负担，进一步影响了货币政策的作用。非国有企业虽然在体制和机制方面具有一定的优势，非国有企业运行机制比较健全对货币政策的反应比较灵敏，但融资渠道比较单一，对银行贷款依赖性比较强，由于信贷担保体系不健全，信贷可获性比较差，投资需求受到一定的抑制。

2. 消费者的行为模式

我国城镇居民正处于消费升级过程中，受教育体制、医疗体制、养老逃债和住房制度改革的影响，储蓄和投资倾向比较强烈，而以散户形式进行的证券投资大多处于亏损状态，不仅不能对消费活动产生应有的拉动，反而进一步挤压未来消费，致使当前甚至今后一定阶段的消费活动不能按照收入增长状况正常增长。农村居民经过改革开放以来的迅速致富，已经基本上进入了常规的投资、储蓄和消费阶段，受近年来收入增长速度下降的影响，消费增长比较缓慢。受传统观念的影响，城乡居民对于信贷消费的接收有一个过程。在此背景下，旨在货币政策经由消费变量的作用必将在整体上受到广大城乡居民消费状况的影响而难以充分发挥作用。

三、完善我国货币政策传导机制的思路与建议

从改革方向来看，利率进而资产价格渠道应该成为货币政策传导的主要途径，有关方面近年来的工作重点也的确在此，主要致力于货币市场建设和利率市场化的准备工作，这样做应该说比较符合改革方向。但我们也不能不看到，这些工作的作用基本上局限于如何使得资金在金融体系内部流动更加迅速和有效，而严重的问题是，在近年来主要用力的新的利率和资产价格渠道尤其是利率渠道尚未完全建立健全起来之前，原有的信贷渠道已经开始阻塞，在一些地区尤其是不发达地区的市县两级基层，货币政策原本赖以传导的信贷渠道已经比较严重地萎缩，如何使得资金从金融体系内部流动出去、比较顺畅地进入实体经济成为货币政策传导中面临的现实问题。如果说健全货币市场、推进利率市场化是完善货币政策传导机制的长远而根本的重要任务的话，那么疏通和完善日益萎缩的信贷渠道则是完善货币政策传导机制的现实紧迫且更具宏观经济意义的重要课题。

（一）及时改革和完善货币政策信贷传导渠道

从我国现实来看，当前和今后一定时间内，信贷仍是货币政策传导的主要渠道，且利率渠道传导也需要信贷机构作为基础设施来支撑，因此，当前完善货币政策传导机制的重要和首要任务应该是完善信贷传导渠道。信贷渠道之所以出乎意料地发生阻塞，在很大程度上是因为国有商业银行改革突然提速，与整个金融体系改革发展步调脱节。货币政策传导机制出现问题标志着我国金融体制改革到了一个关键时刻，以往那种建立新体制与改革旧体制平行的方式难以继续，各个国有商业银行各自为政的改革时代应该结束。金融体制改革需要与货币政策相配合，对整个金融体制改革有一个整体性的规划与把握，为货币政策作用发挥创造必要条件。

1. 改革国有商业银行内部机制、从体制上根本解决多存少贷问题

完善信贷传导渠道首先要考虑解决国有商业银行的合理信贷投放问题。规范国有商业银行的信贷行为必须与内部体制、人员结构、与地方性金融机构机构改革发展的结合通盘考虑，一并解决。

（1）处理好国有商业银行基层分支机构改革与服务的关系。从国有商业银行的整体考虑，撤并部分基层分支机构是必要的，但一定要把握好撤退节奏，注意和地方性金融机构发展步伐保持协调一致，制定一个好的时间表，尽量避免给地方和基层造成金融服务空白，同时从制度上促使基层分支机构努力增加

信贷投放，从根本上降低不良资产比重，形成客观上有利于促进经济发展和货币政策传导的局面。

（2）关注总行和省级分行对大型企业信贷投放集中化以及加入 WTO、外资银行进入等可能引发的新问题。国有商业银行省行和总行集中资金，向重点城市、重点行业和重点企业倾斜，宏观上不利于信贷资金的有效配置和充分利用，有可能使资金被挪用到虚拟经济中，造成新的金融风险。吸取日本韩国对大企业过度贷款造成巨额不良资产的教训，必须注意防止随着资金和权限向省行和总行集中而产生的不良资产发源地从基层向省行和总行的转移，防止对大型企业的过度贷款和信贷资金过度集中使用可能造成的新的金融风险，将是商业银行金融风险防范的新任务，也是东亚金融危机给我们的重要警示。

2. 发展与中小企业体制匹配的地方性金融机构，填补地方金融服务空缺

金融体系尤其是银行体系改革也要有进有退，不能只退不进。国有商业银行撤退的同时，必须有相应的与基层金融服务需求尤其是中小企业在体制和机制等方面比较匹配的地方性中小金融机构发展起来。可利用国有商业银行遗留的机构、优质人员和金融业务许可证组建地方性商业银行。以提高当地银行业竞争程度，促进地方金融体系的完善，为货币政策的信贷渠道传导建立更多的“毛细血管”。

3. 健全完善信贷担保体系，为信贷渠道传导建立必要的辅助设施

信贷渠道传导不畅除了商业银行内部没有风险防范机制、信贷人员缺乏风险甄别能力之外，信贷担保体系不健全也是重要原因。健全信贷担保体系，需要完成两大主要任务，一是建立健全政策性担保机构和作为最后担保人的再担保体系，建立起以非商业性担保机构为主的信贷担保体系，二是要加快信用评价体系的建设。

（二）抓紧完善货币市场体系、稳步推进利率市场化

我国未来货币政策传导应以利率和资产价格渠道为主。为此，要加快货币市场体系建设，稳步推进利率市场化，为利率渠道发挥作用创造必要条件。

1. 继续大力发展货币市场

短期应着力完善货币市场制度基础，扩充货币市场容量，继续推进货币市场利率市场化。长期要下大力气建立完善的货币市场体系，增强货币市场传导货币政策的力度。要增加货币市场主体，鼓励货币市场创新，建立做市商制度，大力发展票据市场，建立全国统一国债市场，发展货币市场基金。

2. 稳步推进利率市场化

继续完善现有的利率决定机制，以货币市场利率的市场化为突破口，下力气推进企业和金融体制改革，尽量加快实现利率市场化的进程，提高企业和社会公众的利率弹性和货币政策的有效性。最终实现存贷款利率市场化，形成中央银行调控下的以市场为基础的利率生成机制。

（三）健全资本市场体系、进一步发挥资产价格渠道的传导作用

近年来，我国的资本市场尤其是证券市场有了突飞猛进的发展，但资本市场对货币政策传导的作用并不显著。下一步要注意证券市场发展与货币政策的协调，发挥资产价格对货币政策的有效传导。

1. 健全证券市场体系

为了配合货币政策传导，证券市场在遵循自身发展规律的同时，要注意与货币政策传导机制的要求相衔接，为货币政策作用的有效发挥创造必要的条件。

（1）发展创业板市场、柜台交易市场和区域性初级市场、改善上市公司结构、增加证券市场的收入效应。创业板市场和柜台交易市场等区域性的初级市场，主要服务于有投资愿望但缺乏资金的中小企业，有助于改变当前上市公司中国有企业比重过大的局面，可以从根本上改变上市公司实业投资比例偏低、资金在证券市场自我循环的状况。有利于通过资产价格来调整上市公司的实际投资，促进证券市场对实体经济的影响和货币政策作用的有效发挥。

（2）发展机构投资者、投资基金，改变个人散户投资者的不利格局，发挥证券市场的财富效应。当前我国资本市场的投资者除了正在发展中的少量机构投资者和违规进入股市的“黑庄”等外，主要是以散户状态存在的个人投资者。因此，证券市场存在一定的投资挤压消费问题，基本无财富效应，甚至有一定的负财富效应。为了改变这种局面，需要进一步发展证券投资基金等机构投资者，逐渐将个人投资者吸引到投资基金中来，降低散户投资者比重。

2. 货币政策要注意关注资产价格变化

从资产价格渠道角度来说，改善货币传导机制，一是提高资本市场的效率与有效性，加强市场监管，规范市场秩序，使资本市场真正发挥产业与金融结合、提高资源配置效率的作用。二是注意引导社会资金流向其他有效的传导渠道，以提高货币政策的整体有效性。三是货币政策应关注资产价格的变化，并作出适当的反应。四是根据金融深入与金融发展过程中资产价格对货币政策中介目标的影响，及时调整中介目标值。五是选择更为适当的货币政策工具，提高宏观调控效率，注重货币政策工具运用的灵活性、微调性和前

瞻性。

总而言之，由于转轨发展时期的特殊性，我国的货币政策传导机制比一般市场经济国家更加复杂，除了遇到一般性的影响因素外，我国现行经济体制尤其是现行国有企业制度、医疗体制、养老保险体制和教育体制等体制性、阶段性因素也是妨碍货币政策作用正常发挥的重要因素。但货币政策不能有等靠要思想，不可坐等国有企业改革、民营企业发展和社会保障体系建立之后再发挥作用，而要适应我国当前的具体国情和特殊环境，积极创造条件，在转轨时期特定体制背景而不是理想状态下寻求问题的解决，发挥更加积极的作用。

深化财政税收体制改革的总体思路主要任务与战略步骤

主要完成单位：国家发展和改革委员会经济研究所
主要完成人：陈东琪　宋　立　王　元　刘国艳　王　蕴
许　生　马蔡琛
获奖时间：2008 年
获奖名称：国家发展和改革委员会优秀研究成果二等奖

一、现行财政税收体制存在的主要问题与进一步深化改革的要求

（一）现行财政税收体制存在的主要问题

1. 1994 年以来财税体制改革的主要措施与基本成就

1994 年以来财政税收体制改革主要围绕税收体系与收入分配体制、支出管理和预算管理体制三个领域依次展开。

（1）税制转型与分税制财政收入分配体制改革。一是建立增值税和所得税并重的“双主体”复合税制，初步理顺了政府与企业之间收入分配关系。二是初步建立比较规范的分税制体制，规范中央与地方的收入分配关系，形成中央财政收入的稳定增长机制。三是改革完善转移支付制度，促进了纵向和横向财政均衡。

（2）财政支出管理改革与财政支出结构调整。一是推进一系列支出管理改革，进一步强化财政绩效管理。二是调整优化支出结构，重经济发展、轻公共服务倾向有了一定改变。三是推进农村税费改革，加大公共财政对农村的投入。

（3）预算管理与预算体制改革。一是改革预算管理体制，加强预算监督管理。二是试行国有资本经营预算，扩大预算管理范围。

2. 现行财税体制存在的主要问题

（1）已完成改革及由此建立起来的财税体制存在一定局限性。一是政府收入体系改革不到位，税收体系结构存在一定的缺陷。二是各级政府收入分配呈现向上集中倾向，中央与地方收入划分存在缺陷。三是省以下收入分配制改革不彻底。

（2）各级政府之间事权及支出责任改革相对滞后、转移支付制度不规范。各级政府的财权、财力与事权及支出责任不适应，地方政府财政困难问题突出，区域财力不均衡状态比较明显。

（3）预算体制改革滞后，覆盖范围狭窄，缺乏有效的监督制衡机制。庞大的具有财政性质的资金收支尚未纳入政府预算体系和财政监管范围。财政预算缺乏必要的内在制约机制，也缺乏有效的外部监督机制。

（二）进一步深化财政税收体制改革的要求

1．进一步深化财税体制改革的必要性与紧迫性

（1）现行财政税收体制重物质生产、轻公共服务，不深化财政税收体制改革，就难以真正落实以人为本，难以实现经济社会统筹发展、社会全面进步与和谐社会建设。

（2）现行财政税收体制具有明显的选择性和倾向性，对推动区域、城乡、内外统筹、协调发展具有一定的不利影响。

（3）现行财政税收体制安排的有些方面不利于经济又好又快发展。一是在对宏观税负缺乏科学设定的情况下，财政收入超常增长一定程度上扭曲了国民收入分配关系以及投资与消费比例等宏观经济总量关系。二是现行财政支出安排、税收优惠政策不利于创新型国家建设。三是现行财税体系基本框架不利于资源节约型、环境友好型社会建设。

2．落实科学发展观对深化财政税收体制改革的基本要求

（1）“以人为本”要求改变财政税收体制重物质生产、轻公共服务倾向，进一步突出财政的公共服务职能。

——加大对基本公共服务领域的直接财政投入。

——按照公平原则改革个人所得税。

（2）“全面协调可持续发展”要求调整优化财政支出结构，加快资源、环境税收改革，改革财政税收支持方式。

——“全面”发展要求调整优化财政支出结构，既要促进经济发展，又要促进社会发展；既要促进文化繁荣，也要促进改善民生和社会发展。

——“协调”发展要求建立有利于推动自主创新和经济发展方式转变的财

政税收体制。科学合理设定宏观税负水平①；加大对研究开发和技术创新的财政支持力度；推进增值税转型，调动企业加大技术创新投入的积极性；改革不利于自主创新和经济发展方式转变的财税政策。

——“可持续”发展要求深化资源环境税收改革，实行有利于“资源节约型”、“环境友好型”社会建设的财政税收体制。

（3）“统筹兼顾”要求改革税收体系、转移支付体系，调整优化财政支出结构。

——“统筹城乡发展”、推动社会主义新农村建设要求改变对农村的实质歧视，真正将农村全面纳入公共财政的覆盖范围。

——“统筹区域发展”要求改革完善分税制和转移支付制度，改变重效率、轻公平现象和事实存在的“马太效应”。

——“统筹经济社会发展”、建设和谐社会要求科学确定财政职能定位，积极发挥社会发展和协调职能；加大对以改善民生为主的社会建设的财政投入。

——“统筹人与自然和谐发展”要求改革资源环境税收制度；加大对资源节约和环境保护的财政投入。

——“统筹国内发展和对外开放”要求统一内外资企业各项税收制度；调整对外资的税收优惠政策和出口退税政策。

——“统筹中央与地方关系”要求科学界定各级财政职能分工、理顺中央与地方财政关系，调整优化各级政府的事权及支出责任与财力配置、财权分配，改革完善分税制财政体制。

二、合理界定财政体系的功能定位与各级财政职能分工

我国现行财税体制存在的各种问题从根本上归结为如何正确处理政府与市场的关系和政府与政府的关系。财政体系的功能定位同时体现了政府与市场的关系以及政府与政府的关系。合理界定财政体系的功能定位关系到我国财税体制进一步深化改革的方向、路径和重点。

---

① 从中长期看，我国宏观税负将呈现先降低后提高并稳定在适中水平的变化过程。这由两方面决定：（1）宏观税负应与经济发展水平相适应。相对于目前的经济发展水平，我国宏观税负偏高，对经济发展造成一定消极影响，因此现阶段必然要求降低宏观税负水平。从中长期看，随着经济发展水平不断提高，宏观税负水平也会稳步提高，但当经济增长能力趋于稳定时，宏观税负也将稳定在一个适中的水平上。（2）随着财政收入体系的完善，更多预算外和体制外政府收入纳入规范化管理，会在一定程度上提高体制内政府收入比重即宏观税负水平。从收入和支出相对应的角度看，随着财税体制的改革完善，长期政府收入能力的增强意味着政府能够通过将更多收入转移给居民而有效发挥收入再分配作用，促进宏观分配均衡。

（一）合理确定现阶段财政体系的功能定位

1. 维护政权、提供公共服务、促进经济发展和社会协调是我国现阶段财政职能的总体定位

作为政府能力比较有限的发展中国家，政府职能应该主要定位于以提供基本公共服务为主要内容的基本和中级职能。我国同时具备发展中和转轨中国家双重特点，经济发展的需要和体制惯性决定了政府职能定位具有一定特殊性，必须兼顾基本、中级和高级职能，既要着力弥补市场失灵和市场缺陷，又要积极促进市场发育发展。

在给定政府职能定位的基础上，我国现阶段财政体系的主要职能应包括维护政权、公共服务、经济发展和社会协调四个方面。其中，维护政权是最基本、也是最优先的职能。经济发展职能，既是发展中国家普遍的重要职能，也是科学发展观“第一要义”的必然要求；公共服务职能，是我国长期财政作用的薄弱环节，也是建设服务型政府的必然要求；社会协调职能，既是统筹兼顾的要求，也是建设和谐社会的需要。

2. 经济发展职能是能力较强的政府提供积极或高级公共服务的应有之义

经济发展与公共服务是内在统一的。财政在市场失灵的非竞争性领域进行直接投入，在竞争性领域的研究开发环节提供直接投资支持、在基础建设环节提供资金引导、在基础建设和生产运营环节提供税收优惠等，是财政体系公共服务职能的应有之义。从赶超阶段的发展战略和未来作为大国经济的长远需要来看，经济发展等高级职能必将在未来相当长时间内处于比较重要的地位，促进市场发育和产业发展的支出将成为积极主动的战略性支出。

（二）合理确定中央与地方及地方各级财政的职能分工：各项财政职能重心与各级财政职能重点

财政体制的层级既可以和行政体制的层级完全相同，也可以略有不同。从现实可能性看，省辖市与下辖县并无实质的上下级财政关系，实际上处于同一财政层级。而大部分乡和部分建制镇事实上也没有独立的财政能力。从现阶段到可预见的未来，我国的财政收入能力分布只能支持3～4级的财政层次安排。因此，各项财政职能的横向分解和各级财政职能的纵向分工，需要也只能在中央——省——基层的3～4级财政层级中进行分配。

1. 各项财政职能的重心设置

维护政权的职能总体要均衡设置，但以中央政府为主。公共服务应该成为各级政府都必须履行的职能，中央和省级政府相对基层政府承担的责任更多，

尤其省级政府应该承担主要责任。经济发展职能的重心应设置在中央和省级政府，省级政府应在中央政府总体决策框架内履行区域内经济发展职能，基层政府基本不承担经济发展职能。社会协调职能的重心应设置在中央政府。

2. 各级财政职能的重点安排

中央政府现阶段财政职能的重点应该是维护政权、经济发展和社会协调职能。省级政府财政职能重点应该是公共服务和经济发展职能。基层政府财政职能重点首先应该是公共服务职能，同时也应重视发挥维护政权职能。

三、进一步深化财政税收体制改革的总体思路与主要任务

按照十七大精神深化财政税收体制改革，必须推动新一轮（第二轮）财税体制系统集成改革与战略性结构调整，打响财税体制改革攻坚战。

（一）进一步深化财政税收体制改革的总体思路

要按照“收入体制完善、支出体制攻坚、预算体制突破”的基本要求和“先收支体制配套改革、后预算体制改革”顺序，以支出责任与财力匹配、财权适应改革和预算管理体制改革为重点推动新一轮（第二轮）财税体制的综合改革与战略调整。收入体制完善和支出体制攻坚，要以各级政府的事权及支出责任划分为突破口，以事权及支出责任与财力匹配、财权适应调整为主线，支出责任调整与分税制体制完善联动，进行系统集成性的综合配套改革。预算体制改革要按照“扩面、监督、展期”的顺序，先进行扩大预算覆盖范围改革，再进行预算编制与执行分离、健全预算监督机制改革，最后进行扩展预算期限，理顺预算与宏观经济景气周期和中长期发展规划的关系。

（二）进一步深化财政税收体制改革的基本目标与主要任务

1. 深化财政税收体制改革的基本目标

按照完善社会主义市场经济体制的总体要求，以科学发展观为统领，以实现基本公共服务均等化为目标，在科学界定政府职能范围和财政层级设置的基础上，合理确定财政体系的功能定位和各级财政的职能分工，调整并规范中央与地方及地方各级政府之间的财政关系，明确划分各级政府支出责任、财政收入能力和相应的财政权力，提高各级财政的健全性和国家财政体系的整体健全性和系统可持续性，建立健全符合中国国情、兼顾公共服务和经济发展的新型公共财政制度。

2. 进一步深化财政税收体制改革的主要任务

(1) 深化预算体制改革，扩大预算覆盖范围、扩展预算期限，预算编制与执行相对分离，强化预算管理和监督。

(2) 优化支出结构、加大公共服务支出比重，明确划分各级政府的支出责任，健全事权及支出责任与财力相匹配、与财权相适应的体制。

(3) 改革完善税收体系、调整完善分税制体制，形成有利于经济发展方式转变、创新型国家和资源节约型、环境友好型社会建设的税收体系，以及有利于统筹中央与地方及地方各级政府间财政关系的财政收入分配体制。

(4) 加快形成统一、规范、透明的转移支付制度，提高一般性转移支付的比重。

(5) 调整财政层级，完善省以下财政体制，解决县乡财政困难，增强基层政府提供基本公共服务的能力。

(三) 进一步深化财政税收体制改革的战略步骤

财政支出体制、税收体系和财政收入分配体制、预算体制是财政税收体制的基本构架，理想状态下，改革应该按照支出、收入和预算的顺序分三步推进。受条件所限，1994 年以来的改革只进行了税收体系和分税制体制改革，相当于完成了一步半改革。新一轮改革从理论上同样有一步半需要推进。但由于支出责任划分是财政分权体制的基础和关键，也是财政收入分配体制的紧前改革工序，因此，下一步改革实际上面临支出和收入各两个半步和预算体制改革一个整步，新一轮财政税收体制改革需要实行“两步走”战略。

1. 第一步：以事权与支出责任划分改革为切入点，推动支出体制与收入体制联动改革

一方面，着力消除影响科学发展观落实的财政税收因素，推进财政税收体制的适应性调整，重点解决财政、税收体制本身及严重影响科学发展观落实的突出问题。另一方面，要在理顺各级政府间事权与支出责任划分基础上，完善税收体系和支出管理体制，改革调整分税制财政收入分配体制。

2. 第二步：以预算管理和监督体制改革为重点，全面推动财政税收体制健全与功能完善

以预算体制改革为重点，同时着力健全财政税收体制以及功能，形成比较完善的新型公共财政体制。

四、以事权和支出责任划分改革为切入点推动支出体制与收入体制联动改革

近期以事权与支出责任划分改革为切入点，推动支出体制与收入体制联动改革，健全各级政府事权及支出责任与财力相匹配、与财权相适应的体制。深化财税体制改革的实施路径是：围绕统筹中央和地方关系，推进支出责任划分、分税制财政收入分配体制以及财政管理体制改革。围绕转变经济发展方式、结构优化升级和创新型国家建设等，推进税制体系与财政收入体制改革。围绕创新型国家建设、统筹城乡发展、新农村建设与和谐社会建设，推进财政支出结构调整优化、加大公共服务领域投入。围绕统筹主体功能区划分、区域统筹协调发展和基本公共服务均等化，推进转移支付制度改革。

（一）合理划分各级政府的事权与支出责任，加大公共服务支出

各级政府的事权尤其是支出责任划分是财政分权体制的基础，也是支出体制改革的关键。

1. 率先对现阶段存在问题比较多的事权与支出责任进行改革

应将义务教育支出责任划分作为近期改革的突破口和首要任务。适当上收县乡政府承担的部分支出甚至管理责任，让省级政府在义务教育中承担更大的支出责任，同时进一步加大中央对义务教育的专项转移支付。要加大中央和省级政府在公共卫生和基本医疗服务领域的支出责任。要逐步提高养老保险、失业保险和医疗保险的统筹层次，由中央政府和高层级地方政府承担主要支出责任。

2. 进一步调整优化财政支出结构，提高支出效益，加大基本公共服务领域支出

在合理划分支出责任的基础上，应通过调整优化财政支出结构提高支出效益，加大基本公共服务支出。进一步增强政府支出调节收入分配的能力，强化转移性支出，适度压缩消耗性支出；增强政府支出的法制化程度，强化不可控制性支出，适度压缩可控制性支出；处理好发展与稳定的关系，切实做好创造性支出与预防性支出、特殊利益支出与一般利益支出之间的协调与配套。要加大中央财政对农村教育、医疗、社会保障和基础设施的补助力度。

（二）改革完善税收体系与分税制，形成有利于科学发展的财政收入体系及其分配体制

按照“善税、明租、缴利、规费”的基本原则，进一步推进财政收入改革，

健全完善税收体系，改革规范非税收入体系，调整改革中央与地方的分税制，形成有利于科学发展的财政收入体系及财政收入分配体制。

1. 改革完善税制体系结构，形成有利于科学发展的税收制度

（1）以增值税转型为重点，改革完善流转税制，形成有利于经济发展方式转变、产业结构升级的税收体系。要在总结试点经验基础上，进一步完善改革方案，尽快在全国范围、全部现行增值税纳税行业推进增值税转型。除个别行业继续保留营业税（如金融业等）外，逐步将现行营业税并入增值税纳税范围，进一步消除营业税“重复征税”问题，以促进服务业发展，加快产业结构升级。

（2）加快推进资源、环境税收改革，形成有利于资源节约型、环境友好型社会建设的税收体系。在资源开采环节统一征收“资源开采和补偿税”，将环境治理和生态恢复的责任由企业转移到政府，努力构建资源开采环节的生态环境补偿机制。在资源使用环节，清理整合现行排污费、污水处理费，统一征收“环境保护税”。

（3）以房产税为重点，推动财产税制改革，形成有利于地方政府行为规范化的新主体税种。一要加速完善房产税纳税范围、税率结构、减免优惠等诸项规定，突出财富调节功能。二要改革车船税，突出收入调节功能。保护环境、节约能源、改善交通的职能则主要赋予车辆购置税或由立法开征的燃油税来承担。三要立法开征遗产税和赠与税，抑制收入分配继续扩大。

（4）以个人所得税为重点，改革完善所得税制，形成以人为本的个人税收体系。进一步改革个人所得税，既是以人为本的要求，也是实现社会公平的需要，同时，对增加消费、启动内需，促进经济持续稳定协调发展具有重要意义。要按照建立综合申报与分类扣除相结合的混合个人所得税制的目标深化个人所得税改革，扩大类别扣除范围，并进一步降低税率。

2. 以国有资源性收入和资本性收入改革为重点，改革完善非税收入体系

（1）及时改革规范国家资源性收入。为更好体现国家作为资源所有者的权益，应改革资源税制，将其调节级差地租的功能交由招拍挂行使，规范探矿权、采矿权有偿取得制度，保护国家利益；将其体现绝对地租的功能通过征收资源租的形式行使；同时开征“资源开采和补偿税”，构建资源开采环节的生态环境补偿机制。还应进一步扩大资源有偿使用的覆盖面，对其他具有商品属性的自然资源也通过征收资源租的方式全面建立起资源有偿使用的制度。

（2）结合试行国有资本经营预算，改革国家资本红利收入管理。在未来一段时间要全面推行国有资本经营预算，进一步健全和规范国有企业经营利润上交制度，保护国家作为国有资本出资人的权益，并为产业结构调整和提升产业竞争力提供财政资金支持。

（三）进一步调整完善分税制，形成有利于科学发展的财政收入分配体制

按照“减少共享税税种、规范税种划分”的总体思路，根据税种属性划分中央和地方固定收入，改变现行增值税、所得税中央和地方共享安排下主体税种与地方财政收入之间的直接联系，从体制、机制上为规范地方政府行为、转变经济发展方式创造必要的制度条件。

1. 减少共享税，合理划分中央与地方的固定收入

将企业所得税作为中央财政固定收入，同时将增值税作为中央对地方转移支付固定来源。即将地方财政所属的企业所得税的40%上缴中央，同时将目前归中央财政的增值税的75%再分配给地方财政。

（1）所得税等作为中央财政固定税种。由于企业所得税具有流动性和顺周期的特点，一般均属于中央财政固定收入。因此，应将企业所得税从目前的中央与地方共享税改为中央财政固定税种。预计到2020年中央税占税收比重将为35%。

（2）将增值税作为中央对地方转移支付的固定资金来源。增值税作为中央与地方特殊共享税，其收入全部用于中央对地方的转移支付资金稳定来源，既可以解决增值税共享对地方的不当激励问题，也可为转移支付提供稳定、可预期的资金来源；但同时要求转移支付制度应更加公平和透明，以促进基本公共服务均等化。预计到2020年增值税（含并入的营业税）占税收收入的比例将保持在31%。

（3）营业税、城市维护建设税作为地方财政固定税种。从理论上来说，营业税和城市维护建设税属于地方税种，正在研究拟议中的新型房产税（物业税）等财产税应该成为地方政府的主体税种。下一步改革应将营业税、城市维护建设税从现行事实的共享税改为地方固定税种。

2. 增值税共享改革应与新型房产税改革同步配套推进

总体看，增值税和企业所得税共享调整，有利于增加地方财政可支配收入。但由于增值税收入主要来自发达地区，而转移支付则主要面向不发达地区，增值税作为中央对地方转移支付的固定来源，短期内必将对发达地区地方财政造成减收影响。从长期看，随着新型房产税等新税种的开征，发达地区地方财政收入的稳步增长可以弥补增值税调整对地方收入减收的影响。因此，增值税共享改革应该与新型房产税（物业税）改革同步进行。

（四）以主体功能区转移支付为重点，建立统一透明规范的转移支付体系

1. 优化转移支付制度结构

（1）提高一般性转移支付比重，形成一般性转移支付与专项转移支付并重

的转移支付体系。整合简化转移支付类型和项目，加快收缩税收返还规模，提高一般性转移支付比重，强化转移支付促进公共服务均等化的能力，最终形成一般性转移支付与专项转移支付大体相当，功能明确、互不交叉的转移支付框架。

（2）规范省以下转移支付制度，建立中央对省、省对市县两级转移支付体系。在完善中央对省转移支付制度的同时，建立规范的省对市县转移支付制度框架。特别要明确省级政府弥补省以下纵向和横向财政失衡的职责，建立目标明确、责任清晰的省以下一般性转移支付制度。

2. 将主体功能区作为深化转移支付制度改革的重点

（1）建立以转移支付为主的主体功能区财税体制及政策体系。对于优化和重点开发区这类以开发为主的主体功能区，要实行促进自主创新、转变发展方式，实现又好又快可持续发展的引导性、鼓励性财税体制与政策，以税收领域的调整为主。对于限制和禁止开发区这类以保护为主的主体功能区，要实行突出支持生态环境建设，保障基本公共服务均等化的财税体制与政策，以转移支付为主。

（2）充分发挥两级两类转移支付的作用，加大对限制和禁止开发区转移支付力度。中央和省级分工负责，一般性转移支付和专项转移支付共同作用，满足限制和禁止开发区基本公共服务均等化和生态保护的双重需要。

3. 改革转移支付资金筹集与分配方法

（1）稳定转移支付的资金来源。明确全部增值税收入作为中央对地方转移支付的资金来源，一定比例用于一般性转移支付，其余部分与其他可用资金共同作为专项转移支付资金来源。

（2）形成科学分配、规范管理、有效监督、公开透明的转移支付体系。

（五）改革省以下财政管理体制，增加基层政府公共服务能力

1. 合理确定财政层级，建立新型省、市对县财政管理体制

省以下财政管理体制的重点是市县财政关系。经济比较发达、县级数量较少的省份，可以实行市县财政平级、省直管县体制。省域幅员较大、人口众多、经济发展一般的省份，可以部分保留市管县体制，在精简合并省辖市的基础上，实行市管理、省监督的对县财政管理体制。

2. 深化省以下财政收支划分体制改革

可在实现省管县或类似制度安排的基础上，深化省以下财政收入分配体制。经济比较发达的地区，可以在省县财政之间实行比较规范的分税制安排，经济不发达地区则可以实行分成制或其他体制安排。但都应均衡分配财力，避免财

力向省级集中，赋予县级适当财力，增强基层政府的公共服务能力。

3．因地制宜、建立多样化的乡镇财政管理体制

改革乡镇财政管理体制，要区分经济发达程度实行不同的对策。经济比较发达地区的乡镇财政可以继续存在，县乡财政之间可以实行相对规范的分税制体制或分成制体制；经济不发达地区的乡镇财政实行“乡财县管乡用”体制，或取消乡镇预算，将乡镇财政部门化。

五、以预算管理和监督体制改革为重点，全面推动财政税收体制健全与功能完善

远期来看，财政税收体制改革，要在进一步规范各级政府之间的事权与支出责任划分的基础上，扩大地方政府的财政和税收权力，同时，加快预算体制改革步伐，深化预算管理体制、强化预算管理与监督。

（一）全面优化调整各级政府支出责任与财政能力、财政权力

长期来看，要以明显不合理的事权与支出责任调整为突破口，对各级政府支出责任与财政能力、财政权力进行全面系统优化调整。

1．全面系统地调整优化各级政府事权与支出责任划分

（1）全面调整不尽合理的各级政府事权与支出责任划分。从长期制度建设角度考虑，应以明显不合理事权与支出责任调整为突破口，对各级政府支出责任与财政能力、财政权力进行全面系统优化调整。尽可能对各级政府的支出责任加以明确划分。在难以明确划分并需要不同层级政府共同承担支出责任的领域，也要尽量细化各级具体责任，减少交叉和重叠，提高服务效率。

（2）以法规或法律形式明确规范各级政府的支出责任划分。建议国务院按照宪法赋予的职权，明确细化各级政府的事权划分，并探索以法律或法规形式对各级政府的事权与支出责任加以规范。近期可考虑以国务院行政法规形式对各级政府的职责进行具体而详细的划分，长期则可以制定专门的法律或对宪法的条款加以必要的细化，以明确界定各级政府的事权和职能分工。

2．实行以中央集权为主、适度分权的财权分配模式

远期来看，财政收入分配体制改革需要赋予地方政府必要和适当的财政权力（包括税收权力），形成事权及支出责任与财力相匹配、与财权相适应的体制安排，最终形成中央集权为主、地方适度分权的分级分权财政体制。

（1）严格规范地方政府收费权。要合理划分地方政府的收费权，在适当扩大地方政府税收分享比例的同时，严格规范地方政府收费权，将各种收费逐步

纳入到预算中。

（2）适当下放部分地方税税权。应按照“中央立法为主，地方立法为辅，中央、地方分税分级管理”的原则划分税收管理权限，先扩大地方税收征管权，再逐步完善立法权。税基由中央统一规定，事关全局性税种的立法权、开征停征决定权、税目税率调整权等集中在中央。赋予地方政府地方税种的开征、停征、调整税率和减免税权，以及在中央统一指导下，对具有区域性特点的税源开征新税种的权力。

（3）赋予地方一定限度的举债权。在分级分权财政管理框架下，地方政府应该拥有发债的权力。为有效控制地方发债规模，我国应实行举债权与债务审批权的适当分离，由中央控制债务的审批权，并严格限定债务收入只能用于基础设施建设等资本性支出，不能用于弥补经常性支出缺口，以有效控制财政风险。

（二）深化预算管理体制、强化预算管理与监督

短期围绕国有资本经营预算，扩大预算覆盖范围；同时逐步将预算外资金纳入预算；长期重点推进预算制衡与监督机制改革和预算期限扩展改革。

1．构建预算决策（编制）、执行、监督分离制衡机制

预算管理分权与制衡机制是预算管理体制改革的重点和财政税收体制改革的攻坚环节。

（1）建立预算编制、执行和监督分离的新预算管理制衡机制。一要成立专门的预算编制机构（国家预算编制委员会或国家预算办公室）专门负责国家及中央本级预算的编制。二要改革预算执行系统——财政管理部门。财税部门不再从事预算编制，而是负责预算和公共支出等国库业务的具体执行，并将相应的财政、金融宏观调控职能集中于财政部门。三要改革预算监督系统。形成以人大机构为核心，财税部门内部监督局和审计部门为主体的职责细化的内外双层监督体系。

（2）健全预算审查机构。一是在各级人大成立专门委员会，专职负责对政府预算管理的指导，审核、平衡和初步确定政府预算草案。二是各级政府成立由官员和专家组成的预算顾问委员会，根据国民经济和社会事业发展计划，对政府预算建议计划提出意见和建议。三是在预算管理局内部，成立专职预算审查机构，实现内部编制与审查的分权与制衡。

2．完善与宏观经济景气周期相适应、与国家中长期规划相协调的中长期预算框架

（1）实施与宏观经济景气周期相适应的长期国家预算。应尽快建立起与经

济景气周期相适应的长期国家预算框架，从国家财政整体健全性角度统筹安排全国财政资源。一是由相对独立的国家预算编制机构负责编制。二是长期预算要建立在对经济发展长期趋势的预测基础上。三是与经济周期相适应的长期国家预算需要由国家预算审查部门审批。

（2）建立与国家中长期规划相衔接的中期预算制度。一是实现预算内容与中长期规划的有效衔接。二是采取逐年滚动的编制方法，将中长期规划、年度预算相互联系。三是通过《预算法》等有关法规明确多年期财政计划的法律地位及其对年度预算编制和调整的约束效力。

深化改革，建设国有企业职业企业家队伍

主要完成单位：国家发展和改革委员会经济研究所
主 要 完 成 人：银温泉　臧跃茹　刘泉红　杨宜勇　任旺兵
马彦君　文海平
获 奖 时 间：2011 年
获 奖 名 称：人事部第五次全国人才科研成果二等奖

中共十六大以来，中国的国有企业改革进入了一个新的阶段，国有资产管理体制改革逐步深入，国有企业领导人员能力与制度建设倍受重视。在 2003 年年底中共中央、国务院召开的全国人才工作会议上，胡锦涛总书记强调，人才资源是第一资源，要坚持党政人才、企业经营管理人才、专业技术人才三支队伍一起抓。温家宝总理指出，中国现代化建设需要大批熟悉国际国内市场、具有现代管理知识和能力的企业家。中共中央、国务院《关于进一步加强人才工作的决定》对包括企业领导人在内的人才队伍建设做出了全面部署。所有这些，都推动了国企领导人员能力与制度建设的顺利进行。同时应当看到，与建设完善的社会主义市场经济体制的要求相比，目前对国有企业领导人员的选拔、评价、考核和任免方式仍然存在许多问题。特别是在经济全球化步伐加快，国有企业积极实施“走出去”战略，亟需提高国际竞争力的形势下，强化国有企业领导人员能力与制度建设的任务更加紧迫。

一、加强和完善国有企业领导人员能力与制度建设的战略意义

国有企业领导人员是指国有企业的高层经营管理人员，包括内部董事和其他高层经理人员。对于国有企业领导人员的范围，实际上是有不同看法的，有的认为包括董事会、经理层和监事会的所有成员，有的认为只包括经理层成员。

国务院国资委在其最近的有关文件中，事实上把国有企业中的出资人代表（董事会与监事会的有关成员）、经理层和党委的成员都看成是企业的领导人员。我们认为，外部董事和监事会成员尽管对企业的经营管理有重要影响，对于外部董事和监事会成员的能力与制度建设也应给予足够的重视，但他（她）们更多的时间和精力并不放在国有企业的经营管理方面，不应视为企业的领导人员。国资委派出的专职监事，很大程度上应视为国家的公务员。国外的有关研究文献更多涉及经理层（Management），企业有关提名、报酬制度安排也主要针对经理层。所谓能力建设，主要指培养和强化适应经济全球化和市场化竞争的经营管理能力。制度建设则是涉及国有企业领导人员成长与发展的一系列制度因素，包括公司治理机制、人事制度、组织管理制度等方面的内容，其中既有正式的制度因素，也有非正式的制度因素。中共十六大明确提出，在2010年要建立比较完善的社会主义市场经济体制，2020年全面建设小康社会，国有企业正面临改革与发展的新形势。与此同时，经济全球化日益深入，国际跨国公司纷纷进入中国市场，国内市场竞争日益国际化和趋于激烈。加强和完善国有企业领导人员能力与制度建设，是当前政府部门与企业面临的重大课题。

（一）提高国有企业国际竞争能力的需要

培育国有企业的国际竞争能力，不仅需要产品结构升级和技术创新，更需要体制创新，需要适应国际化竞争的企业领导人员。目前，我国经济的对外依存度高达60%左右，不少行业严重依赖国际市场，国际跨国公司向中国加速转移生产能力，中国正在成为全球制造中心，更是加大了相关产业对国际市场的依赖程度。同时，随着中国履行WTO承诺，国际竞争国内化的趋势日益强化，中国企业将直接面对更多的国际资源和更加广阔的市场空间。所有这些都表明，我国的企业将在更大范围内、更大程度上面对世界市场和世界性的竞争对手。我们的企业家因此需要具有全球性的战略眼光，熟悉国际贸易规则和相关法律知识，增强驾驭国际市场的能力。目前国内不少企业在装备水平、产品质量等方面已经具有国际竞争能力，但在激烈的竞争中举步维艰，原因可能是多方面的，其中体制机制与国际不接轨，企业领导人员缺乏国际竞争能力和国际竞争意识，可能是很重要的一个原因。要培育世界一流的企业，首先就需要一支具备世界一流管理水平的战略型企业家队伍。

（二）贯彻落实科学发展观，做强做大企业的需要

贯彻落实科学发展观，核心是转变经济增长方式，走可持续发展道路。我国经济正面临结构调整的重要任务，产业结构和消费结构不断升级。企业面临

着与以往不同的发展方式与消费环境。从发展方式看，走发达国家的老路，拼资源、拼投入的粗放型增长是难以为继的。目前，占工业部门能源消费总量70%的八个高耗能行业，其单位产品能耗平均比世界先进水平高41%，中国单位GDP消耗的钢材、铜、铅、锌分别是世界平均水平的5.6倍、4.8倍、4.9倍和4.4倍。加之环境污染较重，生态资源总体恶化的趋势未得到扭转，工业污染和生活污染等问题愈加突出。从消费环境看，消费结构升级使消费环境更加多变，消费更趋多样化。在今后一个时期，中国经济的发展越来越多地依靠资金、技术密集型产业的带动，这使决定中国经济繁荣的市场竞争，更多地体现在国内外大企业的竞争上。所有这些，都需要企业领导人员在提升核心能力、实现规模扩张的过程中，摒弃传统的发展观，按照科学发展观的要求，转变发展模式和经营方式，走新兴工业化道路，更加重视质量、服务和消费者需求，重视人才，特别是经营者素质的提高，不断增强和培育适应环境、驾驭市场的能力。

（三）适应知识经济的兴起、跨国公司竞争形势的需要

当前，世界新一轮科技革命和产业革命正在兴起，其鲜明特点是以“知识”为基础，知识经济正在来临。据分析，在1900年代，只有17%的工作岗位需要知识劳动者，而目前已经达到60%。人才资源已经成为第一资源，对人才的争夺正在越来越激烈。这就需要与以往迥异的管理与领导风格。与此同时，跨国公司在华实行本土化战略，与我国企业在多个层面展开人才争夺战。在改革开放初期，我国大学优秀毕业生的第一选择还是在政府部门或国有企业这样的“铁饭碗”单位，但目前国外公司已经把国内一些名校变成培养其所需人才的基地。国有企业中不少有能力、有经验的经营者，包括业务技术骨干，大量流向非国有企业和国际大型跨国公司。

目前，经营业绩突出的国有大企业的领导人除具有较强的市场竞争能力外，还有其他一些“格外优秀的品质”，如对国家的奉献精神，对国有资产的责任心，公正、严于律己的优良传统，特别是不计较个人物质上的回报，而主要是通过企业的成功从而达到自我价值实现的精神满足。但应当清醒地认识到，这批企业家是特定时期的有中国特色的产物，与多年所受的党性教育直接有关，这与市场经济通行的规则不尽相同。在中国建立市场经济特别是加入WTO以后，不可能也不具备条件完全再按党性要求选拔下一代企业接班人。目前很多国有企业后备人才缺乏，有些企业面临新老换届，问题较严重。不少企业曾经出现了“人在企兴，人走企衰”的问题，应当引起足够的重视，以保证企业的稳定和继续发展。

二、国有企业领导人员能力和制度建设的主要进展以及存在的突出问题

在传统体制下，国有企业领导人员都是按照行政程序由上级机关任命的。在改革的初始阶段，沿着放权让利的改革方式，对不同国有企业的不同级别的干部任免进行了不同程度的权力下放。随着改革的深入和国有企业建立现代企业制度这一改革目标的确立，特别是1994年《公司法》颁布以来，国有企业领导人员能力与制度建设取得了长足进展，中共十六大更是为国有企业的改革与发展开辟了新的空间。

（一）进展

第一，国有企业领导人员的选聘（任免）方式发生了重大变化，市场化趋势逐渐增强。国有企业改革特别是公司制改造，大大冲击了沿袭多年的行政任命国企经营者的体制。中央和地方政府1994年开始选择了2500多家企业进行现代企业制度试点，其中绝大多数企业都按照“产权清晰、权责明确、政企分开、管理科学”的要求，初步建立了法人治理结构，很多企业实行了投资主体多元化。512户国家重点企业中，一半以上实行了境外上市。一些境内外上市公司还建立了独立董事制度。不少企业通过竞争上岗、公开招聘等方式选用企业经营者。中央和地方政府目前普遍淡化或取消企业和企业领导人员的行政级别、干部身份，按照公司法和产权关系理顺管理体制，明确董事会及董事长、经理班子及总经理、监事会及监事会主席、党委会及党委书记各自的职能和定位。在中央企业，国资委近来对一些高级职位进行了海内外招聘。在上海，有2100多家中小企业开展经营者竞争上岗，一些大型国有企业的经营者也公开竞争上岗，改变了企业领导人员对企业的人身依附关系，由“组织人”转变为“社会人”。所有这些尝试，都加快了国企经营者队伍选择方式的商业化、公司化步伐，推动了企业领导干部管理体制的改革与创新。

第二，国有企业领导人员激励制度逐步完善。为了调动经营者的积极性，国有企业自改革开放以来做了大量探索。从改革之初的经营责任制到1980年代的承包制，进入1990年代，特别是1997年中共十五大以后，对国企经营者的报酬及报酬结构的探索越来越多样化。中共十六大更是明确提出“确立劳动、资本、技术和管理要素按贡献参与分配的原则，完善按劳分配为主体、多种分配方式并存的分配制度”。近年来，越来越多的国企对企业经营者建立了以经营业绩考核为依据的薪酬制度，实行了年薪制、股权奖励或股票期权等多种形式的

分配方式。在分配形式多样化的同时，经营者的报酬水平有了较大幅度的提高。国资委最近制定了关于在中管大企业实行年薪制的办法，将企业“一把手”的年薪确定在25万元左右。浙江省对国有独资企业实行经营者年薪制，对部分国有企业或国有控股企业试行期股（权）制，并积极推行技术要素参与收益分配。年薪制的适用对象是国有独资企业董事长和总经理，对其他经营班子成员，按经营者年薪的60% ~90%的系数计发。经营者年薪由基本年薪、奖励年薪组成。基本年薪按月预发，年终清算；奖励年薪与国有资产的增值率挂钩，当年兑现50%，其余50%转增风险抵押金，待三年考核期满，经全面审计后兑现并返还风险抵押金。

第三，初步建立了国有企业领导人员的监督约束机制。国有企业改革是从放权让利开始的，对权力下放、调动企业积极性的过分强调，使不少企业出现“内部人控制”现象，即企业的经理人员或员工侵犯所有者（出资人）利益的现象。

目前，对国有企业的外部监督主要分两种渠道。一是中央管理的国有独资或国有控股企业，二是经过股份制或公司制改造的国有控股或参股企业。对于前一类企业，目前采取的是外派监事会的办法，即中央政府向中央企业派出监事会主席或监事；对于后一类企业，则由国有资产产权代表机构向有关企业派出产权代表或董事、监事候选人。同时，为了加强对国企经营者的监督和约束，中央政府及有关部门出台了一系列规章制度。例如，国务院于1993年颁发了《国有企业财产监管条例》，财政部等部门于1999年下发了《国有资本金效绩评价规划》和《国有资本金绩效评价操作细则》。2000年2月，国务院颁发了《国有企业监事条例》一系列规章制度，都对国有资产的保值增值发挥了积极的保障作用。特别是自《企业国有资产监督管理暂行办法》颁布实施、国资委成立以来，国资委针对中管大企业领导人员的选拔、考核等颁布了一系列的规定和指导意见，如《中央企业负责人经营业绩考核暂行办法》，制定了年度利润总额、净资产收益率等具体考核指标。

第四，初步建立了国有企业领导人员队伍的培训体系，培养了大批高素质高级经营管理人才。中国政府非常重视国企经营者的培训与培养工作。在“六五”、“七五”和“八五”期间，中央有关部门就对在职的国企经营者分别进行了三轮有关企业经营管理和任职资格的系统培训。在“九五”期间，又对企业经营者进行了MBA等系统培训工作。1996年至2001年底，共有65万各级各类企业管理人员参加了工商管理培训。目前，全国已有经济管理干部学院100多所，培训中心20多个，教师队伍达1万多名，高级职称就达5000多人，形成了国企经营者队伍的培训体系。据典型调查，浙江自“九五”时期以来一直把工商管理培训作为支持企业改革、发展的基础性工作来抓，近三年来全省共举办工商管理培训200余个，培训企业经营管理人员9000余名。一些企业集团中层以上经营管理人员普遍已经轮训了一遍，有的已经开始进行知识更新培训。国有企业经营管理人员知识结构得到明显改善，知识层次明显提高。目前，中央企业负责人中大学本科及以上学历的已占80%左右，其中研究生学历的占20%以上；中央企业二级单位负责人中，大学本科以上学历的近70%，其中研究生学历的占15%左右。

（二）问题

应当看到，尽管我国国有企业领导人员能力与制度建设自改革开放以来取得了明显进展，但由于国有资产管理体制、现代企业制度与市场体系建设不健全，国企经营者队伍建设仍存在很多问题。

第一，国有企业领导人员的选拔主要通过行政手段进行，市场化配置程度比较低。长期以来，我国国有企业的经营者都由主管部门任命。目前尽管很多国有企业经过公司制改造后形式上由董事会选聘经营者，但由于改制后的企业大部分仍是国有股占控股地位，有关部门实际上仍最终拥有任免权，企业改制“换汤不换药”现象比较普遍，市场配置人才资源的基础性作用还没有充分发挥。在中央企业，国资委的成立尽管改变了过去多头管理的格局，但按照《企业国有资产监督管理暂行条例》，国资委可以选派包括重要子公司在内的企业领导人员，所有者与经营者职责没有清晰区分开来。对企业干预太深，可能不利于建立有效的公司治理结构，使董事会形同虚设。同时，目前中央企业选人用人方式和渠道比较单一，选用各层级经营管理者都主要套用党政干部的方式，以行政任命或组织聘任为主，制度化、体系化的市场配置机制还没有形成。在建立了“三个层次”国有资产管理与运营体制的一些地方，对于资产经营公司或投资控股公司下的一些大型成员企业，其主要经营者的选聘也要由国有资产管理机构或组织部门批准，资产经营公司只在形式上拥有选聘权。

第二，国有企业改制效果不尽如人意，公司治理机制不健全。在改制或改组的大中型国有企业中，国有独资和国有股占控股地位的居大多数。董事会的独立性较小，董事会的某些权力实际上是由控股股东或政府机构行使的。如有的企业所反映，目前国有企业董事长或总经理的任命或解职随机性很大，使现职人员缺乏安全感。企业合并、资产重组中经常出现的行政性划拨、行政“拉郎配”现象，都表明行政干预对企业具有很大的、时常带有决定性的影响。

而且，尽管公司的最高权力机构名义上规定是董事会，但由于实行“双向进入、交叉任职”，实际的领导层由董事会、经理层、党委三者互相结合组成，重大决策共同参与做出。董事中外部董事所占比例低或没有外部董事，董事多为经理班子成员、党委成员或工会主席。董事会与经理层的职责权限划分不明。董事会、经理会及党委扩大会经常是三位一体，所讨论的内容有时涉及集团总体发展战略和重大的投资决策，但更多属于日常生产经营方面的事务。董事会既有股东大会赋予的股东大会召集权和提案权、经营决策权、公司代理权，也拥有经理所具有的一般事务管理权，集决策权与执行权于一身，其基本缺陷在于：董事会将战略规划、投资决策中心的职能与日常经营混合在一起，可能使日常经营冲击战略规划，使董事陷入短期的、日常性的事务，很容易使公司法规定的董事会的战略决策功能严重虚化，不利于从全局战略出发，着力于集团的长远发展。同时，这有可能使董事会的权力过大，不受限制，也容易导致董事会与经理层的制衡机制失衡。

董事会也缺乏有效的功能行使机制。国际公司治理机制改革的潮流之一是在董事会下设立职能性的委员会，国内大部分公司还没有建立分工明确的专门委员会，有些企业尽管建立了战略发展委员会、财务审计委员会、报酬与提名委员会等机构，对于投资决策的科学化、提高企业财务状况的透明度和控制力度，发挥了一定的作用，但这些委员会往往由一些专家学者组成，企业所需咨询的项目与这些人的知识结构之间基本上没有什么关联，这些专家学者只能提供一般性意见，职能委员会基本上属于议事机构，作用很有限。

第三，科学合理的国有企业经营者评价与激励约束机制尚未形成。理顺分配体制，建立健全对国企经营者的激励机制，是深化国企改革、培养国有企业家队伍的重要内容。当前，激励机制方面存在的突出问题表现在：①报酬设计短期化倾向明显，没有将企业的中长期发展与经营者报酬紧密结合起来。经营者的报酬主要包括基本工资、风险收入、奖励性收入，几乎都属年度性发展指标。报酬过低、报酬结构短期化倾向比较严重，难以体现企业家的人力资本价值，是目前国有企业集团的一个突出问题。②报酬设计没有考虑主要经营者的创业贡献。不少国有企业，特别是在改革开放后创立和迅速发展的企业，其主要经营者，特别是“一把手”的作用不可或缺，但在设计这些主要经营者的报酬时，并没有考虑到这种“历史作用”。

与此同时，对经营者的监督和约束也不到位。改革以来，企业的经营自主权越来越大，经营者的决策空间迅速增大。由于出资人制度不完善，对国企经营者的监督与约束几乎呈“失控”状况，所有者缺位问题比较严重，以致出现内部人控制问题。即使是改制后的国有控股企业，监督与约束机制不健全的问题同样也很突出。在这些企业，董事、监事和主要经营人员的人选基本上由政府部门决定，董事和监事也基本由内部人组成。

没有约束的权力必然导致腐败行为。内部人控制导致的突出问题包括：①决策机制不合理，易出现重大投资失误；②企业行为不合理，不少企业片面强调企业规模、增长速度，相对忽视了股东的利益。③内部运营成本难以降低，有些甚至出现贪污挪用企业资产的事件。

第四，国有企业人才队伍结构矛盾比较突出，人才流失严重。目前，国有企业缺乏一批熟悉国际国内市场、具有创新精神和立足全球进行战略决策的企业家，缺乏熟悉资本运作、市场营销和金融市场运作的复合型人才。在人才资源的争夺战中，国有企业缺乏有效手段，处于不利地位。据有关部门对中央骨干企业经营管理人才流动情况的调查统计，在过去的 5 年左右的时间里，一成以上的经营管理人才离开了企业，占同期接受高等院校毕业生的 1/3 左右。

三、加强和完善国有企业领导人员能力和制度建设的政策建议

向全面小康社会的迈进，必然伴随着产业结构与消费结构的巨大变动，在这一过程中，我们尤其需要有企业家精神的企业领导人员。目前，中国几乎是世界最大的市场，也是成长最快的市场，按照国际经验，这是最容易产生企业家的土壤。时代的需要与现实的可能都要求把强化国有企业领导人员能力与制度建设提到重要的议事日程上来。

（一）进一步解放思想，树立科学的人才观，把企业家队伍建设作为国有企业改革与发展的重要内容

当今世界经济的竞争，主要是企业之间的竞争。企业竞争制胜的关键因素之一，是要有一支稳定高效的企业家队伍。在中国加入 WTO、面向日益激烈的国际市场竞争的形势下，这一问题显得尤为突出和紧迫。企业家不同于一般的经营者，企业家首先要求有创新意识。自 1990 年代以来，随着科技革命与产业革命的步伐加快，新的行业、新的市场不断涌现，新的竞争格局已经形成。在大量新行业、新市场出现的同时，传统经营模式受到严峻挑战，一个企业的竞争优势不再是相对稳定的，而具有很大的不确定性，瞬息万变，制度与实施战略的速度标准发生了变化，到处充满大量的变革机会。新的竞争环境迫切需要国有企业领导人员转变思维模式、竞争模式，特别需要有创新精神的企业家。企业要想在新的竞争格局下取得成功，企业的领导人员就要富有企业家精神的理念，认真

制定和实施富有企业家精神的战略（Hitt，etc，2002）。企业家要进行“创造性的破坏”，要开拓和创造新的资源、新的客户、新的市场，并对现有资源、客户和市场进行新的整合（Shumpeter，1934；Shane and Venkataraman，2000）。社会主义市场经济体制建设，实质上是一场革命，其中尤为需要创造性破坏的人才。因此，应牢固树立“人力资源是第一资源”、“人力资本是企业最重要的资本”、“企业家是企业最重要的人力资源”等科学的人才观，明确提出建立一支职业企业家队伍，把培养一批爱岗敬业的国企企业家作为当前国家人才强国战略的重要组成部分。

(二) 深化国企改革，为企业家的成长创造良好的体制环境

国有企业企业家队伍建设，是整个国企改革与发展中的一部分内容。企业家队伍建设，首先要求国企改革的深化。其中首要的因素是股权多元化。

国有企业改革的方向是建立现代企业制度。从历史上看，现代公司有两个主要特征，一是所有与控制相分离，二是由职业经理来经营。正如美国企业史学家钱德勒所指出的，从现代工商企业出现的第一天起，所有与经营就开始出现分离，经理变得更加职业化；而且，职业经理的出现，使企业经营行为更加长期化，职业经理更愿意选择能够促使公司长期稳定与成长的经营策略，而不贪图眼前的最大利润（Chandler，1977）。在传统国有国营的体制下，企业经营者由上级行政部门任命，按行政干部的级别、管理方式进行管理。这里培养的实际上是行政干部，而非企业经营者。目前，在没有改制或实行国有独资、国有股占绝对控股地位的公司制企业，这种上级任命的方式并没有得到实质性改观。从成功企业的成长经历看，切实推进股权多元化，构造多个法人股东或机构股东，是推动政企相对分开、在企业与行政部门构筑“中间带”的较好选择。势均力敌的多个股东的代表组成董事会，能够从经济、效率标准选聘经营者，减少行政机关的干扰，有利于企业家的成长和企业的健康发展。

企业家的成长，与政府为企业及领导班子创造良好的经营环境密不可分。在绩优大企业，其班子特别是一把手普遍比较稳定，改革开放后一直随着企业的发展而成长，很少有从工商界再转行投入政界，由企业家变为政治家的。这与用行政办法管理企业经营者形成了鲜明对比。班子频繁调整、企业经营稍有成就立即“提拔”为政府官员是国有企业业绩不稳定乃至出现下滑的一个的重要原因。优秀的企业家应保持相对稳定，使企业的长远发展战略能得以贯彻落实，这是国内外成功企业发展的一条重要经验。

中国要形成一批有国际竞争力的大型企业，没有一批合格、优秀的企业家是不可能的。这就要求政府及各界努力创造环境，促进企业家的发育成长，培养一支稳定的职业企业家队伍。同时加大宣传，使企业职工、企业其他高级管

理人员及政府和社会都充分认识到企业家人力资本的重要性，认识到企业家高薪酬的合理性。观念上打破“官本位”，提倡“企业家精神”，形成全社会尊重企业家、大量人才竞做企业家的氛围。

（三）完善公司治理结构，培育有战略眼光的企业家

公司法人治理结构是公司制的核心。在所有权与控制权相分离的现代公司中，为了防止实际控制公司运转的经营者为追求自己的利益最大化而牺牲所有者的利益，就需要有一种制衡机制，这就是公司法人治理结构。在典型的治理机制中，一般都由重要利益相关者的代表组成董事会，负责公司重大战略问题的决策，聘请主要经理人员。在西方国家，如美国，在董事会下设立薪酬与提名委员会，负责董事、主要经理人员的提名并制定其报酬安排。在一些大企业，不仅所有权与经营权相分离，而且战略决策与日常经营功能也是分开的。主要经营者组成执行委员会，负责战略层面的决策制定并监督执行，公司副总经理及主要部门和附属单位（子公司）的领导组成经营委员会，负责决策的执行和协调。

参照国际经验，在国企改制过程中，国有股东应通过股东会选举董事，而把高层管理人员的选聘与解聘及报酬政策制定等功能切实让董事会来行使。

与此同时，应进一步完善监督与约束机制。按照《公司法》，监督职能由监事会行使。目前中国政府对中央企业也普遍建立了监事会制度，监事会由国务院国资委负责派出，主要由公司外部人组成（通常成为外派监事会）。外派监事会的中心任务是以财务监督为核心，对企业财务活动及企业负责人的经营管理行为进行监督，确保国有资产及其权益不受侵犯。外派监事会借助于《国有企业监事会暂行条例》所规定的监督检查的一系列手段，有利于防止出现企业“内部人控制”现象。国有企业外派监事会制度建立以来，在制约企业领导人的不规范行为，特别是在规范企业的财务会计管理，抑制企业虚假财务报告方面中发挥了一定的积极作用。但是，很多企业对外派监事会的工作方式持怀疑态度，因为它不与企业沟通意见，直接向监事会派出机构汇报企业的情况，有人甚至将外部监事会比作是“只长耳朵、不长嘴巴”的“怪物”。

中国目前正在采取措施完善公司治理结构，其中一个重要内容是要求在董事会下设立审计委员会，提出加大独立董事和外部董事的比例等（参见证监会《上市公司治理准则》，国务院国资委近来也提出了相关要求），但对审计委员会、独立董事和监事会的职能及其相互关系等方面缺乏清楚的界定，若由董事会下的审计委员会取代现行的监事会制度，不符合公司法。若保留监事会，加设审计委员会，就存在两个监督机构，这种叠床架屋式的双重监督的体制显然

成本过高，也不容易明确界定双方的责任、权利与义务。

比较我国与国外一些国家的做法，由政府国有企业监管机构向国有企业派出的监事会完全是一种“派出组织”，而国外的监事会更接近国内公司的内部监事会，政府只是作为出资人按股份比例委派代表参加。具体区别在，一是成立方式不同，国内外派监事会根据国有资产管理条例设立，监事会成员均由国有资产监管机构聘任，也均为兼职，而且不在被监管企业领取报酬；而国外的公司监事会是根据《公司法》设立，其成员由股东会选举产生。二是目的不同，国内外派监事会主要是监督国有企业的资产经营状况，防止国有资产流失；而国外监事会主要是为了监管公司董事、经理的活动，确保股东和职工的合法权益。三是职责不同，国内外派监事会的主要职责是审查企业财务报告，评价企业经济效益状况，根据需要对企业经理和有关人员提出询问，对经理的任免和奖惩提出建议，根据经理的要求提供咨询意见等；而国外监事会的主要职责是通过对企业内部经常性的监督公司董事、经理的活动，防止有关违法或违反公司章程的行为发生，并审检有关表册等。

因此，需要进一步研究如何修改和细化中国的《公司法》，明确监督职能的行使机构。参照国际经验，我们认为强化审计委员会与独立董事的作用是符合国际潮流的，建议修改《公司法》，取消监事会，强化外部董事特别是独立董事的作用，在董事会下设立职能性的委员会，完善董事会的监督职能和科学决策程序。

（四）进一步完善国有资产管理体制及对中央大企业的管理方式，充分发挥市场对企业领导人员的基础性配置作用

积极推进国有资产管理体制改革，明确出资人制度，既是国企改革的重要内容，也是国企企业家队伍建设的重要外部条件。明确出资主体，改革国有资产管理制度，将为国有企业的长期健康发展提供一个稳定的制度基础。在政府主管部门直接管理企业时，中央企业的出资人一般由这些行业主管部门来代表。1998 年的政府机构改革，明确转换政府职能，取消主管部门设置，国有企业集团就面临一个明确出资人问题。2002 年国资委成立后，从理论上讲，这一问题得到了解决，但在操作层面，需要探索如何界定出资人和经营者各自的权利、义务和责任，对经营者进行有效的激励和约束。

国有资产管理体制改革应当有利于形成一支稳定的职业企业家队伍。必须对国有企业的选聘制度进行改革，建立经理人员市场，形成商业化的国企经营者选聘机制和对经营者的优胜劣汰机制。国资委成立以来出台的一些相关改革政策是有积极意义的，但对中央企业领导人员的选聘、管理方式仍有很大的改

进余地。在建立符合社会主义市场经济体制和现代企业制度要求的国有资产管理体制的过程中，应当认真贯彻落实中共十六大精神，以“三个有利于”为标准改革国有企业的干部制度，把党管干部同明确出资人、所有者选聘经理人员结合起来，逐步让市场在国有企业领导人员的配置中发挥基础性作用。

党管干部原则与现代企业制度的对接，在国有企业主要发生在两个层次：一个是国有资产管理机构对企业主要经营者的任免与党管干部的摩擦。当国有企业逐步从国家独资变为多元投资主体的公众公司、非国有股逐步增大时，企业领导人的产生方式就会发生变化，从过去的党管干部、党选干部变为股东大会选举及董事会选聘与解聘，国有股东或其代表机构也只能根据所持有的股份选出代表自己利益的董事会成员。从中央企业看，目前由于绝大部分中央企业采取国有独资形式，主要采取的是国务院国资委党委任免制，将来改为多元持股的股份公司后，企业领导人的市场化选聘方式与国资委党委的任免制也会产生冲撞。我们建议，国务院国资委对中央大企业的人事管理应逐步过渡到只管董事长一人（或再加上外派监事会的主席），对其他董事只审查资格，把选聘经理层的权利全部赋予董事会行使。2003 年颁布实施的《企业国有资产监督管理暂行条例》所规定的国资委任免或选聘国有企业领导人员的范围过宽，与建设现代企业制度的要求不太吻合，与国际惯例也不相符合，没有实现所有权与控制权的分离，更多类似于小业主式的管理，而不是现代资本的管理，应当加以修改。另一个是在企业中董事会与党委的关系问题，目前采取的是“双向进入、交叉任职”办法。建议细化《公司法》，进一步加以明确党组织在企业中的地位、作用与功能行使机制。党组织在企业中的核心作用应理解为贯彻落实党的方针政策，建议通过试点，逐步取消国有企业中党委书记的级别，取消企业党委对企业经营管理事实上的决策功能。

（五）重视人力资本价值，建立健全国企企业家的激励制度

中共十六大明确提出了劳动、资本、技术和管理等生产要素按贡献参与分配的原则。现实中的“59 岁现象”，固然涉及个人道德和企业监督机制方面的问题，但缺乏对企业家贡献的有效评价机制及对其贡献进行有效的激励机制是更为重要的根源。确认其资源的稀缺性，确认他们对企业价值创造方面的贡献，鼓励优秀企业家先富起来，有助于企业家和职业经理层的成长。企业家无法“成批量”地生产、供给，因此这种人才资源更为稀缺，其人力资本价值更高。企业家不是政治家，也不是救济家。我们不仅要加大宣传的力度，同时要切实推进这一工作，面对国外公司的竞争，面对我国发展一批具有国际竞争力的大企业的要求，加大激励机制力度，改进激励方式，已到了刻不容缓的时候了。

有效的薪酬制度安排，应让经营者的收入与企业长远发展问题密切结合起来。从世界经验看，报酬结构可以采取四种形式：基薪、绩效奖金、股票期权和长期激励计划（LTIP's）。研究表明，报酬的高低决定了经理人员在何处工作，而报酬结构决定了如何工作。有效的报酬合同应当使经理人员有足够的动力以最低的成本实现股东价值的最大化。

在市场经济中，基薪是由经理市场决定的，企业的规模也在考虑之列。但理论研究也发现，经理市场的均衡难以减低业绩差的企业经理的报酬。因此，基薪不能鼓励经理人员提高企业的价值。在英国，最大 500 家企业的首席执行官平均基薪为 24 万英镑，占总收入的 59%，美国则是 31.7 万英镑，占 29%。

绩效奖金可以使股东利益与经理人员的利益密切结合起来。但也有研究发现，这可能使经理人员的行为偏向于短期化，往往会牺牲长期利益。例如，在首席执行官退休前，企业的研发投资一般都会减少。而且，这种安排也会推动经理人员追求企业规模，而不是关心股东的财富，或者关心与绩效奖金密切相关的业绩变量，而忽视其他方面。在英国，最大的 500 家企业中的 81% 有绩效奖金，占总报酬的 18%，美国最大的 500 家企业中则分别为 83% 和 17%。

股票期权被认为是将经理利益与股东利益结合得最为密切的手段。根据期权定价理论，期权的价值随着企业固定资产的风险而变动，促使经理人员增加投资。而且，经理人员还有动力回购股票，而不分红。在英国，股票期权占总报酬的比例为 10%，平均价值 6.9 万英镑，美国则为 42%，平均价值 114.2 万英镑。

LTIP's 有很多形式，在英国，普遍的形式是奖励公司股票，美国则是给予有限制投票权的股票或采取多年兑现的奖金计划。英国 32% 的企业提供了 LTIP，份额一般占总报酬的 9%，价值 16.1 万英镑；美国只有 19% 的企业提供，平均为 32.5 万英镑，占总报酬的 5%。

总之，在这方面，发达市场经济国家有很多经验可以借鉴，国内不少企业也有成功的经验，应结合中国国有企业的特点，特别是结合不同领域国有企业的实际情况，确定不同的报酬水平和报酬结构。

（六）高度重视国有企业领导人员能力建设和人力资源开发工作

在建立健全有利于优秀企业家脱颖而出的选拔任用机制、建立科学的激励和约束机制的同时，领导人员的能力培养工作也不容忽视。制度的问题和人的问题都非常重要，两者不能偏废，即使在国外治理机制健全、激励约束机制比较有效的企业，因为领导人经营管理能力不足而导致企业陷入财务困境的事例也比比皆是，所以制度建设和能力建设都要加强。

在企业领导人培训制度方面，中组部、国家经贸委包括地方政府组织强调的很多，出台了一系列文件，如中组部、国家经贸委国经贸培［1996］382 号文件《“九五”期间全国企业管理人员培训纲要》、《“十五”期间全国企业经营管理人员培训纲要》、国家经贸委国经贸培［1997］546 号文件《关于下达 514 户国务院重点联系的大型国有企业领导人员“九五”期间工商管理培训总体调训计划的通知》、国经贸培训［2001］344 号文件《关于“十五”期间继续举办和规范工商管理培训的实施意见》等，国家、地方政府及有关单位分期分批组织了各种培训，但效果不尽如人意。

在企业经营者队伍建设过程中，培训方式、培训内容都要创新，采取“请进来，走出去”等多种形式，以工商管理课程、领导艺术、经营战略、市场分析与决策管理等理论为基础，培养高素质、会经营、懂管理的复合型人才。当然，优秀的企业家不是培养出来的，是在激烈的市场竞争中锻炼出来的。真正的企业家要富有创造力，即如熊彼特所说的“创造性的破坏”力。从这个意义上说，企业家不是学校培养出来的，而是先天素质、经验、冒险精神相结合的产物。政府所做的工作除了进行人才资源方面的开发以外，更重要的是创造有利于企业家产生和发展的土壤。

（七）推动与建立职业经营队伍有关的市场基础设施建设，构造相关业绩评价体系

在向现代企业制度的转轨过程中，应把组织考核推荐委任和引入市场机制、公开向社会招聘结合起来，逐步形成竞争上岗、优胜劣汰的选拔任用工作机制。建议对企业领导人员进行分类管理：对国资营运机构产权代表以组织委任为主，经营管理人员以竞争聘任为主。同时，应当加快培育经营管理者人才市场，建立企业经营管理者人才评价中心和人才信息库。按照公开、公平、竞争、择优原则，优化人才资源配置，打破人才部门所有、条块分割，打破身份界限，促进人才合理流动。推进经营管理者职业化进程，对现任国资营运机构领导人员可以率先进行培训，分类评价。不过，对于目前尝试建立的经营管理者持证上岗制度、经营管理人员应具备任职资格证书的做法，应当谨慎推广。企业经营者毕竟不是“考”出来的，而是“干”出来的。

与此同时，坚持定性与定量考核相结合，积极探索建立科学的考核评价体系。在考核的内容上既要考核领导班子和领导人员的思想政治素质、工作作风、民主意识和廉洁自律等方面的表现，又要考核领导班子和领导人员的工作业绩，突出考核企业经济效益和国有资产保值增值情况。其中，特别是要侧重于经济方面的考核。在考核办法上要建立一套科学的企业领导班子和领导人员考核评价体系，制定一整套反映企业财务效益状况、资产营运状况、偿债能力状况、

发展能力状况、社会贡献率以及管理者的基本素质、管理水平、经营发展战略、发展创新能力等方面内容的考核评价指标。

四、结论性的评论

国有企业领导人员能力与制度建设关系到中国国企改革的进一步深化和国有企业的持续健康发展，尽管与传统体制相比我们在这方面已经取得了较大的进展，但在新的改革与发展形势下，在全球经济竞争日益加剧的情况下，仍存在许多亟待解决的问题。必须进一步解放思想，深化国有企业改革，完善公司治理结构，建立健全企业领导人员的选拔、考核及激励与约束机制，推动建立一支有事业心、有能力参与国际竞争的世界一流的战略型企业家队伍。

我国宏观税负研究

主要完成单位：国家发展和改革委员会经济研究所
主要完成人：许　生　李世刚　张岸元　唐　健　安淑新
王　元　左传长
获奖时间：2013年
获奖名称：国家发展和改革委员会优秀研究成果二等奖

党的十八大确立了全面建成小康社会的奋斗目标，对政府支出责任提出了重大挑战。如何为小康社会建设筹集必要的政府财力，而又努力使税收负担保持在经济社会发展可承受的范围之内，迫切需要认真研究，统筹进行总体规划。科学评判现阶段我国宏观税负，不仅关乎当前，更是关乎长远。眼下仍在肆虐的金融危机和主权债务危机昭示我们，主流经济学和西方关于税收和国家债务的筹资组合，并不能为我们提供更多帮助，需要从当代流行的宏观经济学理论回归到政治经济学本源，科学认识政府支出责任和其筹资行为问题。宏观税负问题也由此上升到国家战略层面，服从和服务于发展战略需要。科学把握这一根本，不仅有益于正确认识和有效摆脱当前世界金融危机的阴霾，对于我国2020年全面建成小康社会更是至关重要。

一、科学认识现阶段我国宏观税负

（一）“宏观税负”是我国改革发展战略性成果的重要组成部分

中国发展举世瞩目，国民收入日益提高，综合国力不断增强，居民、企业、政府三者之间的分配关系既是改革和发展的手段，也是改革和发展的成果。“宏观税负”问题本身即为我国发展战略的组成部分，在世界范围内具有特殊性。西方不具有将“宏观税负”问题提升到战略层面来认识的总体社会环境。个人主义、契约精神、政府与社会的制度对立决定了宏观税负是其社会制度的被动产物；家庭文化、“家”“国”同一的民族思想理念、政府与社会的有机统一，决定了我国有条件站在家庭结构的“顶端”对宏观税负进行前瞻性的系统谋划，宏观税负研究对我国经济社会发展具有特殊意义。

1. 传统“宏观税负”概念不宜用作国际比较

“宏观税负”概念，由西方财税理论率先提出，但由于其忽略了税收总规模与 GDP 流量之间的对应关系，致使“税收”与 GDP 之间的比例关系，并不客观反映一国经济的有效税率，丧失了应有的经济学含义，基于此进行的国际比较，借鉴意义大打折扣。目前，IMF 和 OECD 的“财政负担率”（Fiscal Burden）和“税收比率”（Tax Ratio）指标，存在同样的理论缺陷。

本课题对“宏观税负”概念，提出以下理论定义：

（1）“宏观税负”，指政府为了履行其职能而筹资，资源在从纳税人手中转移到政府手中的过程中，所造成的纳税人可支配收入的减少，与税收总规模相对应。它反映了政府部门对私人部门的干预程度。

（2）“宏观税负率”，指政府为了履行其职能，从国民经济运行中所筹集的所有收入，占国民生产总值（GDP）的比率，与税收相对规模相对应。它在总体上反映一定时期内（一般指 1 年）国民经济的平均税收负担率。

为了方便表述，本课题将使用“宏观税负”一词，来替代本处所讨论的“宏观税负率”，其内涵仍指“国民经济的平均税收负担率”。

2. 我国“宏观税负”至少应当设置四个口径

为了兼顾研究的国际可比性，本课题按照四种原则，对我国宏观税负建立了四种不同的分析口径——“四个 F”系列：

（1）严格税收法制原则：将一国法律体系中明确称为“税收”，且这种税收的“税基”全部为当年 GDP 的“税收收入”，确立为“宏观税负”的统计口径，称为 F0。

（2）国民经济税费原则：将政府从国民经济中所筹集到的、与当年 GDP 存在完全内在关联性的“政府收入”，确立为“宏观税负”的统计口径，包括本质上以当年 GDP 为“税基”的税、费、基金等政府收入，称为 F1。

（3）国际可比原则：按照 IMF 的“财政负担”和 OECD 的“税收比率”口径，确立“宏观税负”的统计口径，包括政府所有税收收入和社会保障缴款，称为 F2。

（4）政府总收入原则：将政府为了履行其职能而筹集到的所有政府收入，确立为“宏观税负”的统计口径，包括税收收入、年度公债收入、其他收入等，称为 F3。

相关口径的宏观税负测算公式如下：

F0 =（商品劳务税合计 + 所得税合计 + 其他税收合计 - 政府补贴合计）/GDP

F1 = 生产税净额/GDP =（F0 + 社会保险基金合计 + 政府性基金合计 + 国有资源（资产）有偿使用费合计 + 行政事业性收费合计 + 专项收费合计 + 其他类似政府性收费合计）/GDP

F2 =（生产税净额 + 财产财富税合计）/GDP =（F1 + 房产税 + 城镇土地使用税 + 耕地占用税 + 契税 + 资源税 + 车船税 + 船舶吨税）/GDP

F3 =（"F1" + "财产税" + "彩票资金收入" + "罚没收入" + 年度"债务收入" + "体制外收入"）/GDP

表 1　宏观税负的四种口径

口径	名称	收入范围	与 GDP 是否关联	我国的收入范围		国际可比性		经济学内涵
				收入类型	具体范围	与 OECD 的对应关系	与 IMF 的对应关系	
F0	纯粹的宏观税负	所得税、商品（劳务）税	关联	第 1 类，货物和劳务税；第 2 类，所得税；第 4 类，其他税收	国内增值税、进出口环节增值税；国内消费税、进出口环节消费税；营业税；车辆购置税；关税；企业所得税；个人所得税；土地增值税；印花税；城市维护建设税；烟叶税；固定资产投资方向调节税。扣除：出口退税；其他退税；政策性亏损补贴；价格补贴；其他政府补助	第 1 类，所得税；第 3 类，薪金及人员税；第 5 类，商品与劳务税；第 6 类，其他税	第 1 类，所得税；第 3 类，薪金及人员税；第 5 类，商品与劳务税；第 6 类，进出口关税；第 7 类，其他税	GDP"最小口径的平均税率"

续表 1

口径	名称	收入范围	与 GDP 是否关联	我国的收入范围		国际可比性		经济学内涵
				收入类型	具体范围	与 OECD 的对应关系	与 IMF 的对应关系	
F1	国民经济宏观税负	F0；费、基金等“税外收入”	关联	F0；社会保险基金收入；非税收入；贷款转贷回收本金收入	F0；社会保险基金；政府性基金（“国有土地使用权出让金收入”中仅包括“土地净收益”）；专项收入；行政事业性收费；国有资本经营收入；国有资源（资产）有偿使用收入；其他收入；贷款转贷回收本金收入		F0；第2类，社会保障税；“其他收入”中的“财产收入”、“出售商品和服务”	GDP 的“平均税率”
F2	国际可比宏观税负	F1（扣除“土地净收益”）；财产税；彩票资金收入	部分关联	F1（扣除“国有土地使用权出让金收入”中的“土地净收益”）；第 3 类，财产税；彩票资金收入	F1（扣除“国有土地使用权出让金收入”中的“土地净收益”）；房产税；城镇土地使用税；耕地占用税；契税；资源税；车船税；船舶吨税；彩票资金收入	F0；第2类，社会保障税；第4类，财产税	F0；第2类，社会保障税；第4类，财产税	无

续表1

口径	名称	收入范围	与GDP是否关联	我国的收入范围		国际可比性		经济学内涵
				收入类型	具体范围	与OECD的对应关系	与IMF的对应关系	
F3	政府总收入宏观税负	F2；土地净收益；罚没收入；年度债务收入；体制外收入	部分关联	F2；土地净收益；罚没收入；年度债务收入；体制外收入	F1；财产税；彩票资金收入；罚没收入；年度债务收入；体制外收入		F2；各国土地净收益；收入分类中的“其他收入”；年度赤字性债务收入	无

（二）纵看历史：经济发展是税负变化的基本原因

经济增长是税收收入的源泉。在相同、稳定的税收制度安排下，宏观税负的变化基本能够反映经济增长质量的改善和经济发展的成果。

1. 产业结构优化升级是导致宏观税负变化的主因

我国经济发展，突出表现为产业结构优化升级，宏观税负则较好地体现了这种良性变化。

（1）新中国成立至1993年，第二产业发展导致宏观税负波动。20世纪70年代至90年代初期，我国第二产业全面超过第一产业，成为国民经济第一大产业。期间，我国税收主要来源于工业，工业发展是主体税源，宏观税负与第二产业变化趋势基本一致。

（2）1994年“分税制”改革以来，第三产业快速发展带动了宏观税负上升。“十四大”确立“建立社会主义市场经济体制”改革目标后，1994年我国配套推出了“分税制”财税体制改革。期间，宏观税负由之前主要体现第二产业发展变化逐步转变为主要反映第三产业发展变化，并与第三产业变化趋势保持一致。

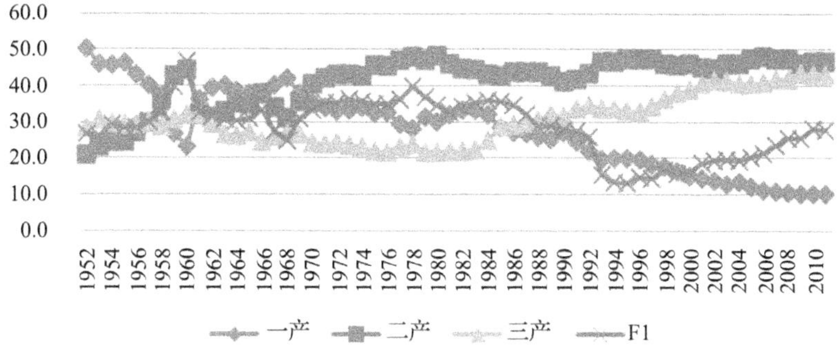

图 1　经济发展与宏观税负之间的关系（%）

2. 财政收入超经济增长的主因在于非税收入增长较快

从历史看，尽管财政超经济增长并非财税经济常态，但是进入 21 世纪以来，财政超经济增长达两位数的年份明显增多，不仅值得关注，更需要科学认识。

（1）财政增长与经济增长在统计与核算方面是性质完全不同的两种概念。一方面，两者存在是否包含物价因素的重要差异。财政收入增速按现价核算，GDP 增速按可比价核算，两者价格基础不同。另一方面，两者在来自进出口贸易的影响方面存在重要区别。影响 GDP 核算的是进出口净额，而影响财政收入规模的则是进出口总额。我国作为世界贸易第一大国，进出口对其所造成的差异巨大。

（2）我国"纯粹税收 F0"与经济增长基本保持一致。"纯粹税收"的税源基础来源于经济增长，两者存在一定比率关系；而财政收入中的其他收入，并不直接来源于当年的经济增长，与经济增长并不必然保持数量关系。1994 年以来，我国"纯粹宏观税负 F0"相对稳定，与 GDP 增速基本接近，税收超经济扣除体现不明显。

（3）非税收入是导致财政超经济增长的主要原因。1994 年以来，鉴于包含了非税收入在内的"国民经济宏观税负 F1"持续上升，这说明，这期间的财政收入超经济增长，主要是非税收入增长较快所导致。

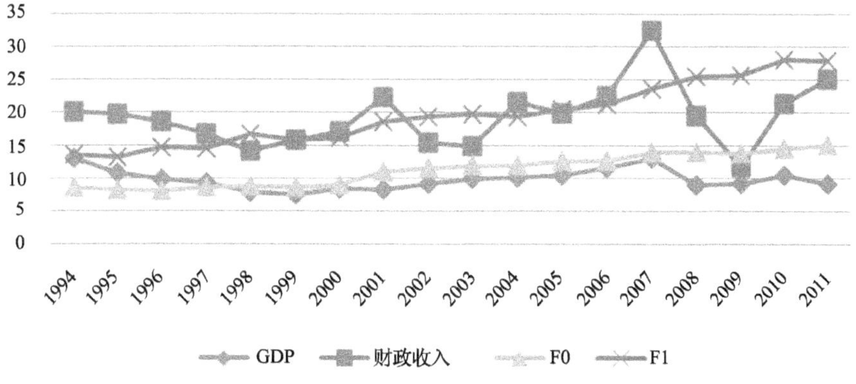

图 2　财政收入与 GDP 增长之间的关系（%）

(三) 横看世界：税负水平与发展阶段基本适应

“二战”结束后很长一段时期以来，西方国家的宏观税负与其社会“福利化”倾向确实具有某种联系。西方国家在处理税负与福利之间的关系方面，不仅有可资借鉴的经验，也有值得高度警惕的教训。我国的情况虽然与西方国家不同，宏观税负与社会的“福利化”还相去甚远，但确实需要着眼历史长远谋划。

1. 筹资模式不同，福利政策效果迥异

西方世界的“福利化”政策并非政府自觉的战略性行为。国家福利战略属于依据发展阶段要求、以政府为主导、全民参与的对未来社会福利状况的主动谋划。现阶段世界各国福利筹资效果具有天壤之别。丹麦、瑞典等“高税负、高福利”的北欧模式在本轮债务危机中“躲过一劫”；希腊、美国等“低税负、高负债、高福利”模式则最终将财政逼向不可持续的境地。

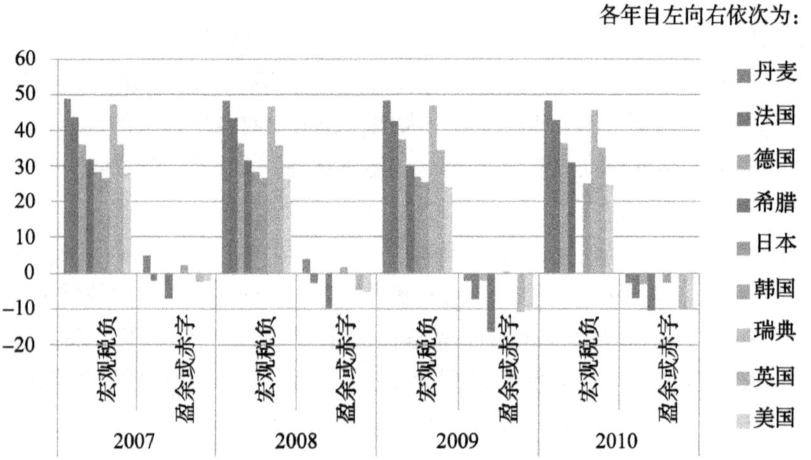

图 3　部分 OECD 国家宏观税负与财政赤字（%）

2. 发展阶段不同，政府职能侧重点不同

清醒判断所处的发展阶段，对于客观认识现阶段我国宏观税负和政府职能至关重要。

(1)“追赶型”发展阶段任务艰巨，“积累”和“消费”要兼顾。无论从人均 GDP，还是从产业结构层面，中国必将长期处于工业化、城镇化、现代化加快发展的“追赶”阶段，发展仍是第一位主题，保持一定的“积累率”，不仅必要，而且也是发展阶段所必需的。

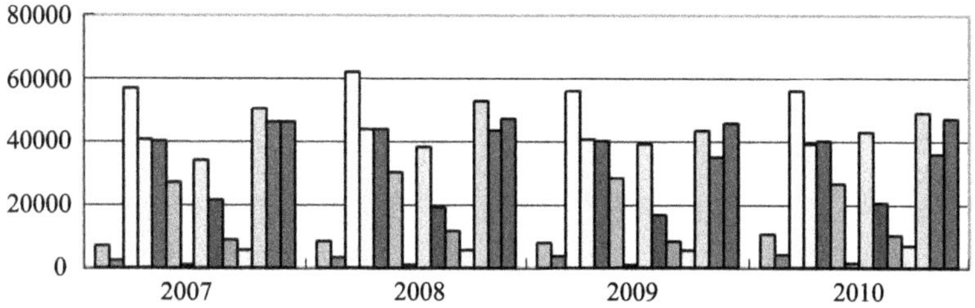

图 4　部分发达国家和“金砖国家”人均 GDP（美元）

注：图中各年自左向右依次为：巴西、中国、丹麦、法国、德国、希腊、印度、日本、韩国、俄罗斯、南非、瑞典、英国、美国。

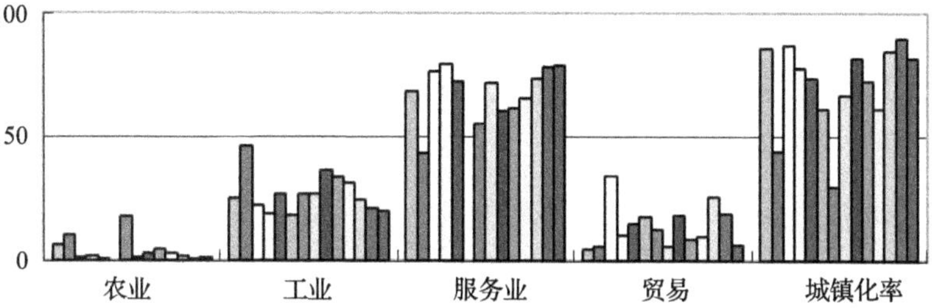

图 5　2010 年部分发达国家和“金砖国家”经济结构和城镇化水平（%）

注：同图 4 注。

（2）科技发展和相对较高的建设职能符合“赶超型”发展战略。中国在世界上保持了较高比例的经济与科技发展支出：经济事务支出远高于发达国家，但同时，中国高科技出口也远高于欧美等主要发达国家；在“金砖国家”中也远远高于其他国家。总体看，政府在科技发展和国家建设领域保持相对较强的职能，符合国家“赶超型”总体发展战略。

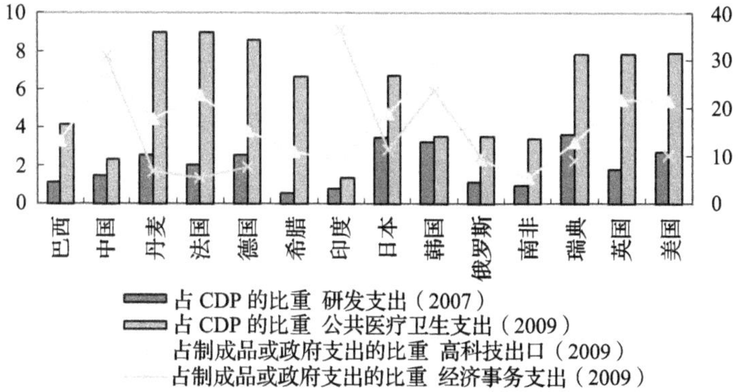

图 6　部分发达国家和“金砖国家”科技与经济发展（%）

3. 中国宏观税负上升的背面是经济的高度成长性

按照国际可比口径，现阶段中国宏观税负不仅远低于欧洲发达国家，而且在“金砖国家”中也属于中游水平。就税负与增长的关系看，两者高度关联。

（1）宏观税负在“金砖国家”中处于中游水平。就总体水平看，中国宏观税负显著低于俄罗斯和南非，高于印度，总体上与巴西接近。

（2）现阶段中国税制设置与经济增长关联度大。“金砖国家”中，中国税制与经济增长关联度最高，对国民经济流量调节效应明显，效率较高。俄罗斯税制比较“钝化”，与经济增长关联度不高。印度税制总体低效，宏观税负难以反映经济发展成就。

（3）高度成长的经济推动宏观税负上升。从2008年经济危机爆发以来，中国税制有效体现结构调整的成效看，宏观税负的持续提升，总体上反映了现阶段中国经济的高度成长性。

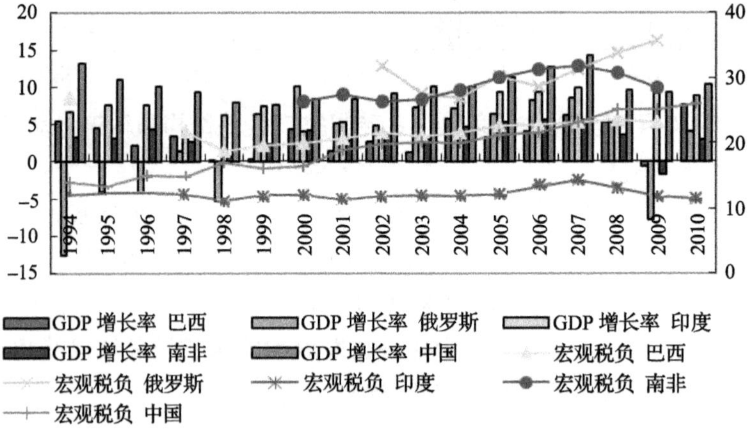

图7　“金砖国家”经济增长与宏观税负（%）

（四）发展模式：经济增长的秘诀

中国之所以快速发展，高度注重“效率”的税收制度是个重要方面。

（1）税负的“全民性”。现阶段的中国税制，总体设计强调公民对国家普遍性的税收贡献。尽管90%以上的税收来源于企业，但鉴于商品流转税收负担过高（占税收负担的2/3以上），决定了税收负担的最终承担者是广大消费者。税收负担本质上是普遍性的，与西方税收制度明显不同。

（2）对资本的“宽容性”。现阶段，“资本所有者”真正负担的“资本利得税收”仅为中国税收很少的一部分。长期以来，中国实行工业用地价格远远低于商业用地和房地产用地价格的发展战略，附属于地价之上的税费支出也有天壤之别。中国对“资本”采取更加宽容的态度，与既定税收收入总规模下税负的“全民性”相互关联。

（3）“节衣缩食”的“建设性”。财政支出层面，比较高的“经济建设支出”和较低的“社会福利支出”，总体上正是中华民族勤劳俭朴、“节衣缩食”搞建设、全力以赴谋发展的重要体现。

（4）政府职能的“综合性”。宏观税负、政府支出等政府履职方式，受制于国家发展战略。在中国，政府职能的范围，既是“国家”层面的问题，也是更大范围内的“家庭”层面的问题；运用“家庭”理论而不是单纯的“个人主义”和“契约”理论治理国家，更加符合中国的历史、文化和现实。

二、现阶段我国宏观税负的主要问题

总体上，现阶段我国宏观税负的问题主要存在于税负结构层面；与税负规模问题相比，税负结构是主要矛盾，税负规模是次要矛盾。

（一）宏观税负“张力”释放出现回调

1995 年以来，我国宏观税负总体进入了持续波动上升时期，下滑较少，上升较快，但宏观税负短期波动仍处于“最优”区间。从税负波动近况看，宏观税负“张力”似已释放，2011 年出现回调之势。

1. 近年来宏观税负逐步冲破“最优税负”长期趋势上限

从计量结果看，1952 年以来，我国最优税负的理论区间为（15.84%，23.79%）；1978 年以来的理论区间为（21.77%，26.34%）。按照新中国成立以来和改革开放以来的长期发展趋势，2010 年 F1 的税负水平超出趋势上限的幅度分别为 17.74% 和 6.34%，说明现阶段我国宏观税负存在超过长期发展趋势的情况，值得关注。

表 2　Scully 模型 F1 口径回归变量协整分析

F1 口径的税负	最优宏观税负水平 τ^* 的估计值（%）	95% 置信区间	p 值	R^2	回归残差的 Z（t）
1978～2011	24.05***	（21.77，26.34）	0	0.9370	-2.834*
1952～2011	19.81***	（15.84，23.79）	0	0.6359	-5.254***

注：“***”表示显著程度的判别标准为 1%；“**”表示显著程度的判别标准为 5%；“*”表示显著程度的判别标准为 10%；下同。

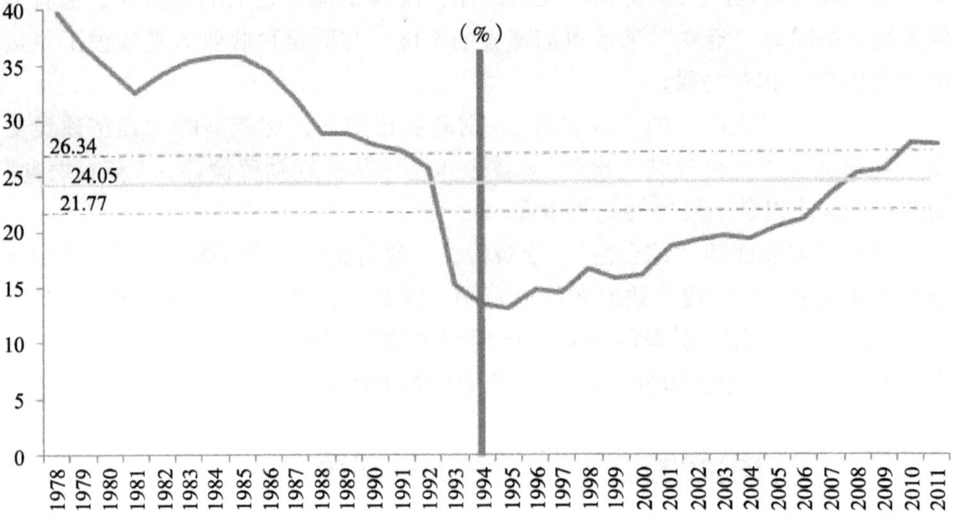

图 8 1978～2011 年中国“国民经济宏观税负”趋势图

2. 宏观税负仍处于短期波动最优区间并现回调迹象

1978 年以来，宏观税负短期波动的最优理论区间为（16.16%，29.42%）。按照这一区间判断，目前的宏观税负水平又处在最优的短期波动范围之内。鉴于 2011 年的宏观税负水平低于 2010 年，当前的宏观税负已出现回调迹象，这很可能反映了自 2004 年以来，我国宏观税负持续上升的局面已经发生改变，出现了短期波动向长期趋势收敛的态势。

表 3 Scully 模型 F1 口径 1978～2011 年序列一阶差分后的回归结果

F1 口径的税负	最优宏观税负水平 τ^* 的估计值（%）	95% 置信区间	p 值	R^2	回归残差的 Z（t）
1978～2011	22.79***	（16.16，29.42）	0	0.6219	-4.617***

3. 无论长期趋势还是短期波动，“纯粹宏观税负 F0”均存上升空间

1994 年以来的计量结果显示，“纯粹宏观税负 F0”的长期最优区间为（10.54%，16.63%），短期最优区间为（3.87%，18.27%）。从 2011 年 15.17% 的最高税负水平看，“纯粹宏观税负 F0”均处于最优税负区间之内。这说明，从增长与税负的关系看，减少非税收入、适当提高“正税”收入，将有助于改善我国最优税负水平。

表4　1994年以来“纯粹宏观税负F0”的长期趋势与短期波动

模型方法	最优宏观税负水平τ^*的估计值（%）	95%置信区间	p值	R^2	回归残差的Z（t）
协整分析	13.58***	（10.54，16.63）	0	0.8577	-2.343
差分分析	7.20	（3.87，18.27）	0.185	0.1221	-3.2340**

（二）税负结构极端不利于社会调节

从税制设计看，税负结构取决于税种结构。我国税制的成功，在于比较注重“效率”；我国税制的缺陷，在于过度注重“效率”，忽视税负“公平”，限制了税收调节功能的发挥，甚至一定程度上直接推动了社会贫富分化加速发展。

1. 现行税负结构扩大了收入分配差距

我国现行税负分配总体上推动国民收入由低收入阶层流向高收入阶层，造成分配差距持续扩大，具有显著的负面社会效应。这与现阶段我国税负的“全民性”和国家对资本的过度“宽容性”相互关联。

（1）以流转税为主的税制结构，造成税收负担由富人阶层向中低收入阶层转嫁，税收负担主要由中低收入阶层承担。

（2）分类征收的个人所得税制，事实上造成所得税“累退效应”，实际负税能力越高的家庭，既没有负担更多的税收，也没有提供与所得成比例的消费。

（3）不健全的财产税制度，加剧了收入分配差距扩大，社会财富分布结构和消费群体结构极端不平衡。

（4）不均衡的地区税收优惠和激励性税收返还制度，使地区差距和贫富差距相互交织，是我国税收制度制造收入分配差距以及地区结构失衡的特殊机制。

2. 从国际比较看，中国现行税负结构现代化程度较低

财政原则、经济原则和社会原则是税收制度的三大原则，现代化税制更加强调社会原则中的税制公平性和经济原则中的税制效率性，而传统的财政收入原则在中国税制中更受重视，应当根据经济社会发展需要，适当加以调整，更加注重发挥税负的调节功能，促进社会公平正义。

（1）发达市场经济国家税负调节力度大。尽管OECD中的一些国家，包

括澳大利亚、日本、韩国、土耳其和美国等，其宏观税负水平与中国较为接近，但是，他们普遍更加注重税负的调节功能。从所得税和社保缴款占GDP的比重来看，日本18.97%、韩国13.22%、土耳其11.98%、美国16.34%；而中国则为9.27%，低于上述各国。中国流转税比重大，税负调节功能差。从商品与服务税占比看，澳大利亚7.56%、日本5.14%、韩国8.17%、土耳其11.25%、美国4.47%；而中国则为12.07%，水平高于上述各国。

（2）"金砖国家"中收入水平较高的国家税负调节力度也大。南非和俄罗斯所得税占比高于商品和服务税占比，税制调节功能强；中国和印度的商品和服务税占比超过或接近50%，尤其是中国的间接税达到了总收入的2/3以上，税制调节功能非常弱。

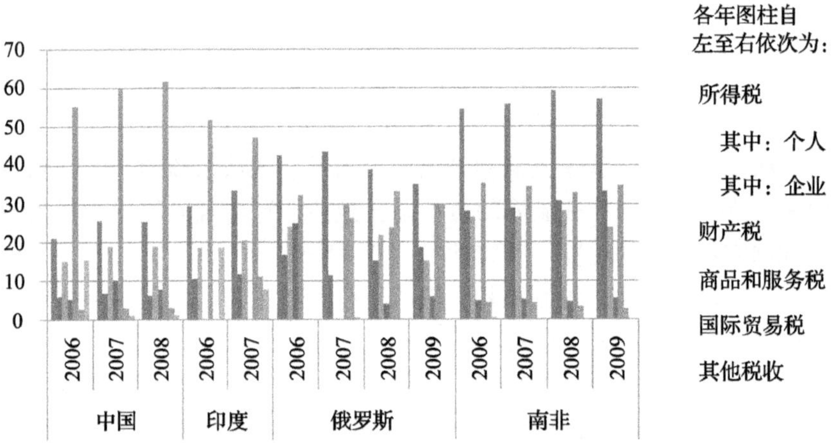

图9　部分"金砖国家"的税负结构（%）①

（三）企业税负严重不均衡

对浙江、广东、云南、山东、陕西五省1634户大中小微各类规模企业体制内外各种税费支出的典型调查（样本企业增加值占全国GDP的比重，2009～2011年分别为0.52%、0.53%和0.78%）显示，企业规模不同、纳税类型不同，企业税负就存在明显差异，税负在企业之间的分布严重不均衡。

① 资料来源：IMF，Government Finance Statistics Yearbook 2009，Government Finance Statistics Yearbook 2010；经计算整理。

表 5 抽样企业分配方案

企业属性			抽样省份					合计
			浙江	广东	云南	山东	陕西	
企业规模	大型		220	25	1	1	1	248
	中型		258	54	83		1	396
	小型		308	143	108			559
	微型		243	78	110			431
纳税类型	增值税	一般纳税人	501	26	247	1	1	776
		小规模纳税人	31	19	49			99
	营业税		497	255	6		1	759
合计			1029	300	302	1	2	1634

1. 企业规模越大，税负越低；企业规模越小，税负越高

这种税负的“累退性”，无论在大中小微企业，还是在增值税纳税人中的小规模纳税人与一般纳税人中均有体现。

（1）小微企业税收负担总体上高于大中型企业。我国小微型企业税收负担在各种类型企业中一直处于较高水平，而大中型企业税收负担则一直处于较低水平。微型企业税收负担大约是大型企业税收负担的2.5~3.6倍，小型企业税收负担大约是大型企业税收负担的2.3倍左右，差别悬殊。

（2）增值税小规模纳税人的税收负担，总体上高于一般纳税人。2011年，F0、F1、F2口径的税收负担，小规模纳税人分别是一般纳税人的2.00、1.70和1.66倍。这表明，从工商业企业看，大中型企业的税收负担总体上较低，而小规模企业税收负担总体上较高，我国税费制度“累退”效应十分明显。

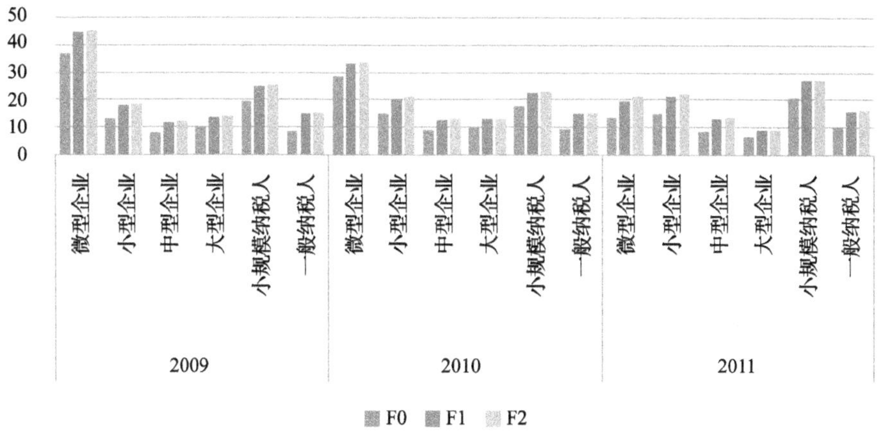

图 10 我国企业税负的“累退效应”（%）

2. 不同税种纳税人的税负水平存在明显差异

这种差异在商品劳务税方面体现得相当明显，主要表现在增值税纳税人和营业税纳税人税收负担的差别方面。

（1）增值税纳税人的税收负担，总体上高于营业税纳税人。工商业企业税收负担，总体上高于交通运输业、建筑业、金融保险业、邮电通信业、文化体育业、娱乐业、服务业等营业税纳税人的税收负担。2011 年，F0、F1、F2 口径的税收负担，增值税纳税人分别是营业税纳税人的 1.90、2.25 和 2.28 倍。

（2）大中型企业增值税小规模纳税人税负最高，营业税纳税人最低。2011 年，中型企业中增值税小规模企业 F0、F1、F2 三个口径税负分别比增值税一般纳税人高出 249.68%、201.96% 和 187.63%，差别悬殊。同时，调查发现，中型企业中小规模纳税人的税负近年来也有明显上升趋势。2011 年，中型企业中小规模纳税人的三个口径税负分别比 2009 年上升了 47.95%、55.91% 和 56.01%，与结构性减税的政策背景不一致。近年来，大型企业中的营业税纳税人减税效果非常明显。2011 年，大型企业中营业税纳税人的三个口径税负分别比 2009 年下降了 49.23%、47.51% 和 47.45%，这些营业税纳税人是结构性减税的重要受益者。

（3）对“营改增”的减税效果应保持客观冷静的心理预期。从典型调查的实际情况看，对比增值税纳税人，营业税纳税税企业近年来一直处于相对较低的税负水平。“营改增”固然可以消除“重复征税”，优化税种结构，但是否能够真正达到减税目的，防止改革后这些行业因抵扣因素相对较少而出现税负“不降反升”和税负“反弹”，应当保持客观的改革预期。

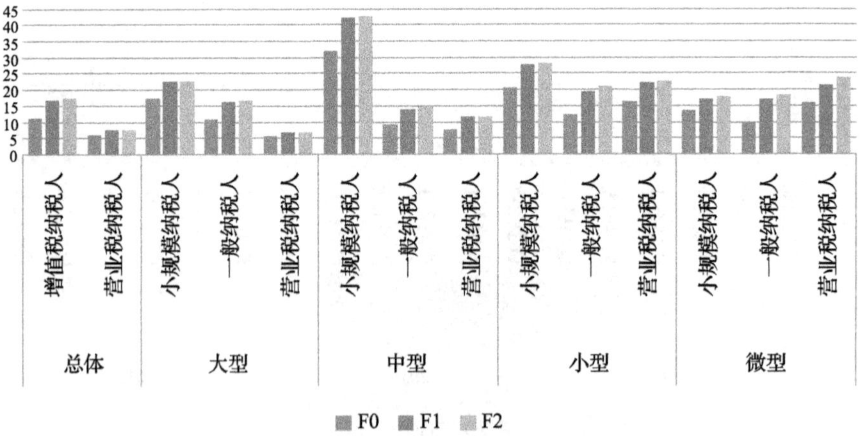

图 11 2011 年不同税种和不同规模纳税人的税负差异（%）

3. 不同企业间税负水平千差万别

这种情况在大中小微各种规模企业中均有存在，尤其是在微型企业中表现更为突出。有些企业税负很重，有的年份甚至高达其增加值的几倍甚至十几倍，如2011年，单位代码53011172728637X的一般纳税人，F0、F1、F2三个口径的税负分别达到794.02%、830.19%和845.30%；也有一些企业实际税负则很轻，如2011年，单位代码330901609859261的大型一般纳税人，三个口径的税负分别为-5.60%（政府补贴合计超过其实际缴纳税额）、0.44%和1.60%。这种情况说明，对于每户企业的税收负担，应当具体分析，不可一概而论。

（四）政府职能不完善强化了居民的税负痛感

税负痛感与政府提供的公共服务水平紧密相关。较高公共服务水平下的较高宏观税负，居民的税负感受可能并不敏感；相反，对于较低公共服务水平下的宏观税负，居民的税负感受则要敏感得多，社会情绪有时会影响对宏观税负问题的客观认知。客观看，政府职能和政府支出结构，世界范围内确实并不存在“整齐划一”的模板，需要结合具体国情和总体发展战略重点从政府职能结构调整的发展趋势方面，阐述政府职能的改进方向。尽管近年来我国政府支出结构调整出现一些积极变化，但是，对照“十八大”提出的“全面建成小康社会”战略目标，为了平复社会情绪，恢复对宏观税负问题的理性认知，我国政府职能结构在以下方面应当尽快加以调整：

1. 公共服务支出应进一步强化

有效解决近中期我国经济社会所面临的一系列问题，需要国家重新审视“积累”与“消费”的关系，更多运用政府支出手段，充分发挥财政的分配调节功能。

（1）社会保障支出有待提高。目前，我国社会保障支出占财政支出的比重，不仅低于发达国家，甚至低于埃及、突尼斯等某些发展中国家。2009年，该比率德国高达45.55%，高出我国35.58个百分点；发达国家该项支出比率一般在20%~40%之间；该项支出比率最低的新加坡也达到12.49%，高出我国2.52个百分点；发展中经济体该项支出比率大部分在30%以上，突尼斯的支出比率也达到24.02%，高出我国15个百分点左右。社会保障水平偏低，不仅不利于收入分配合理化，而且也不利于市场的现代化。

（2）医疗健康支出有待强化。现阶段，我国医疗保健公共支出占财政支出的比率非常低，2008年为4.4%，仅为美国和日本的1/5，也低于埃及（4.42%）和突尼斯（4.54%）等发展中国家，不仅不利于提高全员劳动生产率，而且对调整收入分配也会产生更加负面的影响。

2. 经济事务支出挤占公共服务支出，加剧了社会对宏观税负的排斥感

政府经济事务支出应当限定在多大的比例范围内才算合适，不仅本身并无答案，而且也会随着国情和发展战略的不同而不同。尽管我们无法简单得出“中国经济事务支出规模过高”的结论，但是，我国政府参与的竞争性项目过多、对竞争性领域介入过度的问题却是个明显弊端。因此，政府经济事务支出应当重点改进支出方式，完善调控手段，增强重大经济建设项目决策的科学化水平，提高经济事务支出的效率性和公平性。同时，要统筹经济建设职能和公共服务职能，适当缩减经济事务支出，较大规模地增加公共服务支出，增强税负与社会保障水平提升之间的关联性。

3. 转移支付制度不规范，法治化程度低，降低了社会对宏观税负的认同感

我国财政转移支付制度法制性不高、规范性差，政府部门的随意性比较突出，均等化功能不足。随着一般性转移支付在很大程度上替代了正常的政府间收入分配制度，我国现行转移支付制度难以真正根据国家中长期发展规划，进行特定目的和特定项目的财力转移支付，也难以达到平衡地区发展、实现共同富裕的目的。同时，不规范的政府转移支付制度，也进一步降低了社会对宏观税负的认同感。

4. 政府支出透明度不高，财政监督不到位，进一步刺激了社会对宏观税负的不满情绪

政府支出透明度不高是现阶段我国财税制度备受质疑的重要原因之一。政府支出透明度低，也是长期以来我国各级政府部门治理结构的现实状况，突出反映了现阶段我国公民社会发育程度不高的社会现实，以及宪法对政府履职行为的约束力度不足。预算约束软化与财政监督不到位，是一个问题的两个方面。目前，我国规范化的财政监督体系并没有真正建立起来。这些都直接影响了对我国宏观税负问题的客观认知。

三、近中期我国适度宏观税负的测定

十八大明确提出，新时期要在拥有13亿多人口的世界第一人口大国实现城镇基本公共服务常住人口全覆盖与推进城乡发展一体化，无疑要对政府的支出责任产生重大影响，需要雄厚的国力与充足的财力作为坚强后盾。这给政府财政和宏观税负带来了难以回避的现实挑战，必须从战略高度科学谋划、务实应对，努力实现推进国家发展战略与促进财政长期可持续发展等多元共赢。

（一）新时期影响我国适度宏观税负的新要素

加快建设国家创新体系；有序推进农业转移人口市民化，努力实现城镇基

本公共服务常住人口全覆盖；加大统筹城乡发展力度，形成新型工农、城乡关系，是中共十八大对我国经济社会发展所提出的新的历史性任务，这为科学谋划近中期我国适度宏观税负提供了客观依据。

1. 农业转移人口市民化与统筹城乡发展是影响政府支出责任的核心要素

城镇化本质是农民生产方式的工业化和生活方式的市民化。现阶段我国农业转移人口市民化问题关键在于实现与农民工生产方式提升相匹配的生活方式的转变，主要涉及政府的支出责任。而与其不同的是，统筹城乡发展将同时涉及农民的生产方式提升和生活方式现代化；根本解决“三农”问题将更多涉及农村制度变革。

（1）中国农业转移人口市民化，是人类历史上首次由自发走向自觉、最大规模的国家城镇化战略，是世界历史发展的壮举，是人类文明发展的重要体现。与人类历史上工业革命所直接推动的野蛮残暴的城镇化截然不同，现阶段，中国农业转移人口——农民工，是在我国工业化进程中逐渐成长起来的一支新型劳动大军，是我国现代产业工人的主体。据国家统计局最新发布数据，目前，我国农民工流动人口大约在2.3亿以上，规模之大，为世界历史所罕见。生产方式层面，农民工是现代中国的农业转移人口，他们的生产方式已经从传统农业生产领域转移到现代工业生产领域，实现了生产方式的进化和提升。生活方式层面，现阶段，我国农民工市民化过程仍“在路上”。农民工流动“家庭化”和居住地的稳定性、长期化趋势明显；他们工资收入增长较快，但总体水平仍然很低；他们消费水平偏低，消费结构比较落后；他们居住状况较差，对住房保障需求强烈。

目前，为农民工提供与其生产方式提升相匹配的生活方式，在各级政府层面正在由自发状态上升到自觉状态，并最终提升为新时期的国家战略。党的十八大已经明确将推进城镇化作为新时期国家经济结构调整战略的重点，并将加快改革户籍制度，有序推进农业转移人口市民化，实现城镇基本公共服务常住人口全覆盖作为推进城镇化的重点。这标志着努力实现农民工生产方式与生活方式的统一已经上升为一种蕴含着理论自觉、有意识的国家战略行动。

（2）统筹城乡发展，根本在于持续推动农业生产方式变革，土地等城乡要素平等交换和公共资源均衡配置是关键。2005年，党的十六届五中全会提出建设社会主义新农村的战略任务，基本思路主要框定在政策扶持层面；2012年，党的十八大将促进农村发展纳入城乡发展一体化战略轨道，并开始着手从农村制度变革层面谋篇布局，实现了促进“三农”发展从政策扶持到制度变革的本质提升。

解决“三农”问题，根本在于持续推动农业生产方式变革。提升农业生产方式，是实现农村生产发展、农民增收的根本途径。土地等城乡要素平等交换和公共资源均衡配置，是城乡发展一体化的关键。实践证明，长期以来“划域而治”的治农理念，难以真正改变我国城乡二元结构；市场经济体制下，“帮扶”思维也不是解决“三农”问题的有效办法。土地资源、劳动力资源、工农产品等城乡之间的不平等交换，从根本上遏制了我国农村发展；我国的城乡“二元”结构，从根本上是制度“二元”，并非是单纯的财政责任问题，“帮扶”思维难显实效。

十八大报告在处理工农、城乡关系方面取得了理论新突破，触及了我国城乡“二元”结构的实质，为新时期彻底打破工农、城乡界限，实现要素平等，推进基本公共服务均等化，振兴农业和农村，奠定了理论基础。

2. 农业转移人口市民化与统筹城乡发展化解途径及其对财政支出的影响

农民工市民化和统筹城乡发展，有的涉及财政支出责任调整，有的则更多涉及对现行制度的变革。因此，科学区分农业转移人口市民化和城乡发展一体化过程中的制度性因素和财政责任，至关重要。

（1）解决农民工子女义务教育、社保问题，重在财政支出责任调整。城乡义务教育政策的全国统一、基本社会保障在制度层面的全社会覆盖，为城镇化加速发展创造了条件，其对国家财政的影响，主要表现为中央和地方、各级地方政府与流入地城市政府财政之间的转移支付调整，全国为此而增加的财政支出总规模数量有限。中央财政应当“补位”，承担更大责任，相应减轻流入地城市政府的财政支出压力。农民工子女义务教育增加财政支出总体有限，其对财政支出的影响，主要通过调整财政转移支付方式加以解决；基本社会保障对国家财政的影响，只取决于实际未参加基本社会保险制度的农民工的数量，总体上不增加政府的承诺性财政支出责任，只涉及中央和地方各级政府的财政支出责任调整。

（2）化解住房保障问题，主要途径是制度变革。我国土地公有制能够保障国家在解决居民住房问题上拥有更为广阔的回旋余地。住房保障、商品房价格之所以演变为巨大的社会问题，根子出在制度设计层面，并非单纯的财政与财力问题。调整保障性住房制度，改革财政体制，破除土地财政“瓶颈”；有效利用近年来已经超发的国债规模，统筹解决城市中低收入群体和农民工的住房保障问题。

（3）统筹城乡建设的资金来源主要依靠城乡要素平等交换制度变革解决。横亘在城乡建设用地之间的制度藩篱，不仅严重阻碍了农村建设用地向城镇建设的市场化流动，不平等的征地制度也难以切实保障农民和农村集体组织平等分享发展成果，给国家财政附加了沉重的制度负担。必须改革国家现行征地制度，建立城乡土地要素真正平等交换的国家征地制度，为统筹城乡建设开辟资金来源。

（4）农民工市民化过程中的基础设施建设支出、城管费用支出、城乡基本公共服务均等化支出等主要依靠经济发展逐步解决。必须看到，农民工市民化过程中的基础设施建设支出、城管费用支出、城乡基本公共服务均等化支出等，更多涉及公共选择和公共决策行为，与农民工个人或者整体并不直接相关。城镇基础设施建设水平能否提高，长期来看受制于经济发展水平，不直接取决于其人口结构。这根本属于发展问题，属于政府财政的潜在支出需求，必须加快经济发展，统筹解决。

3. 国家创新体系建设对财政支出责任的影响

十八大把实施创新驱动战略摆在国家发展全局的核心位置，强调深化科技体制改革，加快建设国家创新体系，着力构建以企业为主体、市场为导向、产学研相结合的技术创新体系。创新既需要资金支撑，更需要制度保障，对国家财政责任具有综合影响。

（1）国家创新体系建设，关键在于严格国家知识产权保护制度。顺应世界发展潮流，我国制定、颁布和实施了国家知识产权战略，以此统领科教兴国战略、人才强国战略、科技中长期规划纲要，并在未来相当长的一段时期内指导国家经济发展，服务于建设创新型国家的总体要求。但是，总体看现阶段我国知识产权领域还存在诸多问题，整体上制约我国国家创新体系的形成。只有严格国家知识产权保护制度，不断促进知识产权的创造和运用，加强知识产权保护和管理，才能从根本上促进国家创新体系建设。

（2）实施国家科技重大专项，扩大国家财政支出责任。十八大明确提出，要坚持走中国特色自主创新道路，以全球视野谋划和推动创新，提高原始创新、集成创新和引进消化吸收再创新能力，更加注重协同创新；要完善知识创新体系，实施国家科技重大专项。这一方面对财税体制和财税政策提出重大要求，着力发挥其加速器作用，另一方面也对国家财政责任提出重大要求，着力发挥财政支出在促进国家创新中的支撑作用。

（3）税负与企业创新间接相关，与制度因素相比，处于次要方面。企业是国家创新体系建设的主体，公共政策的目的主要在于提高企业自主创新的积极性。轻徭薄赋，降低企业税收负担，总体上有利于促进企业技术创新，同时会减少政府收入，降低财政收入总体规模。由于减税与企业创新活动仅仅具有间接相关性，与知识产权保护等制度因素相比，减税从而降低企业税收负担只是处于次要方面，强化知识产权保护是根本出路。

（二）我国适度宏观税负的估测

适度宏观税负水平的测定应以最优税负为基础，统筹考虑财政支出责任增减变动、国家债务发行空间等相关因素，处理好财政“需要”与经济“可能”、长远发展与短期运行的辩证关系，从战略层面综合确定。

1．近中期我国的适度宏观税负

城镇化、城乡发展一体化、建设国家创新体系，以及应对老龄化社会挑战，都是新时期我国经济社会发展所要面临的“硬骨头”，为新中国成立以来所独有，不同于以往任何其他历史时期，均需要国家财政相应进行战略安排。

（1）决定适度宏观税负的新要素。

——提高宏观税负的主要方面：应对社会老龄化，需要发展老龄事业与振兴老龄产业多策并举；国家创新体系建设，需要实施知识产权战略与财政支持多管齐下。总体看，这两方面均会相应扩大国家的财政支出责任，对提升宏观税负带来一定影响。保障性住房问题的解决，应遵循城镇建设用地制度变革为主、国债重点保障资金缺口的基本思路。

——制度变革化解宏观税负上升压力的主要方面：城乡发展一体化过程中，统筹城乡基本建设的资金来源，应按照统筹城乡市场一体化的基本思路，着重实施土地等城乡要素平等交换制度变革，运用市场力量，拓宽资金来源渠道，化解税负上升压力，从根本上破除城乡“二元”结构。

——最优宏观税负水平下的支出结构调整方面：农民工子女义务教育、“基础养老金”财政补助、基本医疗保险财政补助等城镇化过程中的基本社会保险支出，主要在现行税负水平上，通过调整中央、省、市、县与流入地政府财政转移支付解决。相关支出不增加政府财政支出责任，不应以此提高宏观税负水平。

——随经济发展逐步改善的经济社会问题：城镇化过程中的基础设施建设支出、城市管理费用支出，以及城乡发展一体化过程中的基本公共服务均等化支出，属于公共决策范围，与居民个人只存在间接关系，主要应随着经济社会发展水平的不断提高，逐步匹配，总体上不直接影响宏观税负。

（2）我国的适度宏观税负水平。根据以上对完成相关战略任务所涉及政府支出责任的总体分析，可以对我国适度宏观税负的基本特征进行以下描述：

——适度宏观税负与最优宏观税负大体一致，中长期有适度提高的客观需要。

——适度宏观税负应在最优宏观税负理论区间平均线之上运行。近中期，我国适度宏观税负运行范围应当界定为［22.79%，29.42%］，而不是简单的最优税负平均水平22.79%，或者这一水平之下。

表 6　近中期决定我国适度宏观税负的基本要素

<table>
<tr><th rowspan="2">主要任务</th><th rowspan="2" colspan="2">主要影响因素</th><th rowspan="2">主要解决途径</th><th colspan="2">对财政支出责任的影响</th><th rowspan="2">对适度宏观税负的影响</th></tr>
<tr><th>总体责任</th><th>现实支出</th></tr>
<tr><td>经济增长</td><td colspan="2">税收负担</td><td colspan="4">最优宏观税负</td></tr>
<tr><td rowspan="7">城镇化</td><td colspan="2">义务教育城乡生均成本差异</td><td rowspan="5">中央、省、市、县与流入地政府财政转移支付调整</td><td rowspan="5">基本无影响</td><td>重在支出结构调整，略有增加</td><td rowspan="5">基本无影响</td></tr>
<tr><td rowspan="2">农民工“基础养老金”财政补助</td><td>在户籍地已参加制度的农民工</td><td>重在支出结构调整，不增加</td></tr>
<tr><td>未参加制度的农民工</td><td>重在支出结构调整，略有增加</td></tr>
<tr><td rowspan="2">农民工基本医疗保险财政补助</td><td>在户籍地已参加制度的农民工</td><td>重在支出结构调整，跨地市以上流动略有增加，地市内流动不增加</td></tr>
<tr><td>未参加制度的农民工</td><td>重在支出结构调整，略有增加</td></tr>
<tr><td>保障性住房</td><td>统筹解决城镇中低收入居民住房困难与农民工市民化住房保障需求</td><td>城镇建设用地制度变革为主，国债重点保障建设资金缺口</td><td colspan="2">“十二五”期间基本无影响，“十三五”期间有一定影响</td><td>“十二五”期间基本无影响，“十三五”期间对 F3 口径税负有一定影响</td></tr>
<tr><td colspan="2">基础设施建设、城市管理</td><td>经济发展</td><td colspan="2">随着经济社会发展由公共决策决定，与经济社会发展水平逐步匹配</td><td>基本无影响</td></tr>
</table>

续表 6

<table>
<tr><th rowspan="2">主要任务</th><th rowspan="2">主要影响因素</th><th rowspan="2">主要解决途径</th><th colspan="2">对财政支出责任的影响</th><th rowspan="2">对适度宏观税负的影响</th></tr>
<tr><th>总体责任</th><th>现实支出</th></tr>
<tr><td rowspan="2">城乡发展一体化</td><td>统筹城乡发展规划</td><td>土地等城乡要素平等交换制度变革</td><td colspan="3">基本无影响</td></tr>
<tr><td>城乡公共资源均衡配置</td><td>经济发展</td><td colspan="2">随着经济社会发展由公共决策决定，与经济社会发展水平逐步匹配，重在支出结构调整</td><td>基本无影响</td></tr>
<tr><td>应对社会老龄化</td><td>养老医疗健康等社会服务</td><td>发展老龄事业、振兴老龄产业多策并举</td><td colspan="2" rowspan="2">有所增加</td><td rowspan="2">有一定影响</td></tr>
<tr><td>国家创新体系建设</td><td>实施国家科技重大专项</td><td>知识产权战略与财政支持并举</td></tr>
</table>

2. “稳增长”视角下的适度税负与财政支出增长

短期内，扩大财政支出，刺激经济增长，是财政政策在危机时期保持宏观经济稳定的重要职能。在实施扩张性财政政策、扩大财政支出的同时，为了不使宏观税负过度上升，通常采用发行赤字国债的形式，为财政支出筹集必要资金。这就为既定经济增长目标下的宏观税负与财政支出增长建立了某种替代关系。

（1）近中期保持最优税负及经济增长 7.5% “双目标”下的财政支出。根据 Zagler and Durnecker（2003）关于政府支出、经济增长与宏观税负之间关系的内生增长模型分析，为了达到既定的经济增长率，短期内，政府可以有效利用税收和政府支出的政策组合，在宏观税负和政府支出增长率之间寻找一条为保持特定增长率的稳态转换曲线。利用 ARDL 方法，分别估计 1978 年以来，宏观税负长期趋势和短期波动保持最优情况下，税负与财政支出增长之间的相互关系，估计得到的转换函数分别为：

$$RGDP = 0.496 + 0.67012F - 1.1917SP2 \quad (1)$$

$$RGDP = 0.389 + 0.5281F - 0.8961SP2 \quad (2)$$

（2）近中期我国适度宏观税负水平下的国债规模。假设经济增长一旦低于7.5%，如果要刺激经济回升至7.5%，按照2012年我国财政支出总规模12万亿估算，需要增发的国债规模大约在5万亿左右。这一规模即为我国适度宏观税负和7.5%经济增长目标下的最大国债规模；或者，政府只要以一定数额的国债融资（小于最大国债规模），带动社会投资达到或者超过这一规模，经济增长就有可能恢复到既定目标，无需令适度宏观税负上升。

四、优化我国宏观税负的政策建议

近中期，优化我国宏观税负，要坚持“与发展战略匹配、与制度变革协调、与财政运行适应、与企业发展促进”的基本原则，依据“稳定水平、重调结构；福利扩围、公开透明”的总体思路，处理好“积累”与“消费”、“效率”与“公平”、“改革”与“发展”、“创新”与“借鉴”的关系，不盲从、不教条，根植国情，大力推进相关领域改革，综合运用改革和发展的办法，努力实现既完成战略任务，又避免宏观税负过度上升的双赢局面。

（一）税负优化的总体思路

近中期，优化我国宏观税负的总体思路是：“稳定水平、重调结构；福利扩围、公开透明。”基本涉及政府收入和财政支出两大方面。

1. 政府收入方面

（1）“稳定水平”：近中期，我国宏观税负总体应以稳定为主，不刻意提高，也不宜过分降低；在条件允许的情况下，也应适度降低。“结构性减税”，重在政府收入结构上“有增有减”；出台有可能增税的新税种，应相应调低既有税种的税目和税率，使宏观税负总体保持稳定，处于适度水平，以适应经济社会发展的需要。

（2）“重调结构”：优化税负的重点，在于优化税负结构。结构调整应从四个方面展开：“清费立税”、“费改税”，提高税收在政府收入制度中的地位；改革个人所得税，推进房产税改革，开征遗产赠与税，扩大直接税，缩减间接税，着力发挥税收的调节功能；扩大增值税征收范围，推广“营改增”改革，调整消费税制度，优化间接税税种结构；改革资源税，开征环境保护税，建立资源环境保护和补偿机制，均衡“主体税收负担”与“客体税收负担”，促进产业和企业发展，保护生态环境。

2. 财政支出方面

（1）“福利扩围”：统筹协调社会福利“提高水平”与“扩大范围”之间的关系，以“福利扩围”为主，重点提高居民基本社会保险参与率，消除绝对贫困、因病致贫、因病返贫现象，解决失、独、老人员生活困难、中低收入人员住房困难等问题。社会保障由制度全覆盖到实际享受人员全面覆盖，支持流入地政府有效解决农业转移人口市民化过程中的“福利空档”，促进城镇化建设健康发展；公共住房制度覆盖范围稳步拓宽，“夹心层”问题逐步得以解决；城乡基本公共服务均等化持续推进，水平逐步提高；养老领域、公共事业领域政府职能充分发挥，提高宏观税负与各收入阶层所实际享受的社会福利之间的关联性。

（2）“公开透明”：健全完善财政监督制约机制，是新时期实现税负优化的关键和保障；财政民主化、公开化、法治化是大势所趋、民心所向，是家国同一民族思想的必要补充，决定财政领域一切改革的民心向背。要大力降低行政运行费用，提高财政支出效率，持续推进财政支出公开制度，强化社会监督，增加参政议政渠道，提高公民化社会、现代化政府的发育程度。

（二）税负优化的总体环境

实现我国税负优化，保持宏观税负在适度水平上运行，必须综合推动相关领域改革，从根本上破除财政支出责任压力，完善财税体制机制，提高财政运行效率，防止宏观税负被逼上升，为适度宏观税负健康运行创造宏观环境。

1. 与发展战略相匹配的适度宏观税负水平

近中期，在大力调整支出结构和进行重要领域制度变革的基础上，我国宏观税负水平应当维持在23% ~30% 的适度范围之内（这里指与经济增长相关的F1 口径，如果国际可比口径 F2，上限控制在33% 左右）。短期内，为抵御经济危机冲击和应对经济可能出现的下滑，国家发行的赤字债务应当以有效带动全社会投资增量达到5 万亿的规模为限。

2. 协调推进相关领域制度变革

有效实施新时期的国家发展战略，制度变革和税负调整必须协同运作，协调推进，不可偏废。

（1）加快实施相关领域制度变革。改革制度目的在于激发市场活力，促进经济均衡发展，厘清政府责任与市场功能的关系，从根本上降低财政支出压力，为适度宏观税负运行创造制度环境。

——全面落实粮食安全国家责任制，广泛建立耕地保护基金制度。建立并落实耕地保护制度，其目的就是要把粮食安全国家责任制，在农民和国家之间进一步划分清楚，全面落实国家责任制，把该保住的农地千方百计保住，做到数量质量不减，并且能够很好地解决制度设计弊端。成都市的改革实践极有参考价值。

——改革农村产权制度，保护农民和农村集体组织合法权益。量化农村集体所有制财产，赋予农民和农村集体组织平等的市场主体地位，改革农村产权制度，实施农村产权交易和流转，是市场经济体制下，农民和农村集体组织不可剥夺的合法权益，必须依法受到保护。成都市政府对农民和农村集体组织“确权颁证”、“还权赋能”、实施产权流转制度改革的试点经验，是一种极为有益的尝试。

——统一城乡要素市场，建立平等交换基础上的国家征地制度。尽快建立起按照市场化原则平等交换的国家征地制度，将土地增值收益全部返还给农民和农村集体组织，而不单纯是“让”农民获得更大收益，这是在市场经济体制下，有效消除城乡制度“二元”的根本办法，对统筹城乡一体化发展、有效缓解农民工市民化压力，以及缓解政府财政压力，防止统筹城乡一体化发展过程中的支出责任全部向政府财政积累和集聚，逼迫适度宏观税负被动上升，都具有重要意义。成都市政府在此方面具有很好的改革实践。

——改革城镇用地制度，确立保障性住房建设用地优先保障原则。改革城镇用地制度，就是要切实纠正城镇建设用地的过度市场化行为，确立保障性住房建设用地优先保障原则。现行我国社会巨大的贫富差距，根子出在对土地占有方面的巨大不均衡，必须运用土地制度进行社会调节。市场化、财税制度，无法根本解决社会对土地资源占有的不平衡，美国“次贷危机”的深刻教训值得认真吸取。社会主义公有制对市场配置土地资源的失灵具有很好的补充和矫正作用。

——完善工资保护制度，保障工资增长不低于劳动生产率提高。市场经济体制下，工资由劳动力市场供求双方竞争均衡决定，政府作用的范围在于保障和维护供求双方平等竞争的机制，规定最低工资标准指导线，维护劳资双方合法权益，着力保护弱势一方的基本权利，维护竞争双方势力均衡，保持社会公平正义。劳资任何一方受到挫伤，都会直接或者间接对政府财政支出责任造成负面影响。因此，改革完善工资制度，保障工资增长不低于劳动生产率提高，对于实现劳动者、资本所有者、政府财政三方利益共赢意义重大。

——完善促进养老产业发展的政策措施，制定振兴养老产业发展规划。老龄化是我国中长期经济社会发展面临的严峻挑战，按照现行老龄事业发展思路，国家财政难以应对，必须借助市场力量，完善政策措施，制定老龄产业发展规划，发展老龄事业与振兴老龄产业“双策并举”，合力应对“银发”挑战。

（2）加快改革财政分配体制。土地财政“瓶颈”制约、农民工难以在流入地顺利市民化，与现阶段我国不合理的财政分配体制具有深刻关联。财权上收、事权下放、地方财政丧失财政收入主动权，流入地城市政府缺乏市民化的相应配套转移支付，均是导致很多社会矛盾日益突出的根本症结，必须彻底改革已经不合时宜的财政分配体制，为有效化解日趋复杂化、相互交织的社会矛盾打开突破口。

——改革分税制财政体制，提高地方政府财政自给率。1994 年的分税制财政体制改革，中央政府一举夺得了财政收入的主动权；尽管地方政府支出占全国财政支出的比例多年来一直维持在 70% 以上，但是，地方政府收入占比却只有 50% 多一点，地方财政自给率远远不足。随着财权不断层层上收，事权不断逐级下放，迫于中央和上级政府权威，下级政府只能想方设法从土地中捞取收入，导致土地财政愈演愈烈，贻害社会匪浅。因此，重新调整分税制，建立地方税制体系，提高地方财政自给率是根治土地财政的治本之策。

——改革转移支付制度，协调支持流出地与支持流入地发展的关系。中央政府转移支付流向与农民工外出打工流向之间的矛盾与冲突、流入地城市政府缺乏解决农民工市民化相应配套的转移性收入，是抑制流入地城市政府有效解决转移人口市民化积极性的重要因素。改革转移支付制度，依据城镇化、市民化客观规律，统筹协调支持中西部发展与支持流入地城市政府发展的关系，是顺利推进农业转移人口市民化过程的重要途径。

3．健全完善有利于财政健康运行的监督制约机制

缺乏严格有效的监督制约机制使家国同一的民族理念受到影响，“家长制”与民主作风应当和谐统一。财政运行领域，坚持公开透明，强化预算监督是大势所趋、人心所向、世界潮流。

加快推进预算制度改革，旨在建立严格有效的监督制约机制，防范和降低腐败风险，进一步提升政府威信。通过建立预算编制、预算审查、预算执行既相互独立、相互制衡，又密切配合的国家预算制度，努力实现预算制衡从内部制衡走向外部制衡、预算审查从形式审查走向实质审查、预算调整从程序调整走向实质调整。近中期，建议设置独立的预算编制部门，从收入和支出两个方面同时硬化预算约束；剥离财政部门现行预算编制职能，使其专司预算执行；建立预算编制部门统管预算编制、人大相关委员会统管预算审查、财政部门统管预算执行的监督制约体系。扩大全国人大相关委员会人员编制和工作权限，优化人才结构，根据授权，专门对国家预算进行实质性审查，严格预算调整，完善预算外部制衡机制。实施全面预算管理，建立国家统一预算。将政府性基金、行政性收费、国有资本经营、国家及地方债务等全面纳入预算管理，加快

建立起全面反映政府收入全貌的现代化预算管理制度，提高预算管理的科学性和政府干预市场主体的法治性；改变现行中央和地方“拼盘式”的预算管理体制，建设国家层面的中央和地方内在一致的国家统一预算制度，最终形成最高层次的国家预算收支平衡表。强化预算公开和绩效管理，全面落实问责机制。要自上而下推行预算公开制度，预算公开详细程度，至少应涵盖“类、款、项、目”四级，最大限度地满足社会监督的需要；实施积极有效的预算绩效管理，变现行事后评价为事前评估、事中监督、事后评价“三位一体”的全过程预算绩效管理；推行预算质询问责制度，建立人大、政协、审计部门、社会公众等多层次的预算质询、问询以及听证制度，健全人大对政府预算的问责机制，保障财政依法健康运行。

4. 建立有利于促进微观主体公平竞争的税收制度

鉴于我国间接税税收收入达到税收总收入的2/3以上，流转税领域中的税负不公平问题，会严重导致企业不公平竞争，改造流转税制，创造微观领域公平竞争制度环境，是近中期财税改革的重要组成部分。

（1）着力解决企业税负随规模扩大不断“累退”的制度弊端。调查显示，微型企业、工商业企业中的小规模企业税收负担，总体上高于其他类型企业的税收负担，这是现阶段我国“累退性”税制的典型表现，与我国现阶段商品劳务税占主体地位具有深刻联系。要降低增值税、营业税、消费税、关税等商品劳务税收比重，适当降低其平均税率，调整其税目和征收范围，降低商品劳务税收在政府收入中的地位和作用，这不仅有利于降低企业税负，公平税收负担，而且也有利于扩大居民消费。

（2）税目税率等制度设计应避免“一刀切”，实行差别化税收政策。必须高度重视政策的普遍性和特殊性之间的辩证关系，力避简单化的“一刀切”思维。结构性减税中的“结构”，不仅指不同税种有增有减，而且针对同一税种中不同纳税主体的有增有减同样重要。要努力实施针对企业实际、具体化的差别化税收政策，着力解决结构性减税中的“误打误撞”问题，纠正目标偏差，提高税收政策的针对性和有效性。

（3）“营改增”在“扩围”的同时应同步深化增值税改革，降低税率。对比增值税纳税人，营业税纳税企业近年来一直处于相对较低的税负水平。“营改增”虽然有利于优化税种结构，但是否能够真正达到减税目的，应当保持清醒认识。防止“营改增”后税负的“不降反升”和税负“反弹”，应当在现行着重“扩围”的同时，深化增值税改革，实施固定资产存量抵扣，并同步推动“降率”改革，进一步综合降低现行增值税的平均税率，并与统筹降低我国现行商品劳务税收比重、优化国家整体税负结构一并考虑。

（三）税负优化的实施路径

税负优化过程，实质是在全面总结1994年分税制改革以来，我国税收制度利弊得失的基础上，结合经济社会发展变化和国家战略需要，对新时期国家税收制度进行新一轮战略性调整，必须统揽改革与发展全局，以转变政府职能为依据，科学确立政府支出责任，统筹协调税收与经济增长的关系，系统谋划，综合施治。

1. 优化我国宏观税负，重在做好“加减法”

优化我国宏观税负，关键在于“正税清费”。“正税清费”，就是要在结构性减税中，突出做好“加减法”，努力做到，以“加法”正税，以“减法”清费。

（1）“加法”：充实调整现行税制体系。“加法”就是要在我国纯粹宏观税负F0的基础上，不断吸收、消化国民经济宏观税负F1中的非税收入项目，将实质为税收，目前仍以基金、附加等名义存在的有关政府收入项目区别不同税基特点，或者吸收、并入现行税种，或者建立新的税种，尽最大可能，充实、调整到我国税制系列，以全面提高现阶段我国政府收入制度的法治化水平。

（2）“减法”：大幅缩减现行非税收入。“减法”就是要大力裁减国民经济宏观税负F1中，除能够合并、吸收、纳入纯粹宏观税负率F0以外的非税收入项目，以及政府总收入宏观税负F3中的罚没收入，将不以获得政府收入为目的、仅体现政府公共服务基本职能的项目收入“减肥”、“瘦身”，降低收费标准，控制收费规模，以切实减轻纳税人负担，提高公共服务水平。

2. 结构性调整税收制度，促进税制优化

结构性调整税制，就是要调整直接税与间接税比例关系，降低间接税比重，适当提高直接税比重，进一步弱化税收收入与GDP之间的关联性，加大税收对社会财富的调节力度，强化税制的收入分配调节功能，降低税收因经济景气变化而造成的大幅度波动。

（1）综合调整间接税。调整我国间接税，就是要大力降低目前占我国税收收入总额超过2/3的间接税，将其逐步调整到在未来的税制结构中占税收收入总额的50%左右。如果综合考虑近中期对现行税制体系的充实和调整，那么，调整到位后我国间接税占税收收入总额的比重将有可能降低到57%左右。即使在上述情况下，我国现行间接税仍然存在13%～15%的减税空间。

（2）大幅度提高直接税。提高直接税，应当与充实调整现行税制体系一并通盘考虑。将社会保障税、国有企业特别利润税纳入税收体系后，我国直接税和其他一些较小税种在未来税制结构中的收入占比，将由现阶段的32%左右提高到43%左右。即使在上述情况下，我国现行直接税仍然存在27%左右的增税空间。

3. 优化政府收入结构，提高宏观调控效率

改革政府收入体系，在形式上，就是要规范和理顺政府主要收入项目的内在逻辑关系，强化财政统筹政府所有收入形式的预算管理功能，增强政府收入的法治性和约束性；在内容上，就是要不断提高税收收入的地位和作用，大力压缩非税收入规模，提高政府筹资行为的法律授权层次，努力实现纳税人实际所承受的宏观税负，与政府实际筹资规模相一致，减少筹资损失，提高宏观经济干预效率。

（1）简化政府收入体系，强化预算管理，增强政府收入预算内在统一性。简化政府收入体系，就是要清晰化、规范化现行政府主要收入项目，既要减少不同预算科目之间的交叉和重叠，又要完整反映我国各级政府的实际收支内容，体现国家预算的完整性、统一性和内在逻辑性。

（2）提高税收比重，压缩非税规模，增强政府收入法治性。提高税收比重，就是将现行占政府总收入规模 60% 左右的税收收入，提高到占政府总收入的 85%（包含债务收入）或者 95% 左右（不包含债务收入）。主要途径是：将现行社保基金收费收入改征为社会保障税；将教育费附加改征为教育税，或者纳入增值税；将国有资本经营收益改征为国有企业特别利润税；将大部分建设性基金收入通过重新启用并改造后的固定资产投资方向调节税征收。

部委级三等奖

经济调整过程中的农业发展问题

主要完成单位：国家计委经济研究所
主要完成人：马晓河等
获 奖 时 间：1990 年
获 奖 名 称：国务院农村发展研究中心农村科技进步成果三等奖

近几年，我国的经济发展在愈益严重的结构性矛盾强力作用下，步步陷入困境之中。尤其是进入 1988 年以后，农业再度发生减产、能源原材料以及交通运输业继续不景气、货币发行量剧增并由此带来的物价水平凌厉上升等，都使这种困境进一步加深。面对这种变化局势，国民经济又不得不开始进行一场新的经济调整。

这次调整要比以往几次调整复杂得多，因为以往特别是 60 年代那次调整主要是由农业的危机引起的；而这次调整几乎是由几个相互关联的因素构成的。显然农业只是构成调整的主因之一。因此，以传统的观点看待这次农业危机，套用传统的做法去解决农业问题，无疑很难使农业尽快走出危机，从而促进国民经济顺利完成调整。对此，本报告试图从一个新角度探讨这次调整中农业危机及其出路问题。

一、农业危机的形成及其成因

改革之初，我国农业曾靠四大因素的共同作用获得了惊人的增长速度。一是增加农业基本建设投资，二是大幅度提高农副产品收购价格，三是普遍实行家庭联产承包责任制，四是 30 多年来农业积累潜力的充分发挥。这四大因素刺激农业增长达到顶峰的标志便是 1984 年的农业全面丰收。1984 年农业总产值比上年增长 12.3%，粮食增产 2003 万吨，棉花和油料分别增产 162 万吨和 136 万吨，畜产品也获得了少有的增长，农业的迅速增长，直接增加了对非农产业的农产品供给，同时也扩大了对非农产业的产品需求（包括农业生产资料和日用工业品需求）。在农业的拉动下，非农产业特别是工业也随之迅猛扩张起来。当时国民经济确实是一派繁荣景象。

然而，在农业景气进而带来国民经济繁荣之时或其后，经济运行中却出现了几个令人担忧的变化。

第一是农民通过增加投入和提高价格水平获得连续增长的货币收入后，并不是扩大对农业的再投入，而是把这些资金首先投向建房，其后投向食品消费。据初步测算，1978 年全国农民用于建房的投资近 30 亿元，1985 年这笔投资猛升到 330 多亿元，到 1988 年建房投资额已高达 610 多亿元。就是说 10 年时间里，农民用于建房的投资约增加了 20 倍。而同期农民的纯收入仅增长了 3.1 倍。随着货币收入的增加，农民对食品的消费量也迅速增长了。

1978～1988 年，全国农民平均每人每年消费细粮增加了 88 公斤、食油增加了 2.8 公斤、肉禽蛋鱼增加了 8.5 公斤。农民食品消费量的迅速增长，既减少了农副产品的商品供给量，同时也加大了食品消费领域的货币支出。这里我们并不是说农民的生活及其住房条件不应该改善，而是要指出，如此过快地改善生活条件，必然会以牺牲大量的生产性投资为代价。近几年我国农村每年的国民收入近 5000 亿元，而用于三大产业的投资仅有 500 多亿元，生产性积累率仅为 10% 左右。这远低于全国 24.6% 的生产性积累率水平。更值得注意的是在农村三大产业投资中，受产业比较利益法则所支配，用于农业的投资更少，而且还在不断下降。改革初期，由于当时政策以及经济发展环境的种种限制，农村中固定资产投资绝大部分都集中在农业领域。这恰恰同当时国家对农业的种种支持政策相合拍。但自 1984 年以后，情况发生了逆转，农业的投资份额不断地下降，而非农产业的投资份额却在不断上升。1984 年农村中集体和个人用于农业的投资占农村社会总投资的份额还有 15.5%，而到 1987 年这个比重则下降到 11.9%；相反，非农业的投资却由 84.5% 上升到 88.1%。由于农村中的资金不断从农业向外大量漏出，导致农产品增长因缺乏必要的资金支持而受到约束。在这里，农村资源特别是资金要素的运行形成了一个与国家宏观管理目标（增加农产品供给）相矛盾的循环怪圈：增加农业投入（包括提高农产品价格和增加投资）—农民增加货币收入—向非农业投资（含非农产业和住宅投资）或扩大食品消费—农业实际投入不足—农产品后续供给无力。与此同时，农村又派生出另一个怪圈，即，非农业投资增加—非农产业迅速发展—农民收入增加—农村对农产品需求增加—农产品商品供给量不足。

第二是经济决策界和理论界被当时的繁荣景象所迷惑，总以为农业一靠政策、二靠科学便可取得迅速增长，忽视了支撑农业长期发展的基本建设资金投入。特别是在财政包干和投资权力下放以后，在财力上占绝对优势的地方政府为了扩展地方利益，把大量资金倾斜投向盈利大的加工制造业和城市建设方面，把日益扩大的基础工业和农业投资缺口留给中央。而在财力上越来越弱的中央政府，面对基础工业和农业两个投资缺口，为了确保既定的工业化目标，又将有限的资金投向基础工业方面，由此导致了农业的基本建设投资也显著下降。表 1 便说明了这方面的问题。1979～1988 年，尽管中央采取了种种努力措施，农业的投资在国家基建投资总额迅速增长的面前，不但没有上升，而且还下降了 23.6%。相反，能源工业、运输邮电业却分别增长了 234.3% 和 240.1%。在基本建设投资比重上，前后两者的反差更大。10 年里，前者下降了 8.2 个百分点，后者则分别上升了 2.8 和 1.9 个百分点。分析上述变动可看出两大产业发展的本质性差别，就是目前的农产品短缺在很大程度上是由农业本身的萎缩造成的；而能源、运输邮电等基础产业的短缺是在其本身取得不断扩张的前提下由其他产业的超常需求造成的。

令人遗憾的是城乡改革深入以后，农民和国家在降低农业投资比重上发生了耐人寻味的拟合。由此造成农业的发展同其投入越来越不成比例。根据钱纳利－塞尔昆大国模型，在人均 GNP（国民生产总值，下同）从 300 美元向 1200 美元（以 1981 年美元为基准）过渡的国家或地区中，每年农业部门的固定资本投资份额最低应保持在 10%（最高应该是 16%）左右。目前我国恰处于这个区间的开端。与该模型相比，1981～1987 年间我国农业的社会投资份额只有前两年超过 10%，其余 5 年越来越低于这个界线（见表 2）。依照 10% 这个理论投入界线来衡量我国 7 年间农业投资现状，我们发现这 7 年间我国全社会对农业的投资至少少投了 514 亿元。

表 1　国家农业、能源工业和运输邮电业基础投资情况

年度	基本建设投资总额（亿元）	农业投资		能源工业投资		运输邮电业投资	
		绝对额（亿元）	比重（%）	绝对额（亿元）	比重（%）	绝对额（亿元）	比重（%）
1979	523.48	57.92	11.1	110.98	21.2	64.09	12.2
1980	558.89	52.03	9.3	115.65	20.7	62.34	11.2
1981	442.91	29.21	6.6	94.64	21.4	40.47	9.1
1982	555.53	34.12	6.1	102.23	18.4	57.21	10.3
1983	594.13	35.45	6.0	127.60	21.5	78.04	13.1
1984	743.15	37.12	5.0	165.96	22.3	108.46	14.6
1985	1074.37	36.96	3.4	203.60	19.0	170.95	15.9
1986	1176.11	35.06	3.0	265.10	22.5	180.81	15.4
1987	1314.10	42.11	3.1	340.06	25.3	189.73	14.1
1988	1543.29	44.26	2.9	371.00	24.0	218.00	14.1

注：本表各业投资比重是以基本建设投资总额为 100，能源工业包扩煤炭、电力、石油和炼焦及焦炭化学工业等。

表 2　全社会农业投资及其比重变化情况　　单位：亿元

项目＼年份	1981	1982	1983	1984	1985	1986	1987
全社会投资总额	961.01	1230.40	1430.06	1832.87	2543.19	3019.62	3640.86
农业投资额	108.51	124.59	121.32	128.68	137.10	151.52	180.32
农业投资比重（%）	12.90	10.12	8.48	7.02	5.39	5.02	4.95

注：农业投资包括国家、城乡集体和农民个人对农业的投资，其中国家农业投资中包括基本建设和更新改造投资。农民个人投资 1981～1986 年间是估算数字。

比例失调不仅反映在投资上，而且还反映在所有的农业投入方面。英国牛津大学农经学院经济学家简·A. 莫利特在分析了世界上 88 个国家的农业与经济发展的关系后，得出这样一条结论，就是人均收入每增加 1%，农产品总值中再投入农业的比例应增长 0.25%，农业才能稳定发展。对此，我们对我国改革以来农业物质费用投入和固定资产投资进行了匡算，结果发现 1978～1987 年，我国农业的所有投入约少投了 4900 亿元，平均每年少投 490 亿元（见表 3）。尽管这种比较的可信度无法判断，但是至少可以肯定一点，就是随着人均收入的增长，再投入农业的比例应该相应增加。然而不幸的是，改革以来我国再投入农业的比例不仅没有增加，反而还意外地下降了几个百分点。这也难怪近几年农业发展一直处于不稳定状态。

表 3　农业实际投入与莫利特理论投入比较表　　单位：亿元

项目＼年份		1978	1979	1980	1981	1982	1983	1984	1985	1986	1987
实际投入	①农业总产值	1397.4	1697.6	1922.6	2180.6	2483.3	2750.0	3214.1	3619.5	4013.0	4675.7
	②农业全部投入	539.4	617.3	722.7	780.1	884.9	950.3	1091.8	1264.6	1444.5	1702.2
	物质费用投入	411.0	471.6	596.6	671.6	760.3	829.0	963.1	1127.5	1293.0	1521.7
	固定资产投资	128.4	145.7	126.1	108.5	124.6	121.3	128.7	137.1	151.5	180.3
	③农业投入占产值比重（%）	38.6	36.3	37.6	35.8	35.6	34.6	34.0	34.9	36.0	36.4

续表 3

项目 \ 年份		1978	1979	1980	1981	1982	1983	1984	1985	1986	1987
理论投入	④人均国民收入增长速度（%）		9. 84	8. 67	5. 32	6. 82	9. 46	18. 14	23. 03	10. 85	16. 35
	⑤再投入农业的增长比例（%）		2. 46	2. 17	1. 33	1. 71	2. 37	4. 54	5. 76	2. 71	4. 09
	⑥再投入农业的总比例（%）	38. 60	41. 00	43. 17	44. 50	46. 20	48. 58	53. 12	58. 88	61. 59	65. 68
	⑦应投入农业的绝对额	539. 4	696. 0	829. 9	970. 3	1147. 2	1335. 9	1707. 3	2131. 1	2471. 6	3070. 9
偏差额 = ⑦ - ②			78. 7	107. 2	190. 2	260. 3	385. 6	615. 5	866. 5	1027. 1	1368. 9

第三是 1984 年以来，城市或者非农产业企业改革在获得诸多经营自主权以后，为了维护和扩张本企业的利益，利用农产品提价的机会，竞相抬高非农产品价格。这就是所谓“以涨价转嫁涨价负担”和“以涨价获取更多利润”的现象。非农产品竞相涨价，使农产品价格重新处于不利地位。以下两组数据说明了这个问题：1986 年粮食类和经济作物类产品收购价格比上年分别提高了 9. 9% 和 3. 6%（其中棉花收购价格还下降了 0. 5%），而同期化肥、农药、柴油售价却分别提高了 30%、80% 和 110%；1988 年粮食产品类和经济作物类收购价格分别比上年上升了 14. 6% 和 11. 3%，同期农业生产资料售价上涨 16. 2%，其中化肥价格上涨 18. 6%，农药上涨 35. 2%，农膜上涨 55. 9%。非农产品涨价及其涨幅超过农产品价格，结果是农民通过农产品提价获得的好处又通过农用工业品和日用消费品涨价转移到非农产业方面。由此，农民在价格变动中从净收益变为净损失，从而导致他们的营农兴趣回落。有人曾对 1984 年前后两个改革阶段的农产品和非农产品间的价格变动关系进行过定量分析，最后发现 1979 ~ 1984 年间农民因农产品提价人均多收入 51. 2 元，而因农业生产资料和生活消费品价格上涨又多支出 22. 04 元。前后相减，农民在价格变动中为净收益 29. 16 元。1984 年以后情况恰恰相反。1985 ~ 1988 年间，农民因农产品价格上升人均多收入 116. 6 元，但由于生活消费品和农用生产资料涨价多增加支出 120. 9 元。收支相抵农民不但没有从价格变革中获得好处，反而还净损失 4. 3 元。1988 年这种变化更为严重，

在这一年里农民因价格变动每人净损失达4元。可以这样说，非农产品的涨价导致农民在价格变动中收支倒挂；收支倒挂又使农民更加不愿向农业增加投入。

第四是在国家财政对物价补贴的政策上由改革初偏重生产者转为偏向消费者。改革以来我国财政有关物价补贴的结构发生了反常的变化。这就是支持消费特别是农产品消费的价格补贴额及其比重迅速上升，而支持生产尤其是农产品生产的补贴额及其比重迅速下降。1978年国家对农副产品的消费性价格补贴还是58.9亿元，占农产品价格补贴总额的比重为69.0%，此后消费性价格补贴便直线上升，到1987年消费性价格补贴高达344.7亿元，其比重上升到94.6%。相反，对农产品生产的价格补贴额及其比重分别由26.42亿元和31%下降到19.68亿元和5.4%。值得指出的是，财政对农产品消费的价格补贴迅猛上升，恰恰发生在非农业居民收入增长快于其劳动生产率的增长时期。1978～1988年，城镇职工工资增加了1.84倍，城镇居民平均每人生活费收入增加了2.54倍，同期，非农产业的劳动生产率仅提高了1.32倍（按现价计算）。价格补贴随非农业居民收入同向快速增长，实质上是刺激人们去消费。在这方面我们曾就农产品消费价格补贴同主要农副产品零售量之间的关系进行了相关分析（见表4）。结果表明，1976～1988年粮、油、肉、蛋等产品社会零售量的消长与对这些产品的价格补贴高度相关。其中粮油肉蛋等产品的价格补贴平均上升1个百分点时，这些产品的零售量就会分别以0.51、1.1、0.59和1.5个百分点的速度上升。很显然，价格补贴向消费倾斜无形中挤占了本应归生产领域的资金，抑制了农产品的增长，同时又人为地扩大了农产品的需求，从而加剧了农产品供求间的矛盾。

表4　1976～1988年农副产品消费零售量与价格补贴相关分析表

项　目	粮　食	食用植物油	猪　肉	鲜　蛋
补贴与产品零售量间的相关系数	0.880	0.882	0.956	0.813
补贴增长1%产品零售增长速度（%）	0.51	1.1	0.59	1.5

上述因素在改革初期并不是同步产生的，同时对农业影响的作用也不太明显。但是随着改革的不断深入，它们逐渐叠合起来，对农业的影响作用愈来愈大，最后便导致了1985～1988年间的农业发展极不景气、农产品供给明显下降

或徘徊，而非农产业对农产品的需求却直线上升的局面。这种供求的反向运动，使农产品在国内市场上形成了一个颇难弥合的缺口。以粮食为例。1984～1988年，我国粮食年产出能力减少了1323万吨，而社会消费量却增加了1500多万吨，特别是生活、饲料和工业三项用粮增加幅度最大。这种增减变化使国内粮食供求由1984年尚有结余迅速变为近2500万吨的缺口。在棉花、油料、糖料以及畜产品供求方面都有类似情况发生。

农产品短缺使国民经济陷入以下困境之中：①以农副产品为原料的加工制造业受到农产品供给不足的制约而开工不足，增长缓慢。由于这类加工制造业开工不足，又造成以农副产品为原料的加工产品的短缺。②为弥补国内市场上的农产品供求缺口，国家不得不加大主要农副产品的进口量，为此交付的外汇量迅速增加，相反非农产业的进口用汇量却被迫压缩。③为缓和国内农副产品及其加工品的供求矛盾，国家又不得不压缩这类产品的绝对出口量或增长速度，由此又使外汇收入减少或增长速度缓慢。这种进口增加出口减少，加剧了外汇收支逆差的矛盾，增加了还债高峰到来期间我国需要偿付大量外债的困难。更为严重的是农副产品及其加工品的不足，还直接引起了这类产品价格的结构性上涨。此种结构性价格上涨与其他因素（如货币超量发行、基础工业品价格上涨等）结合在一起，使国民经济又形成一个很难遏制的通货膨胀。在这种情况下，经济调整便不可避免地发生了。

深究造成农业危机的成因，根源恐怕还在于我国经济发展战略和体制改革方面。改革以来，尽管我们对以往所实行的重工业倾斜发展战略进行了调整，但却无形中执行了一套加工制造业倾斜发展的战略。这方面最典型的论据就是近几年大量的资源特别是资金由基础产业集中转向加工制造业方向。由此导致了工业投资在农业投资严重不足的情况下急剧膨胀。据统计，1984～1987年，全社会每年向工业投资增长了1.3倍，占社会投资总额的比重上升了近6个百分点。高投资必然带来工业发展的高速度。1984～1987年间，我国工业产值增长近1倍，同期农业产值仅增长了16.8%。前者是后者的4.6倍。很清楚，工业投资的急剧膨胀是以农业投资的相对减少为前提的，工业的高速增长也是以农业的萎缩换取的。但是，工业高速增长的结果却对农业提出了相反的要求。这就是迅速增加工业原料和非农业居民的食品供给。然而，十分不幸的是农业发展现状已越来越无法满足这种工业化要求了。再从经济体制改革方面分析。1984年以后经济体制改革的重心明显地由农村转向城市。但是在改革的转向过程中，至今还使人遗憾的一点是，我国忽视了城市经济体制改革和农村特别是农业不配套甚至有矛盾，结果使许多项城市改革都不利于农业的发展，例如财政体制和投资体制改革。当初改革的目的是鼓励地方政府增收节支，搞活地方经济。然而，出人意料的是财政包干和投资权力下放以后，各级地方政府为使地方的财力能获得连续增长，不惜压缩或减少农业投资去大力发展价高利大的工业项目。由此造成了产业结构中的两大失衡现象，即工农业发展失衡、加工业与基础工业失衡。再如城市企业放权让利，推行承包责任制，其目的是增加企业的活力。但是这方面的改革伴生出两个颇难解决的问题：一是企业竞相攀比涨价，使农产品价格始终处于“谷底”状态，很难刺激农产品生产。二是企业工资不断侵蚀利润，使职工收入增长超过劳动生产率增长，由此加大了城市职工对农副产品消费的冲动。还有在价格改革后期，明显偏向城市、偏向非农产业，结果使城乡之间、农业与非农产业之间的收入差距重新拉大，造成许多农民对商品性农业生产缺乏兴趣。总之，自改革的重心转移以后，许多重大经济改革都直接抑或间接地起了反对农业增长、抑制农产品供给、刺激农产品消费的作用。

由以上可看出，经济发展中一旦以加工制造业打头，并且资源要素开始由农业等产业部门向这里进行不合理的倾斜，则就意味着农业的危机迟早要到来。不过，以城市为中心的经济体制改革出现的偏差或失误，加速了这种危机的到来。

二、调整时期农业面临的特殊困境

我国经济发展面临的现实即：进行经济调整和继续工业化，都不允许拥有11亿人口大国的农业长期维持危机状态，而要求其尽快摆脱危机，恢复发展。但是，令人感到棘手的是，这次农业要想尽快摆脱危机和恢复发展，并不像以往那么容易。它遇到了和以往多次经济调整不同的特殊困境。

同60年代那次典型调整相比较，首先，这次调整中，农业的危机在整个经济问题中不像60年代那次显得那么明朗突出。因为那次调整刚处于工业化起步阶段。产业链条短，产业关系简单，整个产业结构基本处在由农业向工业的转换时期。因此，农业一旦出现问题，就会立即通过阻滞工农产业转换显露出来。这时只要调整一下工农两大产业间的关系，便可求得问题的尽快解决。而这次调整已处于工业化的中前期阶段，产业链条已延伸到各个领域，产业间的关系也相当复杂，此时产业结构开始向深层次转换，即由从农业向工业转换过渡到工业内部产业间的转换。所以，农业要出现问题，只有严重到既影响工农产业间的转换，又影响工业内部产业转换时，才能从国民经济中突出地暴露出来。这或许是解释农业为什么在1985年开始发生危机3年后，方从整个经济问题中表现出来的个中原因。但是这时暴露出来的农业问题已不那么简单，它已与工业内部以及由工业自身派生出的许多问题交织在一起，处理起来颇为困难。更为困难的是，消除这次农业危机还面临了一个分散化的经济管理体制，这就使我们很难像60年代那样从上到下顺利贯彻中央的调整意图，并迅速筹集社会经济资源开展调整。

其次，60年代的调整农业面临的是温饱问题未解决以前的需求。这种需求只要通过消除农业危机、恢复传统增长方式就能得到满足。而这次调整则不同，农业面临的是温饱问题解决后的需求。按照国际经验，随着今后收入的增长，这种需求有可能达到最高峰值。因此，简单地消除危机，恢复以往的农产品增长方式是很难满足这种需求的。除非把11亿人口的生活水平控制在温饱线上。此外，温饱问题解决以后，还使社会尤其是决策界对农业危机的重视程度大大降低，这也有意或无意地拉长了消除危机的时间。

再次，十分不同的是，60年代传统农业的增长潜力还远没有发挥出来，只要从宏观经济政策上稍加调整，通过刺激传统生产方式便可使农业迅速发展起来。而这次调整遇到的难题是，传统农业的增加潜力已达到了临界点。其主要标志是：①在现有技术条件下，农业的投资报酬率发生了明显递减。由表5可看出，自1985年以后每亿元农业投资获得的主要农产品产量呈现出明显的下降趋势。到1987年亿元投资获得的3种农产品产量既低于1984年，也低于1981年。②增加劳动的密集度与农业增长的相关度越来越低。或者说增加活劳动投入已很难使农业增加产出。表6充分说明了上述问题。代表物质投入和活劳动投入对产量共同作用的复相关系数值都接近1，说明关系成立。但是，在代表其他投入不变，某项投入对产量作用的偏相关关系中，活劳动投入对产量影响程度越来越弱。在这种情况下，继续增加农业的劳动密集程度显然是无效的。同时现代化的生产方法还未系统配套地引入农业中，更为重要的是近几年国民经济中“反农业增长”的因素还把农业向传统生产方式上推进。

表5　我国每亿元农业投资报酬率变动情况　　单位：万吨/亿元

年份	1981	1982	1983	1984	1985	1986	1987
产出粮食	299.5	284.5	319.2	316.5	276.5	258.3	223.0
产出棉花	2.74	2.89	3.82	4.86	3.03	2.34	2.35
产出油料	9.40	9.48	8.70	9.26	11.51	9.73	8.47

注：农业投资包括国家、城乡集体和农民个人的固定资产投资。

表6 粮食产量与物质投入、活劳动投入相关分析表

项 目	复相关系数	偏相关系数	
		Y/X_1	Y/X_2
1975～1986年按时序取样的粮食与物质、活劳动投入关系	0.916	0.888	0.5410
1980～1982年按横断面取样的小麦与物质、活劳动投入关系	0.7224	0.6648	0.4739
1983～1985年按横断面取样的小麦与物质、按劳动投入关系	0.8181	0.7620	0.4520

注：Y为粮食或小麦产量，X_1为物质投入，X_2为活劳动投入。

显然，面对上述特殊困境，靠以往原有的政策手段和发展方式，很难使农业摆脱当前的危机，获得新的增长。怎么办？理想的选择恐怕是在坚持城乡经济体制改革的同时，要对传统农业生产方式进行改造，向农业系统配套地引入现代化要素。很清楚，这需要巨量的资金投入。但是，这对于一个人均GNP仅300多美元并在过基础工业发展阶段关的国家内矛盾重重，因为工业化要越过基础工业发展阶段这一关也需要大量的资金。在资金有限的条件下，面对两重需求，出路何在？

有人提出，调整时期或者在相当一段时间里应优先发展基础工业，只有基础工业发展起来了才能改造传统农业。按照这条道路（其实工业化先行国家大都是采取此种选择），我国农业在基础工业发展起来之前，就不可能跳出传统生产方式的门槛，迈向现代增长。或者说在这段时间里增加农产品供给不会有多大的希望。农产品供给不增加，一方面将导致市场价格猛涨，加剧膨胀矛盾；另一方面又将通过产业链条抑制工业的发展。这最终只会延缓国民经济走出困境的时间。

还有一种思路是我国应该走多出口棉花、油料换回粮食的路子。这条路有两大制约因素限制。一是我国的农产品从目前到今后相当长一段时间内在总量上是全面短缺的态势，而且，随着时间的推移，短缺的程度将越来越强烈。要扩大棉花、油料出口，只有两条途径可选择：一条是压缩国内棉花和油料的需求，从这个拥有11亿人口的大市场来看，棉花、油料的需求一直很旺盛，要压

缩的余地非常有限。另一条是压缩粮食种植面积，必然会加剧国内粮食供给需求矛盾。目前我国全社会粮食供求缺口约 2500 万吨（原粮），如果把有出口条件的沿海 11 省市区现有粮食种植面积中的 1/3 挤出来发展经济作物出口，则会使国内粮食生产减少 5000 多万吨。两项相加，进口 7500 多万吨粮食，且不说国际市场的承受能力，也不说我们能不能在外汇短缺的情况下舍得拿出近 100 亿美元进口粮食，单是我国的港口码头、交通运输以及仓储等能力恐怕也需要巨量投资重新改造与扩建。从长期看，假如我们仍维持当前的种植结构，2000 年我国粮食供求短口将为 5000 万吨左右；如果改变种植结构按照上述设想，让沿海地区少种粮食，多搞经济作物进行出口替换，这个缺口有可能就是 1 亿多吨或者更多。进口 1 亿吨粮食，这对于一个经济实力还不强的发展中国家来讲，可能性恐怕非常小。二是国际市场的贸易条件约束。这里且不说近期以及长期我国减少国内粮食生产，依靠大量进口平衡国内粮食供求关系会给国际粮食供求市场带来多大影响，仅就扩大经济作物出口，国际市场上的余地也非常小。以棉花为例，近 10 年世界棉花进口需求递增速度基本稳定在 2% 左右，1986 ~ 1987 年度世界进口棉花总量为 482.5 万吨。在这种贸易条件下，我国要扩大棉花出口已被紧紧限制在世界棉花需求增长范围之内。在这个范围里，我们不可能全部占有世界棉花增量需求市场，也不可能让其他出口国让出原有市场。因为近几年美国、苏联、巴基斯坦、印度、埃及、苏丹等主要棉花出口国家不但巩固了原有的市场份额，而且还迅速占领了绝大部分增量需求市场。上述 6 个国家，在 1976/1977 ~ 1986/1987 年 10 年间，向世界的出口由 213 万吨上升到 396 万吨左右，在世界棉花出口市场上所占份额也由 57.3% 上升到 62.2% 。很显然，我国企图大幅度增加棉花出口的设想很难实现。综合世界棉花进出口市场的各种因素，在未来 10 年里，我国的棉花年出口能力充其量只能达到 100 多万吨。仅可换回 800 多万吨粮食。世界油料（食用植物油）市场还不如棉花，需求弹性更小，价格明显下降。据有关资料统计，国际市场上从西非销往欧洲的油料价格，花生每吨已由 1981 年的 1042.7 美元降到 499.8 美元，下降了 52% ，豆油每吨由 1980 年的 598.3 美元降到 1987 年的 334.3 美元，下跌了 44% 。要出口油料既受到需求不足的约束，又受到价格下跌的损失。总之，在世界市场上用多出口棉花、油料等经济作物的办法换回粮食，并不能从根本上解决我国粮食严重短缺乃至整个农业的问题。因为我国农产品特别是粮食缺口在未来 10 多年里将越来越大，据测算，目前我国粮食约短缺 2500 万吨，到 2000 年将短缺 5000 万吨。用出口经济作物换来的粮食远不足以弥补这个迅速张开的缺口。最后很有可能会形成一种出不去（指棉花和油料出口等）又必须进得来（指粮食进口）的局面。现在看来，无论通过哪条途径试图绕开国内的农业问题都是不现实的。

三、面对现实的抉择

30多年的工业化历程证明，我国一开始就没有走传统或典型式的工业化道路。这主要表现在以下四个方面：一是传统或典型式工业化一般是在人均国民生产总值200多美元（1965年价格）时开始的；而我国在人均国民生产总值50多美元时便发动了工业化。二是传统或典型式工业化的产业转换一般都是沿着农业—轻工业—重工业的顺序进行，而我国工业化是在农业和轻工业还未发育成熟之前，生产要素特别是资金、技术要素首先向重工业大规模转移，人为造成重工业超前发展。从工业内部结构转换顺序上，传统工业化一般是先基础工业后加工工业，而我国一开始便是先加工工业特别是重加工工业后基础工业。三是在产业结构转换速度上，传统工业化国家用了1.5个世纪的时间使农业产值份额下降了20多个百分点，用了接近2个世纪的时间，使重工业化程度（重工业国民收入与工业国民收入之比）达到60% ~65%；而我国仅用了短短二三十年时间，就使农业在社会总产值中的份额下降了20个百分点，重工业化程度达到60%以上。四是在经济增长速度上，传统工业化国家一般要经历一个先慢、后快、再慢的过程，而我国工业化一开始经济就进入快速增长的过程中。

目前我国的经济发展实情决定了我们今后也不可能走传统式的工业化道路（先工业后农业）。按传统工业化的标准衡量，当前我国经济应该进入加速增长阶段。但是，由于我国工业化一开始未经过慢增长阶段，快速演变的工业化吸纳了农业增长的资源（资金、技术、生产资料、熟练劳动力）。结果使农业积累能力薄弱，产品生产供给能力严重不足，因此，当我国经过30多年的工业化快变过程，将要跨入经济加速增长阶段时，便受到了农产品供给极度短缺的强烈约束。若不排除这种约束，经济就很难实现加速增长。面对11亿（到2000年将是13亿多）人口的大国，沿着传统工业化路子走，靠国际市场的对接，解决农产品短缺问题，以此使工业化顺利进入加速增长的阶段的风险加大，而成功的可能性非常小。假如按照传统工业化的路子走，势必会使国内农业进一步萎缩。农业萎缩了，农产品供求缺口将会迅速扩大。例如，粮食缺口很有可能不到2000年就会扩大到5000万吨，或者更多。靠国际市场大量进口，且不说国际市场的承受能力如何，单国内有限的外汇支付能力就限制了农产品进口数量。更为棘手的是我国还外债的高峰已经迫近，在这个时期里把大量外汇用于进口农产品显然是不可能也是不现实的。因此，经济险情要求我们从现在开始就应该走适合我国国情的工业化道路。这有两层含义：一是我国工业化到现阶段应该采取反传统式的工业化道路，将工业化由快变转入慢变过程，延缓经济加速增长阶段的到来。二是在传统农业的增长潜力已再也支持不了工业化的情况下，我们不能待到工业化中后期来改造农业，只能提前到中期或者由初期步入中期之机就开始改造传统农业，实现农业现代化。这就是说在这个阶段里工业化要同农业现代化基本同步进行。因此，我国的工业化一旦步入这个阶段，其进程就不应该过快。我国恰恰处于这个阶段的初期，近几年的矛盾以及当前国民经济发展面临的困境，都是由工业化进程超前或过快造成的。所以当前最迫切的问题是要降低工业特别是加工制造业的增长速度，放慢工业化进程，以此腾出一部分资金来改造传统农业，加快农业现代化的步伐。当然，在今后一段时间里我国是要拿出相当部分的资源发展基础工业。但是从全局考虑，基础工业的发展只能是支持压缩后的加工工业的增长速度，在目前这个阶段里，大规模筹集资源一味扩张基础工业去无限支持加工工业超常规的增长速度，显然是不明智的。对此，我们认为在一定时间里比如调整期间，基础工业最好不要再上新项目或大项目，主要应靠技术改造提高基础工业的产品产出能力。同时还要及时调整加工制造业对基础工业品的需求结构，以提高对基础工业品的利用效率。这样可节省一批资金支持农业的现代化建设。

我国改造传统农业也不能走世界典型的农业现代化道路。因为我国资金严重匮乏而农村劳动力大量剩余。所以我们改造传统农业，当前的首要问题不是像典型农业现代化国家，用资金密集度高的机械替代劳动，从而提高劳动生产率，而是要在劳动充分替代资金的前提下提高土地生产率。对此我们应该尽量压缩农业机械的投资（这里就全国普遍性而言，像地多人少的地区可例外），扩大提高土地生产率的投资，比如化肥、农药、农膜、良种、水利以及现代栽培技术等。如果我们先从提高土地生产率入手改造传统农业，就要比典型农业现代化节省一大批资金，同时还利用了大量剩余劳动力。更为重要的意义是通过提高土地生产率，还大大加强了国内农产品供给总量，缓解了农产品的供求矛盾。另外这还使农产品进口需求下降了，从而也缓解了外汇支付能力不足的矛盾。所有这些，都使我国解决国民经济困境和消除农业危机面临的难度大大降低了。

四、调整时期发展农业的政策取向

虽然，改造传统农业并不是一蹴而就的事情，它需要经历一个漫长的经济发展阶段，但是这并不等于说我们在调整期无所作为。情况恰恰是，如果在近期内我国能迅速地将工业主要是加工工业的增长速度压缩到合理限度以内，把节省出来的资源按我们的设计路线向农业倾斜，农产品完全有可能突破传统生产方式获得新的增长。例如，近几年我们若能把我国目前粮田的施肥方式在2/3的数量上改成配方施肥，就可使全国增产粮食2000万吨；扩大地膜覆盖种植面积1亿亩，可使全国增产粮食1000万吨；增加良种推广面积2亿亩，可使全国增产粮食1000万吨。此外，近期内我们还可以在一定范围内推行农田模式化栽培技术，农业系统配套投入技术等等，都对增加农产品产量有显著的效果。在调整期实行像上述这些典型改造工程并不是很困难的事情。根据我国目前的综合技术和经济实力完全可办到。

然而，自进入调整期以来，国民经济运行实情并不是按我们设想的调整方向走。尽管从去年下半年开始，国家确实采取了种种对农业发展较为有利的倾斜政策，但最后几乎都落了空。先从农业生产资料的供求情况考察。从去年下半年开始，国家对化肥、农药、农膜等农用生产资料实行了专营。按常理，专营可减少流通环节，控制价格，保证供给。但是，令人意外的是专营后却出现了两个反常现象，一个是农民购买生产资料的数量明显减少，同实际需要量缺口拉大。据25个省区市农调队对156个县的调查表明，今年春季农民购买化肥比去年同期减少了12.9%。其中尿素、磷肥分别减少了15%和6%。化肥备有量同实际需要量的缺口在25.4%~84.5%之间。购买农药比去年同期减少21.6%，备有量与实际需要量之间的缺口最高达70%。购买柴油比去年同期减少80%。另一个是农用生产资料产量迅速下降，供给减少。据统计，今年1~5月份，主要农业生产资料累计生产情况与去年同期相比，化肥产量下降了2.2%、合成氨下降了5.2%、氮肥下降了0.6%、磷肥下降了7.8%、小型拖拉机下降13.2%。造成上述现象的第一个原因是农业生产资料实行专营后，生产资料销售价格普遍实行了地区综合价格。这实质上是抬高价格。这种价格普遍高于去年集市贸易价格。因此，农民不愿购买。第二是专营部门一方面资金短缺，一方面经营农用生产资料费用上升，盈利微薄，使这些部门无力或不愿大批量购进，造成销售量减少。第三是专营后流通渠道单一，专营部门拖欠厂家资金或减少生产资料购买量，这些都使农业生产资料生产企业产品积压，资金周转不畅，最后被迫压缩生产资料生产量。此外，专营以后，农用工业品生产企业能源、原材料既不能保障供给，价格又迅速上升，这也迫使企业调减生产量。由此看来，现行的专营办法既难保障供给，又难控制价格。

再从资金供给方面考察。进入1989年以后，国家在资金政策方面确实向农业进行倾斜。比如，在国家预算内基建投资中，中央计划向农业增加2亿元投资；农业银行和农村信用社也计划向农业增加贷款170亿元。另外还将开辟多种渠道筹集和建立农业发展资金，预计50亿元。这些政策看起来是令人鼓舞的。但从经济运行的结果分析，情况恰恰与此相反。今年1~5月份国家用于农业部门的投资（包括基本建设和更新改造投资）不仅没有增加，反而还比去年同期减少了6.6%。对农业的贷款的情况也不尽如人意。1~4月份银行向农业共发放农业贷款135.9亿元，比去年同期减少了79.5亿元，下降了36.9%，发放粮食预购定金贷款也由去年的20.9亿元减少到17.1亿元。到6月底，农业贷款减少的情况稍有改观，但累计发放农业贷款比去年同期仍少增加33亿元。让人困惑不解的是，为什么农业投资还在继续下降？问题依然是由工业造成的。进入调整期以后，在抽紧银根、压缩基本建设总规模的条件下，国家面对基础工业和农业同时发展不足的矛盾，又采取了以往的做法（目的可能是保证财政收入有一定的增长速度），优先把有限的资金投向了基础工业方面，农业的投资又无形中被挤掉了。今年1~5月份煤炭、石油和电力等能源工业部门的投资就比去年同期增加近11亿元。这同农业部门投资减少形成强烈的反差。在微观上，非农产业特别是加工工业为了对付紧缩政策，采取了向银行不存或少存现金、拖欠贷款，向农民打“白条”挤占农副产品收购资金等措施，使本来应归位于农业的各种资金不合理地流向非农产业方面。特别使人担忧的是城市非农产业为了弥补紧缩造成的资金缺口，还利用各种形式，争夺农村存款市场，导致农业银行存款明显下降，使农业贷款缺少资金来源。所有这些因素最终造成的结果都使农业投资下降。

价格方面的变动对农业发展的作用也不容乐观。年初，国务院决定从4月1日起将粮食定购价格提高18%，食用植物油收购价格也提高6%~15.7%。看起来这似乎对农业有利。然而，实际情况是进入1989年以来，社会零售物价总指数和农村生活费用价格指数月月都超过25%。到6月末社会零售物价指数自然高达25.5%，农村生活费用价格指数估计也在26%以上。这两种价格指数上升幅度远高于农副产品收购价格，其结果是1984年以后农民在价格变动中由净收益变为净损失的现象，并没有因调整期间提高农副产品收购价格而得到消除，反而还有可能更加严重。这无疑使农民的营农兴趣再次受到打击。

调整期间出现上述三个方面的逆向变化，显然是将农业的危机进一步加深了，又给农产品按预定目标增长设置了新的障碍。从这个角度分析，今年要使粮产量、棉花产量、油料产量分别实现4%、8.4%和13.6%的增长计划很可能落空。其实今年的农业形势已基本成为定局，粮食总产量在播种面积增加2000多万亩的情况下有可能取得增长，但这种增长速度不会达到4%，相反棉花、油料、糖料在粮食的挤压下，其播种面积分别减少了近600万亩、300万亩和120万亩。由此很可能造成今年棉花、油料和糖料再次减产。很明显农业的形势已相当严峻。

要使农业摆脱目前的危机状态，尽快实现新的增长，就必须对抑制农业发展的新旧矛盾进行彻底综合治理。对此，提出以下治理思路。

1．要下大决心增加农业投资

近几年农业投资下降，根源恐怕还在资金配置机制上，因此要想扭转农业投资下降的局面，就必须敢改革目前这种资金配置机制。但是，根据我国实情，试图在近几年里彻底改变这种机制是不可能的。如何才能增加农业投资？我们认为，短期内最有效的途径应该是建立一套产业资金分流配置机制。这就是把每年用于农业的投资从社会固定资产投资中按管理系统分离出来，不再和其他产业投资混同一起，这样就可避免非农产业尤其是工业挤占农业投资现象发生。具体要求是对来自国家（包括中央和地方政府）财政的投资，一旦计划确定应投农业的比例后，就必须按一定程序如数交由中央农业投资公司使用与管理（对地方政府用于农业的投资也要上缴中央代管，由中央农业投资公司监督其使用方向）。对于农村集体和个人，建议每年以法定比例收取农业发展基金。这笔资金直接归由当地农业部门集中管理使用。上述两大块资金按其职能范围，必须依法用于改造和发展农业方面，不得挪用或挤占。为了确保农业投资能随经济的发展稳定增长，建议根据我国目前所处的经济发展阶段，确定一个法定的农业投资比例（占全社会固定资产投资的比重）。这个比例最好以10%为宜。至于农业的投资比例中，国家、集体和个人三者各应投入多少才合理，还需专门研究。

2．调整农副产品价格补贴结构

从目前的各种因素分析，今后一段时间里我国农产品供给不足的形势很难迅速扭转。因此在这段时间里，建议财政适当增加农副产品生产性价格补贴，以刺激农产品生产；限制和压缩农副产品消费性价格补贴，以抑制农产品消费。特别是在非农业居民的货币收入快于其劳动生产率，也快于国民收入增长率的情况下，要坚决采取严厉措施，限制和压缩消费性价格补贴的增长。

3．改革调整时期的价格政策

按常理，近期内价格政策的基本着眼点应该是增加包括农业在内的基础产业的初次分配收入。但是耐人寻味的是，进入调整期后，价格变动中农业不是受益者，这种局面必须改变。为此我们建议，在调整时期农副产品收购价格的上升幅度应稍高于通货膨胀指数。只有这样，才能刺激农产品生产。

4．改革和完善农业生产资料专营办法

具体设想是：①变“独家购销”为“多家购销”，以疏通农业生产资料流通渠道。②采取切实有效的措施，控制农业生产资料价格上涨幅度，严格统一销售价格。③国家应建立农业生产资料专营贷款基金制度，以保障专营企业的资金需要。④在调整期，国家要在政策上优先支持农用工业品的生产，充分保证这些企业在能源、原料、资金等方面的需求，使之有能力增加农业生产资料的供给量。

5. 加强农业技术推广和服务工作

要重视近年来农业科研工作的成果，研究其适用范围和推广途径。对那些经济效益较好，技术上基本成熟的项目，要制定出包括资金、物资、人员培训在内的具体推广计划，并在适宜地区有步骤地组织实施，使科研成果尽快转变成现实生产力，促进我国农业生产水平的提高。

总之，调整时期国家宏观农业政策的基点应是增加我国农产品的总供给量。虽然上述各种经济办法是主要的，但也不能忽视必要的行政措施。在我国国民经济的实际运行中，经济手段总是与行放手段相互结合、共同作用的，在调整时期尤其如此。

增加农民收入与稳定农业发展

主要完成单位：国家计委经济研究所
主 要 完 成 人：马晓河　王为农　周海春　吴晓华　王亚平
获 奖 时 间：1994 年
获 奖 名 称：国家计委科学技术进步三等奖

一、传统体制下的农民收入与农业发展

改革以前，国家为优先发展工业特别是重工业，建立了一个高度集中的计划经济体制。这种体制把农民限制在农村进而牢牢地限制在农业里，结果是农民收入只能来自于农业。按常规，农民收入主要来自农业时，其收入增长同农业发展应该是正相关关系，即农业发展可增加农民收入，农民收入增加又可刺激农业发展。然而事实是，政府为了保持高积累率以推动工业的高速发展，凭借行政力量割裂和削弱了农民收入与农业发展的关系，造成农民收入增长水平十分低下，农业的发展动力不足。

面对这一问题，政府借助一系列行政措施从社会调集资源直接投入农业以弥补农民因收入低下导致的投入能力不足，使农业保持了比农民收入要高一点的发展速度。尽管如此，农业发展仍远远落后于工业，由此造成主要农产品的供求缺口越来越大。国家不得不用限制消费和花费巨额外汇的办法求得平衡，直接影响了工业的进一步发展。至此，我们发现了一个耐人寻味的问题，这就是当时我们选择和建立传统的计划经济体制，隔离城市与乡村、农业与工业的联系，进而又割裂农民收入与农业发展的关系，其初衷是为了加快工业的发展，现在这种制度和政策选择似乎又走向了它的反面，成为工业进一步发展的桎梏。

二、改革以来农民收入与农业发展关系的演变

十一届三中全会以后，我们的经济改革首先在农村拉开了帷幕。改革是从以下几方面展开的：①在农村普遍推行家庭联产承包责任制；②国家连续多年

调减粮食征购基数；③大幅度提高农副产品收购价格并相应减免贫困农民的税收；④显著增加农业投资并严格控制农用生产资料价格；这些改革措施的实施，改变了农民收入与农业发展的历史关系，从此出现了农业快速发展，农民收入迅速增长的可喜局面。

这一时期，农民收入与农业发展关系有如下特点：①从1978年到1984年，在农民收入和农业发展都保持高速度的基础上，农民收入以快于农业发展近一倍的速度增长。②农民收入增长来自于农业的部分主要得益于种植业的高速发展。显然，这与当时的改革有关。③值得注意的是，当农民收入增加以后，他们不仅通过增加再投入使农业取得了持续发展，而且还将部分收入投向非农产业，这就使得农村非农产业迅速地扩张起来。由此吸收了大量农业剩余劳动力，不但为提高农业劳动生产率提供了有利条件，而且非农产业就业机会的增加，还使农民从农业以外获得了较多收入。由此可见，是经济改革矫正了农民收入与农业发展的关系，推动了整个农村经济的发展。

但是，自1984年农业获得大丰收后，受经济改革重心转移和宏观大环境的影响，我国农民收入与农业发展之间的关系又出现了一些反常的变化。这就是农业发展和农民收入增长都开始出现了下降趋势。农民收入增长速度下降得更快，以至于后来发生了收入增长连续三年慢于农业的发展。分析收入构成变动使我们又发现，农民收入增长下降主要是由农业引起的。这一阶段里，农业为农民提供的纯收入年均增长为-0.3%。出现这种反常情况，首先与农业发展速度明显降低、农产品大幅度减产乃至后来连续三年徘徊有关。其次，受工业品特别是农用生产资料价格上涨的影响，造成农业生产成本上升收益率显著下降。

进入1988年第四季度后，我国国民经济又开始了一轮新的经济调整。当时种植业停滞、物价尤其是食品价格上涨是引起调整的两个重要原因。因此，在以后的几年里，中央和地方政府都把控制物价上涨，增加主要农产品生产作为治理整顿的首要目标。为了刺激农业生产，中央曾采取了一系列措施。这些措施实行后，对推动农业发展、改善农民收入状况确实起到了积极作用。这首先表现在粮棉油等大宗农产品生产方面。自1989年后粮食连续三年获得较大丰收，油料生产于1990年走出减产困境，也获得了三年的好收成；棉花生产虽然比不上粮油的增长势头，但也取得了不小的增长。受主要农作物增产的影响，这一时期农业的发展速度明显加快了。然而，令人奇怪的是，同期内农民收入特别是来自农业的收入增长虽有回升，但仍然不理想，并且还愈益落后于农业的发展。造成农民收入增长相对滞后的原因是，这一时期工农产品交换条件不但没有改善反而还更加恶化了。通过比较分析我们发现，我国农业生产资料价格上涨首次大范围、大幅度超过农副产品收购价格，恰恰发生在1988~1992年，同时，此间农产品收购价格还出现了连续两年下降一年徘徊的局面。

三、当前增加农民收入与发展农业面临的矛盾

从当前的经济发展实情分析，我国农业发展与农民收入之间存在着以下几个尖锐矛盾。

1. 农业收益不断下降，威胁着农业的进一步发展

无论从全国的情况还是从我们对湖南、湖北、山东、江苏和吉林等五省的调查结果看，1984 年以来我国农业收益出现了普遍下降趋势。引起收益下降的原因除了如前所述的工农产品交换条件不断恶化外，还有一个是生产每单位农产品所需要的物质投入量，在近几年出现了大幅度的增长，这就是所谓的农业报酬率递减现象。

分析当前和未来一段时间宏观经济环境，农业收益还将继续下降。这是因为：①当前工农产品交换价格仍在向不利于增加农业收益方面变化。②从长期趋势看，还有下述不利因素可能导致农业收益会继续下降或增长更加缓慢。一是随着市场化改革的继续深入，农业未来投入品价格还将继续上涨。特别需要指出的是，在今后几年内如果能源、原材料等基础工业品价格完全放开，在市场化冲击下化肥、农药、柴油和农膜等主要农用生产资料必然会在成本推动下大幅度上扬。二是受土地特别是耕地资源不足的限制，今后我国单位农产品产出所需要的现代物质投入量还要继续增加，农业的报酬率势必仍将下降。三是我国主要农产品特别是粮棉等大宗产品的收购价格逐步放开后，其价格不会无限制地上升。因为在我国加入国际贸易体系之后，国际农产品市场价格作为国内市场价格变动的参照系，对其将会起“封顶”作用。毫无疑问，面对以上变化，如果国家不从宏观上采取可行的政策措施，农业收益下降的趋势不但难以扭转，而且还会越来越严重。

2. 农业生产结构转换滞后于食品消费结构的变化不利于农民增产增收

近年来，受人均收入水平提高的影响，人们的食品消费结构已开始发生了较大的变化。这种变化主要表现在：①人们对粮食的直接消费需求在减少。②对动物类食品的需求却在迅速增长。③对营养类和方便类食品的需求也在迅速增长。面对这种消费结构变化，我国农业生产结构的转变要相对落后。现阶段我国农业结构的一个最大特点就是种植业比重明显偏高。而种植业中又以粮棉油占主导地位。目前粮棉油等产品的盈利能力在农业又是最低的。因此，要大力增加粮棉油等生产，农民来自农业的收益就会减少。这里需要特别指出的是，多年来我国粮油等农产品的生产在宏观政策诱导下，一味追求产出量的增

长，结果是当社会所需要的“口粮”粮消费数量开始减少时，农业依然在为人们增加“口粮”粮的生产。相反，当社会对饲料需要大幅度增长时，农业却出现了转化不及时和供给不足。很显然，如果农业不能随时将农产品的消费结构变动作为参照系，对生产结构进行及时调整，一些主要农产品必定会因无需求而实现不了价值，农民也因此得不到利益。

3．农业收益远低于非农产业，这使农民有可能将资源向外转移，造成农业投入不足

以反映产业收益的重要指标之一比较劳动生产率来衡量，改革以来我国三大产业的比较劳动生产率只有农业最低，而且自1984年以来该指标还出现了连续下降的趋势，并同第二产业的差距越来越大。农业比较劳动生产率低下，意味着同一个单位的劳动在农业中获得的净收入，要比二、三次产业少得多。在产业比较利益有较大差距的情况下，作为劳动者，他们无疑会将资源向盈利较高的产业转移。但是，这样将会产生一个人们不愿意看到的后果，就是伴随着资源向外转移，农业可能会因投入不足在一段时间里发生萎缩。

4．农业无法实现规模经营，不利于增加农民收入与稳定农业发展

用长远的观点看，要想协调农民收入与农业发展关系，根本出路在于农业必须实现规模经营。可是，我们面临的现实问题是，现阶段我国农业中滞留的劳动力越来越多，使得农业不但不能实现规模经营，而且连带使土地经营规模愈来愈小。还值得注意的是，改革以来，农业生产中又出现了一个不断减少劳动用工量的现象。根据国家统计局提供的调查资料分析，从1978年到1991年间我国粮棉油生产每年所需要的实际用工量减少了290.9亿个标准劳动日，折合劳动力为9507万人。在这里，农产品的生产实际用工量大量减少与劳动力供给量的迅速增长形成了尖锐的矛盾。很显然，要想消除这对矛盾，阻止土地经营规模不断萎缩，最根本的办法就是将农业中的大量剩余劳动力向非农产业转移。但是，近几年农村非农产品发展却出现了一些不利于转移农业剩余劳动力的现象。这就是非农产业在发展过程中，采取了用资本替代劳动的方式，使其对劳动力的吸纳能力在明显变弱。这给增加农民收入和稳定农业发展都带来了不利影响。

四、增加农民收入与稳定农业发展的对策思路

1．农业应继续坚持市场化的改革趋向

首先，在改革农产品销售体制放开销售价格的同时，要坚决改革粮棉油等大宗农产品的收购体制，放开其收购价格。让这些农产品价格向市场靠近。其次，主要农产品收购价格完全放开以后，政府要及时改变职能，从过去那种直

接干预农业生产经营，并替市场决定农产品供求价格的方式，转向间接调控市场，稳定农产品的供求，保护生产者和消费者的利益，创造一个既能降低农产品交易成本，又可开展公平竞争的社会经济环境。当前，政府的具体职能是：①对关系国计民生的主要农产品，如粮棉油等要执行保护价格制度。②建立和完善农产品市场法规体系，以确保农产品市场运行有序、公平和透明。

2．建立国家对农业生产的支持体系，以减少农业生产者的成本支出

就目前的情况看，国家扶持农业生产至少要建立和完善三大保障体系。一是建立和完善农业投资保障体系，以保证农业投资能持续稳定地增长；二是加强农业技术服务体系的建设，以增加农业发展的技术含量；三是建立农业生产资料供给保障体系，以稳定供给并抑制价格上涨幅度。

3．引导农民调整农业生产结构，积极发展适应市场需求的农产品，以此增加农民的收入

今后国家应该帮助农民调整传统的农业发展目标，支持农业从追求农产品产量增长向追求质量效益提高的方面转变，把发展农业同增加收入有机地结合起来。为此，在种植业结构中，对于粮食生产要相应减少“口粮”粮的生产，逐步淘汰那些无市场需求的劣质产品，大力发展优质粮食品种生产；同时，根据市场需求增加饲料粮的生产，促进养殖业的发展。对于养殖业和畜牧业也要进行结构调整。这就是在鼓励农民利用科学技术不断提高饲料报酬率的基础上，降低养猪业的比重，扩大鸡、牛、羊、鱼等产品生产的比重。此外，各地农村还应根据本地的资源优势，重点发展名优特新的产品；逐步形成“一村一品”、“一乡一业”的专业化生产布局。总之，通过调整农业生产结构，最终使农业发展达到既增产又增收的目标。

4．调整非农产业的发展方式，大力发展小城镇，积极推动农业剩余劳动力的转移

（1）城市工业与农村工业要有合理分工，城市企业应该利用各种形式让出一部分没有竞争优势的劳动密集型行业或产品给农村工业。对农村来说，今后乡村工业乃至整个非农产业的发展都应将吸纳农业剩余劳动力、增加农民收入作为主要发展目标。

（2）加快农村城镇化进程，大力发展小城镇，促进乡镇企业适度集中，推动农业剩余劳动力向外转移。今后，我们可把发展农村非农产业的政策侧重点放在小城镇上，积极引导乡镇企业向小城镇集中。为此，必须改革现行城乡“二元”户籍制度。

此外，还要逐步放开大中城市某些劳动密集型产业的劳动用工市场，允许农民依据市场供求规律进入轻纺、服装、建筑、建材、环保和一些服务行业，

进行自由择业。通过小城镇的发展和大中城市某些行业劳动力市场的开放，必将加快农业剩余劳动力的转移步伐，这就为农业实现规模经营创造了不可多得的有利条件。

5. 在推动国内农业剩余劳动力向非农产业转移的同时，要积极实行土地的适度规模经营

目前，我国有不少城市郊区和经济发达的农村已具备了规模经营的条件。对这些地区，国家应从政策上鼓励将土地向种田能手集中，提倡农民举办各种形式的乡村农场。对于还不具备条件的农村，今后可有计划地调整细碎、分散的经营地块，尽量给农民以相对集中连片的土地进行经营。

最后，还需要指出的一点是在发展农业过程中，要增加农民收入还必须联合起来，积极发展贸工农、产供销等经营实体和各种专业技术协会，这样一方面可克服由小生产面对大市场带来的种种缺陷，降低农户的风险成本，保护其竞争中的利益；另一方面又可使农产品通过提高技术和劳动含量而增值，由此也给农民增加了收益。

我国居民消费结构变化对国民经济发展的影响

主要完成单位：国家计委经济研究所　国家计委产业经济与技术经济研究所　中南财经大学　北京大学

主 要 完 成 人：范剑平　王岳平　向书坚　李春荣　杨大侃

获　奖　时　间：1999 年

获　奖　名　称：国家计委优秀研究成果三等奖

本研究主要包括五方面内容：①居民消费结构变化。本课题对居民消费结构的研究分别从总体结构（宏观）和家庭支出结构（微观）两个层面展开，并研究居民消费需求各种总量指标在宏观经济总量中所占比重（即“居民消费需求总体结构”的变化，如居民收入水平、消费率、城乡居民消费构成等总量指标的变化）与居民家庭消费支出结构的变化（吃、穿、用、住、行等消费支出比重、平均消费倾向、基本消费支出比等）之间的相互联动关系。②居民消费结构变化对国民经济发展的影响。本课题对“十五”时期消费总量和消费结构进行了数量预测，主要研究居民消费率下降对国民经济总量变动的影响和居民消费支出结构变化对产业结构变动的影响。③国民消费政策选择。本项课题根据国际比较和对“十五”时期消费率变动走势预测，提出我国政府 21 世纪初国民消费政策的基本取向应是“实行鼓励消费政策，达到适度消费目标”。④美国消费信贷体系的发展及其对我国的启示。本课题重点研究了消费信用最为发达的美国在发展消费信贷方面的基本情况，并提出可供中国在发展消费信贷过程中借鉴的主要经验。⑤消费结构变动预测的定量分析方法和消费结构变动对产业结构变动影响的定量分析方法。本课题在消费结构变动预测方面重点对线性支出系统模型、扩展线性支出系统模型和双对数模型三种方法进行比较研究，在具体应用中更多采用了扩展线性系统模型；在消费结构变动对产业结构变动影响定量分析中主要采用投入产出模型。

一、居民消费率偏低对国民经济发展的影响

（一）我国最终消费率和居民消费率严重偏低

纵向比较，1981～1997年16年中期经济运行趋势看，最终消费率基本以平均每年0.6个百分点的幅度持续下降，1997年已经降至58.8%的水平。居民消费率由53.1%下降到47.5%。

横向比较，世界绝大多数国家的消费率一般没有降至70%以下，素以高储蓄率闻名的东亚国家消费率最低时也在65%以上。我国目前58.8%的最终消费率与国际水平比较明显偏低。著名发展经济学家H.钱纳里等人进行的一项实证研究表明，在人均国内生产总值1000美元左右时，世界各国居民消费占GDP的份额一般为61%，1997年我国人均GDP接近1000美元，但我国的居民消费率仅为47.5%，比国际平均水平低14个百分点。我国居民消费率如此之低在世界上实属罕见，极不正常，必须引起我们的高度警觉。

（二）消费内需对经济长期发展影响的国际比较

比较美国与日本两国1970～1994年的数据，日本个人储蓄率比美国高出15～20个百分点，个人消费占GDP的比重美国比日本高出10个百分点左右。由于国内居民消费需求对两国经济增长的拉动作用大小不同，美国与日本分别走上高消费率、低储蓄率、低出口依存度的内需主导增长型和高储蓄率、低消费率、高出口依存度的出口主导增长型不同发展道路。

在50～60年代，居民高储蓄率支持了日本“出口、投资主导型”的经济高速增长良性循环：高储蓄—支持高投资—扩大出口能力—增加外汇收入—提高居民收入—高储蓄。在居民消费率严重偏低的情况下，国内消费需求不足部分必须用外需来弥补，居高不下的储蓄率所支持的投资能力主要为高速增长的外需产业服务，而内需产业的不发达使投资结构和产业结构逐渐向出口主导增长型偏斜。70～80年代日本的出口依存度上升到10%以上。

但是，大国经济不同于小国经济，日本在成为世界第二大经济强国之后，其消费内需不足部分越来越大，需要开拓越来越大的海外市场来弥补其低消费率造成的内需不足，于是日本的贸易顺差越来越大。一个经济大国将总需求如此大比重放在海外市场，经济发展调控的主动权交给了国际市场。

80年代和90年代几届日本政府都制定过扩大内需计划，试图适当降低出口依存度和扩大内需。但是，客观上，对一个长期形成的内需产业与外需产业发展过于不均衡的经济结构调整难度极大；主观上，日本政府的扩大内需计划主

要着眼于用扩大财政赤字的办法扩大公共投资而忽视居民消费需求，虽然公共投资数额庞大但消费内需始终不能振兴。

通过出口主导增长型发展起来的经济大国在达到一定发展阶段后，投资结构和产业结构调整面临两种选择：一是由主要为出口服务的外需产业型向主要为消费服务的内需产业型转换，逐步向内需主导型增长结构转换；二是主要以强化外需产业国际竞争力和发展海外投资来进一步开拓国际市场的结构调整，提高外需产业技术水平，加快国内外需产业结构升级，加快相对落后外需产业向海外转移。日本政府试图同时进行两种结构调整，但日本企业选择后一种结构调整。向内需型转换的结构调整因日本政府资金有限“孤掌难鸣”，六次启动内需启而不动。强化外需产业的结构调整是“饮鸩止渴”法，强化了外需产业虽一时挖掘外需潜力，但这种结构调整也同时强化了日本与别国的贸易摩擦和经济冲突，最终酿成汇率大幅波动，使日本一时资产高估而“泡沫经济”膨胀，一时又汇率贬值“泡沫”破灭，经济严重衰退。

过去高储蓄支持的良性循环变成现在的恶性循环：高储蓄—消费不振—市场疲软—企业设备投资减速—生产下降—失业增加—收入预期不好—高储蓄。1997 年日本政府甚至在最不合适的时机推出了提高消费税政策和增加医疗保险负担，居民消费需求进一步受到打击，当年个人消费减少 1.2%，民间住宅投资减少 1.1%，内需对经济增长的贡献降为 -2.2%，终于出现 1974 年石油危机以来的首次经济负增长（-0.7%），国民经济陷入严重衰退的局面。

这里我们必须指出，韩国、日本和东南亚一批高储蓄率国家和地区之所以能将消费率长期保持在 65% 左右的低水平是有特殊历史条件的，是美国在冷战期间对这些国家开放市场的特殊贸易机会使得这些国家和地区走上了外向型“贸易立国”发展之路，依靠国外市场需求弥补了消费内需不足，才得以维持社会再生产的正常循环。冷战结束后，当美国对自己与这些国家巨额贸易逆差极为不满因而动用各种贸易摩擦手段缩小对外贸易逆差时，日本、韩国和东南亚这批“高储蓄率 + 低消费率 + 高外向度”国家在国外需求增长放慢后马上暴露出因消费率过低而内需不足、经济增长缺乏内在动力的致命弱点，这一共同的致命弱点使这些国家当亚洲金融风暴来临时终因各不相同的诱因被一一拖入泥潭。

从以上国际经验比较分析中可以得出三个推论：

（1）不能绝对地看待储蓄率与经济增长的关系，不存在储蓄率越高越有利于经济增长的绝对关系。高储蓄率对经济发展的影响是“双刃剑”，高储蓄率在发挥积极作用的同时，也可能埋下消费不足的消极隐患。在不同的经济发展阶段和不同的国际环境中，高储蓄对经济发展的正负面作用影响大小不同。

(2) 高储蓄转化为高投资是有条件的。投资需求从社会再生产看并非是最终需求，它不是为出口服务就是为消费服务。在出口主导增长型国家，只有投资需求与出口需求形成良性循环，高储蓄才能转化为高投资。在内需主导增长型国家中，只有投资需求与居民消费需求形成良性循环，高储蓄率才能转化为高投资率，高投资率才会有高效率。如果居民消费不足或出口需求不足，储蓄向投资的转化将发生困难，高储蓄将造成资金闲置。

(3) 从长期看，经济大国发展只有走内需主导型增长道路，才能掌握经济发展的主动权。通过出口主导增长型发展起来的经济大国必须及时转换到内需主导增长型模式，转换能否成功的关键是能否振兴消费内需。

(三) 谨防中国落入消费内需不足的“日本式陷阱”

将中国目前的居民消费率、投资率、出口依存度等指标与日本由高速增长期（1965～1970 年 GNP 实际增长 10.3%）向平稳增长期（1970～1975 年 GNP 实际增长 5.6%）转换点 1970 年时有关数据一一比较，可以发现，中国目前存在落入消费内需不足的“日本式陷阱”的危险。

(1) 出口依存度和进出口顺差占 GDP 比重。1970 年日本的出口依存度为 9.48%，我国 1997 年的出口依存度达到 20.3%。有人认为中国的出口依存度因加工贸易比重大而高估，对 1997 年 GDP 和出口总额同时扣除加工贸易额后，出口依存度仍然高达 9.8%，同样高于日本 1970 年的出口依存度（注意日本数据中未扣除加工贸易成分）。为了避免加工贸易的不可比性，我们再比较两国进出口顺差占 GDP 比重，日本 1970 年进出口顺差占 GDP 比重为 0.22%，而 1997 年我国进出口顺差 3347 亿元，占 GDP 比重为 4.5%，这已经达到日本历史上出口主导型增长模式登峰造极时期的水平。事实上，我国自 1994 年以来，进出口顺差占 GDP 比重在不断提高，正在不知不觉中走上日本式道路。

(2) 储蓄率和投资率。1970 年日本的国内储蓄率和固定投资率为 40.3% 和 35.5%，而我国 1997 年的国内储蓄率和投资率为 41.2% 和 38.2%，90 年代以来我国固定资产投资率平均超过 35%，国内储蓄率高居世界首位。从国际比较看，我国内需不足并非在于投资内需不足，我国经济增长的主要制约也并非在于国内储蓄不足，1994 年开始我国改变了投资率高于国内储蓄率的局面，国内资金出现剩余，银行存差不断扩大。

(3) 居民消费率。1970 年日本的居民消费率为 52.3%，这是 70 年代以来日本居民消费率的最低点。我国 1997 年居民消费率仅为 47.5%，消费内需在总需求中的比重已经比日本近 30 年来历史最低点还要低近 5 个百分点，我国消费内需不足问题的严重性相比日本有过之而无不及。

通过消费率的国际比较分析，我们认为：对于中国这样一个人均 GDP 仍处于低水平的国家来说，目前 58.8% 的最终消费率水平和 47.5% 的居民消费率水平明显偏低，这不利于为我国工业化发展提供必要的内需条件。我国在今后的经济发展中不可能再有日、韩、东南亚国家当初的国际贸易条件，也不可能有如此大的海外市场可以支撑中国这样一个大国因消费不足而需要向外寻找出路的庞大需求，中国绝不可能走“高储蓄率 + 低消费率 + 高外向度”的外需主导型发展之路。中国在长期经济发展中只能是以内需为主的国家，而最终消费率和居民消费率偏低必然会导致我国内需不足，进而导致长期增长率下降。因此，消费率偏低已经成为我国经济发展中必须解决的重大问题。

二、居民消费率偏低的原因分析

(一) 城乡收入不合理差距扩大对居民消费率的影响

比较改革以来我国居民消费率和城乡消费水平差距两组数据，我们可以惊奇地发现居民消费率与城乡消费水平高度负相关（R = 0.88）。改革以来城乡消费水平的变化轨迹是先缩小后扩大，居民消费率则先上升后下降，1993 ~ 1994 年，城乡消费水平差距达到改革以来的最高值（3.5 倍），居民消费率也降到改革以来的最低值（45%），显然，城乡消费差距再度扩大与我国居民消费率下降过快、严重偏低有明显相关关系。

世界各国的经济发展经验告诉我们，如果将城乡居民收入差距程度看作经济发展水平的指数函数，在传统经济向现代经济发展过程中城乡收入差距的变化轨迹呈一个倒 U 形抛物线，在前期差距程度逐渐上升，在中期稳定在较高差距程度水平上，后期差距程度逐渐减小。我们将这种城乡差距视作在经济发展一定阶段的必然现象，称这种经济发展内生要求的适当城乡差距水平为自然差距程度。实际差距程度与自然差距程度之差为非自然差距程度，它主要是由经济发展中外生的、人为的、偶然的因素造成的差距。

经计算，我国改革开放以来的经济发展阶段（人均 GNP 由 200 美元上升到 1000 多美元）正处于城乡收入自然差距程度扩大的历史时期。经济发展内生因素造成的城乡收入自然差距程度由 1980 年的 1.52 倍扩大到 1994 年的 1.65 倍。我国目前正处于城乡收入自然差距最大并相对稳定时期。对于社会主义国家来说，1.65 倍的城乡收入差距已经是倒 U 形抛物线曲线的顶端。我国作为社会主义国家，目前城乡收入实际差距 3.3 倍确实偏大。我国城乡收入实际差距中有一半是不合理的。从我国城乡收入差距的因素分解中可以看出，目前实际差距程度高出自然差距程度一倍左右，即实际收入差距程度中的一半是经济发展中外生的、人为的、偶然的因素造成的。1985 年以后，非自然差距程度扩大的速率比自然差距程度扩大的速率快得多，它占实际差距程度的比重由 1984 年的 38% 上升到 1994 年的 54% 。

我们对改革以来 20 年居民消费率（Y）与城乡居民消费水平差距（X）做线性回归分析，然后将城乡居民收入自然差距和非自然差距造成的城乡居民消费差距代入该模型进行的测算，可做出以下推论：如果我国城乡消费水平消除非自然差距，城镇居民消费水平为农民的 1. 65 倍（城乡收入自然差距最大值），则我国居民消费率为可达 56. 32% ，比目前的 47. 1% 高出 9 个百分点。我国居民消费率比世界各国同一经济发展阶段偏低的 14 个百分点中有 64. 29% （9 个百分点）可以用城乡消费不合理差距来解释，城乡居民非自然收入差距是造成的我国居民消费不足的首要原因。目前消费品工业的产品积压与“过剩”是农民收入过低和消费水平过低、消费品工业失去农村广阔市场的必然结果。

（二）城镇居民消费倾向下降对居民消费率的影响

影响我国城镇居民消费倾向阶段性变化的主要是体制转轨长期因素：

1. 高收入幻觉到收入不稳定预期

80 年代“企业留利”的大部分转入职工个人手中，城镇居民在长期低工资解冻后突然收入高增长，产生高收入幻觉消费，对收入的乐观预期使消费倾向居高不下。但是，随着企业体制改革的深化，预算软约束逐步“硬化”，买方市场的逐步形成，企业效益出现分化，国有企业破产和下岗职工现象出现，一系列的变革使城镇职工高收入幻觉逐步破灭，高收入幻觉消费消失。市场竞争的压力使在岗职工和下岗职工出现收入不稳定预期，对收入预期乐观者比重下降，对收入预期不稳定者储蓄倾向上升。

2. 持久收入增长慢而一时收入变化大

随着居民对通货膨胀和收入增长速度突变的适应，居民消费心理成熟。根据持久收入消费理论，居民收入分为一时收入与持久收入，居民消费也分为一时消费与持久消费。一时收入是指偶然性收入，持久收入是指消费者可以预料到的长期性收入。一时消费是指非经常性消费支出，持久消费是指正常的、计划中的消费支出。在这四者之间，一时收入与一时消费、一时收入与持久消费、一时消费与持久消费都不存在固定的比率，只有持久收入与持久消费之间存在固定比率，即消费者的消费支出主要是由持久收入决定的。我国改革以来，各阶层的收入都在快速增长，多数人的收入来源“双轨制”，但长期以来人们习惯视为持久收入的体制内基本工资增长并不快，而体制外的收入增长很快。一是普通职工来自单位内部收入“双轨制”，由企业留利、单位创收增加的收入很快但不稳定。二是有一技之长的人，单位内和单位外收入“双轨制”，来自单位外收入极不稳定。三是有一定权力的人合法收入与“寻租”收入“双轨制”，不合法的“寻租”收入肯定不是持久收入。正是体制转轨时期的这种收入“双轨制”、持久收入增长慢而一时收入变化大的特点，使多数消费者持久消费（正常的、计划中的消费支出）增长只能根据持久收入增长来决定，将一时收入多数储蓄起来。有“寻租”收入的人怕露富而不敢消费，储蓄倾向更高。

3. 城镇居民内部收入分配的差距扩大

在城乡收入差距扩大的同时，城镇居民内部收入差距也在扩大。据国家统计局对3.5万户的跟踪调查，其中10%最低收入户与10%最高收入户的差距，1981年时为2倍，1986年为3倍，1993年为3.8倍，1997年已经达到4.2倍，我国城镇居民收入分配差距扩大的速率是十分惊人的。如果说80年代城镇居民收入分配变化的特点是收入共同提高，差距只是提高的速度差距，则90年代的特点是不仅收入提高速度差距扩大，而且城镇居民中出现越来越多的减收户，1992年有31%的城镇居民家庭收入比上年减少，1996年减收面扩大到37.5%，1997年扩大到40%以上。由于减收面主要集中在占调查户20%的低收入家庭，近几年开始形成“城镇贫困人口”阶层。根据1997年城镇家庭收支调查资料计算，在当年居民可支配收入总额中10%的最低收入家庭占总收入的4.75%，10%的最高收入家庭占总收入的20.03%。以上仅为一年的情况，改革以来多年财富积累所形成的财产性收入“马太效应”已经使城镇居民明显分成高中低收入三个层次。据分析，1998年末，我国城乡居民储蓄存款余额为53407亿元，其中剔除大约1万亿“公款私存”，1万亿农村的储蓄存款，城镇居民储蓄约有50%（1.5万亿）左右被20%高收入户占有，高收入户“住房、汽车”等消费升级已经实现，储蓄倾向很高。其余1.8万亿存款分散在80%的储户手上，20%的低收入家庭户均存款不足万元，大约有1.6万亿存款分散在60%的中等收入家庭（约7000万户）手中，户均2.3万元存款，加上国债、股票等其他金融资产约3万元左右，离10万元级以上“住与行”消费升级目标尚有差距，这批处于为消费升级积蓄期的60%城镇中等收入家庭储蓄倾向较高。

4. 经济体制急速改革改变了支出预期

改革初期，我国城镇企业职工收入快速增长，但高福利、“铁饭碗”制度不变，即收入预期乐观而支出预期不变。随着住房、医疗、养老、子女教育、就业等各项体制改革的深化，90年代以来城镇居民实际消费支出负担结构发生了实实在在的变化：取消住房实物福利式分配，实行住房公积金制度，个人负担工资总额的6%；基本医疗保险个人负担2%，部分医药费个人负担10%；基本养老保险个人负担8%，失业保险个人负担1%，子女教育费用绝大多数由家庭负担，而住宅价格上涨、医药费价格上涨、教育费用上涨速度之快超过多数家庭收入增长速度。我国目前转轨时期的各种体制变化使人们支出预期发生变化，特别是尚未完成的体制转轨使人们无法做出稳定的支出预期，风险支出预期上升，防范风险的储蓄倾向随之上升，即期消费减少。这种防范风险的储蓄动机使利率对储蓄变化影响减弱，90年代以来，无论存款利率提高或下降，居民储蓄均保持高速增长，利率下降对消费的刺激作用较80年代大大减弱。

三、“十五”时期城乡居民消费结构变动趋势预测及对产业结构变动影响定量分析（略）

四、实行鼓励消费政策，达到适度消费目标

（一）“十五”时期消费率自发走势与调控目标测算

在假设各种政策因素不变的条件下，我们运用数量方法对“十五”时期消费总量进行回归预测，观察消费率的自发走势。假设2001～2005年年均通货膨胀率为3%，国内生产总值（支出法、现价）增长率分为9%、10%和11%低、中、高三种方案，最终消费支出总额“十五”时期分别增长8.93%、9.92%和10.91%，居民消费总额分别增长8.94%、9.94%和10.93%，增长速度均略低于国内生产总值增长率，因此，最终消费率和居民消费率在各种政策因素与90年代基本保持一致的条件下，不会自发回升。

前面对我国消费率下降的原因分析表明，居民消费率的升降与经济景气短期波动无关，主要与制度变迁长期因素有关。80年代中期以来，制度变迁的长期因素中有利于提高居民消费率的因素作用小于不利于提高居民消费率的作用，如果“十五”时期制度变迁方面的政策性因素不做大的调整，无论经济增长率的高低如何，最终消费率和居民消费率将继续下降。

90年代以来，我国政府一直坚持适度消费政策，即在宏观调控中努力保持消费总额与国内生产总值同步快速增长，但消费增长率不超过经济增长率，人均消费水平的提高速度不超过人均劳动生产率的提高速度。从长期看，作为一个发展中国家，我国仍然必须坚持适度消费政策。但具体在“十五”时期，我国应当实行什么样的中期消费政策，必须根据“十五”时期的具体条件来确定。

近十年来，我国最终消费率和居民消费率不断下降，目前已经达到严重偏低水平，“十五”时期最终消费率和居民消费率自发走势仍将继续下行，根据这

种客观现实，我们认为："十五"时期经济体制改革进行最后攻坚阶段，这一时期促使我国巨大的消费需求扩张潜力转化为现实购买力的不利因素大于有利因素，如果我们继续实行目前的适度消费政策，政策作用经过经济运行中各种不利因素的磨损，实际政策效果将可能是消费不足，最终消费率和居民消费率继续下降，这将影响整个扩大内需政策的效果，影响国民经济长期发展的后劲。

因此，我们认为，要扩大内需，将我国巨大的消费需求扩张潜力转化为现实购买力，就必须调整消费政策，在"十五"时期实行鼓励消费政策，在宏观调控中采取各种政策措施使居民消费增长率在这五年中略快于国内生产总值增长率，使政策作用虽经过经济运行中各种不利因素的磨损，但最终将达到适度消费的目标。我们这里所说的"适度消费"目标是建立在对"适度消费"动态、辩证认识基础上的，"适度消费"的本质应当是将不断满足人民日益提高的物质文化需求作为经济发展的根本动力，使消费与经济发展形成良性循环。具体到"十五"时期，适度消费的目标是促使最终消费率和居民消费率回升到与国民经济发展目标相适当的水平，第一步目标是使最终消费率由目前的59%逐步回升到接近东亚国家62%的较低水平，居民消费率由目前的47%逐步回升到接近东亚国家的50%的较低水平。为了实现这一目标，居民消费增长率在这五年中应当比国内生产总值增长率高出1～2个百分点。

（二）实行鼓励消费政策的可能性

在"十五"时期实行鼓励消费政策的可能性可以从供给和需求两方面来认识。

从供给角度看，在短缺经济时代，我国经济增长主要受到供给能力的制约，完全不具备实行鼓励消费政策的物质供给基础，经过二十年的高速经济增长，我国经济已经告别了消费品短缺现象，消费品市场的主要矛盾由供不应求转化为供大于求，因此，"十五"时期实行鼓励消费政策，从消费品现有供给能力和消费扩张需要的投资能力方面看完全不成问题。

从消费需求增长潜力看，我国近年来出现最终消费率不断下降的现象，与我国现处的发展阶段和人民生活现有水平提供的巨大市场潜力是极不相称的。事实上，中国作为世界上最大的发展中国家，现在正处于高速增长的工业化中期阶段，消费需求总量高速成长潜力巨大。只要我国政府调控得当，实行鼓励消费政策后，完全有可能实现适度消费目标，逐步提高居民消费率。

（三）实行鼓励消费政策的必要性

实行鼓励消费政策的必要性，应当从投资需求和消费需求在"十五"时期特殊互动关系去认识。

短缺经济条件下，调控了投资需求走势就调控了消费需求走势的时代一去不复返了，消费需求已经成为经济运行中的独立变量。我国经济增长的主要约束已经由短缺经济时代的供给约束转变为需求约束，决定生产规模和投资规模的主要因素变为最终需求规模。就内需而言，从社会再生产看，只有消费才是社会再生产的终点和新的起点，是真正的最终需求，投资需求在一定意义上是消费需求的派生需求。在扩大内需过程中，只有成功扩大消费需求才能扩大投资需求和提高投资效率。

投资需求扩张规模取决于消费市场扩张规模。我国居民消费率严重偏低，最终消费对经济增长的贡献率也严重偏低，内需不足并非是投资不足而是居民消费需求不足。由于1994年以来我国外需对经济增长的贡献率高达9.46%，比同时期美、日、英等其他经济大国外需贡献率高出8～24个百分点，这一时期的高投资主要是外需拉动的。能够使中国将高速增长势头延续下去的最大资源是巨大的、消费水平较低的国内消费市场，中国扩大内需的结构调整唯一选择是将投资结构由主要为外需服务转向主要为国内消费市场服务，这一结构转换时期，国内消费市场的规模扩张速度决定投资规模扩张速度，消费市场的结构变化决定投资结构、产业结构变化。

投资效率的高低取决于投资结构能否适应消费需求结构变化。由投资既是当期需求又是下期供给的“两重性”决定，投资需求结构如果不适应消费需求结构变化，则这一阶段投资需求扩张，虽然能一时拉动增长速度，但对国民经济长期发展而言，无疑是“饮鸩止渴”，因为这种投资形成的供给能力是无效供给，将加剧下一阶段供给过剩和需求相对不足，造成库存增加。目前，我国库存投资对经济增长的贡献率比日本高9倍，比英国高14倍，比美国高近90倍，说明我国投资结构与国内消费需求结构矛盾已经十分尖锐。在新一轮扩大内需投资时，必须以消费结构变化为导向进行投资，这种投资所形成的供给能力才是有效供给，才能同时化解供需总量矛盾与结构矛盾。

投资增长对经济增长的拉动作用取决于居民边际消费倾向。投资增长对经济增长的拉动作用在经济学中称为投资乘数，投资乘数的大小与居民边际消费倾向有关。居民边际消费倾向越高，投资乘数越大；居民边际储蓄倾向越高，投资乘数越小。1981～1997年，我国城镇居民边际消费倾向由0.84下降到0.64，农民边际消费倾向由0.92下降到0.72，居民边际消费倾向的下降大大抵消了投资扩张对经济增长的拉动作用。如果能够通过调整消费政策制止居民边际消费倾向的下滑趋势，甚至使其有所回升，则投资乘数提高，同样的投资总量对经济增长的拉动作用就增强。1997年，我国城乡合计的居民边际消费倾向约为0.69，投资乘数只有3.23倍。1959～1992年居民长期边际消费倾向为

0.91，投资乘数达到11倍，这是美国长期以来投资率虽低但投资对经济增长拉动作用大的原因之一。居民边际消费倾向决定的投资乘数如同杠杆作用，边际消费倾向提高0.05，投资对经济增长的拉动倍数提高1。在当前形势下，努力提高居民边际消费倾向对经济增长可以起到事半功倍的作用。

民间投资活跃程度更多取决于消费品市场活跃程度。要避免日本政府在扩大内需投资战线孤军作战的局面，我国政府必须尽快启动民间企业投资。我国民间投资活跃程度更多取决于消费品市场活跃程度。因为国有经济经营的优势领域在于生产资料，非国有经济经营的优势领域更多的与生活消费有关，因此，民间投资活跃与否同居民消费活跃与否有直接关系。企业投资更讲求实效，在消费没有显示新的需求热点时，企业不敢贸然投资。启动民间投资，不仅要优化融资条件，更重要的是通过扩大居民消费来拓展有利可图的投资空间。

（四）“十五”时期可供选择的鼓励消费政策措施

鼓励消费政策的主要内容是理顺收入分配机制，强化收入再分配功能，努力提高城乡居民收入水平；加快社会保障制度建设，引导消费者预期；取消抑制消费的过时政策，大力拓展消费领域；积极发展消费信贷，加快建立个人信用体系；加大有利于扩大消费的基础设施投资，改善城乡居民消费环境；加快农村人口城市化步伐，促进农民生活消费方式商品化；坚决维护消费者主权，培育统一、有序、高效的市场流通体系。

中国小企业发展政策研究

主要完成单位：国家计委经济研究所
主 要 完 成 人：刘福垣　俞建国　吴晓华　王岳平　孙学工
获 奖 时 间：1999 年
获 奖 名 称：国家计委优秀研究成果三等奖

一、中国小企业的基本情况、特点及其在社会经济中的作用

（一）小企业的基本情况和特点

首先，小企业在中国经济中占有十分重要的地位。以工业为例，1995 年小企业的单位数为 731.85 万个，占全部工业企业数的 99.7%；从业人数 10844 万，占全部工业从业人数约 73.6%；工业总产值 51391.47 亿元；占全部工业总产值的 62.5%。

其次，中国小企业投资主体和所有制结构是多元化的，中国的小企业既不像大中型企业那样主要为国有企业（如大型企业中，国有企业在企业个数和工业总产值方面均占 73%）；也不像资本主义国家那样多为私人企业，而是集体企业占有相当大的比重。

在小企业的数量上，个体和私营企业占 77.7%，集体占 20.1%，国有占 1.4%，三资企业占 0.6%；而在产值方面，集体占 51%，个体私营占 23.3%，国有和三资企业各占 13.1%。由此决定了小企业也是县及县以下财政收入的主要来源。

再次，小企业的地区分布特点。按经济地带划分，小企业的数量东部和中部各占全国的 42%、西部占 15%，而小企业的工业总产值东部占 66%、中部占 26%、西部占 8%。这说明东部小企业的平均产值规模比较大，大约是中部的 2.5 倍、西部的 3 倍。小企业占各地区工业总产值的比重，东部为 66%、中部为 67%、西部为 55%，西部比重明显偏低。

（二）小企业是国民经济的重要组成部分，是推动我国经济发展的一支重要力量

改革开放以来，我国小企业得到了迅速发展，有力地支持了国民经济的持续快速发展。在90年代以来的经济快速增长中，工业新增产值的76.6%是由小企业创造的。在1996年全国近十万亿的工业总产值中，小企业占65.6%，比1978年提高了9个百分点。目前，食品、造纸和印刷行业产值的70%以上，服装、皮革、文体用品、塑料制品和金属制品行业产值的80%以上，木材和家具行业产值的90%以上，都是由小企业创造的。我国出口的许多大宗商品，如服装、玩具、工艺品等劳动密集型产品，以及一些高新技术产品等，大都是由小企业生产的。

（三）小企业是缓解我国越来越大的就业压力的重要渠道，是保持社会稳定的基本力量

小企业主要存在和发展于劳动密集型产业，单位投资容纳的劳动力（就业容量）和单位投资新增加的劳动力（就业投资弹性）要明显高于大中型企业，在多数领域要高出1倍以上。改革开放以来，在我国工业化进程中，没有出现严重的社会就业问题，小企业的迅速发展是一个重要因素。1978～1996年，我国从农业部门转移出来的2.3亿劳动力，绝大多数在小企业就业，在工业部门新增加的8000万从业人员中，有75%在小企业实现了就业。目前全国工业部门就业人数为1.5亿人左右，其中在小企业就业的就有1.1亿人左右，占73%。近年来，随着经济结构调整和企业改革力度的加大，减人增效作为一项重要措施，使国有企业和城镇集体企业的职工人数逐年下降，而同期城镇个体和私营企业从业人员却增加了1500万人。这说明非公有制的小企业已成为吸纳城镇新增劳动力就业和公有制单位富余职工再就业的主要渠道。

（四）小企业是建立社会主义市场经济体制的先头力量，也是进一步深化改革的重要推动力量

目前我国的小企业，绝大部分是改革开放过程中生成的，它们既是改革的产物，也是改革的先头力量。相对于大中型企业而言，小企业改革的成本较低，操作较为容易，社会震动较小，新体制的进入也较为容易；在改革进程中，小企业往往是试验区，是改革重点、难点的突破口，是深化改革的“先锋队”。改革开放以来，我国企业改革和体制创新的成功经验，大多来自小企业，承包、租赁、兼并、拍卖、破产等方面的改革措施，都是在国有小企业、城镇集体企

业和乡镇集体企业中率先试验和推广的。小企业的各项改革，为建立社会主义市场经济体制进行了有益的探索，提供了宝贵的经验。没有小企业在各项改革的积极探索，就不可能创造出公有制的多种实现形式和多种经济成分共同发展的局面，就不可能建立起社会主义市场经济体制。

二、中国小企业在发展过程中面临的主要问题

（一）政府的宏观管理体制建设滞后

长期以来，我国一直没有制定有关扶持小企业发展的法律法规（如《小企业基本法》）。而通过法律法规确定小企业的地位，维护小企业的合法权益，是世界各国支持和保护小企业的通行做法。政府管理体制不健全，也是我国小企业发展中面临的问题。我国小企业分属于各级政府以及各个产业主管部门，它们对各自管辖的小企业往往实行不同的管理方法和管理政策。因而对小企业的宏观管理较为分散，口径不一致。

目前，我国宏观管理主要是依据所有制和部门而不是企业规模来操作的，许多有关小企业的基础工作相当薄弱，给政策制定带来很大不便，也影响了小企业的正常发展。小企业基础工作薄弱，主要体现在两个方面：一是小企业的标准不统一、不规范。目前我国除工业部门外，其他产业部门还没有统一的小企业划分标准和分类统计。二是小企业家底不清。目前我国小企业的总体规模（包括就业人数、产值等）、产业结构、地区分布和财务状况等都缺乏全国统一的统计数据。

（二）对小企业发展的扶持力度不够

受传统计划经济体制的影响，我国的经济政策经常自觉或不自觉地偏好于大企业，而一直未形成系统的小企业扶持政策，即使是政府出台了一些小企业的优惠政策，也比较零散。目前小企业政策扶持力度不够的一个突出表现，就是小企业普遍存在的融资困难。小企业的固有特性是规模小、实力弱和抗风险能力较弱，这使其融资成本过高。在国家专业银行加快向商业银行转变和加强金融风险防范的新形势下，小企业难以进入直接融资市场，同时进入间接融资市场也遇到各种困难。如乡镇企业产值占工业的半壁河山，每年信贷规模占整个信贷规模的比重都不到10%。小企业因此只能通过各种非正常的渠道筹措资金，在加重小企业经营成本的同时，也扰乱了正常的金融秩序。此外，政府在财政、技术开发、信息服务等方面对小企业的支持力度也很不够。

（三）小企业社会负担较重

小企业税费多。一些政府部门常把小企业作为摊派各种费用的对象，在地方财政收支难以平衡的情况下，靠增设名目繁多的费用作为解决财政困难的重要渠道，这给小企业的发展造成了很大的困难。另外，开办企业和建设项目的办事程序也过于繁琐。因此，小企业生存和发展的外部环境有待改善。

（四）社会化服务体系尚未形成

社会化服务落后，使小企业的创办门槛一直很高，制约了我国小企业整体素质的提高，使小企业负债率、亏损率和破产率居高不下，严重影响了小企业的发展。各国的经验证明，不但需要政府的金融、财政等方面的政策支持，也需要社会中介组织从教育培训、管理咨询、市场营销、技术开发和法律支援等方面提供中介支持。中介机构支持与政府的政策支持是同等重要的，而且政策支持往往通过中介机构而发挥作用。

（五）小企业改革有待进一步规范和配套

改革是小企业发展的动力，也为小企业的发展创造新的有利条件。目前，一些公有制小企业的改革与发展问题交织在一起，由于缺乏必要的规范和配套，在一些地方，小企业的改制给发展带来了较大的负面影响。在小企业的产权改革过程中，明显地存在着两种不良倾向，一是公有、国有资产流失严重，二是公有资产流动性差，核心问题是企业改革的不规范和不配套。一些地方和企业，简单地理解和操作企业改制工作，认为“放小”就是“一卖了之”，不尊重群众的意愿，强制推行某种改制形式。不进行产权主体的科学确认，出现“企业自己卖自己”的现象。特别是一些亏损企业通过“卖瓤破壳”的做法，将亏损企业的实体资产分块卖光吃掉，然后，让“空壳”破产，直接损害了银行债权人利益和国家、集体所有者的权益。不经过必要的审批程序，不按规定评估资产，评估价值偏低、无形资产漏评和重复评估现象严重，使产权转让的公平性、合法性、规范性大打折扣。对产权转让后资产收益的处置也很不规范，有些地区产权转让收入不能及时足额收取，且收缴部门不同，使用单位各异；有些地区甚至是企业或主管部门自卖自花，使用方向缺乏必要的监督和规范。

（六）相当多的小企业素质较低

尽管有一部分小企业表现不俗，但大部分小企业素质较低，技术装备落后，管理水平低，职工素质不高，产品质量较差，经济效益也比较差。在 90 年代中期以前，中国相当多的产品处于短缺状态条件下，这种低素质状况对小企业的生存还未构成威胁。但到今天，出现普遍供大于求的情况下，市场竞争成为品牌竞争和质量竞争，低素质小企业的发展就难以为继了。最近几年乡镇企业连续滑坡就说明了这一点。

（七）企业组织结构和产业组织结构不合理

我国企业组织结构和产业组织结构不合理表现在许多方面：一是“大而全”、“小而全”，无论是大企业还是小企业，多数都是全能型企业，专业化分工水平低；二是低水平重复建设、重复投入，既表现为小企业与大中型企业之间的重复建设和重复投入，也表现为小企业自身的重复建设和重复投入。我国目前不少行业的生产经营困难与小企业的低水平重复建设密切相关，如纺织业。值得注意的是，在当前农业产业化经营过程中，很有可能出现农产品加工行业小企业的重复建设和重复投入。三是大小企业间组织联系相当松散，缺乏较为密切的协作配套关系。作为“主角”的大企业兼当“配角”，作为“配角”的小企业又充当“主角”。大企业难以从小企业获得低成本、高质量的零部件和中间产品，小企业更是难以从大企业得到资金、技术和管理等方面的支持，经济发展无法通过专业化分工提高效益。四是大企业对小企业的挤压。当市场景气时，大企业将自己的生产经营触角强行延伸到小企业的传统领域；当市场不景气时，大企业又经常随意降低收购价格，拖欠货款，向小企业转嫁困难。根据我们的调查，大企业的挤压是目前许多小企业生产经营困难的主要原因之一。当然，在现实中也大量存在着小企业通过各种不规范甚至不合法的手段挤压大企业的现象。

三、支持小企业发展的政策目标

（一）继续推进小企业的改革

就目前全国总的情况来看，进一步推进小企业自身的改革，仍是加快小企业发展的重要措施。这一改革的内容包括两个要点：解决产权不清，解决政企不分。这实际上是一个问题的两个方面。在社会主义市场经济中，政府的作用是掌舵而不是划桨，政府原则上不应再办小企业。从产权关系角度看，“放小”是从战略上调整国有经济布局的重要内容之一，意味着国有经济要逐步退出小型企业的组织形式。因此，小企业的改革必然要涉及产权改革，通过改组、联合、兼并、租赁、承包经营和股份合作制、出售、拍卖等方式，使之成为适应市场经济竞争需要的企业组织形式，即负有限责任的法人企业和负无限责任的自然人企业，包括有限责任公司和股份有限公司，以及私人企业、合伙企业和合作制企业等。在改制过程中要尽量避免打乱正常的生产秩序，也要严格禁止将公有资产无偿分给个人。从政府和企业关系角度看，政企分离是从根本上杜绝利用行政权力为少数人谋取利益的重要措施，并有利于鼓励企业公平竞争，防止地方保护主义，同时也是解决重复建设、规范市场秩序的重要途径。因此，小企业要真正做到与政府脱钩，真正成为“无主管”企业。在解决国有小企业这一问题的同时，也要逐步解决集体企业和其他类型小企业的类似问题。

（二）鼓励和促进小企业的专业化分工

随着社会发展、技术进步和工业化过程的深入，生产的专业化分工会越来越细，由部门的专业化、产品的专业化而发展到零部件生产及工艺的专业化。专业化的发展，使小企业自身也可以获取规模经济并促进技术进步。当出现大量与大企业协作的小企业的时候，就会形成以大企业为核心的企业群和金字塔型的企业结构。这些以专业化分工为特征的小企业的发展，为大企业集中力量开发关键技术创造了条件。世界经验表明，大型企业的发展离不开中小企业所提供的产品和服务。小企业与大企业形成的比较固定的配套协作关系，不但有助于自身市场的稳定，还可以得到大企业的技术支持，并通过大企业的帮助获得资金信贷，从而加快小企业的技术进步。由此可见，小而专、小而精、小而优企业的存在，是现代化大企业的重要基础和基本前提，而小企业之间的专业化分工本身，也是促进规模经济和技术进步的重要力量。

（三）推动小企业的技术进步和技术创新

要鼓励小企业采用新技术、新工艺、新材料，节约资源和能源，减少环境污染，生产新产品，提供新的服务项目。国际经验表明，在技术开发、发展高新技术产业方面小企业能够起到不可替代的独特作用。目前，中国经济发展正处于结构调整和升级的关键时期，高新技术产业的发展又是关键中的关键。经过多年来的探索，中国高新技术产业的一些“明星”都是从小企业发展起来的，如联想集团、四通集团等，但是大部分小企业吸收高新技术的能力相对薄弱，技术研究开发的硬件和软件相对不足。根据中国的特殊国情，要发挥小企业在推动技术进步和技术创新，发展高新技术产业方面的特殊作用，关键的问题是能否形成一个促进小企业技术进步和技术创新的体制和政策环境。

（四）鼓励和支持城镇失业人员创办和发展小企业

社会就业压力加大，这是中国社会经济转型和结构调整过程中不可避免的现象，也是当前和今后中国社会经济生活中的一个突出问题。解决就业问题的途径有多种，但最根本的是要靠经济的持续发展，靠就业容量的不断增大，而小企业的一个重要作用就是社会就业的“蓄水池”，是缓解社会就业压力的主要途径。

（五）鼓励和支持贫困地区发展小企业

中国改革开放20年来反贫困的一条主要经验就是，扶贫开发工作必须从单纯依靠政府财政投入的“输血”型向推进贫困地区形成自我发展能力的“造血”型转变，而贫困地区“造血”机能的形成又主要依赖于经济细胞——企业的形成与发展。受资金不足、人员素质低下、理落后、科技开发和市场开发能力弱等多方面主观和客观因素的制约，贫困地区企业的生成与发展往往更加困难，大企业的创办和发展更是难上加难。因此发展小企业就成为贫困地区发展经济，形成“造血”机能的现实选择。中国20年来的反贫困实践也表明，发展小企业是贫困地区脱贫致富的最有效途径。但是，目前贫困地区小企业发展所面临的困难仍然要比其他地区大得多，应加大政策扶持力度。

（六）鼓励和支持非公有制小企业发展

公有制为主体、多种所有制经济共同发展，已经被确定为中国社会主义初级阶段的基本经济制度。目前城乡小企业中大量出现的各种非公有制经济成分，是改革中的新事物，要支持和引导，不断总结经验，使之逐步完善。非公有制经济是中国社会主义市场经济的重要组成部分。对个体、私营等非公有制企业要继续鼓励、引导，使之健康发展。这对满足人们多样化的需要，增加就业，促进国民经济的发展有重要作用。近几年来，非公有制小企业的发展创造了大量的就业岗位。1996年，私营及个体企业雇佣人数已达到6200万人，比1990年增长3900万人。其中城市私营部门雇佣员工620万人，城市个体企业人数1700万人，分别比1990年增长560万人和1100万人。尽管非公有制小企业在中国得到了迅速发展，但由于体制和政策因素的影响，它们发展的困难要比公有制小企业大得多，二者还处于不平等的地位。因此，必须切实消除对非公有制小企业的一切不平等待遇和歧视性政策规定，调整和完善小企业的所有制结构，促进非公有制小企业发展。

（七）鼓励和支持外向型小企业发展

改革开放以来，中国外向型经济的发展，小企业在其中发挥了举足轻重的作用。据农业部统计，1997年以小企业为主体的乡镇企业中出口企业达13万家，其中有自营进出口权的1000家，与外商合作合资企业4万家，到境外办企业3676家。1997年乡镇企业出口商品交货值7000亿元，占全国的比重达40%。

据测算，目前乡镇企业出口增长速度每增减 2.5 个百分点，就会影响全国出口增长速度 1 个百分点。全国城镇中也有相当多小企业（包括国有的和非国有的），与国外市场有着直接的联系。小企业的整体外向度已相当高，如在北京市市属小企业中三资企业比重达到 74%。目前，我国出口的一些大宗商品，如服装、玩具、工艺品以及一些高新技术产品都是由小企业提供的。面对全球经济一体化步伐不断加快的历史大趋势，中国小企业必须继续充分利用国内外两种资源、两个市场，为保持中国经济的持续快速增长做出更大的贡献。

四、支持小企业加快发展的政策措施建议

（一）加强和改善政府对小企业的宏观管理

1. 设立小企业的管理机构。在小企业的政府管理上，中国目前主要存在两大问题：一是政府职能定位不科学，宏观管理不力，微观干预过多。二是政出多门，各部门只管各自系统内的小企业，缺乏政策的统一性。随着社会主义市场经济的发展，必须形成新型的政府与小企业的关系，变微观干预为宏观管理，因此要调整和改善政府的小企业管理机构。

根据目前中国政府机构设置状况及其改革趋势，按照精减、统一、效能的原则，要加强对小企业的宏观管理，协调好各行政主管部门、行业主管部门、综合管理部门和经济杠杆部门等宏观调控部门的行为。从近期看，国家经贸委中小企业司将主要承担小企业政策制定中的协调工作，落实“制定扶持政策，指导企业改革，组织对外交流，建立服务体系”的职能。从中长期看，随着改革的推进，在小企业逐步做到产权明晰、政企分离的基础上，将有关部门中涉及小企业的管理职能进行归并，组建具有综合协调能力的国家小企业管理局。国家小企业管理局的主要职能是：倾听小企业呼声，维护小企业合法权益；制定小企业发展政策，协调各部委有关小企业计划的行动；防止大企业的不正当兼并排挤，保护小企业的生存和发展；推动企业合作，提高小企业的市场竞争能力；提高小企业素质，促进小企业现代化；组织小企业的国家订货和促进小企业发展对外经济贸易与技术合作等。由于中国幅员辽阔，各地情况差别很大，省一级政府在条件成熟的时候，也可考虑设置相应的小企业管理机构，负责本地区小企业的行政管理工作。省级以下政府则不一定层层都设专门的小企业管理机构。在统一的小企业管理机构建立之前，政府的小企业主管部门要尽快转变职能，尽可能多地为小企业的改革与发展提供服务和支持。

2. 制定《小企业法》。长期以来，中国一直没有制定有关扶持小企业发展的法律法规，小企业的发展缺乏必要的法律保护。根据中国当前的立法情况，

要在已经出台的《公司法》和《乡镇企业法》的基础上，抓紧研究制定《小企业法》。通过这部法律，明确小企业在中国社会经济发展中的地位和作用，确定小企业发展的基本方针，规范小企业的登记管理和财产权属，保护小企业的各项合法权益，规定小企业管理机构的法律地位，明确鼓励和扶持小企业发展的主要政策措施。当然《小企业法》从研究制定到实施有一个过程，在此期间可成立国家小企业政策咨询委员会，该委员会应有金融、财政、科技、教育、外经贸、司法、政策研究部门的专家以及工商界代表和不同地区的代表组成，对小企业的改革和发展政策进行系统研究与设计。

3. 制定全国统一的小企业划分标准。由于目前全国没有统一的小企业标准，政策的制定与执行明显缺乏针对性和可操作性。有关部门应尽快组织专家学者和经济工作者，参照国际经验，按照统一、规范、简便的原则，研究提出符合中国国情的小企业划分方法和划分标准，以实现中国企业分类的科学化，为政府宏观管理和理论研究提供必要的基础。

4. 加强小企业的日常统计工作，进行全国小企业普查。由于缺乏全国统一的小企业划分标准，中国还没有小企业的全面统计资料，这给政策的研究、制定和执行带来了相当大的难度。在小企业划分标准确定的基础上，小企业的统计要成为国家统计局企业调查总队的一项基本任务，要制定科学的小企业统计指标体系，以准确、全面、及时地向政府和社会公众反映小企业的运行和发展情况。目前中国城乡只在进行集体企业清产核资工作，这项工作意义重大，要进一步加强力量，努力摸清集体企业的现状，为城乡集体企业的改制与发展提供必要的政策背景资料。在将来条件具备时，可将这一工作推广到所有小企业中去，全面摸清小企业的家底，为政策决策提供科学完备的依据。

5. 制定实施小企业发展的产业政策。为了切实解决目前小企业发展中存在的规模不经济、低水平重复建设、市场过度竞争以及环境污染和资源浪费严重等问题，促进小企业健康协调发展，制定和实施小企业发展的总体设想和专门计划将是十分必要和急迫的，应提到各级政府，特别是中央和省级政府的议事日程上来。国家发展计划委员会应把促进小企业的发展列入长期发展计划，有关部门应定期向社会发布具有指导性的《小企业发展产业指导目录》，发布相关行业的技术标准和行业发展趋势信息，以引导小企业健康发展。有关部门应制定小企业发展的专门计划，如小企业创办计划、小企业技术创新计划、小企业教育培训计划、小企业结构调整计划、小企业管理提高计划和小企业出口促进计划等。要充分利用当前中国经济结构进行战略性调整的有利时机，在发展大企业、大集团的同时，实行“放小”与“扶小”相结合的战略，真正做到放开搞活。通过资产、品牌、技术和产品等链条，引导大企业、大集团将一部分小企业的发展纳入自身和产业发展体系之中，使小企业在专业化分工和社会化竞争中得到稳定发展。要鼓励企业间的正常竞争，限制和反对不正当竞争，使小企业与大企业在竞争中合作，在合作中发展，形成合理的产业组织体系和企业组织结构。

（二）加强和改善对小企业的财政支持政策措施

由于小企业在经济社会发展中发挥着特殊的作用，各国政府都向小企业提供一定的财政支持。我国也应逐步建立起符合市场经济规范的小企业财政支持体系，同时也要针对小企业在体制转轨时期所面临的特殊困难采取切实有效的措施。

1. 实行和规范对小企业的税收优惠。对小企业在税收上给予一定的优惠是各国支持和保护小企业发展的通行做法。我国目前虽然有一些以小企业作为主要受惠对象的税收减免政策，但还不够规范化系统化，今后应对目前正在执行的十些优惠政策进行清理、规范和完善，并逐步建立起统一明确的以小企业为受惠对象的税收优惠政策。小企业税收优惠政策的制定要体现企业公平税赋平等竞争时原则，废止现在的一些以所有制和企业属地划线的做法，对一部分具有特殊功能确需特殊优惠的小企业（如福利企业），也应实行先征后退或定向补贴的做法，以维护税收政策的统一性与完整性。近期可以考虑提高小规模纳税人的税基标准，扩大这一政策的受益面。可考虑对小企业折旧部分免征增值税；对高新技术小企业，可试行利润再投资的税收抵免政策。

2. 坚决清理对小企业的不合理收费。税收之外的不合理收费已成为影响小企业正常发展的重要因素。小企业由于自身的承受能力与谈判能力较弱，因而受乱收费的影响也较大，对此应坚决清理和制止，切实减轻小企业负担。为此应进一步规范政府的行政行为，明确政府提供公共物品和服务的费用都应主要由税收来承担，不应再向使用者或受益者收取额外费用。要逐步剥离目前由企业承担的一些公共事物与社会职责，企业只应承担开发、生产和经营职能。另外还要加强对公用部门经营行为的监督与检查，逐步建立公用部门产品与服务的定价听证制度，制止公用部门利用自己的垄断地位侵害其他企业的利益。要降低小企业的进入门槛，简化新成立小企业的审批手续，降低登记费，对最低注册资金的要求也应降低。同时，对小企业的各种报表在时间和内容上也要予以简化和规范化。

3. 加大财政对小企业改革的支持力度。政府要为小企业的改革创造必要的条件与环境，各级财政应增加社会保障制度的投入，尽快使这项制度能够建立运转并发挥作用，以加快小企业的改革步伐。同时也要考虑小企业的特殊性，不能完全照搬只适用于大中型企业的社会保障制度，关键是制定促进人员自由流动的社会保障制度。对目前急需解决的下岗失业人员的培训与再就业问题，财政部门应根据条件增加对再就业培训工程的投入和对下岗失业人员的定向补助。对国有小企业的资产重组与破产清算，财政也应提供一定的支持，在由财政支付的国有企业呆坏账冲销基金中，应有一定的比例留给国有小企业，以妥善解决其善后问题。可以考虑设立国有小企业托管基金，以解决那些完全不适应市场经济、产品又毫无发展前途的国有小企业的问题，尽早安置好这些企业职工的工作和生活。历史上一部分城镇集体企业实际上已纳入国有企业管理体系，与国家发生过多次财产转移关系，主要是企业的财产被国家无偿调拨。对这类企业的改制，国家应在一定程度上承担起类似于对国有企业的责任，或直接归还原属于集体企业的资产，以厘清国家与这些企业的产权关系。

4. 增大财政对小企业资金融通的支持力度。融资能力弱是小企业的先天性弱点，也是各国小企业发展中存在着的共同问题。为解决这一问题，发达国家已有一些比较成熟的做法可以为我们所借鉴。首先，应在财政预算中设立支持小企业发展的基金，对好的生产和建设项目予以贴息，以引导社会资金流向小企业。其次，为小企业提供一定的种子基金，近期可先从下岗失业人员和高科技产业的创业基金开始，以后逐步扩大适用范围。

5. 建立支持小企业发展的政府采购制度。随着我国政府投资和公共消费支出制度的日益规范化，我国的政府采购及其招投标制度已经建立并开始运转。政府采购小企业的产品，是各国政府常用的支持小企业发展的方式，我国也应逐步建立这一制度。具体做法可以在政府采购中划出一定的比例给小企业，也可以在政府采购中规定，大企业必须向小企业分包一部分产品和零部件。

6. 加大财政对小企业服务体系的支持。政府资助是小企业社会化服务体系正常运转的重要一环，各类中介组织在向小企业提供政策信息、管理培训服务、技术支持等方面都发挥着不可替代的重要作用。但如果缺少政府的资助，这些中介组织便很难运转，尤其是在目前我国小企业中介服务体系很不健全的情况下，政府提供一定的财力支持是其发育和成长必不可少的条件。

（三）加强和改善对小企业金融支持政策

1. 进一步健全为小企业服务的金融体系。各商业银行要设立名副其实的小企业信贷部门，积极为各类小企业提供信贷服务。中国人民银行要加快城市商业银行的组建步伐，加强对已开业的城市商业银行的指导和监管，促进城市商业银行尽快提高管理水平和对小企业的金融服务能力。要加快对农村金融体制改革步伐、加快机制转化，促进农村信用社的规范化经营，提高农村信用社对乡镇企业的金融支持能力。适度发展与小企业相适应的各类非国有商业银行和非银行金融机构，重点发展面向小企业的合作金融机构和金融中介机构。在将来适当的时候可成立国家小企业银行，为小企业提供固定资产等方面的贷款以及咨询服务。

2. 提供小企业贷款担保手段。小企业量多面广，但可供向银行作抵押的资产很少，有的企业甚至没有，因此，小企业获得贷款的难度很大，银行向小企业贷款的管理成本和经营风险也很大。这就需要进行制度创新，切实依法解决小企业抵押担保难的问题，同时有效地降低银行贷款的管理成本和经营风险。可在发达地区进行“中小企业风险担保基金”试点，条件成熟时逐步向内地推开，以支持为小企业融资服务的商业银行和非银行金融机构，解决小企业贷款担保难的问题。

3. 积极发展创业投资。从国际上的通行做法看，创业投资主要用于高新技术领域小企业的创立和发展。创业投资除了在一定时期内获取风险企业的利益分成外，还要靠风险企业成功后，在股市上出售股份，抽回投资。目前，中国的资本市场还不成熟，只有极少数大企业能够上市，依靠成功的风险企业股票上市回收创业投资有一定难度。而且，根据中国银行法规定，银行不能持有企业的股份，银行很难参与创业投资。因此，中国的创业投资体制不可能模仿西方国家而一步到位，必须根据中国的特点逐步建立和完善创业投资机制，采取多种形式扩大小企业创业投资的资金渠道。一要发挥政府对创业投资的引导作用，在一些重点领域和重点项目上投入一定比例的资金，以调动和引导社会创业投资者的积极性。可在现有科技资助计划（如火炬计划）的基础上建立国家创业基金，按创业基金方式进行运作。二要在整顿现有创业投资公司和改造科技投资机构的基础上，审查其资格，明确其经营范围，规范其经营行为。三可允许少数国外创业投资机构进入中国市场。少数国际创业投资机构在中国国内投资，可起到示范作用，有利于加快建立中国创业投资的制度规范。

4. 积极开拓小企业直接融资渠道。要解决中国小企业融资困难问题，必须在发展小企业间接融资市场的同时，积极发展小企业的直接融资市场。要在清理整顿和规范地方性的企业产权和股权交易市场的基础上，设立并逐步开放全国性的为小企业直接融资的市场。中国地方性股权交易市场，是国有企业和乡镇企业股份制改革的产物，国家至今没有正式法规加以明确肯定。地方性股权交易市场可以为小企业开辟直接融资的渠道，增加居民和其他投资人的投资选择，但由于目前尚缺乏这方面的管理经验，容易成为影响社会稳定的因素。我们不能因噎废食，应进一步组织试点，积极探索经验。为此，一要清理整顿现有的地方性股权交易市场，由国家证监会组织各地市场和证券商，按照企业基础、市场动作秩序和操作水平等标准，进行分类考核。二要在《证券法》中确定为中小企业融资服务的基本形式为“中国证券交易自动报价系统”，并制定和通过相应的管理规则。三要以清理整顿中鉴别出来的甲类市场和证券商为基干，组织全国性的证券交易协会，制定自律性的章程和会员资格，设计全国性的自动报价系统。四要逐步开放和扩展全国证券交易协会自动报价系统，逐步完成全国性的布局。此外，还要继续利用股份制、股份合作制、兼并收购和中外合资等形式，增加小企业的自有资本，提高小企业的融资能力。

5. 加强和改善对小企业的金融服务业务。各商业银行要积极运用各种金融工具为小企业提供结算、汇兑、转账、财务管理和咨询等多种服务，要大力提倡金融机构对小企业提供从创办到生产经营再到贷款归还的全过程服务，特别是咨询方面的服务。对符合条件的小企业，要开展票据贴现业务。当前最需要解决的一大金融服务问题，就是各金融机构要克服对小企业贷款的畏难情绪和消极的惜贷心理，积极改进信贷管理，减少不必要的信贷环节并简化信贷手续，既要保证贷款质量，又要提高工作效率。

（四）建设对小企业的社会化服务体系

小企业很难设立自己的人才培训机构，很难建立自己的技术研究与开发机构，也很难拥有自己的信息网络。各国经验证明，没有社会化服务系统的支持，小企业的健康发展是不可能的。因此，要鼓励和支持科研院所、大专院校、商会，尤其是作为政府和小企业之间桥梁的小企业协会等机构，积极开展面向小企业的技术培训和管理培训，提高小企业技术开发、市场营销和资本运营的能力。政府要大力支持向小企业提供各类中介服务的工作，可采用民办“官”助的形式，对小企业的服务要尽量做到免费或低收费。结合中国目前的政府机构和事业单位的改革，要鼓励和支持精减下来的人员创办为小企业服务的各类中介服务机构，政府对此类中介组织要在税收、信贷和工商管理上给予大力支持。

1. 加强对小企业的管理培训服务，建立面向小企业经营者的管理培训服务体系。没有具有较高素质、现代人意识和富有创新精神的企业家，就不会有充满生机活力的小企业。小企业管理部门和行业协会要充分利用大专院校现有的师资力量，对小企业经营者进行管理方面的培训，以企业家精神培养新一代小企业主，并为小企业提供经营管理等方面的骨干力量。培训内容既可包括经营概论、经营思想、经营原理和经营决策等一般性内容，又可包括生产管理、质量管理、财务管理、市场营销管理、劳动管理、电子计算机应用以及企业选址等专业内容。培训方式既可以包括办培训班，也可以开办各种讲座和讨论会，并配合发行各种出版物。政府则对这些活动给予一定的资助。建立小企业办公室自动化中心，进行适合小企业特点的软件开发、培训，帮助小企业实现管理现代化。加强企业经营管理诊断。小企业受各种主观条件的限制，只靠自身的力量来扭转经营管理的落后局面是很困难的。因此，可成立企业经营管理诊断的专门性服务组织，聘请有知识、有经验的研究人员，大学教授，特别是具有丰富实践经验的在职或退休的经营管理者，为小企业的经营管理提供咨询、诊断和指导，找出经营管理中存在的问题，并提出改进方案。

2. 加强对小企业的信息收集和信息交流工作。一个独立的小企业依靠自身的力量是无法将国内外有关信息准确、迅速地收集起来的。要建立向全社会开放的包括政策信息、技术信息、市场信息在内的小企业信息网络和信息发布渠道，提高小企业的信息获得能力和信息开发能力。在工商业比较集中的大城市可设立小企业信息中心，免费向小企业提供信息服务。小企业信息中心的工作人员应由经验丰富、学识高深的人担当。有关部门也应该经常为小企业举办信息交流会活动，讨论诸如流动资金、商情预测、产品销售等小企业密切关心的问题。在有条件的地区可以建立电子网络，为小企业提供迅速、快捷的服务，并建立与“电子政务”相连通的渠道。

3. 加强对小企业的技术服务。为了增加小企业竞争能力、提高生产率、节约资源以及防治环境污染等问题，对小企业技术进步所需要的人、财、物也要给予必要的扶持。第一，培训技术人才。小企业的行业协会等有关机构要积极开办技术学校，对小企业技术人员和职工分期分批进行培训，培训时间可分为长期、中期和短期等多种形式。要充分利用理工科大学现有的教学力量，开办面向小企业技术人员的培训班、讲座等。有条件的中心城市还可以短期讲学、函授等多种形式为小企业培训技术人才。第二，提供必要的技术开发资金。各级政府的财政部门及小企业主管部门，要在力所能及范围内向小企业发放补助金，包括研究开发项目补助和对直接从事研究开发工作的科技人员给予工资补助。金融部门也应提供长期低息贷款，以鼓励小企业研究新技术和开发新产品。对小企业购买先进机器设备，可通过抵押贷款的方式提供资金。第三，提供必要的技术开发设备及试验条件。小企业为了提高产品质量和推行生产合理化，对原材料和产品进行试验、检测是不可缺少的技术条件，因此在中心城市和有条件的县市应设开放试验室，供小企业使用，在一些基础较好的中心城市，可建立技术创新中心，为小企业的技术开发提供更加有利的条件，帮助小企业解决技术难题。第四，加强技术诊断、技术指导和技术交流。要充分利用现有科研院所、退休技术人员等力量，组成技术专家网络，为小企业提供技术诊断和咨询服务，并针对小企业在生产、节能和环保等方面存在的质量、技术问题进行定期或不定期的指导。要组织研究人员、大学教授与小企业技术人员进行技术交流。有关部门还可以通过产品鉴定会和技术表演会等活动，提高小企业的技术水平。政府则应对这些活动给予必要的资助。第五，扶持高新技术小企业。

对高新技术小企业、尖子企业、研究开发型小企业要给予重点扶持。得到重点扶持的小企业，在资金筹措、研究开发、运营管理、市场调查以及商品化等方面，政府均应给予综合性指导和特殊照顾。在有条件的地区，要建立为小企业服务的科技开发中心，使之成为培育小企业适用技术的孵化器。此外，为调动小企业科技人员的积极性，政府及有关机构要定时为他们组织专业技术资格评定，提高他们的社会地位。应鼓励和提倡科技人员采取技术入股的方式进入小企业，增加他们在企业管理中的发言权。鼓励大中型企业集中精力进行关键技术的攻关，而将一般性零部件的生产和技术开发向小企业转移，即以分包方式，对小企业进行技术转移和扩散，促进专门化的发展。

国有经济战略性改组与产业结构调整

主要完成单位：国家计委经济研究所　国家财政部产权司　中国人民大学　北京大学　国家计委宏观经济研究院
主 要 完 成 人：银温泉　臧跃茹　侯孝国　王东升　才婉茹
获 奖 时 间：2000 年
获 奖 名 称：国家计委优秀研究成果三等奖

当前，国有经济战略性改组与产业结构调整升级正处于关键时期。如何使两者紧密结合起来，积极推动国有经济战略性布局调整与企业改组，加速产业结构的顺利调整升级，协调解决我国国民经济运行与发展面临的体制性矛盾和结构性矛盾，是当前经济理论界、政府部门和企业十分关心的重要课题。

一、新一轮产业结构调整的特点迫切要求国有经济进行战略性改组

从 90 年代中期开始的新一轮产业结构调整，正如江泽民总书记在党的十五大报告中所强调的，是一次战略性的调整。与前几次产业结构调整相比，这一轮产业结构调整具有十分鲜明的特点，迫切要求国有经济进行战略性改组。

（一）过去的产业结构调整，是在短缺经济背景下发生的，是供给导向型的调整，这次调整则是在买方市场背景下进行的，是市场导向型的调整

在计划经济时期，我国的经济基本上是短缺性的，短缺经济甚至被认为是计划经济的一个基本特征，而在当时，理论上也把这种短缺看成是社会主义的优越性之一。改革开放以来，随着经济市场化程度的提高和持续的高速增长，

随着国内居民收入水平和生活水平的提高及消费需求结构的改变，我国经济在1996年成功实现“软着陆”之后，供求格局发生了重大变化，农产品、工业消费品和基础性生产资料基本告别了普遍短缺时代，初步形成了买方市场。在短缺经济下，基本上不存在需求制约，只要能够缓解供给的资金和资源瓶颈，国民经济就能在产业结构平面扩张的同时迅速启动起来。而在买方市场条件下，市场需求对经济增长的约束作用明显增强，现有经济结构对经济增长的支持作用日益减弱，供给结构不适应需求结构变动、生产能力结构性过剩的矛盾愈加突出。但应当看到，目前的产品过剩，是在人民收入和消费都处于低水平的情况下出现的。在21世纪初期，居民收入将由目前的低水平的小康过渡到比较富裕的小康，居民消费也将随之发生转型升级。这一方面要求居民收入上升到更高的水平，另一方面要求供给结构优化升级。以市场为导向，推动经济结构优化升级，形成有效的供给结构，既能为消费转型升级提供给支持，又是提高资源配置效率和经济效益，增加居民收入的重要源泉。

（二）过去的产业结构调整基本上是靠增量带动、数量扩张，追求经济增长速度，而这次结构调整着眼于提高国民经济整体素质与效率，要进行大规模的存量调整与优化配置

新中国成立之时，我国经济基本处于“一穷二白”状态，人口多，底子薄，经济发展水平低，发展又不平衡，追求经济增长速度，加快工业化进程，是我国经济发展的必然选择。因此，长期以来，我们一直追求经济快速增长，特别是追求重工业的高速增长。这使我国迅速建立了一个门类齐全、完整的工业体系，为国力增强和国际地位的提高奠定了良好的基础。但毋庸置疑的是，这种增长是以高额的成本换来的。从物质投入看，我国由于产品加工深度低，技术含量不高，能源、原材料消耗高，用同样或等量的资源、原材料投入所创造的价值，仅相当于发达国家的1/5左右。[①] 买方市场的出现，国际市场竞争的加剧，资源、环境的制约，使得这种高投入、低产出、追求数量和速度的经济增长格局难以为继，经济增长速度不可避免地出现下降。要使国民经济保持较快的发展速度，就必须提高国民经济素质，转变经济增长方式，提高效率。这要求提升产业技术层次、加工深度等，同时优化产业组织结构，实现规模经济，并加大资产重组力度，通过兼并、联合等形式进行资产重组和结构调整，盘活庞大的国有资产存量，使资源向高效产业、优势企业集中，提高存量资源和增量资源的配置效率。

---

① 陈锦华（1998），《通向软着陆的宏观调控》，中国计划出版社，转引自王积业（2000）。

（三）过去的产业结构调整基本上是产业平衡发展型的，而这次产业结构调整的关键是产业升级，培育和发展新的支柱产业，推动科技进步和科技创新，提高经济增长的质量和效益

过去的产业结构调整基本上是“填平补齐”式的，调整的主要目标是解决经济比例关系失调问题，缓解“瓶颈”部门制约的压力，填补产业“空白”，弥补产业“短线”，实现产业间的总体结构平衡。例如，60 年代初和 80 年代初的调整主要是解决农、轻、重比例失调，90 年代初的调整主要是缓解农业、基础工业、基础设施与加工工业不相适应的矛盾。而这次调整，核心是适应市场需求结构的变动，对目前产业结构与产业组织结构不合理的状况加以调整，推动行业技术进步，加快产业结构升级和产品更新换代，培育和发展新的支柱产业，实现经济结构的优化升级。

（四）过去的产业结构调整基本上是在计划经济体制下进行的，而这次产业结构调整的体制背景发生了巨大的变化

80 年代以前的产业结构调整在很大程度上依赖于国家计划的资源配置功能，包括对产业间的资源配置实行倾斜政策，将国家直接掌握的资金投入到需要重点发展的产业等。进入 90 年代，产品生产、交换、流通等环节逐渐实现了市场化，社会主义市场经济体系框架初步确立。国有企业通过公司制、市场化改造等方式，逐渐成为相对独立的市场主体。因此，这一轮的产业结构调整必须充分发挥市场配置资源的基础性作用，依托市场进行，调整的主体主要是企业。但同时应当看到，目前要素市场发展仍然比较滞后，与产品市场发展严重不对称，阻碍了生产要素在部门之间、地区之间、企业之间的合理流动和优化配置，储蓄向投资的转换障碍也比较严重。这都不利于提高生产要素的配置效率，提高经济增长质量。因此，在这一轮产业结构调整过程中，必须进一步完善市场经济体系，其中重要的内容之一是促进要素市场的市场化进程，打破条块分割，真正实现政企分开，促进生产要素的顺利有效流动。

（五）过去的产业结构调整基本上是封闭半封闭性质的，而这次的产业结构调整是一种开放式的调整，这就要求国有经济立足于国际竞争，调整布局，调整组织结构，以增强我国的国际竞争

当前，世界经济和我国经济都正在经历着产业结构调整。从世界范围看，新一轮科技革命和产业革命正在发生，新兴技术与新兴产业发展势头十分迅猛。这同时推动了传统产业的调整和升级，甚至使一些衰落产业重新焕发活力。世界范围内的这种产业结构变动，特别是发达国家产业结构的调整，正通过国际分工的变化，如垂直分工、水平分工、区域分工、产业内分工的变化等，影响到发展中国家的产业结构格局，影响到我国产业结构的调整和升级。与此同时，经济全球化步伐十分迅速。跨国公司的全球性并购规模越来越大，范围越来越广。我国加入 WTO 指日可待，与国际经济的联系日益密切。因此，结构调整不仅要考虑国内市场，还要考虑国际市场。“落后就要挨打”。我国要在 21 世纪的国际竞争中占据主动地位，必须恰当确立我国在世界经济体系中的分工定位，培育和发展我国的支柱产业，发展高新技术产业，大力推进国民经济信息化进程，全面推进产业结构的调整升级。

总之，过去的几次产业结构调整基本上都是在短缺经济下进行的，中心是解决比例关系不协调、数量短缺问题，是一种增量性的调整和平面扩张。在这种性质的调整中，解决问题的关键主要是突破资金、资源瓶颈。这次调整的目的则是解决体制性矛盾和结构性矛盾，而解决结构性矛盾的核心是科技进步与科技创新。因此，推动这一轮产业结构调整的关键环节是突破体制瓶颈和科技瓶颈，其中，科技瓶颈能否突破，关键在于体制瓶颈能不能突破。可以说，产业结构调整升级与国有经济战略性改组之间的关系非常密切。

目前，国有经济分布在国民经济的各个行业。据第三次全国工业普查资料，1995 年底，在 36 个工业行业中，国有资产所占比重超过 50% 的行业有 21 个，占 20% ~50% 的行业有 10 个。随着经济的发展和改革的深入，国有经济这种配置格局的弊端逐渐暴露出来。国有经济的不合理突出表现在：从宏观、布局的层次看，战线过长，过于分散，大量资产分布在那些不需要国有经济控制和难以发挥优势的领域，影响了国有经济的整体素质，进而影响到国民经济的整体素质。例如，在国民经济的各个行业，都或多或少地存在国有经济成分，在国有经济并没有优势的领域，仍然在大量配置国有资产，从 1985 年到 1995 年，国有工业企业资产总额增长 6.6 倍，其中食品行业增长 7.6 倍，饮料行业增长 8.3 倍。国有经济的这种面面俱到、战线过长的布局是国有经济整体效益偏低、主导优势不突出的重要原因，进而导致国民经济整体效益偏低。从微观、重组的层次看，在国有经济应当控制和能够发挥优势的领域，由于管理体制、产业组织结构、管理组织方式等不合理，创新能力较弱，也不能真正发挥优势，严重不适应新的科技革命和世界经济竞争格局。总而言之，国有经济战略性布局调整与企业改组是产业结构调整中最关键的环节。解决了体制性矛盾，建立了国有企业的科技创新功能，产业结构调整升级就能够基本得到解决。

二、积极推进国有企业改革，加快解决国民经济发展面临的体制性矛盾，推动产业结构的调整升级

如上所述，我国经济面临国有经济战略性改组与产业结构调整升级双重任务，结构性矛盾和体制性矛盾相互交织在一起。其中，体制性矛盾是当前我国经济面临的主要矛盾，而国有企业体制不合理是体制性矛盾的主要方面，国有企业改革滞后使结构性矛盾更加突出。因此，推动国有经济战略性布局调整，深化国有企业改革，对促进产业结构调整升级具有重要的积极意义。

（一）根据国民经济发展阶段、市场特征和国家宏观调控能力，恰当界定国有经济的存在范围和产业分布格局

现代经济学的市场失灵理论和发展经济学分析了发达市场经济国家和发展中国家国有企业存在的基本理由。① 社会主义国家当时之所以建立了庞大的国有经济，也有其自身的政治经济和社会原因。② 就当前我国的情况而言，要在改革深化过程中恰当界定国有经济的存在范围，必须立足于我国面临的发展阶段、发展任务、市场特征等方面的因素，并考虑到国家的宏观管理能力。我们的基本判断是：经过50年特别是改革开放以来20年的发展，我国目前已经建立了比较完整、庞大的工业体系，人们的收入水平也有了很大提高，国民储蓄目前已达到6万亿元人民币。经过近二十年的改革，初步形成了一个比较完整的市场体系，要素市场特别是资本市场已跨过了起步阶段，产品市场已成为买方市场。同时，非国有经济发展迅速。因此，国有经济的原有功能在很多方面已经大大减弱，国有企业的改制、改组势在必行。但另一方面，我国的工业化过程并没有完结，二元经济特征依然明显，作为后起国家的赶超任务仍有待完成，同时，国家宏观管理能力仍然较弱，国有经济的进入、退出与转移可以作为宏观调控、引导产业调整的重要物质力量。③ 因此，我国的国有企业除了在发达市场经济国家通常发展国有企业的领域履行国有企业的一般功能外，就我国作为一个发展

---

① 关于市场失灵与政府作用的详细讨论和分析，参见 Wolf，C. J. 1988，Markets or Governments：the Choice between Imperfective Alternatives. Land Corporation 发展经济学的有关论述，参见吉利斯，M. 等 1987，《发展经济学》，经济科学出版社 1990 年中文版。

② 参见许涤新（1982），《中国国民经济的变革》，中国社会科学出版社。

③ 尽管目前非国有企业在工业总产值中占有 2/3 以上的份额，国民储蓄达 6 万多亿元，但国家财政收入的 2/3 左右仍来自国有企业。由此可以认为，包括税收稽征在内的国家宏观管理能力目前仍然较弱，难以用政策引导来实现国有企业承担的一些基本职能。

中的社会主义国家而言，国有经济的职能范围更广。从把国有企业作为经济发展（包括“赶超”）的重要手段这一角度而言，我国国有企业应当主要分布在对实现工业化、赶超目标至关重要的重点行业和重点企业。

国有经济战略性布局调整与企业改组，在不同产业有其不同的含义与内容。中共十五届四中全会强调要“坚持有进有退，有所为有所不为”，指出了国有经济需要控制的行业和领域包括三类行业、两类企业。国有经济在不同类型的产业所起的作用有很大的不同，其改革与改组方式也因此有很大的差异。在传统产业中，国有经济战略性改组的基本原则应是收缩战线，保障重点，依托优势大公司、大集团的力量，推动结构调整和技术进步。国有经济一方面要退出那些不关系到国民经济命脉的竞争性行业和产品生产领域，首先是退出资金规模和技术要求不高、进入壁垒较小的行业和产品生产领域，另一方面要在重点领域巩固发展，主要是集中在关系到国民经济命脉的自然垄断型和技术资金密集型产业的大公司、大集团。在能源、原材料、交通通信等基础产业，资产重组的核心任务是在政企分开、打破行业垄断的基础上，形成能够参与国际竞争、具备规模经济特征的大企业，同时强化产品结构升级和技术进步。在制造业（如机械、家电行业），除劳动密集型行业贯彻落实“放小”外，关键是形成技术开发创新能力，要推进重大产品技术开发和技术改造，带动优化重组，发展协作配套关系，打破大而全、小而全的格局。要通过市场，由投资者出资，国家要做的是建设高新产业中的基础条件，除立法等软环境外，硬条件就是改造国有资本。在科技创新初期，政府的主要任务是给政策，提供宽松的市场环境。同时鼓励以大企业为依托，推进科研院校与大企业的合作开发活动。形成好苗头后，国有企业可以通过控股、参股的方式介入，或者传统产业中的国有企业分立出一部分，开始作为副业，发展到一定阶段后作为主业。在第三产业中，国有经济成分应从小型企业和部分中型企业退出来，集中发展大公司、大集团，如交通运输集团、电信集团等。在那些直接为生产生活服务的部门，也完全可以依托国有企业的力量，金融保险业就是如此。一些国有性质的大型内外贸企业，也可以积极参与国有经济战略性改组和资产重组，带动其所在行业或其他行业的结构调整。

（二）根据国有企业的定位，对履行不同功能的国有企业分类制定改革办法

按照上述对国有企业存在理由和功能的分析，我们把国有企业分为三类：一是国有企业功能已经非常弱的大量竞争性企业；二是垄断性、提供公共产品的企业；三是履行战略功能的战略性企业。对这三类企业应有相对不同的改革办法。

对于第一类企业，因为其履行国有企业自身功能的作用基本消失，所以主要工作应当是发展多元投资主体，有些领域甚至可以考虑国有经济成分完全退出。这些企业的最终命运由其在市场上的表现来决定，对这些企业的控制主要通过股东进行。对于这一类企业中的大中型企业，在推进股权多元化的过程中，应着力构造法人持股，特别是法人交叉持股模式。

对于第二类企业，由于规模经济、自然垄断或地域性垄断方面的原因，改革的主要工作是控制其行动效果。在这方面，尽管可以采取1998年以来中央政府采取的一个行业两个以上大公司的做法，但主要任务是改进政府对这些企业的管理办法。因为即使一个行业只有两三个公司，该行业市场格局仍是寡头垄断性的。单纯强调其走向市场，强调推进产权制度改革，结果可能使国家垄断变成企业垄断。因此，对于自然垄断型和提供公共产品的企业，政府应当借鉴发达国家政府管制的通行做法，完善对企业的监控。例如，对电力企业的管制就主要通过监管价格（防止企业制定垄断高价）和消除某些价格歧视形式进行的。

对于第三类履行战略功能的企业，国家应保持控股地位。同时，为了促使该类企业提高运营效率，应改变其国有独资的格局，积极推进股权结构改造，吸引非国有经济成分投资。在实际运行过程中，国家将一些规定的指标纳入到企业目标，国家对这些企业的考核主要以市场效益和指标完成情况来确定。

对三类企业采取不同的改革办法，总结可见下表。但需要说明的是，三类企业的划分以及关于国有股权的结构、评价依据和管理方式的选择，不是绝对的、静态不变的，而是相对的、动态变化着的。有些战略功能型企业可能在一定时期之后其战略功能大大减弱；有些垄断性企业也可能由于技术进步、市场环境变化而转变为第一类企业。而国有企业功能较弱的企业在特殊紧急时期其国有企业的功能也可能迅速增强，如有些药品生产企业在战争时期生产大量的军用药品。

对不同功能的国有企业采取不同的改革办法

类　　别	国有股权	评价依据	管理方式
国有企业功能较弱的企业	少数参股或者为0	市场业绩	股东控制
垄断性、提供公共产品的企业	从100%到0或“金股”	市场业绩+服务方式	股东控制+政府管制
战略功能型企业	从100%到控股	市场业绩+国家规定指标完成情况	股东控制+国家目标要求

三、国有经济战略性改组和产业结构调整要以企业为主体，以大企业为“龙头”

在国有企业战略性改组与产业结构调整中，究竟是以企业为主体，还是以政府为主体，一直是一个有争议的话题。结构调整一直是从中央到地方经济工作的重要内容，调整至今结构矛盾仍很突出，达不到预期效果。问题长期得不到解决的原因之一是转轨时期结构调整主体缺位。由于政府可直接支配的资金、资源较之过去已经大幅度减少，国有企业逐渐成为独立的市场主体和法人实体，大企业（集团）的作用越来越大，国有经济战略性改组与产业结构调整应当以企业为主体，特别是充分发挥大企业的“龙头”带动作用。经验表明，那些不仅具有生产、流通功能，而且具有融资、技术研究开发、资本经营等综合性功能的大型企业集团，能够发挥企业群体优势，促进资源合理配置等作用，应该成为结构调整和国有经济改组的最重要的主体。政府要做的工作主要不是直接出面进行结构调整，而是培育这类企业集团生长的土壤，创造良好的宏观外部环境。所谓以企业为主体，包括两方面的含义：一是国有企业的改组要以企业化、商业化原则为主导，不能把非商业化的活动纳入到企业的目标函数；二是改组行动主要由企业经理人员自行安排，政府的活动仅是辅助性的。培育、发展一批大型企业集团，既是产业组织结构调整的方向，也是加快结构调整的重要依托。大型企业集团在国家政策的引导下，按照市场竞争机制和集团发展战略的要求进行兼并、联合，是实现政策推动与市场机制有机结合的纽带，也是提高结构调整效益，减少结构调整中行政失误或政府失灵的合理选择。

改革开放以来，我国企业集团取得了迅速发展，在国民经济和国有企业改革与发展中发挥着越来越重要的作用。大型企业集团在国有经济战略性改组和产业结构调整中处于一个无法替代的关键位置。面对紧迫而激烈的国际市场竞争格局，如果国有企业起不到应对国际竞争的主力军的作用，靠民营企业是很难的，不能期望用短短几年内成长起一批民营集团，应对国际竞争的主体部分未来很长的一个时期内仍然是国有经济，特别是其中的大型国有企业（集团）。

（一）大型企业集团是国有企业的骨干力量和精华部分，是推动产业升级，发展新兴产业和新的支柱产业的重要依托

资金、技术密集型产业是今后一个时期经济发展的重点所在。在这类产业发展过程中，大企业的作用至关重要。只有在规模经济基础上运作的大型企业

(集团)，才有可能制定长期发展战略，进行可持续的发展，承担起投资金额大、技术含量高、建设周期长的产业的发展责任。不充分重视和发挥大型企业集团的作用，我国资金、技术密集型产业在国际竞争中将很难站住脚，也难以调整目前不合理的产业结构，而仅仅靠低附加值的劳动密集型产业和在基础设施建设上铺摊子不可能实现经济增长方式的转变。

（二）大型企业集团是产业技术进步的策源地，是技术创新、技术转化为生产力的有力推进者

在资金、技术密集型产业领域中，技术进步因素将取代劳动成本因素在产业竞争力中构成越来越大的份额。现代产业技术开发和产品开发所需要的大量财力和人力投入，是中小企业难以承担的。因此，在经济发展进入资金、技术密集型产业发展为主的阶段后，大型企业和企业集团就成为推动产业技术进步、实现科技成果转化为生产力的主体，大企业在产品创新基础上的科研组织功能是现代技术革命的主导力量。大型企业集团的发展及其与科研机构的联合，能够有效地改变我国科研与生产脱节、产业技术开发能力薄弱的状况，成为科研与生产相结合的有效的组织形式。而且，在科技型小企业创新成功后，大企业有能力迅速将科技成果转化为现实的生产力，并通过产业协作链条传递到中小企业中去，带动一大批企业技术水平和管理素质的提高。因此，大型企业集团是我国通过技术进步实现经济增长方式转变的一个中枢性的环节。

（三）大型企业集团是社会主义市场经济的骨干型的企业组织，是推动产业组织结构合理化，提高资源配置效率的主力军

在社会化大生产的条件下，一方面要适应规模经济的要求使生产经营集中化、一体化，另一方面要适应专业化分工的要求实现专业化和小型化。这些要求决定了社会主义市场经济体制所需要的企业组织形式，是一种以大型企业为骨干，众多中小企业为基础的企业共生体。大型企业集团通过并购、合并等方式，可以有效地提高市场集中度，形成合理的市场结构，改变买方市场条件下过度竞争的割据；通过发展把生产、流通、科研、金融联结起来，通过产权纽带或协作方式把大量中小企业联合在周围，既可以大大提高市场的组织程度和稳定性，也有利于突破条块分割对资金、资源在全国统一市场中流动所造成的行政性壁垒。

四、充分发挥政府的能动作用，为国有经济战略性改组与产业结构调整创造有利的环境和提供有力的支持

国有经济战略改组和产业结构调整升级事关全局，任务繁重，要求充分发

挥政府的能动作用，恰当确立政府在其中的角色定位。鉴于我国与发达的市场经济以及新兴工业化经济的企业集团发展过程中政府作用的经验教训，政府在以下方面的工作值得特别注意。

（一）政府在国有经济战略性改组与产业结构调整中可以起第一推动作用

国有产权的部门所有制、地方所有制使跨行业、跨地区的并购难度较大。目前存在的结构问题，很大程度是由于旧体制形成的行业壁垒、部门分割造成的，地方市场分割则是经济转轨过程中出现的。这需要由政府推动，打破体制障碍。比如上海市近年的结构调整取得重大成绩，由原有的二、三、一产业结构模式向三、二、一产业模式演变，新的汽车、电子等几大支柱产业基本形成，替代了上海传统的纺织等支柱产业，进而形成一批势力强大的企业集团，政府在其中的作用不容忽视。但应强调的是，第一推动力到此为止，政府不应直接插手具体的重组过程。

（二）制定合理的产业政策并推动实施

产业政策可以细分为三个方面，即产业合理化政策、产业结构高级化政策和产业组织政策。产业合理化政策要解决的是现有产业的资产重组和关联产业之间的协调；产业结构高级化政策要解决的则是新兴产业的发展和现有产业技术结构升级问题；产业组织政策涉及的是企业规模结构、主要是大中小企业之间的关系问题。三者之间密切联系在一起，不能截然分开。在制定和实施产业政策的过程中，必须建立有效的协调机构。制定和实施积极的产业政策有许多不同的方式，大致可分为三大类，即协调投资、加强网络联系和挑选优胜者。① 在前两类方式中，政府主要试图强化市场信号，激发企业活力，这也是战后日本和韩国政府的做法；② 第三类方式则是政府设法取代市场。我们应当汲取日、韩两国当时的有关组织经验，把政府、大企业（集团）、中介组织、金融机构、学术界的有关专家领导组织起来，共同制定并策划实施产业政策，在全社会范围内形成共识。

（三）加大对企业集团技术创新支持力度，同时制定并实施有效的技术引进体系标准和引进程序，加速消化、吸收和技术创新步伐，尽快建立有利于经济独立的技术体系

科学技术是第一生产力。要切实推动我国产业结构的调整升级，增强国有

---

① 参见世界银行《1997 年世界发展报告》，中国财政经济出版社 1997 年版。

② 参见青木昌彦等 1997，《政府在东亚经济发展中的作用》，中国经济出版社 1998 年中文版。

企业的市场竞争优势与核心竞争力，必须把科技进步和科技创新放在首要位置。产业领域的技术创新和技术进步，是技术、经济、社会等多方面因素的综合体现，需要政府、企业、社会各方面的协调配合。从国际经验看，各国政府鼓励技术创新、促进技术进步的政策，都不是依靠一个政策文件，而是围绕着提高技术创新能力、国家竞争力这一主导思想，制定多种政策措施相互配合的政策体系。在这方面，政府当前的工作重点应是：研究制定产业技术发展规划，明确战略性技术发展方向和重点领域；加强政府对大公司、大集团研究开发方向的引导，并加大政府的研究开发投资力度。在技术引进过程中，必须树立中央权威，在重要行业要建立统一的技术引进领导机构，同时结合法律法规措施，把行政权威与法制权威紧密结合起来，防止多头对外，盲目引进，重复建设。在主要的工业部门中，要以有能力设计制造具有国际竞争力的生产装备为目标，有计划地引进国外技术，并配合以促进技术消化、吸收和创新的支持措施。同时要以现有优势企业为依托，逐渐增强企业的消化吸收能力，尽快形成独立的技术能力和技术体系。

同样需要强调的是，在鼓励科研院校与企业开展研发合作、鼓励一些科研所并入企业的同时，应当强化政府在战略性产业和潜在优势产业研发活动中的领导与协调作用，一些基础性的、重大的研究项目，由于外部效应较强，研究时间长，风险较大，也许只能由国家承担。国际上一些大型跨国公司目前在我国设立了“中国研究院”，我们应有长远眼光，真正建立一些研发力量强的“国家队”，不能因为近期利益，就将科研院所全变成“俱乐部”式的。

（四）建立一个高层次的权威领导协调机构，强化对国有经济战略性改组和产业结构调整的统一领导和协调

我国产业结构正处于一个大变动、大调整时期，企业也正处于大分化、大重组时期，这一过程涉及不同产业、不同行业、不同企业之间的协调，涉及地方利益的协调，涉及经济领域、社会稳定，范围非常广泛，要对复杂的利益格局进行调整。因此，中央政府的综合协调作用极为重要。我们认为，没有一个至少由国务院副总理领衔工作的机构，不充分发挥中央的有力协调作用，树立强政府形象，我国的国有经济战略性改组与产业结构调整升级的进程有可能拉得很长，付出的代价很大。

建议借鉴日本和韩国在产业结构调整和升级过程中的做法，完善目前负责国有经济战略性改组与产业结构调整工作的领导体制。例如，可在国务院或有关部委下设立若干产业合理化审议小组，人员主要由来自各产业贸易部门、

相关产业的大企业、银行等的代表组成，主要任务是统一研究制定国有经济战略性改组与产业结构调整的战略目标和战略步骤，研究大公司、大集团在产业结构调整中如何发挥作用，制定实施大公司、大集团战略的具体步骤，包括指导和协调大集团的资产重组活动。

中国小企业发展战略研究①

主要完成单位：国家计委经济研究所
主 要 完 成 人：俞建国　王岳平　王亚平　宋　立　吴晓华
获 奖 时 间：2000 年
获 奖 名 称：国家计委优秀研究成果三等奖

进入 21 世纪的中国正面临新一轮“全球化”的挑战。所谓“全球化”，就是资源在全球重新配置的过程。而这一轮全球化，则是在全世界全面转向市场经济体制、现代信息和通信技术得到广泛运用、国际资本大规模高速流动的背景下发生的。显然，这既是生产力进一步提高、人类福利普遍增进的过程，也必然是全球利益重新分配的过程，因此必将引起富国与穷国之间讨价还价和摩擦争斗，甚至演变成一系列的冲突和对抗。

冷战结束，“全球化”在一定程度上成为西方价值的全球化，西方文明的世界化，因此也是西方利益的全球化。在富国、大国霸权主义仍然是国际政治、国际经济主旋律的情况下，在民族国家仍然是现行国际秩序基本单位的情况下，努力提高我国的产业竞争能力，积极参与国际分工，提升我国在全球市场中的竞争地位，是我们应对“全球化”挑战的最有效手段之一。而从办好中国的小企业入手，使千百万小企业富有朝气、充满生机，成为我国社会主义市场经济中最活跃的细胞，成为现代化生产的重要组织基础，并作为未来高水平产业组织的一种必要准备，是当前及今后相当长一段时期内我国的一项战略性任务。

一、中国小企业的基本情况和存在的问题

（一）中国小企业的特点

根据 1999 年《中国统计年鉴》和国家统计局提供的数字，1998 年，全国工

① 国外一般中小企业并提，我国则习惯于大中企业并提。与国外相比，中国的中型企业规模偏大，从业人员平均为 735 人（1998 年），远多于国外最高 500 人的标准。因此，中国小企业的口径大致与国外中小企业相当。另外，中国除工业领域外尚无统一的企业规模划分标准，本文使用的企业数据，范围虽然仅包括工业企业，但分析的内容对其他行业小企业基本还是适用的。

业企业 797.46 万户，小企业占 99.7%；工业总产值 11.9 万亿元，小企业占 68.5%；从业人员 1.39 亿，小企业占 75.5%。

1. 小企业的所有制结构特点：以非国有经济为主。1998 年，在小企业的数量上，个体占 75.9%，集体占 22.2%，三资企业占 0.8%，国有（含国有控股企业）占 0.6%；在产值方面，集体占 53.6%，个体占 25.0%，三资企业占 13.2%，国有占 7.2%；在从业人员方面，集体占 54.4%，个体占 28.2%，三资企业占 7.6%，国有占 8.1%。

而大中型企业则以国有为主。在大中型企业中，国有企业的户数和产值均占 70% 左右，从业人员则占到 85%。

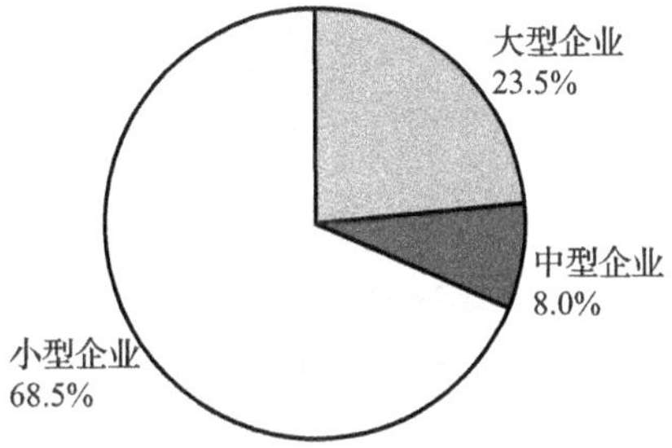

图 1　1998 年中国不同规模企业产值构成

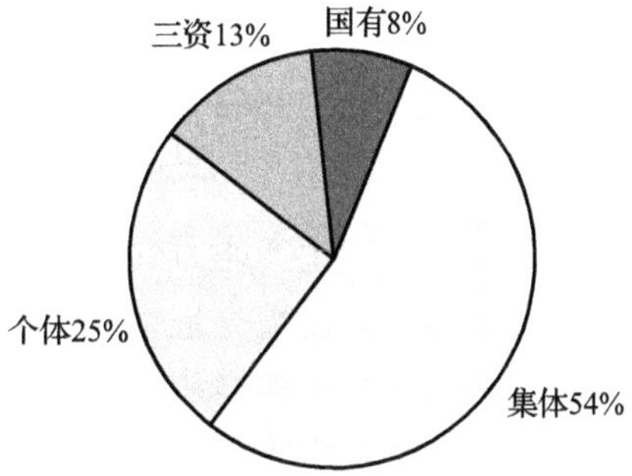

图 2　1998 年不同经济类型小企业的产值构成

资料来源：根据国家统计局提供的数字计算。

2. 小企业的行业分布特点：主要分布在劳动密集型、多品种、小批量等与人民生活密切相关的轻纺等行业。根据 1995 年第三次全国工业普查资料计算，食品、造纸、印刷行业的 70% 以上，服装、皮革、文体用品、塑料制品、金属制品行业的 80% 以上，木材、家具行业的 90% 以上，均由小企业提供产品，而大中型企业则主要分布在基础部门和支柱产业中，如石化、冶金、重型机电设备、铁路、民航等行业。

3. 小企业的地区分布特点：西部比重偏低，且规模较小。1998 年小企业占各地区工业总产值的比重，东部为 69%、中部为 71%、西部为 57%，西部比重明显偏低，也说明西部的大中型企业比重较高。从企业规模看，东部小企业的平均规模比较大，产值为 153 万元，大约是中部的 2.3 倍、西部的 3.3 倍。

4. 小企业技术进步方面的特点：决策机制灵活，激励机制较强。小企业在技术创新的目标上更注重经营业绩的提高，如技术获取、创新应用和创新销售，因而技术创新的产出率较高，而不像大企业那样侧重于生产要素的改善（如降

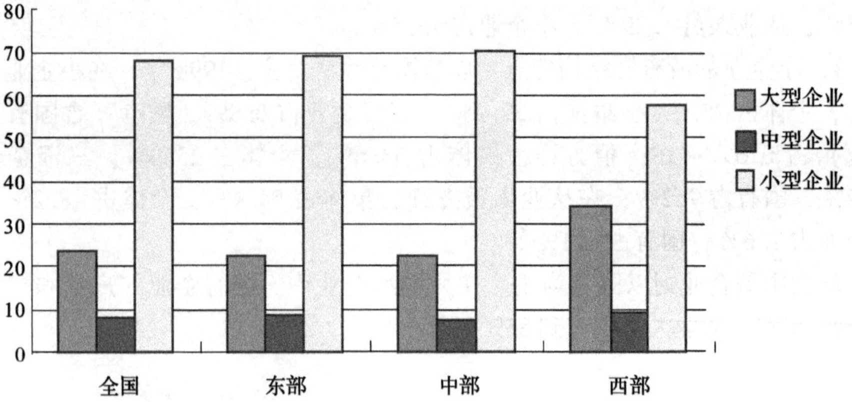

图3　1998 年不同地区工业总产值的企业规模构成

资料来源：1999 年《中国统计年鉴》。

低物耗和能耗）和生产能力的提高；小企业技术创新注重适用性、中间性，而不像大企业那样更注重先进性。小企业的技术来源主要依赖外部，并以省外技术为主，不像大企业那样购买国外技术占有较高比重。由于资金不足、缺乏人才和信息，小企业的技术创新档次不高，很容易被模仿。

（二）中国小企业在社会经济中的作用

1. 在发展方面，90 年代工业新增产值的 71.3% 是由小企业创造的；在工业总产值中，目前小企业占 68.5%，比 1978 年提高了 12 个百分点。

2. 在就业方面，工业部门就业人数为 1.39 亿人，其中在小企业就业占 75.5%。改革开放 20 年来，从农业部门转移出来的 2.5 亿劳动力，绝大多数在小企业就业。

3. 在出口方面，中国出口的许多大宗商品，如服装、玩具、工艺品等劳动密集型产品，以及一些高新技术产品，大多是由小企业提供的。1998 年，在整个出口交货值中，小企业占 58%。①

4. 在改革方面，中国小企业绝大部分是在改革开放后环境中发展起来的非国有企业，因此从总体上看，机制相对灵活一些，而大中型企业则僵化一些。小企业既是改革的产物，也是改革的先头力量。小企业改革的成本较低，对社会震动小，新体制的进入也较为容易。没有小企业在各项改革中的积极探索，就不可能有多种经济成分共同发展的局面，就不会创造出公有制的多种

① 以上数据根据 1999 年《中国统计年鉴》及国家统计局提供的资料计算。

实现形式，也不可能建立起社会主义市场经济体制。而随着买方市场在我国的基本形成和国际金融秩序的动荡不安，随着科学技术的迅速发展使“小的是美好的”成为可能，今后小企业在我国社会经济中的地位和作用还会更加突出。

(三) 中国小企业面临和存在的主要问题

1. 政府的管理体制建设滞后，宏观环境有待改善。小企业缺乏必要的法律保护，《小企业促进法》目前尚在制定之中。政府管理体制不健全，小企业大部分仍由各级政府和各个产业部门主管，而这些部门又以大企业为工作重点，因此政府最高领导人很难听到小企业的呼声。基础工作薄弱，如小企业家底不清，小企业的标准不统一、不规范。另外，与国外相比，我国小企业的社会负担较重，开办企业、建设项目办事程序繁琐，同时也是乱收费的重灾区。由于缺乏必要的配套的规范化措施，小企业改革本身也出现了一些问题，给小企业的发展带来了一定的负面影响。

2. 对小企业发展的扶持力度不够。与世界各国情况类似，就总体而言，中国的小企业也属于社会的弱质群体，理应得到政府的更多关照，但在这方面我们做得还很不够。例如融资困难。乡镇企业产值占工业的半壁河山，信贷规模占整个信贷规模的比重却不到 10% 。由于财政实力弱，政府在财税方面对小企业的支持力度也十分有限。又如社会化服务体系薄弱。在技术开发、人才培训、信息服务等方面，各方面对小企业的支持力度也很不够。各国的经验证明，没有社会化服务体系的支持，小企业的健康发展是不可能的，而这类中介机构目前正处于草创阶段。

3. 小企业素质普遍较低。小企业大部分是改革开放后由农民创办的，大量的管理者和工人昨天还手握锄头在务农，今天却未经培训进了工厂，因此人员素质较低，技术水平低，管理水平也低，资金微薄，装备落后。其结果就是劳动生产率低、产品档次低、产品质量较差，以及企业管理混乱，产品的物耗、能耗和成本都比较高。

4. 企业组织结构不合理。首先表现为企业产权关系混乱，这在各类集体企业中比较普遍。财产关系不清、投入性质不清、资产归属不清，导致集体权益得不到保护，集体资产流失严重，影响了社会法人和职工投入积极性。其次表现为公共产权定位不当，企业的法律地位不明确。各级政府和行政组织办的国有和集体企业，原则上只适于搞公共产品和公益事业，不应从事以盈利为目的的经营活动。否则，不是因维护了资产的安全性却使其机制僵化，在竞争中败北，就是为了适应竞争需要而赋予其较大的灵活性，从而导致公共财产大面积流失。

5. 产业组织结构不合理。改革开放以来利益驱动机制增强而体制改革滞后，部门和地方仍旧是条块分割，使一些本该集中经营、规模经济显著的行业，小纺织、小酒厂、小造纸、小水泥、小钢铁、小炼油、小火电遍地开花，低水平重复建设严重；而过度竞争又使小企业的总体经济效益较差，还带来资源浪费、生态环境恶化等方面的副作用。

上述体制也决定了小企业的市场往往局限在本地，倾向于生产最终产品，不愿生产中间产品，不愿为大企业提供配套产品，因而专业化分工水平低。当然这中间也存在着大企业对小企业的挤压现象。同时，封锁市场成了维护地方利益最便捷的途径，形成“优难胜、劣难汰”的局面。

（四）中国政府制定的有关小企业发展的政策

1. 所得税。1994 年改革后的税制，一般企业所得税税率为 33% 的比例税率，而利润在 3 万元以下的企业，按 18% 的税率征收所得税；利润在 3 万 ~ 10 万元的企业，按 27% 的税率征收所得税。

2. 所得税为主的特殊优惠政策。乡镇企业、安置城镇待业人员企业、出口企业、高技术企业、贫困地区企业、第三产业、校办工厂、福利企业等，享有不同程度、不同期限的减免税优惠，这些企业基本都是小企业。

3. 增值税（1998 年 7 月 1 日实行）。年销售额在 180 万元以下的商业企业，增值税由过去的 6% 调减为 4% 。

4. 中小企业信用担保体系（1999 年 6 月开始试点）。这一体系由城市、省、国家三级机构组成，其业务由担保与再担保两部分构成。担保机构以城市（含地区、自治州、盟）为单位组建，以辖区内中小企业为服务对象。再担保机构以省为单位组建，以辖区内城市中小企业信用担保机构为服务对象。为防范金融风险，试点期间，暂不设立全国性中小企业信用担保机构。到 1999 年底，全国已有 28 个省市区的 80 个城市建立了担保机构，其中部分省市区建立了再担保机构。

中国政府过去实施的有关小企业发展方面的政策，从总体上看还没有把支持小企业的发展提到应有的战略高度，仍旧把小企业看作是工业化过程中落后生产力的代表，是带有过渡性质的企业组织形态。因此政策目标的起点不高，政策措施也较为零散，这同未来小企业在国民经济中将担负的任务是很不相称的。从 1998 年起，由于国内外经济形势的巨大变化，中国政府对小企业的重视程度明显提高，采取了包括组织措施在内的一系列支持小企业发展的方针政策，这表明中国政府将把小企业的发展列入国民经济发展战略的重要组成部分，预示着对小企业的支持将跨入一个新的历史阶段。

二、中国小企业发展的战略定位

要处理好发展小企业与发展大企业之间的关系，协调好扶持小企业发展各项政策之间的关系，从而配置好资源，就必须解决好小企业在整个国民经济发展中的战略定位问题。中国小企业发展的战略定位既要与当前的国情相结合，也要与未来几十年中国工业化的任务以及产业结构升级相衔接。

中国目前正处于工业化中期阶段，是经济结构变动较为剧烈的时期，这必将对以小企业为基础的产业组织产生重大而又深远的影响。我们认为，从长远角度看，小企业在以下四方面的作用有相当大一部分内容是大企业所无法替代的，因而对整个国民经济更具有战略性。这四个方面是：解决工业化时期农业劳动力的转移，产业组织中的分工和专业化协作，产业结构的调整和升级，以及技术进步和技术创新。

（一）小企业与我国工业化、城市化过程中的就业及社会稳定问题

工业化与就业。在我国整个工业化及其相伴随的城市化过程中（可能至少还需要 40～50 年时间），必须创造出 4 亿～5 亿个非农业部门的就业岗位，因此，无论是从长远来看还是从近期来看，农业劳动力的转移都是一项十分艰巨的任务。而小企业，不但过去是，现在是，将来也必将是容纳几亿农业劳动力的最广阔的场所。没有小企业的良好发展环境，就无法吸纳从农业领域中转移出来的众多劳动力，不但整个国家的工业化和现代化难以实现，而且还将受到现代化过程中负面影响的巨大冲击。正是基于这种认识，我们有理由把办好小企业摆在一个十分突出的战略地位加以优先考虑。

一些学者认为小企业的大量存在仅仅是与二元经济时期的结构转型相联系的，这种认识显然是片面的。因为我们可以看到，即使是发达国家，小企业在解决社会就业中也发挥了十分突出的作用，美国从业人员中的 60%、日本的 80%、德国的 68%、法国的 2/3 以上，都在小企业就业。只不过对于转型期国家，这一问题更加突出罢了。

工业化与社会稳定。人们很容易看到工业化带来好处的一面，而常常忽略另外一个方面。通观世界各国工业化全过程，我们可以清楚地看到，工业化空前地调动了人类的创造力与生产力，“仿佛用法术从地下呼唤出来大量的人口”（马克思语），使社会积累起无数的财富和资本。但人们往往忽略了工业化也给各国带来过巨大的社会动荡，人类为之付出的代价，也是空前的。

工业化过程之所以难以摆脱这些阴影，是因为它不仅是大量物质财富的创造过程，也是巨大物质利益的分配过程，是人们利益格局大调整的过程。在产业结构剧烈变动时期，不断涌流出来的社会财富如何在各社会集团之间进行分配，是人类社会所面临的一个重大问题。这个问题解决不好，强制性的调节方式就在所难免。农民问题之所以成为工业化过程中各国社会动荡的一个重要根源，是因为工业化本身并未提供让农民分享工业化成果的有效机制，当农民不断地成为工业化的牺牲品时，他们也就必然持续冲击工业化本身。对于二元经济结构特征极为突出的我国来说，小企业不但是转移劳动力的主要场所，也是农民分享工业化成果的一种有效机制。从这一意义上说，小企业能否办好，将决定中国工业化的命运。

现代性产生稳定，而现代化却产生不稳定。在一个十几亿人口的大国，安然渡过经济结构和经济体制双重转变这一艰难的发展阶段，不仅是中华文明史上的重大转折，也是世界文明史上的重大事件。因为中国经济稳定了，世界经济就将减少不稳定。在这方面，人们有理由对小企业寄予厚望。

（二）小企业与专业化分工水平及产业组织

小而优的企业是现代化生产的重要基础。没有优质的小企业，就不可能生成优质的大企业；没有小而优、小而专的企业做基础，大企业的专业化水平也不可能提高，整个产业的升级和结构转换就会出现障碍，我国国际竞争能力的提高就会受到严重限制，社会主义现代化建设的第三步战略部署也就难以实现。

关于目前我国的分工和专业化水平。从总体来看，受体制因素的影响，目前中国工业的分工和专业化水平基本停留在产品专业化阶段，这当然不排除在某些部门、地区和企业实现了一定程度的零部件和工艺专业化，甚至普遍存在的“企业办社会”现象。中央政府虽然在分工和专业化方面，以及对企业社会功能的剥离方面一直做了很大的努力，但进展还是十分缓慢，因为这种努力大部分被企业和地方政府的非专业化倾向以及市场化进展的迟缓所抵消了。

关于目前我国的产业组织。我国的经济组织与所有制有着比较密切的关系，企业规模在很大程度上与所有制有关，存在着一个比较完整的企业规模序列：国有大于集体，集体大于个体私营。按照我国企业规模的分类标准，国有企业的平均规模大体相当于一个中型企业，集体企业的平均规模只相当于一个小型企业，而大量私营和个体企业只能算是微型企业了。而在国有企业中，我们又可以看到另一组有关企业规模的完整序列，即中央企业的平均规模相当于一个大型企业，省和地（市）属企业的平均规模大约相当于一个中型企业，而县属企业的平均规模只相当于一个小型企业。集体企业中也存在着类似的现象，例如，乡办企业的平均规模大约为村办企业的 2.5 倍、村民小组企业的 7.5 倍。

(三) 小企业与产业结构调整

小企业在产业结构调整和升级中具有十分巨大的作用。随着买方市场在我国的基本形成，制约我国经济增长的主要因素已从供给方面转变为需求方面，并将长期持续下去。结构调整和结构升级是解决有效供给不足、缓解供需矛盾的重要内容。在这一点上，我国习惯上更多地寄希望于产业政策，因为在整个 80 年代及 90 年代上半期，这方面我们有过成功的经验。但是，在过去那种卖方占主导的市场中，需求一目了然，“短缺”便是产业政策的路标。然而，在一个买方占主导的市场中，不仅未来需求难以预测，即便是当下需求也在变化，这就大大削弱了产业政策的功效。我国“九五计划”刚刚确定支柱产业不到半年，便引发了一场寻找新的经济增长点的热烈讨论，也就是说，原定的支柱产业受到了动摇。石化、汽车、住宅、环保产品、微电子、装备工业、旅游，究竟选择什么呢？产业政策失去目标，意味着原有的结构性产业政策已经过时，需要寻找新的方式和途径来解决产业结构的调整和升级问题。

发达国家很少有组织实施产业（结构）政策的，即使被认为曾成功地实施了产业政策的日本，也早已从结构性产业政策转变为功能性产业政策了（如推动出口、推动技术进步等）。而且我们可以看到，在发达国家经历的历次经济危机而被迫进行的结构调整中，扶持小企业往往是其政策的核心；率先走出大危机困境的也都是小企业。看来，在一个受需求制约的经济环境中，对未来社会的需求是难以预测的，“人算不如天算”，或者说政府的这种预测风险很大。因此，人们只能寄希望通过制度安排把资源引向最有效率的地方，而不是实施产业政策。这样，结构调整和结构升级的任务历史地落在了富有开拓和冒险精神的企业特别是小企业身上。

(四) 小企业与技术进步和技术创新

有效需求不足引起的增长和就业等方面的问题近几年开始困扰着我们，并将成为一种长期制约因素。解困的根本之道在于增加有效供给，在于通过企业的技术进步和技术创新开拓出新的市场。小企业在这方面的作用将与大企业平分秋色。而在产品和技术细分化的领域，小企业还具有一定的优势，是大企业所不能替代的。特别是随着知识经济的到来，一批渗透各行各业、具有灵活机制的小型民营科技企业在技术创新方面的优势如虎添翼，将发挥出更大的作用。

小企业技术创新优势表现为：小企业领导层比较精干，更有利于根据市场的变化较快做出创新的决策，而大企业有复杂的管理结构，在一般情况下决策层更趋于保守，大企业的官僚体制不利于创新的风险投入；小企业宽松的管理环境有利于创新活动的开展，而大企业的行政等级制度常常窒息研究人员的创新激情，小企业的技术创新常常得益于从大企业“溢出”的科研人员；小企业把创新作为竞争战略的核心，而大企业对研究人员最好的奖励往往是把他们调到管理层去；大企业对那些小的、不太重要的创新兴趣不大，而这对小企业来说正是一个机会，它们对这些创新往往较大企业表现出更大的热情。正由于这些原因，小企业的技术创新无论是在量上还是在质上都体现出很高的水平。

三、中国小企业发展的战略目标和步骤

中国小企业发展的战略目标要与整个国家的发展战略相结合。中国政府确定的现代化建设的第三步发展战略是，到2050年人均国民生产总值达到中等发达国家的水平，基本实现现代化，人民生活比较富裕。实现这一目标应该说是完全有把握的。

企业是国民经济的细胞。在市场经济条件下，如果资源禀赋相近，那么企业的水平大致决定了一国经济的总体水平。因此，小企业的发展战略目标要着眼于提高整个国家的产业竞争能力，提高国民经济的总体素质和质量，尤其是在不久的将来加入世界贸易组织、融入世界经济体系后，更要着重于提高在国际市场上的竞争实力。

我国与发达国家的差距是一种综合实力方面的差距。生产力水平提高的过程，既是科学技术水平提高的过程，也是社会组织水平提高的过程。这一“社会组织”，通常包括企业组织和产业组织，而从更加宽泛的意义上，还应该包括社会宏观管理组织即政府，以及各类社会中介组织。这至少意味着，为了实现整个国家的发展战略——2050年达到中等发达国家水平，中国的企业组织水平和产业组织水平，特别是小企业的组织水平和专业化分工水平，大体上也应该达到目前中等发达国家的水平。

目前世界各国（地区）的产业组织大体上有以下几种水平：第一类是大企业主导型，例如美、德、日等国。这些国家很善于办大企业，拥有一批享誉全球的巨型公司。当然，善于办大企业的国家自然都能够办好小企业。第二类是小企业主导型，可称之为“中小企业王国”，例如意大利、台湾等。这些国家（地区）虽然缺少优质的大企业，但其小企业的精品却也琳琅满目，令人叹为观

止。这些能够办好小企业的国家（地区）不一定办得好大企业，但对其进入发达国家行列似影响不大。第三类则大企业和小企业都办不好，这些国家（地区）将难以在世界上立足。

虽然各种文明并无优劣之分，但其对工业化过程或对其中某些阶段的适应性却有着明显的差异，因而会影响其产业选择。由历史传统和社会文化所决定的政府职能的大小、民间自组织系统的强弱以及民营企业的发展状况，是影响一国产业组织的内在因素。强大的政府组织，常常导致民间自组织系统的软弱，从而形成原子化了的个人和家庭。这样的社会，最多只能办好小企业而办不好大企业，有时甚至连小企业都办不好。而民间自组织系统比较发达，社会对政府的依赖程度就比较低，政府通常也就是扮演人们所说的“小政府”的角色。这种社会有可能造就优质的大企业，也一定会造就优质的小企业。影响产业组织的这些内在因素过去一直存在，但为人们所忽略，它们对产业组织事实上起到“供给”的作用。由于这些因素对产业组织的影响更为深刻、更为持久，也就更需要我们作一番反省。

就社会资本而言，我国大陆的情况可能与台湾相类似，也就是说与南欧拉丁民族的情况接近。中国长期以来是个宗法、家族制度普遍盛行的国家，光宗耀祖和传宗接代是两个重要的生活目的，宗法意识、家族意识非常强烈。中华民族是个比较重感情的民族，往往把亲情、友情、乡情看得很重。重情就容易伤理，因为情感本质上是非理性的，这就与工业化所要求的理性化、秩序化、法治化形成了一定的不和谐。中国人办事常常“对人不对事”，办成事情要靠各种关系，因此人际关系比较复杂。加上中国又有几千年的专制主义传统，专制主义和官僚结构对中国社会的影响很深。这就使人们之间的信任关系到现在还难以超越血缘、人缘和地缘关系，人们的合作关系还局限在比较狭小的范围，范围稍一扩大，就会带来不少麻烦。

不过从总体上看，虽然我国目前小企业量大而质低，尚未能办好，但从社会资本角度看，应该说完全拥有办好小企业的能力。我们的社会信任关系，毕竟已经超越了单纯的“血缘关系”而延伸到“地缘关系”和“人缘关系”，在一些较为开放的大中城市，社会信任的开放度还要大一些，这都是我们可以利用的社会资源。因此从现在起，我们应下大力气把中国的小企业办好。特别是从影响产业组织的两个外部因素——我国买方市场的基本形成和国际金融秩序的动荡不安——来看，它们对我国产业组织在提出挑战的同时，也提供了一个机遇，即为我国小企业的发展留下了一定的空间。

因此，如果大陆的小企业能够达到台湾的水平，那么人均国民生产总值就应该是1万多美元，总量上世界第一；如果达到意大利的水平，人均就是2万美元。如果我们不但办好了小企业，也办好了大企业，我们就可以达到美国的水平，人均3万美元——这或许就是未来中国工业化过程中产业组织演进的几个阶段。

如果说目前台湾、意大利和美国三个国家（地区）的人均收入大体上代表了世界上不同发展水平的三类国家和地区的话，那么我们认为，它们的企业组织和产业组织也大体上代表了当今世界企业组织和产业组织发展的三个不同档次的水平，可能也预示了在企业组织和产业组织方面演进的一种顺序和阶段性（见表1）。因此，可考虑作如下设想：我国人均收入要达到台湾1万美元的水平，意大利2万美元的水平，美国3万美元的水平，那么我们小企业的素质也应该相应达到它们的水平，即从目前基本上是劳动密集型的小企业，发展到台湾的资本密集型，意大利的技术密集型，美国的高新技术（信息）密集型；产业组织的专业化分工和合作水平，也相应由目前的仅仅是产品的专业化和企业间较少合作的落后方式，发展到零部件专业化和企业间较多的合作方式，工艺专业化和一定的柔性生产合作方式，以及生产服务专业化和高水平的柔性生产合作方式。以这三个国家（地区）或类似于这三个国家（地区）的小企业的发展水平作为一种参照，作为我国小企业不同时段的“追赶”目标，可能比较直观，比较形象化。

因此，未来50年中国小企业的发展可以设想分成三步来走：

第一步，到2010年，相当部分小企业（例如30%）达到台湾水平，即具有很强的独立作战能力和国际竞争力，具有相当协作能力的资本密集型小企业。

第二步，到2030年，相当部分小企业（例如30%）达到意大利水平，即小企业间（包括与大企业）具有密切协作关系的技术密集型小企业。

第三步，到2050年，相当部分小企业（例如30%）达到美国水平，即小企业间不仅具有密切协作关系，而且是高新技术密集型的小企业。这样，从总体上看，中国人均国民生产总值就可以达到中等发达国家发展水平了。

从动态看，各类小企业在不同阶段的比重可以作如下设想（见表1）：

表1　各阶段各类小企业所占比重　　单位：%

阶　段	全部小企业	劳动密集型	资本密集型	技术密集型	高新技术型
第一步战略目标	100	50	30	15	5
第二步战略目标	100	30	30	30	10
第三步战略目标	100	15	25	30	30

四、小企业发展战略任务之一：资源禀赋结构的提升

赫克歇尔－俄林的模型（1968）虽然是关于国际贸易方面的，但对于我们确定小企业的发展战略具有重要参考价值。因为不同资源的丰裕程度是决定一国比较优势的基础，也是衡量一国发展水平的标志，当然它同样也是衡量小企业发展水平的重要标志。经济的发展，产业结构和技术结构总体水平的提升，是要素禀赋结构变化的结果。要素禀赋结构是指一个经济中自然资源、劳动力和资本的相对份额。任何国家发展的早期阶段，要素禀赋结构的特征都是劳动力丰富而资本严重缺乏。随着要素禀赋结构的提高，即资本在要素禀赋结构中的相对丰富的程度增加了，人均资本占有量也就增加了，资本变为相对丰富而便宜，劳动力变为相对稀缺而昂贵，以便宜的资本来替代昂贵的劳动就是经济的自然要求。之后，随着经济发展的继续演进，资本密集型又为技术创新提供了便宜的资本，进一步使生产要素中的劳动和资本对产出的贡献逐步降低，全要素生产率对产出的贡献则相应提高。而在信息技术时代，信息革命又在推翻现存的经济体系，生产函数中的主变量又转向了知识和信息。因此，由劳动密集型而资本密集型，再到技术密集型乃至信息密集型，这种生产要素比较优势的转移，也即要素禀赋结构的提高，是一个国家经济发展的具有里程碑意义的变化，同时，也是衡量一个国家发展水平的重要标志。虽然其中的某些发展阶段可能会有所压缩，但却难以逾越，因为没有前一阶段的哺育，就不会有后一阶段的生成，“穷过渡”显然是不行的。如果说某些部门的大企业能够多少超越该国的要素禀赋而做到跨越式发展的话，绝大多数小企业则是无法脱离要素禀赋结构的制约而独立生存和发展的。

如果按照要素禀赋类型对各国（地区）的小企业进行划分的话，我们认为可以粗略地把我国大陆归入劳动密集型，台湾为资本密集型的代表，意大利为技术密集型的代表，而美国则是高新技术（信息）密集型的代表。承认劳动密集型小企业构成目前我国小企业的主体并没有什么令人羞愧的地方，在我国经济结构转型期这一特定条件下，劳动密集型小企业本身也是经济增长质量提高的一个重要表现。改革以来我国出现的大量的劳动密集型小企业，不但大大缓解了农业劳动力转移的压力，而且，由于二元经济结构的背景，劳动力资源从农业转向非农领域，从与地表资源相结合到与地下资源相结合的重新配置，大大提高了劳动生产率。农业与非农业劳动力人均 GDP 之比为 1:4.4，这就使每一劳动力转移后比转移前提供的 GDP 提高了 3 倍多。以劳动密集型为主的特点，将在很长时间内规定着我国小企业的基本性质，也是我国在国际竞争中

发挥比较优势可资利用的一种资源，这就决定了政府为小企业服务的重心和着力点。

资源禀赋的提升虽然是一个不可超越的历史过程，需要分步骤实施，但现实地域方面的客观差距说明，虽然在总体上我国小企业仍属于劳动密集型，但并不妨碍在一些大城市，由于劳动力成本的上升，却可以有相当部分的小企业是资本密集型的；在沿海大城市及中西部特大城市等高等院校和科研院所集中的地区，可以有一些技术密集型的小企业；而在一些科技园区，则可以出现高新技术密集型的小企业。资源禀赋的提升，既是经济增长质量提高的历史过程，也应该是政府不同时期政策重点变化的依据之所在。而明了不同地域之间资源禀赋的差距，可以使政府服务的对象在重点明确的前提下，又具有一定的多样性。

然而，有了比较优势并不等于就有了竞争优势，因为比较优势只有通过竞争优势才能够得到体现和发挥，而竞争优势则可以突破比较优势的限制。显然，竞争优势更具有战略性。从国际经济关系角度看，比较优势主要涉及各国不同产业之间的关系；而竞争优势涉及的是各国同一产业之间的关系。因此，我们不但要继续发挥建立在我国资源禀赋基础上的比较优势，而且要着力培育和发挥我国企业的竞争优势，这包括提高科学技术水平、企业组织水平、产业组织水平，以及改善整个国家的战略行为。

五、小企业发展战略任务之二：技术水平的提升

（一）小企业技术进步的社会经济意义

我国是一个文盲半文盲人口占很大比重的大国，科技教育文化落后，而且人均资源贫乏。中国发展在经济和生态方面越可持续，世界发展也就越可持续。90 年代初，我国已确立了科教兴国的战略，作为市场主体重要组成部分的小企业，无疑将承担起重要的作用。通过小企业的技术进步和技术创新，将大大减少对自然资源的依赖，提高经济发展的稳定性；使劳动生产率大幅度提高，资本收益率也会越来越高；使小企业的劳动者的素质不断提高，劳动者能够掌握越来越复杂的技术、工程知识，操作能力不断提高；使工艺、产品质量提高，产品的花色品种不断增加，改善消费质量和消费结构；使能源和原材料消耗减少，大大提高其使用效率，从而使生产的投入越来越节约，产出水平越来越高，为经济效益的提高奠定基础。同时，小企业的技术进步还会改变人们的文化观念、工作方式、生活方式、组织形式和管理方式，使人们的思想观念现代化，给经济增长的内容创造新的社会形式。

（二）小企业技术进步的选择

作为一个发展中的大国，我国小企业选择什么样的技术结构，对于实现四个现代化目标至关重要。

根据我国农业劳动力资源将大规模转向非农领域的特点，根据我国人均资源贫乏的特点，尤其是北方水资源和南方土地资源这类无法通过国际贸易进行调剂的资源极度匮乏的特点，依过去20年的经验可以判断，那种粗放的、以资源大量消耗和浪费为前提的经济增长，在未来工业化过程中几乎是难以为继的。

因此，我国企业，尤其是小企业的技术进步和技术创新的指向，无疑应以资本节约型和资源节约型为主。由于这类技术相当部分并非发达国家所长，只能立足于自己的创新，因此，我国必须走出一条适合自己国情的技术发展道路。只有在我国人均收入不断增加，小企业中的资本密集型、技术密集型以至高新技术密集型不断增加的情况下，技术进步和技术创新的方向才有必要逐渐调整到劳动节约型或其他类型方面去。

（三）小企业技术进步与就业

工业化的历史表明，技术进步在总体上与就业并不矛盾。技术进步尽管会在一些领域带来资本排挤劳动的现象，却又会在另外的领域创造出更多的就业机会。尤其在各国经济联系日趋紧密的背景下，技术进步就意味着国际竞争力的增强和市场份额的扩大，就意味着就业机会的扩大。在当今世界上，哪个国家技术领先，哪个国家就容易解决就业问题，而技术落后的国家就业问题就比较突出。从动态来看，未来高新技术产品的市场份额将不断扩大，而劳动密集型产品的市场份额将趋于萎缩。这是在“全球化”背景下技术进步与就业相一致的方面。

但是，技术进步与就业也存在着相矛盾的一面。这是因为：

（1）工业化时期的大部分技术进步发生在制造业领域，而这一领域的技术进步通常以提高劳动生产率为主要目标。当市场饱和即市场扩张受阻时，这种技术进步必然会排斥劳动。

（2）在工业化阶段，农业劳动力是被“吸入”收入较高的工业部门的。因此，在工业化时期的结构调整中，通常是工业产值扩张先行，工业劳动力扩张跟随其后。而在后工业化时期的结构调整过程中，工业劳动力比重下降在先，工业产值比重下降在后；相反，服务业扩张则通常表现为劳动力比重增加在先，产值比重增加在后。这说明，伴随技术进步引起的资本代替劳动的现象，主要发生在工业领域，劳动力是被“挤入”而不是被“吸入”服务业领域的。

我们看到，虽然农业领域的技术进步有相当部分也是排斥劳动的（例如大型拖拉机、联合收割机的使用等），但这是当劳动力被大量吸入非农部门、劳动力成本上升之后的一种被动适应。而在服务业领域，技术进步基本上不排斥劳动，如商业中各种促销方式的采用，各种金融衍生工具的使用以及网络服务等。而信息产业的发展需要大量的白领、灰领（介于白领和蓝领之间）阶层。据专家估计，到21世纪末，美国蓝领将下降到只占劳动力总数的5%。

此外我们还可以观察到，农业、工业部门主要满足人们的物质需求，而服务业主要满足人们的精神需求。三次产业的结构演进趋势表明，物质产品的需求弹性较低而精神产品的需求弹性较高，因为人们的精神需求可以说是无限的。

由此可知，对于我国这样一个处于工业化中期、农业剩余劳动力转移任务极为繁重的国家来说，当然应该尽可能选择有利于就业的技术进步方式。但是，对于在一定程度上可能会排挤工业领域劳动力的技术进步，仍然应受到鼓励，否则我们将失去工业品的世界市场，就业问题会更加突出。虽然我国工业领域今后仍可吸纳一定数量的劳动力，但从长远看，吸纳劳动力的主要场所应该在服务业领域。

因此，正确处理技术进步与就业两者之间关系的原则可确定为：在不影响产业竞争力的前提下，就业优先；如果这种优先有可能影响到竞争力，则调整为技术进步优先。

(四) 促进小企业技术进步的战略

加快小企业技术进步是促进产业结构升级、支持国民经济快速高质量增长的重要途径。既要促进高新技术型小企业的快速发展，更要重视引导高新技术企业向传统产业中的小企业扩散技术。通过高技术产业的发展，为传统产业的小企业提供新的产品设计手段，提供新的工艺装备，增强其技术开发能力，从而在整体上提高我国现有产业的市场竞争能力。

促进小企业的技术进步，应该实施适合国情的发展战略。这包括适应小企业机制灵活、对市场反应灵敏的特点，发挥体制优势，实施用体制创新促技术进步的战略；适应小企业资金筹措能力较弱的特点，采取不同于大企业将技术进步定位于技术领先或在技术开发中占主导地位的方式，而推行注重实效的技术创新战略；适应小企业对外部技术资源依赖较大而又对技术创新需求较强的特点，改变传统的单个企业独立的技术创新、企业间单向技术转移的状况，实施技术资源网络化战略；对一些涉及面广的成熟技术，可以采取国家收购措施，实施保护技术创新与技术推广相结合的战略。

制度重于技术。我们不但要重视小企业的技术进步和技术进步的指向，更要注重有利于技术创新的制度安排。因为唯有制度，才能够充分发挥人力资本的潜能，从根本上解决技术进步的动力问题，从而保证小企业技术创新的生命力和高新技术产业的健康发展。下面我们就来探讨这一问题。

六、小企业发展战略任务之三：企业组织水平的提升

（一）企业制度与产权关系

目前世界各国的企业制度可分为三种类型：依历史形成的先后顺序，第一种是以自然人制度为基础的传统企业制度，如单一业主制（私人独资）、合伙制等。这是资本主义生产方式出现之前就已经存在的企业制度，直到现在仍然非常普遍。第二种是以法人制度为基础的近代企业制度，包括有限责任公司和股份有限公司。这是伴随资本主义生产方式出现而产生的企业制度，也是当今发达国家企业的主体形式。第三种是以两权分离为基础的现代企业制度，在大量的股份有限公司中只占极少部分。这种企业制度萌生于19世纪中叶，直到20世纪50、60年代在发达国家才成为占“优势”的企业制度，即在产销份额中占有较大的优势。

如果从所有权与经营权关系的角度，对各种企业制度进一步加以概括的话，我们可以做出这样一个判断：传统企业制度以两权合一为基本特征，受聘者最多出任中低级管理职位；近代企业制度则以某种程度的两权分离为特征，企业的中层经理人员及少量的高层经理人员已不是所有者；而现代企业制度则以两权的彻底分离为特征，所有者已很少过问经营，企业的经营由支薪阶层所控制。这种产权关系的变化过程，也就是企业组织水平提升的过程。当然，现代化的社会经济不仅需要现代企业制度，也需要近代企业制度，同时还需要以自然人为基础的传统企业制度。只有多样化的产权制度才能够满足不同所有者的需要，才能够适应不同生产过程的需要。而各国小企业基本上都采取单一业主制、合伙制和有限责任公司三种形式，也就是说，属于传统企业制度和近代企业制度的范畴。

（二）企业的法律地位类型

不同形态的企业在法律上的主体地位是不同的，有的企业具有法人资格，有的企业则不具有法人资格，从而导致法人企业和非法人企业在权利义务、责任方面以及其他相关方面的规定的不同。确定企业的法律形态所依据的法律标准主要有三种，即产权标准、责任标准和组织标准。产权标准是指企业财产所

有权的归属状况，所有者与经营者的关系，投资主体的数量及相互关系等。依此标准，可以把企业分为单一所有权的独资企业、复合所有权的合资企业，或其他所有权组合形式的企业，等等。责任标准是指企业对外承担责任的方式，依此标准可以分为承担无限责任的企业、承担有限责任的企业和承担两合责任的企业。企业的责任如何承担在经济活动中甚为重要。组织标准是指企业采取何种组织形式，它是由产权标准和责任标准所决定的，通过企业的组织形式可以对企业内部的产权关系和对外的责任承担方式等作出判断。依据组织形式的标准，企业可以分为公司形式的企业和各种非公司形式的企业，等等。

各国经过长期的经济和法律实践，在企业的法律方面逐渐确定了三种企业形态，即独资企业、合伙企业、公司企业或法人企业。在西方国家的经济实践中，企业的形态经历了从个人独资企业到合伙企业，又从合伙企业发展到公司企业的由低到高的渐进的历史过程。这三种企业形态，虽然后一种比前一种更发达、更复杂，但不能互相替代，各有其存在理由。因此，至今在各国仍是三种企业形态并存的局面。与此相对应，相关的法律规定主要体现在民商法中，或者具体地体现在独资企业法、合伙法和公司法中。从总体上说，英美法系对三种企业形态区别更加严格，法律规定更为清晰，而大陆法系则存在各国法律规定不尽一致，各种企业法律形态的立法交叉、模糊的问题。

综合起来看，在立法上将企业的法律形态确定为独资、合伙和公司的“三分模式”，反映了各国的共识，在实践中也证明是有效的。过去，我国对于企业形态没有上升到法律高度，而直接依企业的所有制形式，企业所属行业和部门，企业的规模和组织方式，企业所在的地域，企业的产品类别等进行分别立法，这无疑会造成各种有关企业的法律规范的交叉重叠和整个企业法体系的混乱。随着社会主义市场经济改革取向的确定，我国也借鉴了发达国家企业法律形态的“三分模式”。1999 年 8 月 30 日人大通过了《个人独资企业法》，这是继 1993 年《公司法》、1997 年《合伙企业法》之后，按企业的投资方式与责任形式划分的第三部企业组织法，标志着我国企业法体系混乱的局面行将结束，市场经济主体立法体系框架的大体形成，为社会主义市场经济体制的建立，奠定了重要的法律基础。

从产权关系合作的难易程度来看，显然是独资易于合伙，合伙易于有限责任公司。因此，我国的小企业首先应把独资企业、合伙企业这类传统的自然人企业制度办好，然后才是有限责任公司、柜台交易的股份公司等各种公司形式的法人企业制度。这正像一个人一样，小学、中学的基础打好了，上大学就不难了。这 20 年我们的市场经济毕竟是从头开始，很难设想连简单形态的产权关系还处理不好，却能够处理好复杂形态的产权关系。而各种产权关系的巩固和顺利发展，还有赖于民法系统在整个社会经济运行中发挥基础性的调节作用，这显然不是一蹴而就的。这是一个孕育的过程，也是一个学习的过程。做这样的考虑，比较合乎历史的发展过程，也符合事物的内在逻辑。这当然不排除个别组织能力强的人，以及信任度高和合作能力强的群体，可以有一定的超越。

此外，还有一种非常重要的小企业形式仍在我们的视野之外，这就是以非盈利为目的的农业合作社。这是世界各国广泛流行的一种农业组织，是与政府农业保护政策相辅相成的农民自我保护性组织，也是农民分享工业化成果的重要方式。合作社还容纳了大量农业中转移出来的劳动力，使各国农村劳动力的数量数倍于农业劳动力的数量，这就大大缓解了对城市就业的压力。在各国的工业化过程中乃至后工业化社会中，合作社都发挥着极其重要的作用。这至少说明，只有政府的保护而没有农民的自我保护，农业和农业劳动力转移问题可能还是难以解决的。

七、小企业发展战略任务之四：产业组织水平的提升

（一）分工和专业化的发展

自工业革命以来，企业的分工和专业化程度的变化表现为几种不同形态的演进。按照历史顺序，首先是产品专业化，即以完整的最终产品为对象的专业化，例如汽车、电视机等的生产；其次是零部件专业化，即一个企业仅生产某种最终产品的一部分，例如在汽车工业中，某些企业只生产发动机，甚至只生产发动机的一种零件；再次是工艺专业化，即专门进行产品或零部件生产的一个工艺过程，例如专门进行铸造、锻造、热处理、电镀等工艺过程；最后是生产服务专业化，即直接生产过程之外的，但又为生产过程服务的那些职能的专业化，例如专门进行工具及其他工艺装备准备、维修设备、运输等服务活动。

（二）企业间的合作方式

企业间的分工和专业化水平的深化，离不开企业间合作水平的提高。这种合作方式依产业部门的不同而有所不同。产业组织理论按照规模经济的不同，把产业部门分为集中型部门和分散型部门两类。所谓集中，是指市场垄断程度高，这类部门有：①使用大型设备、需要巨额投资的产业，如钢铁、石油化工、电力等；②生产大型产品及成套设备的产业，如飞机、轮船、机车等；③产品适用于均匀而大量生产的产业，其中包括玻璃板、水泥、纸浆、录像机、集成电路、啤酒等。集中型部门适合大企业经营，即使中小企业独立存在，其市场

占有率也很低。

分散型部门有：①适合多品种、小批量生产的消费产业，如纺织品、副食品、家具、陶瓷、漆器、杂货等；②与大企业相关的生产资料加工产业和零部件生产部门，如金属模具和砖瓦等。另外，高运输费用、高库存费用或不稳定的销售波动会使存在规模经济的部门分散化（如水泥工业）。分散型部门适合小企业经营，它在技术复杂性方面，从高技术的太阳能取暖业到家庭手工业，差距悬殊。一般来说，集中型部门往往是原材料等上游产业，分散型部门往往是下游加工业。

由上述理论可知，小企业的合作方式有两类，第一类小企业由于生产的都是最终产品，因此企业之间的合作不多，只是与提供能源和原材料的企业发生联系；而第二类小企业生产的是中间产品，为其他企业提供零部件及其他生产资料，因此与生产最终产品的企业或其他生产中间产品的企业关系就比较密切。从企业分工的角度说，第一类小企业的分工处于产品专业化水平，而第二类小企业的分工则处于零部件及工艺专业化的水平。这两类小企业在产业组织学上都属于外部规模经济的范围，就是说，这类产业的生产活动会随着企业数的增加而成本降低。值得重视的是，还有一类小企业，它们之间存在着另一种合作方式。

根据西方的最新文献，又可以把产业组织形式分为三大类：①等级形式，即大企业组织；②纯市场形式，即无序的小企业组织；③网络形式，即有序的小企业组织。企业的哪些活动放在企业内部，哪些活动留给其他企业去进行，从而通过现货交易来购买其他企业提供的产品或服务，这需要由企业来确定自己的生产边界。科斯早在1937年就提出交易费用是确定企业边界的关键。如果把企业看作是由合同关联的一种组织结构，那么以往这种合同是在两个极端上制定的。一端是通过等级关系，另一端是通过现货交易。但两端之间还存在另一种关系。

与垂直一体化相对，在发达国家很多产业中出现了密切的企业间长期关系。有证据表明，在新技术迅速发展的今天，垂直一体化正在减少，汽车、机床、录像机、工业机器人、光学设备等制造业的垂直分离正在发展。由于专业化的发展，尤其是减少风险、发展技术和降低成本的需要，使在“本厂生产”与“市场交易”之间的中间形式越来越重要。除了以对外订货的形式委托其他厂家加工的转包形式之外，独立企业间正式合作的形式渐趋流行。这种可称之为柔性生产方式的产业组织，把具有产业联系的生产分工到数个企业进行，各个企业实现专业化，它们往往在地理空间上集聚，形成合作网络。这种产业组织的特点，是发达的社会分工和频繁的市场交易，企业通过转包、战略联盟、服务合同、销售合同等联系在一起，获取外部范围经济，生产的各个过程由不同的企业来完成。显然，这种生产方式与大企业那种“船大难调头”的刚性生产方式，形成了鲜明对照。

为了说明问题，表2列举了刚性生产方式与计算机辅助设计和制造的柔性生产方式的区别，从中可以看到网络和等级组织与技术和生产方式的关系。

表2　刚性生产方式和柔性生产方式的比较

	刚性生产方式	柔性生产方式
生产过程	大批量均一化产品，标准化 原料导向大量仓储，生产后测试产品质量，消耗时间 垂直和水平一体化，工人从事一种工作	小批量定制产品，柔性专业化 市场导向零仓储，生产中控制产品质量，节约时间 垂直分离，转包；工人从事多种工作
劳动力	以产出率定工资水平 工作调度专门化，无时间在岗训练	个别工资制，奖金制 消除作业界限，长期在岗训练
产业组织	等级形式，大企业 企业间以物质联系为主	网络形式，小企业重要性增强 企业间以信息联系为主

如前所述，在总体上，我国目前的分工和专业化水平还停留在产品专业化阶段，小企业之间还停留在合作不多的水平上。近20年，我们的市场大大扩展了，但分工却没有进一步发展，仍是“大而全，小而全”式的企业组织；而当分工有了相当程度的发展，比如一个小社会式的企业分工的精细化，却没有能导致市场范围的扩大，它提供的仍是一种自我服务。为什么当企业自己的生产成本大于市场成本时，企业仍然不按交易费用节省的原则，在市场上进行交易呢？过高的交易费用限制了前者，市场化改革的迟缓制约了后者。企业间的分工是以一定的合作为前提的，如果企业之间订立的合同、契约得不到履行，随意毁约而无司法系统来裁决，判了的案子却又执行不下去——这已是我们今天司空见惯的社会现象，那么就会使交易费用变得极其高昂，阻止社会分工的深化，当然也会限制市场的扩大。而要降低交易费用，使小企业的分工和专业化水平由目前的产品专业化，提升到零部件专业化、工艺专业化和服务专业化，小企业的合作方式由目前的与其他企业交往不多，提升到较密切的合作关系以至于网络形式的柔性生产方式，就需要由政府提供基础性制度来保障。这对于像我们这样一个缺乏法治尤其是缺乏民法传统的国家来说，对于长期以来以人治、礼治作为社会的基本控制系统的国家来说，还将有一段十分艰难的路程要走。

八、促进小企业发展的战略措施

中国小企业的迅速发展得益于政策的扶持，它的进一步发展也需要政策的扶持。中国小企业的扶持政策应逐步形成一个体系，这一体系大体上包括政策重点、政策目标和政策措施等内容。

制定中国小企业的政策措施，既要针对小企业的一般性特点（与大企业不同），也要针对中国小企业自身的特殊性（与国外小企业不同）。各国小企业的共通之处就是：与大中型企业比相对较弱，这方面发达国家有比较成熟的经验可供我们借鉴。发达国家政府的中小企业政策，一类是所有中小企业都普遍适用的政策，例如通过立法维护正常的市场秩序，反对垄断，以保护中小企业的生存；建立为中小企业服务的各类培训、教育、咨询和提供信息的机构，为小企业培训管理人员和技术人员，提供各种服务等。另一类是为了实现某种特定目标制定的政策，对中小企业是有所选择的，如为了增加就业，为了鼓励出口、鼓励新创办企业（普遍适用的；区域性的，如落后地区——农村、山区，老工业区，老工业区外迁等），支持科学研究和技术开发等，采取了一系列的政策措施，主要是金融政策、财政政策以及税收政策等。我国可以根据自己可动用的资源，量力而行，有选择地采取部分政策措施。

中国的国情又决定了中国小企业的许多特殊性，这就需要针对中国小企业的特殊问题来制定相应的政策。我国小企业的第一个基本特点是以昨天的农民军为主，在今后几十年内还将陆续接收从农业中转移出来的4亿多劳动力。这是与发达国家明显不同而与发展中国家相通的地方。我们必须在继续加强义务教育和在职培训的基础上，每年要准备为各行各业培养近千万名转移出来的农业劳动力，以保证即将在非农领域小企业就业的人员具备最起码的工作素质。同时，培养和造就小企业家的工作也应该列入教育工作的议程。我国小企业的第二个基本特点是以非国有经济为主，随着所有制形式多元化的进一步发展，非公有制经济的比重还会继续增加。这就要求政府对市场的管理工作必须加强，为小企业的健康发展营造一个良好的宏观环境。我国小企业的第三个基本特点是政企不分，从全国的发展和市场化改革取向的全局角度看，这一点的副作用最大，它不仅构成我国资金分割、地方封锁的经济基础，而且形成了世界上极为罕见的“小而全”式的产业组织形式，成为我国现代化、市场化进程中的严重障碍。这就需要把小企业的改革放在突出的地位，继续推进小企业的改制工作，使其按照市场经济所要求的企业制度和公司制度进行改造和重新登记，促使政企分离真正实现。而后两个基本特点在第一阶段可能更为突出。

我们认为，在第一阶段，为使相当部分小企业在2010年达到台湾水平，应重点围绕创造良好的制度环境着手，使小企业有一个适宜生存和发展的土壤；第二阶段，为使相当部分小企业在2030年达到意大利水平，应重点围绕建立健全良好的、面向小企业的社会化服务体系着手，使小企业有一个良好的发展环境。第三阶段，为使相当部分小企业在2050年达到美国水平，要重点围绕提高企业的内部管理水平和培养大批具有高技术水平的人才着手，使小企业具备良好的自身素质。

本报告仅就第一阶段（2001～2010年）的政策要点提出一些建议。

（一）第一阶段的特点

形势特点。近两年来，国际国内的经济形势发生了很大的变化，即国内受需求制约的买方市场基本形成和国际金融秩序的动荡不安。这两点将在21世纪前10年对我国的产业组织产生重大影响，即在对我国产业组织提出挑战的同时，也提供了一个机遇，为我国小企业的发展留下了一定的空间。而加入世界贸易组织可能性的增加，既会为我们注入新的活力，也增加了调整产业组织和企业组织的紧迫性。我们一定要抓住这一历史机遇，做好小企业这篇大文章。

体制特点。这十年我国的经济体制仍将处于转轨时期。企业体制将处于继续深化改革、制度创新和法律形态完善化阶段；市场体系还将进一步发育、完善和规范化；国家宏观调控体系则继续处于适应性调整阶段，在政府职能明确的基础上，驾驭经济运行的能力会进一步增强。当这一阶段结束时，我国潜在的生产力会得到进一步释放，初步确立的规范化的市场秩序将会大大提高各经济主体彼此之间的信任程度，社会经济的稳定性也会由此而增加。

小企业自身的特点。如前所述，这一时期我国的小企业仍将以劳动密集型为主，政企合一式的企业组织形式在初始阶段还会不少，分工和专业化基本上还处于产品专业化阶段，企业间的合作还不多。因此，这是我国整个小企业发展的战略起点。

（二）支持小企业发展的指导思想

为了实现经济体制和增长方式的两个转变，使整个经济充满竞争活力，要大力提高小企业在经济上和社会上的地位，使之由计划经济时代落后生产力的代表、国民经济拾遗补缺的附属物，变为社会主义市场经济中的生力军。

要克服制约小企业发展的经济上和社会上的不利因素，积极改善和营造有利于小企业生存和发展的经济、法律和市场环境，协助解决有关小企业的重大问题，帮助小企业提高自身素质，把培育良好的小企业作为优化产业组织和产业结构、提高产业竞争能力、提高国民经济总体质量、提高国际竞争力的重要基础。

（三）支持小企业发展的政策重点

1. 围绕厘清政府职能，为小企业提供良好的制度环境。在这一阶段，中国经济发展在很大程度上仍然依赖于体制变革的深度，其基本标志则是政府职能的转变。在社会主义市场经济中，政府的作用是掌舵而不是划桨。为适应国际国内形势的变化，政府应努力做到从政府调控为主让位于市场调节为主；各级政府要从热衷于办小企业真正转变到全心全意为企业，特别是为小企业服务的轨道上来。要真正形成小企业“开业容易，退出方便”的进退机制，以利于产业结构的调整和升级。经济立法应破除“官本位”，树立以市场主体为本位的立法思想，从而使市场主体完成从义务本位向权利本位的转变。要用法治代替人治，即用法律来约束、规范行政部门的权力，从而使民法系统在整个社会经济运行中发挥基础性的调节作用，真正构建起社会主义市场经济的基本框架。政府需要提供的这些基础性的制度，主要包括私人经济制度、企业制度、知识产权制度、市场交易制度、公平竞争制度、信用制度、税费制度、社会保障制度、收入分配制度以及行政法等。当然，更重要的是法的执行。这些制度固然是全社会都需要的，但小企业无疑是最大的受益者。

另外，要制定《小企业法》。要在《公司法》、《合伙企业法》和《个人独资企业法》的基础上，抓紧研究制定《小企业促进法》。通过这部法律，明确小企业在中国社会经济发展中的地位和作用，确定小企业发展的基本方针，规范小企业的登记管理和财产权属，保护小企业的各项合法权益，规定小企业管理机构的法律地位，明确鼓励和扶持小企业发展的主要政策措施。

2. 加强和改善政府对小企业的基础管理工作。要继续加强小企业的管理机构。随着社会主义市场经济框架在第一阶段的基本确立，必须形成新型的政府与小企业的关系，变微观干预为宏观管理，要继续调整和改善政府的小企业管理机构。根据目前中国政府机构设置状况及其改革趋势，按照精减、统一、效能的原则，要加强对小企业的宏观管理，协调好各行政主管部门、行业主管部门、综合管理部门和经济杠杆部门等宏观调控部门的行为。随着改革的推进，在小企业逐步做到产权明晰、政企分离的基础上，将有关部门中涉及小企业的管理职能进行归并，组建具有综合协调能力的国家小企业管理局。另外，可考虑在人大和政协设立小企业委员会，成为倾听小企业呼声、维护小企业合法权益的重要机构。

要制定全国统一的小企业划分标准，加强小企业的统计工作。现有工业企业规模的划分标准是与传统计划经济相适应的管理国有企业的方式，这就使支持保护小企业发展的政策措施因没有明确的小企业划分标准而难以落实。有关部门应尽快组织专家学者和经济工作者，参照国际经验，按照统一、规范、简便的原则，重新制定符合中国国情的小企业划分标准，为政府宏观管理和理论研究提供必要的基础。要加强对小企业的统计工作，尤其要加强对就业影响很大的服务业领域小企业的统计工作。小企业的统计要成为国家统计局企业调查总队的一项基本任务，要制定科学的小企业统计指标体系，以准确、全面、及时地向政府和社会公众反映小企业的运行和发展情况。在将来条件具备时，可将这一工作推广到所有小企业中去，全面摸清小企业的家底，为政府决策提供科学完备的依据。

3. 制定小企业发展的产业指导规划，引导小企业健康发展。为了切实解决目前小企业发展中存在的规模不经济、低水平重复建设、市场过度竞争以及环境污染和资源浪费严重等问题，促进小企业健康协调发展，制定和实施小企业发展的总体设想和专门计划将是十分必要和急迫的。在“十五”及长期规划编制中，有关部门应制订促进小企业发展的专项规划，并定期向社会发布具有指导性质的《小企业发展产业指导目录》，发布相关行业的技术标准和行业发展趋势信息，以引导小企业健康发展。同时，还应制定小企业发展的具体计划，如小企业创办计划、小企业技术创新计划，小企业教育培训计划，小企业结构调整计划，小企业管理提高计划和小企业出口促进计划等。

4. 继续推进小企业的改革。就第一阶段总体情况来看，进一步推进小企业自身的改革，仍是加快小企业发展的重要措施。“放小”是从战略上调整国有经济布局的重要内容之一，意味着国有经济要逐步退出小型企业的组织形式。因此，小企业的改革应以涉及产权改革的形式为主，通过出售、拍卖等有偿转让的方式，使之成为适应市场经济竞争需要的企业组织形式，即负有限责任的法人企业和负无限责任的自然人企业，包括有限责任公司和股份有限公司，以及私人企业、合伙企业和合作制企业等。小企业要真正做到与政府脱钩，真正成为“无主管”企业。因为政企分离是从根本上杜绝利用公共行政权为少数人谋取利益的重要措施。在解决国有小企业这一问题的同时，也要逐步解决集体企业和其他类型小企业的类似问题。政府各项扶持小企业发展的政策措施，要向新的体制倾斜。对尚未改制的企业则应弱化以至停止政策支持。

（四）支持小企业发展的具体政策目标和政策措施①

1. 政策目标。支持小企业发展的政策目标可从企业功能、企业资源禀赋类型和企业所处的产业周期等不同角度来确定。从企业的功能角度看，可包括继续深化改革、扩大就业、反贫困、促进专业化分工和协作、推动技术进步和技术创新、完善所有制结构以及促进出口；从企业的资源禀赋类型看，可分为劳动密集型、资金密集型、技术密集型以及高新技术（信息）密集型；从企业所处的产业周期看，可分为萌芽期、成长期、成熟期和停滞衰退期。此外，还可以按产业类型来划分。

2. 政策措施。主要包括金融支持、财政支持和社会化服务体系的建设。

金融扶持政策。加强和改善对小企业的金融服务业务；进一步完善小企业贷款担保体系；设立小企业政策性银行；积极发展竞争性地方中小金融机构；积极发展创业（风险）投资和小企业股票市场，扩大直接融资渠道。

财政支持政策。建立和规范对小企业的税收优惠；坚决清理对小企业的不合理收费；加大财政对小企业改革的支持力度；增大财政对小企业资金融通的支持力度；建立支持小企业发展的政府采购制度；扩大财政对小企业服务体系的支持。

建立和健全社会化服务体系。政府要大力支持向小企业提供各类中介服务的工作，如采取民办“官”助的方式等，鼓励和支持科研院所、大专院校、商会，尤其是作为政府和小企业之间桥梁的小企业协会等机构，积极开展面向小企业的技术培训和管理培训，为小企业提供信息服务，以提高小企业技术开发、市场营销和资本运营的能力。

表3　中国小企业发展政策框架示意图

目　标	1	2	3	4	5	6	7
政策目标 I	改革	专业化	技术创新	就业	扶贫	多元化	出口
政策目标 II	劳动密集型	资本密集型	技术密集型	高新技术型			
政策目标 III	萌芽期	成长期	成熟期	停滞期			
政策措施：							
一、宏观管理							
二、金融							
三、财政税收							
四、社会服务							

① 中国地域辽阔，各地差异极大，各级政府应制定适合本地区的支持小企业发展的政策。政策作为一种资源也是稀缺的，因此本报告提出的政策目标和政策措施，不可能全面实行，仅供各地选择使用。

新形势下我国金融安全的基本现状与对策思路

主要完成单位：国家发展和改革委员会经济研究所
主 要 完 成 人：宋 立 孙学工 钟 伟 刘国艳 刘 成
获 奖 时 间：2004 年
获 奖 名 称：国家发展和改革委员会优秀研究成果三等奖

一、金融安全的基本概念及其在国家经济安全中的地位

（一）实现金融安全要求基本消除或没有系统性金融风险

1. 风险是金融体系的基本特征

金融安全是在东亚金融危机以后出现的新概念。由于金融与风险具有不可分性，有金融活动必然有金融风险的产生，风险与不确定性是金融活动的基本特点之一。金融风险可以划分成各种不同类型，金融风险主要来自于传统信贷市场的银行风险和证券、外汇等金融市场风险以及债务市场风险等。巴塞尔新资本协议将银行业面临的风险划分为交易过程中债务人或交易对手违约而造成的信用风险、因为价格变化使交易头寸蒙受损失的市场风险和由于银行内部程序、人员和系统的不完善或失误造成的操作风险，提出了进行全面风险管理的要求[①]。在发展中国家和转轨中国家，除了一般意义上的金融风险，还存在特殊的体制性或制度性以及政策性的金融风险。根据金融风险的波及面及其严重程度，可以划分为个别金融机构风险和系统性或体系性的金融风险。

2. 金融风险和金融脆弱性的长期累积可能引发金融危机

---

① 国际清算银行：《巴塞尔委员会征求意见稿——巴塞尔新资本协议概述》，《金融时报》2003 年 5 月 15 日。

金融风险最后的外化形式是金融危机，金融危机的发展和恶化则导致经济危机。金融风险尤其是系统性金融风险积累到一定程度，在诸如宏观经济基本面变化、国际资本冲击以及投资者预期变化，甚至恐慌谣言等因素的诱发下，可能演化成为金融危机甚至经济危机。金融风险之所以能够出现并不断发展演化成为金融危机，其根源在于金融不稳定性或金融脆弱性。① 金融不稳定性是指私人信贷机构尤其是商业银行和相关贷款提供者，由于金融交易的跨时性特征以及与交易对手之间的信息不对称和信息不充分，必然存在未来收益的不确定性、经历周期性危机和破产的倾向。在此情况下，金融机构收缩贷款，产生多米诺骨牌效应，引发或加重经济衰退。② 高负债经营的行业特点决定了金融业具有更容易失败的特征被称为金融内在脆弱性或狭义的金融脆弱性。广义上的金融脆弱性则是指处于高风险的金融状态，泛指包括信贷融资和资本市场融资在内的一切融资领域中的风险积累。

3. 实现金融安全要求消除系统性金融风险

由于金融活动在一定意义上来说是以风险换取收益的活动，是对于风险的交易活动，良好的金融体系不是也不可能消灭风险，而只能是让有能力并愿意承担风险的金融主体承担风险，因此，金融安全不是指金融体系没有风险，而是将金融风险控制在可能引发金融危机的临界点之内，③ 保证金融稳定性没有受到严重破坏。根据金融风险与金融危机发展演化的普遍规律，一般将金融安全定义为不发生系统性风险，④ 即微观单位的个别风险没有演化为系统性风险，能够抵御国内外的经济金融冲击，保持金融体系的稳定和正常运转，不致引发金融危机，从而保证整个金融体系的安全稳定和经济体系的稳定运行。⑤ 保障金融安全的关键不是彻底消灭金融风险，而是防止系统性金融风险的不断生成、持续累积并演化成为金融危机。经验表明，金融自

---

① 从理论上说，严格意义上的金融风险是指未来不确定性损失。而金融脆弱性则既包括了未来的损失可能性，还包括了已经形成的损失。不仅如此，金融脆弱性突出强调了金融体系容易遭受到外部冲击并造成一般情况下不可能造成的极大损失的特征及其原因，而金融风险则侧重金融体系所面临的未来不确定性损失的事实本身。我国大多数情况下，金融风险被广义化，既包含了已经和未来可能的损失，又包含了脆弱性。

② 小威廉·戴利提：《金融不稳定性假说》，《新帕尔格雷夫金融大词典》中译本，经济科学出版社，2000。

③ 王松奇（2000），《加入 WTO 与中国的金融安全》，载《中国金融理论前沿》，社会科学文献出版社。

④ 参见黄达教授的演讲，《当前金融热点问题引起的一点思考》，研究生时代网。

⑤ 虽然存在系统性金融风险，但由于制度壁垒等防火墙以及其他基本面因素的保障，没有或不致发生严重金融波动和金融危机的情形，可以认为是金融基本安全。如果存在系统性金融风险，并有发生金融问题或金融危机的现实可能性，则属于金融不安全。

由化尤其是顺序不适当、过于激进的金融自由化可能在一定程度上激化金融体系固有的脆弱性，引发金融危机比较频繁地发生。[①] 虽然到现在金融危机仍然是不可预测的，但并不意味着金融危机是不可防范和化解的，更不意味着人类社会在金融风险和金融危机方面是束手无策的。金融机构和金融市场的创新和发展、金融监管体系的形成和变革，就是为了有效地控制、对冲和分散风险，克服金融脆弱性，增强金融体系的稳定性。国际经验表明，在基本稳定的宏观经济环境和良好的经济结构背景下，健全的金融体系和完善的监管制度，微观方面设计合理的防火墙和金融安全网，可以有效地保障保持金融体系和经济社会的基本安全。

（二）金融安全是国家经济安全的关键和核心

各国金融危机已经反复证明，金融风险、金融危机就可能会演变为经济危机、政治危机甚至国家危机。“没有金融安全，最终就没有经济安全和国家安全”，“金融是现代经济的核心，金融安全是经济安全的核心”。金融安全对经济安全具有双重作用。

1. 金融安全是经济持续稳定发展与国家经济安全的基础

金融安全从而金融发展，不仅关系当前或短期经济增长的持续与稳定，而且对支持和促进长期经济发展尤其是产业发展的意义重大。一国经济能否在短期内实现快速稳定增长和长期持续发展，并在长期动态中实现产业结构的优化调整和经济结构的转型，金融体系的健全与安全发展起着重要的基础和支撑作用。现阶段各国经济发展中金融密集程度的不断提高，意味着金融在经济发展中的作用越来越重要。但由于我国总体上金融发展和改革落后于经济发展和改革，金融对短期经济增长和长期经济发展的制约作用已经开始显现起来。从长期来看，我国目前的产业结构具有比较大的脆弱性，其低成本优势很容易在新的更加廉价劳动力国家的竞争面前失去，促进产业结构优化升级势在必行。从更长远的角度来看，随着我国经济的持续发展和工业化城市化进程的推进，需要进一步发展以金融、电信等现代服务业为主的第三产业，以形成符合经济发展需要的新型产业结构。在此背景下，健全完善的金融服务和安全高效的体系至关重要，金融安全不仅是现阶段经济稳定与安全的重要保障，更是未来经济持续发展的重要支撑。

2. 金融不稳定对经济安全具有比较大的负面作用甚至冲击

---

① 威廉姆松1998年对35个在1980～1997年之间发生了系统性金融危机的国家的研究表明，24个金融危机案例与金融自由化有关。参见黄金老，2001，《金融自由化与金融脆弱性》，中国城市出版社。

从世界范围来看，最近数十年以来，金融危机不仅越来越频繁，破坏力也越来越强，尤其是对发展中国家具有毁灭性的打击。由于金融危机的可预测性比较差，难以组织实施具有比较理想效果的预防和应对措施，致使金融危机的对经济社会的危害和损失比较大。银行危机的实际经济总成本非常高，包括三个方面，一是存量成本，造成经济资源的累积性浪费，银行倒闭、企业破产，外汇储备大量流失。二是财政成本，为挽救银行形成的巨额财政负担，危机救援与处理中财政部门付出的成本以及导致其他方面正常开支减少造成的损失即机会成本。三是流量成本，造成产出下降，GDP 锐减，就业减少，贫困增加。在发展中国家，金融危机往往会造成比较大的社会损失：政治动荡、收入分配恶化、贫困加剧，甚至社会动荡。

3. 金融安全是现阶段我国国家经济安全体系中最重要、影响力最大的子系统

国家经济安全涉及的主要方面和关键领域，包括战略资源安全、关键产业安全、金融与财政安全等。就我国现阶段经济安全态势和发展趋势来看，粮食安全、水资源安全、石油安全和金融安全是最为敏感、最为重要的关键。由于粮食安全、水、石油等自然资源安全问题相对具有长期性，确定性、可预测性和可防范性，而金融安全问题则既具有长期性，又具有短期性、突发性和极大的不确定性、不可预测性，很难进行比较及时和有效的预防。不仅如此，金融安全问题还具有明显的全局性、影响面广、冲击力强、副作用大，具有极大的负面影响和系统冲击力，在经济全球化和我国对外开放程度越来越高的大背景下，金融安全问题的紧迫性和严重性越来越突出，使得金融安全问题日益成为我国国家经济安全的核心和关键问题。

二、新形势下影响我国金融安全的主要因素①

在新阶段新形势下，我国金融安全出现了一些新特征，形势可以说越来越复杂。一方面，改革开放和发展新的形势极大地促进了金融体制改革和金融体系的健全，为防范和化解金融风险，降低金融体系脆弱性，避免和预防金融危机、保持金融稳定、维护金融安全创造了极其有利的外部环境和制度条件。另

① 影响金融安全的主要因素包括，直接影响金融风险的因素和可能增强金融脆弱性以及可能导致金融危机的各种因素，除了金融机构不良资产之外，还包括扩张性宏观经济政策、固定汇率制度、过于偏重直接融资的融资体系、隐含的国家信用担保，国际金融危机传导以及其他外部冲击和突发事件等各方面复杂因素。

一方面，随着经济金融全球化进程进一步推进和我国加入WTO以及对外开放程度进一步提高，金融体制改革深化和金融自由化进程的深入、资本项目开放加快和人民币国际化进程启动，我国的金融风险和脆弱性必将呈现一定程度的上升趋势，金融安全形势有可能面临越来越严峻的挑战。

（一）新形势下影响我国金融安全的国内因素

总体来看，国内因素对金融安全既有有利影响，也有不利影响，但以有利影响为主。这也从根本上决定了我国现阶段虽然面临相当规模的系统性金融风险，但总体上金融安全是有保障的，近期不大可能发生国内因素导致的金融危机。

1. 全面建设小康社会与改革开放和现代化建设新阶段对金融安全的影响

防范已有金融风险、化解不良资产存量是保证我国金融安全的首要任务，由于我国金融机构不良资产存量规模巨大，情况复杂，因此，解决不良资产存量、保持金融安全的力度和速度首先取决于未来一个时期经济社会发展从而国家综合经济实力和中央财政财力状况。未来一个时期，我国进入全面建设小康社会的新阶段，有利于建立起可以有效控制和防范金融风险的新的经济体制环境，但如果改革不到位，也有可能带来新的金融风险和不稳定因素。

（1）全面建设小康社会，工业化、城市化和老工业基地改造等将推动我国经济持续快速发展，为解决金融风险问题提供了强有力的财力保障。我国已进入了新的经济增长周期，在工业化、城市化和老工业基地改造等有力推动和奥运景气预期的拉动下，未来一个时期我国经济有可能保持比较高的增长速度，国家综合经济势力和中央财政综合财力必将进一步增强，为解决历史累积的存量性质的金融风险创造必要的环境和条件，是保证国家金融安全的最大的基本面因素。

（2）如果金融体制改革和金融创新继续滞后，则现阶段的一些改革和发展因素有可能带来新的金融风险和不稳定因素。如果配套改革不到位，尤其是金融体制改革和金融创新继续滞后的话，那么极有可能在进一步加大资金需求的同时，带来或有的金融风险。尤其是工业化、城市化和老工业基地改造等投入大，持续时间长，又有明显的政府意图。如果不能在投融资体制改革方面取得突破性进展，继续依靠原有的融资渠道和融资方式，极有可能带来新的金融风险。另一方面，国有资产管理体制改革、国有企业体制改革和机制转换，有可能出现因为改制而造成新的银行不良资产增加，国有资产管理体制改革有可能带来的又一轮“逃废银行债务”和银行债务悬空，金融风险增大。

2. 扩张性的宏观经济政策尤其是积极财政政策在为解决不良资产问题创造了必要的制度条件的同时，也有可能使本来已较大的各级政府财政赤字和债务负担规模持续上升，迫使财政风险向金融风险转化，并有引发货币危机的风险积极财政政策实施以来，为了改变金融业的困境，我国相继出台了一系列政策措施，增强金融机构尤其是银行业的竞争力。要彻底解决国有银行的不良资产存量问题，在迫使国有银行自己消化部分不良资产的同时，继续采取以财政支出或外汇储备注资的方式将不可避免。但也要看到，我国目前各级政府的财政赤字和债务负担已经相当大，国有银行的改组必将进一步加大财政风险。2002 年底国债余额占当年 GDP 的 21.78%。如果加上国债转贷资金，并考虑到显形政府直接债务、隐性直接债务以及显形或有债务、隐性或有负债可能转化的部分，有专家估计，政府债务余额占 GDP 的比重接近欧元区的警戒线，有些专家的估计则更高。[①] 其中的或有债务有可能发展成为现实的债务负担，成为一定的财政风险，并有可能在外部冲击或其他事件触发下，以各种方式不同程度地转化为金融风险。尤其是在扩张性财政政策伴以扩张性货币政策的情况下，财政赤字的持续扩大与信贷投放过度扩张，存在加大汇率制度风险的可能性。

3. 加快金融发展与深化金融体制改革对我国金融安全的影响

（1）金融体系健全和信用体系建立有利于从根本上弱化整体金融系统面临的过度银行化倾向和信用风险。资本市场尤其是债券市场发展滞后和过度银行化问题是东亚国家金融脆弱性的重要原因。[②] 我国由于种种原因，金融市场发展滞后于银行发展，形成了以银行信贷为主的间接融资结构和过度银行化倾向。加快债券市场尤其是企业债券市场发展是健全完善资本市场体系乃至金融体系的重要任务，预计未来一段时间，债券市场的恢复性发展将带动整个资本市场快速发展，直接融资和间接融资的结构比例将趋于合理化，过于偏重银行从而将金融体系风险过度集中化倾向将趋于弱化，从金融体系上为降低金融脆弱性、增强金融体系稳定性，保证金融安全提供制度保障。同时，我国的信用体系建设必将取得突破性进展，整个社会信用环境将逐渐改善，多年来困扰银行的信

---

① 据刘尚希等（参见《政府债务：风险状况的初步分析》，《管理世界》2002 年第 5 期）研究，2000 年底国债、欠发工资、粮食系统亏损挂账、乡镇财政债务等显形政府直接债务 21186 亿元、社会保险基金债务等隐性直接债务 37000 亿元，其他公共部门债务、国债配套资金等显形或有债务 23235 亿元、银行不良资产、国有企业未弥补亏损供销社基金会援助等隐性或有负债 35374 亿元。或有债务按 50% 的风险权重计算，政府债务余额合计 87490 亿元，大约占当年 GDP 的 99%。我们认为，上述计算中对社会保险债务和其他公共部门债务的估算不够准确。据有关研究，社会保险债务应调整为 18000 亿元。虽然政策性金融债券有一部分可能转化为现实债务，风险权重为 30% ~40%，不会高于 50%。铁道部债券风险权重基本为零，可忽略不计。同样，国有企业未弥补亏损虽然理论上是政府或有负债，实际上不可能真正转化。但国有银行和农村基金会不良资产则构成了不折不扣的政府债务。做上述调整后，目前政府直接债务 26686 亿元，或有债务折合 37710 亿元，加社会保险债务，合计 82390 亿元，大约占当前 GDP 的 81%。如果国有银行不良资产全部采取以外汇储备注资方法解决，则政府债务占 GDP 的比重可望下降到 57%，处于欧元区的警戒线之内。

② 参见 Masaru Yoshitomi and Sayuri Shirai, *Designing a Financial Market Structure in Post - Crisis Asia*, ADB Institute Working Paper 15, March, 2001.

用风险将趋于降低，从而极大地改变银行业的风险结构，并有利于降低银行业的总体风险。

（2）深化金融企业改革、完善金融监管体制有利于解决国有银行体系的体制性金融风险。我国金融体制改革的核心问题是国有银行问题，解决金融体制问题的关键是在国有银行推行股份制改革，建立现代金融企业制度，从制度上防范体制性、政策性等国有金融机构特有金融风险的大量产生、复制和蔓延。完善金融监管体制，有利于在混业经营的趋势下建立“防火墙”，防范金融风险在不同领域的传递和扩散，降低系统性金融风险和金融危机发生。

（3）金融创新、金融自由化和利率市场化进程加快有可能加大系统性金融风险。今后一个时期，我国的金融自由化和金融创新将有大的推进，一方面，将为金融机构规避风险提供更多的机会，另一方面，也将带来一定的风险，并有可能在一定意义上放大原有的风险。同时，未来一段时间利率市场化加速给银行业带来新风险，可能导致竞争加剧，甚至带来恶性竞争和银行破产。银行在利率市场化改革后将不仅要面临信贷风险，还要面临利率风险，并有可能在同业恶性竞争下出现流动性风险，多种风险的伴生和叠加有可能使系统性风险问题加剧。

4. 奥运、台海局势等重大或突发事件对金融安全的影响

从金融风险演化以及金融危机发展的一般规律来看，重大事件、突发事件等往往起着比较大而又极其微妙的作用。在一些情况下，重大、突发事件往往成为引爆器或导火索。从整体上来看，“奥运”及其可能带来的“奥运景气”将如同其他促进经济发展的因素一样，是有利于金融安全的重要的基本面性质的利好因素。而台海局势恶化以及可能引起的“台海萧条”则是基本面方面的利空因素。一方面致使我国国际环境恶化，形成“台海萧条”，不利于整体上解决金融风险。同时，使得国家财政支出重点发生重点变化，可能直接影响对国有银行的注资和改造，产生新的金融风险。但另一方面，由于民族精神振奋、爱国热情高涨、向心力增强，国家从整体上控制风险、防范危机的能力提高反而有利于金融安全。

（二）新形势下影响金融安全的国际与对外因素

总体来看，虽然国际或对外开放因素对金融安全的影响也是正反两方面的，但不利影响明显大于有利影响，防范金融风险、保障金融安全的关键是科学把握金融开放与自由化进程。

1. 经济金融全球化背景下的外部冲击与国际金融体系的脆弱性传递影响

自 90 年代以来在经济全球化和信息网络技术的推动下，金融全球化和自由

化得到了迅速的发展，已成为一种不可逆转的国际趋势。金融全球化对金融安全产生了多方面的影响，一国金融体系和金融市场的稳定将更多地受到全球金融体系和金融市场的影响。国际资本流动变化、国际投机资本冲击以及金融危机的各种恐慌性传播都会导致一国金融安全受到所谓传染效应的威胁。跨国金融集团迅速发展，其经济实力资金调配能力甚至大过不少国家整体金融系统，从而使不少国家的金融市场结构处于超不稳定状态，金融脆弱性比较严重；跨境金融活动和混业经营模式使金融监管异常困难，监管者和监管对象间的信息不对称问题更加突出，特别是金融全球化与国际监管能力不足之间的矛盾日益突出。从总体上看，目前仍未形成一个在全球层面上有效防止金融危机发生和蔓延的体系，国际货币体系既未能有效防止货币危机的发生，危机发生后的救援机制也很不健全，国际社会有关增强全球金融稳定的努力仍存在种种缺陷，致使当今世界仍处于金融危机高发期。在我国对外开放程度日益提高的背景下，经济金融全球化带来的各种外部冲击会通过各种渠道和途径，以各种不同方式不断冲击我国的经济金融体系，国际金融体系的脆弱性也将以各种方式传递影响到我国。由于国际金融危机的高发期仍会持续一段时期，因此，在未来一段时期内，我国金融安全所面临的基本国际形势仍然比较严峻。

2. WTO框架下金融开放对我国金融稳定的影响①

各国实践证明，如果顺序把握失当，配套改革不到位、金融基础设施不健全，金融自由化极有可能引发金融危机。② 我国金融服务业开放在进一步健全金融体系的同时，也将更加容易遭受外部冲击，金融安全必将面临新的形势和挑战。

（1）金融服务贸易自由化、资本流动规模的扩大有可能加大资本流动的不稳定性。金融服务贸易自由化所带来的直接投资规模的扩大，将强化直接投资增长的放大周期波动的作用，对汇率和国民经济整体的稳定将产生不利的影响。金融业的开放还是会加大资本流动的波动性。由于国外金融机构有更大的市场

---

① 其实在中国还尚未正式加入WTO时，就已有相当数量的外资金融机构进入中国，其中主要是外资银行。据统计到2001年4月，外资金融机构在中国已设立营业性银行机构178家，其中外资独资银行6家，合资银行7家，外国银行分行158家，财务公司5家，投资银行1家，企业集团财务公司1家。仅就外资银行金融机构的数量而言，中国银行业的开放程度同世界其他国家相比已很高。中国外资银行金融机构的资产也不断扩大，外资银行资产占中国银行体系总资产的比重为2.5%。随着外资银行数量的增加和资产规模的扩大，外资银行在存贷款、国际结算等各领域的业务规模也迅速扩大，目前外资银行的外汇贷款额占全年外汇贷款总额的比重为23.37%，外资银行的存款额占全年外汇存款总额的比重达到4.84%。

② 由于金融自由化和金融危机的时间顺序如此紧密，以致有学者以《送走了金融抑制，迎来了金融危机》（Carlos Diaz - Alejandro, 1985, Good - bye Financial Repression, Hello financial Crash.）为题来讨论金融自由化和金融危机的关系。参见黄金老，2001，《金融自由化与金融脆弱性》，中国城市出版社。

活动空间，其资产组合微小的变化都会给一国的金融市场带来很大的震荡。我国金融服务贸易自由化也会难以避免地加大资本流动的波动，这种波动和固定汇率制相结合就会形成对经济不断的冲击，影响宏观经济的稳定。

（2）金融服务贸易自由化有可能通过改变市场结构与竞争关系而加大金融体系风险。随着我国有关金融服务贸易自由化承诺的逐步落实，金融市场结构将发生很大变化，多种所有制形式共存的竞争性市场将出现。竞争不可避免地对现有的金融机构产生一定的冲击，金融机构破产与倒闭的风险加大，出现银行呆坏账增加、外债失控等问题，影响金融系统的稳定，对汇率稳定也产生不利影响。

（3）金融服务贸易自由化必将加快国内金融自由化进程，加大发生金融危机的可能性。金融贸易服务自由化主要解决的是对外开放问题，而对外开放不可避免地导致对内开放，进入管理的解除将使竞争更加激烈。利率管制的解除也会产生同样的效应，加剧道德风险的危险。考虑到利率市场化加上金融自由化将使利率与汇率间的联动关系得到加强，汇率的变化在现有的资本流动监管能力下则可能导致资本非法流入流出量的大增，增加国内金融体系的不稳定性和脆弱性。

3. 人民币汇率升值、国际化和汇率制度改革对我国金融安全的影响

从我国经济发展和对外开放的趋势来看，随着我国经济实力和国际地位的不断上升，人民币汇率升值将是不可避免的必然趋势，人民币的国际化（至少是区域化）也将是伴生的必然过程，而采取更加灵活的汇率制度也必将是大势所趋。从一些国家变化过程和经验教训来看，货币升值既有正面影响，也有一定的负面影响。由于强势美元与美国经济周期的背离开始显现，未来一段时间有可能出现第三次美元危机。东亚经济仍有可能成为美元贬值最大的吸收者。一旦美元危机爆发，人民币有可能在我国的经济实力没有达到日本当年的水平之前，过早地重蹈日元被迫急剧升值的覆辙。① 吸取日元被迫急剧升值及其负面连锁效应的教训，我国人民币汇率升值、国际化和汇率制度改革，要审慎设计，稳步推进，力争将成本控制在最小程度，避免引发货币或银行危机。

4. 资本项目开放及其对中国金融安全的影响

国际经验表明，金融全球化和发展中国家资本项目的过早开放，致使国际资本流动的空前便利，短期国际资本的投机活动尤其是投机性攻击更加活跃，在加剧金融体系中本来存在的金融风险的同时，也在有意无意中制造和产生了新的金融风险。目前我国的资本项目自由化正在有条不紊地推进，未来一段时间将是资本项目开放的加速阶段，资本项目开放对金融风险和金融安全的影响

---

① 关于日本金融尤其是“广场协议”与日元升值问题较有启发性和警示性的著作，请参阅《日本金融败战》。

将开始显现。[①] 资本项目开放对金融风险和金融安全的影响主要体现在短期资本流动规模扩大、流动加快对金融市场稳定的影响方面。在配套措施不健全、安全防范准备不充分的情况下，过早开放资本项目，必然要受到国际短期流动资本的冲击和干扰，如果存在可能的问题和投机机会，很有可能在国际短期流动资本的冲击下发生银行、货币、债务或系统性金融危机。我国资本项目的开放必将是一个相对比较长的过程，如果时间安排合理，顺序得当，配套改革到位，则可以将不利影响和由此引发的风险控制在比较小的范围，否则，有可能为金融风险或危机的发生提供便利甚至打下埋伏。

三、现阶段我国金融安全的总体形势与新形势下的金融安全态势展望

（一）我国金融体系各子系统风险的结构分析[②]

1. 我国银行体系的风险状况

银行体系风险是影响金融系统性风险的关键因素。[③] 从我国的实际情况来看，现阶段最大的金融风险来自于国有银行体系[④]。虽然近年来银行业系统的风险呈现下降趋势，但总体风险状况仍然比较严峻。从中期总体趋势来看，在银行业整体改制上市的进程中，还伴随着社会整体信用水平不高、综合税收负担率较重、利率市场化、中小存款机构改制、金融机构业务交叉、银行准入等，还将产生一系列风险。在 2004～2006 三年间，中国银行业风险达到峰值，情况较佳的银行改制上市效果在逐步体现中，而其余两家银行在加速上市准备进程中，国有银行体制处于最不确定状态，而利率市场化和银行准入带来的风险也在这一时间段完全暴露。2006～2008 年，中国银行业的整体风险在峰值下降阶段，此后银行体系风险有望较快下降。

---

① 据有关专家估计，进入 2003 年以来，由于境外有些机构预测，人民币汇率将在未来 15～25 个月升值 15%～25%。在人民币升值预期的作用下，大约 250 亿元境外各种资金以不同方式进入我国，准备进行投机活动。以致国家外汇管理部门不得不进行专项检查，以防不明来源资金冲击。

② 从理论上还应该包括非正规金融体系的金融风险分析，但考虑到 1997 年整顿城市金融三乱和农村三金后，非正规金融规模已经大大缩小，目前主要问题是解决遗留的债务问题，且其风险主要具有非集中化特点，主要分散在农村基层，不会发展成为系统性风险，影响到整体上的金融安全，故不进行专门分析。

③ 根据国际货币基金组织的对 181 个成员国的统计，1980 年以来，有 73% 即 133 个国家发生过严重的金融问题或金融危机，其中 108 个发生过严重的金融问题的国家中，67% 即 72 例由银行不良资产引发；41 个发生金融危机的国家中，59% 即 24 例由银行不良资产引发。

④ 国外有些专家认为，严格按照国外的标准，甚至可以地说四大国有银行在技术上已经“破产”，其目前的存在基本上是在国家信用等特殊因素支持下的一种特殊存在。

（1）国有银行资产质量相当低下，不良资产问题越来越突出。中国国有银行的不良资产问题虽然有目共睹，2003 年底正式对外公布的不良资产比例为 15.19%，[①] 不仅大大高于亚洲金融危机前东南亚国家银行普遍不超过 6% 的水平，也远远高于为不良资产缠身的日本银行 5.99% 的水平。

（2）国有银行资本充足率严重不足，资本金从理论上已经枯竭。此次注资前，四大国有银行中除了中国银行可勉强满足资本充足率要求外，其余均在 8% 以下。考虑已剥离到四大资产管理公司的不良资产，则国有银行资本金基本耗竭。

（3）新的金融风险仍在形成和增加，国有银行的仍然没有形成健全制度基础和良性机制。金融改革和经济发展也带来了新的风险，包括国有企业深化改革可能造成的新的债务悬空，个人消费者贷款迅速发展带来的潜在风险，外商投资企业贷款片面增加带来的潜在风险以及利率市场化带来的竞争加剧导致银行破产风险等。近年来逐渐出现了金融机构的机构和权力向城市集中尤其是大城市集中化现象，并呈现加速趋势。从长远来看，有可能造成新的金融风险和不良资产隐性累积，使目前主要公开分散于商业银行基层分支机构的不良资产逐渐汇集成为长期性、集中化而又隐性化的巨额不良资产。

（4）未来三年（2004～2006 年），银行业风险达到峰值，[②] 国有银行体制处于最不确定状态。2006～2008 年间银行业的整体风险开始进入下降阶段。由于国有银行重组成本下限在 GDP 的 30% 左右，要对中国银行业进行注资，并使其恢复续存能力代价是极其昂贵的。实践证明依靠银行自身改革和积累是不现实的，而在不良资产问题没有解决之前寄希望于外资和民间资本也是不可能的。如果以直接的通货膨胀税强行稀释国有银行的不良资产问题，不良贷款占 GDP 的比例在 10 年后下降为 6%。如果单纯依靠中央政府的公共部门向银行真实注资，可能需要耗费未来中国政府 8 年（乐观）、12 年（中等）、25 年（悲观）的全部财政收入的增量部分。不仅潜伏巨大的金融安全隐患，而且潜伏巨大的财政风险隐患。

（5）国有银行不大可能出现东南亚国家的倒闭风潮，但如果久拖不决可能再现日本式的因银行改革不力而影响经济增长与发展的情形，国有银行问题拖而不决的宏观代价是金融深化和经济发展的巨大牺牲，金融风险有可能就此转换成为经济风险，保证金融安全的措施有可能损害经济安全。国有银行巨额不

---

① 截至 2003 年底，银行业一逾两呆不良贷款余额 2.4 万亿元，不良贷款率 15.19%。其中，国有独资银行不良贷款余额 1.59 万亿元，不良贷款率 16.86%。股份制商业银行不良贷款余额 1540 亿元，不良贷款率 6.50%。城市商业银行不良贷款余额 993 亿元，不良贷款率 12.85%。农村信用社不良贷款余额 5049 亿元，不良贷款率 29.72%。参见《去年我国银行业不良贷款实现双降目标》《金融时报》2004 年 1 月 12 日。

② 英国《金融时报》2002 年 10 月底刊登的文章预言，中国将在 2006 年之前爆发金融危机。

良资产的存在不仅潜伏着在进一步开放环境下导致系统性金融风险的极大可能性，必将严重威胁着中国的金融安全、财政安全和经济安全，同时也形成了中国金融体制改革和国民经济快速稳定持续发展的极大制约和障碍，有可能延误我国经济起飞的有利时机。金融风险在一定程度上转化成为经济风险，保证金融安全的措施有可能损害经济安全。

2. 商业保险与社会保险体系的风险

不论我国的社会保险还是商业保险都面临着相当大的风险，社会保险的风险主要来源于目前看仍然在不断增大的养老体系隐性债务，而商业保险的最大风险是寿险业的利差损。从长期趋势看，在这个领域的主要风险是社会保险而不是商业保险。由于社会保险与商业保险存在的问题是社会安全网方面的问题，同时无论是社会保险还是作为金融业的保险业都与金融体系存在千丝万缕的联系，在特定条件下有可能通过一些途径影响到国家金融安全。由于受外资保险机构冲击和前一阶段不规范竞争的双重影响，目前保险机构的基本财务状况比较严峻，不能排除个别机构面临清偿性危机的可能性。从短期来看，保险机构虽然一般不至于出现严重的清偿性风险，但有可能出现不同程度的流动性困难。可以说，保险体系风险暴露的高峰尚未到来，短期甚至中期内对金融安全不会有比较大的冲击。即使将来保险业出现风险暴露高峰，出现某种程度的问题或危机，由于不涉及信用创造，也不至于导致系统性危机。

（1）我国社会保险运行中面临的主要风险及对金融安全的影响。我国养老保险体制存在以下明显的问题和风险：一是高费率与企业的承担能力低下的矛盾导致欠缴保费的情况不断发生。二是人口老龄化加快，养老保险制度存在严重的结构偏差，财务上难以持续。三是养老保险空账规模不断扩大，养老基金流动性风险加剧。四是巨大的转轨成本和隐性债务，形成长期的、持续的资金压力。在社会保障制度能够实现收支的自我平衡时，一般不会对金融安全造成直接的影响。但我国社会保险制度仍处于转轨过程中，体制上存在的问题转化为财务上的不可持续和对资金需求的巨大压力，有可能通过以下途径影响金融安全。一是社会保险的财务负担通过财政渠道转嫁到金融方面。二是社会保险资金缺口直接通过占用信贷资金形成不良资产。三是社会保险财务上的不可持续有可能影响社会公众的信心，从而对金融安全造成影响。

（2）我国商业保险面临的风险及对金融安全的影响。寿险业与金融安全的关系更加密切。商业保险业面临的风险和问题：一是资本金不足与偿付能力低下。二是保险业资金迅速积聚与资金运用渠道狭窄难以相互适应的风险。三是寿险业存在严重的“利差损”问题。四是我国民族保险公司实力不足，难以与外国保险公司展开竞争。商业保险直接构成金融业的重要组成部分，所以商业保险的问题和风险也是金融业问题与风险的组成部分。但从维护金融稳定和金融安全，防范和控制金融风险的角度看，应当特别注意以下几个方面：一是如何解决偿付能力不足和破产风险问题。二是如何解决负债增长与资产盈利能力不对称问题。三是如何保护民族保险业，有效应对外部竞争与防范外资控制问题。

3. 关于资本市场的风险

中国资本市场所面临的安全隐患主要是制度性缺陷阻碍其职能的发挥，甚至可能导致体系性制度塌陷，对金融安全和经济安全以至经济改革和发展产生负面影响。由于早期债务继承比较大，近年来资本市场剧烈波动导致证券公司的投资和经营损失十分严重，以固定回报承诺的方式进行代客理财导致严重损失，以及证券公司自身经营管理不善等原因，中国证券机构存在突发性破产的严重风险。截至2002年5月底，118家证券公司净资产额为917亿元，不良资产却高达460亿元，不良资产率超过50%。[①] 其结果，一方面由于证券公司基本上为国有，这将迫使地方政府为挽救券商，而使自身财政赤字急剧增加。另一方面，由于证券公司及其代理的客户不同程度地存在银行融资，证券机构存在突发性破产必然增加银行的金融风险。与银行业和保险业不同的是，可以说证券业由于市场化程度比较高，资本市场的泡沫已基本消除，风险暴露的高峰已经基本过去。且由于资本市场并不参与信用创造，本身有具有分散风险的功能，所以，资本市场虽然存在一定程度的系统性风险，但证券体系的脆弱性已经大大降低，对银行及金融体系其他方面的负外部性比较小，对于整个金融安全的不利影响比较有限。即使在外部冲击或内在风险的作用下，发生一定程度的股指下跌，也不可能引发系统性金融风险或金融危机。

（二）新形势下我国金融安全的总体态势与阶段特征

1. 新形势下我国金融安全的总体态势分析判断

（1）我国金融体系内部积累了大量的风险，金融体系脆弱性比较明显并在日益加大。由于经济体制转轨时期的特殊原因，无论是国有银行还是资本市场由于实际上承担支持国有企业改革的重任而在一定程度上被扭曲，[②] 现阶段我国的金融风险主要是传统计划经济条件下形成的金融体系与改革中形成和发展起

---

① 据中国证券期货监督管理委员会官员李小雪在2003年7月称，2002年，中国98家证券公司不良资产率平均为50%，不良资产460亿元人民币。参见《证券市场周刊》2003年第47期。

② 据有关研究报告，国有商业银行不良资产形成的原因中，由红头文件造成的占到29.2%，企业政策性关停并转占8.5%，国有企业经营不善导致占到26.8%，地方政府不当干预占到10.1%，银行自身经营不善占19.3%。参见对金融专家李扬教授的采访《花钱要买到好机制》，《中国证券报》2004年1月8日。

来的市场经济体制的矛盾形成的制度性金融风险。由于银行业在我国现行金融体系中处于主导地位，现阶段的金融风险主要是银行尤其是国有银行的风险。我国目前虽然没有存款保险制度，但全面的国家信用后盾和事实上存在的最后贷款人，形成了一个过度宽容的银行安全网，是现阶段银行业金融风险和金融脆弱性产生的重要根源。虽然银行业尤其是国有银行的不良资产问题比较严重，但由于国家信用和国有制的强大后盾，国有银行不大可能出现类似东南亚国家的银行倒闭风潮，但如果久拖不决可能再现日本式的因银行改革不力而影响经济增长与发展的情形，国有银行问题拖而不决的宏观代价是金融深化和经济发展的巨大牺牲，事实上，在一定程度上形成了金融风险与经济风险、金融安全与经济安全的转换与替代关系，金融风险有可能就此转换成为经济风险，保证金融安全的措施甚至有可能损害经济安全，金融风险和金融体系脆弱性比较明显并在持续加大。

（2）我国目前处于金融基本安全状态，但现阶段的安全是有条件的有限安全。金融风险和金融脆弱性的积累可以导致金融危机，金融安全隐患不仅来源于已有的现实金融风险，即数额巨大的金融机构不良资产，在某种意义上更来自于潜在金融风险，即金融体系脆弱性不断累积所带来和放大的金融风险。我国金融风险的"两个集中"和"双向转移"特征，即我国目前的金融体系具有一定程度的风险集中性质，存在风险从微观向宏观、从市场向政府的"两个集中"、存在从经济向金融和由金融向经济的"双向转移"，以及从隐性向显性发展变化的特征决定了金融安全形势的复杂性、综合性和宏观性。由于金融领域对外开放和金融自由化，由于我国尚未完全履行"入世"承诺、金融业对外开放程度比较有限、资本项目尚未完全开放，金融风险和金融脆弱性仍然处于相对比较稳定的状况。因此，现阶段金融安全是有保障的，处于金融基本安全状态。据此，我们认为可以对现阶段尤其是全面履行 WTO 框架下金融开放之前的我国金融安全基本形势持谨慎乐观态度。

（3）随着金融业对外开放尤其是资本项目开放的推进，我国金融安全将面临真正的考验。必须认识到，我国金融体系的风险与脆弱性是比较高的，并将随着金融业对外开放程度的提高而进一步增强，因此，现阶段的金融安全是特殊的、有条件的有限安全，而不是一般意义上的安全。在对外开放程度越来越高的大背景下，金融安全问题的紧迫性和严重性越来越突出，将日益成为我国国家经济安全的核心和关键。即使国有银行的不良资产存量得以比较好的解决，新形势下可能带来和形成的新风险引发的金融安全隐患问题仍然不能轻视和忽略。一方面在外资银行的冲击和竞争压力下，银行体系尤其是国有银行的信贷风险将越来越凸现，并有出现流动性风险的可能，利率市场化带来的利率风险问题将开始出现，从而使得国有银行的信用风险、市场风险和操作风险整体上趋于上升，出现银行危机的可能性趋于加大。另一方面，从资本项目开放和人民币汇率制度改革趋势来看，由于强势美元与美国经济周期的背离开始显现，有可能出现第三次美元危机，东亚经济仍可能成为美元贬值最大的吸收者，人民币有可能首当其冲，发生汇率波动或人民币汇率危机的可能性在逐步加大。从这个意义上讲，我国金融安全真正的考验还在后头。

2. 我国金融安全的阶段特征

（1）未来3~5年是我国金融风险集中暴露和金融安全保障的关键时期。从我国金融体系各子系统的风险状况来看，银行业金融风险在金融体系各子系统中占有极其重要的权重，由于证券业风险暴露高峰已经过去，银行业暴露高峰正在到来，保险业暴露高峰尚未到来。因此，我国金融系统的整体风险状况可以说已经开始进入到最为严重和敏感的时期，同时也是我国金融开放比较全面和迅速的时期，金融体系自身风险和脆弱性的累积将到达一定的程度，而金融领域全面对外开放后的外部冲击也开始显现和暴露出来，使得未来3~5年将是我国金融体系现有风险暴露最为集中的时期。随着资本项目开放和人民币汇率制度改革的逐步推进，未来5~10年发生汇率波动或危机的风险将趋于加大，两种因素的出现和叠加，有可能使得2008年左右成为我国现有金融风险暴露最为充分的时期。由于开放前后在金融风险控制方面的差异，在金融领域全面开放之前，我国可以利用制度性的屏障和防火墙作为掩护，争取时间进行金融风险防范和金融安全保障方面必要的改革和调整，以适应开放条件下金融安全的需要，因此，今后3~5年应该说是我国风险防范的关键时期，也是决定我国金融安全的关键时期。

（2）可能的危机或问题触发点与导火索。由于我国金融风险和脆弱性主要是银行业的风险，因此，如果我国的金融安全出问题，我们认为最大的可能性是在银行体系特别是国有银行出问题。银行尤其是国有银行的问题由来已久，且为各方面所认识和预期，在金融领域对外开放进一步提高的背景下，银行脆弱性的累积和增加也将最为显著，因此，国有银行是金融危机或问题最大可能的触发点。但也正因为银行的问题已经被充分地认识和预期，银行改革方面实质性动作已经开始，银行问题本身成为危机的导火索或引爆器的可能性并不太大。一种可能的情况是，由于汇率制度改革的滞后和金融自由化节奏和顺序安排的失当，有可能引发货币汇率方面的问题，并由此引爆国有银行的问题。我们认为，随着时间的推移，发生银行问题的可能性将越来越小，而发生货币问题或者货币与银行共生问题的可能性则在逐步加大，货币汇率问题成为导火索或引爆器的可能性趋于加大。

四、保障我国金融安全的对策措施

在进一步扩大改革开放和全面建设小康社会的新形势下，一方面我国金融安全形势越来越严峻，另一方面保持金融安全的有利条件越来越多。如何在日益复杂的形势下，充分利用有利条件，保持并不断增强宏观经济和金融体系稳定性，有效消除金融脆弱性，防范和化解金融风险，保障金融安全是我们面临的一个艰巨的任务，也是改革开放面临的一个重大挑战。我们认为，在新形势下保障我国金融安全，一方面要树立全面、科学、辩证的金融安全观，另一方面要切实深化金融体制改革，建立良好健全的金融风险防范机制和金融安全保障体系。

（一）树立全面、辩证、科学的金融安全观

1. 金融安全是相对安全而非绝对安全

风险是金融体系和金融体制的基本特征和属性，风险是不可能消灭的，只能尽可能地规避、分散、有条件地承担、转移，或有限度地控制、防范和化解，因此，金融安全是有成本和收益的，金融安全问题同样存在最优选择。保证金融安全不是绝对安全，而只能是相对安全。现实的金融安全当然不是安全度越小越好，但也不是安全度越大越好，而是成本收益比较下选择的最优安全。当前尤其要克服“狭义银行”消极防范金融风险的倾向，以积极的姿态作好金融安全工作。

2. 可行的金融安全是经济安全最大化条件下的金融安全

金融是现代经济的核心，金融安全是经济安全的重要内容，金融安全与经济安全是相互转换和相互影响的，金融安全的宏观影响或者宏观成本有可能对经济安全形成负面影响，有损于经济安全，因此，需要将金融安全放在整个经济安全的框架下，作为经济安全的重要方面来全面通盘考虑，在经济安全最大化条件下的追求金融安全，不能片面地绝对地强调金融安全，甚至为保证过度的金融安全来牺牲经济安全。

3. 金融安全是微观安全与宏观安全统一、市场安全与政府安全统一的金融体系风险最小化和整体安全

金融安全是没有系统性的金融风险，因此，金融安全不仅是个别金融机构的微观安全，更是整个金融体系的宏观安全，是微观安全与宏观安全统一的金融体系风险最小化。同时，金融安全是国家的金融安全，是金融市场安全与政府安全统一的整体安全，政府对金融机构可以提供必要的国家信用支持和危机

救援，但不能提供无限的担保，金融机构不能无限地向政府转移风险，不能将个别金融机构的安全建立在政府的不安全之上。现阶段既要防止经济风险向金融风险的转换，更要防止金融风险向经济风险的转嫁；既要考虑微观经济金融单位的具体风险，也要考虑整个国民经济和金融体系的宏观风险；既要防止财政风险向金融风险的转换，也要防止金融风险向财政风险的转化，更要防止金融风险和财政风险的结合和相互强化；既要防止市场风险的蔓延，也要防止市场风险向政府的无限转移，特别要防止金融机构大面积道德风险的发生和持续。

4. 要在发展中、动态中防范和化解金融风险，保障金融安全

金融安全要放在经济安全的大背景下，要辩证看待并正确处理金融安全与金融发展、经济发展的关系，研究金融风险与经济风险的权衡与转换。目前我国的金融体系具有一定程度的风险集中性质，存在风险从微观向宏观、从市场向政府的“两个集中”、从经济向金融和由金融向经济的“双向转移”，以及从隐性向显性发展变化的复杂性、综合性和宏观性特征。没有经济社会的持续稳定发展和经济体制机制的转换，金融风险问题的根源则难以彻底解决；没有国家综合经济实力和财力的增强，金融风险存量问题就难以根本解决。因此，要在经济发展、金融发展中实现金融安全，不能就金融风险谈风险，就金融安全谈安全，防止片面的金融安全观及其对于经济发展与经济安全的负面作用。

（二）若干政策建议

1. 保持宏观经济基本面的稳定性

金融体系存在大量的不良资产，有可能造成流动性风险和清偿性危机，避免发生这种情况的条件之一是通过经济快速增长，一方面以经济快速增长带动存款－贷款循环的连续性，来避免不良资产水落石出，另一方面通过经济快速增长和财政收入的不断提高，来改善政府注资重组以及救援问题金融机构的能力。因此，保障金融安全，需要保持经济增长快速稳定、国内财政状况和国际收支的基本平衡，提供比较稳定的政策基本面支持。

（1）保持经济增长快速稳定，避免大起大落。为了保证宏观经济的持续稳定，宏观经济政策既要保持连续性、稳定性，又要注意保持一定的灵活性和应变性，力图既能够防止通货膨胀，又能够防止通货紧缩；既可以防止和消除经济萧条，又可以防止经济过热和泡沫产生。

（2）保持国内财政状况的基本稳定。从保障国家金融安全和财政安全从而整个经济安全的角度来看，需要及早关注债务问题。建议对连续实行多年的以中发国债为主的积极财政政策有一个前瞻性的安排，在经济形势趋于好转的情况下，逐渐转型并最终淡出。

(3) 保持国际收支的基本平衡。从未来趋势来看，国际收支状况逆转的可能性是比较大的，国际收支顺差的减少必然带来收支平衡问题，因此，未来的收支平衡问题需要关注和解决。

2. 审慎设计、稳步推进金融自由化改革

国际经验表明，只有在配套性制度安排非常坚实的前提下，金融自由化才不会增加系统性银行倒闭的风险。我国一定要掌握好自由化的顺序和时机，要注重金融开放的策略性，避免开放过程中出现较大波动。采取循序渐进、逐步自由化的方式进行金融开放，要谨慎从事，切忌操之过急，盲目求成。

(1) 加强对金融产品创新和混业经营的设计和监管。从防范金融风险、保证金融安全的角度来看，一定要强化对金融控股公司的监管体系。对于金融控股公司的监管应改分立监管为伞形监管，将监管重点集中在合并报表、关联交易、资金流动、防火墙设置、干部兼职以及透明度等方面。

(2) 稳步推进利率市场化改革，注意控制利率市场化的风险。利率市场化并非单纯只有收益，而同时将带来多种风险，利率试点的时间也不宜拉得过长，为屏蔽利率市场化带来的银行破产和存款人利益损害。

(3) 循序渐进推进人民币汇率制度改革，向有灵活而有弹性的汇率制度迈进。要逐步改革现有汇率制度，不断增大汇率制度的灵活性。同时对汇率波动又要有一定的引导和控制，防止汇率出现脱离经济基本面的过分波动。人民币汇率安排应该“去政治化”，应该将人民币在国际货币体系中的定位和汇率形成综合起来考虑。短期内可以进行的调整，是人民币和美元的“适度合理”脱钩。中期来看，应将中国汇率的制度性风险、资本管制和经济冲击联系起来考虑。长期来看，中国应高度关注人民币国际化可能带来的机遇和挑战。

(4) 注意把握资本项目对外开放步骤和顺序。要把对风险性较大的资本账户开放放在最后且要稳步推进。资本控制放松的基本原则是鼓励长期资本流动，限制短期资本流动；先放开与贸易有关的资本流动的限制，然后放开对外国直接投资和证券投资的限制，最后放开对短期资本流动的限制；先放松资本流入的管制，再放松资本流出的管理；在逐步放松资本流动管制的同时，在一定时期内保持一定力度的资本流动控制不仅对保持汇率制度的稳定而且对整个国民经济的发展都具有积极作用。

3. 加快金融体制改革，强化金融机构内部风险控制体系，加速银行体系金融防火墙建设，消除银行系统内脆弱性

防范金融风险、保障金融安全的根本举措是尽快消除金融系统内的脆弱性，建立稳健的金融体系。从我国的实际情况来看，现阶段最大的金融风险来自于国有银行体系，因此，应该把国有商业银行体制改革放到关系国家金融安全进

而经济安全甚至整个国家安全的角度来认识和深化。

（1）加快银行不良资产处理和注资。要在总结经验的基础上继续大力推进。除继续动用部分外汇储备外，应该积极探索银行自我积累以充实资本和发债充实资本等途径，尤其要重视存转股、存转债来为国有银行快速补充资本金的可能性，扩大解决资本金和不良资产途径，同时为国有银行股权多元化创造条件。

（2）加快金融机构现代企业制度建设步伐，努力改善国有银行的治理结构。要在积极稳妥推进国有银行股份制改革和上市工作的同时，采取切实措施，改善国有银行的治理结构，让国家注资和股票投资者的钱买到好的机制。一是要坚决取消国有商业银行系统的行政级别，[①] 在厘清职务消费的基础上推进和绩效挂钩的年薪制建设。从制度上理顺国有银行内部新三会、老三会和党组成员三套班子之间的关系。二是要坚决中断政府职能部门公务员和国有银行系统管理者之间的双向流动。三要建立有效的组织管理体制。

（3）进一步健全和完善金融机构内部风险控制体系。

（4）加速银行体系金融防火墙建设。以建立业务和人员分离防火墙为第一步，以建立资讯分离防火墙为第二步，内部防火墙的确立应优于外部防火墙。

4. 加快发展资本市场和民营商业银行，建立全面均衡的金融市场体系

（1）加快发展债券和股票市场，改变单纯依靠银行融资造成的金融风险集中倾向。加快债券市场尤其是企业债券市场发展是健全完善资本市场体系的重要任务。根据现阶段的需要与可能，要在继续健全优化现有股票交易所市场、积极探索发展创业资本市场和中小企业股票市场的同时，进一步加快发展债券市场，尤其是要加快发展企业债券市场、着力完善债券市场体系，形成功能完善、机制健全、协调配套的多样化资本市场体系结构。

（2）适度发展民营商业银行，健全商业银行体系。大一统的国有银行本身具有风险集中特征，而大量而分散的地方性股份制商业银行则可以有效地分散金融风险，因此，发展民营商业银行也是防范银行体系系统性金融风险的重要方向。要大力发展产权多元化、立足社区、服务中小企业的地方性中小金融机构。

（3）加快社会信用体系、信贷征信体系建设和信用担保体系健全。需要重点在社会信用体系、信贷征信体系和信用担保体系建设方面取得突破。

5. 加强金融监管机构的对内和对外协调与合作，提高金融信息透明度

（1）积极参与和推动国际货币金融体系的改革，创建稳定的国际金融环境。

---

① 1997 年以来，在不断取消行业主管部、弱化国有工商企业行政级别的同时，不断给予金融机构副部级待遇或成立副部级金融机构，实际上是金融体制方面的倒退，是一种新的父爱主义倾向，必须坚决予以纠正。

要通过积极参与和推动国际货币金融体系改革来建立有效地国际金融危机预警与防范机制。在全球层面上，要改善IMF、世界银行等国际组织的救援机制。在区域层面上，要进一步推动东亚金融合作，加强在汇率政策上的磋商，避免竞争性汇率政策。加快区域内的金融改革，共同探索建立适合本地区发展阶段和特性的融资结构与金融市场结构，减少本地区爆发金融危机的可能。

（2）进一步健全金融监管机构联席会议制度，拓宽金融监管机构的协调与合作的内容。要进一步健全金融监管机构联席会议制度，拓宽金融监管机构的协调与合作的内容，并就有关问题进行制度性安排。尤其要进一步健全和完善中央银行金融稳定部门的职能和作用，突出其在金融稳定中的协调作用。

（3）努力提高金融信息透明度，防止不必要的猜疑和恐慌。要切实按照国际货币基金组织关于金融体系透明度的要求，在明确相关机构作用、职责和目标，公开政策制定和报告程序，及时发布政策信息，提高社会公众对有关信息的可获得性，并明确和提高相关机构的责任心和诚信保证。中央银行和各大金融监管机构要定期发布金融稳定报告，国有商业银行也应该定期发布金融风险与不良资产状况的报告和处理进展，并向监管部门和中央银行金融稳定机构定期进行报告。

6. 加快建立金融保险机制，健全完善金融安全网

以最后贷款人制度和存款保险制度为主的金融安全网是防范金融风险、保障金融安全的重要制度建设。建立金融保险机制，健全完善金融安全网显得十分必要和迫切。可将国有和非国有银行区分开来，同时可以区别对待大银行和中小银行。目前可先行设立专门针对中小存款性机构的存款保险，专门为中小银行设立存款保险机构。同时可以在全国强制性存款保险制度最终确立之前，对区域性、互助性的存款保险也可持扶持和引导的态度。

7. 建立金融风险预警系统和金融安全应急机制

（1）建立金融运行监测与风险预警机制。金融风险预警系统主要为整体或宏观风险的控制服务，它不仅能对一国的金融运行实施有效的监测，而且也能从侧面反映出国民经济运行中存在的问题。我国金融风险预警系统从宏观层面上可分为两个层次。一是建立国家宏观金融预警系统。二是建立区域金融预警系统。

（2）建立金融突发事件应急处理机制。国家要成立国务院领导下，由宏观经济综合管理部门、金融业各监督管理委员会以及贸易、外汇等主管部门组成的金融突发事件应急处理领导小组，统一协调金融运行监测、风险预警与金融突发事件应急处理，各金融监管部门要制定行业突发事件处理指南和不同情况下突发事件应急处理预案，探索建立市场风险基金。在危机或紧急情况下为金

融机构一揽子信用支持和提供无限流动性保证。建立良好的信息传递机制和紧急情况下公众信息披露制度。建立银行、证券和保险业的突发事件应急处理技术支持体系。

8. 加强对金融风险与金融安全的跟踪性研究

一方面要加强国内对金融风险和金融安全的专题和跟踪研究，积极整合国内相关研究机构，在各自优势领域开展研究，形成相互分工又有机合作的研究协作体系，开展全面系统性的金融安全跟踪研究和应用性对策研究。另一方面要积极开展国际合作和国际组织相关活动，吸取发展中国家和一些发达国家在防范、应对金融危机、保持金融安全方面的经验教训，虚心学习其他国家和国际组织在金融安全方面的研究成果。

公共服务供给中各级政府事权、财权划分问题研究

主要完成单位：国家发展和改革委员会经济研究所
主要完成人：宋　立　刘树杰　刘国艳　冯兴元　王　元
获奖时间：2005年
获奖名称：国家发展和改革委员会优秀研究成果三等奖

公共服务在经济学中也称为公共产品，目前经济界对公共产品概念的使用实际上存在狭义和广义之分。狭义的公共产品主要是指能够直接为公众提供安全和社会福利水平的产品，如国防、外交、基础教育、公共卫生、公共基础设施等。广义的公共产品包括了市场经济中政府的所有职能，包括：宏观经济管理、政府管制、反垄断、再分配及狭义的公共产品。现阶段我国政府在宏观经济管理、政府管制、反垄断、再分配等方面已经给予了重视，而对义务教育、公共卫生、基础设施等领域的责任和关注则相对不足。“非典”危机应对中暴露的问题充分显示了我国基础性公共服务的不足，及相关的各级政府之间事权、财权划分等体制弊端的严重性。本报告将重点放在当前存在问题比较多的义务教育、公共卫生等基础性公共服务领域。

一、市场经济条件下的政府职能与公共服务

（一）市场经济条件下的政府职能

1．政府干预的原因——市场失灵

一般认为，市场失灵一般出现于以下情形中：①公共产品；②外部性或外部效应；③信息不对称；④不完全竞争；⑤自然垄断；⑥经济稳定性；⑦公平性。

2. 政府干预的类型

对应以上市场失灵，需要政府进行的干预，可归纳为五个方面：一是提供公共产品；二是政府管制；三是反垄断；四是宏观经济管理；五是再分配、保障社会公平。其中，提供公共产品是政府最基本的职能，尤其是能力比较低的政府的主要职能。[①] 20 世纪 90 年代以来，随着经济全球化进程深入，国家稳定经济的作用越来越重要，同时，国际合作即共同提供国际公共产品的需求不断增长，与技术变革相关领域的规则与管理问题也越来越重要。

（二）公共产品

1. 基本概念

因为制度条件、历史背景、发展目标、社会结构等差异，公共产品[②]是一个历史的、实证的范畴。

（1）公共产品。公共产品概念有萨缪尔森、弗里德曼、奥尔森和布坎南等四种定义。按照目前使用最为普遍的萨缪尔森式的定义，公共产品的主要特征有：一是收费的不可能性，二是消费的非排他性和非竞争性，三是分配与平等的考虑。收费和消费的非排他性和非竞争性属于效率问题，界定了理论上的公共产品；而加入分配与平等因素后形成的公共产品，属于现实中的公共产品。

（2）集体产品。一般情况下，大多数公共产品是集体提供的，属于集体产品。产品的公共产品程度越高，越需要由集体提供。在一定意义上可以说，集体产品构成了现实中的公共产品。国防、空间研究、警察、消防、医疗保健、基础科学研究、环境保护等公共产品程度非常高，其集体产品程度同样非常高；而道路、教育、医疗等虽然具有比较高的私人产品性质和比较低的公共产品性质，但集体物品性质明显，构成了现实中的公共产品。

2. 公共产品的一般分类

（1）纯公共产品和准公共产品。国防、空间研究、警察、信息、公共卫生、

---

① 马斯格雷夫 1959 年对政府的经济职能进行了经典性界定：即提供产品和服务，对收入和财富进行再分配，以及确保稳定和增长等三个基本方面。萨缪尔森和诺德豪斯将政府的作用归纳为效率、平等和稳定三个方面，参见保罗·A. 萨缪尔森、威廉·D. 诺德豪斯，1992，《经济学》（第 12 版中译本），中国发展出版社。

② 公共产品的概念，最初由兰度尔提出。兰度尔以公安服务为例进行分析，首先提出了公共产品的概念。但目前普遍使用的 Public Goods 一词，是萨缪尔森发明的。一般情况下，广义公共产品和狭义公共产品是两个概念，广义公共产品泛指所有的政府职能，狭义的公共服务指严格经济学意义上的公共产品。本研究报告在讨论一般情形时，使用狭义的公共产品即公共服务概念，并重点讨论当前我国存在问题比较多的义务教育、公共卫生等基础性公共服务面临的问题。

基础科学研究、环境保护等属于典型的纯公共产品。而道路、教育、医疗等虽然具有一定的消费的非排他性或非竞争性，但并不同时具备，它们介于公共产品与私人产品之间，具有一定的公共产品性质，一般被称为准公共产品。[①] 纯公共产品由于技术原因，需要由政府来提供，而准公共产品则既可以由政府提供，也可以由市场提供，关键取决于成本收益的比较。

（2）全国性公共产品与地方性公共产品。许多公共产品具有比较显著的地域性，只有居住在特定地区的居民才能享受，属于地方性公共产品。只有国防等一部分公共产品属于真正意义上的全国性公共产品。围海设施、电视转播、大坝、城市交通、图书馆、电影院等公共产品或准公共产品基本上属于地方性的公共产品。地方性公共产品可能是一种公共或集体提供的私人产品。

二、不同发展阶段国家的公共服务供给及相应的事权、财权配置

随着经济的发展和社会的进步，现实中政府的作用也越来越重要，人们倾向于消费越来越多的公共产品。

（一）不同发展阶段或类型国家的政府职能

历史经验表明，为了促进市场有效运作和经济发展，政府应该在以下三个方面有所作为：一是提供良好的宏观和微观经济环境，二是确保提供基础教育、医疗保健，三是确保经济活动所需要的物质基础设施。政府能力比较低的国家，需要将政府作用的注意力集中在基本的功能上，即提供纯粹的公共产品，如产权保护、宏观经济稳定、控制传染病、安全用水、道路以及保护穷人利益。除了基础服务之外，政府的作用在于提供中级功能即环境保护、管制和社会保障等。能力比较强的政府，可以发挥更加积极的作用，促进市场发展、制定产业政策。世界银行在1997年世界发展报告中提出，良好的政府服务并不是奢侈品而是经济发展的必需品，有效的政府而不是小的政府是经济社会发展的关键。政府的第一项职责是做好基础性工作，即建立法律基础、保持非扭曲性的政策

---

① 具有非竞争性，但不具备非排他性的称为俱乐部产品。如城市之间高速公路、收费道路、桥梁、电影院、图书馆等，可能会出现“拥挤”问题。俱乐部产品的分析始于布坎南1965年开拓性的论文《俱乐部的经济理论》。具备非排他性，但不具备非竞争性的，称为公有物品或公共财产资源，如公共牧场、公共渔场、公共墓地等。参见保罗·A. 萨缪尔森、威廉·D. 诺德豪斯，1992，《经济学》（第12版），中国发展出版社。

环境，包括宏观经济稳定，投资于基本的社会服务与基础设施，保护承受力差的社会阶层，保护环境。在基础性工作之外，政府可以在对无保障家庭提供帮助、制定有效的法规、制定产业政策等领域发挥一定的作用。政府在基础性工作中的作用是必不可少的，但在基础性工作之外，政府并不是唯一的提供者，可以在公共服务提供方面引入竞争。同时政府要跨越国境，促进全球集体行动，包括在参与外部竞争、处理地区危机、促进全球经济稳定、保护环境、推动基础研究与新知识产生以及提高国际发展援助有效性等方面推动全球集体行动。[①]国外实践证明，对医疗卫生、教育和基础设施的公共投资能够产生较高的经济社会效益。

1. 成熟市场经济国家政府职能发展趋势

从现实发展趋势来看，发达国家政府职能在逐渐扩大，政府在转移支付和补贴等再分配方面支出已超过了传统公共产品方面支出。尤其是由于人口老龄化等原因，养老金和医疗等方面的支出逐步增加。

2. 发展中国家和新兴市场国家的政府职能

总体来看，发展中国家的政府是各方面能力比较有限的政府，提供国防和治安等纯公共产品方面往往存在一些问题，在提供教育等准公共产品方面则面临更大的困难。许多发展中国家的政府甚至连最基础性的公共产品，如法律保障、道路、基础教育和基础医疗保健都难以提供。新兴市场国家由于经济迅速发展，政府具备了一定的财力，在提供纯公共产品方面做得比较好，且在中级功能方面有一定的作为，并试图发挥更加积极的作用。

3. 转轨经济中的政府职能及发展趋势

转轨中国家的政府职能与一般发展中国家、新兴市场国家、新兴工业化国家以及发达国家有一定的差别。由于市场经济的基础制度和基本规则不完善、市场体系发育不健全，加上“路径依赖”和伦理延伸问题的存在，以及非政府部门的严重缺乏，转轨中国家的政府职能表现出明显的“过渡性”特征：政府职能顺序颠倒，能力较低的政府试图发挥比较积极的作用，最基本的职能反而没有发挥好。

在同时具备发展中和转轨中双重特征的转型发展国家，在新体制没有完全建立起来之前，传统体制惯性仍然在发挥作用，一些旧体制仍然或多或少地予以保留，以致一方面一些应该由政府提供的服务没有或者没有完全由政府提供，如在财产权的保护和基础教育方面，政府职责没有充分履行。另一方面一些本来不属于政府职责范围之内的事务仍然由政府提供。同时，改革过程中出现了

① 世界银行（1997），《1997 年世界发展报告——变革世界中的政府》，中国财政经济出版社。

一些过度市场化倾向，有些政府不应退出的领域如基本卫生服务等，政府已部分退出。

(二) 不同国家主要公共服务供给与相关的事权、财权划分

从各国的经验来看，无论是纯公共产品，还是准公共产品的供给，都是各级政府的重要职责。国防、外交等全国性公共服务属于中央政府的责任。排污、消防、垃圾清理和供水、围海设施、电视转播、大坝、城市交通、图书馆、电影院等地方性公共服务，基本上由地方政府支出。出于均等化考虑，上级政府通过转移支付提供一定的财力支持。教育、交通基础设施等具有一定区域性外溢效应的公共产品或准公共产品（可称为区域性公共服务），属于中央和地方的共同责任，由各级财政分担，地方为主，但中央和省级政府的转移支付规模较大。再分配性质的公共福利、医疗保健等主要由中央和省级政府承担。

1. 不同类型国家公共服务的总体水平

从国际经验来看，随着经济发展和社会进步政府提供的公共服务越来越多。政府提供的公共服务扩大的范围主要集中在社会领域，如教育卫生和社会福利。从经济发展阶段来看，经济越发达，地方政府承担的职能就越重要。

(1) 成熟市场经济国家的公共服务水平比较高。一般来看，发达国家政府能力比较强，提供的公共服务比较好。从支出责任来看，发达国家政府总体支出为 GDP 的 48.4%，其中，教育卫生和社会福利开支占政府开支比重平均高达 53%。由于经济发展阶段原因，发达国家地方政府承担的公共服务职能比较重要。

(2) 发展中国家政府的作用有限，公共服务水平相对偏低。发展中国家政府行政能力与财政能力一般都比较有限，提供公共服务水平相应比较低。一般而言无论发达国家还是发展中国家，国防、外交等全国性公共产品供给相对比较好，但发展中国家在教育、卫生等准公共服务和排污、消防、垃圾清理和供水等地方性公共服务的供给状况比较差。

(3) 转轨经济国家公共服务供给存在结构性扭曲。转轨国家由于历史原因和体制惯性，政府干预经济的程度比较高，政府支出平均占 GDP 比重明显高于发展中国家水平。由于政府对经济生活的直接介入比较多，纯公共产品供给相对不足。转轨国家教育卫生和社会福利开支占政府开支的比重明显低于发达国家。由于传统上的中央集权特征，地方政府在公共服务供给中的独立作用有限。

在发展中国家和转轨中国家普遍存在一定程度的教育、卫生等基础性公共服务供给不足问题，改进基础性公共服务既是发展中国家和转轨中国家公共服

务供给中普遍面临的紧迫问题，也是国际社会普遍关注的问题，基础性公共服务改进应成为公共服务供给的重要任务。

2. 各级政府在基础性公共服务供给中的事权分配

政府事权是各级政府管理国家事务、提供公共服务的权力、角色、职能和责任等，是对行政权的细化和归类。政府和市场的职能划分是政府事权的初次界定，不同层级政府之间的职能分配是事权的二次界定。事权安排一般情况下是尽可能在各级政府之间进行细化分配，以便明确职责，但由于公共服务供给的特殊性，有些事权可以由各级政府共享。

（1）各级政府关于教育的事权安排。发达国家教育基本上是由中央、州和地方政府（发达国家地方政府一般指州以下政府，不含州）共同承担，发展中国家中央政府承担更多的教育职责，省以下政府在教育上的权责较小，转轨国家省以下地方政府承担了最主要的教育职能。基础教育规模庞大，学校数量众多，只能由基层政府主管，但强外部性的存在导致地方政府投入不足，客观上要求中央和较高层级政府承担一定支出责任。一般是由基层地方政府承担督导管理责任，支出责任则由各级政府共同承担，中央或较高级政府负有更大支出责任。

（2）各级政府关于医疗卫生保健的事权划分。个人医疗保健很大程度上属于私人消费，供给方面应尽量发挥市场机制作用，但其中涉及信息不对称、贫困问题等特殊性则要求政府部分介入。公共卫生强调通过社会公共方式提升普遍的卫生水平，预防疾病，并侧重预防传染性疾病，具有比较强的外部性，属于公共服务。公共卫生一般由市级地方政府负责一般性疾病的预防和诊断工作，而治疗性医院或是专业性医院由于具有规模经济效益一般由更高一级政府如地区、省甚至中央政府负责。传染性疾病防治由于具有很强的公共产品性质，一般由高一级政府如省级或中央政府负责。发展中国家医疗卫生集中程度最高，省以下地方政府所占比重最低。发达国家的地方政府在医疗卫生中的职能较大。转轨国家省以下地方政府是医疗卫生职责的主要承担者，其次为中央政府，省一级政府一般并不介入医疗卫生领域。

3. 各级政府间财权划分的一般做法

为了保证事权和职能的落实，需要赋予不同层级政府一定的财权，包括收入获得权、收入支配权和收入使用权。政府收入渠道包括税收、举债、财产收益、规费收入以及接受上级政府转移支付等。其中，税收①是政府最主要的收入来源，是各级政府提供公共服务的基础。财权一般并不直接对应某个具体的

---

① 税收权一般可以分解为税收立法权、税收减免权和税收征管权三个方面。

事权。除了规费收入、以因素法计算的转移支付和以特定税收担保的收入债券与具体事权履行安排对应之外，一般是将收入来源在各级政府间进行分配或共享，以打包方式为不同层级政府公共服务职责提供统一收入来源与财力支持。一般来说，财权分配往往是纵向不对称的，中央政府自身不仅拥有完整的财权，并以不同方式和程度参与分享主要属于地方收入范围的财权，实际上各级政府的事权与财权分配是支出责任与相应的收入能力的分配，并适当平衡横向不均衡。

（1）各级政府税收收入的划分。政府总税收在不同层级政府间的分配类型更多的是受国家体制的影响。发达国家中省级以下地方政府所占的税收收入份额要明显高于发展中国家，单一制国家中央政府对税收收入的集中程度要大大高于联邦制国家。一般来看，发达国家中央政府最大的税收来源是所得税，发展中国家中央政府最大的税收来源则是商品与服务税。省级政府最主要的税收来源是商品与服务税。不动产税则是省级以下地方政府的主要税收来源。

（2）政府间转移支付。从世界各国的情况来看，转移支付在省及省以下政府的财政收入中占有重要地位。无论在发达国家还是在发展中国家，省级政府最主要的收入来源都是中央政府的转移支付，转移支付占省级政府总收入的比重在发达国家平均为41.2%，而发展中国家更是平均达到55%。省级以下地方政府收入更是主要依赖上级政府的转移支付，转移支付占地方政府财政总收入的比重在发达国家超过了50%，在发展中国家超过了40%。

（3）政府债务融资。举债是政府尤其是中央政府的另一收入来源。政府债务包括向银行的借款和政府发行的债券，政府债券包括国债和地方政府债券。国债是各国普遍采用的融资方式，地方债券只有美国、日本和加拿大等国家采用。许多欧洲国家基本没有地方债券。

（三）国际经验对我国政府公共服务供给的启示

1. 公共服务的范围应该随着经济社会发展加快而逐渐扩展

国际经验表明，随着经济发展和社会进步，政府提供的公共产品和服务范围不断扩大，主要是集中在社会领域，如教育卫生和社会福利。我国在传统计划经济时期政府的作用主要在于经济方面，对于公共产品的提供不够全面充分，随着经济社会发展的加速和全面建设小康社会的需要，应该逐步扩展政府公共服务的范围，尤其是在基础教育、公共卫生和社会保障等薄弱环节。

2. 转轨时期要推行基础性公共服务的全国性最低标准，并允许一般公共服

务水准的多元化

在经济体制转轨时期，由于计划经济条件下的平均主义逐渐被打破，各地区经济发展速度拉开了距离，出现了地区经济发展的不平衡。一方面地方性公共服务提供出现了比较大的差异，另一方面由于体制原因，一些全国性公共服务的提供需要借助于地方政府的配套，由此导致了全国性公共服务供给的地区差异。在此背景下，公共服务的供给不能简单地追求全国各地的均等化，只能制定全国性的最低标准，由中央政府负责实施，同时允许有条件的地方根据实际需要和自身财力状况提供附加服务，实现公共服务的多样化与水准的多元化。

3. 在地方公共服务职责趋于提高背景下，需赋予地方政府足够的财力并适当下放必要的财权

从经济发展阶段来看，经济越发达，地方政府承担的职能就越重要。我国自20世纪90年代中期以来，事权逐渐下放到地方政府尤其是基层政府，但与此同时，财权却出现了逐渐上收的趋势。事权下放是符合市场经济要求的，但财权上收对地方政府有效提供公共服务造成了不利的影响，需要在下一步改革中逐渐赋予地方政府尤其是县乡政府足够的财力保障，并适当下放必要的财权。

4. 教育等基础性公共服务的提供需要各级政府共同承担

从世界主要国家实施义务教育的进程看，美、法、德、日等国在推行义务教育之初，都曾将支出责任放在基层地方政府，但面对地方财政困境和促进机会公平的需要，普遍的趋势是将投入主体的重心上移，增加中央和高层地方政府的教育事权份额。我国目前的基础教育基本上由县乡负责，造成了县乡级政府的财政困难。从改革方向来看，需要将基础教育尤其是义务教育支出责任适当上移，让各级政府共同负担，财力较强的省和中央政府需要在义务教育中承担更多责任。

三、我国公共服务供给中各级政府事权、财权配置的现状与问题

《中共中央关于完善社会主义市场经济体制若干问题的决定》将公共服务与经济调节、市场监管、社会管理并列作为政府的主要职能，表明新一届中央领导集体已将公共服务改进提上了重要日程，我国长期以来重经济发展、轻公共服务的局面已经开始改变。同时，《决定》明确提出了划分中央和地方经济社会事务的管理责权，并逐步理顺中央和地方在财税等领域的分工和职责，突出了各级政府之间的事权和财权划分的重要性。

（一）现阶段我国政府间事权安排的基本现状与主要特点

我国是人口众多的发展中国家，又是市场经济体制尚未健全的转型国家，同时设置了世界上独一无二的五级政府架构，原则上实行自治管理的村级也是事实上的准政府层级，这些都决定了政府事权及其划分的复杂性。我国现阶段的许多事权不是“公共财政”概念中的政府事权，如国有企业对许多私人产品的直接生产、政府对这些国有企业的大量补贴和直接投入，实际上并不反映社会的公共服务需求。上下级关系的不对称导致上级政府往往会将本身的任务推给下级政府，同时并不提供足额配套资金。强制性的事权分配造成很多问题，必然促使下级政府通过增加收费来弥补经费不足，或者向上级政府讨价还价形成倒逼机制。垂直的行政命令体系经常会对各级政府发出指令或设置考核指标，但相应的支出责任却完全由各级政府自行承担，虽然表面上属于各地方政府的事权，但实际上“事”在下而“权”却在上，支出责任和支出命令相脱节。

1. 事权安排的基本现状

我国政府规模庞大，全部政府收支相当于 GDP 的 30% 以上，高于世界一般平均水平。从结构来看，直接用于企业的各项支出、促进经济发展的各项支出和政府本身支出占据了很大份额，一些基本公共服务开支如基础教育、社会保障、福利、医疗卫生等反而份额较小。宪法原则上对中央和地方政府职责范围做出了规定，除了少数事权如外交、国防等专属中央政府外，地方政府的事权基本上是中央政府事权的延伸，呈现“上下对口、职责同构”的特征。从支出责任方面来看，理论上根据各级政府在经济和社会发展中的不同职责划分中央和地方政府的责权，按照政府的责权划分确定支出范围，中央政府的支出范围包括：国防支出、武装警察部队支出、中央级行政管理费和各项事业费、重点建设支出，以及中央政府调整国民经济结构、协调地区发展、实施宏观调控的支出。地方政府支出主要包括：地方行政管理和各项事业费、地方统筹的基本建设、技术改造支出、支援农村生产支出、城市维护和建设经费以及价格补贴支出等。虽然中央和地方的支出责任有比较原则性的划分，但地方各级政府之间的划分不明确，省以下各级政府的支出责任通常由上级政府顺次决定。实际上，各级政府之间的事权和支出责任范围呈现比较明显的同构性，只是在支出结构比例方面存在一定差异。

2. 事权安排的主要特点

由于市场机制不完善，我国经济体制转轨时期政府职能和作用范围与发达国家有所不同，具有一定的阶段性、过渡性特征。

（1）现行政府事权界定存在着一定程度的“内外不清”问题，市场与政府职能的界定不明确，政府越位与缺位同时存在。政府和市场的关系，从而政府的职能是随着制度、技术等条件而变化的。作为转轨中国家，由于历史原因承担了一些具有较高能力的政府才可以承担的职能。但作为发展中国家，一些必须由政府承担的基本的公共服务职能没有履行好。政府越位主要表现为：一方面政府承担了不少应该由市场去做的事情，财政尚未退出盈利性领域，继续实行企业亏损补贴和价格补贴等。另一方面能力比较低的政府承担了能力比较高的政府才需要承担的职能。政府职能缺位主要表现在对基础教育尤其是义务教育、基础科学、卫生保健、农业发展等投入不足。

（2）各级政府事权分配不合理，存在着一定程度的“上下不清”问题，长期以来事权与支出责任层层下移，造成中央与地方事权错位、地方各级政府之间相互错位。一是中央与地方政府之间职责范围界定不够明确，含糊不清的支出大多被推给下级政府，有些事务虽然明确归中央或省级政府，但在实际执行中发生“下放”给了基层政府。最基本的公共服务职能往往由供给能力比较低的基层政府承担。能力比较强的省市政府首先没有提供基本公共服务，而是试图提供一些促进市场发育的中级功能。能力最高的中央政府虽然全面介入各个层次的公共服务提供，但存在“轻基本、重高端”的特点，甚至国防、外交、海关等部分事权也不同程度地分解给了地方政府。中央政府过多承担了经济发展和本应由地方政府承担的一些基础设施建设方面的支出责任，而且不合理地直接干预微观企业层面的运营。二是上下级政府之间事权范围的划分随意性很大，在垂直体制下，上级的法律事权往往成为下级的当然事权，现实中上级通过考核、一票否决等程序将本级责任分解成了下级的责任，出现所谓“上级请客、下级买单”的状况。三是全国各地省以下各级政府事权划分不统一、不规范，省与市县政府间事权错位。较高级政府集中了过多的基础建设和经济建设支出份额，对农村扶助支出主要在县乡政府身上，基础教育和公共卫生等区域性外溢效应较强的准公共品过多地由县乡政府承担，主要社会保障支出落在市（地）县两级政府。计划生育任务被作为强制指标分配给县乡政府，直接提高了基层政府的事权负担与支出压力。

（二）财权安排与财力分配的基本现状与主要特点

1. 1994 年分税制改革以来各级政府的财力分配状况

税收是现阶段我国各级政府发主要收入来源。1994 年分税制确立了各级政府财权划分的基本格局。

（1）中央与省级之间的分税制安排。1994 年的分税制财政改革，确立了中央与地方收入划分的基本框架，后经过多次对个别税种（如企业所得税、个人所得税、屠宰税、农业特产税等）的调整，中央固定收入包括：关税，海关代征消费税和增值税，消费税，来自铁道部门、商业银行总行和保险总公司的税收等。地方固定收入包括：营业税（不含铁道部门、商业银行总行和保险总公司集中交纳的营业税）、城镇土地使用税、固定资产投资方向调节税、城市维护建设税（不含铁道部门、商业银行总行、各保险总公司集中交纳的部分）、房产税、车船使用税、印花税、农牧业税、耕地占用税、契税、遗产和赠予税、土地增值税、国有土地有偿使用收入等。中央与地方共享收入包括：增值税、企业所得税和个人所得税、资源税、证券交易税等。中央财政对地方的税收返还，返还额在1993年基数上逐年递增，递增率按全国增值税和消费税平均增长率的1∶0.3系数确定。

（2）地方各级政府之间的分税状况。在1994年改革确立了中央与省级之间的分税制财政体制后，各级地方政府也开始按照分税制的原则在本级和下级政府之间进行收入划分。由于这种划分由各省、地市独立进行，没有统一的规范，因而呈现出较大的差异性。大致划分为三类：一是将大部分地方税和税收返还划归省级政府（江苏、福建等8省区）；二是将一部分地方税和税收返还划归省级政府（广东、湖南、安徽等11省区），三是将所有地方税和税收返还划归省以下政府（北京、天津、上海、浙江等12个省市）。总体来看，两级地方政府之间收入划分的权力给了上一级政府，造成了财政收入层层上收的情况，上级政府在划分收入时允许本级分享下级税收的做法十分普遍。近年来省以下财政体制的变化使这种情况有所缓解。

（3）中央对地方的转移支付。在转移支付中，专项拨款比重较大。一般性转移支付比重很小，均衡地区间财力差距的作用非常有限。以1993年中央净上划收入为基数计算确定的税收返还比例大，但仅仅起到了维持分税制前既有利益格局的作用，致使地区间财力差异不仅没有缩小，反而有所扩大。

2. 财权与财力分配的主要特点

（1）财权尤其是税收立法权集中于中央，地方政府自主调节预算内收入的能力比较弱。现阶段我国的财政收入权、分配权，包括税收立法权主要集中在中央政府。不仅中央税、共享税的立法权以及税种的实施细则都是由中央制定和颁布，且地方税立法权、解释权、开征停征权、税目税率调整权的大部分也集中在中央，只是把部分行业、某些产品的税收减免权下放到省级政府。在中央和省级政府之间实行分税制后，各级地方政府也对本级和下一级政府的财权划分进行了调整，转向分税制体制。各级政府都成为上级政府制定的税收分享规则的被动接受者，对本级财政的预算内收入，特别是税收收入基本没有调节能力。税收立法权集中于中央，税收政策灵活性差，致使地区间政府财力差距扩大，不发达地区政府债务不断积聚。

(2) 财力分配越来越多地集中在上级政府尤其是中央财政。分税制改革后，财权上移成为我国政府间财政关系的一个明显趋势。由于地方各级政府之间新体制的确立由各省、地市独立进行，但上级政府将数额较大、较稳定的税种划归本级或作为共享税的情况比较普遍，财力集中和上移趋势更加明显。

(三) 现阶段我国事权、财权配置与公共服务供给面临的问题

1. 各级政府公共服务供给的事权、财权配置和责权利不对称

各级政府之间事权财权安排一定程度的不对称是客观必然的，但我国现行的事权财权安排，尤其是支出责任与财力分配存在诸多不合理，直接影响了各级政府公共服务供给的质量、水平、效率和稳定性。

(1) 各级政府之间的事权财权配置，尤其是支出责任与财力分配不对称。现行分税制下，财权过于集中在中央，事权过于下放到地方，地方没有正常的融资渠道去完成大量的事务，事权财权尤其是支出责任与财力分配的极不对称是造成地方财政困难的根本原因。

(2) 特定的某级政府在公共服务供给中的责权利不对称。上级政府拥有决策权或对公众或国际社会承诺权，但并不一定负担执行责任。县、乡政府承担部分公共服务如农村基础教育等主要责任，却并不拥有与履行义务相对称的财政能力。而中央和省级政府拥有相当多的财权与财力，却承担着很少服务提供与直接支出责任。

(3) 财权上收、事权下放，导致地方政府财政普遍困难，隐性债务越来越大。上级法定或道义事权的下放即上级政府的事权演变成为下级政府的必然事权，是下级政府的隐性债务成为上级政府的或有债务的制度原因。过于笼统的政府事权划分，极易造成事权与财权的脱节，财政收入与支出的失衡，从而导致地方政府债务负担沉重。我国地方政府债务的总体规模已经相当庞大，省市两级以建设性债务为主，县乡两级以经常性债务为主。由于缺乏应有管理和监控，地方政府债务在很大程度上处于失控半失控状态，严重地制约了地方政府提供基本公共服务的能力。

2. 基础性公共服务供给不充分、不稳定

(1) 基础性公共服务的良性机制没有形成，供给水平不充分、不稳定，缺乏制度化保障。各级政府事权、财权划分不合理的另一个结果，是基层政府提供基础性公共服务的能力极其脆弱，目前最基本的公共服务是在上级命令、硬性指标、层层动员、检查考核、竞赛评比等特殊环境下，以各种常规和非常规手段提供或完成的。诸如义务教育等基础性公共服务的供给并没有形成良性稳

定的供给机制，而是建立在地方政府负债基础上的带有一定“临时”或“应付差事”性质的特殊供给，以致供给能力不足、供给水平不充分不稳定，缺乏制度化的保障机制。在上级压力松动、规范地方政府行为等情况下，这种“债务支持”的公共服务供给体系面临减少或停止供给的压力和考验。

（2）公共服务的范围、顺序、水平或标准出现了一定程度的扭曲。由于事权和财权划分的不合理、支出责任与财力分配的不匹配，有能力的高层级政府承担的责任比较小，而承担责任比较多的低层级政府财力十分有限，加上一些政府部门或领导人的急功近利倾向，亲民式的公共服务供给让位于具有功利目的政绩式、广告式公共服务供给，政府应提供公共服务的范围、顺序与水准出现了一定程度的人为扭曲。应该由政府提供的公共服务政府或没有提供，或没有按照要求的水准提供，不必政府管理的事情管了不少。应该优先提供的没有优先提供，可提供可不提供的优先提供了不少。

四、公共服务供给中各级间事权、财权配置改革思路与模式

应该按照健全完善社会主义市场经济体制的总体要求，积极推进公共服务供给中各级间事权、财权配置改革。

（一）公共服务供给中各级间事权、财权配置改革的基本原则与总体思路

1. 公共服务供给中各级间事权、财权配置改革的基本原则

①市场优先原则；②地方优先、上级辅助原则；③列举事权和剩余权归属地方原则；④法制原则；⑤地方民主原则；⑥前瞻性原则；⑦事权和财权配套对称原则；⑧多样性原则。中国地区间经济差距悬殊，各地方政府提供各类公共服务的财力有限，客观上需要高效而多样化的事权划分体系；⑨基本公共服务最低供应原则。各级政府必须在有效的转移支付体系支撑下，在全国范围内提供诸如教育、公共卫生等基本公共服务的最低水准保证。

2. 政府间公共服务事权与支出责任划分的基本思路

按照一般原理和国际经验，保持宏观经济稳定和进行再分配的职能应该主要由中央政府承担，地方政府进行适当的配合。反垄断和进行管制的任务应该由中央和地方共同负担，中央制定法律和规章，地方负责具体执行或共同执行。提供公共产品职能，应该根据公共产品的外部性大小来决定由中央还是地方负担或共同负担。在此基础上对若干重要的基础性公共服务事权、财权

进行划分。

(1) 公共服务供给中各级政府职责划分的总体思路。全国性公共服务由中央政府提供（或出资外包)。地方性和区域性公共服务由地方政府提供，中央或其他地方提供协助（财政转移支付)。地方性公共服务由地方政府提供（或出资外包)，当地方政府因为财力限制，而难以提供全国基准水平的最起码的公共服务时，由中央政府给予一定的纵向转移支付支持。区域性公共服务由相关的多个地方政府联合提供（或出资外包)；特殊情况下，由单一地方政府提供时，相关的其他地方政府给予一定“外包”式的横向转移支付。中央和地方共有的“交叉性”事权划分的基本原则应该是，在地方管辖范围之内的事务由地方负责，超出地方政府管辖范围之内的事务，则应由中央政府出面进行相应的协调。

(2) 中央政府的事权范围。全国性公共服务、全国性基础设施以及参与提供的国际性公共产品服务属于中央政府的责任。中央政府的事权范围应该涵盖：一是涉及国家整体利益的全国性公共服务；二是政府管制；三是制定反垄断政策；四是进行宏观经济管理、发展中和转轨中国家还包括全国性的发展和改革政策；五是进行再分配，包括收入分配政策的制定和实施，以及建立全国性的社会保障体系等。提供全国性和区域性外溢效应比较强的公共服务是首要和基本的职能。

(3) 地方政府的事权范围及划分。省级及省以下地方政府的事权范围应该是：一是提供地方性公共服务和区域性公共服务；二是承担部分经济性管制及社会性管制职能；三是执行反垄断的法律和政策；四是配合国家宏观经济政策实施，制定地方发展战略规划和改革思路方案；五是配合实施国家的收入分配政策，承担地方性的社会保障统筹。总体来看，提供公共产品是地方政府的主要职责。其中：提供排污、消防、垃圾清理和供水、围海设施、电视转播、大坝、城市交通、图书馆、电影院等地方性公共产品各级地方政府的职责。与上下级政府共同提供电视节目、信息、医疗保健、环境保护、计划生育，以及教育、医疗、道路等存在“交叉性”纯公共产品和准公共产品，也是各级地方政府不可推卸的职责。

3. 有利于公共服务职责有效行使的财权配置与财力分配

事权划分是财权划分的基础，而财权划分又是事权履行的保证。合理有效的事权划分必须有相应的合理可行的财权配置来支持。

(1) 建立符合现阶段我国具体国情的税收权限划分模式。税收权限包括税收立法权、税收规章政策制定权和税收征管权，其中主要是税收立法权。

——税权配置。应该实行以中央为主、地方为辅的原则，包括中央税和具有全国性影响的地方税的立法权可集中在中央，同时赋予地方根据本地需要和具体情况决定是否开征或停征的权利，以及相应的税目、税率调整权限。对于地方性意义极强的税种，应该赋予地方必要的税收立法权，可由省级人大自行立法，各级地方政府确定开征或停征与否。中央和地方共享税，立法权应同中央税一样，归属全国人民代表大会或人大常委会，或由其授权国务院办理。但开征和停征权、税目与税率调整权应该由中央和地方在各自的分享范围之内分别享有。共享税的减免可依照共享比例的大小，分别由中央或地方税务机关审批。

——税种划分。关税和进出口税环节相关税收应由中央政府统一管理。个人所得税，既可归中央政府，也可由地方政府征收，或中央和地方共享。企业所得税因其流动性，应由中央政府负责征收。必要时可根据销售额、工资和资产等地方分享。资源税由于资源在地区间分布的不均衡，不适合由地方政府征收。但开采税、使用税、资源保护税等可由地方政府征收。在出厂、零售、批发等环节征收的单一环节销售税适合于各级政府征收。增值税等多环节销售税应主要由中央政府来负责征收。对酒类和烟草的税等一般由中央和地方政府共享，因为卫生医疗和防止犯罪是中央政府和地方政府的共同责任。排污、拥挤和过高能耗所征的税等抑制性税，可根据中央和地方的职能划分来决定由哪一级政府征收，但对全球全国环境有影响或涉及跨地区的税种则应由中央政府来征收。以房地产税为主的财产税应由地方政府负责征收，作为地方财政的稳定来源。行政收费是对特定公共服务使用者收取的费用，从中央到地方各级政府都可根据自己的职能收取收费。

（2）改革完善转移支付制度。一方面要进一步完善现行的上级政府对于下级政府的纵向转移支付，逐渐按照因素法来建立新的纵向转移支付制度，以利于各级政府公共服务的提供。另一方面要探索建立横向转移支付，不同地区政府之间的横向转移支付也是必要且可行的。① 为了解决如江河上下游围绕生态和环境问题的利益冲突，建立横向转移支付制度的思路也可供考虑选择。

（3）逐步允许地方公共机构进行债券融资。债务融资是市场经济条件下政府（包括中央政府和地方政府）的重要收入渠道。地方债券中的收入债券品种，由于与特定公共服务项目相联系，有利于地方政府改进公共服务供给。从改革的长期方向和基本趋势来看，未来随着经济体制和行政管理体制的改革，债务融资必将成为各级政府发经常性、规范性融资手段。从国际经验来看，地方政府的债务融资可以有两种方式，一是向银行贷款，二是向特定投资者或一般公众的债券融资。在幅员和人口比较多的国家，地方政府倾向于采用标准化的债

① 德国建立了世界上独一无二的西部地方政府与东部地方政府之间的横向转移支付制度。

券融资。我国现阶段全面开放地方债务融资的条件虽然并不具备，但从长远来看，需要逐步开放地方政府的债券融资，按照循序渐进的原则，实施“两步走”战略。

(二) 基础性公共服务的事权责任与财力保障划分的基本思路

公共服务供给中的事权、财权划分，不仅要进行一般原则性的划分，尤其需要对当前问题比较突出的基础性公共服务的权责进行比较具体的划分。

1. 基础教育的事权责任与财力支持划分

教育是重要的基础性公共服务之一，教育事权划分非常重要。基础教育是纯公共物品，研究型高等教育是准公共物品，而应用教育、研究和职业性学位教育则有更多的私人产品属性，此外再教育、职业培训等私人产品属性也较强。通常基础教育环节由政府提供（义务教育制），高等教育部分由政府提供、部分由市场提供。我国目前把包括义务教育在内的基础教育作为地方性的公共服务由地方政府来提供，城市里义务教育基本上由城市政府提供，但在农村地区，义务教育方面基本上是县乡政府尤其是乡镇政府和农民的义务。近年来农村地区实行了“以县为主”的义务教育体制，但实际上只是工资发放由乡财政改为县财政，乡镇财政筹集经费格局并没有改变，义务教育面临困难没有根本解决。

（1）基础教育由各级政府共同提供，实现支出责任与财力分配基本适应。基础教育存在一定程度的区域性外溢效应，尤其是在劳动力流动比较频繁的发展中国家和一个国家内部的不发达地区。因此，虽然只是准公共服务，但一般均由政府作为集体物品即实际上的公共产品来提供。我国中西部不发达地区为东南沿海发达地区提供了源源不断的劳动力，中西部地区基础教育的区域性外溢效应十分明显，中央政府应该承担一定的支出责任。借鉴国际经验，义务教育的支出责任应该进一步上收，中央政府应该在全国义务教育中承担更大的支出责任。鉴于基础教育的主要支出是教师工资而不是基础设施，非义务基础教育阶段的教师工资可以根据外部性大小，分别由中央、省、地市、县统筹。学校基础设施按照属地原则分别由市区或县乡政府负担，必要时上级政府给予一定补助。

（2）规定全国基础教育的最低质量标准。鉴于各地区办学条件差距较大，因此规定最低质量标准的义务性基础教育有助于地区教育的均等化。为实现最低质量标准的义务性基础教育，需要推行义务性基础教育的标准化，在教材安排、实验设施配置、师资资源配置等方面统一标准。最低水平的、平均化的教育服务可由公共部门提供，超出平均水平的教育产品既允许由公立学校提供，也允许由私立学校提供。根据提供最低质量标准的义务性基础教育的要求而提供的教育服务，实际上是一种最低标准的平均化的教育产品。

2. 公共卫生的事权与财力支持划分

为了保障公共卫生服务的及时、有效提供，应明确分离医疗保健和公共卫生服务。对公共卫生服务，应主要由政府以及政府资助、鼓励、扶持的非营利机构和中介组织来共同承担。公共卫生服务以及公共卫生科研、统计和教育等，采取分级管理办法。各级政府的事权和支出责任则因事而异，上级政府要对整个防疫免疫和控制系统的运作承担监督管理责任。

（1）中央政府职责。传染病预防、计划生育由中央政府负责。尤其是关系到全民健康和整体人口素质的公共卫生服务（例如儿童和成人防疫接种），类似SARS这样的大面积急性传染疾病或艾滋病这样的高危传染病防治，需要由中央政府承担主要的财政职责。同时，中央级政府可在一般医疗保健领域承担起更大的管理和支出责任。

（2）地方政府职责。无论一般医疗保健还是公共卫生服务都需要地方政府的参与或主管。尤其是地方病预防、公众营养服务由地方政府提供。地方政府应该主要负责一般性的地方性的疾病和传染病，地方政府负责根据法律直接控制疫源，并同时依法紧急公告和通报疫情，上级政府在此要负责协调跨越地方辖域的防疫和控制传染病、向本级辖区民众及时提供信息等事务。

——省级政府职责。危害严重的地方性的疾病和传染病等，由省级政府承担主要支出职责，中央政府给予一定指导和监督。同时，省级政府应在一般医疗保健领域承担比较大的一般管理和支出责任。

——市县政府职责。重点负责本地区小范围的疾病控制、社区卫生建设、环境改善等。公共卫生事务则通常由市县级和乡级政府具体执行管理，中央和省级政府给予一定补助。

（三）公共服务供给中各级政府事权、财权配置改革的基本思路

从长期趋势来看，我国公共服务供给中各级事权、财权合理配置改革大致有三种思路可供选择。一是事权安排格局基本不变条件下调整财权配置尤其是财力分配，二是财权与财力分配格局基本不变条件下调整事权安排与支出责任，三是事权安排与财权配置相互进行适应性调整的整体改革。近期适合财权与财力分配格局基本不变条件下调整事权安排，中期事权安排格局基本不变条件下调整财权配置，长期来看宜选择事权安排与财权配置相互进行适应性调整的整体改革。

1. 事权安排格局基本不变条件下调整财权配置

公共服务供给中的事权安排，涉及面比较广，进行大的调整成本比较高。

改革和完善公共服务中的事权财权配置，成本最低的方法是在事权安排基本不变的情况下，适当调整财权安排和财力分配格局。

（1）短期来看，可以对现行的税收返还政策进行适当的调整。目前地方政府尤其是西部地区政府相当大比例预算支出不得不由中央财政提供，因此，解决地方政府财力紧张、县乡政府债务负担的基本思路必然是适当下放部分财权，可以在下一步财税改革中，将中央对地方的税收返还、中央专项补贴等直接划入地方财政本级收入范围，以增加县级财政的可支配收入比例。

（2）中期来看，可以对转移支付制度进行适当的调整。由于目前主要承担基础性公共服务的县乡两级财政比较困难，即使将中央对地方的税收返还、中央专项补贴等直接划入地方财政本级收入范围后，县乡两级财政仍然比较紧张。必须进一步规范和调整各级政府事权和财权划分，加大对省以下转移支付力度。在义务教育事权上缴之前，为了有针对性地解决地方政府在基础性公共服务供给的财力困难，可以考虑增加对义务教育领域的专项转移支付。

（3）长期来看，可以允许地方政府及其代理机构发行债券融资。从改进公共服务供给、行政体制改革和债券市场发展的大方向来看，地方政府或其代理机构作为一级财政或独立法人，应该具备举债融资的权利。如果有需要并符合一定的条件，可以允许其发行债券进行融资，建立我国的地方政府及代理机构债券制度。地方公债构成政府的直接债务，用普通或特定税收等偿还。而公用企业不直接构成政府债务，用自身收入和政府补贴来偿还，政府提供担保，构成政府的或有债务。鉴于目前体制的特殊性，一般监管机构难以有效监督地方政府尤其是省级政府的发债行为。地方政府在发行公债债券时，必须经过中央政府相关部门批准，以防止地方政府债务向中央财政无限转嫁。

2. 财权分配格局基本不变条件下调整事权安排

从事权与财权的关系来看，事权是主动的决定因素。如果事权划分不进行必要的调整，单纯进行财权调整的作用是比较有限的。改革完善各级政府的事权、财权配置，从中长期需要来看，必须对事权划分进行必要的调整。

（1）中期来看，可以将目前地方政府的部分基础性公共服务事权适当上交。从规范角度来看，中小学义务教育并不是典型的地方性公共产品，具有比较强的区域性外溢效应，不应该仅仅是乡一级政府的义务，需要放到在更高的层次来解决。考虑到我国不同地区经济发展水平制约，应该将义务教育事权适当上交，中央政府应该在义务教育甚至整个基础教育中承担更大的支出责任。

（2）长期来看，可对各级政府职责甚至政府层级设置进行适当调整。从中长期考虑，公共服务供给中的事权调整，必然涉及政府层级的重新设计与调整。市管县体制虽然在促进经济发展方面发挥了积极的作用，但在财政体制方面存在的问题也不能不正视，条件具备的地方要进一步推进财政省管县体制。考虑到不发达地区乡级财政面临的具体困难，在中西部不发达地区可以在进一步撤乡并镇的同时，探索实行乡财县管或取消乡级预算与乡级财政机构。

3．事权安排与财权配置相互进行适应性调整的整体改革

就现实可操作性和改革效果而言，中长期中客观上需要进行整体改革，对于事权安排与财权配置同时进行必要的调整，以便相互适应，逐步构建起符合市场经济体制需要的公共服务事权、财权配置格局。

（1）中期：小方案——边际微调。考虑到原有体制的惯性，转轨时期各方面矛盾纵横交错的现实，以及公共服务供给的一些具体特点，中近期来看，不可能对现有的政府职能范围及各级政府间的分工关系进行大规模的根本性改革和调整，只能实行边际微调的小方案。受此给定前提的约束，可操作的公共服务供给机制完善及相关的各级政府间事权财权配置的改革，只能走渐进微调道路。待条件基本成熟时，在政府职能界定及各级政府间分工调整的一揽子整体配套改革方案下，推出公共服务供给及相关的事权财权改革大方案。

——事权方面：把不应该下放给地方但实际上由地方承担的全国性公共服务或具有比较明显区域性外溢效应的公共服务上交给中央政府。可以将部分事权上交，中央和省级政府要逐渐加大在义务教育、非义务基础教育和公共卫生等基础性公共服务供给中的责任，逐步适当减少对高等教育等的投入。

——财权方面：一方面将部分财权适当下放，为地方财政开辟新的收入来源，另一方面要加大转移支付力度，积极建立规范的转移支付制度。

（2）长期：大方案——重新划分。从2020年社会主义市场经济体制基本完善的需要考虑，应该按照市场经济的一般规律，从整个政府职能的完善与规范，而不仅仅是公共服务职能完善的角度，来全面设计和规划各级政府职能的一次界定和政府间职能分配的二次界定。在此制度背景下，提出公共服务供给中各级政府事权财权划分的目标、思路和可操作的具体方案。因为如果不对整个政府职能进行全面系统和前瞻性的界定，单纯就公共服务供给中的事权财权划分进行重新界定必然存在相当大的局限性，难以真正理顺政府与市场以及各级政府间的关系，从而难以建立起合理有效的公共服务供给机制。

——事权配置方面：要首先确立社会主义市场经济条件下政府的职责范围以及各级政府的职责与角色，尤其是省、市和乡政府的公共服务职责，在科学、合理确定政府层级设置（适当减少政府层级）的基础上，进一步明确政府间的具体事权范围与支出责任的详细划分，并以法律法规形式加以规范。

——财权分配方面：要对现行的分税制进行全面反思和系统调整，以政府间事权的重新划分为基础，在各级政府之间进行财权和财力的划分。同时修改预算体制，使之真正与分税制协调一致，取消预算外资金制度，使地方政府必须依靠培养和扩大税基来获取更多财力，而不能依靠预算外资金扩大财力。进一步改革、规范转移支付制度，探索地方政府及其代理机构的债券融资。

增强消费对经济增长的拉动作用

主要完成单位：国家发展和改革委员会经济研究所
主要完成人：陈新年　吴晓华　徐振斌　常兴华　张建平
获奖时间：2007年
获奖名称：国家发展和改革委员会优秀研究成果三等奖

近几年来，在稳定发展投资和出口的同时，我国坚持扩大国内需求和消费，把扩大消费、促进居民消费结构升级作为加强和改善宏观调控的重要手段。继续扩大消费，扩大内需，增强消费对经济增长的拉动作用，将是“十一五”时期乃至更长一个时期的主要任务。

如何正确认识和评价现阶段消费对经济增长的拉动作用，把握现阶段消费的主要特征和制约消费扩大的主要因素，对如何增强消费对经济增长的拉动作用，顺利实现“十一五”规划纲要目标意义重大。

一、对现阶段消费拉动经济增长的总体评价

在国民经济的增长过程中，消费需求、投资需求、出口需求都是拉动或制约经济增长的重要需求因素，同时，这三者又存在着相互促进和相互制约的关系。在经济发展的不同时期或不同阶段，这三种需求中的每一种都可能发挥主导作用。我们在对消费、投资、出口三者对经济增长拉动作用的比较分析中来考察消费拉动经济增长的现状。

（一）最终消费绝对数量增长滞后于资本形成及支出法GDP增长

从图1中可以看出，投资和净出口的增长势头都比消费增长迅猛，同时，资本形成的增长曲线与支出法GDP形成了相对一致的增长趋势，而最终消费的增长趋势与支出法GDP增长趋势的一致性比较差，明显滞后于支出法GDP的增长趋势。

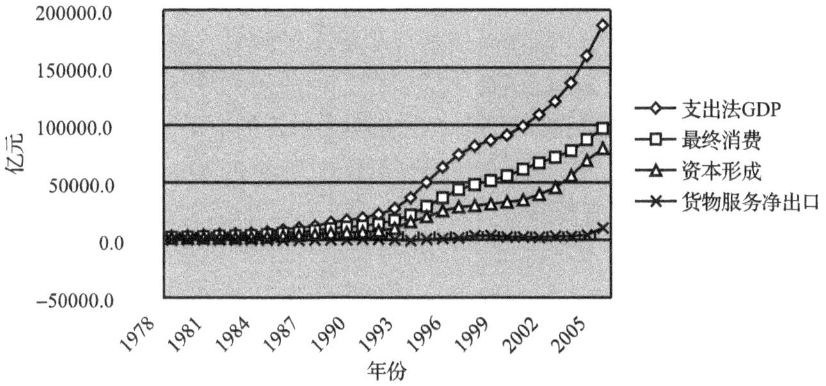

图 1　支出法 GDP、最终消费、资本形成和净出口增长

资料来源：根据《中国统计年鉴》数据绘制。

(二) 消费率[①]持续走低，消费拉动经济增长作用低于投资的作用

1. 消费率持续下降，消费率与投资率比例严重失调

消费率持续下降。从图 2 可看出，投资率上升至 40% 以上，而消费率却持续下降至 50% 左右，这是改革开放 20 多年来首次出现的现象。

改革开放以来我国消费率大体在 60% ~70% 的区间内波动。但进入 21 世纪以来，我国的消费率呈现明显下降趋势，跌入 50% ~60% 的波动区间，而投资率呈现明显上升态势，从 30% ~40% 的波动区间上升到 40% ~50% 的区间。

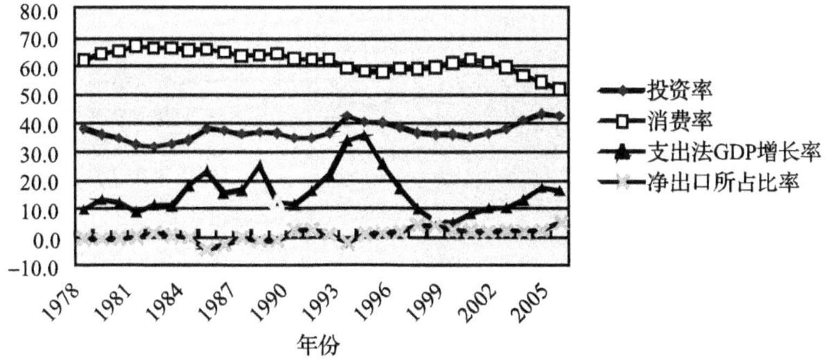

图 2　消费率、投资率和净出口率与支出法 GDP 增长率

资料来源：根据《中国统计年鉴》数据绘制。

---

① 消费率通常指一定时期内最终消费（总消费）占国内生产总值的比率。统计因素对测算投资率和消费率可能有一定影响，公布的消费率可能偏低，投资率可能偏高。

2. 消费率大大低于国际水平，投资率则大大高于国际水平

仅仅考虑到消费的统计口径、核算方法等多种因素，直接把我国的消费率与其他国家的消费率进行比较虽然不够科学，但是可以作为参考。对最终消费率的国际比较显示，我国目前的消费率则是明显偏低的。

从消费率构成来看，发达国家如美国居民消费率在70%左右，发展中国家在50%左右，我国居民消费率也只是接近50%，与发达国家的差距也是很明显的。

对投资率的国际比较表明，我国目前的投资率是明显偏高的。根据世界银行数据，2000年，世界平均为23%，低收入国家为21%，中等收入国家为25%（其中，下中等收入国家为27%，上中等收入国家为23%），高收入国家为22%，我国投资率高达38%，近几年更在40%以上。

（三）消费对GDP的贡献率和拉动百分点持续走低，已低于投资的贡献率和百分点

1. 消费对支出法GDP贡献率始终低于资本形成贡献率

从三大需求对支出法GDP的贡献率来看，消费贡献率表现相对较为稳定，但总体呈现下降趋势，特别是1999年以来消费对经济增长的贡献率惊人地加速下滑，不仅从76.8%骤降至36.1%，而且已经连续5年低于投资的贡献率。而在1999年之前，只有在上一轮经济过热的三个年份（1993~1995年）消费贡献率低于投资贡献率。在这个意义上讲消费是不足的。

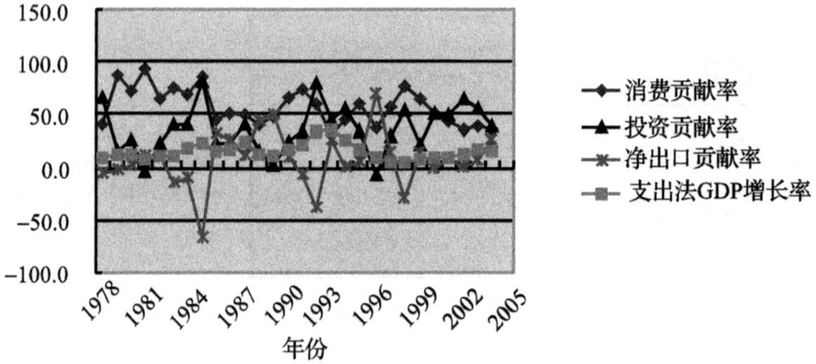

图3　三大需求对支出法GDP的贡献率

资料来源：根据《中国统计年鉴》数据绘制。

2．消费拉动 GDP 的百分点低于投资拉动的百分点

从消费、投资、出口对支出法 GDP 增长的拉动百分点①来看，消费拉动支出法 GDP 增长的百分点在大多数年份均高于投资拉动的百分点，除了 1993 年投资过热而低于投资的作用。但从 2001 年以来，消费拉动的点数越来越低于投资拉动的点数，反映出我国经济发展中消费拉动经济增长不足。

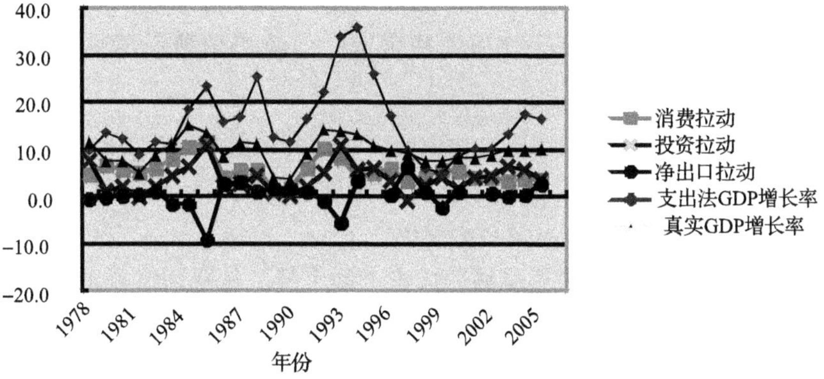

图 4　三大需求对支出法 GDP 的拉动百分点

资料来源：根据《中国统计年鉴》数据绘制。

（四）从市场供求关系来看，商品供大于求的矛盾依然突出

目前我国一般性社会商品总体上呈现供过于求的状态，只有小部分比较特殊的产品和服务供不应求。需求约束型特征仍较明显，产品结构性过剩。有效需求不足最突出的表现就是产品供过于求，表现为所谓的“买方市场”。我国现阶段主要商品供过于求的比例与当前人民生活水平相比显得过高，反映出我国总体消费需求不足。近几年商务部每季度、每半年、每年都对 600 种主要消费品市场供求进行抽样调查，调查结果显示，绝大部分商品供大于求，没有供不应求的商品。虽然市场供求状况得到改善，但是还没有根本改变市场供过于求的基本格局，市场消费的空间还很大，相对市场供给能力而言显得实际消费不足。

（五）现阶段消费需求增长相对滞后于净出口需求的增长，净出口的贡献率和拉动百分点急剧上升

从支出法 GDP、最终消费、资本形成和净出口的绝对数量增长曲线图上

---

① 主要分析支出法 GDP 增长率中有多少个百分点是由消费、投资和出口需求增加而带动的，分别用消费、投资和净出口的贡献率乘以支出法 GDP 增长率得到。

(参见图 1) 可以看出, 2005 年货物与服务净出口虽然绝对数值相对较低, 为 10223.0 亿元, 但较上年增长 150.6%, 而消费增长滞后于净出口的增长势头。

二、现阶段消费需求的现状和主要特征

(一) 居民消费增速低于政府消费增速, 但政府消费引导居民消费的作用力需要加强

最终消费由政府消费和居民消费构成, 两者在 GDP 中所占比重是最终消费内部一对重要的比例关系。从国际比较的角度看, 我国不仅最终消费率偏低, 而且其中居民消费率偏低的状况更为突出。

一是居民消费占最终消费总额的比重不断下降。从我国最终消费支出构成变化看, 在最终消费率持续下降的过程中, 政府消费所占比重却在逐渐增长, 从 1978 年的 21.4% 持续上升至 2005 年的 26.8%, 而居民消费比重持续下降, 从 1978 年的 78.6% 降至 2005 年的 73.2% (参见表 1 和图 6)。

二是居民消费占 GDP 的比重即居民消费率不断下降。我国 1978 ~ 1989 年居民消费率平均为 51.3%, 1990 年以后逐年降低, 2003 年的居民消费率为 43.4%; 2005 年, 我国人均 GDP 达到 1000 美元, 而居民消费率进一步下降到 38.2% (参见图 5)。

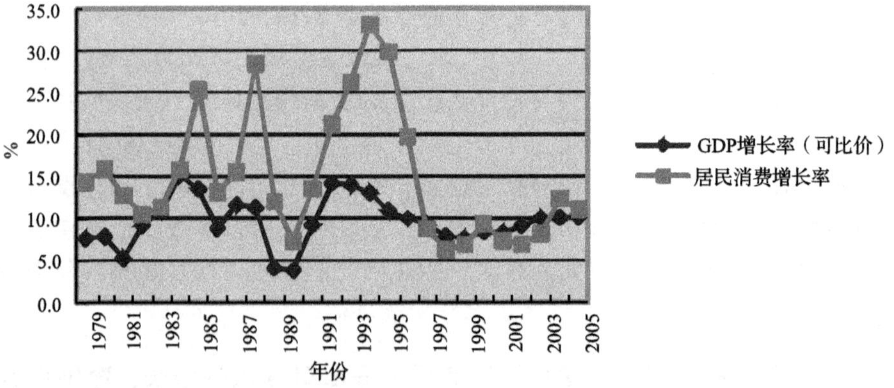

图 5 居民最终消费增长率和可比价 GDP 增长率

数据来源: 2006 年《中国统计年鉴》。

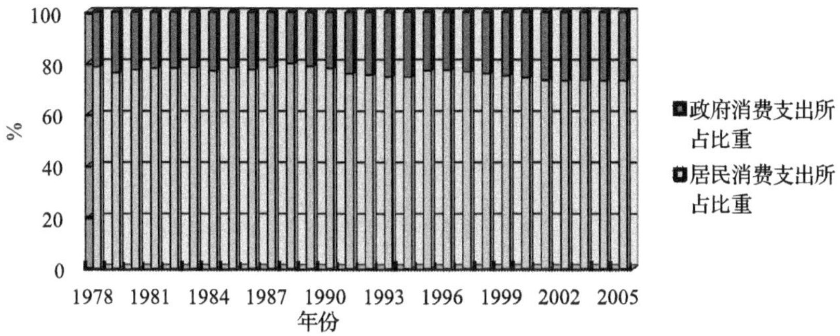

图 6　最终消费支出构成变化

数据来源：2006 年《中国统计年鉴》。

三是虽然政府消费增速快于居民消费增速，但政府消费并没有充分发挥出其对居民消费的拉动作用或者对总消费率的平滑作用。

表 1　1978 年以来我国居民消费与政府消费及其构成

绝对数（亿元）					构成			
					最终消费支出 = 100		居民最终消费支出 = 100	
年份	居民消费支出	农村居民	城镇居民	政府消费支出	居民消费支出	政府消费支出	农村居民	城镇居民
1978	1759.1	1092.4	666.7	480.0	78.6	21.4	62.1	37.9
1979	2011.5	1252.9	758.6	622.2	76.4	23.6	62.3	37.7
1980	2331.2	1411.0	920.2	676.7	77.5	22.5	60.5	39.5
1981	2627.9	1603.8	1024.1	733.6	78.2	21.8	61.0	39.0
1982	2902.9	1787.5	1115.4	811.9	78.1	21.9	61.6	38.4
1983	3231.1	2010.5	1220.6	895.3	78.3	21.7	62.2	37.8
1984	3742.0	2312.1	1429.9	1104.3	77.2	22.8	61.8	38.2
1985	4687.4	2809.6	1877.8	1298.9	78.3	21.7	59.9	40.1
1986	5302.1	3059.2	2242.9	1519.7	77.7	22.3	57.7	42.3
1987	6126.1	3428.9	2697.2	1678.5	78.5	21.5	56.0	44.0
1988	7868.1	4174.0	3694.1	1971.4	80.0	20.0	53.0	47.0

续表1

年份	绝对数（亿元）				构成			
					最终消费支出=100		居民最终消费支出=100	
	居民消费支出	农村居民	城镇居民	政府消费支出	居民消费支出	政府消费支出	农村居民	城镇居民
1989	8812.6	4545.7	4266.9	2351.6	78.9	21.1	51.6	48.4
1990	9450.9	4683.1	4767.8	2639.6	78.2	21.8	49.6	50.4
1991	10730.6	5082.0	5648.6	3361.3	76.1	23.9	47.4	52.6
1992	13000.1	5833.5	7166.6	4203.2	75.6	24.4	44.9	55.1
1993	16412.1	6858.0	9554.1	5487.8	74.9	25.1	41.8	58.2
1994	21844.2	8875.3	12968.9	7398.0	74.7	25.3	40.6	59.4
1995	28369.7	11271.6	17098.1	8378.5	77.2	22.8	39.7	60.3
1996	33955.9	13907.1	20048.8	9963.6	77.3	22.7	41.0	59.0
1997	36921.5	14575.8	22345.7	11219.1	76.7	23.3	39.5	60.5
1998	39229.3	14472.0	24757.3	12358.9	76.0	24.0	36.9	63.1
1999	41920.4	14584.1	27336.3	13716.5	75.3	24.7	34.8	65.2
2000	45854.6	15147.4	30707.2	15661.4	74.5	25.5	33.0	67.0
2001	49213.2	15791.0	33422.2	17665.1	73.6	26.4	32.1	67.9
2002	52571.3	16271.7	36299.6	19119.9	73.3	26.7	31.0	69.0
2003	56834.4	16305.7	40528.7	20615.1	73.4	26.6	28.7	71.3
2004	63833.5	17550.6	46282.9	23199.4	73.3	26.7	27.5	72.5
2005	70906.0	19014.1	51891.9	26012.1	73.2	26.8	26.8	73.2

资料来源：根据《中国统计年鉴》整理。

在政府消费层面，2000～2003年我国行政管理费由1787.5亿上涨到3437.68亿，占政府消费比重由15.2%上升到23.2%。2003年美国行政公务支出占财政总支出的比重为12.5%，我国该比例高达37.6%，行政管理费比例远高于美国。而在加大社会保障支出等措施降低居民支出预期，有效拉动居民消费，或者通过政府消费水平的调整，把总消费率保持在一个适度的水平上这两方面政府消费的作用都没有发挥出来，从这几年消费倾向不断降低和总消费率及居民消费率不断降低可以得到证实。

（二）城乡消费水平差距进一步扩大，城镇居民消费向发展和享受型转变，农民生存型消费模式特征依然明显

一是城乡消费水平差距拉大。二是城乡市场规模差距拉大。三是城乡居民恩格尔系数差距拉大，城乡消费结构呈现不同的阶段性特征，城镇居民消费向发展和享受型转变，农民生存型消费模式特征依然明显。

1. 城镇居民消费结构

改革开放以来，我国城镇居民的消费结构不断发生变化。城镇居民从改革初期的“吃—穿—用”为重心的消费模式，演变为目前的“吃—娱乐文教服务—穿—住—用—行”为重心的消费模式。如果将吃、穿、用、行视为基本消费的话，那么，发展型和享受型消费——交通通信和娱乐教育文化比重的快速上升则显示了城镇居民消费结构的良性变化。可以说，目前城镇居民家庭的消费结构已经实现了由温饱型向小康型的转变。

恩格尔系数的变化还反映出消费模式的特征。我国城镇居民恩格尔系数从2000 年的 39.4%，下降至 2005 年的 36.7%，这一系数虽然与发达国家 30% 以下的水平仍有距离，但已经接近日本，其中，北京、上海、广州等地居民恩格尔系数已降至 35% 以下。

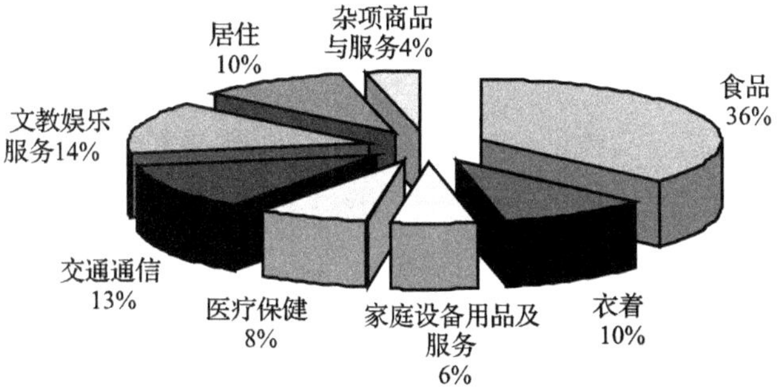

图 7　2005 年城镇居民家庭人均全年消费性支出结构

数据来源：2006 年《中国统计年鉴》。

2. 农村居民消费结构

20 世纪末到目前阶段，我国农民的消费正从温饱型阶段向小康型阶段迈进。2005 年农村居民人均生活消费支出 2555.4 元，其中食品、衣着、娱乐教育文化所占消费支出的比例分别为 45.48%、5.81%、11.56%。

表2 1993～2005 年我国城镇居民消费结构变化情况 单位：%

年份	食品	衣着	居住	家庭设备用品及服务	医疗保健	交通通信	文教娱乐用品及服务	杂项商品及服务
1993	50.13	14.24	6.63	8.76	2.70	3.82	9.19	4.52
1994	49.89	13.69	6.77	8.82	2.91	4.65	8.79	4.47
1995	49.92	13.55	7.07	8.39	3.11	4.83	8.84	4.28
1996	48.60	13.47	7.68	7.61	3.66	5.08	9.57	4.35
1997	46.41	12.45	8.57	7.57	4.29	5.56	10.71	4.44
1998	44.48	11.10	9.43	8.24	4.74	5.94	11.53	4.55
1999	41.86	10.45	9.84	8.57	5.32	6.73	12.28	4.96
2000	39.18	10.01	10.01	8.79	6.36	7.90	12.56	5.17
2001	37.94	10.05	10.32	8.27	6.47	8.61	13.00	5.35
2002	37.68	9.80	10.35	6.45	7.13	10.38	14.96	3.25
2003	37.12	9.79	10.74	6.30	7.31	11.08	14.35	3.30
2004	37.73	9.56	10.21	5.67	7.35	11.75	14.38	3.34
2005	36.69	10.08	10.18	5.62	7.56	12.55	13.82	3.50

资料来源：1994～2006 年《中国统计年鉴》。

从农村居民恩格尔系数的变化来看我国农村居民生存性消费模式特征非常明显。农村居民恩格尔系数从 2000 年的 49.1% 降至 2005 年的 45.5%，但仍相对较高。

表3 1993～2005 年我国农村居民消费结构变化情况 单位：%

年份	食品	衣着	居住	家庭设备用品及服务	医疗保健	交通通信	文教娱乐用品及服务	杂项商品及服务
1993	58.06	7.19	13.88	5.80	3.53	2.26	7.59	1.70
1994	58.86	6.92	14.00	5.45	3.15	2.36	7.39	1.87
1995	58.62	6.85	13.91	5.23	3.24	2.58	7.81	1.76
1996	56.33	7.24	13.93	5.36	3.71	2.99	8.43	2.02

续表 3

年份	食品	衣着	居住	家庭设备用品及服务	医疗保健	交通通信	文教娱乐用品及服务	杂项商品及服务
1997	55.05	6.77	14.42	5.28	3.86	3.33	9.16	2.12
1998	53.43	6.17	15.07	5.15	4.28	3.82	10.02	2.07
1999	52.66	5.83	14.75	5.22	4.44	4.36	10.67	2.18
2000	49.13	5.75	15.47	4.52	5.24	5.58	11.18	3.14
2001	47.71	5.67	16.03	4.42	5.55	6.32	11.06	3.24
2002	46.25	5.72	16.37	4.38	5.66	7.01	11.46	3.15
2003	45.59	5.68	15.87	4.20	5.96	8.36	12.13	2.21
2004	47.23	5.49	14.84	4.08	5.98	8.82	11.33	2.21
2005	45.48	5.81	14.49	4.36	6.58	9.59	11.56	2.13

资料来源：1994～2006 年《中国统计年鉴》。

（三）城镇居民消费意愿①和消费倾向②持续下降，农村居民消费倾向稳中上升

中国人民银行每个季度都会发布全国城镇储户问卷调查结果，主要调查城镇居民在一定时期物价和利率水平下消费与储蓄的愿望。连续几年的调查结果表明城镇居民储蓄意愿强势不改，消费意愿持续下降。改革开放以来我国居民消费倾向在大部分时间里表现出持续下降的趋势，边际消费倾向下降更为明显，表明居民消费倾向对消费需求总量的影响正在不断增强。居民平均消费倾向的下降，在城市居民中表现得比较明显，而农村居民消费倾向这几年出现稳中上升态势。

---

① 消费意愿是指居民潜在的消费而非现实的消费，收入增加后是选择消费还是储蓄还是投资。由于消费意愿与消费倾向在趋势上是一致的，影响消费意愿的原因也会影响消费倾向。

② 居民消费倾向表示的是，居民每增加一元收入时所增加的消费支出所占比重。假定居民个人收入总规模或居民个人收入增长率不变，个人消费需求总量的增长速度和规模就取决于居民消费倾向的高低。

（四）社会商品零售总额保持快速增长，其他类消费快速增长但比重仍然较低

近几年社会商品零售总额保持快速增长势头，2006 年上半年消费品零售额名义增长 13.3%，实际增长 12.4%，高于 2005 年同期 0.4 个百分点，名义增长和实际增长均创近年较高水平。城市消费品零售额增长 14%，农村消费增长 12%，城乡居民收入快速增长是消费扩大的主要原因，此外，围绕着扩大消费、调整投资和消费的关系，国家出台了一系列政策，如完善城镇居民社会保障制度，在住房、医疗、教育、养老等方面出台了更多政策，减少了城市居民的后顾之忧。在农村，则尝试建立农民的社会保障体系，保护进城农民的各种收益和权益，促进了消费的快速增加。

社会消费品零售额是各种经济类型的批发零售贸易业、餐饮业和其他行业对城乡居民和社会集团的消费品零售额总和。对社会消费品零售额构成进行比较分析，能进一步看出居民消费结构的变化特征（参见图 8）。

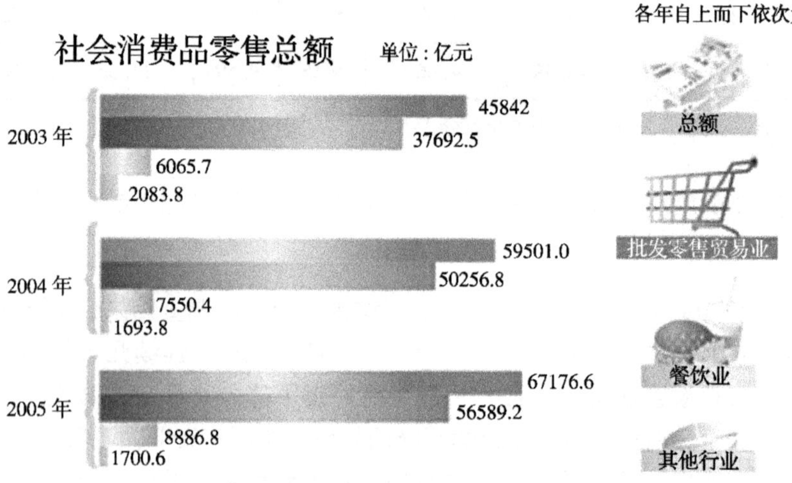

图 8　2003～2005 年社会消费品零售额变化情况

资料来源：国家统计局。

服务消费水平的高低是反映居民生活质量的一个重要标志。随着经济的发展和居民收入水平的提高，增加服务性消费将是居民消费支出的重点。

总体来看，目前我国居民服务性消费支出尽管增长较快，但因基数小，比重还很低，因此居民服务性消费的发展空间巨大。目前，我国城镇居民人均服务性消费支出占全部消费支出的比重不足 30%，比发达国家要低 20～30 个百分点。如果城乡合算，居民人均服务性消费支出占全部消费支出的比重更要低出很多。

三、影响消费进一步扩大的主要因素

影响消费的因素非常复杂多样，有政府消费和居民消费比重的变化，影响居民消费的因素有短期因素和长期因素，包括居民消费文化、观念，收入水平，消费环境、社会保障水平、人口转移和城市化进程，改革措施及居民投资工具的增加或者减少等。所有这些因素不是孤立地对消费需求产生影响，而是综合起来、相互作用在一起，共同对最终消费产生影响。

（一）宏观收入分配向政府倾斜对消费的影响

近年来，国民收入分配存在着向政府倾斜的失衡现象，政府财政收入的快速增长，挤压了居民收入增长的空间直接削弱了居民消费增长的动力。

统计数据显示，近年来政府占国民可支配收入的比重由 1998 年的 17. 5% 上升到 2003 年的 20. 2% ，而居民所占比重则由 1998 年的 68. 1% 下降到 2003 年的 64. 8% 。此外，2004 年、2005 年两年，国家财政收入增速一直保持在 20% 左右，远高于同期 GDP 增速。1998 年全国财政收入（不含债务收入，下同）增速达到 14. 2% 的相对低点后，增长开始加快。1999 年，全国财政收入自新中国民立以来首次突破一万亿元。2003 年，全国财政收入突破了两万亿元，2005 年达到 31627. 98 亿元。2006 年全年 GDP 突破 20 万亿元人民币，增长 10. 5% ；财政收入达 3. 9 万亿元，增收 7000 多亿元，增长 22% 。2006 年全国农民人均纯收入和城镇居民人均可支配收入则预计分别实际增长 6% 和 11% 。

政府财政收入的快速增长对居民收入增长形成了一定程度的挤压，导致居民实际收入增速持续多年低于 GDP 增速。1997 ~ 2003 年城镇居民可支配收入年均仅增长 8. 0% ，同期农村居民纯收入年均仅增长 4. 5% ，而同期 GDP 同比增速均保持在 8% 以上。2005 年全国农民人均纯收入同比实际增长 6. 2% ，城镇居民人均可支配收入实际增长 9. 6% ，分别低于当年 GDP 增速 3. 7 和 0. 3 个百分点。1996 年以来，除 1999 年城镇居民收入高于 GDP 增速外，城乡居民收入水平各年都低于 GDP 增速，而农民收入增长明显低于城镇居民收入增长，“十五”时期 GDP 年均增速为 9. 5% ，城镇居民收入年均增长 9. 6% ，而农民收入仅增长 5. 3% 。(参见表 4、图 9)。

国民收入分配格局主要是指国民收入在居民、企业和政府三者之间分配的比例及其相互关系，即通常所说的三者分配关系。在经济发展的不同阶段，国民收入分配在政府、企业、居民三者之间的比例会有此消彼长的变化，特别是当人均 GDP 超过 1000 美元之后，参照国际上通常的发展经验，国民收入分配在政府方向的比例应该是逐步缩小，但在我国则恰恰相反，不是缩小而是呈进一步向政府倾斜的趋势。

表 4　居民收入增长率和 GDP 增长率比较　　单位:%

年份	农村居民收入增长率	城镇居民收入增长率	GDP 增长率
1996	9.0	3.8	10.0
1997	4.6	3.4	9.3
1998	4.3	5.8	7.8
1999	3.8	9.3	7.6
2000	2.1	6.4	8.4
2001	4.2	8.5	8.3
2002	4.8	3.4	9.1
2003	4.3	9.0	10.0
2004	6.8	7.7	10.1
2005	6.2	9.6	10.4

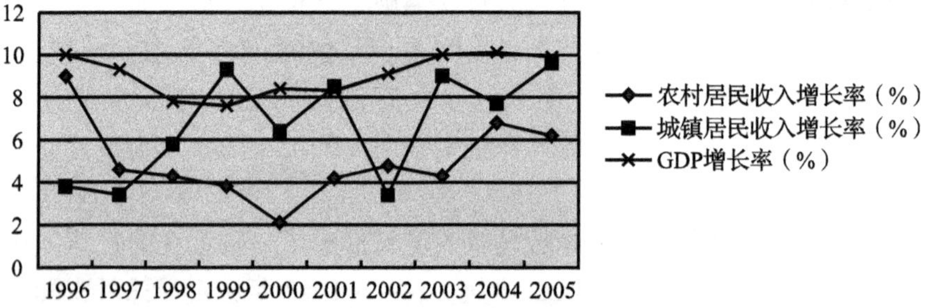

图 9　居民收入增长和 GDP 增长曲线

（二）政府提供的基本公共品不足对消费的影响

在 20 世纪 90 年代中期以前，我国实行低工资下的福利性消费体制，城市居民的住房、医疗、教育等项消费实行行政配给制度，个人消费需求基本上只包含了基本生活需求和少量耐用品需求，居民支出预期主要受价格和商品供求状况的影响。自 90 年代中期开始，政府推进了养老、医疗和教育体制改革，取消了福利分房、推行教育产业化、医疗市场化，企业职工的养老也由企业负担而转向社会统筹。福利性消费体制逐步被市场化消费体制所取代，社会保障和社会福利水平开始了大幅度的调整，由个人负担的支出范围急剧扩大，以前主要由政府或企业以实物形式供给的住房、医疗、教育等消费所需费用，转而由居民个人承担。人们从福利型消费向自主型消费转变需要一个较长的适应过程，而且由于改革过程中出现哪些是由政府提供公共品、哪些是由居民自己承担的误区和模糊，特别是在新旧体制交替过程中，由于各种利益群体的意见不一致以及改革措施之间的矛盾冲突，使得新的体制框架的完全确立还需要一个较长的时期，而住房价格上涨、医药费价格上涨、教育费用上涨速度之快超过多数家庭收入增长速度，其消费价格与大多数居民的收入水平相比显得过高，如果靠自身积累则需要一个较长的过程。在这个时期居民支出的不确定因素和心理压力随之增加。因而，在收入预期不稳定导致消费意愿下降的同时由于支出的不确定性增加进一步导致了消费意愿下降、储蓄意愿增强。据央行问卷反映，在居民的储蓄动机中，教育费一直独占鳌头，其次是养老、购房和预防意外，这四项占比达 50% 以上。

(三) 居民收入分配结构不合理对消费的影响

在收入分配对消费的影响中以结构性原因为主，收入分配结构不合理导致消费倾向下降。由于我国中下等收入的人占绝对多数，而这些人的收入在国民收入中的比例却在不断减少，从而制约消费总量的增加。除农民群体外，城镇低收入人群主要是这样三类：

首先是城市新产生的低收入群体就业能力不强，与产业结构升级不相适应，这部分人群收入水平很难提高，从而约束了消费总量。主要由三部分人群形成：①下岗职工由于经济结构性调整和国企改革的深化，城市下岗职工这几年呈逐渐增加的态势；②进城的农民；③新出现的城市待业劳动力。据估计，这三部分人每年至少新增 2000 万 ~2500 万。他们有一个共同的特点，那就是相当一部分人受教育有限，处于就业不稳定状态，再就业能力不强。我国产业结构升级对劳动者素质有比较高的要求，这三部分人就业机会不多，即使能就业，也只是从事收入较低的简单劳动。

其次是产业工人工资水平不高限制了消费。产业工人劳动力供给大大超过需求，对劳动力素质的要求不高，替代性很强，一般劳动时间比较长，一般在 12 小时左右，工资水平不高。

第三是非国有单位工资水平很低，影响消费。在非国有单位包括部分港澳台企业，资本的超额利润侵蚀工资，不仅工资特低而且基本工资得不到保证，劳动者合法权益得不到保障。不仅给社会稳定造成许多隐患，还遏制了大部分人提高收入水平。

如果把居民消费阶层分为少部分的富裕人群和大多数的中低收入人群，由于这两类人储蓄率和消费倾向是不同的，后者的收入比例减少，必然导致社会总需求的不足。从1997年以来，城镇居民收入减收的比例不断扩大，在减收比例居民中，大部分是中低收入家庭，中高家庭则大都增加了收入。从各地居民收入的比较来看，沿海与内地居民的收入差距、城镇与农村居民的收入差距都在不断扩大。就目前来看，中高家庭收入的一般日用消费品大都基本齐备，其主要消费领域有向大宗、高档消费品如汽车、商品房等消费的倾向。这类家庭在消费高档消费品时，一般来说消费时滞比较长，并且有可能在一段相当长的时间内会把钱暂时存入银行。而对中低收入家庭来讲，特别是广大农村家庭，一般日用消费品远远没有满足需求，他们的消费潜力非常大。

(四) 买房因素对居民消费的影响

我国现行统计体系将居民购房支出归于住宅投资，计入投资统计项目，这也符合国际惯例，但是买房因素对消费的影响是非常明显的。“九五”时期我国居民消费率大体是47%左右，“十五”计划要求扩大消费渠道，提高消费水平，居民消费率指标要求提高到50%左右，但实际呈逐年下降态势。与此同时，居民购置的商品住宅却大幅度上升，统计数据表明，我国居民把相当一部分收入用于购置住宅，改善居住条件。但是买房不计入消费，这也是目前学术界争论很大的一个问题。2000年房改以来，居民购房消费支出猛增，成为居民最大额消费支出，在最终消费统计中却没有体现。关于这个问题，我们认为，居民购房属于投资，但是由于其占用了居民收入的绝大部分，对消费产生了重大影响。美国等发达国家通常将房地产投资计入固定资产投资，居民住房消费则指房屋折旧加上根据市场一般价格折算出来的房租。我国虽然房租项缺失，但也遵循了这种统计方法，应当说与国际惯例是接轨的。何况2000年福利分房制度改革前，我国没有住房消费，改革后才有市场化的住房支出。

买房对消费的影响主要表现在以下两个方面：

一是买房对居民消费有明显的挤出效应，特别是房价的不断快速上升加剧了对居民消费的负面影响。有学者测算，居民买房的投资①对GDP比例每增加一个百分点，居民消费占GDP比例则下降0.28个百分点②。但是从居民支出来说，买房占了收入的绝大部分。

二是自我积累型的购房方式加剧了对居民消费的挤出效应。居民消费如果不做按揭，而是存钱买房的话，在房价越来越高的情况下，如果采取自我积累

---

① 指房地产投资中的居民房部分。

② 中金公司研究部《成长中的中国消费》2006年3月10日。

型的消费模式，对当前消费是有明显的挤出效应的，全国房地产投资中的居民住房部分2000年后增加很快，在一定程度上导致了居民消费增速的下降，因为尚未买房的居民为购房存钱，已购房的居民由于购房的支出而减少别的消费。另一方面，房价不断攀升加剧了对居民消费的影响，房价更高意味着需要增加储蓄为将来买房做准备，从而更加压抑当前消费。据北京师范大学金融研究中心2006年3月30日发布的《中国房地产金融安全评估报告》以目前的房价收入比为主要依据得出结论：中国城镇人口中，有70%无新房购买力。以东部市场每平方米4000元的房屋均价为例，户年均收入在1.7万元的家庭要想购买一套70平方米的住宅，其房价与收入比达到13倍。即使按自有住房市场价值的中位数比家庭年均收入的中位数全国房价收入比值也在3.26～3.41倍[①]。

在今后相当长时间内，我国居民购房支出仍将保持较快增长的趋势。一是改善住房条件仍是居民提高生活水平的首要目标；二是城市化进程加快，城镇人口不断增加，住宅需求量不断上升；三是农民住房消费支出也在不断增大，居住质量、居住条件改善在农村居民提高生活消费水平的目标中始终占有重要地位。2005年农村居民人均用于居住类消费支出由1999年的203.6元提高到297.2元，增长46%。新一轮建房与装修房屋热已在农村兴起。据调查，目前农民消费支出的先后次序是：建房、子女教育、婚嫁、家用电器和日常消费品。建房与装修房屋仍是农民消费的首要选择。

随着居民购房支出的增加，在购房不计入消费的情况下，买房将对消费总量的增加和消费率的提高继续产生负面影响。

（五）城市化程度低对消费的影响

我国城市化程度低、二元经济结构矛盾突出限制了消费总量的扩张，虽然我国近几年来城市化进程很快，但由于起点低，基数大，我国当前的城市化程度仍然较低，只有40%左右，而世界平均为48.6%，世界高收入国家为67.1%（2004年）。

首先，城乡二元结构下，占我国人口大多数的农民聚集于第一产业，收入低下，购买力严重不足。大量农民滞留农村，造成劳动生产率低，农民收入提高困难，收入的绝对水平很低，人均纯收入只有城镇居民可支配收入的1/3左右。

其次，城乡分割的工业化战略造成城市化大大落后于工业化，导致服务业发展滞后，限制了农村剩余劳动力转移和就业，影响着我国居民整体消费能力

① 任志强在观点城市论坛上的讲话（2006年3月30日南京）。

的提高。我国目前还有近7.8亿农民，农村耕地人口总承载量大约为2.71亿人，约有5亿农村人口需要彻底脱离农村，转入城市。另一方面，大量农业剩余劳动力进入城市，受到城市扩容的限制。

第三，由于农村剩余劳动力这支劳动后备大军长期存在，压低了劳动力价格，导致我国国民收入增长速度明显落后于经济增长速度。大量农业剩余劳动力由于受教育有限，到城市就业的机会很少，大部分人从事简单再生产劳动，劳动报酬相当低。

（六）个人信用制度的不完备对消费的影响

在经济发达国家，金融机构消费贷款占全部贷款的比例平均为30%～50%，其中，美国为70%，德国为60%。信用付款方式在美国个人支付活动中已占据了主导地位，居民购买汽车、住房和家电及其他耐用消费品普遍使用信用消费的方式，甚至用于支付高等教育费用。

制约我国消费信贷进一步发展的主要原因在于现行的个人信用消费是在尚未建立个人征信制度的情况下推行的，由于缺乏完整的个人信用资料，银行难以对消费者信用和个人信贷风险进行准确的评估和管理，不得不设置很高的贷款门槛，阻碍了个人消费信贷的增长。目前，不少发达国家已经建立了完备、严密、透明的社会信用网络。在美国，面向消费的信用交易早已成为市场交易的主流，美国银行的贷款利润50%以上来自个人消费信贷。美国的经验表明，由于第三方征信制度的存在，使交易主体能迅速获得对方的资信状况，消除信息不对称带来的贷款风险，使信用消费成为主要的消费方式。每个有经济活动的人都有一个社会保障号码和相应的账户，该账户记录个人的每一笔收入、纳税、借贷、还款的情况。

我国目前由于信用制度不完备，银行信贷风险很大，限制了信用消费的健康发展，居民主要靠自身积累满足购房买车等大额支出，在收入一定的前提下，这种自我积累型的消费模式，必然对居民当前消费有明显的挤出效应。

（七）传统消费观念及工作和收入的不稳定性增加对消费的影响

传统消费观念及工作和收入的不稳定性增加主要对居民消费行为产生较大影响。

受传统消费心理、消费习俗、消费观念等因素影响，人们有钱不花，过分强调节俭，消费倾向比较低，导致新增收入中用于消费的比重降低。传统消费观念给人们消费行为带来的消费影响主要表现在：一是使人们习惯于保守性消费。人们崇尚“收支相抵、略有节余”，忌讳“寅吃卯粮”，因而即期收入成为当前消费的最大极限。他们宁愿省吃俭用，也不愿把明天的钱提前到今天来用，于是消费需求不足难以避免地成了保守性消费的孪生物。二是使人们习惯于“预后”性消费。人们主张“节约当前、聚财预后”，偏重远期消费，轻视近期消费，他们一旦有了一点收入节余，往往首先想到的是把它们积存起来，以作远期消费，例如购房、养老、养病等之用，而对于近期消费支出则不敢贸然扩大，于是造成人们消费支出的不合理配置和个人消费结构的不合理。

四、增强消费对经济增长的拉动作用的基本思路

从理论上讲，在消费、投资和净出口“三驾马车”拉动经济增长中，消费应该成为拉动经济增长的主导力量。从社会生产周期来看，只有消费需求才是经济增长真正的和持久的拉动力量。消费不仅是经济运行的结果，同时也是经济运行的前提。消费增长将带动投资相应的增长，经济增长的动力将逐渐由供给转向需求，由生产转向消费。在消费率持续走低的形势下要增强和发挥消费对经济增长的拉动作用，首先要调整四个关系：一是调整内需与外需的关系，将扩大内需作为经济增长的主要源泉；二是调整投资与消费的关系，使投资和消费保持一个合理的比例；三是调整政府消费与居民消费的关系，增加居民消费的比重；四是调整生产结构与消费结构的关系，改革投融资体制，消除市场严重过剩的体制因素。

（一）调整内需与外需的关系，将扩大内需作为经济增长的主要源泉

在内需不能有效拉动经济增长的情况下，我国沿海地区发展外向型经济使得外需增长弥补了内需增长的不足，但这种发展模式的代价是牺牲了国人的工资福利、对国际市场依赖度增加和外汇储备激增给人民币本币造成通货膨胀压力和汇率改革压力，并恶化了内需生长的环境。从中长期而言，这种状况不利于我国经济可持续增长。

从我国经济成长过程看，经济发展已形成对内需和外需的双重依赖。在进一步发展过程中我国面临统筹平衡内需与外需的关系的艰巨任务。扩大内需减少外需，经济增速可能会放缓；继续增加外需抑制内需，经济发展可能内在动力不足。如何协调好扩大内需与增加外需的关系，是经济发展新阶段必须认真解决的主要矛盾之一。从中长期来看，必须认识到，内需是经济发展的根本之策，外需是经济发展的重要条件。在开放经济条件下，扩大内需和增加外需对经济发展具有不同的意义。维持生产规模的不断扩大是保证经济适当增长速度的前提，生产规模的扩大则需要依托于国内市场需求的扩大。因此，需要从多

方面培育和提升国内消费潜力。短期内，在我国融入经济全球化的背景下，重视外需对我国经济的拉动作用，通过增加外部需求推动经济快速成长和保证就业率是不可缺少的。中长期看，鉴于外需的不可控性和不稳定性，我国更要重视扩大内需，形成经济自主增长机制，保证经济又好又快发展。

（二）调整投资与消费的关系，使投资和消费保持一个合理的比例

现在我们说要调整投资与消费的关系，是指投资不能脱离消费而自我循环，各类投资主体应当以市场导向为主要依据，关注政策导向，优化投资资源的配置。要在结构优化的前提下保持适当的投资率，避免单纯的投资规模扩张。因此，投资与消费要遵循一定的比例关系，实现投资与消费对经济增长的双重拉动。根据我国投资率和消费率 20 多年的发展曲线，综合我国经济发展的冷热状况分析可以看出，每当我国投资率高出 40% 而消费率跌穿 60%，都是经济相对比较热的时期，是需要进行宏观调控的时期，投资率和消费率呈现反向而行的趋势。而消费率在 60% 以上的时期经济运行则比较平稳，没有太大波动。因此，根据历史经验，可以将 60% 左右的消费率和 40% 左右的投资率作为一条中长期的趋势线，短期内的消费率应利用宏观经济政策进行调控，尽量向这个水平靠拢，有利于经济的持续稳定健康发展。继续努力刺激消费需求、控制投资需求的过快增长，提升消费率、降低投资率，提高消费需求对于我国经济增长的贡献率，使投资与消费保持一个适当的比例关系是增强消费对经济增长拉动作用的主要着力点，也是我国宏观经济政策的基本着力点和调整我国产业结构失衡的根本途径之一。

（三）调整政府消费与居民消费的关系，增加居民消费的比重

调整政府消费与居民消费的关系，为满足经济和社会发展对公共服务不断增长的需求，政府消费支出有必要随 GDP 增长而相应增加，但政府最终消费占 GDP 的比重与居民消费率相比不宜过快上升，以免影响居民消费率的提高。预计到 2020 年最终消费率可能上升为 70% 左右，其中居民消费率可能为 60% 左右，政府消费率可能为 10% 左右。

就近期来说，一方面要适当调整政府在国民收入分配中的份额，另一方面，需要通过调整财政支出结构，推进公共财政的建设，扩大政府财政在公共产品方面的支出，变经济建设财政为公共财政，加快社会保障体系建设和加大公共教育投资力度等。

今后要积极调整财政支出结构，提高公共财政支出占财政支出总量的比重，逐步转到以公共财政为主的财政支出结构。加大对基本公共品的投入力度，采

取有效措施充实社会保障资金、教育资金。通过规范财政收支，重点保障落实收入分配政策、科教文卫、社会保障、农业和城市基础设施、环境保护等重点项目的资金需求。

(四) 调整生产结构与消费结构的关系，改革投融资体制

从消费与生产的相互转化和相互促进来看，消费需求能否带动供给，供给能否创造出消费需求，并顺利进入消费环节对国民经济健康平稳运行至关重要。显然，由于我国经济结构存在的种种问题，由于我国市场环境中存在的大量问题，我国目前在消费与生产的相互转化环节上存在很多障碍没有克服。

我们认为，引起供给结构与消费结构断层、市场供求失衡、生产能力过剩的主要原因在于制度方面。

因此，要真正调整生产结构与消费结构的关系，使产品结构与消费结构相适应，根本在于改革投融资体制，在机制上理顺一系列关系，包括地方政府与地方企业，包括国企治理和产权约束，包括国有银行和国有企业，等等这些重大关系。随着非政府的投资主体将在全社会投资中发挥着越来越重要的作用，主要由企业和个人根据市场供求变化和国家政策导向，自主地进行投资决策，这样会更贴近市场需求来投资并向社会提供消费品。地方政府要从经济型政府转变到服务性政府，消除地方投资冲动和生产结构消费结构严重错位的根源。

五、政策建议

我国消费政策已由过去短缺经济时代限制性消费政策开始转向鼓励性消费政策。尽管近年来我国出台了一系列鼓励扩大消费需求的政策，但一些限制性政策措施的调整仍显滞后，制约消费需求的扩大。当前除继续落实启动消费的各项政策措施外，应尽快排除阻碍消费发展的各种不合理因素。当前及今后一个时期，扩大消费的政策，重点要放在以下几个方面：

(一) 收入分配政策：理顺收入分配机制，提高中低收入阶层的收入水平

第一，在保证城镇居民收入与 GDP 增长相适应的同时，进一步提高农民收入水平，保持农民收入快于城镇居民收入增长速度。“十五”时期农民收入增长慢于城镇居民收入增长，城镇居民收入年均增长 9.6%，而农民收入仅增长 5.3%，“十一五”时期要采取有效措施保证农民收入更快地增长。提高农民收入，解决消费需求不足的问题，根本的是要打破二元经济结构，统筹城乡发展，加快城市化。城市化由于城市人口的增加而使高收入人口比重上升，从而逐步

使社会的总供给水平与总需求水平相适应。同时，农民进城后，最需要的就是劳动密集型产品和家庭耐用消费品，将为这些产业的新一轮发展开辟广阔市场。而随着城市化发展，第三产业产值增长空间与就业空间也会逐步释放出来。

第二，从制度上解决最低工资支付，以及拖欠工资等问题，保护职工的基本利益，抵制利润侵蚀工资行为。严格执行《最低工资规定》中最低工资标准每两年至少调整一次的规定，以保障劳动者基本生活，兼顾劳动者全面发展为目标，逐步提高最低工资标准。要积极解决企业拖欠职工工资的问题。进一步完善企业工资支付和监管制度，包括欠薪举报制度、欠薪报告制度等。在有条件的地区建立企业欠薪保障制度或实行工资备付金制度，以解决企业发生欠薪时垫付职工工资的资金来源。

第三，加强对新增劳动力和在职职工的职业培训，提高劳动者技能和素质。为产业结构升级，提高整个产业的素质和劳动者素质，为新增就业人员和产业工人工资水平的提高创造条件。

第四，扩大中等收入阶层，从制度上为中等收入者队伍的扩大创造条件。进一步完善市场经济体制，改变资源分配不公，保证要素贡献与要素分配相符合的分配机制的正常运行，使这部分行业和劳动者的应有收益得到体现；完善人力资本培育的合理制度，建立提高中低收入者收入水平、扩大中等收入者比重的稳定机制。首先要规范初次教育的平等机制，加大国家对初、中级教育的投资，保证所有新生劳动力都能接受平等有效的培育。其次要建立失业人员的人力资本转型和升级机制。

（二）储蓄利率政策：保持储蓄利率在相对较低水平

中国人民银行决定，自2007年3月18日起上调金融机构人民币存贷款基准利率。金融机构一年期存款基准利率上调0.27个百分点，由现行的2.52%提高到2.79%；一年期贷款基准利率上调0.27个百分点，由现行的6.12%提高到6.39%；其他各档次存贷款基准利率也相应调整。

加息对消费的影响短时间还难以表现出来，就储蓄消费来说，稍长一点的时间来看，由于加息将在一定程度上增加储蓄倾向而约束居民的消费行为，这不利于实现扩大内需的长期经济目标。要解决当前流动性过剩问题的根本出路在于扩大内需，现在短期政策与长期政策之间发生背离会增加长期政策的执行成本，因此我们主张当物价在可控范围内时保持储蓄利率在相对较低水平。

（三）消费信贷政策：继续鼓励个人信用消费，推动消费结构顺利升级

继续发展个人消费信贷，推动信用型消费，应成为今后扩大消费的重要途

径。我国经济正处于一个新的较长的上升周期的前端，这一轮周期是以住房、汽车等高价值消费品的需求扩张而带动的。国际经验表明，信用消费是这个经济发展阶段消费需求实现的主要形式。居民的教育、购房、买车等大项支出如果靠自身的积累则需要较长时间的储蓄，这必然会限制即期消费。为此，需要发展信用消费予以支持。推行消费信贷政策要有信用制度作保证。由于没有信用制度，随着消费信贷的发展，消费信贷的信用风险也随之增加，汽车贷款近年来持续下降与个人信用制度不健全有十分紧密的关系。据有关数据，截至目前，我国个人汽车消费贷款的呆坏账已逾1000亿元，其中，四大行占呆坏账总额的81%以上。

目前信用体系建设工作重点要尽快整合各类信用信息资源，发挥各方积极性，尽快建立起个人信用体系，鼓励消费者积累个人信用，使用个人信用，从而降低个人信用消费的风险，促进消费消费的进一步扩大。

(四) 消费税收政策：鼓励居民合理消费促进消费结构升级

消费税是世界各国普遍采用的一种税收政策，具有引导消费和调节收入等作用，我国于1994年首次开征了消费税。2006年财政部和税务总局联合下发通知，从当年4月1日起，对我国原油消费税的税目、税率及相关政策进行调整，此次调整增加了对高尔夫球及高档手表等奢侈性产品的消费税，取消了护肤护发品税目，调整了小汽车税目税率等。通过这次调整，有利于引导居民合理消费、健康消费，并有利于调节收入差距。住房、汽车等消费是现阶段居民消费的重要内容，为顺应消费结构升级，仍需对相关税费政策进行积极调整、优化。住房消费方面，要尽快完善住房二级市场的配套政策，增加中低价位、面积适中商品房供给；加快廉租房建设，并对低收入人群购房实行补贴。汽车消费方面，要规范汽车市场秩序，简化购车手续，降低新车购买税费和二手车交易税费，规范和清理车辆使用中的各种收费。

(五) 区别城乡培育消费热点，确定消费重点

扩大消费要通过消费结构升级来实现，扩大消费的政策重点要顺应消费结构升级的客观规律，目前，绝大多数城镇居民家庭中，中低档耐用消费品基本趋于饱和，而汽车、住房等高档消费品要实现扩张还需要一段购买力积累储备期，高档消费品的使用费用过高也抑制了消费者的消费热情。同时，由于农村消费环境以及农民收入等原因，使中低档耐用消费品仍难以大规模进入广大低收入农民家庭。因此，城乡的消费结构要全面升级，目前动力仍显不足。总体来说，要改善消费环境方面，规范不合理收费促进居民服务消费的进一步增加：

一是完善消费市场的监督管理制度，加强对市场秩序的整顿和规范，整顿市场经济秩序，提高流通领域的信用度，保证消费产品与服务的品质，保护消费者权益；二是努力创造健康安全的消费环境；三是取消和修订不利于消费结构升级的过时文件和各种不合理收费；四是打破服务业行业垄断经营、着力解决教育和医疗乱收费、电信服务价格高及其他服务行业不规范服务和不合理收费等问题。

根据城乡不同的消费结构，确定不同的消费重点。在城镇，要大力发展服务消费。在农村，则要在继续提高农民收入的同时提高农民家庭设备及服务消费的比重，引导农民享受现代文明，提高生活质量，新农村建设要重点完善水、电、路等基础设施，改善消费环境，为农民消费结构升级创造条件。

中国消费与经济增长关系研究

主要完成单位：国家发展和改革委员会经济研究所
主 要 完 成 人：俞建国　王小广　张建平　张哲人　樊彩耀
获 奖 时 间：2009 年
获 奖 名 称：国家发展和改革委员会优秀研究成果三等奖

进入 21 世纪以来，我国消费对经济增长的拉动作用仍保持较强的势头，2001～2007 年，最终消费按可比价平均每年增长 9.1%，对国内生产总值增长的拉动平均每年为 4.1 个百分点。但由于投资和净出口对经济增长的拉动作用显得更为有力，同期平均每年为 6.1 个百分点，这使得消费率连年走低，从世纪之交的 60% 左右下降到 2007 年的 48.8%。消费对经济增长的贡献率也随之降低，从 70% 以上，降至 60%、50%，近五年仅维持在不足 40% 的水平，引起了社会的广泛关注。中共十七大报告明确把“居民消费率稳步提高”作为全面建设小康社会的一项新要求，以增强发展的协调性，说明如何进一步增强消费对经济增长的拉动作用已成为影响社会经济全局的重要问题。

在我国经济生活中，消费对经济增长的作用可分为两个层面，一是在宏观经济运行中的作用，主要表现在如何处理好消费与投资、消费与进出口、消费与居民收入等方面的关系。二是在经济发展战略中的作用，主要表现在如何通过消费的引导，促进发展方式的转变。

就第一个层面来看，如何判断当前的消费形势、把握好影响消费的主要因素，是处理好消费与经济增长关系的基础。就第二个层面来看，如何构建一个符合我国长远战略利益的消费模式，是处理好消费与经济增长关系的基础。本文在阐述我国消费的基本特点之后，将从这两方面分析消费对经济增长的拉动作用。

一、我国消费的现实特征——消费革命与消费不足并存

20 世纪 90 年代中期以来，我国消费品普遍短缺的局面基本结束，亚洲金融

危机爆发后，“消费不足”则成为经济界普遍关注的一个话题。但与消费不足并存的是，改革开放以来我国在消费领域发生的日新月异的变化，短短二十几年便由严重短缺发展到今天的几乎全面“过剩”，不啻是亿万大众的一场盛宴。海外学者将发生在我国的这场消费热潮称为消费革命，应该说不算夸张。消费不足和消费革命并行不悖，可以说是现阶段我国消费领域中存在的一大特征。

（一）消费革命

改革开放以来，我国居民的收入水平大幅度提高，出现了一浪又一浪的消费热潮。这场消费革命，表 1 可提供一个大致的轮廓。

表 1　我国消费的阶段性特征示意

时间	50~70 年代	80 年代	90 年代	21 世纪前 20 年	21 世纪中叶
消费阶段	温饱不足	基本温饱	初步小康	全面小康	比较富裕
消费热点	农产品	老三大件	新三大件	住宅汽车	服务
消费类型	贫困生存型	温饱生存型	生存发展型	发展生存型	发展享受型
消费特点	平均化低消费 — 家庭分化式消费 —群体分化式消费—共富式个性消费				

不过二十几年，我国居民便跨越了温饱阶段而进入初步小康，消费热点不断变化，从以吃饱穿暖为主到“老三件”、“新三件”，再到现在的住宅热、轿车热。生存型消费的比重逐步减少，发展型消费的内容日益增多，享受型消费也日渐丰富。仅仅一两代人，便发生了明显的阶段性变化。这种变化，既表现在量的快速增长，也表现在质的结构升级。

居民消费量的迅速增长。1978 ~ 2007 年我国居民消费支出总量扣除价格因素，实际增长 10.7 倍，29 年平均每年增长 8.5% ，城乡居民分别增长 10.8% 和 5.9% ；同期居民人均消费从 184 元增加到 7081 元，扣除价格因素，实际增长 8.2 倍，平均每年增长 7.5% ，城乡居民分别增长 6.3% 和 5.9% 。这样的持续快速增长，不但改革开放前 30 年无法相比，就是在世界各国历史上也是罕见的。

居民消费结构升级较快。首先是恩格尔系数大幅下降，1978 ~ 2007 年城镇居民从 57.5% 下降为 36.3% ，农村居民从 67.7% 下降为 43.1% ，按照联合国粮农组织的划分标准，城镇居民从温饱上升为富裕，农民则从贫困上升为小康，各自上了两个台阶。其次，食品消费更为丰富，肉、禽、蛋、奶和水产等副食品消费量几乎成倍增长。第三，衣着和耐用消费品比重下降，居住、医疗保健、交通通信和文教娱乐等比重上升较快。第四，耐用消费品快速升级换代。我国的这场消费革命突出地表现在耐用消费品的三次升级换代：20 世纪 80 年代以自行车、手表、缝纫机和收音机为代表的老一代耐用消费品迅速普及，90 年代彩电、冰箱、洗衣机和空调等新一代耐用消费品在城市快趋于饱和，进入 21 世纪城市掀起了以汽车、电脑和手机为代表的消费热潮，农村主要是补城市 90 年代家电消费的“课”，彩电、手机、摩托车等迅速普及。

迄今为止，这场革命尚未出现停止的迹象，仍有“继续革命”下去的势头，即使“消费不足”，恐怕也不会阻止其前进的步伐。

（二）消费不足

既然是消费革命，又何谈消费不足？其实，消费革命是就消费本身来说的，是指现阶段我国的消费与改革前相比，发生了量和质的变化。但我们谈“消费不足”，显然不是指贫困意义上的消费不足，而是在经济快速增长条件下，相对于投资、收入来说的“不足”，参照系是不一样的。

消费增长速度低于投资增长速度。2003～2007 年固定资产投资平均每年增长 25.8%，社会最终消费平均每年增长 12.4%，其中居民消费平均每年增长 12.2%。消费增速不足投资的一半。

居民个人消费增长速度低于收入增长速度。2001～2007 年，城镇居民人均可支配收入平均每年增长 11.9%，而人均消费支出平均每年增长 10.4%，消费倾向从 0.80 下降到 0.73。虽然同期农村居民消费倾向有所上升，但由于城镇居民消费占居民消费总量的 3/4，故居民总的消费倾向是下降的。

消费对经济增长的拉动作用下降。速度决定比重，消费增长速度大幅度低于投资增长速度，决定了最终消费率的下降，也决定了消费对经济增长贡献程度的下降。

较快的经济增长会推动消费革命继续下去，而“短缺”现象消除后如果处理不当，又可能使消费长期保持在“不足”状态。只有措施得当，才可能在买方市场的前提下，既推动“消费革命”不断发展，又消除“消费不足”。

二、影响消费的诸因素分析——中国宏观经济运行中的消费

国民经济是一个有机整体，消费只是其中的一环。因此，必须以系统的思

维方式来观察消费。我们研究这一问题的基本方法是，以社会再生产和宏观经济均衡理论为分析框架，以国民经济核算体系为分析手段，尽可能全方位、多视角地来把握消费问题，分析影响我国消费的诸多因素（见图1）。

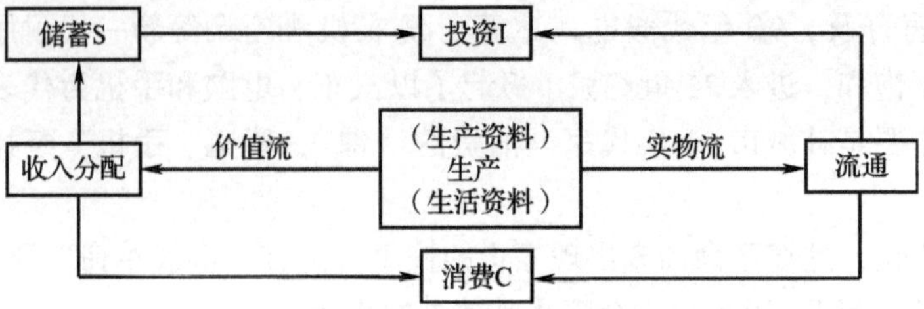

图1　社会再生产流程及宏观经济均衡关系示意图

在一个简化的分析框架中，消费与投资相加，构成社会总需求；消费与储蓄相加，构成社会总供给（亦即总收入）。而通过总供给与总需求的平衡式即“消费C+储蓄S=消费C+投资I”，储蓄又与投资紧密相连，因为当等式两边省略消费时，这一公式就变成了“储蓄=投资”。同时，总供给包含了消费品的生产，而消费品的实现又须经过流通过程。下面我们先分析投资对消费的影响。

（一）投资与消费：相生、相克又相随

从支出法角度看，国内生产总值由消费、资本形成、货物和服务净出口三项内容构成，图2清楚地显示，消费率、净出口与投资率基本呈反向变动。图3是我国1981～2007年27间投资和消费的增长曲线。

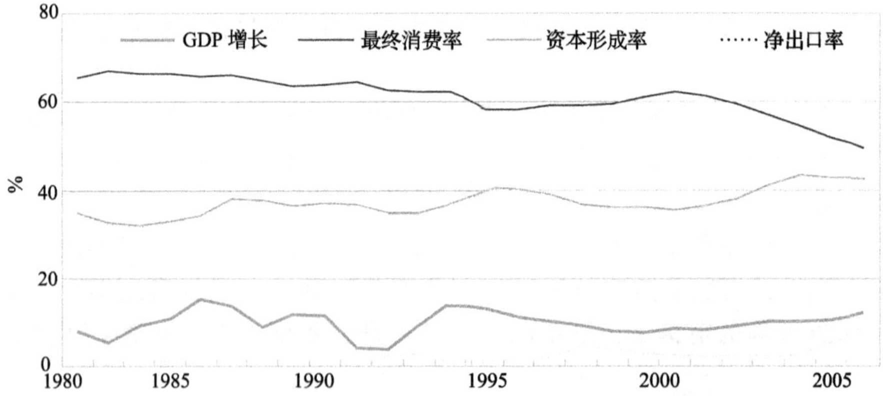

图2　1980～2007年我国最终消费率、资本形成率和净出口率

资料来源：2008年《中国统计年鉴》。

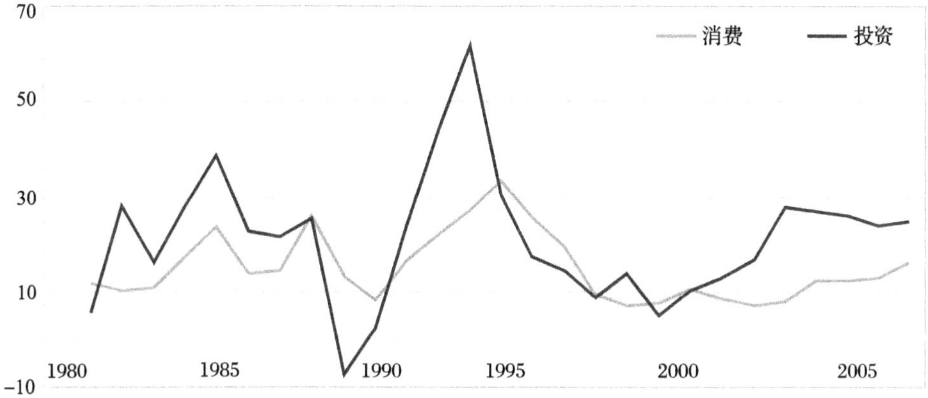

图3　1981～2007年固定资产投资增长和消费增长情况

资料来源：历年《中国统计年鉴》。

从以上两个图中我们可以发现，投资和消费之间存在着“相生、相克又相随”的关系。第一，共进共退的相生关系。投资增长快，消费增长就快；投资增长慢，消费增长就慢，投资增长速度既决定经济增长速度，也决定消费增长速度。第二，此消彼长的“相克”关系。投资和消费的比重此消彼长，对经济增长的拉动作用也是此消彼长，投资增速过快会给消费品的实现带来困难，使消费倾向下降得更快。第三，有主有从的相随关系。投资由少数人决定，故具有主动性；消费由多数人决定，故只具被动性。这种性质决定了它们在宏观经济中波动的特点：投资是大起大落，消费是小起小落；投资是快变量，消费是慢变量。

（二）居民收入与消费：收入快速增长与消费倾向下降

如果说在宏观层面是投资主导消费，那么在微观层面则是居民的收入决定消费，因为消费通常是收入的函数。居民收入增长较快，但快中有慢。1979～2007年城乡居民收入按可比价计算增长6.5倍，平均每年增长7.2%，但人均国内生产总值增长了9倍，年均增长8.3%，都超过了居民收入的增长速度。

居民收入存在的问题较大。首先是收入差距扩大，基尼系数从改革开放之初的0.20左右扩大到目前的接近0.50，城乡差距也不断扩大；其次是分配秩序混乱，体制内“近水楼台先得月”，体制外灰色收入大面积流行，腐败问题则愈演愈烈；第三是再分配对调节居民收入差距的作用微乎其微，0.50的基尼系数既是再分配后的差距，也几乎是初次分配的差距。

居民消费倾向下降的原因：首先是不合理收入，其次是制度变迁增加了人们对预期收入的不确定性，最后是消费习惯具有惯性而常常滞后于收入快速增长。

(三) 国民收入宏观分配格局的变化及对消费的影响

居民收入份额下降。居民可支配收入占国民可支配总收入的比重由 2000 年的 64.8% 下降为 2005 年的 59.4%。

政府收入增长快而消费支出增长慢。自 20 世纪 90 年代中期以来，包括预算外在内的政府收入每年增长 16%，但政府的消费支出却只有 12% 左右，使政府消费支出占政府支出的比重从 90 年代中后期的 86% 下降到 2007 年的 62%。

对教育、卫生和科研等事业单位进行了市场化取向较强的改革，使居民对未来支出产生了较大的不确定性，导致居民消费倾向下降较快。2000 年前居民消费倾向每年平均下降 0.5 个百分点，此后则每年下降约 1 个百分点。

这些因素最终决定了最终消费率不断下滑，从 2000 年的 62% 下降为 2007 年的 49%。

(四) 储蓄与投资：谁决定谁?

储蓄与投资恒等（即 S≡I）是宏观经济学的经典公式，是总供求公式“消费 C + 储蓄 S = 消费 C + 投资 I”的缩写。正因为如此，不少学者认为我国投资率高是因为储蓄率高，而储蓄率高是因为中国人有节俭的传统美德。其实，储蓄等于投资并不意味着储蓄一定决定投资，投资也完全可能决定储蓄。因为消费是一种慢变量，是分散决策的，而投资则由少数人集中决策。同时，消费决策本身就是储蓄决策，是同一个决策的两个方面。因此，如图 4 所示，当消费相随于投资变化时，投资就决定了消费①，自然也就决定了储蓄②，这是不言而喻的。

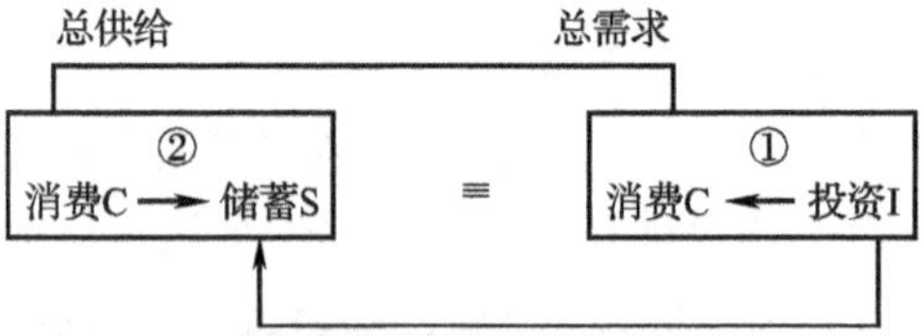

图 4　消费、储蓄和投资的关系

现代金融和财政体制不但把投资者和储蓄者两个主体连接了起来，而且还可以通过商业银行的货币创造功能和财政手段（税收、支出、发债等）的运用，源源不断地扩大货币供应量，这就决定了投资可以有很大的扩张弹性。投资上去了，储蓄会“被迫”跟进，自然补齐，无须等到储蓄“够了”再进行投资。因此，通常情况是由银行的货币供应量决定投资，然后由投资决定储蓄。在我国现行体制下，居民的消费还比较理性，因为花的是自己的钱；而少数人的投资则带有一定的非理性或另外一种理性，因为花的是别人的钱。这样的储蓄投资机制，很容易产生投资饥渴症，并导致投资膨胀。

因此就我国而言，从短期看，投资决定储蓄，故宏观调控总是针对总需求、针对投资的（经济低迷时需要增加公共投资，经济过热时则需要压缩投资）。从长期看，两者互相决定，也即总供给和总需求互相决定，只是不同时期会有不同的侧重点。

既然储蓄都等于投资，那么，我们又是在什么意义上来谈论储蓄与投资失衡的呢？其实，这不过是总供给与总需求失衡的省略表述，它主要通过对宏观调控四大政策目标的分析判断出来的，而不完全是核算出来的。例如，通货膨胀表明总需求过剩（即投资大于储蓄），通货紧缩表明总需求不足（即储蓄大于投资）；净出口表明总需求（内需）不足，净进口表明总需求（内需）过剩，等等。至此我们便很容易理解，所谓“储蓄大于投资”与“消费不足”是一个意思，在宏观经济分析框架内，它们不过是“国内总供给大于国内总需求”的另一种表述方式。

近几年我国的固定资产投资一直增长很快，平均每年达 26% 左右。在一个内需不足、消费不足、储蓄大于投资的年代，竟有如此高涨的投资热情，足以发人深省。在这种情况下，再主张加快储蓄向投资的转化，加大投资力度，以消化“多余”的储蓄，不是南辕北辙了吗？

（五）小结

我国经济已经在两位数增长的高位上持续运行了五年，在这一背景下谈论消费不足，当与亚洲金融危机经济低迷时的消费不足完全不同。当时矛盾的主要方面是总需求不足，而近几年来矛盾的主要方面则是总供给过剩。经济增长由投资和出口拉动为主转向消费、投资、出口协调拉动，需要经历一个较长的过程，在宏观经济形势逆转时还有必要采取适当扩大投资和稳定出口的政策措施，如目前应对国际金融危机和世界经济衰退的措施。但这不应否定我们调整消费、储蓄、投资比例关系的基本取向。下面，我们把目光转向长期的消费战略。

三、构建生态文明、社会和谐、永续发展的消费模式——对消费战略的几点思考

英国《卫报》的一篇评论写道：“19 世纪，英国教会世界如何生产。20 世纪，美国教会世界如何消费。如果中国要引领 21 世纪，它必须教会世界如何可

持续发展。”中国发展的可持续性，很大程度上也就是中国消费的可持续性。当我们正在为消费不足困扰的时候，大自然已频频向我们亮出红牌。未来中国人均收入达到一万美元、两万美元，整体进入比较富裕阶段时，国民究竟会消费些什么？外国人有理由怀疑，中国人也会发生疑惑。

如何扩大内需（主体是扩大消费），从国内资源和环境角度看，是可持续发展必须回答的问题；从国际关系角度看，是中国和平崛起需要正面回应的问题。构建一个符合我们长远战略利益的消费模式，将构成中国发展模式、中国和平崛起模式的中心内容。

（一）现代消费模式要求科学精神和人文精神的统一

生活方式、消费模式粗陋，生产方式、发展方式必定粗放。生活方式、消费模式从简陋走向丰美，从粗俗走向高雅，既以生产力的提高为基础，又必将引起社会生产方式的改变。

生产集约要求赋予单位产品尽可能多的附加价值即科技和人文含量。① 因此，一个社会的消费观应该是科学的，也应该是人文的。科学，是说消费方式要与自然和谐，要以科技进步和资源环境的可持续利用为基础；人文，是说消费方式要有品位，高品位引领低品位，实现文明的整体进步。科学是手段，可以让我们的世界变得更精彩，而品味精彩需要人文，需要审美情趣；“精彩”的升华更离不开人文。生活方式、消费方式实现了物质文明和精神文明的统一，就为生态文明的消费模式奠定了基础。

（二）政府干预消费必须要有战略指导

促进消费不能仅仅作为一项摆脱内需不足的临时性策略，因为消费涉及千家万户，要求政策具有一定的稳定性和连续性。老子说过，“治大国若烹小鲜”。② 如果没有战略指导，今天经济偏冷就拼命刺激消费，明天经济过热又连忙限制消费，会弄得百姓无所适从。可见，要增强消费对经济增长的拉动作用，就要着眼于政策的可持续性，制定消费战略以指导消费政策。

（三）消费战略的指导思想、目标和原则

消费战略的指导思想：我国的消费战略要服从和服务于富民强国战略和可

---

① 有两个例子很能说明问题。第一个例子：芯片是当今高新技术的结晶，其价值中 3% 属于原材料，5% 属于设备转移，6% 属于基本投入，而 85% 以上属于设计者和创造者的专利。第二个例子：英国不产一片茶叶，但“英国立顿红茶”却是世界第一品牌，年销售额 30 多亿美元，是世界茶叶产量第一的中国茶业年产值的 70% 。这里的芯片，体现了科技含量，“立顿”则体现了著名品牌的文化含量。

② 见《老子》60 章。烹，煎煮；鲜，鱼。在老子看来，治国之道如同煎小鱼，反复翻动则无完鱼。

持续发展战略。要保持强大的内需，适度利用好国外市场和资源，为开放战略留下回旋余地。

消费战略的目标：全面建设小康（2020年），逐步走向富裕（2050年）；既要有利于生态文明，也要有利于社会和谐，并能得到永续发展。要构建一个与我国生产力水平相适应，与资源环境及战略资源保障能力相协调，消费能力不断提高，消费结构不断优化，公共服务不断扩大的消费模式。

消费战略的基本原则：丰约有度①。在生活条件得到巨大改善、物质文明较为丰富的时候，过度节俭既不利于个人全面发展，也不利于国家繁荣富强。而适当奢侈一下虽可更好地享受生活，但也要与个人收入相匹配，与资源环境相协调。

雅俗并举。既要培养有品位的消费者，又要提供好的消费品。前者指消费观念纯朴清新、高雅精致，符合现代文明的发展观、享乐观；后者指科技和人文的完美结合：高端产品是高技术与深厚文化底蕴的结合，普通产品则是适用技术与大众文化的巧妙结合。

以人为本。既要以人的权利为本，也要以人的责任为本。前者指要尊重消费者主权，满足不同层次消费者不同的偏好。后者指要呵护好我们的生态家园，不要透支资源和环境。

惠及大众。经济增长愈是迅速，物质产品愈是丰富，社会不平衡的问题愈容易突显，这就要求公共服务性消费不断增多。要建立适度普惠型社会福利保障制度，让全体人民不断分享物质文明的进步，共享发展的成果，实现社会和谐。②

（四）消费模式的选择空间之一——社会和谐

随着我国人均收入水平的提高，居民消费结构也会由低到高逐级发展：物质性需求比重下降，精神文化需求比重上升；“衣、食、用”比重下降，“住、行”比重上升；个人服务性消费比重下降，教育、医疗等公共性服务比重上升。这客观上反映了消费需求的收入弹性，即越是精致的商品，越是完善的服务，未来的市场空间越是广阔。

既然带有公共或准公共性质的服务性消费会有较快增长，那么未来我国的

---

① 丰约，即丰富和俭约。

② 这四个消费原则之间有以下关系：丰约有度谈的是消费的量，侧重物质文明；雅俗并举谈的是消费的质、消费的内容，侧重精神文明；以人为本主要谈人与自然的关系，侧重生态文明；惠及大众谈的是人与人之间的关系，要和谐，属社会文明。这四个原则是贯彻科学发展观和构建社会主义和谐社会的要求，体现了科学精神人文精神的统一。

消费模式也存在一定的选择空间：公共消费品的市场化程度可以高一些，也可以低一些；既可以作为居民的个人消费，也可以作为公共的或准公共的消费。居民收入差距也是重要约束条件：收入差距小，政府提供的公共服务尚可少一些；差距大，则要求公共服务必须多一些。①

（五）消费模式的选择空间之二——永续发展

在供给方面（要素投入）技术创新是最活跃的因素，在需求方面享受性需求则是最为活跃的因素。把两者结合起来，我们可以发现，最活跃的生产要素——技术创新，在很大程度上用来满足最活跃的需求因素——最高层次的享受性需求，这构成了经济增长的基本源泉。

从这一视角观察，可以按照需求引领的特点划分各国的消费模式：英国、法国——贵族引领型，意大利——富豪引领型，美国——明星名流引领型，新兴工业化国家——发达国家引领型。

工业化的历史，从消费和需求的角度看，就是需求不断升级的过程，是"奢侈性"需求被技术创新满足的过程，也是奢侈品向大众消费品转化、享受性消费品向生活必需品转化的过程。作为经济永续发展的动力（推力和拉力），高层次的享受性消费与技术创新、文化创新是等价的，带有互相决定的特性。作为生产的目的，消费的层次显然更高，带有终极性。

（六）未来消费模式的选择

根据和谐社会的要求，可将未来我国消费模式划分为四类（见图5）。

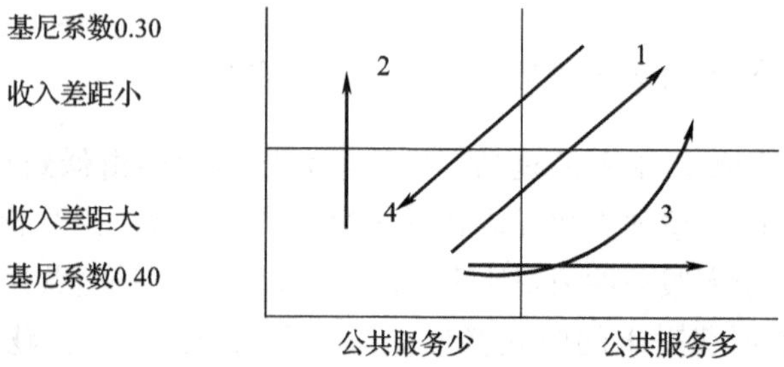

图5　未来消费模式的选择

① 发达国家大体有这样几种消费类型：北欧各国（瑞典、挪威、芬兰）收入差距较小，政府提供的公共服务较多；西欧（法、英、德，也包括日本）收入差距不大，但公共服务提供少于北欧；北美（美、加）则收入差距较大，公共服务提供较少；澳大利亚则收入差距较大，但公共服务较多。这几种消费类型，大致沿着"北欧—西欧—北美"的顺序，收入差距由小变大，公共服务由多变少。这种消费地理分布上的顺序，大致反映了各国社会民主主义力量逐渐减弱，自由主义、保守主义力量逐渐增强这样一种历史文化传统和社会现实。详见专题报告《世界不同国家消费模式比较研究》有关内容。

从近期看，显然应逐渐从区域4 向区域1 方向调整，即减少收入差距，增加公共服务。考虑到减少收入差距难度较大，可能事倍功半，而多提供一些公共服务相对容易一些，能够更好地发挥我们的政治优势和组织优势。建议近期的路径选择应从区域4 到区域3，然后再向区域1 调整。从长远看，在上述给定的范围内进行选择都有一定的合理性，只能有所取舍，根据国情民心不断地进行调整。

根据永续发展的要求，从中近期看，国外需求引领仍将发挥重要作用；国防方面的公共需求应有步骤的增加，实现富国和强军的统一。从长远看，则应随着我国中高收入阶层的不断壮大，通过文化整合，培育出一批批有中国特色、满足国人精神文化方面的高端需求，让人们逐步过上不是贵族却也足够尊贵的生活。中华民族拥有深厚的文化底蕴，中华文化博大精深，在消费需求方面是一座有待开掘的富矿。中国不断扩大的中等收入群体，在不久的未来将成为全球最大的消费群体。因此，我们一定要力争主导自己的消费市场。

四、消费政策思路

宏观经济理论为我们在近期内解决消费不足指明了政策方向，即通过压缩投资和外贸顺差，使消费与投资、消费与经济增长逐步协调起来。而消费战略和消费模式则从长远角度为政府干预消费提供了政策方向，即应逐步形成消费政策体系，使我国的消费方式走上有利于生态文明、社会和谐和永续发展的轨道，最终实现发展方式的转变。

（一）近期消费政策思路：着眼于宏观经济运行稳定

前面分析总供给总需求关系中谈过，消费不足不过是储蓄与投资失衡、总供求失衡的另一种表述。我国经济增长已在两位数高位上持续运行了五年，这几年总量失衡主要表现在国际收支上，也由于流动性过剩而表现在一些资产的价格上。消费率过低不过是在净出口快速增长的背景下投资增长过快造成的。显然，从近期看，消费不足的文章要从投资和外贸做起，主要应通过压缩出口和投资等快变量，避免经济过热，达到总量均衡的目的。

——进一步调整税率和汇率，稳定或减少净出口，降低净出口率。特别是要限制和禁止高耗能高污染产品的出口；扩大短缺资源和先进技术装备的进口。

——进一步扩大对外投资，“以工程换资源”。这既可缓解外汇储备的压力，又可缓解我国工业化的资源环境约束。

——调减投资增长速度，优化投资结构。减少低技术高消耗、低就业高资本的投资，特别是要限制高耗能高污染产业的投资；扩大促进产业结构升级和增加就业、改善民生的投资。

——调整政府支出结构，适度扩大公共投资。增加政府支出中消费的比重，如增加文教科卫等各项事业费以及低收入群体的补助等；减少投资的比重，禁止和减少过于奢华的政府办公大楼、过滥的大学城、过量采购的医疗设备等项目；增加民生类、公共服务类投资比重。

经过以上努力，使经济增长在两三年内回落至9%的水平，投资率降至38%左右，净出口率降至3%或4%以下，消费率则升至58%左右。这样，消费和投资、消费和经济增长才会逐步协调起来。总之，消费和投资之间的“最佳”比例我们可能永远也找不到，但我们总应该寻求“次优”比例，没有最佳比例不等于没有比例。或许，只有在一个容易出现投资偏离消费目标、投资可能会带来严重浪费的国家，才不得不经常讨论消费和投资的比例问题。至于长期的总量均衡，可能有赖于财政体制的改革，逐步调整中央和地方的利益关系。

（二）长期消费政策思路：建立消费政策体系

消费政策体系，是指围绕生态文明、社会和谐、永续发展三大目标为中心的一系列政策措施，主要包括财政政策、金融政策和社会政策等；其中有限制性的，也有鼓励性的；有针对生产企业的，也有针对消费者——居民和政府的。这些政策都应在相关法律法规指导下逐渐形成。当然，这些着眼于长远的政策，只要条件成熟，近期亦可陆续出台。表2便是这一政策体系的示意。

表2　消费政策体系框架

政策手段 \ 政策目标		生态型消费	和谐型消费	发展、享受型消费
财政政策	税收支出	对绿色环保节能节材消费品减免税；对高消耗高能耗高污染消费品征税（垄断行业则提价）。 支持技术进步技术创新	鼓励就业政策，对能够多吸纳劳动力的企业减免税收，以增加低收入群体的收入。 教育医疗养老等基础设施，实现公共服务均等化。限制楼堂馆所建设	对高新技术企业减免税，鼓励企业创建品牌，增加消费品（服务）的科技含量和文化含量。 国防科技研发；重大科研项目；鼓励中小企业技术创新的国家实验室；公共文化场所建设
金融政策	利率贷款贴息	限制高消耗高能耗高污染消费品；鼓励绿色环保节能节材消费品	支持中小企业贷款，特别是创业贷款	支持高新技术企业融资； 消费信贷

续表 2

政策目标 政策手段		生态型消费	和谐型消费	发展、享受型消费
社会政策			提高、保护低收入群体收入和权益；建立健全普惠型社会保障体系	建立良好的市场秩序，保护消费者权益
文化教育政策		通过教材、广播电视、报刊等手段，形成生态文明的消费氛围	形成不嫌贫、不仇富、不挥霍、不吝啬、丰约有度、雅俗并举的消费氛围	发挥好博物馆、影剧院、音乐厅、图书馆等公共文化场所文化传播功能（降低票价），提高人的文化修养和消费品位；整合消费文化

“十二五”时期扩大消费需求的思路和对策研究

主要完成单位：国家发展和改革委员会经济研究所
主要完成人：俞建国　王　蕴　刘泉红　郭春丽　相　伟
获奖时间：2010年
获奖名称：国家发展和改革委员会优秀研究成果三等奖

进入21世纪以来，我国宏观经济领域不协调的一个重要表现，就是消费率持续下降，这引起各方面的强烈关注。尤其值得注意的是，这还是自亚洲金融危机以来，在政府一系列刺激消费的政策背景下出现的现象。其实，我国消费率下降并非始于21世纪，只是此前的下降不甚明显，为波动所掩盖。为了把握“十二五”时期消费的基本发展态势，我们首先对改革开放以来消费率的变化做一剖析。

一、30年来我国消费率变化的特点及影响因素

（一）消费率变化的特点

30年来消费率的变化有以下特点（见图1）：第一，先阶梯式下降，后持续性下降。20世纪80年代消费率平均为65%，90年代为60%，进入21世纪为53%，且年年下降。第二，消费率下降主要是居民消费率（即居民消费额占国内生产总值的比重）下降，也是先阶梯式下降，后持续下降，与全社会消费率下降的特点基本相同，这也可以看出政府消费率大体稳定。第三，80年代，消费率在高位波动，与经济增长和投资的波动呈弱相关；90年代消费率在中位波动，与经济增长和投资的波动显著相关：经济扩张期投资率上升、消费率下降，经济收缩期投资率下降、消费率上升；进入21世纪，消费率持续下降，经济增长持续上升，前半段与投资密切相关，后半段与净出口密切相关。

从消费率三个阶段的变化可以看出，中国经济增长的拉动因素，80年代靠

投资和消费双拉动，90 年代主要靠投资，21 世纪则是投资和净出口双拉动。消费的作用则不断弱化，其对经济增长的贡献率，80 年代平均为 64%，90 年代为 56%，到了 21 世纪仅为 41%。

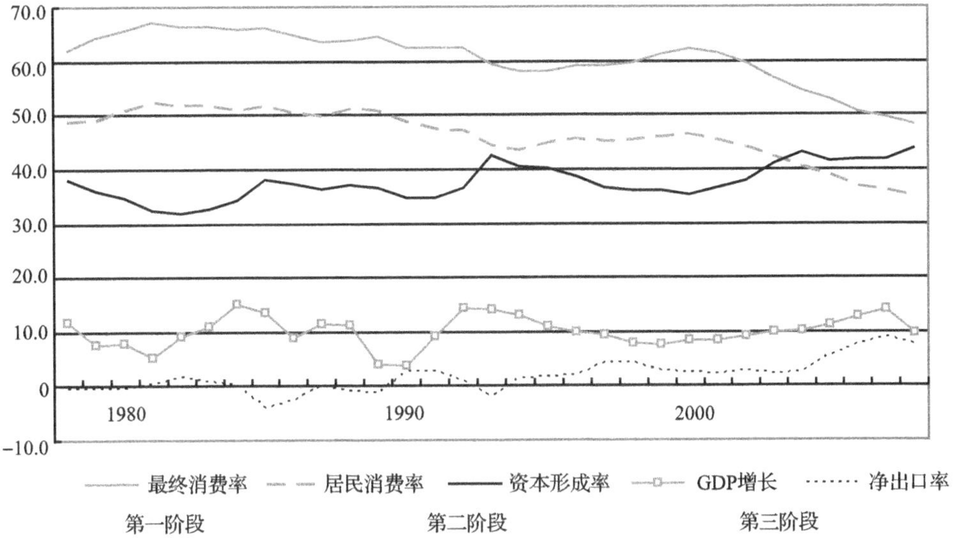

图 1　1980～2008 年中国消费率变化的三个阶段

（二）影响居民消费率的因素

我国消费率下降主要是居民消费率下降。从整体上看，有两大因素影响居民消费率：一是居民的消费能力，即居民收入占国民收入的份额；二是居民的消费意愿，也就是消费倾向。就量而言，两者涵盖了影响居民消费率变化的所有因素。用公式表示，就是：

居民消费率 = 居民收入份额 × 居民消费倾向

2008 年为：35% = 57% × 61%

居民收入份额 1998～2008 年从 68% 下降为 57%，居民消费倾向 2001～2008 年从 73% 下降为 61%。“两个下降”叠加在一起，使居民消费率从 1998 年的 45% 下降到 2008 年的 35%，10 年下降 10 个百分点，这便是影响居民消费率下降的基本因素。其中收入份额的影响较大，约占 60%；消费倾向的影响略小，约占 40%。

二、我国消费率下降的成因

在制度变迁、二元经济结构转变过程中，由于缺少社会政策配合，居民作为劳动者市场主体地位下降。在此背景下，沿着目前经济增长方式的路径，蛋糕做大得越快，新增国民收入越多，越容易出现有利于企业不利于劳动者、有利于投资不利于消费的局面。而消费倾向下降，则是居民在消费品已形成“买方市场”的条件下，对市场化改革的一种自我保护性反应。

（一）市场化改革构成消费率阶梯式下降的制度背景

消费、投资和出口三者在最终产品市场中份额的变化，实质上反映了三者背后市场主体地位的变化。消费的背后是消费者即居民，投资和出口的背后则是企业。在市场化改革的大背景下，出现了不少有利于投资者、不利于消费者的因素。概括起来看，表现在要素市场上，就是劳动者地位下降，资本地位上升；表现在要素分配上，就是劳动者报酬份额下降，企业利润（营业盈余）份额上升；表现在最终收入分配上，就是居民可支配收入份额下降，企业可支配收入份额上升。与此同时，居民消费倾向却在下降。这样，表现在最终产品市场上，就是消费份额下降，投资和出口份额上升（见表1）。

表1　　我国消费率下降、投资率出口率上升的制度变迁背景

市场主体 / 市场客体	居　民	企　业
商品市场	消费品买方市场形成 消费理性渐趋成熟	生产资料买方市场基本形成 投资理性尚未建立
要素市场 要素分配 最终分配	劳动力无限供给 劳动者地位下降 劳动者报酬份额下降 可支配收入份额下降	资本低成本急速扩张 资本地位上升 营业盈余份额上升 可支配收入份额上升
最终产品市场	消费倾向下降 消费率下降	投资率、净出口率上升

劳动者地位下降。消费者的主体是居民，是劳动者。工业化过程产生了大量农业剩余劳动力，城市劳动制度改革又造成大量职工下岗失业，工业化、市场化使劳动力竞争趋于激烈，对就业和劳动者报酬形成巨大压力。

企业地位上升。国有企业通过破产、重组和劳动制度改革，分流了数千万职工给社会，通过“债转股”剥离了数万亿元的不良债务给四家资产经营公司，为新世纪轻装上阵创造了条件。个体私营企业和三资企业在劳动力供过于求的市场上，优势地位也越来越明显，大量农民工不得不进入“血汗工厂”去挣血汗钱。

在资金市场上，企业不但可以低成本获得贷款，而且在一定程度上仍可继续吃银行的“大锅饭”，还能在股市上圈钱。这一切，大大增强了企业的地位，增强了资本的地位。

劳动者和企业在要素市场上地位的变化，便决定了其在分配上地位的变化。从 1997 ~ 2007 年，劳动者报酬占国内生产总值的份额从 51% 降为 40%，企业营业盈余的份额则从 22% 上升为 31%。劳动者报酬是居民收入的主要来源，这样居民可支配收入所占份额便从 69% 下降为 58%，而企业可支配收入所占份额则从 13% 上升到 20%。

我国市场经济体制确立时间不长，还很不完善。市场主体的不成熟、不健全突出地表现为强者愈强、弱者愈弱，表现为“效率和公平的失衡”；市场客体的不成熟、不健全突出地表现为市场秩序混乱，表现为“活力和秩序的失衡”。如果没有强有力的社会政策去平衡市场力量，去校正市场化过程中出现的偏差，那么，居民收入份额的下降，消费率的下降，作为一种趋势，将是不可避免的。

（二）21 世纪以来消费率持续下降的直接原因和基本机制

进入 21 世纪，中国消费率出现持续性下降，但这段时间消费的增长速度并不慢，按可比价计算，2001 ~ 2008 年居民消费总量年均增长 9.1%，居民人均消费年均增长 8.1%。这不仅是改革开放以来居民消费增长最快的时段，而且在世界上也位居前列，甚至位居榜首。那么为什么消费率还会持续下降呢？

（1）投资和净出口高速增长是消费率持续下降的直接原因。首先，投资增速大大超过消费增速。2001 ~ 2008 年，资本形成年均增长 18.8%，消费年均增长 12.0%（其中居民消费增长 11.6%）。其次，净出口年均增长 33.6%，其中 2005 ~ 2007 年三年年均增速更是高达 79.0%。这就大大改变了消费、投资和净出口三者在国内生产总值中的比例，从 2000 年的 62.3∶35.3∶2.4，变为 2008 年的 48.4∶43.9∶7.7，消费下降 13.9 个百分点，而投资上升 8.6 个百分点，净出口上升 5.3 个百分点，分别影响消费率下降 60% 和 40%。前四年消费率下降 7.8 个百分点，几乎全是投资的影响（占 99%）；后四年消费率下降 6.1 个百分点，则基本上是受净出口的影响（占 85%），净出口大幅上升，也为前四年高投资所形成的生产能力开辟了实现通道。

（2）消费率持续下降的基本机制。在我国既定的增长方式（生产方式）基础上，在既定的经济制度和经济结构变迁（工业化）过程中，21 世纪经济高速增长对一系列重大结构及消费有着决定性影响（参见图 2）。

第一，高速度注定要高强度的资本投入和大规模的出口。我国经济增长方式与大多数发展中国家相类似，主要靠资本投入而不是靠技术进步和制度创新。地方政府对高增长的渴求，只能依靠高投资实现。其不竭的动力，一则来自“分灶吃饭”的财政体制，一则来自企业的“投资饥渴症”。而高投资所形成的生产能力，只能靠国外市场来实现。从制度变迁角度看，市场化改革虽然使我们离计划经济渐行渐远，但仅靠市场化并不能成就“好的市场经济”，因为政府主导型经济很容易使公权力泛滥，滋生权贵资本主义，滑向“不好的市场经济”。

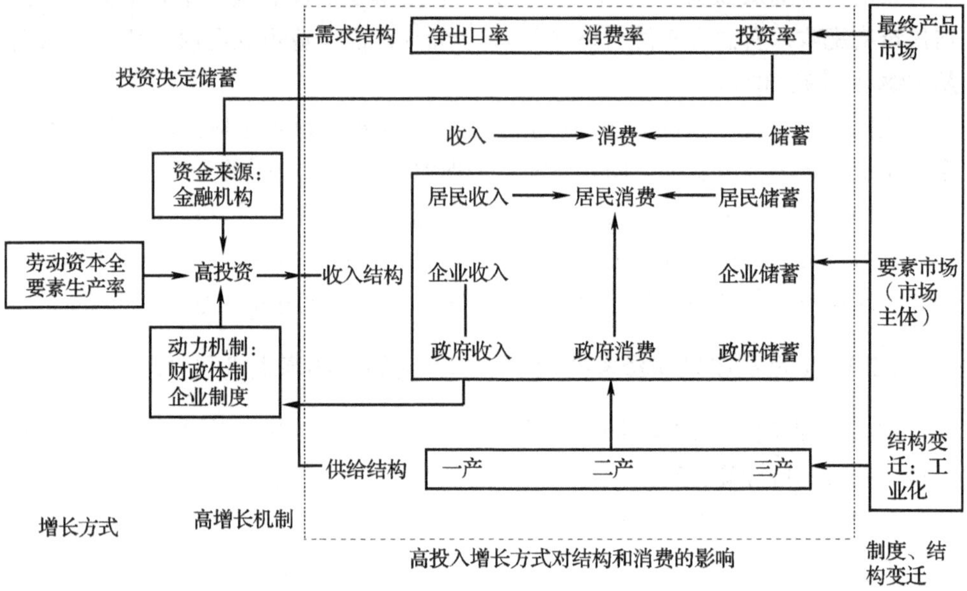

图 2 21 世纪初我国消费率下降的成因示意图

第二，速度决定结构。投资持续高速增长，首先引起总需求结构失衡。高强度的投资和依靠国外市场释放生产能力，消费率必然下降。这说明总需求的实现越来越依赖投资和出口，而不是消费。生产目的发生异化，造成国民福利损失。其次，高投资对产业结构优化升级不利。投资主要拉动的是工业尤其是建材业，而不是服务业。服务业发展缓慢，不仅影响就业和居民收入，更主要的是直接改变了收入分配结构。因为工业增加值中资本收入比重高而劳动报酬比重低，服务业增加值中劳动报酬比重高而资本收入比重低。出口对结构的影响也大体如此。这些最终都影响到消费。产业结构的这种逆向变化，实际上也反映了以资本投入为主的增长方式的要求。最后，高投资恶化了收入分配结构。要素投入时，资本既能够以低成本的方式取得，又得以与无限供给的劳动力相结合；产品实现时，也无须依赖国内购买力；那么在分配时，高强度的投资势必大大增强资本的地位。通过产业结构的逆向变化和对劳动的“压迫”，便会出现有利于资本不利于劳动的分配结果。表现为要素分配中，代表资本的企业收入比重越来越高，劳动者报酬比重越来越低，这直接影响了消费的能力，却不影响产品的实现（可出口）。可见，高速增长引起的一系列重大结构变化，均指向一个结果——消费率下降。

第三，高投资阻碍了增长方式的转变。以投资和出口为主的增长方式在发展中国家并不罕见，是增长方式水平不高的表现，不足为怪，但高强度的投资和过高的对外依赖度却反映了增长方式的不健康。对资本投入和出口依赖过度，必然提高资本的贡献率，对劳动贡献率和全要素生产率的贡献率形成挤出效应。对劳动的挤压，表现为高投资、高出口所带动的产业，或对劳动需求较少，或需要的是素质相对较低的劳动者——这也是对人力资本的挤压。对全要素生产率的挤压，表现为技术创新乏力，企业管理粗放。可见，一旦我们的短期选择变成了路径依赖，就会损害长远利益。

（三）居民消费倾向下降的原因

消费率下降不仅因为居民收入份额下降，还因为居民消费倾向也在下降，从 2001 年的 0.73 下降为 2008 年的 0.61，下降十分迅速，对居民消费率下降的影响程度达 69%，大大超过了居民收入份额下降的影响程度（31%）。而且各收入组的消费倾向都在下降，都是以一个相当接近的速率在下降。总体来看，减少消费意愿，既是居民收入快速增长、积极参与资本市场的结果，同时也是居民在消费品已形成“买方市场”的条件下，对市场化改革的一种自我保护性反应。从宏观数据来看，居民对市场化改革的这种自我保护性反应，在世纪之交收入增长较为缓慢的若干年间还只是潜在的，并未显露出来，而一旦进入收入快速增长时期则表现得异常明显。具体说，居民消费倾向下降有以下一些原因：

第一，居民收入快速增长。消费作为一种习惯，具有一定的刚性，这在收入快速增长阶段就会出现消费增长滞后于收入增长的情况，使消费倾向下降。第二，居民投资收益预期增加。过快的经济增长带来了股市、房市、矿市等资本市场的繁荣，增加了居民对资本收益的预期，这必然减少当期消费。第三，中低收入群体消费倾向下降主要是由于收入和支出的不确定性增加。居民就业不稳定会引起收入不稳定，而政府公共消费支出不足及公共事业性质的变化，则预示着居民未来支出不确定性增加，这都会增加储蓄，以防不测。第四，高收入群体消费倾向下降主要是由于收入来源不合理。在体制转型期，我国新富群体尤其是暴富者具有以下特点：富而不仁——不敢消费，因为财富来路不正不明；富而不贵——不会消费，因为高层次、高品位的消费有赖于消费者科学文化素质的提高；富而挥霍、炫耀（如黄金宴、包二奶、豪赌等）——这非但不能引领大众消费，反遭人们的嫉恨和蔑视。第五，城镇化滞后于工业化。大量农民工进城打工，他们的收入水平逐步接近城镇居民，而消费习惯却还不得不与农村接轨。第六，市场秩序混乱，消费环境较差。假冒伪劣防不胜防，侵害消费者权益的事件时常发生。

表2将以上讨论作一概括，表明影响我国消费率下降的两大因素及其背后的深层次原因。

表2　我国居民消费率下降的成因

居民收入份额下降	居民消费倾向下降
制度变迁过程中缺少强有力的社会政策配合，导致劳动者地位下降，劳动者报酬份额下降	收入分配秩序混乱，公共服务投入不足，公共事业过度市场化，城镇化滞后于工业化，消费环境较差
经济高速增长很容易改变刚性的收入分配结构，出现不利于劳动者有利于企业的局面	居民收入增长大大快于消费习惯的变化，居民投资收益预期增加

三、“十二五”时期消费预测

“十二五”时期的消费既会有量的增长又会有质的提高，下面分别做一预测。

（一）消费总量预测

假定现行的经济体制不会有大的变化，对收入分配格局及其他经济政策也不作大的调整，那么，消费的增长速度必将延续过去的轨迹而运行。从宏观上看，最终消费与国民总收入具有稳定的关系。我们截取经济相对稳定的十年（1998～2007年）的数据作为分析的基础，把前五年（1998～2002年）作为我国经济低速增长阶段，后五年（2003～2007年）作为我国经济高速增长阶段，而整个十年则看做中速增长阶段。表3是这三个阶段的经济增长速度和消费弹性系数。

表 3　1998 ~ 2007 年三个阶段的经济增长速度和消费弹性系数

时间	国内生产总值年均增长速度（可比价;%）	支出法国内生产总值年均增长速度（当年价;%）	最终消费支出年均增长速度（当年价;%）	消费弹性系数
低速增长阶段（1998 ~ 2002 年）	8.3	8.1	8.3	1.0278
中速增长阶段（1998 ~ 2007 年）	9.6	12.4	10.3	0.8332
高速增长阶段（2003 ~ 2007 年）	11.0	16.9	12.4	0.7342

资料来源：根据 2009 年《中国统计年鉴》第 41、54 页数据计算。

可见，消费弹性系数随经济增长速度上升而下降的态势十分明显。用同样的方法可以计算出投资和净出口对经济增长的弹性系数，它们的弹性系数是随经济增长速度上升而上升的，这三个时段的弹性系数分别为 0.96、1.20 和 1.33。

图 3 以直观的方式反映了经济增长速度与消费弹性系数、投资净出口弹性系数之间的关系。

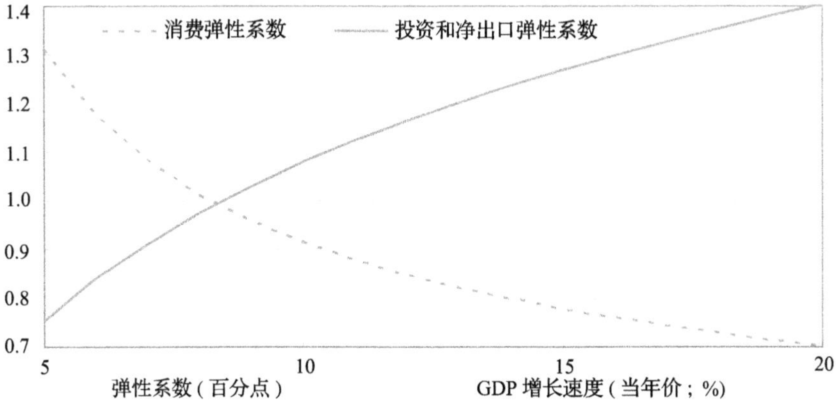

图 3　经济增长速度与消费弹性系数、投资净出口弹性系数之间的关系

当我们选择了不同的经济增长速度，就会带来不同的消费率（见表 4）。

表4　2015年基于消费弹性系数的消费率（%）

GDP年均增速	消费率	GDP年均增速	消费率	GDP年均增速	消费率	GDP年均增速	消费率
5	53.8	9	47.5	13	42.0	17	37.3
6	52.1	10	46.0	14	40.8	18	36.2
7	50.5	11	44.7	15	39.6	19	35.1
8	48.9	12	43.3	16	38.4	20	34.1

“十二五”期间，如果保持7.5%左右的经济增长速度，使消费率从目前的48%提高到55%，并假定政府消费支出占GDP的份额和居民消费倾向维持在2008年的水平，则需要居民收入份额从2008年的57%提高到2015年的67%。其他调整方案见表5。

表5　保持经济增长速度7.5%条件下的各种调整目标（%）

	最终消费率	居民消费率	居民收入份额	居民消费倾向	政府消费率
2008年	48	35	57	61	13
目标1	55	42	67	62	13
调整幅度（百分点）	7	7	10	0	0
目标2	55	42	60	70	13
调整幅度（百分点）	7	7	3	9	0
目标3	60	47	67	70	13
调整幅度（百分点）	12	12	10	9	0

注：目标1，仅调整居民收入份额；目标2，仅调整居民消费倾向；目标3，既调整居民收入份额，又调整居民消费倾向。

以上分析表明，扩大消费率、提高居民收入份额和提高消费倾向，与经济增长速度成反比关系。速度越快，调整难度越大，越难见效。这一点对于“十二五”时期消费政策的选择具有重要指导意义。

（二）居民消费升级趋势

改革开放以来我国居民消费水平的提高非常迅速，消费热点不断变化，生存型消费比重逐步减少，发展型消费内容日益增多，享受型消费也日渐丰富。居民消费水平和消费质量的提高，突出地表现在消费结构的升级变化上。

根据国家统计局提供的各种资料，我们分别用几种方法测算了“十二五”时期居民消费结构变化的趋势：第一，以城、乡居民家庭消费的历史变化为依据作出判断；第二，以城镇居民消费代表未来城乡居民消费发展趋势作出判断；第三，以城乡高收入家庭消费结构为依据作出判断；第四，以居民消费支出总量为依据作出判断；第五，以投入产出表为依据作出判断。

综合各种判断，“十二五”期间我国居民消费结构的变化将表现为，食品和文教娱乐的比重会下降，其中食品的比重将下降较多；交通通信（主要是轿车进入家庭）的比重会有较大幅度上升，其余各项——衣着、居住、家庭设备、医疗保健和金融保险等的比重都会有不同程度的提高。

我国居民消费结构进入21世纪后变化已经趋缓。总体来看，在全面建设小康社会期间，中国居民仍将沉浸在物质生活得到迅速提高的兴奋之中，服务性消费、享受性消费、精神层面的消费虽然拓展空间很大，但尚属起步阶段。

从需求层次理论角度看，随着我国人均收入水平提高，低层次需求比重逐渐减少，高层次需求比重逐渐增加；物质性需求比重下降，精神文化需求比重上升。按目前居民消费项目的划分，这种结构变化将具体表现为：以恩格尔系数为代表的食品比重下降；物质类消费即工农业产品比重下降，非物质类消费即服务业比重上升；物质类消费品中，“衣、食、用”比重下降，“住、行”比重上升；服务性消费中，作为居民个人消费的服务比重下降，而涉及公共性质的服务如教育、医疗等的比重会上升。这是消费的结构性升级优化，如表6横向箭头所示。

表6　消费结构升级和品位提升的基本趋势

消费类型	收入水平	衣	食	用	住	行	通信	教育	服务
享受型	高收入者	华贵优雅	美食保健	高雅精品	节能高雅	豪华环保	现代视频	高级培训	休闲文化娱乐旅游健身美容
发展型	中等收入者	美观新颖	健康美味	高档丰富	宽敞舒适	小排量车	网络通信	大专大学	
生存型	低收入者	舒适耐用	营养卫生	实惠齐全	整洁干净	便捷公交	电话手机	高中高职	

但消费结构变动并不是消费升级的全部内容，还会有消费的非结构性升级优化，即各类消费的品质提高，如表6纵向箭头所示。虚线箭头则将这两个过程相结合，指出了消费发展的基本方向。

中国的消费革命方兴未艾，但表现在结构剧烈变动方面已近尾声，今后将主要表现在品质的提高方面。就政府制定“十二五”规划而言，面对品类繁多消费品的升级优化，功能性产业政策将比结构性产业政策更为有效，即通过鼓励和扶持千百万中小企业，鼓励企业走技术进步和技术创新之路，鼓励企业和消费者走低碳、绿色之路，并整合和挖掘中华文化中所包含的深层次消费需求，不断推陈出新，创造出雅俗并举、富有时代气息的消费品，以满足消费者越来越丰富多彩的物质和文化需要，为我国的经济发展提供不竭的动力。

四、扩大消费需求的思路和对策

“十二五”时期，要充分发挥扩大消费在转变发展方式和体制改革中的作用，通过消费的引导，促进发展方式转变，促进政府主导型经济向生产者、消费者主导转变，实现生产大国向消费大国的转变。在保持国内生产总值年均增长7% ~8%的条件下，实现2015年最终消费率55% ~57%的目标。为此，增长速度不宜过快，要在效率和公平、活力和秩序之间寻求改革的平衡点，要以正确的消费观和消费战略为指导，构建良好的消费模式。

（一）扩大消费的思路

扩大消费的指导思想。“十二五”时期是我国全面建设小康社会的重要时期，是生存型消费减少，发展型、享受型消费扩大的时期。因此，要充分发挥扩大消费在转变经济发展方式中的作用。当生活方式、消费模式从简陋走向丰美，从粗俗走向高雅，从注重物质满足走向注重物质文明、精神文明和生态文明的统一，必然要求社会生产方式发生变化，进而推动生产大国向消费大国的转变。要充分发挥扩大消费在经济体制改革中的作用，通过保护消费者权益，提升消费者在市场经济中的地位，使我国的经济体制逐步由政府主导型转变为生产者、消费者主导的经济——这是中国社会主义市场经济体制成熟的标志，也为政府走向廉洁、在市场经济中发挥更加积极有效的作用提供了基本保证。

扩大消费的目标。扩大消费当指消费率的提高。建议在保持国内生产总值年均增长7% ~8%的条件下，最终消费率从2008年的48.4%提高到2015年的55.0% ~57.0%，其中居民消费率从35.1%提高到40.0% ~42.0%，政府消费率从13.3%提高到15.0% ~16.0%。2020年，最终消费率应达到65%左右。同时，将最终确定的消费率列入“十二五”规划。

扩大消费的基本原则。第一，增长速度不宜过快。扩大居民消费能力、增加居民收入在国民收入中的份额，是扩大消费的重要基础。没有一定的速度，扩大消费、提高消费率将失去意义。但在经济高速增长条件下，调整国民收入格局无异于扬汤止沸，会将所有提高居民收入份额的努力化为泡影。产业结构、分配结构具有刚性，但这种刚性却是单向的——改善起来异常艰苦，要花大力气，退化、恶化起来却非常迅速。

第二，在效率和公平、活力和秩序之间寻求改革的平衡点。改革开放为经济发展提供了强大的动力，但过快的增长速度不仅会破坏经济结构，也会影响社会结构，影响改革成效。在经济增长速度世界第一，消费增长速度世界第一，收入差距之大也名列世界前茅的年代，公平和秩序就应该成为硬道理，增长则须退居其次。因此，从“十二五”时期开始，应考虑实现第二次战略转移——从以经济工作为中心逐步转向以社会发展为中心，重新配置政府资源，将其超强的经济动员能力转移一部分至市场和社会治理方面，以克服市场经济强者（资本）愈强、弱者（劳动者）愈弱的天然缺陷，扭转“效率和公平失衡”、“活力和秩序失衡”的不利局面，确保以广大劳动者为主体的居民消费能力的提高。

第三，以正确的消费观和消费战略为指导。一个社会的消费观应该是科学的，也应该是人文的。科学，是说消费方式要与自然和谐，要以科技进步和经济的可持续发展为前提，以资源和环境的可持续利用为基础；人文，是说消费方式要有品位，高品位引领低品位，实现文明的整体进步。科学精神和人文精神的统一，亦即物质文明和精神文明的统一，是现代消费方式应有的基本内容。我国的消费战略要服从和服务于我国的富民强国战略和可持续发展战略。要保持强大的内需，适度利用好国外市场和资源，为开放战略留下广阔的回旋余地。要使我国的消费逐渐走向成熟，广大群众不但能过上更加殷实富足的生活，也能过上更加优质的生活。

第四，要构建良好的消费模式。未来我国的消费模式既要有利于生态文明，也要有利于社会和谐，并能得到永续发展。要构建一个与我国生产力水平相适应，与资源环境及战略资源保障能力相协调，消费水平不断提高，消费结构和消费品质不断优化，公共服务不断扩大的消费模式。生态文明的消费模式，要求以人的责任为本，呵护好我们的生态家园。社会和谐的消费模式，要求社会财富的增长能够惠及大众，使全体人民分享物质文明的进步，共享发展的成果。永续发展的消费模式，要求消费需求不断升华。中华民族拥有深厚的文化底蕴，中华文化博大精深，一旦深层次的消费需求被成功开发，必将是一座令世人瞩目的富矿。

（二）扩大消费需求的主要对策

调整中央和地方关系、限制国有企业的行为，是保持经济适度增长、扩大消费的基本前提。调整收入分配关系、提高居民消费能力，是扩大消费的基础。扩大公共消费、增强居民消费意愿，是扩大消费的重要途径。对住房和汽车等新的消费热点既要积极鼓励，又要增强其发展的可持续性。从长远角度看，我们还应打造富有民族特色的高端需求作为消费大国的标志性品牌，而培育“新生代”作为未来扩大消费的主力军似也应纳入我们的视野。

第一，调整中央和地方关系，弱化经济扩张冲动。没有统一的财政，就难有统一的政策，由于财权过度分散所导致的事权落空在我国已相当普遍，政策常被对策颠覆也就在所难免。随着社会主义市场经济向纵深发展，对全国市场统一性的要求大大增强，需要各级政府的行为保持高度内在的统一性和一致性，要求地方政府专心致志提供辖区内的公共服务。因此，应在清晰、合理划分中央与地方事权和支出责任基础上，大幅度提高中央财政收支在全部财政收支中的比重，切实增强中央政府的责任和能力，减少地方政府在履行全国性职能时过度依赖当地财政收入和经济增长速度。

第二，限制国有企业行为，抑制投资饥渴。对国有经济进行战略性调整是我国社会主义市场经济的重要一环，国有企业不受约束的投资扩张冲动，于提高国际竞争力的作用有限，却大大挤占了非国有企业的发展空间，仍然构成我国经济高速增长的又一重要根源。因此，必须约束国有企业行为，制定“特殊法”规范国有企业的行为，重新确定国有企业的主业，改变考核方式，推动国有资本向符合国家战略利益的核心业务集中。

第三，调整收入分配关系，提高居民消费能力。提高居民收入在国内生产总值中的份额是提高居民消费能力的基础。要建立市场条件下居民收入稳定增长机制和劳动报酬稳定增长机制，保障劳动者获得合理劳动报酬，分享经济增长收益的基本权益。为此，要切实保护劳动者基本权益，发展和谐劳动关系，避免资本过分“压迫”劳动；完善工资宏观调控指导体系；大力扶持非公有制企业的发展，扩大就业，壮大中等收入者阶层；提高低收入阶层的收入；全面提高劳动者素质，增强劳动者在市场条件下获得收入的能力。

第四，完善公共服务，提高居民消费意愿。完善公共服务可减少居民预防性储蓄、增强消费意愿，是扩大消费的重要途径。为此，应制定公共服务发展专项规划；重点发展医疗保障和住房保障，减轻居民负担；稳步推进城镇化和农民工市民化；进一步调整财政支出结构，切实扩大公共服务投入规模；运用国有资本收益充实社会保险基金，提高社会保障水平；积极发展政府基本金融服务职能，扩大消费信贷。

第五，加快保障性住房建设，遏制房地产投机。住房是目前和未来一个时期我国消费的一个主要热点，但住房又是民生之本，不能任由市场这只“看不见的手”摆布。为此，应把保障性住房覆盖面扩大到城镇居民中低收入家庭；将农民工定居点的住房建设纳入保障性住房规划；对第二套以上住房长期采取高利率政策；对住房征收空置税和50%高收益税；在住房保有环节开征不动产税。

第六，鼓励轿车进入家庭，实现汽车消费的跨越式增长。汽车是“十二五”时期我国消费的又一个热点，引导得当，可使汽车消费上一个新台阶。为此，应进一步降低购车成本；大城市重点培育中高级汽车市场和新型节能汽车，二三级城市和农村地区发展中低档汽车和农用车；积极扶持二手车市场；优化城市路网和功能区布局。

第七，整合中华消费文化，打造富有民族特色的高端需求。没有世界级品牌，就不可能确立消费大国的地位。中国文化博大精深，可满足人类高层次需求。但传统文化的不足，就是需求高度分散，很难市场性开发。因此，需要整合消费文化，为技术创新提供明确指向。研究机构应组织力量研究中华消费文化；鼓励生产企业、行业协会设立研发中心，将适合现代消费观念的理念转变为市场需求；充分挖掘中华老字号的文化内涵，扩大其影响力和占有率；选择一两个沿海城市打造中国的时尚之都，重新夺回东亚时尚的领导地位。

第八，关注“新生代”成长，培育未来扩大消费的主力军。我国“80后”第一代独生子女近2亿人，是一个正在崛起、极具消费潜力的群体。当年的“小皇帝”、“小太阳”们，如今昂然自信，标新立异，消费观念、消费行为与父辈迥然不同。对这代人既要适当引导，又要积极培育。为此，财政对教育领域的转移支付中要安排直接对大学生补贴；针对“新生代”推出大宗商品的“捆绑式”消费信贷；针对“新生代”提供“小额无抵押无担保消费信贷”；成立“网络消费者协会”，出台《网络交易法》。

启动新一轮财税体制改革的总体思路、主要任务与改革重点

主要完成单位：国家发展和改革委员会经济研究所
主要完成人：宋　立　王　元　王　蕴　刘国艳　许　生　孙学工
获奖时间：2011 年
获奖名称：财政部、中国财政学会第五次全国优秀财政理论研究成果奖论文类三等奖

财税体制决定政府与企业和居民之间、中央与地方之间的收入分配关系，对国民经济社会发展和宏观经济稳定具有重要影响。进一步深化财税体制改革既是完善社会主义市场经济体制的必然要求，也是转变经济发展方式、实现经济社会又好又快发展的客观需要。在当前较为严峻的经济形势下，及时启动新一轮财税体制改革十分迫切。

一、新一轮财税体制改革的背景与特征

（一）1994 年以来财政税收体制改革成就与存在的主要问题

1. 1994 年以来财税改革主要措施与基本成就

1994 年以来财税体制改革主要围绕税收体系与收入分配体制、支出管理和预算管理体制三个领域依次展开。在税收体系和收入分配体制改革方面，建立起增值税和所得税并重的“双主体”复合税制；初步形成较规范的分税制体制，规范了中央和地方的财政收入分配关系；同时改革完善了转移支付制度，促进了纵向和横向的财政均衡。在财政支出管理改革和支出结构调整方面，逐步推进了包括政府采购、国库集中支付等一系列支出管理改革；进一步强化了财政绩效管理；同时按照公共财政和落实科学发展观、建设服务型政府的要求调整

优化了支出结构，重经济发展、轻公共服务的倾向有了一定改变；对农村税费进行了改革，加大了公共财政对三农的支持力度。在预算管理体制改革方面，全面实施部门预算管理；加强了预算监督管理；试行国有资本经营预算；扩大了预算管理范围。

2. 现行财政税收体制存在的主要问题

1994 年以来的财税体制改革主要着眼于解决原有体制存在的突出问题，初步建立了符合社会主义市场经济体制要求的财政税收体制基本框架。但从总体来看，迄今为止的改革是以收入体制为重点、主要在财政税收系统内部进行的纯粹财政税收体制改革，而不是从市场经济的一般规律和经济体制改革的总体目标要求全面着力构建新的体制。一方面改革不到位所引发的一些矛盾和问题开始暴露出来，另一方面在新形势下又面临或产生一些新的矛盾和问题。

（1）政府收入体系改革不到位，税收体系结构存在一定缺陷，资源和国有资产收入等非税收入没有纳入规范管理。宏观财政税收负担水平偏高，结构不合理，既不利于实现公平，也有碍于提高效率。税收体系结构不合理，主体税种存在设计缺陷，资源和国有资产收入等非税收入没有纳入规范管理并产生一定的负面影响。

（2）各级政府收入分配呈现向上集中倾向，中央与地方收入划分存在缺陷，省以下收入分配体制改革有待进一步深化。在支出责任没有及时调整的情况下，财力向上级财政的过度集中导致了财政纵向不均衡和各级政府支出责任与收入能力不适应。分税制体制安排中，中央与地方收入划分不尽合理，既不利于宏观调控，也不利于地方财政收入稳定增长。省以下分税制改革不彻底，有待进一步改革完善。

（3）各级政府之间事权与支出责任改革相对滞后、转移支付制度不规范，各级政府的财权、财力与事权及支出责任不适应，财政困难问题突出，区域财力不均衡状态比较明显。现行财政职能定位不合理、重心设置不科学；政府层级之间的事权及支出责任改革相对滞后，各级财政职能分工不明确；各级政府的事权及支出责任存在与财权、财力不相匹配的情况，地方政府收支缺口较大；支出压力强化了粗放式增长；转移支付制度不完善，不利于横向均衡和区域协调发展。

（4）预算体制改革不到位，覆盖范围狭窄，缺乏有效的监督制衡机制。现行预算没有覆盖所有的政府财政收支活动，大量财政性资金收支未纳入预算体系和财政监管；预算管理体系不完善，没有中长期预算或周期预算，且与国家长期发展规划衔接不紧密；预算编制和执行没有分离，缺乏内部制约和外部监督。

（二）新一轮财税体制改革的特征

新一轮财税体制改革具有不同于1994年财税体制改革的明显特征。

（1）新一轮财税体制改革是对财税体制进行总体设计和系统完善。新一轮财税体制改革不再是对财政体制进行局部调整和完善，而要按照科学发展观的基本要求和社会主义市场经济体制的总体目标对财政税收体制进行全面健全和完善。1994年财税体制改革具有显著的体制转轨过渡时期的渐进改革特征，从财税体制的局部着眼，以解决突出的体制性问题为导向逐步推进，不同改革方面和环节之间相对缺乏协调，支出管理改革滞后，预算管理体制改革不充分，中央、地方关系调整不彻底。新一轮财税体制改革将充分体现科学发展观和社会主义市场经济的根本要求，以服务型政府为导向，在全面重新界定财政职能体系的基础上，整体推进收、支、预算管理体系改革和中央、地方及地方各级财税关系改革，使财税体制改革的不同方面和环节呈现高度的系统性和协调性。

（2）新一轮财税体制改革是从长期可持续发展角度设计整体财政体系。新一轮财税体制改革以促进科学发展为宏观目标。新一轮财税体制改革不能仅考虑短期防止经济过热或偏冷的政策需要，要更加着眼于中长期经济持续发展的体制机制。现阶段在坚持以经济建设为中心、推动国民经济持续快速增长的基础上，需要更好地兼顾经济、社会、自然的协调发展，使发展成果在全社会范围内获得普遍共享，使经济发展的可持续性显著增强。上述任务对转变政府职能提出了迫切要求，进而要求财税体制的新一轮改革；反过来财税体制的进一步改革需要为政府职能的转变提供健全的财税体制基础。另一方面，财政政策作为宏观调控手段，同样需要健全的财税体制，以保障在短期内有效地抑制经济剧烈波动。因此本轮财税体制改革必须在考虑短期政策需要的同时，更加重视为中长期经济持续发展而完善体制机制。

（3）新一轮财税体制改革是对收入、支出和预算等财政体系的三大支柱进行全面系统改革。新一轮财税体制改革不只是税收体系和中央与地方财政关系的调整，而要在完善税收体系和分税制的同时，着力深化支出体制和预算体制改革。财政收入关系和支出体制、预算管理体制必须协调改革、平衡推进。税制改革和分配关系调整是基础，可以为更好地兼顾公平、效率，推动经济社会结构调整和均衡发展创造条件。支出体制改革是关键，转变政府职能和财政职能，建设以人为本的公共财政，推动全面协调可持续发展的关键环节是支出体制改革。预算体制改革是保证，通过扩大预算覆盖、完善预算体系、严格预算监督，确保管好、用好财政资源。支出管理和预算管理改革相对滞后，因此本轮改革必须在完善税制的基础上，着力加强支出和预算管理体制改革。

（4）新一轮财税体制改革要全面理顺中央与地方、以及地方各级之间的财政关系。新一轮财税体制改革不再只是提高“两个比重”、保证中央财政收入稳定增长，而要全面调整中央与地方以及地方各级财政的关系，提高各级财政的健全性和国家财政整体健全性与可持续性，形成事权与财力匹配、与财权适应调整的财政体制。本轮财税体制改革应在科学界定政府职能范围和合理调整财政层级的基础上，合理确定国家财政体系的功能定位和各级财政职能分工，推进各级政府间事权与支出责任划分改革，调整并规范中央与地方、地方各级财政之间的收入划分改革，改革完善中央－省和省以下转移支付制度，理顺各级政府之间财政收支关系，以显著提高财政履行职能的效率，并实现国家财政体系的稳健和可持续的目标，以更有效地发挥财税体制对完善社会主义市场经济体制的促进作用。

二、新一轮财税体制改革的总体目标与思路

（一）深化财税体制改革的指导思想

按照完善社会主义市场经济体制的总体要求，以科学发展观为统领，按照以人为本、全面协调可持续和统筹协调的要求，以实现基本公共服务均等化为目标，在科学界定政府职能范围和财政层级设置的基础上，合理确定国家财政体系的功能定位和各级财政的职能分工，调整并规范中央与地方及地方各级政府之间的财政关系，明确划分各级政府的支出责任、财政收入能力和相应的财政权力，提高各级财政的健全性和国家财政体系的整体健全性和系统可持续性，建立健全符合中国国情、兼顾公共服务和经济发展的新型公共财政制度。

（二）深化财税体制改革的总体目标

在科学界定政府职能范围和财政层级设置的基础上，合理确定国家财政体系的功能定位和各级财政的职能分工，调整并规范中央与地方及地方各级政府之间的财政关系，明确划分各级政府的支出责任、财政收入能力和相应的财政权力，建立健全兼顾公共服务和经济发展的新型公共财政制度和相应的分级分权财政体制。

（三）新一轮财税体制改革的基本原则

一是坚持集权与适度分权相结合，正确处理中央与各级地方政府之间的财政关系。二是坚持事权和支出责任与财力匹配、与财权适应原则，努力提高各级财政系统的健全性。三是坚持统筹兼顾、综合平衡原则，着力提高国家财政

体系的整体健全性和系统可持续性。四是坚持总体设计与分阶段推进相结合原则，有计划、有步骤、有重点地推进财政税收体制改革。

(四) 新一轮财税体制改革的重点内容

按照“收入体制完善、支出体制攻坚、预算体制突破”的总体要求，重点推进以收支体制配套改革和预算管理体制改革，调整财政层级，形成合理的分级财政管理体制，强化预算管理与监督，建立编制、执行和监督分离、年度预算与中长期预算并存的复式预算体制。合理划分各级政府的支出责任，健全事权及支出责任与财力相匹配、与财权相适应的体制。改革完善税收体系，形成有利于经济发展方式转变、创新型国家和资源节约型、环境友好型社会建设、直接税间接税结构合理的税收体系。调整完善分税制体制，形成有利于统筹中央与地方及地方各级政府间财政关系的收入分配体制；提高一般性转移支付比重，形成统一、规范、透明的转移支付制度。

(五) 新一轮财税体制改革的战略步骤

根据完善社会主义市场经济体制的总体目标和保持经济又好又快发展的阶段要求，按照整体设计、分步推进的原则推进。按照“先收支体制配套改革、后预算体制改革”的基本顺序，结合金融危机后国际和国内经济重大变化，根据轻重缓急，选择近期、中期和远期改革措施。近期主要围绕现阶段经济调整的需要，改革政府、企业与个人收入分配制度，调整完善分税制，资源财产税收体系改革与财政支出结构优化调整，以及推进复式预算制度。中期要推进财政层级扁平化，继续完善分税制，规范地方债务制度，推进中长期预算管理制度。远期主要按照财税体制总体设计和系统完善，推进以财政收支体制配套改革和预算管理体制改革。以各级政府的事权及支出责任划分为突破口，推动财政收入体制和支出体制联动综合配套改革，同时建立预算编制与执行分离的预算管理与监督体制。

三、合理确定财政层级，构建科学的分级财政管理体制

(一) 财政层级改革总体思路

在新一轮财税体制改革的整体框架内，按照整体设计、分步推进的原则推进财政层级的扁平化改革和省以下财政体制的完善。

(1) 过渡期内为尽快推进改革和保证改革顺利实施，财政层级先于行政层级进行扁平化改革，理顺各级政府之间的财政收支关系。由于行政层级调整并

非单纯的经济问题，而财政层级调整则属于比较单纯的经济问题，因此，过渡时期可以先行推进财政层级的扁平化改革，理顺各级政府之间的财政收支关系；并以扁平化与合理的财政层级推动行政层级的调整，从而形成基本对应的行政层级与财政层级。

（2）应在平衡中心城市聚集效应与扩散效应的基础上逐步推进省以下财政层级改革。目前我国多数地方都形成了以中心城市带动周边地区的经济发展模式。中心城市通过共享县（市）财政收入、吸纳大量经济资源等对县（市）形成较强的聚集效应，从而可在更大地域范围内提高资源配置效率；当集聚效应达到一定程度时，中心城市发展会对周边地区产生扩散效应，带动县（市）经济发展。一刀切式的省直管县改革，弱化市县之间经济管理关系，阻碍中心城市的聚集效应向扩散效应的转变，而在省级政府短期内不可能给予县（市）更多可替代资源和机会的情况下，实际上不利于县域经济发展。财政层级改革中应考虑到这一问题，以作出适当的安排。

（3）财政层级改革必须与增强省级统筹能力相结合。财政层级扁平化改革必然带来省级管理幅度的扩大和管理难度的增加。以往由市级统筹辖内各县经济发展机会、财政资源和公共服务等，在实行省直管县体制的情况下，省级政府必然面临着重新统筹所辖市、县经济发展和资源配置的问题。需要在省级层面进行一系列配套制度安排以增强省级统筹能力为重点，保障省对市、省对县的财政和经济管理效率。

（二）改革财政层级与完善省以下财政体制的具体措施

近中期，在财政层级和行政层级不完全对应的情况下推进财政层级的扁平化改革，逐步形成三至四级基本财政层级框架。远期，应形成基本对应的行政层级和财政层级；深化省以下财政管理体制改革。

1．近中期以财政层级扁平化为目标建立新型省市对县和乡镇财政管理体制

（1）因地制宜推进省直管县改革，建立新型省、市对县财政管理体制。

——因地制宜推进省直管县改革。经济比较发达、县级数量比较少的省份，可以继续推进市县财政平级、省直管县体制。省域幅员比较大、县级数量众多、经济发展一般的省份，可部分保留市管县体制，要在精简合并省辖市的基础上，通过采取市管理、省监督的对县财政管理体制逐步加强省对县级财政的管理。

——以保障基层政府的公共服务供给能力为重点，分步取消市管县体制，推进市县财政同级。根据市县财政管理关系的实际情况分步推进市县财政同级，应以保障基层政府公共服务的供给能力为重点，在市级财政履行了支持县级提供基本公共服务的责任的基础上，逐步推进省直管县体制，保证省、市对县财

政管理体制的平稳过渡。

（2）增强省级政府统筹辖区经济发展和资源配置的能力。应在因地制宜推进省直管县改革的同时着力增强省级政府统筹辖区经济发展和资源配置的能力，有效发挥财政体制对经济发展的促进作用。

——对处于由中心城市聚集效应向扩散效应转变阶段的县（市），在实行省直管县改革时，可由省级政府进行一系列配套制度安排，统筹市县发展。

——对经济实力比较弱的县，在实行省直管县改革时，尤其要注意通过加强省级统筹能力，为直管县提供更多的资源和发展机会，以财政管理方式改革促进地方经济发展。

（3）因地制宜、建立多样化的乡镇财政管理体制。改革乡镇财政管理体制，要因地制宜，区分经济发达程度实行不同的对策。

——对经济欠发达、不具有财政能力的乡镇，可实行“乡财乡用县管”的乡镇财政管理体制或取消乡镇预算，将乡镇财政部门化，作为一个部门纳入县级部门预算进行管理，从而简化基层财政层级。

——对经济比较发达、财政收入来源比较稳定的乡镇尤其是镇，可以继续保留其独立的财政层级，或参照目前计划单列市的情况管理镇级财政。县乡财政之间可以实行相对规范的分税制或分成制体制。

2. 远期应推进层级改革和深化省以下财政管理体制改革

（1）形成基本对应的行政层级和财政层级。长期应通过转变政府职能、清晰界定各级政府职能范围、合理调整省级区划、明确划分各级财政事权和支出责任等，逐步取消市县行政级别差异和行政隶属关系，形成三至四级行政层级和财政层级。

（2）深化省以下财政收支划分体制改革。

——明确划分省以下各级政府事权与支出责任。通过法律形式划分各级政府的事权，应明确区分地方政府现有事权，地方政府新设事权，上级政府委托事权和地方与上级政府共享事权，以及未明确部分事权。并相应区分地方政府的五种支出责任。

——培育各级地方政府的主体税种。长期来看，个人所得税、环境税、燃油税、耕地占用税、印花税等应成为省级政府的主体税种；新型房产税等财产税应成为市县政府的主体税种。

——因地制宜推进省以下分税制改革。经济比较发达地区，可以在省县财政之间实行比较规范的分税制安排，赋予地方较充分的财政自主权。经济不发达地区则可以实行分成制或其他体制安排，但无论推进分税制还是分成制，都应均衡分配财力，避免财力向省级集中，赋予县级适当财力，增强基层政府的公共服务能力。

(3) 完善省以下转移支付制度。建立均衡型与激励型相结合的省以下一般性转移支付体制和机制，即省级政府对市县级政府的一般性转移支付总额采取上不封顶、下不保底政策，市县级政府获得省级政府一般性转移支付总额划分为两部分进行兑付：一部分为稳定增长的转移支付额，只要市县域经济发展和财政收入增长水平能够维持上年水平，就可得到省级政府给予的达到平均水平的财政转移支付额度，以确保市县财力稳步增长；另一部分则为激励性的一般性转移支付，与综合收入增长率直接挂钩，综合财政收入增长率越高的市县，所得到省级政府的激励性转移支付额就越多。在确保省域内各市县得到的一般性转移支付额基本均衡的同时，鼓励各市县在加快经济发展、增加财政收入的激励机制中获得省级政府更多的转移支付资金支持，实现公平和效率的相对统一。

四、以事权与支出责任划分改革为切入点，建立“事权与财力相匹配、与财权相适应”的新型财政体制

新一轮财政税收体制改革要以事权和财权的重新配置为切入点和突破口，推动各级政府事权与财力、财权匹配适应改革。同时实行以中央集权为主、适度分权的财权分配模式，以建立“事权与财力相匹配、与财权相适应”的新型财政体制。

(一) 现阶段改革各级政府支出责任划分的主要任务

(1) 实事求是地制定基本公共服务支出标准，建立基于基本公共服务最低标准的两部制基本公共服务标准。全国性基本公共服务由中央政府制定最低标准并承担直接支出责任或支出补足责任，同时允许地方在自主财力允许的条件下在全国最低标准之上进行附加，制定全国性公共服务的地方附加标准。

(2) 优化各级政府财政支出的优先顺序。中央政府在保持高级职能方面支出基本稳定的同时，进一步增加对教育、卫生和社会保障等的支出责任；省级政府在保持经济发展支出基本稳定的前提下，加强对全省尤其是不发达地区经济发展的责任，进一步加大初、中级职能，增加对教育、卫生和社会保障的支出。市县政府应切实从发展经济转变到提供基本公共服务，把基本公共服务支出安排在优先次序。

(3) 适当上移基本公共服务支出责任重心，建立各级政府责任共享与支出分担机制。适当减少县乡政府的支出责任，将公共服务的支出重心向省和中央上移，让省级政府在公共服务提供中发挥更大的作用。发挥决策者的最后支出

责任者或补足者作用。

（4）合理设定各级政府财政支出结构比例。适当提高中央本级支出责任和支出比例，降低市、县政府财政支出比例和支出压力。

（二）率先对现阶段存在问题比较多的事权与支出责任进行改革

率先对各级政府职责交叉或重叠、存在问题比较多的教育、医疗、社会保障等基本公共服务领域的支出责任进行改革调整。将义务教育支出责任划分作为近期改革的突破口和首要任务。适当上收县乡政府现阶段承担的部分支出甚至管理责任，让省级政府在义务教育中承担更大的支出责任，同时进一步加大中央对义务教育的专项转移支付。加大中央和省级政府在公共卫生和基本医疗服务领域的支出责任。逐步提高养老保险、失业保险和医疗保险的统筹层次，加大为中央政府和高层级地方政府的支出责任。

（三）长期要对各级政府支出责任与财政能力、财政权力进行全面系统优化调整

要以明显不合理事权与支出责任调整为突破口，对各级政府支出责任与财政能力、财政权力进行全面系统优化调整。尽可能对各级政府的支出责任加以明确划分。在难以明确划分需要不同层级政府共同承担支出责任领域，也要尽量细化各级政府的具体责任，尽量减少交叉和重叠，以便明确责任，提高服务效率。同时，以法规或法律形式对各级政府的支出责任划分加以明确规范。

表1　中央与地方各级政府支出责任划分改革目标

政府层级		支出责任
中央支出责任	直接支出责任	国防费；外交和外援支出（含口岸管理、界河堤防建设）；全国性及跨省的区域性水利设施，全国性和跨省的交通设施（包括铁路、国道公路和高速公路）；地质勘探费；全国性文化活动以及保护文化遗产的支出；部委属大学经费补助，义务教育经费（中央财政分担部分）支出；公共卫生（三级医疗保健）、计划生育；基础研究、全国性的应用研究等科学技术研究与开发；全国统筹的社会保障；对消费者的价格补贴支出等
	委托地方事务（中央筹资并转移支付、地方财政支出）	口岸管理、界河堤防建设，边境公路，全国性和跨省区的水利设施、交通设施管理，国家级文化遗产保护，公共卫生、计划生育等

续表1

政府层级		支出责任
共同责任	以中央为主的支出责任	粮食生产、供给稳定及粮食安全相关的补贴以及对粮食主产区的其他补贴；江河防汛
	以地方为主的支出责任	武警经费、民兵事业费；森林防火
地方支出责任	省级支出责任	省本级行政管理费、省级派出机构经费，省级公检法支出，全省性或跨市县的水利设施、交通设施建设（包括地方铁路、省道公路、高速公路）支出，全省性的应用研究等科学技术研究与开发，全省性的农业生产与农业技术推广，全省地方性的文化活动以及省级历史文化遗产保护，省属大学、职业技术学校及高中教育的经费补助，义务教育经费（省级财政分担部分）支出，二级医疗保健（全省性的地方病防治，省级公立医院经费补助），省级统筹的社会保障，以及中央委托省级地方事务的管理经费等
	市级支出责任	地级市行政管理费、公检法支出，水利设施、交通设施建设（包括公路、高速公路和机场建设）支出，公共交通、煤气、自来水等公用事业，城市基础设施维护和建设经费，应用研究等科学技术研究与开发，文化活动以及历史文化遗产保护，市属大学、职业技术学校及高中教育的经费补助，义务教育经费（市级财政分担部分）支出，初级医疗保健（地方病防治，公立医院经费补助），市级统筹的社会保障支出，以及中央委托市级地方事务的管理经费等
	县级支出责任	县乡行政管理费、公检法支出，水利设施、交通设施建设（包括公路和高速公路）支出，公共交通、煤气、自来水等公用事业，城镇基础设施维护和建设经费，应用研究等科学技术研究与开发，文化活动以及历史文化遗产保护，县属职业技术学校及高中教育的经费补助，义务教育经费（县级财政分担部分）支出，初级医疗保健（地方病防治，公立医院及乡镇卫生院经费补助），县级统筹的社会保障支出，以及中央委托县级地方事务的管理经费等

(四) 实行以中央集权为主、适度分权的财权分配模式

(1) 严格规范地方政府收费权。合理划分地方政府的收费权，将各种收费逐步纳入到预算中。在适当扩大地方政府税收分享比例的同时，严格规范地方政府收费权。

(2) 适当下放部分地方税税权。长期来看，应该按照“中央立法为主，地方立法为辅，中央、地方分税分级管理”原则划分税收管理权限，先扩大地方财政税收征管权，再逐步完善立法权。税基应该由中央统一规定，事关全局性的税种的立法权、开征停征决定权、税目税率调整权等集中在中央。可赋予地方政府必要的税收立法权和在一定范围内税种、税率的选择权。即赋予地方政府地方税种的开征、停征、调整税率和减免税权，以及在中央统一指导下，对具有区域性特点的税源开征新税种的权力。

(3) 根据我国实际情况，并借鉴国外经验，逐步扩大市政项目收入债券融资规模，探索中央代地方政府发债模式，最终允许地方政府自主发行一般责任债。较为完善的制度建设是地方自行发债的先行条件。但当前我国相关制度建设尚不完备，不具备发行地方债的基础条件。根据我国的实际情况，借鉴国外经验，现阶段可通过扩大市政项目收入债券融资规模来满足地方政府项目融资的需求，并探索中央政府代地方发债的筹资模式，作为未来地方发行公债的过渡模式。

2009 年，财政部代地方发行 2000 亿元地方债，开创了我国地方公开举债的先河。在应对国际金融危机冲击的特殊时期，采取中央代发债券方式为地方融资可能是明智和审慎的选择。但从规范的角度考虑，我国总体尚不具备地方自由举债的条件，目前采取的中央代地方发行债券方法只能作为临时措施或过渡方法，作为未来允许地方政府发行一般责任债的一种有益尝试。但是从长期来看，随着相关体制的逐步完善，在中央政府的监管下，允许地方政府发行地方公债，使地方政府享有独立的举债权。

五、加快健全完善税收体制，形成有利于科学发展的财政收入体系

根据改革新阶段经济社会发展的新要求和我国社会出现的新特点，按照科学发展观的总体要求，妥善处理经济增长与收入分配、发展效率与社会公平、科学发展与可持续发展的关系，坚持“全面、系统、科学、可持续”和“总体设计、系统完善”的基本原则，健全完善税收体系，改革规范非税收入体系，

努力构建“税制健全、税种科学、非税收入规范”的公共财政收入体制。围绕收入分配调节、环境保护、资源节约健全税制结构；围绕税收公平与可持续发展对现行税种进行彻底优化；围绕法制化、规范化对现行非税收入体系进行全面改革。

（一）以增值税转型为重点，改革完善流转税制，形成有利于经济发展方式转变、产业结构升级的税收体系

（1）大力推进增值税改革，促进产业结构优化升级。在全面实施增值税转型改革的基础上，近中期要扩大增值税纳税范围，实施增值税“扩围”改革。除个别行业继续保留营业税（如金融业等）外，应及早将现行营业税并入增值税纳税范围，进一步消除营业税“重复征税”问题，以促进服务业发展，加快产业结构升级。远期考虑进一步降低增值税税率。

（2）继续改革消费税，强化收入调节功能，改善对地方政府行为的不当激励。近期要依据“有增有减”、“有高有低”原则，继续对消费税税目和税率进行适度调整，增加对高档消费行为的税收调节力度，更加突出对收入分配的调控功能。中期要改革消费税征收环节，将消费税征收环节由生产地征收改为消费地征收，抑制地方政府不当的投资冲动，改善对地方政府行为的不当激励。

（3）统一内外资企业和个人城建税、教育费附加等制度，提高税负公平。近期，要统一内外资企业和个人合伙制企业的城建税、教育费附加等附加税制度，促进内外资企业的税负公平。

（二）以资源、环境相关税费改革为突破口，改革资源税，建立环保税，形成有利于资源节约型、环境友好型社会建设的税收体系

（1）整合税种、扩大范围、提高税负，大力改革资源税，建立有利于资源节约的税收体系。中长期要进一步扩大资源税征收范围，将土地资源、水资源、森林资源以及矿产品资源全部纳入资源税征收范围；将现行耕地占用税、城镇土地使用税、土地增值税和土地补偿费“三税一费”全部整合进资源税中的“土地”税目；整合并入现行矿产资源补偿费、矿区使用费、特别收益金等各种收费项目；改革现行矿产品资源税征收制度，改从量计征为从量与从价计征复合计征，改定额税率为比例税率，改按开采量或销售量计征为按资源储量、回采率计征，并提高部分矿产品税负，促进资源节约、提高效率。

（2）开征独立环境税，大力提高现行税种绿化程度，建立有利于环境友好型社会建设的税收体系。一方面，现阶段要开征间接征收的污染排放税，即与污染排放密切相关的能源燃烧税，促进形成独立的环境税。另一方面，要根据

企业、设备、产品等有关条件是否符合环保标准设计环保税收政策，将税收惩罚与税收优惠有机结合，形成统一协调的税收政策体系，促进现有税种的绿化。

(3) 改革相关税费，建立健全资源有偿使用制度和生态环境补偿机制。改革现有资源相关税费，在资源开采环节统一征收“资源开采和补偿税”，将环境治理和生态恢复的责任由企业自担转变为政府与企业共担，并将其范围扩大到整个具有商品属性的自然资源开采中。在资源使用环节，要清理整合现行排污费、污水处理费统一纳入“环境税”，增强污染制造者的环境保护意识，以构建有利于资源节约型、环境友好型社会的税收体系。

(三) 以房产税为重点，推动财产税制改革，形成有利于地方政府行为规范化的新主体税种

(1) 大力改革房产税，完善房地产领域税收制度，消除累退效应，为地方财政建立新的主体税种。近期要加速完善房产税纳税范围、税率结构、减免优惠等诸项规定，突出对社会财富的调节功能，增强地方政府提供公共服务的能力。要加速完善房地产领域税收制度，引导房地产业健康发展。

(2) 继续改革车船税，突出收入调节功能。近期，要进一步明确车船税的财富税特点，将其计征对象调整为“基于财产”征税。对于保护环境、节约能源、改善交通的职能应主要赋予车辆购置税或燃油税来承担。

(3) 立法开征遗产税和赠与税，抑制收入分配继续扩大。中长期看，要加快遗产税和赠与税立法进程，辅助调节社会分配，服务于和谐社会建设。

(四) 以个人所得税为重点，改革完善所得税制，形成以人为本的个人税收体系

进一步改革个人所得税，既是以人为本的要求，也是实现社会公平、建设和谐社会的需要；同时，对于增加消费、启动内需，促进经济持续稳定协调发展具有重要意义。中长期看，要加快个人所得税综合改革进程，按照建立综合申报与分类扣除相结合的混合个人所得税制深化个人所得税改革，扩大类别扣除范围，并进一步降低税率。

(五) 以开征社会保障税为目标，加快统一社会保障制度，实现税制公平，促进城镇化发展

中长期看，养老、医疗和失业保险要在全国范围内实行保障统筹，建立独立运转的社保基金预算，在社保资金的筹集上全面开征社会保障税。一方面要依据“居民”纳税原则确立纳税义务人，明确将广大非城镇居民纳入社会保障

范围，实现社会保障全面覆盖，促进劳动力自由流动，加快城镇化建设步伐。另一方面要将由国家财政拨款的非营利性机关、事业单位及其职工全部纳入社会保障税的征收范围，分别依据其“雇主”和“雇员”的身份对其进行征税，不再给予社会保险制度的特殊照顾，以切实遵循社会保障的“受益”原则和“收入再分配”原则。

（六）以资本性收入改革为重点，改革完善非税收入体系

（1）结合试行国有资本经营预算，改革国家资本红利收入管理。全面推行国有资本经营预算，进一步健全和规范国有企业经营利润上交制度，保护国家作为国有资本出资人的权益，并为促进产业结构调整和提升产业竞争力提供财政资金支持。

（2）分类规范各项收费。近期，要继续清理行政事业性收费和政府性基金，加强规范化管理。对现行收费进行分类改革，通过取消不符合公共财政要求的非税收入项目、转化部分具有税性特点的收费收入，进一步规范合理性的收费项目等多种方式，促进收费的进一步规范，并将其全部纳入财政预算监督、管理的范畴，由财政统筹安排，更好地调节部门间、企业间收入分配差距，促进和谐社会的构建。

六、调整主体税种划分，形成有利于统筹中央与地方关系的分税制度安排

为适应未来中央与省支出责任调整的需要，更好地满足中央财政的支出需求以及进一步提高宏观调控能力，未来分税制改革仍然应该坚持以进一步提高中央财政集中度为改革方向，以消除不合理的税种配置对宏观经济的负面影响为目标，主要通过上收所得税、调整增值税分享比例等措施，在为企业创造公平竞争的制度环境的同时，努力消除地方政府重经济、轻民生的短视行为，切实解决基层财政困难，积极构建合理的政府间收入分配关系。

（一）近期将所得税改为中央税，同时适当下调增值税中央分享比例

（1）将所得税改为中央税，从制度上切断地方政府与企业间的联系。今后随着中央财政在公共服务中支出责任的增加，有必要进一步提高中央财政收入能力，而将所得税划归中央，既可为中央财政增加支出提供财力保障，又可一定程度上消除地方政府为追逐税收利益搞地方保护主义和重复建设的行为，促进企业的兼并、重组，加快经济结构调整，更有利于平衡地区间财力差距。

（2）适当下调中央财政增值税分享比例，减轻所得税上收的改革阻力。为补偿地方财政失去40%所得税的损失，可适当提高增值税地方分成比例，初步考虑可提高到35%。总体看，这种调整是以地方所得税的40%换取增值税的10%，中央财政收入比重大体将在原方案基础上相应提高6个百分点。从各税增长变化趋势来看，所得税的比重是逐年上升的态势，可以较好地保障中央财政收入稳定增长。但增值税分享比例的提高，又会进一步强化地方政府片面追求GDP、上项目的行为模式。

（二）中期应根据经济景气周期动态调整增值税中央与地方分享比例

中期为适应营业税并入增值税改革的要求，减少改革阻力，极有可能进一步下调中央增值税（合并后）分成比例，初步考虑可将地方分享比例继续提高到45%。但这种分税方式不利于从根本上扭转地方政府重经济轻民生的行为，不利于平衡地区间收入差距。而此时推行增值税全部作为中央与地方共享税的条件尚不成熟。因此，可结合国债政策，推行随经济景气周期，动态调整增值税分享比例的改革方案。动态调整增值税分享比例，具有两方面功效。一是确保地方财政的可持续性，在经济萧条期，适当上调地方增值税分享比例，保证地方财政收支的平衡，中央财政可通过多发国债来平衡预算；在经济繁荣期，适当下调地方分享比例，有意识地抑制其经济过热行为，此时，地方财政的平衡则更多地通过发行项目收入债来弥补。二是这种做法可一定程度上消除地方政府对全面上收增值税的抵触情绪，并为未来增值税作为中央与地方共享税改革的推出进行先期尝试。与此同时，要加强地方税收体系建设，增加地方财政自有收入，降低地方财政对增值税的依赖程度。

（三）长期将增值税作为中央与地方特殊共享税，收入全部用于中央对地方转移支付

随着未来地方税制的完善、直接税比例的提高，增值税作为第一大税种的地位将逐步丧失，地方财政对增值税的依赖程度也会逐步降低，如果此时将增值税划作中央与地方特殊共享税，地方政府对此改革的阻力将减小，尤其是经过中期根据经济景气周期动态调整增值税中央与地方分享比例，可以有效测试地方政府对增值税分成比例调整的忍耐程度，为最终增值税划归地方创造了条件。而且经过多年的改革，中央对地方的转移支付制度也将逐步完善，财政资金分配的科学化程度也大为提高，为增值税收入的分配打下了良好的基础。

七、构建统一规范透明的转移支付制度

进一步改革完善我国转移支付制度，构建结构合理、功能完善、制度统一、分配科学、管理规范、信息透明、有利于推进主体功能区形成的中央、省两级两类转移支付制度。逐步提高一般性转移支付比例，近中期实现一般性转移支付与专项转移支付并重格局，远期通过明确转移支付资金的稳定来源，形成一般性转移支付为主的结构。

（一）近期改进转移支付分类与结构，推进形成主体功能区转移支付

整合现行转移支付类型和项目，简化、规范转移支付分类，逐步提高一般性转移支付比重，形成专项转移支付与一般性转移支付并重格局。通过转移支付改革，将主体功能区特别是限制和禁止开发区的基本公共服务均等化、外溢效应补偿、生态环境治理投入等问题的解决落到实处。

1. 改进转移支付分类与结构

（1）逐步提高一般性转移支付比重，形成一般性转移支付与专项转移支付并重格局。整合简化转移支付类型和项目，加快收缩税收返还规模，提高一般性转移支付比重，强化转移支付促进公共服务均等化的能力，最终形成一般性转移支付与专项转移支付大体相当，功能明确、互不交叉的转移支付框架。

（2）整合专项转移支付，引入整块拨款的专项转移支付形式，在指定支出方向的前提下，由地方自主掌握具体分配和管理的权利，更好适应不同地区的实际需要。

（3）建立专门用于矫正辖区间外溢效应、中央委托地方事务具有补偿性质的专项转移支付，完善专项转移支付体系。

2. 建立以转移支付为主的主体功能区财税体制及政策体系

（1）推进形成主体功能区财税体制框架。对优化和重点开发区这类以开发为主的主体功能区，实行促进自主创新、优化调整经济结构、促进经济增长、转变增长方式、实现又好又快的可持续发展的引导性、鼓励性财政税收体制与政策，主要政策手段是税收领域的调整。对限制和禁止开发区这类以保护为主的主体功能区，要实行突出支持生态环境建设，实现生态环境可持续发展，保障基本公共服务均等化的财政税收体制与政策，转移支付是主要的政策手段。

（2）完善对限制和禁止开发区的两级两类转移支付体系。中央和省市区两级转移支付体系分工负责，一般性转移支付和专项转移支付共同作用，满足限制和禁止开发区基本公共服务均等化和生态保护的双重需要。

（3）加大对限制和禁止开发区的转移支付力度。适当提高限制和禁止开发区的一般性转移支付系数，弥补其财政收支缺口；以专项转移支付弥补因辖区间外溢效应和中央委托事务产生的地方财政支出需求，加大生态环境保护专项建设资金投入，推动主体功能区功能的完善。

（二）中期改革转移支付分配方法并加快相关立法

1. 科学确定各类转移支付分配方法

建立相对独立的管理机构，制定动态调整的基本公共服务范围和支出标准，建立转移支付标准指标体系；研究探索科学的转移支付分配原则和方法；形成定期或不定期考察实施效果、定期改进转移支付分配方法的制度化程序。

2. 加快转移支付相关立法

建立完善转移支付相关立法，包括制定出台《转移支付法》，以及修订《预算法》，将中央对省、省对市县转移支付的基本目标和原则、主要类型、分配方法、使用规范、监督与绩效评价方法等内容加以明确规定。

（三）远期改革转移支付资金筹集办法，提高转移支付透明度

1. 稳定转移支付资金来源，进一步提高一般性转移支付比重

配合分税制改革，明确全部增值税收入作为中央对地方转移支付的资金来源，在中央征收取得这部分收入后，一定较大比例用于一般性转移支付，其余部分和其他可用收入一并作为专项转移支付资金来源。进一步提高一般性转移支付比例，使一般性转移支付占中央转移支付总额的比例达到70%左右，专项转移支付占中央转移支付总额的比例大致控制在30%。

2. 规范省以下转移支付制度

在明确划分各级政府事权的基础上，参照中央对省转移支付制度，完善省以下转移支付制度。特别要明确省级政府弥补省以下纵向和横向财政失衡的职责，建立目标明确、责任清晰的省以下一般性转移支付制度。

3. 建立规范的转移支付管理、监督与绩效评价制度，提高转移支付透明度

建立职能相对集中、具有相对独立性的管理部门，提高转移支付资金分配的科学性、客观性、规范性。建立转移支付的绩效评价制度，强化激励约束机制。提高转移支付透明度，形成较为有效的社会监督，降低转移支付资金的漏损，促进地方政府合规使用资金，提高转移支付资金使用效率。

八、改革完善预算制度，强化预算管理和监督

预算制度改革的总体目标是：建立健全以规划为重心，覆盖全部财政性收

支，预算编制、执行和监督相分离，年度预算与中长期预算相结合，中长期预算与经济景气周期相适应、与中长期发展规划相衔接的新型复式预算体系。按照“扩面、展期、监督”的顺序推进改革，近期主要推进政府公共预算、国有资本经营预算、社会保障预算和其他预算的有机衔接，扩大预算覆盖范围；中期需要重点推进预算期限扩展改革，完善与长远战略及经济周期适应的中长期预算框架；远期着力于建立预算编制、执行和监督“三权”分离且制衡的预算管理运行机制。

（一）构建有中国特色复式预算体系

构建未来有中国特色复式预算体系的基本设想包括：第一，在预算法修订中，进一步明确中国复式预算管理模式的基本构架。第二，完善由政府公共预算、国有资本经营预算、社会保障预算和其他预算构成的复式预算框架。充分利用复式预算体系的潜能，扩大、拓展复式预算的包容范围，使其与政府收支的外延迭合为一。第三，适当考虑政府预算与民间非营利组织预算的整合与协调问题。

（二）完善与宏观经济景气周期相适应、与国家中长期规划相协调的中长期预算框架

中长期预算是以结果为导向的预算制度，其实质是在长期预测的总额控制内，根据未来社会经济发展的优先方向，在预算资金管理者间或直接在各项预算规划间分配预算资金，完成公共支出管理从“管理支出”向“管理结果”模式的过渡。编制中长期预算能弥补年度预算的不足，增强政府对政策规范性和预算可靠性的意识，促使政府部门更好地规划支出，实现财政政策的逆周期调节作用，缓和宏观经济波动，指导当年预算，保证公共财政可持续发展。深化财政税收体制改革，必须进一步完善中长期预算管理，实现中长期预算与宏观经济景气周期和国家中长期发展规划的协调。

（1）由专业预算编制机构——预算管理局编制多年期财政计划。同时有必要成立由政府主要领导主持，预算管理局具体牵头，财政、计划、统计等部门和各主管部门共同参加的综合负责机构。

（2）以中长期规划为基本依据，实现内容上与中长期规划的有效衔接。近期可以 3 ~5 年为预算期，随着经验的积累再视情况增加时间跨度。但其中对重大计划项目和法定支出项目的预测分析时间可适当延长。

（3）采取逐年滚动的编制方法。中长期预算应采取逐年滚动的编制方法，并在收支内容结构上与年度预算趋于一致，将中长期规划、年度预算相互联系。

（4）明确多年期财政预算的法律地位。通过《预算法》等有关法规明确多年期财政预算的法律地位及其对年度预算编制和调整的约束效力，并将其与年度预决算一起，作为必须向人代会提交和经人代会讨论审议的报告文件。

（三）建立预算编制、执行和监督“三权”分离且制衡的新预算管理运行机制

1．建立预算编制、执行和监督分离的新预算管理制衡机制

（1）预算编制系统——成立专门的预算编制机构。组建一个国务院直属的专业预算编制机构——预算管理局，并通过法律授予其集中、明确、有效的预算编制权限。

（2）预算执行系统——财政管理部门。财政税务部门不再从事预算的编制工作，而是具体负责预算和公共支出等国库业务的具体执行工作，并将相应的财政金融宏观调整职能集中于财政部门。

（3）预算监督系统。预算监督机构的构成可以采用“一体两翼”的模式，形成以人大机构为核心，财政税收部门内部监督局和审计部门为主体的职责细化的内外双层监督体系。

2．健全预算审查机构

统一、健全、高效的预算编制组织机构是编好预算的基础，可以分别在三个环节建立专门预算审查机构。一是在各级人大成立专门委员会。专职负责对政府预算管理的指导，审核、平衡和初步确定政府预算草案。二是各级政府成立预算顾问委员会。该委员会由政府各部门主要官员和财经专家组成，根据国民经济和社会事业发展计划，对财政部门上报的政府预算建议计划研究提出意见和建议，供政府领导决策参考。三是在预算管理局内部，成立专职预算审查机构，实现预算管理局内部编制与审查的分权与制衡。

我国经济潜在增长率研究

主要完成单位：国家发展和改革委员会经济研究所
主 要 完 成 人：刘雪燕　曾　铮　孙学工　王宇鹏　李世刚
获 奖 时 间：2012 年
获 奖 名 称：国家发展和改革委员会优秀研究成果三等奖

潜在产出是与一国经济的长期增长和短期波动都紧密相关的重要概念，对其开展研究具有非常重要的意义。首先，在短期运行方面，潜在产出及其相应的产出缺口的估测为判断一个经济体所处经济周期的位置提供了依据，即经济运行是否存在过热或者过冷，其结论可以为短期宏观调控政策的制定提供参考（EPC，2001）。其次，在长期增长方面，潜在产出的估测为衡量一个经济体长期的总供给能力提供了一个综合有效的方法，估测结论可为长期经济发展战略的制定和政府长期财政状况的分析提供依据。虽然潜在产出研究具有非常重要的意义，但不得不承认的是，潜在产出的研究也非常复杂。由于潜在产出水平不能通过直接观察得到，而必须通过一定的测算方法进行估测，因此，要准确测算潜在产出，需要准确把握其内涵，选择适当的估算方法，才能尽量减少偏差，得到更加接近真实的估测值，为宏观政策的制定提供更具参考价值的结论。

一、经济潜在增长率的概念及估计方法

（一）潜在增长率的概念

经济潜在增长率是由经济潜在产出的概念延伸而来，是指经济在潜在产出水平时的增长率。潜在产出笼统地说就是经济处于某种理想状态时的产出，但这种理想状态具体为何，学术界则有着不同的理解①。从现有文献看，有三种理

① 参见 Scacciavillani，F. h and P. Swagel（1999）。

解影响较大且应用较广，分别把潜在产出解释为：①经济处于长期可持续增长状态时的产出，这称为趋势产出；②经济资源得到充分利用时的产出，这称为生产可能边界产出；③消除了经济中扭曲后的产出，依据扭曲的不同，分别称为效率产出和自然产出。

1. 趋势产出

趋势产出是指从实际产出中分解出的长期趋势项。从理论上看，长期趋势项反映了在排除各种短期影响后的冲击的长久效应，因而是在长期中最可能持续的产出水平，是稳态均衡的增长路径。依据分解方法的不同，趋势产出也分为很多不同类型。如使用较多的 Beveridge – Nelson 趋势产出，HP 滤波得到的趋势产出等。

2. 生产可能边界产出

生产可能边界产出是指：在给定技术条件下，所有资源在正常情况下获得充分利用时的产出水平。这一产出水平反映了经济正常的供给能力，也是最为常用的潜在增长定义。这一定义又称为"稳态通货膨胀"产出或"无加速通货膨胀"产出，即潜在产出是无通胀压力时的产出水平。这一定义把潜在产出和通货膨胀直接关联，因而为很多政策机构所采用。[①] 实际估算这一定义的潜在产出时，一般是用生产函数进行估算。

3. 效率和自然产出

效率产出是指商品和劳动市场处于完全竞争、价格工资完全弹性并且稳态加成和加成冲击为0时的产出水平。也就是说消除了现实经济中的价格与工资黏性和垄断后的产出水平，这是市场最有效率时的产出水平，因而称为效率产出。自然产出与效率产出相类似，区别只在于此时的潜在产出只假定价格工资完全弹性，但不要求市场完全竞争，所以稳态加成或加成冲击可以不为0。这一定义的潜在产出建立在新古典和新凯恩斯综合理论之上，有着很强的微观基础，近年来越来越受到学术界的重视。对这一潜在产出的估计主要依靠 DSGE 模型，估计结果对模型结构的依赖程度较大。

（二）估计方法评估

随着对潜在产出研究的不断深入，测算方法也在不断改进和发展，在此对现有的测算方法进行综合分类和比较，并对各种方法在实证研究中的表现做出

---

① 潜在产出是指在总需求和总供给与某一稳定的通胀率相一致的情况下，一个经济体的产出水平。IMF 定义为，潜在产出反映了经济体的供给特征，是经济体在没有产生通货膨胀上升的条件下可持续的最大产出。新西兰中央银行的定义：潜在产出是一个经济体在没有通货膨胀压力下的产出水平。Darren Gibbs（1995）。

评价，以提出我们选择测算方法的原则和依据。

1. 估计方法简介

潜在产出的估计方法可分为三种：统计技术方法、生产函数法和模型法。

统计技术方法的思路是用滤波方法将实际产出分解成以趋势表示的潜在产出和围绕此趋势波动的产出缺口两部分。这种方法对数据要求不高，使用起来比较方便。但这一方法需要建立在大量的统计假设基础上，不同的假设条件将使潜在产出的估计结果显著不同。

生产函数法是估计潜在产出最常用的方法，又被称为“增长核算”法。生产函数法面临的两个问题，一是对数据的要求较高，需要通过大量的历史数据估计生产函数形式并对潜在就业水平进行合理的估计；二是对生产函数要求是稳定的，至少资本和劳动的边际产出率应该是稳定的。生产函数法的最大好处就是建立在经济增长理论之上，充分体现了潜在产出的供给面特征。

模型法则是依靠建立较大型的经济模型来测算潜在增长率。比较常用的有计量经济模型、可计算一般均衡模型（CGE）和近年来兴起的动态随机均衡模型（DSGE）等。较传统方法而言，大型经济模型的估算结果更依赖于模型的具体形式和模型的假设条件（Blanchard 和 Gali，2007）。

表1　潜在产出的估计方法

方　　法		说　　明
趋势方法	线性趋势	产出的趋势部分是时间的线性函数，方法是使用趋势项和时间趋势对实际 GDP 的对数序列进行线性回归
	分段趋势	产出的趋势部分在每一个经济周期内都被看作是线性的，但不同经济周期之间线性趋势可以改变
单变量滤波方法	HP 滤波	这种滤波方法通过在更好的拟合实际序列和趋势序列的平滑程度之间取得平衡而得到序列的趋势成分
	Baxter – King 滤波	这是一种线性滤波，它排除了变动非常小的部分（趋势部分）和变动非常大的部分（不规则部分），然后保留了中间的部分（经济周期）
	B – N 分解	B – N 分解方法对趋势和周期成分施加了约束条件，比如需求的长期冲击为零等，从而识别趋势和周期部分
	卡尔曼滤波	这种方法假设宏观经济时间序列由趋势、周期和随机成分构成，通过对趋势和周期成分施加足够的约束，从而对序列进行分解

续表 1

方法		说明
多变量滤波	Hodrick Prescott（HPMV）	潜在产出的估计建立在潜在产出偏离值、潜在增长率的变化和三种结构关系误差（三种结构关系即菲利普斯曲线、奥肯定律和生产能力与产出缺口的关系）加权平均最小的基础上
	B－N 分解	假设趋势是随机游走的，但是认为随机冲击是 GDP 变化和其他决定长期 GDP 趋势的变量的线性组合
	卡尔曼滤波	在单变量滤波的基础上同时考虑到另外一个方程的约束，比如菲利普斯曲线的约束
生产函数方法	全结构模型	生产函数的所有输入变量通过独立的宏观经济模型计算得到
	带有外生趋势的生产函数	生产函数的所有输入变量使用单变量或者多变量滤波方法得到
结构 VAR		结构 VAR 模型在对经济波动进行结构分解的基础上估计潜在产出和产出缺口
大型模型	计量经济模型、CGE、DSGE 模型	通过改变模型假定，来计算潜在增长率

2. 不同估计方法的评价

不同估计方法的估计结果存在不同，从现有一些国家的实践，我们大致可以得到不同估计方法的效力。

（1）生产函数法与其他经济指标的匹配度最优。以往研究中除使用潜在产出方法供给产出缺口外，还经常使用产能利用率和调查数据等指标反映产出缺口的情况。现有的研究表明大部分方法估计得到的产出缺口与经济指标具有一定的一致性（Mc Morrow 和 Röger，2001；Camba－Mendez 和 Rodriguez－Palenzuela，2001）。Mc Morrow 和 Röger（2001）指出，使用生产函数模型估计得到的结果与经济指标的一致性远高于其他的估计方法，一致性最差的是 B－N 分解和结构 VAR 方法，这两种方法估计得到的产出缺口与其他经济指标往往不存在一致性。

（2）对过去通货膨胀变化的解释能力不同。Mc Morrow 和 Röger（2001）指出生产函数法和 HP 滤波法在这方面的表现相当。Claus 等（2000）在研究新西兰产出缺口和通货膨胀关系时指出结构 VAR 方法的表现比其他方法要差，但

Chagny 和 Döpke（2001）在研究欧洲地区时发现了相反的结论。直观来看，使用了通货膨胀方程的产出缺口估计方法（HPMV 或多变量卡尔曼滤波）在追踪通货膨胀变化时的表现比较好。Kichian（1999）研究表明带有菲利普斯曲线的多变量卡尔曼滤波方程在估计加拿大产出缺口和通胀压力时表现较好。Rünstler（2002）和 Proetti 等以欧洲作为研究样本发现，多变量卡尔曼滤波得到的产出缺口与通货膨胀高度相关。

（3）样本外预测精度的差异较大。De Brouwer（1998）研究指出，对澳大利亚而言，使用生产函数法或 HPMV 法估计得到的产出缺口在通货膨胀预测方程中的表现最好。Kichian（2002）指出使用卡尔曼滤波法估计得到的产出缺口在预测通货膨胀时的表现最好。而 Rünstler（2002）对欧洲进行研究时发现，多变量使用卡尔曼滤波方法估计得到的产出缺口在预测通货膨胀时的表现一般。Orphanides 和 Van Norden（2001）认为各种方法估计得到的产出缺口在通货膨胀样本外预测时的帮助都不大。

总的来看，生产函数法、HPMV 和多变量卡尔曼滤波方法在以往的实证研究中的表现要优于其他的估计方法。

3. 估计方法的选择标准

由于潜在增长率用以分析不同的政策效果，因此要使用多个衡量指标来评价不同的估计方法。本课题的关注点为我国经济的长期发展，所以在选择估计方法时更加注重方法所包含经济信息的丰富性和长期预测能力。

（1）估计结果要与其他经济指标具有一致性。通过估计得到的潜在产出的特征要和其他经济指标具有一致性。比如经济本期的经济运行与上期存在很强的相关性，但是 HP 滤波假设产出缺口是白噪声过程，本期的产出缺口与上期无关，事实与假设二者很难达成一致，而多变量卡尔曼滤波方法可以设定多种潜在产出和产出缺口的生成过程，这就更加符合经济事实。再比如大量的研究成果表明潜在产出存在波动，特别是潜在产出增长随时间波动，但潜在产出的波动要低于实际产出的波动。但趋势分解模型认为潜在增长只在不同经济周期间波动，而在同一个经济周期内保持稳定。B－N 分解认为序列的波动绝大部分来源于趋势的波动，周期波动的成分很小。与这两种方法相比，结构 VAR 方法引入了结构的供给冲击和需求冲击，估计结果具有更强的波动性。生产函数法与其他方法相比，估计得到的潜在产出水平对周期因素更加敏感，整体波动性也较小。

（2）方法的估计过程要透明。多数人认为统计方法与结构方法相比更具有透明性，因为统计方法只包含有限的信息，但统计方法的假定条件存在很大的不确定性。例如，HP 滤波中 λ 参数的选择存在很大争议，但 HP 滤波的估计结果与 λ 参数的选择紧密相关。同样，HPMV 方法使用的权重和卡尔曼滤波中使用的平滑参数都需要主观决定。理论上，生产函数法与其他方法相比估计过程更加透明，因为这种方法更容易识别出潜在产出的不同构成部分，并且给出经济解释。然而生产函数法的投入变量大多通过滤波等方法得到。另外，生产函数采用的具体形式也存在较多争议。

(3) 方法要能够确定样本期末结构的变化。从政策制定者角度出发，发现样本期末的结构性变化非常重要。很多单变量方法（特别是 HP 滤波方法）和一些多变量方法（如 HPMV 方法）都会假设产出缺口存在对称性，因此其发现结构性改变的能力大大下降。但是对于一些多变量方法而言（如卡尔曼滤波和生产函数法）没有对此做出约束，对产出缺口的估计具有更大的自由性，因此发现样本末期潜在产出发生结构性变化的能力更强。

总的来看，统计方法（趋势或单变量滤波）与结构方法相比似乎有更多的缺陷（特别是与多变量滤波和生产函数方法相比），特别是在与经济事实一致性和误差修正方面，多变量滤波和生产函数法的表现更加突出。在多变量滤波方法中，卡尔曼滤波符合大多数的检验标准，但是估计过程不具有透明性，整个估计过程是在黑匣子中完成的。与之相比，生产函数法更加透明，并且也不存在样本期末点的问题。

二、符合我国经济特征的潜在增长率分析框架的构建

从政策需求出发，参考相关国际经验，并综合考虑到各种方法的优缺点，我们认为我国适合使用以生产函数为基础的潜在增长率测算方法。

但由于中国经济不同于一般市场经济的特征，在我国使用生产函数测算潜在增长率也需要克服一些特殊困难。一是我国还是典型的二元经济结构，农业部门和其他生产部门劳动生产率差别较大，若构造整体经济的生产函数，可能出现较大的估计误差。二是我国经济体制转轨尚未完全完成，体制改革成为生产率增长中一个重要但不稳定的来源，在预测未来经济增长时这一因素较难从历史趋势中获得。三是我国需求特别是外需面临较大的趋势性变化。生产函数是以供给侧分析为主的分析方法，一般不考虑需求的影响，这么做的理由一方面在于短期随机的需求冲击不会影响潜在增长水平，另一方面则在于稳定持续的需求冲击的影响已经反映在投入产出关系之中，不需要再单独考虑。但对于需求的长期趋势性持久的变化就必须考虑其影响。四是资源环境约束的影响。我国未来发展中面临着越来越严重的资源环境约束问题，这意味着技术条件或管制环境发生重大变化，投入产出关系也会发生变化，因而必须考虑其影响。

针对以上这些问题，我们提出一个符合我国经济特征的潜在增长率分析框架。

这个分析框架以一个多部门的生产函数为基础，通过多部门生产函数的构造来解决总量生产函数投入产出不稳定的问题。多部门生产函数中以情景分析方式解决不稳定的体制改革影响问题，即对趋势生产率进行再调整。至此得到无约束和需求结构变化下的潜在增长率。在此基础上，再分别引入资源环境约束和外需影响分析，这些分析的要点在于获取趋势改变所产生的附加影响。最后，综合多部门生产函数和资源环境约束和外需变化的影响得到最终的潜在增长率估计。

分析框架的示意图如图 1 所示。

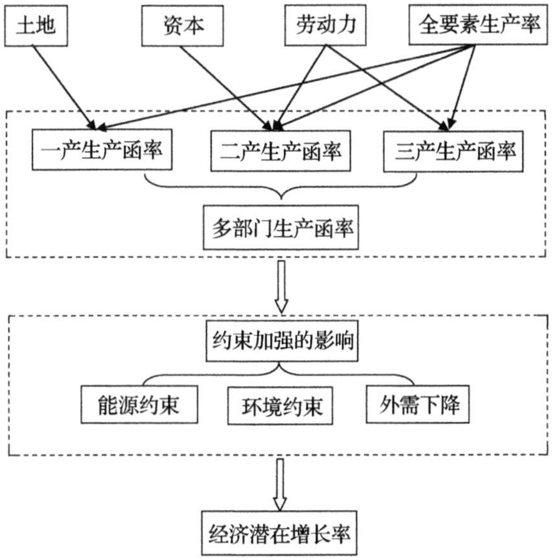

图 1　潜在增长率分析框架示意图

（一）多部门生产函数的构造

由我国三次产业间的生产技术与投入产出关系存在明显不同，我们分别构造第一产业、第二产业和第三产业的生产函数，然后进行加总得到经济整体的潜在产出水平。在本课题的计算中，所有价值数据全部调整为 1992 年可比价。

1. 第二产业生产函数的构造

由于第二产业是我国经济的主要部分，因而第二产业生产函数的构造是整个潜在产出估计的核心部分。第二产业的生产函数是在标准的新古典生产函数的基础上构造，投入要素包括劳动投入、资本投入和全要素生产率三部分。形式如下：

$$Q_{si} = AL^{\alpha}K^{\beta}$$

其中，Q_{si}为第二产业的实际产出（调整为 1992 年价格）；A 为第二产业全要素生产率；L 为第二产业劳动力投入；K 为第二产业资本存量；α 为劳动的边际产出；β 为资本的边际产出。

上式中除 α 和 β 以外的变量，都可从已有统计量或其他的调整量中获得。α 和 β 遵循以往很多研究中的做法，通过计量方法。经过多重共线性修正后，确定 α 和 β 的取值分别为 0.7 和 0.3。

在估计潜在产出之前，首先要把投入变量调整为潜在增长水平。为了得到投入变量的潜在值，需要剔除投入变量随经济周期波动而波动的部分。我们分别使用 HP 滤波和分段线性趋势法对投入变量进行调整，继而得到相应的潜在产出水平。

（1）对劳动投入的调整。HP 滤波法分段线性趋势法对劳动投入的调整效果如图 2 所示。可以看出，HP 滤波法和分段线性法得到的潜在劳动投入水平不完全一致，但估计得到的就业缺口的变化趋势一致。

（2）资本投入的调整。从生产函数法潜在产出的定义看，潜在产出是指全部资本存量得到充分利用时的产出水平，因而在估计潜在产出水平时，不需要对资本存量再做调整，直接把资本存量带入生产函数中计算，即全部的资本存量都用于生产过程。资本存量数据采取永续存盘法获得，即

$$K_t = K_{t-1}（1 - \delta_t） + I_t$$

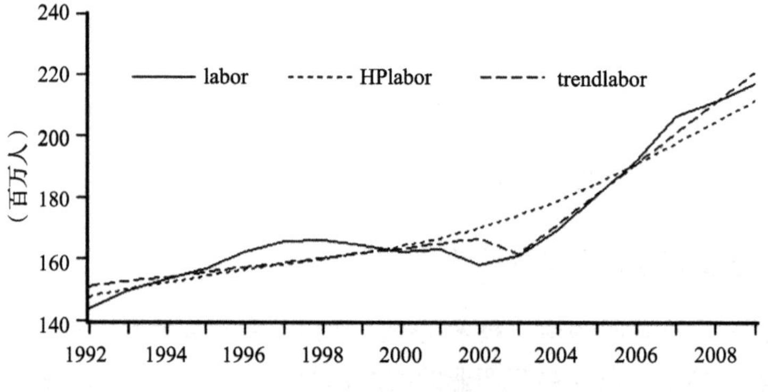

图 2　劳动投入的调整

其中，K_t表示第 t 年的资本存量，K_{t-1}表示第 t－1 年的资本存量，I_t表示第 t 年的投资，δ_t表示第 t 年的折旧率。

（3）全要素生产率的调整。全要素生产率是仅仅依靠劳动力和资本投入无法解释的经济增长部分，比如技术进步、管理、体制改革创新等因素对产出的贡献都是全要素生产率增长率的组成部分。在数值上全要素生产率增长率等于产出的增长率减去投入要素增长率的加权平均，权重就是我们上文中确定的劳动和资本的边际报酬。与劳动投入相同，在计算潜在产出时，也要使用 HP 滤波

和分段线性趋势法把全要素生产率调整为其趋势水平，再带回生产函数。在进行预测时，我们还要在趋势的基础上再进行一定调整以反映体制改革等因素的影响。

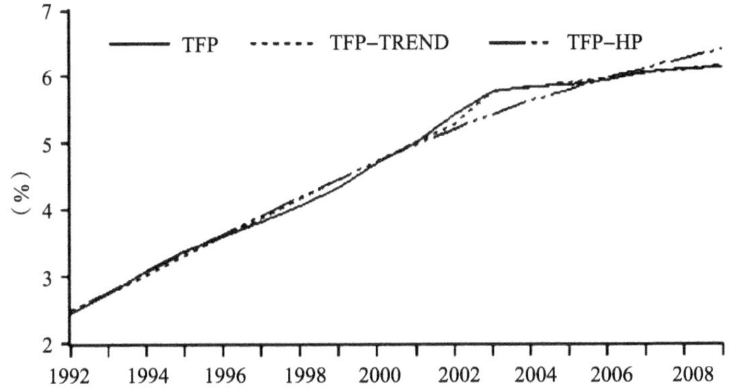

图 3　全要素生产率的调整

2. 第三产业生产函数的构造

近年来，我国第三产业蓬勃兴起，第三产业产值由 1992 年的 9357. 4 亿元上升为 2009 年的 148038 亿元（当年价），就业人数从 1. 31 亿人上升到 2. 67 亿人，如图 4 所示。第三产业是典型的劳动密集型产业，第三产业产值与就业人数的相关系数达到 0. 95，因此第三产业的产出和第三产业的就业人口数密切相关。在构造第三产业生产函数时，为简便起见，构造只包含劳动力投入和劳动生产率的生产函数，资本增长对第三产业的贡献主要通过三产劳动生产率提高来反映。这样处理也能够回避缺乏第三产业的资本存量数据的问题。

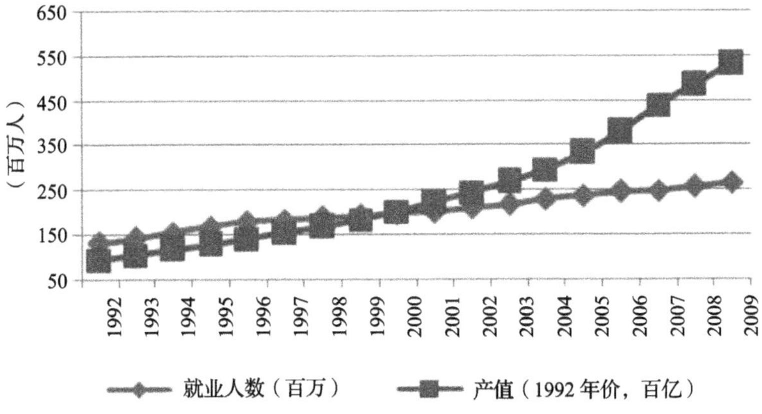

图 4　第三产业就业人数与产值

第三产业生产函数可表示如下：

$$Q_{ti} = AL$$

其中，Q_{ti}为第三产业的实际产出（调整为1992年可比价）；A为第三产业全要素生产率；L为第三产业劳动力投入。

和第二产业潜在产出的估计相同，在估计第三产业生产函数之前，我们首先需要把三产的就业人数和劳动生产率调整到潜在水平。各投入变量的计算和调整方法与第二产业中相同，不再详述。把调整好的投入变量代入第三产业生产函数，可估计得到第三产业潜在增长水平。

3. 第一产业生产函数

第一产业的生产方式与二产和三产又有很大不同，由于第一产业劳动力供给充裕甚至存在剩余，因而劳动的边际产出为0，影响农业生产最关键的因素是土地和土地产出率。因此用土地面积和土地产出率来构造第一产业的生产函数，其可用如下形式表示：

$$Q_{pi} = AL_{and}$$

其中，Q_{pi}为第一产业的实际产出（调整为1992年价格）；L_{and}为第一产业中投入生产的土地面积①；A为土地产出率。

和第二产业、第三产业潜在产出的估计相同，在估计第一产业生产函数之前，我们首先需要把投入变量调整为潜在水平。土地在性质上属资本存量，因而依潜在增长定义不需要做调整，即潜在产出是在土地得到充分利用下的产出，只需要对土地产出率做滤波调整即可，具体方法与上文相同，不再详述。

4. 多部门生产函数的加总

在获得三次产业的潜在增长水平后，依据其增长率和初始年份的产业结构计算三次产业结构。并依据此产业结构和各产业的潜在增长率计算整体经济的潜在增长率。

（二）资源环境约束加强的影响分析

我国未来经济的发展将面临越来越强的资源环境约束。主要表现：一是能源价格上涨、能源供给不足等问题日益显现，这将降低经济的供给水平，从而影响经济潜在增长率。二是环境对经济发展的约束也趋于强化。以二氧化碳排放为例，我国提出到2020年我国单位国内生产总值碳排放量与2005年相比下降40%～45%，这需要相应的技术投入来实现，从而影响到现有的投入产出关系。

① 鉴于数据的可得性，我们使用农作物播种面积来表示农业用地面积。2004～2009年二者之间存在相对固定的比例关系。

1. 能源约束对经济潜在增长的影响机制

能源对经济增长产生负面影响通常通过以下几个渠道：第一，能源价格的上升会降低整个社会的实际收入水平，从而降低产出水平，降低经济增长速度；第二，能源生产难度加大，迫使更多社会资源用于能源的开采和加工，降低社会总体生产效率和资本积累速度；第三，由于一些能源的有限性，导致其他投入要素边际生产率下降，从而降低经济增长速度。此外，在短期内，由于生产技术的相对固定，还可能由于能源短缺，而迫使经济增长停滞。

2. 环境约束对经济潜在增长的影响机制

环境约束对经济潜在增长的影响表现为以下几个方面：首先是对要素的组合方式产生影响。在无环境约束的情况下，要素组合按照经济增长速度最大的形式进行组合，而我们考虑到约束后，要素组合的方式就需要考虑两个目标，即经济增长和环境的承受力。其次是治理以前被污染的环境还需要投入一定的劳动力和资本，所以并非全部的生产要素都被用来生产，而是有一部分生产要素需要投入到环境污染治理中去，所以投入的生产要素总量会减少，总的产出也将会减少。

在构建相应的模型之前，我们需要分析能源环境作为投入要素进入生产函数的合理性。首先，从参与生产的角度看，能源环境参与了生产过程。我们把环境视为生产过程中的一种特殊的投入品，其作用是用来接收生产过程中排出的废弃物，而污染则视为经济增长的副产品。污染的不断排放使得环境容纳废弃物的能力不断下降，但环境自身具有一定的修复能力。除此之外，现代人类由于意识到环境的重要性而为保护环境进行一定量的资本和劳动投入。其次，从资源的稀缺程度分析，二者具备稀缺性。能源环境的约束日益显现，能源的可采量日渐减少，环境容量也不再是没有上限，资源环境也成了稀缺要素，使用其也需要付出相应的成本，因此与劳动、资本等投入要素的相似性增加，所以进入生产函数也变得更加合理。第三，从生产函数的构成看，能源环境要素与其他投入要素间存在一定的替代性。如果一种生产要素进入生产函数，最基本的要求是它和其他的投入要素之间要存在一定的替代关系。现代人类由于意识到环境的重要性而为保护环境进行一定量的资本和劳动投入，这就占用了一部分用于生产最终产品的投入要素，如果环境投入较大，即环境约束放松，人们可减少这部分要素的投入，如果环境约束严格，则为保持一定的环境质量必须加大相应的劳动和资本的投入量。可以看出，环境和资本劳动力等投入要素之间存在一定的替代关系。

根据以上分析，构造包含环境投入的生产函数模型，$Q = AL^{\alpha}K^{\beta}E^{\gamma}$，其中，Q 为产出；A 为全要素生产率；L 为劳动力投入；K 为资本投入；E 为环境要素投入。假设模型为规模报酬不变，即 $\alpha+\beta+\gamma=1$。

环境要素投入使用二氧化碳排放总量作为代理变量进入生产函数。选择二氧化碳排放总量作为环境投入代理变量的原因如下，第一，环境投入不可观测，无法直接进入生产函数进行分析，我们只能通过反面的变量进行测量。第二，经验分析表明，二氧化碳排放总量与经济发展密切相关，相关数据完善，且未来由明确的数量约束。第三，从经验数据看，能源消耗产生的二氧化碳占我国二氧化碳排放总量的70%左右，因此二氧化碳排放与能源消耗实际为一体两面的问题，我们选择二氧化碳排放量作为环境容量指标。

在模型估计时，我们使用可变参数的卡尔曼滤波进行估计，设定如下：

$$Q_t = x'_t \overline{\beta}_t + x'_t \xi_t + \omega_t$$

$$\beta_{t+1} = \overline{\beta} = F(\beta_t - \overline{\beta}) + v_{t+1}$$

其中，y，x 为被解释变量向量和解释变量向量，β 为随机变参数向量，扰动向量 ω 和 v 满足：

$$\begin{pmatrix} v_{t+1} \\ \omega_t \end{pmatrix} N\left[\begin{pmatrix} 0 \\ 0 \end{pmatrix}, \begin{pmatrix} Q, & 0 \\ 0, & \sigma^2 \end{pmatrix}\right]$$

（三）外需变动对潜在产出的影响分析

我国未来经济发展面临外需减少的趋势，一部分需求可能会永久消失，需求冲击无法得到调整，因此，这种需求结构变化带来的冲击将不仅使实际经济运行偏离潜在产出水平，而且有可能会对潜在产出水平产生影响。因此，研究外需对中国经济增长的影响，需要区分外需对实际经济增长的影响和对潜在增长的影响。

1. 外需影响经济潜在增长率的机制

外需对经济潜在增长率的影响机制可以概括为以下几个方面：第一，外需促进了物质资本的积累，因为对外贸易可以充分发挥一国的比较优势，有利于充分发挥我国劳动力充足的优势，从而相对提高了相对稀缺的资本的价格。但由于资本存在完全的流动性，能够迅速调整与劳动要素组合，从而促使物质资本不断积累。第二，外需促进了人力资本的积累和提高了劳动力的参与（降低了自然失业率）。第三，外需还能够促进一国 TFP 的提高，对外贸易使得出口部门处于世界范围内的竞争环境当中，促使企业采取提高技术水平、改善管理水平等的措施，同时在对外贸易活动当中，企业有机会接触、模仿其他国家的先进的技术、先进的制度等，并且出口部门对非出口部门具有技术溢出等外部效应，这些都极大地促进了一国 TFP 的提高。

2. 分析模型的构建

为研究外需对潜在经济增长的确切影响，参考 Mankiew 等（1992）和 Barro 等（1995）和其他学者的研究成果（Joyce 等，2011），本文基于1978～2008年31个省份、直辖市、自治区等的省级面板数据，构建了如下的计量分析模型：

$$\ln GDP_{it} = \partial + \alpha \ln K_{it} + \beta \ln L_{it} + \lambda \ln H_{it} + \kappa \ln X_{it} + \omega Z_{it} + \eta_i + \mu_t + \varepsilon_{it}$$

其中，GDP_{it}为潜在产出，K_{it}为实际资本存量，L_{it}为劳动力存量，H_{it}为人力资本存量，X_{it}为出口变量，Z_{it}为其他控制变量（进口总额、城市化程度、实际利用外资水平、基础设施水平、地方财政收支水平等），η_i为地区固定效应，μ_t为时间固定效应，ε_{it}为既随时间又随地区变动的残差。

三、1992～2009 年我国经济潜在增长率估计与不同估计方法的比较

利用以上潜在增长分析框架，我们首先估算 1992～2009 年这一历史时期的潜在增长率，并使用 DSGE 模型法和多种滤波法同时估算作为对比，以进一步检验各种方法的效果，为下一部分预测未来十年的经济潜在增长率奠定基础。

（一）生产函数法

首先使用多部门生产函数来估算三次产业的潜在增长率。考虑到要与其他估计方法得到的历史值估算结果进行比较，本部分暂不考虑资源环境和需求等因素的影响。具体结果如下：

1. 第二产业潜在增长率①

从估算结果看，1992 年以来，我国第二产业的潜在增长呈分阶段下滑态势。1992～1998 年是潜在增长第一阶段下滑，由 15% 以上的高增长下降至 12% 左右；1998～2004 年潜在增长基本保持稳定。2004 年以后潜在增长再次出现下降。由于为抑制严重通货膨胀而实行了严厉的宏观调控，1992～1998 年第二产业的资本形成速度和劳动力增速均出现了显著下降，这是造成第二产业潜在增长速度下降的主要原因。1998～2004 年，劳动力投入和资本形成保持较快增长速度，全要素生产率比较平稳，因此二产潜在增长率保持平稳。2004 年之后，由于劳动力、资本形成速度以及全要素生产率三者皆呈现下降态势，因此第二产业的潜在增长速度又出现了持续下降。

---

① 鉴于趋势滤波得到的潜在增长率的波动非常大，这与我们的直观判断不符，因此在分析各产业潜在产出时，我们更多依据 HP 滤波法的结果。同时也给出趋势滤波的结果，以供参考。

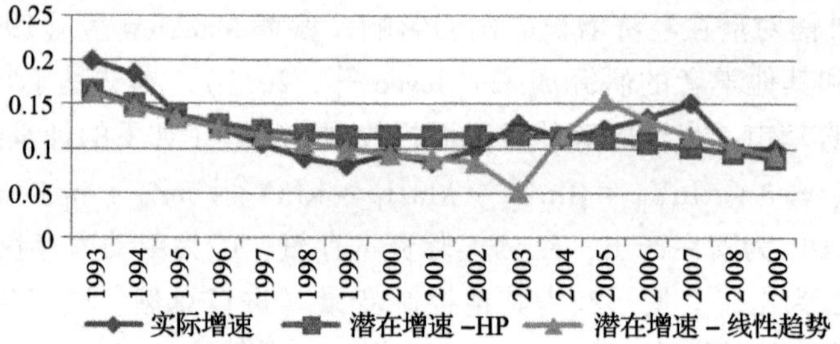

图 5　第二产业实际和潜在增长率

注：线性趋势表示使用线性趋势滤波法得到的潜在增长率，hp 表示使用 HP 滤波法得到的潜在增长率。以下图中相同，不再重复说明。

分析第二产业增长中各要素的贡献可知，要素投入的高增长是 2002 年以后第二产业高速增长的重要拉动力量，特别是资本要素的投入，2002 年以来逐渐呈现快速上升的趋势，2002 ~ 2009 年平均增速为 17.3%。2002 年以后，劳动力的投入速度也出现了较快上升，2002 ~ 2009 年劳动力投入平均增速为 3.7%（见图 6）。

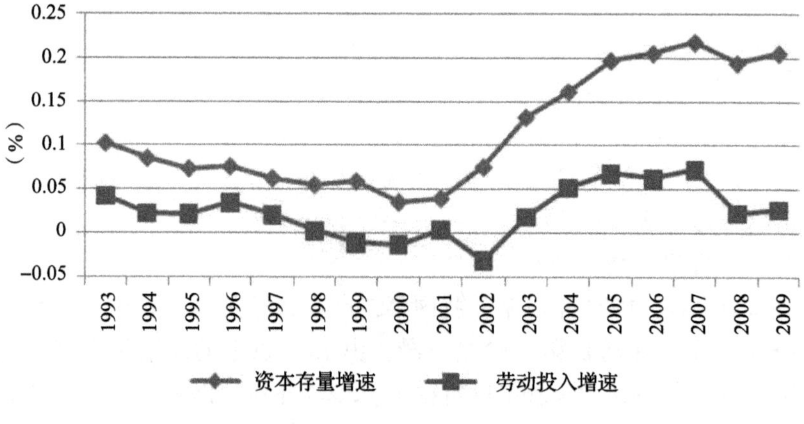

图 6　二产中投入要素增速

分析各投入要素的贡献，资本投入对第二产业增长的贡献率始终保持在 40% 以上，2008 年和 2009 年进一步提高，达到 60% 左右。劳动投入贡献率略低于资本的贡献率，2004 ~ 2007 年保持在 30% 以上，2008 年和 2009 年降低到 20% 左右。综合劳动投入和资本投入的贡献来看，要素投入对第二产业增长的贡献率保持在 75% 以上，全要素生产率的贡献保持在 20% 左右，第二产业的增长仍然是依靠简单要素投入扩张的生产模式。

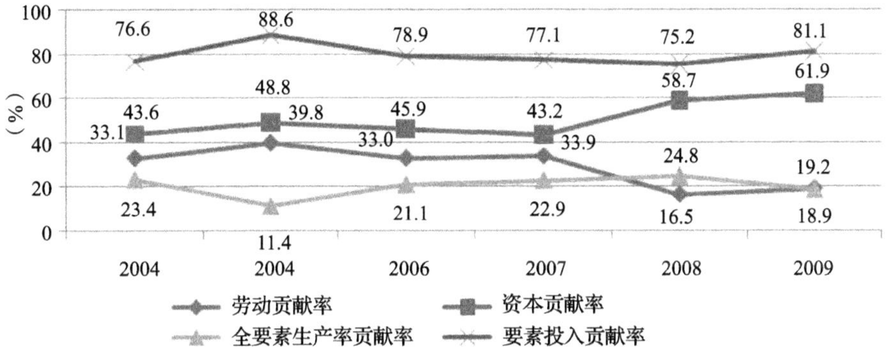

图 7　第二产业要素贡献率

2. 第三产业潜在增长率

第三产业潜在增长率经历了一个波浪式变化过程，1998 年之前持续下降，而 1998 年之后转为上升，2004 年之后再次转为下降。与第二产业相比，第三产业的周期波动性较弱，但周期波动的阶段基本相同。1998 年之前，虽然第三产业劳动生产率持续提高，但是无法弥补就业增速的快速减少，因而潜在增长率呈现持续下降。1998 ~ 2004 年，劳动生产率和就业人数保持平稳的提高速度，因此潜在增长率也保持平稳。2004 年之后，虽然就业人数增速继续下降，但是由于劳动生产率的大幅度提高，从而潜在增长率也呈现上升趋势。这个阶段的劳动生产率大幅度提高，可能是这个阶段第三产业资本深化的一个重要表现，但是由于缺乏第三产业资本存量数据，我们无法对其进行进一步分析。

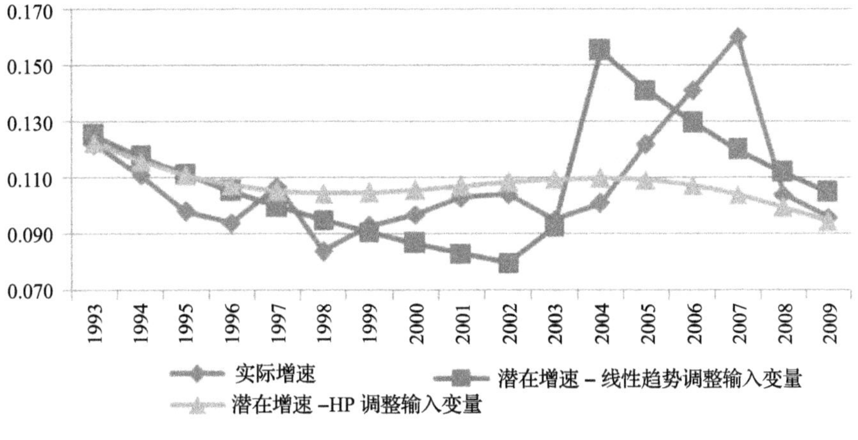

图 8　第三产业实际和潜在增长率

从第三产业的增长来源看，劳动力投入增速始终低于第三产业增速，而且二者的差距有逐渐拉大的趋势。20 世纪 90 年代，二者差距为 4. 7 个百分点，21

世纪第一个十年差距拉大到8个百分点，因而劳动生产率的提高成为第三产业迅速发展的主要推动力。

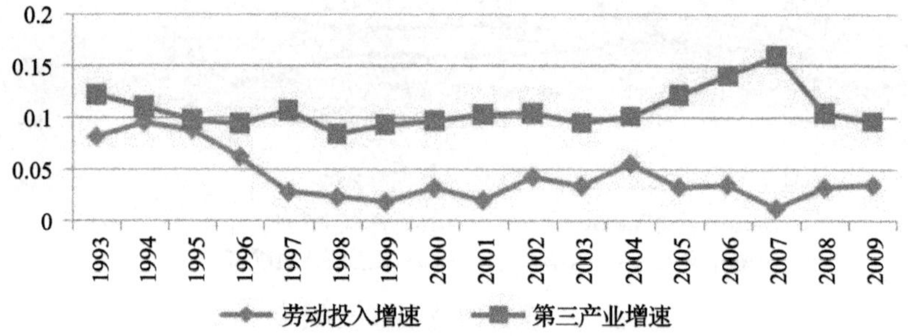

图9　劳动投入与第三产业增速

3. 第一产业潜在增长率

第一产业潜在增长的总体变化趋势与二产和三产有所不同，特别是2004年后有一个小幅上升过程，表明第一产业的增长相对独立于经济中的其他部门。第一产业的潜在增长率比较平稳，主要原因是由于技术进步等原因，单位土地产出的提高速度可以弥补土地面积的下降。与第二产业和第三产业相比，第一产业也呈现出相同的周期特征，特别是从2004年到2009年，第一产业的增长除2007年外始终高于潜在增长。

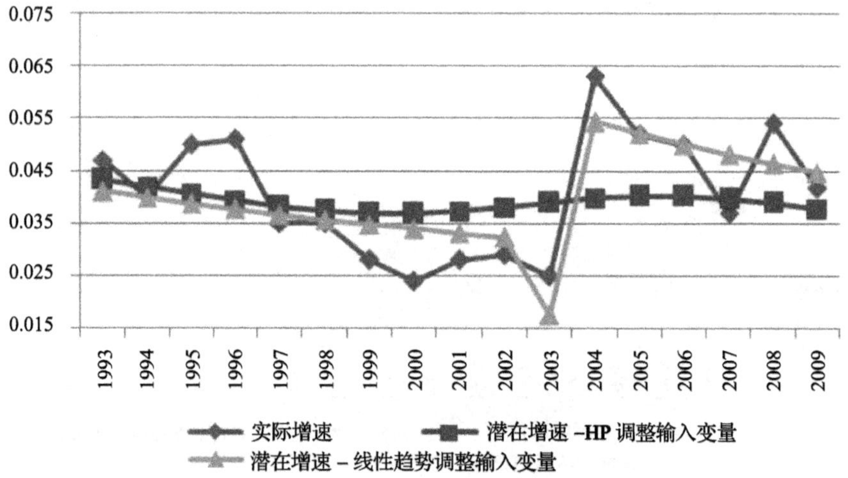

图10　第一产业实际和潜在增长率

从增长来源看，第一产业的增长中土地产出率的提高至关重要。自1992年以来，土地投入增长较慢，而且多个年份出现了土地投入负增长的情况。观察图15

可知，第一产业的增速始终高于土地投入的增速，1992～2009 年，土地投入增速为 0.37%，而第一产业增速为 4.1%，基本来源于土地产出率提高的贡献。

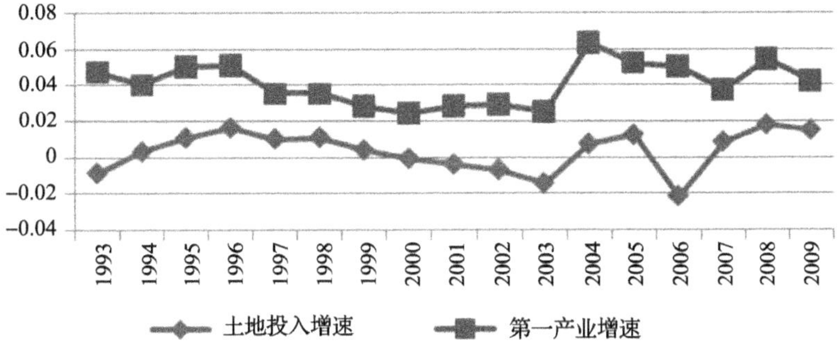

图 11　土地投入与第一产业增速

4. 经济总体潜在增长情况

通过对三次产业的潜在增长加总计算整体经济的潜在增长率。1992 年以来，我国整体经济的潜在增长率也是呈先下降，再上升，然后再下降的过程。1992～1998 年期间，潜在增长率由 12.7% 下降到 10% 以下。1998～2004 年，潜在增长率又小幅回升到 10% 以上。2004 年至今，潜在增长率再次回落，目前在 9% 左右。从经济运行看，整体经济增长呈现显著的周期性特征，其波动阶段与第二产业高度一致。1993～1995 年，整体经济增长高于潜在增长，1996～2004 年，实际增长低于潜在增长，1998 年和 1999 年二者相差 2 个百分点。2004 年以后，整体经济增长加速，高于潜在增长率，尤其是 2007 年，高于潜在增长率 4 个百分点，呈现明显过热。同期第二产业实际增速高于潜在增速 5.5 个百分点，是经济过热的主要来源。2008 年以后，经济的产出缺口迅速缩小，经济运行基本处于潜在增长水平附近。

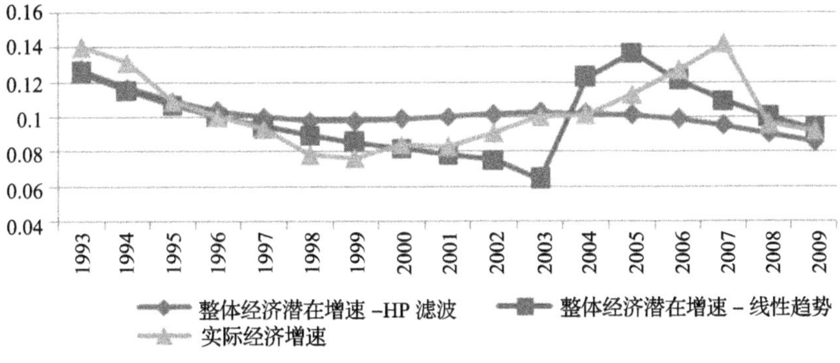

图 12　整体经济实际和潜在增长率

（二）动态一般均衡模型

使用 DSGE 法估计得到的潜在产出缺口和自然产出缺口如图 13 所示，结论表明：第一，自然产出缺口与潜在产出缺口变动基本一致。从转折点来看，两个序列的转折点基本一致。从相关系数来看，二者的相关系数高达 0.9663。第二，自然产出缺口与潜在产出缺口基本能够刻画出在这段时期内经济的几个高点和低点。DSGE 得到的产出缺口显示，1996 年、2003 年第四季度、2006 年第四季度至 2008 年第一季度以及 2010 年第四季度是经济中的几个相对高点，而 2008 年第四季度是经济中的低点，这种刻画基本和现实的实际情况相符合。因此，以本文得到的产出缺口作为经济运行情况的判断指标是有一定借鉴意义的。

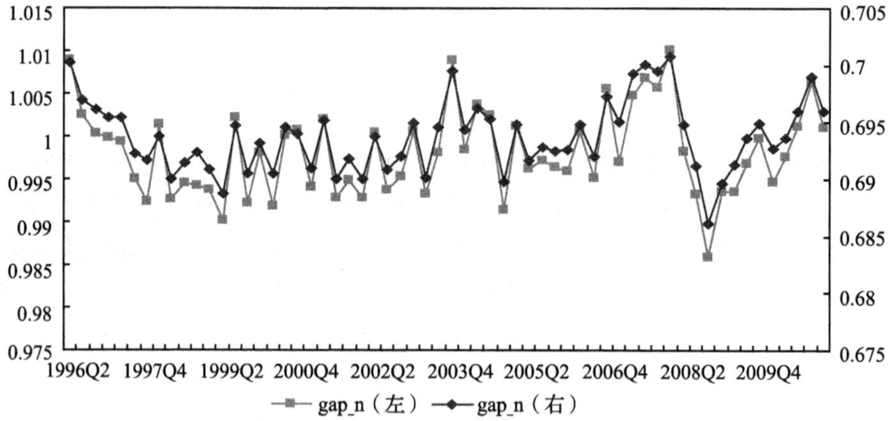

图 13 自然产出缺口（gap _n）与潜在产出缺口（gap _p）

（三）多种滤波法

使用滤波方法，包括 QT 滤波、HP 滤波、BP 滤波和 UC－卡尔曼滤波方法，以及双变量 SVAR 模型对我国的产出缺口进行测算。各种滤波方法估计得到的产出缺口如图 14 所示。BP 滤波产生的序列波动性较小，QT 滤波与 SVAR 模型得到的序列波动性较大，原因是 BP 滤波在滤波过程中就将高频成分去除了。SVAR 方法得到的序列在尾端与其他四种方法得到的序列差别较大。

（四）多种估计方法的效果比较

我们主要通过评价各种方法得到的产出缺口对通货膨胀率的解释能力来分析各种方法的估计效果。

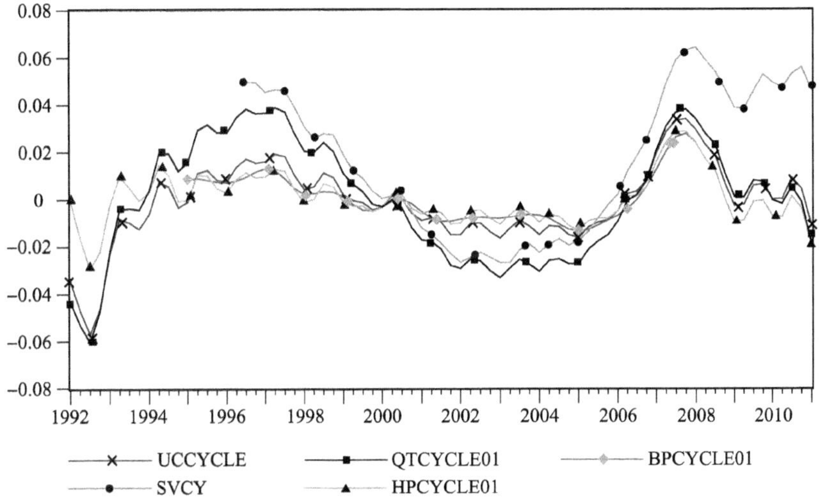

图 14 各种滤波方法估计得到的产出缺口

注：UCCYCLE 表示使用卡尔曼滤波方法得到的产出缺口，QTCYCLE01 表示使用二次趋势滤波方法得到的产出缺口，BPCYCLE01 表示使用 BP 滤波方法得到的产出缺口，SVCY 表示使用 SVAR 模型得到的产出缺口，HPCYCLE01 表示使用 HP 滤波方法得到的产出缺口。

1. 生产函数法

根据三次产业计算得到的潜在产出值，与实际 GDP 产出相比得到产出缺口数据，我们通过分析产出缺口和通货膨胀率变化①的关系来大体评价上述生产函数模型的事实解释能力。从图 15 可以看出，使用分段线性趋势法进行调整得到的 GDP

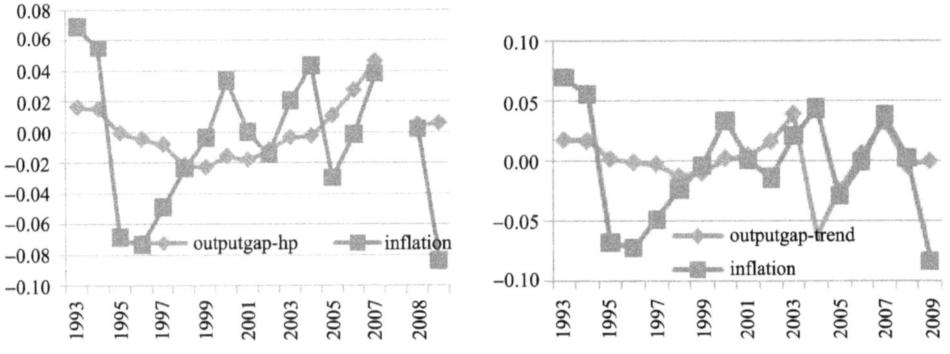

图 15 产出缺口和通货膨胀变动

注：outputgap－hp 表示使用 HP 滤波处理原始数据得到的产出缺口，outputgap－trend 表示使用趋势法处理原始数据序列得到的产出缺口。

---

① 这里的通货膨胀率变动使用 GDP 平减指数的变动。

的缺口与通货膨胀变化的吻合程度较好，在1993～2009年，共有六个年份出现不一致，但是除1995年和2004年差距较大外，其余都是二者在零附近波动时出现的细微不一致。HP滤波法也有六个年份出现不一致，二者的事实解释能力都不错。

2. 动态随机一般均衡（DSGE）模型

动态随机一般均衡（DSGE）模型及多种滤波方法对通胀解释力评估见图16。可以看到DSGE方法估计得到的产出缺口的波动性较大，但总体上与通胀的走势还是吻合的。

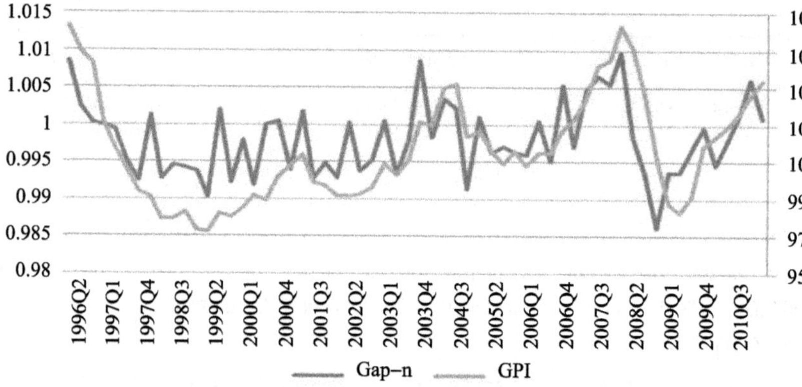

图16 DSGE产出缺口与CPI指数图示

3. 单变量、多变量滤波法

各种滤波方法的分析结果表明，估算得到的产出缺口序列均对通货膨胀率的变化情况与生产函数法DSGE方法相比较差，如图17所示。

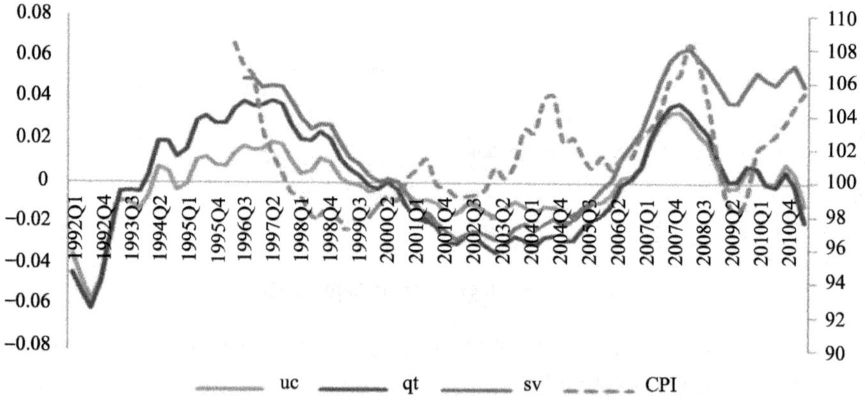

图17 滤波方法估计的产出缺口序列与CPI关系图示

注：UC表示使用卡尔曼滤波法得到的产出缺口，qt表示使用二次趋势滤波法得到的产出缺口，sv表示使用SVAR模型得到的产出缺口。

总体而言，生产函数法的估计方法最为简单，透明度最高，其得到的估计结果对通货膨胀的解释能力也最高。DSGE 模型利用多变量建立了一个一般均衡模型，假设条件少且符合经济理论，虽然求解过程相对复杂，但得到的结果对通胀的解释力令人满意。而就几种滤波方法来看，双变量结构 VAR 方法由于其较单变量滤波而言获取了相对较多的经济信息，确实得到了高于其他滤波法的解释能力的产出缺口序列；不可观测成分方法（UC 滤波）和时间趋势滤波（QT 滤波）在单变量估计方法里解释力最佳，UC 方法对不可观测成分的假设要相对更符合经济规律，而 QT 滤波虽然对假设条件有着严格的要求，但其测算方法是所有方法中最简单的。但各种滤波方法得到的结果对通货膨胀率的解释能力与 DSGE 方法和生产函数法相比存在一定的差距（见表 2）。

表 2　不同产出缺口序列对通胀的解释力

通胀率指标	CPI	GDP 缩减指数
产出缺口序列	拟合优度 R^2	
QT 滤波	0. 4264	0. 4958
HP 滤波	0. 2516	0. 4042
BP 滤波	0. 2998	0. 5064
UC 方法	0. 3402	0. 4623
SVAR 方法	0. 6211	0. 6188
DSGE 方法	0. 9245	0. 7088
生产函数法	0. 8924	0. 8113

四、未来十年经济潜在增长率预测

利用前文中建立的符合中国特征的潜在增长分析框架，我们对未来十年中国潜在增长率进行估算。首先利用多部门生产函数估算只考虑生产要素供给情况下的潜在产出，然后在此估算的基础上分别扣减由于外需结构性变化、资源环境约束加强等因素对潜在增长的影响，最后获得最终的未来潜在增长预测。由于未来变化的不确定性因素如体制环境和技术进步等，我们主要考虑了两种情景。一种是照常情景（BAU，Business as Usual），即除了确定性因素外，其他因素都是延续其历史趋势。另一种为乐观情景，即非确定性出现积极变化时的情景，且这种变化出现具有较大的可能性。

（一）基于多部门生产函数的未来十年潜在增长率

首先估算三个产业各自的潜在增长率，再加权平均获得整体经济的潜在增长率。

1. 第二产业潜在增长率

未来十年第二产业的潜在增速取决于资本存量的增速、劳动力投入的增速和全要素生产率的增速。其中劳动力年龄人口数来自于社科院人口所预测，我们通过滤波获得劳动年龄人口就业率变化趋势，外推后获得未来每年的就业率。由于是分部门预测，需要知道未来十年劳动力在不同产业部门的分布，因而需要预测就业结构的变化，我们在国务院发展中心和宏观院课题组预测基础上进行了一定修正，如表3所示①，分为照常情景和乐观情景。

表3　中国三次产业结构变化趋势分析——基准情景　单位：%

年份		就业结构		
		第一产业	第二产业	第三产业
照常情景	2010	36.7	28.7	34.6
	2015	29.5	31.7	38.8
	2020	24.1	33.7	42.2
乐观情景	2010	36.7	28.7	34.6
	2015	31.4	29.0	39.6
	2020	24.9	30.5	44.6

资本存量的增长速度受到投资增速和折旧率的影响。未来十年中，由于人口结构变化，我国的储蓄率将趋于下降。

储蓄率降低将使2011～2020年资本存量增速与1993～2009年相比下降约4个百分点。同时，资本外流等因素会进一步降低我国的资本存量的增加速度。未来十年中，随着基础设施进一步完善，投资中折旧率相对较低的建筑安装工程部分所占的比重将进一步降低，而折旧率相对较高的设备工具器具购置的比重将会上升，因此预计未来十年的折旧率将提高到12%。综合考虑投资增速下降和折旧率提高的影响，预计未来十年的平均资本存量增速与2000～2009年相比降低7个百分点，为7.7%。

① 参见李善同等《2030年的中国经济》，经济科学出版社，2011年。

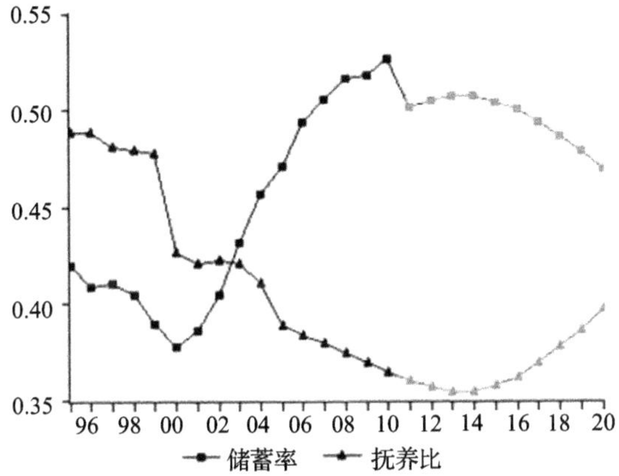

图 18　储蓄率与抚养比变化

未来十年全要素生产率的变化是诸多因素中最难以确定，也是对经济增长最为重要的影响因素。未来我国 TFP 的增长速度，取决于一系列 TFP 的影响因素。第一是科技水平的提高。未来十年中，无论是我国通过自主创新还是技术引进，技术进步的空间都非常大。第二是资源配置效率的改善。目前我国在资源配置上还存在很大的扭曲，据估算如果资本和劳动重新优化配置，TFP 水平可以提高 30% ~50% 。如果未来十年这种优化配置能够促进 TFP 增长 10%，那么 TFP 平均每年至少可以增加 0.4 个百分点。第三是人力资本的积累。我国当前劳动力受教育年限在发展中国家中处于较高水平，具有高等教育背景的知识劳动力比重在增加，同时，大量海外留学人员的回流都可促进未来人力资本的提高速度。第四是经济体制改革继续深化。我国经济体制改革还有很大潜力可挖，能够继续为全要素生产率的提高做出贡献。第五是政府职能的改善。政府在我国经济增长中扮演重要角色，政府能否恰当地履行公共职能并提高行政效率直接影响到国民经济的效率。综合全要素生产率的各影响因素来看，未来十年中，全要素生产率的提高速度加快存在良好基础，各项有利因素合计全要素生产率可以提高 1.5 ~2 个百分点。考虑到不确定性因素的存在，我们分两种情景对其未来十年的变化进行分析。假设照常情景下，全要素生产率的变化趋势与 2000 ~2009 年相同，由此我们可以通过滤波后趋势外推得到未来十年的全要素生产率。乐观情景下，未来十年的全要生产率提高速度加快，到 2020 年比照常情景下提高 1.5 个百分点①。

① 第三产业全要素生产率的假设条件与此相同，但是考虑到第三产业的全要素生产率提高速度较二产慢，因此我们假设乐观情景下，到 2020 年，全要素生产率比趋势值加快 1 个百分点。

根据以上各投入要素的测算，我们获得未来十年我国第二产业潜在经济增速（见表4）。总体来看，由于生产要素投入增速的下降，我国二产的潜在增长速度将趋于下降，如果延续以往趋势，未来十年二产增速将下降约3.1个百分点。在乐观情景下，下降幅度则明显较小，增速约下降1.7个百分点。

表4　未来十年第二产业潜在增速预测　　单位：%

年份	资本存量增速	劳动投入增速	全要素生产率历史趋势	乐观情景全要素生产率	照常情景增速	乐观情景增速
2011	10.0	2.4	6.21	6.31	10.9	11.0
2012	9.5	1.9	6.25	6.50	10.5	10.7
2013	9.0	1.8	6.29	6.69	10.2	10.6
2014	8.5	1.6	6.33	6.88	10.0	10.5
2015	8.0	0.9	6.36	7.06	9.4	10.1
2016	7.5	0.4	6.39	7.24	8.9	9.8
2017	7.0	0.1	6.42	7.42	8.6	9.6
2018	6.5	0	6.45	7.60	8.4	9.6
2019	6.0	-0.1	6.47	7.77	8.2	9.5
2020	5.0	-0.3	6.49	7.99	7.8	9.3

2. 第三产业增长率

第三产业的生产函数方程中仅包含就业人口和劳动生产率，因此未来十年第三产业的增长速度取决于就业人口的增长速度和劳动生产率的提高速度。上文已经给出了不同情景下第三产业劳动力投入情况。劳动生产率的提高速度在照常情景下保持当前的变化趋势，而在乐观情景下，我们假设未来十年第三产业劳动生产率逐年提高，至2020年比趋势值加快1个百分点。

按照上文对各增长因素的分析预测，得到未来十年第三产业潜在增速预测（见表5）。未来十年，三产潜在增长率也是呈现下降趋势，但下降的幅度较二产要小，在照常情景下潜在增长率放慢2.5个百分点，在乐观情况下只放慢0.9个百分点。三产潜在增长放慢较缓主要是由于其劳动力增长速度减慢的幅度要低于二产，特别是在2015年以后，由于第二产业基本达到峰值，吸纳劳动力的能力下降，因此劳动力再配置将主要在一产和三产展开。

表 5　未来十年第三产业潜在增速预测　　单位：%

年份	照常劳动投入增速	乐观劳动投入增速	照常劳动生产率趋势	乐观情景劳动生产率	照常情景增速	乐观情景增速
2011	2.6	2.6	6.0	6.1	8.6	8.7
2012	2.3	2.8	5.9	6.1	8.2	8.9
2013	2.1	2.6	5.9	6.2	8.0	8.8
2014	1.9	2.3	6.3	6.7	8.2	9.0
2015	1.4	2.0	6.6	7.1	8.0	9.1
2016	0.9	1.6	6.5	7.1	7.4	8.7
2017	0.6	1.3	6.0	6.7	6.6	8.0
2018	0.5	1.2	6.0	6.8	6.5	8.0
2019	0.3	1.0	6.0	6.9	6.3	7.9
2020	0.1	0.8	6.0	7.0	6.1	7.8

3. 第一产业

如前文分析，第一产业的增长主要依靠土地产出率的增长，而未来十年，土地投入的增速更不可能加快，因此我们假设未来十年土地投入的规模保持不变，即土地投入增速为零，而土地产出率的提高速度依据其历史趋势外推确定，由此获得第一产业未来十年的潜在增长速度，从表 6 中可以看出，其潜在增长基本稳定，略有上升。

表 6　未来十年第一产业潜在增速预测　　单位：%

年份	2011	2012	2013	2014	2015	2016	2017	2018	2019	2020
潜在增速	3.9	4.1	4.1	4.1	4.1	4.1	4.1	4.1	4.1	4.1

4. 整体经济的潜在增长率

综合第一、第二和第三产业的潜在增速，得到未来十年的潜在经济增长速度（见表 7）。照常情景下，2011～2020 年潜在增长率下降 2.4 个百分点，潜在增长将由当前的 9% 左右下降到 2020 年的低于 8%。乐观情景下，由于二产和三产全要素生产率的提高速度加快，部分弥补了由于投入要素增速下降的影响，潜在增长率仅下降了 1 个百分点，由 9.3% 下降到 8.3%，也就是只考虑供给因素到 2020 年潜在增长仍可维持在 8% 左右。

表7 只考虑供给因素影响的潜在增长率 单位:%

年份	2011	2012	2013	2014	2015	2016	2017	2018	2019	2020	平均
照常情景	9.2	8.9	8.7	8.7	8.4	7.9	7.4	7.3	7.1	6.8	8.1
乐观情景	9.3	9.3	9.2	9.3	9.2	8.9	8.5	8.5	8.4	8.3	8.9

(二) 能源环境约束对潜在增长率的影响

能源环境约束强化是影响我国未来十年潜在增长的重要因素。我们将分别分析能源和环境约束强化对我国经济潜在增长率的影响，再估算其综合影响。在估算综合影响时，则必须考虑到能源和环境两者之间存在着极为密切的联系，其影响有很大的重合部分。为简单计，我们取两者之中对经济潜在增长影响较大的一个作为对经济增长的综合影响。

依据上文中的能源约束对潜在经济增长影响的分析框架，我们依然构建两部门生产函数模型来定量分析能源投入对经济潜在产出的影响，即一般的商品生产部门和自然资源生产部门，分析了自然资源生产部门生产效率和生产方式、自然资源价格和进出口比例对长短期经济增长的影响。基本的结论为，如果能源生产效率下降1%，则经济增长下降0.017个百分点，能源价格提高1%，经济增长率下降0.031个百分点，在既定的价格水平下，进口比例的提高对短期经济增长率的影响甚微，如果进口比例提高1%，经济增长率仅会下降0.0064个百分点，因此我们在下文的分析中忽略能源进口比例提高带来的影响。我们假定未来十年能源生产效率下降10%，而能源价格提高10%①，则将拉低潜在增长率0.47个百分点。

分析未来十年由于环境约束对潜在经济增长率的影响。我们假设未来十年技术进步与二氧化碳强度下降难度相抵，即保持二氧化碳的弹性0.18，同时假设，照常情景为按照上文中得到的经济增速的照常情景下的预测值来分析二氧化碳排放总量的增速，乐观情景为按照上文得到的乐观经济增速预测分析二氧化碳排放总量的增速，结果如表8所示。

照常情景下，未来十年由于二氧化碳排放总量的约束则会使经济潜在增长率与2000~2009年相比下降0.72个百分点，而乐观情景下，环境限制将会把2011~2020年的经济潜在增长率与2000~2009年相比拉低0.56个百分点②。

---

① 分报告中有更多的情景分析，详见分报告。

② 2011年当年的环境约束与其他年份的计算不同，由于2011年已有比较确定的经济增速和单位国内生产总值二氧化碳排放下降速度的数据，因此我们按照经济增速9.3%、单位国内生产总值二氧化碳排放下降速度1.8%计算2011年的环境约束。其他年份的结果则是按照单位国内生产总值二氧化碳排放下降速度年均下降3.2%，经济增速为分报一中预测得到的数据计算。

表 8　环境约束对经济潜在增长率的影响　　　　单位:%

年份		2011	2012	2013	2014	2015	2016	2017	2018	2019	2020	平均
照常情景	CO_2弹性	0.18	0.18	0.18	0.18	0.18	0.18	0.18	0.18	0.18	0.18	—
	潜在增速下降	0.26	0.60	0.62	0.63	0.69	0.77	0.85	0.88	0.91	0.95	0.72
乐观情景	CO_2弹性	0.18	0.18	0.18	0.18	0.18	0.18	0.18	0.18	0.18	0.18	—
	潜在增速下降	0.24	0.52	0.53	0.51	0.54	0.59	0.66	0.66	0.68	0.70	0.56

注：表格中潜在增速下降指的是与 2000 ~ 2009 年的平均潜在增速相比下降的幅度。

从以上分析结果看，环境约束对潜在增长的影响要大于能源约束。即使在乐观情况下，未来十年环境约束导致潜在增长平均下降 0.56 个百分点，而能源约束影响的经济增长为 0.47 个点。因此，我们在综合考虑能源环境影响时，将使用环境约束的影响作为能源环境的综合影响。

（三）外需变化对潜在增长率的影响

利用外需对潜在增长影响的分析框架估算，我们发现 2002 ~ 2008 年期间外需对中国经济增长的弹性为 0.114，外需对潜在产出的弹性为 0.0867，可见外需变动对实际经济增长的影响大于对潜在增长率的影响，因此，如果当外需下降时，实际经济增长的下滑幅度要大于潜在增长率的变动，会产生负的产出缺口，具体来说，如果外需下降了 10%，则实际经济增长速度将下降 1.1 个百分点，而潜在增长率将下降 0.86 个百分点，产出缺口为 0.24 个百分点。

根据我们对 2011 年中国出口增长率的预测和 IMF 对 2012 ~ 2016 年期间预测数据，并假定当前的贸易体制不发生根本性的变动，本文估算了出口对我国经济增长和潜在经济增长的贡献，表 9 列出了基本的估算结果。

表 9　外需对经济增长的贡献　　　　单位:%

年份	2011	2012	2013	2014	2015	2016	2017 ~ 2020	平均
出口增长率（预测）	20	15	15.47	15.71	16.06	16.04	12	14.63

续表 9

年份	2011	2012	2013	2014	2015	2016	2017 ~ 2020	平均
对经济增长贡献	2.3	1.71	1.76	1.79	1.83	1.83	1.365	1.67
对潜在经济贡献	1.7	1.30	1.34	1.36	1.39	1.39	1.05	1.27
导致经济增长下降	0	0.67	0.62	0.59	0.55	0.55	0.75	0.60
导致潜在经济增长下降	0	0.51	0.47	0.45	0.42	0.42	0.56	0.45

注：2012 ~ 2016 年出口增长率预测来自 IMF World Economic Outlook Database（September 2011）。2017 ~ 2020 年出口增长率为我们根据 IMF2011 ~ 2016 年的预测而做的推断。

（四）考虑外需与资源环境约束条件后的经济潜在增长率

我们在只考虑供给因素得到的经济潜在增长率基础上，扣除外需、资源环境对经济潜在增长率的影响，就得到最终综合考虑供给因素和约束条件的经济潜在增长率，结果见表 10。从表中可以看出，在照常情景下，我国经济潜在增长率将由 2011 年的 9.0% 下降到 2020 年的 5.3%，下降 3.7 个百分点，这样大幅度的下降意味着我国高增长的结束。在乐观情景下，潜在增长率则由 2011 年的 9.1% 下降到 2020 年的 7.0%，下降 2.1 个百分点，仍基本属于较高增长（见表 11）。

表 10　综合考虑供给和约束因素后的我国潜在增长率　单位：%

年份	2011	2012	2013	2014	2015	2016	2017	2018	2019	2020	平均
照常情景	9.0	7.8	7.6	7.6	7.2	6.7	6.0	5.8	5.6	5.3	6.9
乐观情景	9.1	8.3	8.2	8.4	8.2	7.9	7.3	7.3	7.2	7.0	7.9

表 11　潜在增长率及其各组成成分预测　单位：%

年份		2011	2012	2013	2014	2015	2016	2017	2018	2019	2020	平均
照常情景	要素供给贡献	9.2	8.9	8.7	8.7	8.4	7.9	7.4	7.3	7.1	6.8	8.1
	环境约束影响	-0.26	-0.60	-0.62	-0.63	-0.69	-0.77	-0.85	-0.88	-0.91	-0.95	-0.72

续表 11

年份		2011	2012	2013	2014	2015	2016	2017	2018	2019	2020	平均
照常情景	外需下降影响	0	-0.51	-0.47	-0.45	-0.42	-0.42	-0.56	-0.56	-0.56	-0.56	-0.45
	经济潜在增长	9.0	7.8	7.6	7.6	7.2	6.7	6.0	5.8	5.6	5.3	6.9
乐观情景	要素供给贡献	9.3	9.3	9.2	9.3	9.2	8.9	8.5	8.5	8.4	8.3	8.9
	环境约束影响	-0.24	-0.52	-0.53	-0.51	-0.54	-0.59	-0.66	-0.66	-0.68	-0.70	-0.56
	外需下降影响	0	-0.51	-0.47	-0.45	-0.42	-0.42	-0.56	-0.56	-0.56	-0.56	-0.45
	经济潜在增长	9.1	8.3	8.2	8.4	8.2	7.9	7.3	7.3	7.2	7.0	7.9

潜在增长的下降反映了供给条件和约束加强的双重影响。我们对2011～2020年潜在增长下降的因素做了分析（见表12），结果表明，在照常情景下，潜在增长率的下降主要是由供给因素引起的，占到潜在增长下降总额的三分之二，而约束加强只占下降的三分之一。而在乐观情景下，潜在增长的下降则主要是由供给条件变化和约束加强共同引起的，二者各贡献了下降的一半。在约束条件中，外需和能源环境的影响在两种情景中都基本相当。从动态来看，供给因素的影响在未来十年的中期即2016年前后较大，而外需和资源环境的影响则越接近后期影响越大。

表 12　潜在增长下降的因素分析

指标	照常情景		乐观情景	
	点数	贡献率（%）	点数	贡献率（%）
供给因素	2.40	65.7	1.03	50.4
外需因素	0.56	15.3	0.56	27.4
能源环境	0.69	19.0	0.46	22.2
合计	3.65	100.0	2.05	100.0

最后需要指出的是，受方法数据等基础条件的限制，以上对我国潜在增长率的研究结论还是很初步的。特别是对未来趋势的预测，还存在着很多难以定量的不确定性因素，因而从这个意义上说，未来潜在经济增长率的变化也还是非确定性的。但研究也清晰地表明如果继续延续以往的变化趋势，中国经济的潜在增长将出现较大放缓。

五、政策建议

从以上对经济潜在增长率的分析结果看，未来十年我国经济潜在增长率受要素供给、需求环境变化和资源环境约束变化有明显放缓的态势。这将对我国长期发展战略和短期宏观调控带来一系列的影响，需要认真加以面对，防止因应对经济潜在增长回落不当而产生较大的负面冲击。

第一，应容忍经济增速适度放缓。国际经验和国内经济分析均表明，高速增长的经济体速度放缓是经济发展的一般规律。从我国的具体情况看，增速放缓在相当程度上出于保持资源环境可持续发展的需要，实际是为了保障在更长远时期的经济发展。从另一方面看，当好的环境日益成为稀缺物品时，人们对环境的价值评价就会上升，因而伴随着环境改善的经济放缓并不会导致人们福利水平的下降。

第二，有效挖掘要素供给潜力。未来我国劳动力供给和资本供给受人口年龄结构变化和储蓄率变化都有放慢的趋势，甚至将转为下降。但我国仍有提高要素供给的潜力，应着力加以挖掘。一是目前农业劳动力比例仍较高，通过城市化的拉动和农业现代化机械化的推动就有可能大幅度降低农业劳动力比例，从而增加二、三产业的劳动供给。二是适当提高退休年龄，目前我国退休年龄较低，在人民健康素质已经大幅改善的条件下，实际上造成人力资源的浪费，应视劳动力市场供求情况，及时调整退休年龄。三是加大金融改革力度，降低金融抑制程度。在资本供给减慢的情况下，资金价格应更多地反映资本供求关系，使资本供求趋于平衡。并通过加快金融体制改革、发展直接融资等方式，提高资本运用效率。

第三，发挥要素质量提高的新比较优势。在要素供给数量有所下降的同时，我国的要素供给质量有所提高。一是人力资本积累速度加快。目前中国年度普通本专科毕业生达到570万人以上，是21世纪初的5倍，劳动力整体素质提高。其次是研发投入增长迅速。近年来中国研发投入增长率在20%左右，2010年研发投入占国内生产总值的比例达到1.76%。在绝对额上已经超过日本，成为世界第二。第三是资本存量质量上升。充分发挥后发优势，中国建设了一大批具有国际一流水平的重大装备、重要基础设施，为长期发展奠定了坚实的基础。要素供给质量的改善有利于生产率的提高，这也是我们假定未来生产率增长高于历史趋势的重要依据。要充分利用要素质量的提高，推动创新和结构升级，提高技术进步速度，这在一定程度上能够弥补要素供给数量增长减慢对经济增长的影响。

第四，宏观调控的政策参数作相应调整。一方面，宏观调控所设定的经济增长目标要与潜在增长水平要适应，未来十年要适当降低经济增长目标的中枢值，防止沿袭以往惯性设置较高目标而过度刺激经济增长。另一方面，也要注意由于潜在增长的部分下降是受外需的影响所致，而研究结论表明外需对实际经济增长的影响要更甚于潜在增长，意味着未来出现负产出缺口的可能性较大，因而需要采取扩张性政策来弥补产出缺口。但政策的力度需要把握好，由于潜在增长率也在下降，因而政策不应着眼于弥补全部实际增长的下降。

第五，依据经济长期潜在增长趋势做好中长期财政计划。由于未来经济增长环境的变化，应未雨绸缪早做规划，避免政府陷入债务陷阱。应引入中长期财政计划，对未来财政收支路径做好规划，使财政制度设计、支出责任设定、赤字与债务安排都要与潜在经济增长情况相适应，以保持财政的长期可持续性。

第六，鉴于潜在经济率分析在短期和宏观调控中具有的重要意义，借鉴相关国际经验，我国宏观调控部门和长期规划部门也应开展经常性的潜在增长率测算工作。建议继续加强对测算方法的研究，并根据需要对现有统计指标做出调整以提供更加全面准确的信息，从而提高测算和预测的精度，更好地服务于长期规划和宏观调控。

重要学术奖

我国全民所有制经济计划管理体制存在的问题和改革方向

主要完成单位：国家计委计划经济研究所
主 要 完 成 人：何建章
获 奖 时 间：1984 年
获 奖 名 称：孙冶方经济科学论文奖

一

我国现行的全民所有制经济计划管理体制，基本上是20世纪50年代从苏联学来的，中间虽然经过几次改革，但总的说来没有跳出苏联老一套的计划管理体制的框框，即着重于用行政方法来管理经济，而没有真正按经济规律办事，用经济办法管理经济。这样的一套计划管理体制，必然给社会经济生活带来一系列无法克服的矛盾，阻碍社会主义经济的迅速发展。存在的主要问题是：

（一）国家管得过多、过细、过死，企业缺乏经营管理的自主权

党的十一届三中全会公报指出："现在我国经济管理体制的一个严重缺点是权力过于集中，应该有领导地大胆下放，让地方和工农业企业在国家统一计划的指导下有更多的经营管理自主权。"大家知道，苏联50年代的计划管理体制就存在片面强调国家对国民经济实行高度集中统一的领导，凡是全民所有制的国营企业，都由国家直接领导和管理，国家自上而下地向企业下达指令性计划指标，企业所需要的生产资料，由国家统一组织供应；所生产的产品，由国家物资部门和商业部门收购；绝大部分产品的价格由国家统一规定；企业的利润，除一部分留作厂长基金外，其余全部上缴，折旧基金也大部分上缴，企业进行固定资产的大修理，只能保持原来的设计标准，不增值不变形。企业改建、扩建，要向国家申请投资，企业要进行技术革新，必须做出基建计划，报请上级批准，等等。苏联的这一套办法，我们基本上都搬过来了。1956 年，毛泽东同

志曾针对这种过分集中的做法提出批评。但是，毛泽东同志的批评没有引起足够的重视，直至现在，企业的产供销、人财物、计划和技术等方面的权限仍集中在国家手中，企业一切经营活动都得听从国家安排的状况并没有改变过来。特别是“四人帮”横行时期，连企业的利润留成制度也取消了，企业的权限不是扩大而是搞得更小了。这种管理办法束缚了企业的手脚，造成极其不良的后果。

首先，企业没有计划权和产品销售权，造成社会生产与社会需要脱节。

在我国现行的计划管理体制下，国家（包括中央和地方经济管理部门）自上而下地层层下达各项指令性计划指标，企业没有计划权。国家计划不是自下而上地层层协调的结果，而是由上级经济管理机关制订，这个计划往往是从年度和一定时期的经济发展速度的要求出发。而所谓速度，就是总产值增长的百分比。我国现行的考核企业经营管理效果的八项指标中，劳动生产率、利润、流动资金等指标，都同总产值有联系，总产值实际上成了“太上皇”。

这就促使企业为计划而生产，为增加产值而奋斗，而不管生产出来的东西是否符合社会和市场需要。同时，由于企业的生产指标是国家规定的，其产品也理所当然地应当由国家包下来，即实行统购包销的制度，这就造成了企业生产什么，国家就收购什么；国家收购什么，就销售什么这样一种“以产定销”的物资管理和商业经营办法。这种脱离社会和市场实际需要的计划管理制度，必然导致货不对路、严重积压浪费。据估算，截至 1978 年 6 月底，全国各部门的商品和物资库存相当于上半年工业总产值。处理这些商品和物资的损失估计有上百亿元，其中仅盘亏报废损失的商品和物资就有几十亿元。另一方面，社会上需要的许多东西，包括生产资料和生活资料，却严重供应不足。当然，造成这种状况的原因是多方面的，但产销不见面，自上而下地下达指令性指标，企业无权根据市场需要和产品销售情况来灵活地制订和修订自己的生产和销售计划，是一个重要因素。

其次，企业没有固定资产更新权，造成技术发展停滞。

我国现行固定资产折旧率低，而且大部分上缴，固定资产更新要列入基本建设计划，报上级审批，往往不能满足需要。鞍钢固定资产基本折旧率为 2.92%，这部分折旧基金即使全部留给企业用于设备更新，也要 34 年才能完成一个更新期。而按现行规定，企业提取的这笔基金还要上缴 50%，则更新期更长达 68 年。有关文件还规定，这笔资金三分之二要用于革新改造挖潜，20% 至 40% 用于解决环境污染。这样，能够用于设备更新的资金微乎其微。依靠国家基本建设投资又排不上队，只好年复一年地拖下去。某机床厂有一台 50 年代的旧机床，十几年中已经大修两次。某地生产的同类机床，效率三倍于这台机床。工厂考虑，那台旧机床若再修理，耗去的费用可买一台新的，但工厂无权处理。

他们向主管部门申请：报废旧的，购买新的，答复是："物尽其用，暂不考虑弃旧购新。"① 总之，由于企业没有固定资产更新权，许多企业的技术设备多年来没有什么变化，同实现四个现代化、赶超世界先进技术水平的任务很不适应。

再次，企业财权过小，缺少发展生产的经济动力。

我们长时期以来实行的是统收统支的企业财务制度。企业利润全部上缴，亏损由国家补贴，企业和职工的收入又同企业的经营管理效果不挂钩。这就造成了管好管坏一个样，盈利和亏损一个样的吃大锅饭的不合理现象。过去，这种状况被说成是全民所有制优越性的具体表现，实际上是违反了企业集体的物质利益，严重削弱了企业搞好经营管理的积极性。另外，企业的机动财力过小，限制了企业按经济规律办事的能力。北京第一机床厂近两年上缴的利润平均在3300万元左右，但企业只有50元的现金机动权，超过50元的生产协作活动，就要经过市一级协作办公室批准，并由所在地银行结算。还有许多事情，如果让企业自己办，可以少花钱，多办事，但由于不符合财务规定而办不成，即所谓"合理不合法"；或者按财务规定办要多花钱，让企业自己办可以少花钱的事，企业自己却无权办，所谓"合法不合理"。这些，都不利于提高经济效果。

最后，企业对物资和劳动力没有处置权，不能做到物尽其用，人尽其才。

我们现在对物资和劳动力实行计划调拨和分配制度，企业对闲置的物资和多余的劳动力无权处置，再加上对企业占用资金包括定额流动资金实行无偿占用的制度，造成资金积压，企业人浮于事，劳动生产率低下。例如，北京市国营工业企业1977年未使用和不需要的固定资产有几亿元，占固定资产总值的3.6%。

事实上，上级领导机关不可能对企业的具体情况都了如指掌，它们对企业的经营管理效果又不负经济责任，权力过于集中，容易助长官僚主义，依靠"长官意志"，违背客观规律，不讲效率，不问效果。当务之急是扩大企业的权限，使企业真正具有经营管理的自主权。

（二）按条条块块管理与客观经济联系不相适应

我国的计划管理体制，经历过两次比较大的改革，形成了现在的"统一计划，分级管理"的体制。第一次改革是在1958年间，主要是扩大了省、市、自治区的经济管理权限。当时要求各主管工业部门，不论是轻工业或者重工业，以及部分非工业部门（粮食部门、商业部门等），除了一些重要的特殊的以及"试验田"性质的企业仍由中央管理以外，其余企业原则上一律下放给地方管理。到1958年底，中央直属企业下放了87%，中央统一分配的物资也比1957

---

① 参阅1979年2月8日《文汇报》。

年减少了75%。与此同时，为了解决“条条”与“块块”之间的矛盾，使中央的全面规划和地区的全面规划互相结合起来，在全国范围内实行了“双轨”的计划管理体制，即一方面中央主管部门必须对自己所管企业和地方所管的同类企业进行全面规划；另一方面，各省、市、自治区必须对自己地区所有中央管理的企业和地方管理的企业进行全面规划。国家计委和经委根据这两方面的计划，加以综合平衡，制订出全国计划。三年经济困难时期，强调统一领导，中央集权，对过去下放给地方的四权，即人权、财权、工权和商权，重新进行了调整。1963年，中央直属企业和中央统一分配的物资基本上恢复到了1957年的水平。在计划管理上，国务院主管各部主要负责编制本部门直属企业、事业的计划，以及综合编制主管行业的全国计划。各地区，各省、市、自治区主要编制地方企业、事业的计划，以及综合编制本地区中央直属（军工除外）和地方附属企业、事业的地区计划。中央各部在处理同地区平衡有关问题时，要同地方协商解决。地方在处理同各部有关的全国性经济问题时，也要同中央各部协商。未经中央和国务院批准，任何部门和地区不许下达计划外任务。

第二次比较大的改革是1970年，当时提出打倒“条条专政”，对体制改革提出了一个比较全面的设想，主要是企业下放，试行基本建设、物资分配、财政收支大包干，并实行在中央统一领导下“由下而上，上下结合，块块为主，条块结合”的拟订计划的方法。以后，中央各部（不包括军工各部）把包括鞍钢、大庆油田在内的几乎所有直属企业、事业都下放给地方管理。中央统一分配的产品，1972年比1966年减少了61%。计划的制订，基本上仍然是自上而下，每年虽然也要求地方编制计划，并征求地方对国家计划草案的意见，但很少采纳。粉碎“四人帮”以后，为了克服半计划半无政府状态，强调集中统一领导，企业又陆续上收。仅1978年经批准改为以中央领导的企业、事业单位，以及改由中央直供的生产、科研单位就有近一千个。下放给地方管理的产品基本上都收回来了。

以上情况说明，我国的计划管理体制，基本上经历了两放两收的过程。这些改革主要是调整国家行政机构内部中央和地方的经济管理权限，从企业的下放或上收，地方多管些还是中央多管些上面做文章，出现了“一统就死，一放就乱，一乱又统，一统又死”的团团转现象，根本的原因是力图用行政管理上的中央集权或地方分权的办法来解决经济生活中的问题，即依靠行政层次、行政区划、行政方便来管理经济，不符合客观的经济内在联系，因而不能从根本上解决问题。

我国现有几十万个工业企业，分属中央和地方两级管理（有的地方省以下又分市、专区、县数级管理），事无巨细，都要请示上级管理机关批准。中央的一个部，地方的一个省，所属的企业那么多，又离得那么远，无论如何也管不过来，管不及时，以至官僚主义盛行，公文旅行，会议成灾。更严重的是，这种管理体制容易造成各部门和各地区自成体系、闭关自守、画地为牢，把部门和地区作为不可逾越的界限，割断了经济活动内在合理的联系。例如，“的确良”聚酯纤维的技术，国外已发展到连续缩聚、直接抽丝，不必经过造粒再抽丝了。可是我们因为按行政部门管理工业，外汇也按行政部门划分，化工部门只能买从缩聚到造粒的技术装置，纺织部门只能买从造粒到抽丝的装置。这就排斥了引进技术的连续性和先进性。又如，江苏省工业基础好，稍加投资就可以迅速增产。一机部要江苏省增产汽车、拖拉机、内燃机等支援各省。但江苏省以块块为主管理，这些产品已经可以充分满足本省需要，要增产就要增加投资。一机部愿意给投资，但同江苏省实行的财政收支包干有矛盾，经过协商，江苏省降低了分成的比例，然后中央各部才能向江苏省直接投资。但问题又出在物资上，因为原材料调拨也是按地区“切块”。有了投资没有物资，钱仍然没有用处。可见，以块块为主管理，同充分发挥地方的生产能力来支援外省有矛盾。总之，无论是条条管，还是块块管，都是按行政系统管理。归条条管，就割断了各行业之间的联系，资源使用上单打一，不搞综合开发，不搞综合利用，不愿意用我这个部门的投资干你那个部门的事。部门之间的协作也常常发生争论，许多应该做的事，互相扯皮，耽误了许多宝贵的时间。归块块管理，就割断了地区间的联系，一方面先进地区先进企业吃不饱，生产能力不能发挥，另一方面落后地区又大量兴建技术落后的企业。各部门和各地区都追求大而全、小而全，自给自足，万事不求人。这同发展社会分工，开展专业化协作，提高经济效果是背道而驰的。

综上所述，在现行计划管理体制下，无论是中央管，还是地方管，企业都缺乏经营管理的自主权。在这种条件下，所谓企业经济核算、整个国民经济范围内的核算，都只能徒有其名。必须指出，这一切并不是社会主义经济制度造成的。相反，社会主义制度消灭了剥削，提供了充分调动职工积极性和主动性，搞好企业经营管理的可能性。社会主义制度也消除了生产资料私有制下部门和地区垄断所造成的桎梏，提供了在部门之间和地区之间广泛开展协作的可能性。现行计划管理体制中存在的问题，主要是我们没有深刻认识社会主义的经济规律，没有按经济规律办事造成的。

二

苏联 50 年代的计划管理体制，以及我国现行的计划管理体制，没有真正按经济规律办事，主要是没有按价值规律的要求办事。这是有深刻的思想根源和社会根源的。

从思想根源来说，我们长期以来否认社会主义经济是商品经济，否认价值规律的调节作用，忽视利用市场和价值规律来为社会主义计划经济服务。

社会主义经济是不是商品经济呢？实践已经做出回答。社会主义经济是一种特殊形式的商品经济。不仅全民所有制同集体所有制之间存在着商品交换关系，国家出售给职工的个人消费品是商品，而且全民所有制企业之间的交换也是商品交换关系。这是由社会主义全民所有制内部的经济关系本身的特点决定的。过去，我们往往把所有制问题单纯看成是一个生产资料归谁所有的问题。认为既然全民所有制企业的生产资料都属全民所有，其产品也属全民所有，企业之间交换的产品并不发生所有权的转移，所以不成其为商品。这种观点缺乏对全民所有制特点的具体分析，因而是不正确的。马克思把所有制关系看成是全部社会关系的总和。他说："给资产阶级的所有权下定义不外是把资产阶级生产的全部社会关系描述一番。"① 《资本论》就是从生产、交换、分配和消费的全过程论述生产资料的占有、使用和支配的状况来说明资产阶级的所有权的。在社会主义全民所有制经济中，虽然国家保留着生产资料的最终支配权，但直接占有、使用和在国家规定的范围内支配着生产资料的是一个个企业和经济组织，这些企业和经济组织的主人是联合起来的劳动者，而不是孤立的生产者或资本家。但是，这些劳动者的劳动存在着本质的差别，劳动还是他们的谋生手段，社会也不能不默认不同等的工作能力是"天然特权"，承认他们的个人物质利益。从而，也不能不承认联合在企业中的劳动者的集体的物质利益。这种个人的和集体的物质利益决定：必须在生产、交换、分配和消费的全部过程中实行全面的核算，即严格计算每个劳动者贡献的劳动数量和质量，严格核算每个企业占有、使用和支配属于全民所有的生产资料的经济效果，并根据这种计算和核算来确定劳动者个人和企业集体的经济利益。可见，社会主义全民所有制中的"全民"是分为利益有差别的不同的个人和集体的，这同共产主义高级阶段的劳动的本质差别已经消灭，实行按需分配，从而个人和集体之间已经不存在经济利益上矛盾的"全民"是有差别的。换句话说，同共产主义的全民所有制比较起来，社会主义的全民所有制是带有个人和集体利益差别的不完全的全民所有制。社会主义全民所有制的这些特点，决定了全民所有制企业的经营活动是同劳动者集体和个人利益紧密联系着的。它们相互交换自己的产品必须遵守等价交换的原则，从一定意义上说，经过交换，产品的所有权也发生了转移。

---

① 马克思：《哲学的贫困》，《马克思恩格斯全集》第4卷第180页。

在全民所有制企业的交换关系中，商品经济的基本规律——价值规律仍然发生作用。这种作用同劳动者个人和集体物质利益直接结合在一起，具有商品经济关系的基本特征。因此，社会主义全民所有制，即社会主义生产关系的全部总和，决定了社会主义经济也是一种商品经济。我们正是在这个基础上实行计划管理的。换句话说，商品经济不但不是同社会主义计划经济互相排斥的异己的东西，相反，它是社会主义计划经济的基础。当然，我们实行的是社会主义计划经济，而不是任何其他的计划经济，必须遵守社会主义基本经济规律和国民经济有计划按比例发展规律的要求，同时，也必须以商品经济的客观规律，主要是价值规律的要求为依据。这一点，恰恰是我们过去所忽视，今后在经济改革中所必须解决的问题。

过去，我们不承认社会主义经济也是一种商品经济，在全民所有制经济内部，忽视利用市场和价值规律来为社会主义建设服务，从社会根源来说，是受小生产方式严重影响的结果。大家知道，小生产的特点是自给自足的自然经济，一家一户就是一个独立的天地，一切经营活动都按照家长的意志，在家长的指挥下进行。自给自足的小生产者按其本性是排斥商品流通和市场关系的。因为在商品流通领域中，竞争激烈进行着，物价瞬息万变，市场的自发力量无情地支配着商品生产者的命运，他们随时都有破产的危险。社会分工不以小生产者的意志而继续发展，商品流通和市场关系也随着发展，小生产者不能不被卷入商品流通的旋涡。但是，他们总是本能地竭力加以抗拒，幻想回到自然经济的王国。马克思和恩格斯在谈到小资产阶级的社会主义时说："这种社会主义按其积极的内容来说，或者是企图恢复旧的生产资料和交换手段，从而恢复旧的所有制关系和旧的社会，或者是企图重新把现代的生产资料和交换手段硬塞到已被它们突破而且必然被突破的旧的所有制关系的框子里去。"① 在这方面，蒲鲁东的观点是有代表性的。马克思说蒲鲁东是"彻头彻尾"的"小资产阶级的哲学家和经济学者"，"他既迷恋于大资产阶级的豪华，又同情人民的苦难"。② 恩格斯说："蒲鲁东的改良计划的目的是要把社会一切社会成员都变成小资产者和小农"，③ 即"恢复旧的所有制关系和旧的社会"。至于"交换手段"呢，蒲鲁东认为，资本主义的商品流通受价值规律的自发调节，价格自发波动，小生产者不可避免地受高利贷资本和商业资本的剥削。因此，他鼓吹组织"人民银行"，用银行发行的"劳动券"取代货币，用银行领导的有组织的、不用货币的产品交换去取代商品流通，以避免中间剥削，保证劳动者的十足的收入。蒲鲁

---

① 马克思、恩格斯：《共产党宣言》，《马克思恩格斯选集》第1卷第276页。

② 马克思：《致巴·瓦·安年科夫》，《马克思恩格斯文选》（两卷集）第2卷第451页。

③ 恩格斯：《论住宅问题》，《马克思恩格斯选集》第2卷第530页。

东要恢复小生产而不要货币和市场商品流通的幻想，正好是自然经济观的一种表现。另一个小资产阶级的经济学家杜林，用恩格斯的话来说："他和蒲鲁东完全在同一个基地上进行活动。"像蒲鲁东一样，"他想消除由于商品生产向资本主义生产的发展而产生的弊病"，① 办法就是"用完全有计划的贩卖去代替小商业"，批发商业也同样被组织起来，"所以自由经济社会的体系……仍旧是一个巨大的交换组织"②。这种交换在经济公社内部、公社同个人之间，以及公社与公社之间直接进行，是不经过市场的，完全排除了价格的与价值的背离，贯彻等量劳动相交换的"普遍的公平原则"。可见，蒲鲁东和杜林都是力图用有组织的交换、"有计划的贩卖"来代替市场商品流通，都力图回避价值规律的调节作用。他们的观点都带有深深的自然经济的烙印。

那么，为什么苏联的计划管理体制也排斥市场商品流通呢？看来，这同传统观念有关。在俄国十月社会主义革命胜利以前，所有的马克思主义者都认为，社会主义社会将消灭商品生产。社会主义革命胜利以后，怎样管理经济呢？当时谁也没有经验。存在决定意识，当时广泛存在的小生产方式，以及在这个基础上建立起来的旧的管理形式不能不发生巨大的影响。大家知道，俄国在社会主义革命胜利前，垄断资本主义虽然有一定的发展，但在国民经济中并不占优势，资本主义商品经济很不发达。1913 年，俄国农村人口占全国人口 82%。在农村中，有些地方自然经济开始向商品经济过渡，有些地方宗法式的小生产和封建农奴庄园仍占统治地位。俄国经济的特点是垄断资本主义同封建农奴制残余相结合，列宁称俄国帝国主义为军事封建帝国主义。这种状况决定了小生产的习惯势力不能不严重地影响人们对社会主义经济的认识，这种影响主要表现在否认社会主义仍然存在商品生产和商品流通的客观必然性，把社会主义经济说成是自然经济。在 20 年代，苏联的经济学家就是这样看的。例如，波格丹诺夫说："新社会（指社会主义社会——引者）底基础不是交换，而是自然自足经济。生产与消费之间没有买卖市场，只有有意识的、系统的、有组织的分配。"③凯尔维说："社会主义是自然经济，这种经济发展不需要金币和金币为基础的纸币来作为商品的贮蓄手段和估价手段。这是没有疑义的。"④ 这种观点也反映在当时党的文件中。例如《俄共（布）党纲》（1919）中写道："在分配方面，苏维埃政权现时的任务是坚定不移地继续用有计划地在全国范围内组织起来的产

①② 见恩格斯：《反杜林论》，《马克思恩格斯选集》第 3 卷第 351、338 页。

③ 波格丹诺夫：《经济学教程》1919 年，施存统译《经济科学大纲》，大江书铺 1929 年版，第 543 页。

④ 凯尔维：《产品的劳动价值计算和经济建设的迫切任务》，1921 年第 1—2 期第 55、56 页。

品交换来取代商业。"[1] 后来实践证明，在存在多种经济成分的条件下，不能没有商品交换，不能取消商品流通，价值规律仍然发生作用，列宁并号召要学会做生意、"文明经商"。斯大林也说，在社会主义全民所有制和集体所有制并存的情况下，商品生产仍然是必要的。这是对马列主义的一个重要贡献。但是他实质上把商品流通和价值规律仍然看作是旧社会的残余，竭力加以限制，把生产资料排斥在商品流通领域之外，强调价值规律不起调节作用，等等。可见，包括斯大林在内，苏联经济学家的思想都没有完全摆脱小生产的自然经济观的影响。

正是在这种排斥市场商品流通的自然经济观的影响下，苏联的计划管理体制是很少考虑商品经济规律主要是价值规律的要求的，实际上是按小生产的经营模式建立起来的。整个国民经济就像是扩大了的一个大家庭。在这个大家庭中，家长（国家）根据需要来组织生产，所有企业的产品都交到国家的仓库里（统购包销），所需要的生产资料都由国家供应（即计划调拨）。既然没有商品流通，价值规律不起调节作用，国家怎样管理生产呢？办法就是像小生产一样，国家就像一个大家长，自上而下地规定指令性指标，企业一切都按国家指令办事。确实，封建君主的绝对权威和等级森严的各级官僚机构就像小生产者家庭内的长幼尊卑一样。苏联中央集权式的计划管理体制不能不说在一定程度上是受建立在小生产方式基础上的沙皇封建专制主义官僚机构的影响，官工、官商等就是由此而来的。

1949 年后，我国在计划管理体制上学习苏联的办法，以致后来没有能跳出它的框子，原因是很多的。一是没有很好地总结经验。本来我们有过许多利用市场和价值规律的好经验，特别是在恢复时期。第一个五年计划时期和 60 年代国民经济调整时期，经济管理是很有成效的，可惜没有认真进行总结。二是我国小生产的影响比当年十月革命刚胜利的俄国更严重。因为旧中国商品经济更不发达，小生产的比重更大。所以对苏联那一套按小生产经营管理思想模式建立起来的计划管理体制是合拍的。三是在战争年代，根据地和解放区在敌人封锁下，商品流通渠道被堵死，我们经营的企业不能不实行资金和原材料的供给制。四是在社会主义改造时期，我们垄断了原材料来源和商品销售市场，对资本主义企业实行加工订货、统购包销的办法，割断了资本主义企业同市场商品流通的联系，迫使它们不得不接受国营经济的领导，纳入社会主义计划经济的轨道，并逐步接受社会主义改造。本来这是一套限制资本主义企业发展的措施，可是后来却被自觉地或不自觉地看成是有计划地领导社会主义企业经济活动的有效办法而延续下来了。

---

① 《苏共代表大会、代表会议、中央全会决议汇编》中文版第 1 分册第 546 ~ 547 页。

应该指出，高度集中的计划管理体制在克服生产无政府状态，集中资金人力和物力，保证重点建设，扶持落后地区起了重要作用。这对迅速建立重工业，建立独立的国民经济体系来说是必要的。今后，国家对整个国民经济适当的集中统一领导也是必要的。问题是，随着经济的发展，特别是社会化大生产的发展，这种过分集中的计划管理体制就越来越显得不相适应。由于着重依靠行政手段管理经济，忽视市场和价值规律的作用，不讲求经济效果，产生了不顾市场和社会需要，单纯追求产量、产值，以产定销、产销脱节，长线产品盲目增产，短线产品和新产品搞不上去等毛病。同时，企业没有经营管理自主权，产供销、人财物事事受上级行政管理部门掣肘，缺乏竞争，没有内部的经济动力，影响整个国民经济的发展速度。这种计划管理体制已经不能适应四个现代化的要求，到了非改不可的时候了。

三

为了适应社会主义现代化建设的需要，当前我国的计划管理体制，在坚持走社会主义道路，坚持计划经济的前提下，迫切需要按商品生产的经济规律的要求，进行根本的改革，改革的方向是：

（一）承认企业商品生产者的地位，相应地扩大它们的经营管理权限

社会主义企业既然是具有特殊利益的联合起来的劳动者的共同体，就必须具有商品生产者的地位，按照价值规律的要求，实行严格的经济核算制，“自负盈亏”。① 列宁说：“所谓经济核算，即商业原则。”② 还说：“各个托拉斯和企业建立在经济核算制基础上，正是为了要他们自己负责，而且是完全负责，使自己的企业不亏本。”③ 毛泽东同志也说：“使一切工厂实行企业化。一切工厂，应依自己经济的盈亏以为事业的消长。”④ 这就必须改变过去企业权限过小，企业事无巨细，都要层层审批的办法。

承认企业具有商品生产者的地位，相应地就应赋予它们应有的权力：

（1）制订计划权：企业有权根据国家和市场需要，本身的生产条件和经济利益，独立自主地制订生产计划。计划要建立在合同的基础上。国家的需要也

---

① 社会主义全民所有制企业的“自负盈亏”不同于资本主义企业或集体所有制企业，企业盈利要按国家规定的办法进行分配；企业亏损，国家除帮助整顿外，也要保证职工的一定收入。这是一种不完全意义上的自负盈亏，或叫“半自负盈亏”。

② 列宁：《工会在新经济条件下的作用和任务》，《列宁选集》第4卷第582页。

③ 列宁：《给财政人民委员部》，《列宁全集》第35卷第549页。

④ 毛泽东：《经济问题与财政问题》，《毛泽东选集》东北书店1948年版，第822页。

由国家与企业订立合同，国家保证企业的权益，企业保证完成国家的任务。

(2) 产品销售权：除保证完成合同规定的订货任务外，企业有权自行销售自己的产品。

(3) 资金支配权：在完成上缴国家规定的各项税收费用（包括资金占用费）、贷款本息以后，企业有权根据市场需要和自己的条件决定设备更新、进行改建或扩建；有权出租或出让闲置或多余的固定资产；有权根据自己的需要和可能举办各种福利事业，并根据盈利情况决定职工分红办法。

(4) 劳动工资调剂权：企业可以根据需要招聘职工，择优录取。企业多余的劳动力可交给劳动部门另行分配。职工工资等级和奖励办法，可以参照国家的工资等级表和奖励制度来评定。工资水平随着企业劳动生产率的提高，可在国家规定的幅度内增长。

(5) 产品定价权：除国家规定价格的产品，必须执行国家的规定外（如属价格不合理，国家应给予补贴，保证企业的盈利一般不低于平均利润水平）；属于议价的产品，由生产企业和用户议定；其余产品，企业有权根据市场供求情况，自行定价。

(6) 企业有权拒绝任何行政领导机关摊派的各种平调任务，如随意抽调和动用企业的资金、材料、设备、产品和人员等。

(二) 按客观经济联系组织各种公司，充分发挥经济组织的作用

随着生产技术的日益进步，社会分工不断发展，生产专业化程度越来越高，协作的范围越来越广泛。现代工业，不仅一件产品，而且产品的各个部分和生产的各种工艺，也具有社会化的特点。产品的销售市场也从一个区域的范围扩展到全国，从国内扩展到国际。生产社会化要求根据专业化协作的原则把企业组织起来，以提高经济效果。为了适应这种要求，在发达的资本主义国家，普遍采用了卡特尔、辛迪加、托拉斯、康采恩等经济组织形式。近二十年来，跨国公司也获得了迅猛的发展。资本主义国家采取的这些经济组织形式，是在价值规律的自发作用下，通过竞争和兼并来实现的。这些经济组织形式，又为进一步扩大分工，提高专业化程度，实行生产的机械化、自动化，提高产品产量和质量，提高劳动生产率，降低生产成本创造了条件。对于这些合乎科学的经济组织形式，社会主义国家可以拿过来为社会主义服务。罗马尼亚、南斯拉夫分别成立工业中心，联合劳动复合组织等工业管理形式，取得了成效，值得我们借鉴。我国也需要逐步创造条件，把中央和地方政权直接管理经济的体制，改为按专业化协作的原则，广泛采取专业公司或联合公司的组织形式，用经济组织来管理经济。

公司是经济组织，实行完全的独立的经济核算，“自负盈亏”。公司拥有必

要的资金，对自己的经营活动承担经济责任和法律责任。按经营范围不同，公司要采取多种形式，有的实行生产联合，按照产品的同类性，生产的前后联系和资源的综合利用组织起来；有的实行商业联合，统一承接订货，协调产品销售；有的是服务性的。按经济联系的性质和范围，打破部门和地区的界限，有的公司是全国性的，有的是地区性的。在建立公司过程中，有的要调整隶属关系，把部分厂矿划归公司管理，有的厂矿可保持其独立性，与公司建立协作关系，或接受公司加工订货。

公司具有商品生产者应具有的地位和权限。在公司范围内，有权对计划、生产建设、供销、劳动、财务等一切经济活动，实行统一领导，统一指挥，统一管理，统一调度。公司下属的厂矿，具有一定的独立性，建立相对独立的经济核算制度。全国性公司同地区性公司之间、总公司同分公司之间，以及公司同独立企业之间，都是合同关系。除按法律规定向中央和地方上缴的税收和各项费用以外，中央和地方同公司的经济往来也采取合同形式。

按专业化协作原则改组工业，用经济组织管理经济以后，中央和地方经济管理部门将不再直接插手企业和经济组织的经济事务。它们将由行政管理机关逐步改造成为咨询性的经济机构。它们的工作重点将放在研究和制订方针政策，拟订发展规划、提供经济情报、进行技术指导、组织经验交流上；放在为本行业规定全国性的发展参考指标，协调大公司和大企业的产供销计划，以及调节各个公司、各个独立企业相互之间的经济利益等方面；放在利用各种经济杠杆的作用上面，以便有效地保证国家计划的全面实现。

（三）逐步改变指令性计划为指导性计划

长期以来，人们以为实行计划经济就必须下达指令性计划。有的甚至把有没有指令性计划，当作划分社会主义计划经济还是资本主义市场经济，是坚持社会主义方向还是推行修正主义、复辟资本主义的标志。这是一种误解。

当然，计划经济是社会主义的基本特征之一，全社会需要有一个统一的计划，以指导国民经济的协调发展。马克思和恩格斯都说过，同资本主义经济的生产无政府状态相反，社会主义经济是有计划发展的。但是，马克思和恩格斯都没有说过，在社会主义经济中，每个经济单位的一切经营活动都要按上面的指令行事，特别是他们没有预见到社会主义经济仍将保留商品生产，情况更是如此。列宁强调要有统一的计划。他说：“只有按照一个总的大计划进行建设，并力求合理地使用经济资源，才配称为社会主义的建设。”① 但是，列宁也并没

① 列宁：《在省苏维埃主席代表大会上的演说》，《列宁选集》第28卷第18页。

有说，要向企业下达指令性计划指标。相反，他强调指出："任何计划都是尺度，准则、灯塔、路标等等。"① 他在谈到俄国电气化计划时说："这只是一个初步大致的计划。……这个纲领在每个工厂里，每个乡镇中天天都会改进、修改、完善和变更。"② 指令性计划是斯大林提出来的。但是，实践证明，这种计划管理方法违反了社会主义商品经济的经济规律，特别是违反价值规律的要求，效果是不好的。

国家的统一计划只应规定国民经济的主要比例关系，例如积累和消费的比例、农轻重的比例、农业内部和工业内部各部门的比例、生产和建设的比例、社会购买力和商品供应量的比例，等等。这些计划不但不应由上级规定，然后自上而下地层层下达指令性指标，相反，应该是自下而上地层层协调搞出来。这样的国家计划才是来自实际，符合实际。那么，国家计划是不是简单的企业计划的汇总呢？当然不是，经过协调，会发现不平衡。而且，基层经济单位由于不了解全局，往往从局部利益出发，其经营活动不一定符合社会的需要。在这种情况下，国家就要进行综合平衡，并采取措施加以调节：

（1）利用市场和价值规律的作用，发挥各项经济政策措施对企业和经济组织的活动的指导作用，以保证整个国民经济的协调发展。这些政策措施包括：信贷政策、价格政策、税收政策、关税政策、外汇政策以及折旧费处理、工资支付、利润分配、企业基金使用办法等，引导企业按社会需要的方向发展。

（2）国家掌握一部分财力和物资储备，在出现短缺而通过上述各项经济政策措施一时难以见效时，可以直接进行投资，建设新厂，或利用进出口的办法，以保持必要的比例关系。

（3）国家在必要时运用行政权力，对某些经济组织和企业直接进行干预，如规定必须生产某种产品，减少或禁止生产某种产品，以至改变某些企业的生产方向。对长期因经营管理不善的企业，下令停产整顿，以至关闭，等等。

综上所述，在存在商品经济的条件下，国家计划必须建立在利用市场和价值规律的基础上。同时，在国家计划指导下，社会主义商品经济可以做到有计划按比例地发展。在我国国民经济恢复时期和第一个五年计划时期，我们通过各项经济政策和措施，把个体经济和资本主义经济纳入国家计划轨道，保证了整个国民经济有计划按比例高速度发展。既然在存在对非社会主义经济成分的时候尚且可以这样做，而且做得很有成效，为什么对全民所有制的企业和集体企业就不能这样做呢？应该说，不但可以，而且成效应当更大。

应当指出，计划经济管理体制的改革是一项重大的工作。我国现行办法已

---

① 列宁：《"论粮食税"一书纲要》，《列宁全集》第32卷第313页。

② 列宁：《全俄苏维埃第八次代表大会》，《列宁全集》第31卷第467页。

行之二十多年，许多人都习以为常了，特别是它涉及各方面的利益，改革必须谨慎从事，必须首先做好思想工作，统一认识。同时，计划管理体制不是孤立的，它同财政、物资、价格等管理体制是紧密联系着的。随着计划管理体制改革，其他的管理体制也要相应地进行改革。所有这些改革都不是轻而易举的，要在做好大量的调查研究、总结国内外经验的基础上，提出各种方案反复比较，充分酝酿。同时，由于“四人帮”干扰破坏造成的我国国民经济基本比例严重失调的状况还没有完全改变过来，经济管理体制根本改革的条件还不完全具备。近年内的中心任务仍然是调整工作，适当强调集中是必要的。但是也不能把调整和改革看成是毫无联系的两件事。当前，工作的重点是调整，同时要弄清改革的方向，调整要有利于改革，某些政策措施例如试办各种类型的公司、扩大企业的某些权限、建立企业基金制度、资金有偿使用制度、经济合同制度、调整价格等，在调整阶段就可以试行，为大改革创造条件。

价格监管现代化的认识基础

主要完成单位：国家发展和改革委员会经济研究所
主 要 完 成 人：刘树杰
获 奖 时 间：2014 年
获 奖 名 称：第六届薛暮桥价格研究论文奖

监管是现代市场经济国家的政府职能，是资源配置优化与社会和谐的制度条件。在我国，随着经济与政治体制改革的逐步深化，公众对政府监管绩效的重视程度也在逐步提高。特别是价格监管，因直接影响公众利益，其政策目标与执行效果，就更为社会所普遍关切，以至于近年来出台的各项政策，几乎都成为社会热议的焦点问题。但由于现代监管理论传入我国的时间较晚，加之长期计划经济传统的影响，国内对监管的认识尚存误区，甚至视价格监管为“计划管理”或“宏观调控”者仍很常见。这对于我国价格监管绩效的提高，是一个很大的阻碍。为此，本文针对政策研讨中常见的认识分歧，对什么是价格监管、为什么要监管价格、保障价格监管绩效需要哪些条件等监管的基本问题，简述作者的理解。

一、价格监管的性质

监管（regulation①）起源于美欧市场经济国家，一般认为最早见于 19 世纪美国政府对铁路的监管。Regulation 的中文对应词汇，最早是“管制”，1992 年后，由于著名经济学前辈朱绍文先生的建议，学术界使用“规制”的频率逐渐高于“管制”（目前也仍有一些译著将 regulation 译为“管制”）。而“监管”一词的普遍使用，大约是在 20 世纪 90 年代中期以后，目前，其使用范围（尤其

① 也有人将“supervision”译为监管。但在英语中，supervision 与 regulation 的含义有很大不同：regulation 是指划定出行为的界限，用“条条框框”限制对方；而 supervision 是指睁大眼睛盯着对方，提醒对方注意自己的行为，因而译为监视或监督可能更为合适。

是在政府部门）大于“管制”和“规制”。

（一）监管的定义

什么是监管？在知名的管制经济学著作中，监管的定义不尽相同。综合各家的表述，笔者将其概括为：监管是指政府或法律授权的公共机构依据规则对被监管者相关行为的限制。根据监管的对象和目的，可将监管分为两类：

1. 经济性监管。指对被监管者经济行为的限制。可进一步分为两种类型：第一种经济性监管是对直接影响买、卖双方经济利益的行为的监管。这种监管以垄断性行业为对象，以平衡买、卖双方的经济利益为目的，监管的内容主要包括价格、服务质量、市场准入、投资、财务管理等。这种监管大多源于垄断产生的问题，可称为垄断性行业监管。由于价格对垄断性企业与消费者间的利益关系影响最为直接，因而价格监管是垄断性行业监管最主要的内容。服务的质量及供应的可靠性，既关系到企业的成本，也直接影响消费者的福利，所以，质量监管与价格监管互为条件。此外，为保证价格监管的绩效，监管机构须有控制垄断性企业成本的能力，因而市场准入及对企业投资、财务管理等方面的行为限制，也应纳入经济性监管的范围。在成熟市场经济国家，由于法制基础坚实，垄断性行业的服务质量及供应的可靠性问题较易解决，平衡买、卖双方经济利益关系的难点，主要是价格的核定与调整，因而价格监管被认为是经济性监管的核心。

第二种经济性监管是对影响市场竞争环境的行为的监管。也称反托拉斯（反不正当竞争）监管。这种监管以竞争性产业为对象，以维护公平竞争为目的，以反串谋、反倾销、反不合理兼并为主要内容。尽管反托拉斯监管也常涉及价格问题，但由于它与垄断性行业监管的目的不同，不是平衡买、卖双方的利益关系，而是维护公平竞争，因而并不需要直接限定企业的产品价格。

2. 社会性监管。指对影响公众健康和公共安全行为的限制。因其直接关系社会的发展和稳定，所以称为社会性监管。社会性监管以可能产生明显负外部性的行业为对象，以维护公众健康、安全为目标。社会性监管的主要内容有环境监管、食品药品安全监管、公共基础设施安全监管、劳动者生产安全条件监管等。

（二）价格监管的本质特征

基于上述，可以认为，价格监管是监管机构依据规则对经营者定价行为的限制。价格监管通常以垄断性行业为对象，是经济性监管的核心内容。从我国价格监管实践中的问题出发，这里强调以下三点：

1. 价格监管的对象是部分微观经济主体。价格监管直接限定企业的销售行为，通常以垄断性行业为对象，其作用的对象是经济的微观个体而非宏观总体。因此，价格监管属于国家对局部经济活动的干预，与货币政策、财政政策等宏观经济政策工具具有不同的性质。国内外的实践均已证明，价格监管不能解决通货膨胀问题，更不可能实现经济的稳定增长和充分就业。正因如此，管制经济学作为经济学的分支学科，在学科分类上，被归入微观经济学而非宏观经济学。

长期以来，我国政府的物价工作一直被纳入宏观调控范畴。这在计划经济时期是有道理的。因为那时所有的商品和劳务价格都由政府管制，只要政府不调价，物价总水平就不会有变化。此外，那时产权高度集中，生产由指令性计划决定，消费以数量配给为主，价格对资源配置的作用极其有限，整个经济就没什么宏观、微观之分。因此，就所谓政策工具而言，也确实看不出宏观和微观的区别。但现在不同了。我国经济体制改革的主要目标之一，就是要让市场机制在资源配置中发挥基础性作用。经过 30 多年的市场化过程，如今政府定价的商品和劳务已不到国民经济总量的 10% ，其价格的变动对价格总指数的影响微乎其微，物价总水平稳定与否，归根结底取决于货币政策和财政政策。在已动用的行政性调控手段中，真正起作用的，也主要是投资审批，而不是价格控制。即使通过政府调价影响了物价指数的变动，这种变动也只具统计学意义，并不能对宏观经济的走向产生实质性的影响。例如通货紧缩时期的 1997 年，为“促进价格总水平合理回升”，各地陆续提高了水、燃气、公交、教育、医疗、公房租住等一系列公用事业价格，有些提价幅度还很大，当年统计局发布的消费物价指数是上来一些，但通货紧缩的趋势并没有任何变化。可见，继续视价格监管为宏观调控，不仅背离了价格改革的初衷，也与当前我国宏观经济管理的经验不符。

尽管价格监管对象是微观经济主体，但是其与“价格管理”（manage）也不是一回事。“管理”是组织内部自上而下的支配行为，管理者对被管理者居于支配地位。而监管是组织外部的依法行使权力的行为，监管者与被监管者间不是领导和被领导的关系，在监管规则面前，监管者与被监管者间的地位是平等的。例如行政诉讼只适用于“民告官”，而不适用于国家机关内的矛盾处理，原因就在于后者属于组织内的管理问题，只能由上级领导解决。因此，“价格管理”只适用于企业内的价格决策或政府对自营产品与服务价格的制定，而不适用于公权力对独立运营、自负盈亏企业价格的限定。

2. 价格监管必须按规则进行。价格监管直接影响当事人的利益，要平衡买、卖双方的利益关系，必须依规而为，且所依规则须为利益相关各方认可。因此，按规则监管，说到底，就是要尊重利益相关方的合法权利，其中也包括被监管者的正当利益。在成熟市场经济国家，如果监管者不守规则，被监管者可以到法院起诉监管者。由此说来，那种没有规则依据或有“规”不依的政府定价，与监管的本义相距甚远，而与统制倒是较为接近。为此，朱绍文老先生在《微观规制经济学》译者前言中，解释为何没按惯例将日文汉字的“规制”译成“管制”时指出：我们国家过去有太多的管制，这些管制大多不以规则为依据，过于随意，而用“规制”替换“管制”，可以提醒人们重视规则、遵守规则。

3．价格监管基于市场经济。价格监管须依规而为，说到底，是因为监管基于市场经济。计划经济不需要监管。因为计划经济以“大锅饭”为特征，利益关系由政府指令性计划安排，不存在垄断性企业与消费者间的利益冲突。而市场经济的核心是利益多元和价格机制，只有在市场经济中，才会存在垄断性企业与消费者间此消彼长的利益冲突，从而才需要监管。所以，不能用计划经济的思维进行监管。价格监管不是“计划管理”的内容，也不是随意可用的所谓经济杠杆，除非发生战争或严重的自然灾害，不能冻结公用事业价格，更不能动辄对竞争性行业价格进行限制。

二、价格监管的原因

为什么要监管价格？学者间的解释也不尽一致，有“市场失灵”、“公共利益”、“法律局限性”等多种说法，甚至还有人认为监管是由被监管者设计出来的。我认为，上述说法源于不同的视角，相互间并无本质分歧，有些甚至可以互补。

（一）基于经济学的分析

从经济学的角度看，价格监管所以必要，是因为存在“市场失灵”而又“关乎公共利益”的行业或经济活动。

1．市场失灵。价格监管是对经济自由的限制，因而市场失灵是价格监管的首要原因。但市场失灵是多方面的，如自然垄断、外部性、信息不对称、公平分配、经济整体的稳定性等，都是市场机制不能解决的问题，需要不同程度、不同方式的国家干预。而适用于价格监管方式干预的，主要是自然垄断和信息不对称。自然垄断源于成本的“弱增性”，具有成本“弱增性”的行业独家经营比竞争更有效率，但独家经营会导致对市场的垄断，使经营者有条件通过提高价格而不是效率获取利益；信息不对称也会导致买卖双方对交易信息占有上的巨大差距，形成卖方对买方的市场支配地位。两者均可导致消费者的正当权益受到侵犯，并降低资源配置的效率。而价格监管可直接规定垄断行业经营者的产品或服务的价格水平，使其通过垄断高价获取利益的空间受到限制，并一定程度上可改变卖者由信息优势所形成的市场支配能力，改善消费者在市场交易中的地位，进而平衡卖者与买者间的利益关系。

2. 关乎公共利益。市场失灵的行业或经济活动并非一定要有价格监管。因为监管是一种国家职能，也要耗费公共资源，只有监管的社会收益大于监管成本，监管才有意义。如果市场失灵对公共利益无明显损害，就没有必要监管价格。例如古代名家的画作具有唯一性，卖家在交易中处于绝对的垄断地位，但古代名家画作并非人类生存所必需，且这种垄断只影响该画作交易者的利益，与公众福祉并无关系，因而无论价有多高，涨势多猛，也无须价格监管介入其中。

当然，关乎公共利益的行业或经济活动，也并非一定要有价格监管。如果市场存在有效竞争，价格就会自动达到合理的水平。例如，粮食的供需与公共利益关系最为密切，但由于市场机制可在粮食供需调节中发挥基础性作用，因而我国政府早已放弃对粮价的管制。

所以，价格是否需要监管，既不能只根据市场失灵，也不能以关乎公共利益为唯一根据，两个条件必须同时具备。就我国现阶段而言，同时具备这两个条件的，主要是铁路、供电、供水、供暖等具有自然垄断性质的公用事业和存在严重信息不对称的医药行业。

（二）侧重于法学、政治学的分析

以“法律的局限性”解释监管的原因，主要基于公共治理结构的思考，侧重法学、政治学的分析，大体有以下两层意思：

1. 立法者和法官专业知识缺乏。立法者多为政治通才，法官也大多没有足够的产业知识背景，因而发生在专业性、技术性较强领域的利益争端和公共利益保护问题，法律条文难以细及，法官断案能力也相对较低。但监管机构可分专业设立，既有足够的专家，也可专注于特定领域，因而上述问题交给监管机构解决更有效率。

2. 法庭不能事前解决问题。法庭解决问题通常为事后惩罚，但此时对公共利益的危害已经发生。而监管属事前防范，对公用事业产品价格的限定，可事前消除垄断经营对公共利益的侵犯。所以，一些专业性较强的公共利益保护问题，比之“打官司”，监管可更多减少公共利益的损失。

三、价格监管的绩效保障

“经合组织”曾组织资深监管专家研究成员国的监管政策，这些专家给成员国政府的建议中，提出了好的监管应具备的七个基本条件。我认为，这七个条件也同样适用于我国的价格监管实践。

（一）独立性

对“独立性”的简单解释，就是监管机构独立行使法律赋予的监管职能。独立监管的理由主要有以下两点：

1. 监管工作的专业性。监管是典型的专家治理的领域，因为无论是经济性监管还是社会性监管，要解决的都是一些专业性强的问题，没有相关专业背景知识的人显然不能胜任，更不应该代替监管机构决策。

2. 监管者的裁判员、执法者角色。价格监管必须平衡买、卖双方的利益关系，因而监管者的地位，本质上类似于赛场上的裁判和民事法庭上的法官。监管者的立场中立，监管的过程与结果才能公平、公正。而监管者的立场中立，又必须以不受外力干扰为前提。在选举政治的国家，政治家以取悦于选民为原则，在选举期间，为捞取更多的选票，可能做出偏向于消费者而损害被管制企业正当利益的决定。这种机会主义行为，短期内确实可增加消费者的利益，但却损害了包括消费者在内的整个社会的长期利益。为避免这种政治干预监管现象的发生，一些发达市场经济国家采取了与政府任期相错或监管机构直接向议会负责等应对措施，此外，“政、监分离”即监管机构从政府部门中独立出来的改革，也已渐成趋势。

由此可见，所谓监管独立，实际包含两个层次：第一个层次的独立性是不要将监管与其他政府职能混同，由专业人士或专业机构处理监管问题；第二个层次的独立性是监管不为政治家选举利益所左右。在选举政治的国家，需要解决的主要是第二个层次的独立性问题。而在我国，第一个层次的独立性还未实现。但无论在哪个国家，实现哪个层次的监管独立，都会涉及行政机构的重组问题。

（二）规则和程序明晰

1. 关于规则。如前所述，基于市场经济的价格监管所以不同于计划管理，根本原因是监管以法治为基础，规则面前人人平等。规则既是监管者行为的依据，也是被监管者和消费者权益的保障。公用事业价格监管中合理价格的标准

(其中又有“合理成本”、“合理投资回报”以及“有效资产”等更为具体的标准)是什么？价格何时调整？怎样调整？所有的相关事宜都应规定清楚，被监管企业与消费者的利益冲突与博弈，才会处于可控状态，监管者的居间调解及监管决定，也才能为买、卖双方接受。总之，当事各方才能依规而为，关系和谐。

2. 关于程序。由于监管决定具有法庭裁决的性质，因而价格监管过程的透明、公正，对于结果的科学和公正至关重要。仍以公用事业产品价格为例：监管机构的决定的过程须经过哪些环节？应听取哪些人的意见？是否举行听证会？都应明确并完全履行。只有履行了必要的程序，监管机构才有可能做出准确判断，相关规则才能有效执行。

(三) 监管机构职能完备

职能完备是任何一个政府机构的效率基础。本应由一个机构行使的职能，如果分散于其他部门，不仅增加了不必要的协调成本，还会导致决策错误。众所周知，价格形成的基础是成本，而公用事业大多属资本密集型行业，投资成本占总成本的比重大，如果投资成本不能得到有效控制，则价格的合理化就失去了基础。因而在成熟市场经济国家或地区，尽管公用事业监管机构的核心职能是价格监管，但均同时拥有投资项目审批、服务质量标准、市场准入、财务规则制定等方面的相关职能，并配备较多的工程师、会计师、律师等相关人才，以保障价格监管的有效性。

(四) 可预见

指监管机构行为的可预期性。一个“朝令夕改”的价格监管，显然会使投资者和消费者均感无所适从，而令人无所适从的监管，不可能实现被监管行业的正常运营。

(五) 公众参与

监管者也是人，是人就会犯错误。再说监管者也有自身的利益，所谓“监管俘获”，指的就是监管者与被监管企业间利益交换的可能性。因此，公众有效参与监管决策的过程，不仅可弥补监管者信息之不足，避免监管失误，也是直接维护自身利益最有效的途径。

(六) 透明

指监管机构决策依据的原则、相关信息及过程向公众公开。监管决策应合乎公共利益，特别是价格监管，直接关系买、卖双方利益关系的平衡，只有决策依据的原则、相关信息及过程向公众公开，监管机构的立场才有可能公正，公众参与才有可能。

（七）可问责性

简单说，就是监管机构犯了错误，责任如何追究，由谁纠错（也有人形容为谁来“监管”监管者）。在国外，有“监管机构垄断了法律”、“垄断性行业监管者本身也是垄断者”的说法。监管机构所以会成为“法律的垄断者”，一是因为垄断性产业监管不同于一般的市场监管，专业性、系统性较强，以至于从某种意义上看，监管机构不仅是企业的监管者，也是企业决策的替代者，而多数立法者不可能具备这样专门的知识。因此，虽然原则性、基础性的规则可由其他权力机构如立法机构或政府部门制定，但那些具体的实施细则，还是得由监管机构负责。二是因为传统意义上的垄断性产业正处于体制转变之中，特别是引入竞争的改革，使政府监管不断面临新的问题，有些以往不曾有过的利益争端，还必须尽快做出裁决，根本不可能等其他权力机构为此制定规则后再作处理。这也导致监管机构一定程度上担当了立法者的角色。既然监管者也是“垄断者”，当然也应被“监管”。目前在发达市场经济国家，如何平衡监管的独立性与监管者受“监管”的关系，也仍是一个探索之中的问题。总体上看，权力制衡与法制，仍是“监管”监管者的基本途径。

北京市峰谷电价结构完善和动态调整研究[①]

主要完成单位：国家发展和改革委员会经济研究所
主要完成人：杨　娟　郭丽岩
获奖时间：2014年
获奖名称：第六届薛暮桥价格研究论文奖

2010年以来，北京市最大负荷超常规增长，同比增长远远超过同期用电量增长。根据“十二五”电力负荷预测分析，未来电力供求形势将更加紧张、节能减排形势将更加严峻。峰谷电价和尖峰电价是调节电力需求的有效价格杠杆之一，在电力用户侧实施这项制度，有利于激励用户改变电力消费行为，在一定程度上缓解高峰电力供求矛盾。北京市从1994年开始实行峰谷分时电价，2005年进行过一次结构调整，同时实施尖峰电价，距今已六年未作调整，为更好地发挥政策效果，迫切需要对其进行评估，研究如何调整，在此基础上提出如何建立动态调整机制。

一、北京市峰谷电价、尖峰电价结构调整方案设计

（一）总体思路、原则与步骤

1. 峰谷价差上调空间有限、峰谷时段需分季节设置

（1）北京市现行峰、谷电价比已经不低，上调空间有限。峰谷电价反映的是一年或某一季节较长时期内各日不同时段平均化的供电成本和负荷水平差异，因此，峰、谷电价比不应过高。从对用户的影响来看，峰谷电价是一种常规电价，用户必须改变长期用电模式才能做出响应，响应成本高，特别

---

① 本文为国家发展改革委经济运行局、北京市发展改革委委托课题成果缩写版，课题完成时间为2011年9月。

是需求弹性低的用户，因此，峰、谷电价比也不宜过高。国外峰、谷电价比通常为2~3倍，且并非大范围强制实施。而目前北京市执行峰谷电价的电量占总电量的比例已达73%，其中2/3为一般工商业用户、峰谷电价比约4倍，近1/3为大工业用户、电度电价的峰谷电价比约2.5倍，峰谷电价比加权平均已达3.5倍。

（2）北京市负荷曲线季节特征明显，应分季节设置时段。从近年来各月平均负荷曲线来看，10~4月和5~9月的负荷曲线形状差异明显，其中10~4月表现为中午和晚间双高峰，5~9月表现为中午至晚间持续单高峰。而在一年中各月最大负荷日曲线分布图上，居于最上方的是夏高峰的7月、8月和冬高峰的12月、1月。若全年设置统一的峰谷时段很难兼顾各月情况，因此应分季节设置，至少要将夏高峰和冬高峰分开。

2. 缩短尖峰电价执行时间、拉大尖谷价差

国内已经实行尖峰电价的省市，是在峰谷电价的基础上，适当提高全年或某几个月的部分高峰时段的电价，增幅为10%~90%不等。如北京市按平均电价水平不变设计峰谷电价，在此基础上，对7~9月各日中的3个固定小时实行尖峰电价，价格高于高峰时段10%，但不再调低其他时段的价格，年尖峰电价执行时间共92天、276个小时，尖、谷电价比为3.85倍。

但国外的尖峰电价与我国不是同一概念，在设计原则、执行时间和尖、谷电价比上均存在较大差异。①平均电价是否保持不变。国外的尖峰电价按平均电价不变的原则设计，提高尖峰电价的同时，相应降低其他时段的电价；国内大部分尖峰电价则是在高峰电价的基础上提高一定比例，但并不降低其他时段电价，因此事实上会形成增收收入。②执行时间长短和执行日是否固定。国外尖峰电价的执行时间最多不超过年小时的1%，时段和价格预先设置，但具体在哪一日执行事先并不固定，而是经由一定的机制触发，并提前一天或数小时通知用户。如电力公司预测到由于天气或其他突发事件，系统可靠性受到威胁或电力批发市场价格极高；而国内的尖峰电价是对全年或几个月每日均实施2~3小时，执行时间长且执行日固定。③尖、谷电价比的高低。国外的尖、谷电价比至少在5倍以上，通常为8~10倍，甚至更高，由于峰、谷电价比为2~3倍，因此尖峰电价不但远高于低谷，也远高于高峰和平段；而国内的尖峰电价大部分仅在高峰电价的基础上提高不到1倍，与其余各段的价差也远低于国外。

国外尖峰电价的基本理念是认为，一年内尖峰负荷仅在少数几日的部分时段出现，通过针对性地实施极高的尖峰电价，能有效地减少或转移负荷，取得比常规峰谷电价更好的效果。国外研究和实践也表明，尖峰电价的效果优

于常规峰谷电价，因为：首先，尖、谷电价比远高于峰、谷电价比，对用户的激励更强；其次，尖峰电价的执行时间短，用户只需暂时改变用电模式，响应成本低，而在峰谷电价下，用户每天都要改变用电模式，成本高、难度大。

因此，国内通常所说的国外峰谷电价比高达 8 ~ 10 倍，实际上是国外的尖峰电价，而目前国内的尖峰电价本质上仍是峰谷电价，要提高效果，必须提高针对性，即缩短执行时间、拉大尖峰电价和低谷时段以及其他时段的价差。北京市未来尖峰电价调整思路也应遵循此思路。如果短期内不能完全参考国外的尖峰电价机制，也要在现行基础上缩短时间、拉大价差。

3. 对居民试行可选择的峰谷电价和尖峰电价

北京市目前居民用户未执行峰谷和尖峰电价。国外许多研究比较了居民、工业和商业用户对峰谷和尖峰电价的响应度，结果表明，居民用户是夏季高峰负荷的主要贡献者、响应能力最强，而商业用户的响应能力最弱。另外一些文献对各类用户需求价格弹性的研究也支持了这一结论：居民需求价格弹性在 -0.12到 -0.35 之间，非居民用户中的大工业用户（特别是在有自备电厂时）弹性较高，为 -0.18 到 -0.28，而小商业和工业用户的弹性为 -0.06 甚至更低。国内的浙江、上海等省市也将居民用户作为峰谷激励的主要对象。北京市居民用电量占总电量比例约 23%，移峰潜力极大。北京市已对大部分居民用户更换智能电表，具备了实施峰谷和尖峰电价的硬件条件。但对居民不宜强制实施，可允许其自由选择，先进行局部试点、待条件成熟后逐步扩大范围。因此，下文峰谷和尖峰各时段价格的设计，暂未考虑居民用户，必要时只需对其单独进行设计即可。

4. 调整的原则与步骤

根据前文分析，北京市峰谷和尖峰电价调整应遵循以下步骤和原则：①按负荷实际情况，划分理想状态的分季节的峰谷时段。②按尽可能缩短尖峰时段和便于执行的原则，确定尖峰电价执行日期和时段。③统筹划分峰谷和尖峰时段，最基本的原则是在效率与操作简便之间取得平衡。即反映实际负荷特征的同时，也不能过于繁杂。④按峰谷电价平均水平不变的原则，分别计算各段电价。⑤计算尖峰电价。

（二）划分时段

1. 划分理想状态下的峰谷时段

（1）选择数据。第一步，确定要选择的数据类型。理论上分时电价的时段划分，应综合分析边际发电成本和系统负荷，以反映成本和需求的变化。但负荷与发电边际成本变化趋势基本是一致的，即负荷较高的时刻、需要调用边际成本更高的发电机组，因此用负荷或边际成本分析能得到基本相同的结果。考虑到数据的可得性和准确性，本文采用系统整点负荷数据作为划分时段的依据。第二步，在确定出的数据类型中选择其中代表性的数据。从 2004 ~ 2010 各年年平均和分季节平均负荷曲线来看，各年之间的纵向变化不大，因此只需选取 2010 年一年的整点负荷数据即可。但仍然有 8760 个数据，需进一步处理和筛选。本文选取的是各月的平均日整点负荷、最大高峰日整点负荷、最小高峰日整点负荷 3 组数据，获取方法和理由如下：①方法。月平均日整点负荷是该月内各日整点负荷平均值，如 1 月，将 1 月 1 ~ 31 日各整点负荷分别平均得到平均日整点负荷；再分别统计 1 ~ 31 日的日最大负荷，结果显示 12 日的日最大负荷最高、31 日的日最大负荷最低，则这两日分别为最大高峰日和最小高峰日。②理由。月平均日负荷曲线，反映的是各日负荷的平均分布情况，最大高峰日负荷曲线基本能反映各日负荷在各时点的最高或次高值，最小高峰日负荷曲线基本能反映各日负荷在各时点的最低值，因此，这三组数据（三条曲线）能代表一月中绝大部分整点负荷分布情况。

（2）划分方法与结果。目标是依据 2010 年各月 3 组数据将一天 24 个时点分为不同的组。本文借鉴国外经验采取了聚类分析方法，该方法通过一定的标准（如距离）将数据（组）划分为不同的组，同一组内的数据有更大的相似性，不同组之间的数据的差异较大。对负荷数据来说，依据其大小，将 24 个时点分为最高负荷组、较高负荷组、最低负荷组，对应的区间即为峰、平、谷三个时段。本文又进一步利用 PASW 软件中提供的聚类分析功能，对 2010 年 1 ~ 12 月各月 3 组数据分别进行聚类分析，然后再结合各月负荷曲线，分别确定出各月高峰/次高峰、平段、次低谷/低谷时段。如 1 月，将 3 组数据输入 PASW 软件，对 24 个时点进行聚类分析，输出结果如图 1 所示。分为两大组，第一组：（18 点，19 点，20 点）、（11 点，17 点，10 点，12 点，21 点）、（13 点，14 点，15 点，9 点，16 点，22 点），其中（18 点，19 点，20 点）又明显区别于其他，因此是高峰点，（11 点，17 点，10 点，12 点，22 点）可视为次高峰点，介于高峰和平段之间，其余为平段；第二组：第一组以外的各点，其中 8 点和 23 点明显区别于组内 0 ~ 7 点，因此 0 ~ 7 点是低谷，8 点、23 点是次低谷。

对 2 ~ 12 月也按上述方法分别进行聚类分析，各月汇总结果见图 2。结果显示，5 ~ 9 月高峰时段持续时间长且呈连续分布，10 ~ 4 月表现为双高峰，且晚高峰强于午高峰，这与前文根据负荷曲线分析得出的“北京市负荷曲线季节特征显著”的结论一致。因此，将 5 ~ 9 月划分为一组，各日分为峰、谷两段，由于6、7、8三个月平均日负荷最高，因此高峰的设置以这3月的高峰为主；10～4月为另一组，划分为峰、谷、平三段，同样峰段的设置以平均负荷水平较高的12月、1月为主（详细结果见表1）。

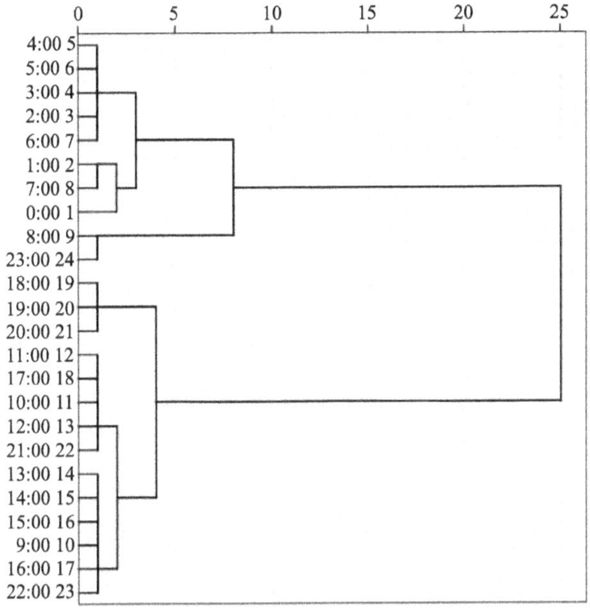

图1　2010年1月聚类分析结果树状图

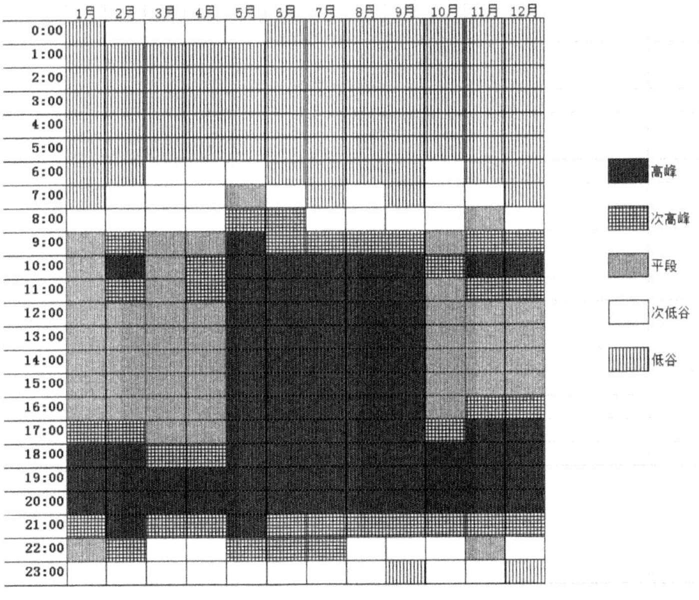

图2　2010年1～12月聚类分析结果汇总

表1 分季节峰谷时段划分

季　节	高　峰	平　段	低　谷
5~9月	10~22点 (12个小时)		22~10点 (12个小时)
10~4月	10~11点 17~22点 (6个小时)	7~10点 11~17点 22~23点 (10个小时)	23~7点 (8个小时)

2. 尖峰电价可选方案

根据前文提出的“缩短尖峰电价执行时间、拉大尖谷价差”的思路，结合北京市实际并考虑可操作性，有两种可选方案：

方案一：不定期尖峰电价（日尖峰电价）。参考国外尖峰电价，事先设定尖峰时段和电价，但只规定一年中最大执行天数、执行日事先不固定，由电网调度部门根据系统容量紧缺程度，提前一天向用户发出通知。结合前文分析，具体方案为：一年之内尖峰电价执行日不超过15天，尖峰时段为11~17点，共计90小时，尖峰电价可拉大至低谷电价的8~10倍。现阶段此方案可能执行较困难。

方案二：定期尖峰电价（月尖峰电价）。如果方案一短期内无法执行，可考虑折中的尖峰电价，即在现行尖峰电价基础上缩短执行天数、拉大尖谷电价比。根据前文分析，近年来尖峰负荷集中出现在7、8月份，因此可将尖峰电价执行时间缩短到7、8月份，即缩短1/3，从而为尖峰电价上调预留空间。根据前文第一部分分析，尖峰时段为11~13点和16~17点。方案二的政策力度和效果介于现行政策和方案一之间。

3. 确定峰谷、尖峰时段组合

上述峰谷电价和尖峰电价的时段划分，是单独设置的，还必须将二者加以组合，基本原则是兼顾效率和操作简便，有三种组合方案（详见表2）：方案一实行分季节的峰谷电价和紧急日尖峰电价，最符合负荷特征、效率最高，但紧急日如何确定、如何实施，短期内实施难度最大，可作为长期目标。方案二对峰谷电价仍然分季节，可以体现峰谷电价的价格信号；在7、8月份峰、谷电价的基础上实施尖峰电价，效率低于方案一但高于现行尖峰电价；但从操作层面看，将出现3个电价表，仍较复杂。

表 2　峰谷电价与尖峰电价组合方案

	日尖峰	月尖峰	峰、谷	峰、平、谷	评　价
方案一	紧急日尖峰		5～9月	10～4月	效率最高、难度大
方案二		7～8月	5～9月	10～4月	效率次之、仍较复杂
方案三		7～8月	7～8月	9～6月	效率略次于二、最简单

因此，方案三在方案二的基础上，将5、6、9月与7、8月分开划入另一组，从而可将电价表合并为2个。为兼顾5、6、9三个月的午高峰，将中午峰段从10～12点扩大到10～14点；虽然时段划分不能充分反映5、6、9三个月的负荷分布，但由于这3个月的最大负荷日曲线处于夏高峰7、8月和冬高峰12、1月的下方，不是主要矛盾。因此综合来看方案三最可行，为最终确定的峰谷和尖峰时段划分方案（详见表3）。

表 3　最终确定的峰谷电价、尖峰电价时段划分表

	尖　峰	高　峰	平　段	低　谷
7～8月	11～13点 16～17点 （3个小时）	10～11点 13～16点 17～22点 （9个小时）		22～10点 （12个小时）
其余各月		10～14点 17～21点 （8个小时）	7～10点 14～17点 21～23点 （8个小时）	23～7点 （8个小时）

（三）计算各时段价格

1. 各段电量比例

目前北京市执行峰谷电价的电量，只统计到尖峰、高峰、平段和低谷几个大时段，而未细分到各小时，因此无法直接计算时段调整后的尖峰、高峰、平段和低谷电量。本文根据整点负荷数据估算电量比例：首先计算出各小时的负荷占比；然后依据此比例将总电量分摊到各小时，得出各小时电量占比（表4、表5），进而计算出调整后的各段电量比例（表6）。而如果根据估算的各小时电量比例，计算调整前的尖峰、高峰、平段和低谷电量比，与实际值也基本吻合（表7）。

表 4　2010 年根据负荷数据计算的 7～8 月各小时电量占比

0～1 时	3.31%	8～9 时	4.15%	16～17 时	4.95%
1～2 时	3.05%	9～10 时	4.67%	17～18 时	4.83%
2～3 时	2.90%	10～11 时	4.97%	18～19 时	4.81%
3～4 时	2.80%	11～12 时	5.05%	19～20 时	4.84%
4～5 时	2.75%	12～13 时	4.98%	20～21 时	4.67%
5～6 时	2.80%	13～14 时	4.95%	21～22 时	4.24%
6～7 时	3.04%	14～15 时	4.97%	22～23 时	3.73%
7～8 时	3.52%	15～16 时	5.00%	23～24 时	4.95%

表 5　2010 年根据负荷数据计算的 9～6 月各小时电量占比

0～1 时	3.45%	8～9 时	4.25%	16～17 时	4.72%
1～2 时	3.24%	9～10 时	4.63%	17～18 时	4.86%
2～3 时	3.12%	10～11 时	4.82%	18～19 时	4.93%
3～4 时	3.05%	11～12 时	4.79%	19～20 时	4.93%
4～5 时	3.04%	12～13 时	4.61%	20～21 时	4.86%
5～6 时	3.13%	13～14 时	4.55%	21～22 时	4.65%
6～7 时	3.38%	14～15 时	4.55%	22～23 时	4.27%
7～8 时	3.78%	15～16 时	4.58%	23～24 时	3.81%

注：各小时电量按整点负荷平均值计算，如 1～2 时的电量等于 1、2 时整点负荷的平均值。表 8 同。

表 6　2010 年根据负荷数据计算的调整后的各段电量比例

	尖峰	高峰	平段	谷段
2010 年 7～8 月新的各段电量比例	15.06%	44.00%		40.94%
2010 年 9～6 月新的各段电量比例		38.35%	35.41%	26.24%

表7　2010年根据负荷数据计算的原各段电量比例与实际电量比例比较

		尖峰+高峰	平　段	谷　段
2010年全年	根据平均负荷计算的电量比例	38.29%	35.83%	25.89%
	实际电量比例	37.49%	35.70%	26.81%
2010年7~8月	根据平均负荷计算的电量比例	39.40%	36.23%	24.37%
	实际电量比例	39.06%	36.65%	24.29%
2010年9~6月	根据平均负荷计算的电量比例	38.03%	35.73%	26.23%
	实际电量比例	37.14%	35.49%	27.37%

2. 峰谷电价各段价格

基本原则是调整前后平均电价不变，即调整后各段加权平均电价等于现行电价表中的平段电价，且调整前后平段电价不变。根据北京市现行峰谷电价表，对各类用户各电压等级分别计算。由于新的时段分季节，因此需要按7~8月和9~6月分别计算，具体公式如下：

7~8月：调整后谷段电价×调整后谷段电量比例+调整后高峰电价×（调整后高峰电量比例+调整后尖峰电量比例）=调整前平段电价

9~6月：调整后谷段电价×调整后谷段电量比例+调整后高峰电价×调整后高峰电量比例+调整后平段电价×调整后平段电量比例=调整前平段电价

本文测算了几种方案下的电价：①方案一：保持低谷电价不变，计算高峰电价。结果大部分用户低于现行水平，峰、谷电价比缩小。②方案二：保持高峰电价不变，计算低谷电价。结果下降幅度较大，其中一般工商业用户由于高峰电价高，低谷电价下降幅度最大。③方案三，保持峰、谷电价比不变。计算出的低谷电价和高峰电价均低于现行水平。

综合比较，方案二下计算出的低谷电价下降幅度太大，会增大电力公司财务压力。方案一和方案三结果差别不大，但方案一将缩小峰、谷电价比，可能会削弱激励效果。因此，建议采取方案三，即维持峰、谷电价比不变。在此方案下，峰、谷电价比不变，为3.5，平段电价不变，高峰和低谷电价下降幅度均为10%左右。

3. 尖峰时段价格

也选择了两种测算方案，具体如下：

方案一：调整前后尖峰电量增收收入不变

调整前的尖、高价差×调整前的尖峰电量=（调整后的尖峰电价－调整后的7~8月高峰电价）×调整后的尖峰电量

方案二：调整前后尖峰电量收入不变

调整前的尖峰电价×调整前的尖峰电量=调整后的尖峰电价×调整后的尖峰电量

综合来看，方案二拉大了尖谷电价比、尖峰电价比，有利于增强尖峰电价效果，因此建议采取方案二，即“调整前后尖峰电量收入不变”。此方案下，尖峰电价上调约20%，尖、谷电价比为4.4倍，尖、高电价比由1.1倍提高到1.45倍。

二、北京市峰谷电价、尖峰电价结构调整的政策建议

（一）适时调整北京市峰谷电价、尖峰电价

1. 调整时段

（1）分季节划分峰谷时段。北京市2004~2010年的各月平均负荷曲线，季节性特征明显，其中5~9月表现为从中午到晚间的持续单高峰，其余各月表现为中午和晚间的双高峰。因此，全年设置统一的时段难以达到峰谷电价的政策效果。

（2）调整尖峰时段、缩短执行时间。近年来年尖峰负荷未出现在9月份，因此建议将尖峰电价执行时间，从目前的7、8、9三个月缩短到7、8两个月，为拉大尖谷价差预留空间。依据7、8月负荷曲线和近年来尖峰负荷发生时间，建议将尖峰时段从11~13点、20~21点调整为11~13点、16~17点。尖峰执行时间将由276个小时缩至186个小时。

（3）统筹考虑峰谷和尖峰时段设置。为避免电价表过于复杂，建议将7、8月归为一组，其余月份归为另一组。7、8月各日分为三个时段：尖峰、高峰和低谷，尖峰时段3个小时（11~13点和16~17点），低谷时段12个小时（晚22~早10点），其余9个小时为高峰时段。其余月份各日划分为峰、平、谷三段，各8个小时，峰段时间为10~14点和17~21点，谷段时间为23~7点，其余为平段。

2. 调整各时段价格

（1）调整峰谷时段价格。时段调整后，峰谷电价各段电量比例发生变化，高峰电量比例提高、低谷电量比例下降，因此需要按照平均水平不变的原则重新测算各段电价。在保持平段价格不变的前提下，有三个测算方案：高峰价格不变；低谷价格不变；峰、谷电价比不变。通过详细测算和比较，建议选取峰谷电价比（3.5 倍）不变方案，调整后高峰和低谷电价下降约 10%。

（2）调整尖峰时段价格。在峰谷时段价格确定的基础上，尖峰电价也有两个测算方案：尖峰电量增收收入不变；尖峰电量收入不变。通过详细测算和比较，建议按尖峰电量收入不变方案，调整后的尖峰电价在现行基础上平均增加 20%，尖峰与低谷电价比从 3.85 倍提高到 4.4 倍，尖峰与高峰电价比由 1.1 倍提高到 1.45 倍。

3. 扩大实施范围

理论和实践均证明，居民用户对峰谷和尖峰电价的响应潜力最大。北京市居民用户的用电量占总用电量的 23%，占高峰负荷的比例更大，但一直被排除在峰谷和尖峰电价实施范围之外。因此，建议结合本轮居民电表更换，推行居民可选择性峰谷、尖峰电价试点。

（二）建立峰谷电价、尖峰电价动态调整机制

如果峰谷电价、尖峰电价设计得当，用户做出反应后，系统的负荷曲线必然会发生变化，因此必须定期调整，包括时段和各段价格的调整。

1. 对主要指标进行年度评估

每年对峰谷电价、尖峰电价执行情况进行评估，内容包括：系统负荷曲线变化情况、系统峰谷差和负荷率变化情况、各时段电量比例变化情况、各时段负荷比例变化情况、加权平均电价变动情况、电力公司执行峰谷和尖峰电价部分的收入变化情况等。

2. 时段和价格调整的启动机制

最简单的指标是高峰负荷（或电量）比例变化。根据前文分析，北京市峰谷电价、尖峰电价的移峰效果设置为 5% 较为科学。因此当高峰负荷（或电量）累计减少比例达到 5%，就需要重新调整时段和价格。或如果高峰负荷（或电量）比例连续 5 年未发生明显降低，说明政策失效，也应进行调整。尖峰时段的调整还可同时依据 7、8 月平均负荷曲线，如果负荷曲线观察到尖峰发生明显转移，可启动调整机制。

3. 电力公司实际收入与预期收入的差额部分纳入电价调整方案统一考虑

有效的峰谷电价会减少电力公司收入，削弱其实施积极性。国外有两种处

理方法：第一种是收入与售电量“解耦”，即电力公司收入是固定的，与其售电量无关，有时为进一步提高其积极性，对实施效果好的电力公司，通过提高准许收益率进行奖励；第二种是将因实施峰谷电价带来的收入的变化，纳入整体电价统一考虑，而不是仅提高执行峰谷电价这部分用户的电价，否则会削弱这部分用户移峰填谷的积极性。因为用户之所以对峰谷或尖峰电价做出响应，是为节约其自身的电费支出。实际上这部分用户为系统和其他非峰谷电价用户作出贡献，因此应该由所有用户共同买单。

结合我国和北京市现行体制，峰谷电价带来的收入变化纳入电价统筹考虑更加可行。因此，要切实落实上一次结构调整方案中提出的“建立对电力公司的年度收益审计制度，对电力公司因实施上述电价政策产生的盈亏，在今后的电价调整中统一考虑”。

（三）出台尖峰电价资金使用和监管的办法与实施细则

长期来看，获取电力需求侧管理资金的规范做法，是效仿西方国家征收“电力公益基金”。“电力公益基金”用于提高节能效益，增进公共利益。以美国为例，用途包括可再生能源、沉淀成本、普遍服务、节能项目等四方面内容，而且主要是用于节能环保方面。建立并运行规范的基金模式，需要电力运行主管部门与价格主管部门联合推动、制定标准，并得到财政、税收部门的同意。结合我国的实际情况，建立“电力公益基金”可能需要较长的时间。在过渡期，需求侧管理资金的一部分可以由电力公司尖峰电价增收资金解决。因此，建议尽快出台《尖峰电价资金使用和监管的办法》，就尖峰电价增收资金用作需求侧管理专项资金作出明确规定，包括：出台的目标，资金来源与收缴程序，管理办法与使用范围，申报、批准、监督实施、考核过程等。

（四）采取提高政策实施效果的配套措施

实践证明，配套技术项目有助于提高峰谷电价、尖峰电价的实施效果。

首先，鉴于现有的分时电表无法调整时段，需要更换后方能执行新的电价标准。考虑到今后峰谷、尖峰电价调整以及其他电价改革的需要，建议直接更换成智能电表，以避免频繁更换电表给用户增加负担。

其次，建议利用部分尖峰电价增收收入，加大政策宣传，对用户安装必要的节能设备进行补贴，以获得用户的支持和积极响应。但考虑到目前我国电力公司的收入与电量直接挂钩，无法充分调动其实施需求侧项目的积极性，因此可借鉴国外经验，成立第三方机构来负责实施配套技术项目。

国际级奖项

《中国煤炭运输研究》内部报告

主要完成单位：国家计划委员会经济研究所　世界银行
主 要 完 成 人：史清琪　周大地　刘晓东　张春泰　孙旭飞
李志建
获 奖 时 间：1994 年
获 奖 名 称：第 23 届国际管理科学弗朗兹·艾德曼提名奖

由经济研究所牵头，能源所、综合运输所、技术经济所参加的《中国煤炭运输研究》（CTS），是一项接受世界银行赞助 30 多万美元，并与世界银行合作研究 4 年之久的项目。是姚依林副总理亲自批准的，特别是在 1989 年"六四"事件后世行仅留下的少数大研究项目之一，委领导和中心领导要求我们一定把项目做好。该项目于 1991 年 12 月通过了由国家计委主持的鉴定，引起了决策部门和有关专家的重视。

CTS 不是简单地研究煤炭运输问题，而是一个涉及煤炭、电力的生产、需求及其运输、输送，并考虑相应的投资与环境的大系统。

CTS 采用混合线性整数规划模型，仅仅固定需求端的需求。对于生产端、运力条件、电力输送、环境等都是根据实际情况，没有给予技术与经济的限制，考虑投资费用，进行系统的比较和优化。在实际运行中，根据决策者的要求，只要给定一个煤炭和电力的需求总量，就可以求出一系列相应的解。所以，这种选择过程，是一个能源需求驱动生产、运输及输送的优化过程。模型的求解是采用美国最新的 Mathpro 软件，在 486 微机上就可以进行，目前求解一次大约十小时左右。将如此大规模的数学模型，移植到微机上进行运算，在国内也是首次，这为在中长期规划中有关决策部门采用创造了条件。从研究的具体内容看，模型还具备以下特点并可一次提供相应的运算结果：

（1）CTS 模型在国内将不同煤种的生产与消费，结合在煤电运综合分析的模型系统中，按不同地区，不同煤种的需求进行生产和供给最优平衡，即不仅使供需总量平衡优化，而且使煤炭品种供需结构平衡优化。这有益于保护优质煤种，提高煤炭资源的有效利用。运转结果可提供出：各煤炭生产地所生产的不同煤种，是通过哪条路径，什么运输方式到达各消费区。从成本最低出发，可选择是输煤还是输电，是上火电还是上水电或核电项目，以及电站的布局。

（2）较充分地考虑了煤炭的洗选加工及洗中煤的合理利用问题。这是缓解煤炭运输的必要措施。运转结果可提供：需要上多少洗煤厂，分布在什么地方，洗出多少矸石等。

（3）比较全面系统地把全国铁路网络、内河航运、海港、各类型码头和运输船型及输煤管道，综合到一个运输网络中来，并结合煤炭、电力的布局进行优化。

（4）将环境问题引入了煤电运综合分析系统，各个生产点煤炭都带有其特定的硫分、灰分，通过运算可得到煤炭燃烧后的排灰及排硫总量及消费区的排放量，如果要求减排 SO_2 可得到怎样影响系统成本、投资。只要提出要求减少多少 SO_2 排放量，模型就可得出：应在什么地方上洗煤厂，在什么地方上水电站，上多大能力的除硫装置，需要增加多少投资等。

（5）较充分地考虑了不同地点、不同的煤炭热值对煤炭运输的流向、流量的影响，它突出了煤炭质量的重要性，规定在满足同样要求的情况下，高热值比低热值煤更为有效。这对全国煤炭生产布局的合理化和运输能力的节约是十分重要的。

（6）运用短缺成本调整能源配置，模型经过优选后，可以得出煤炭及电力的短缺量，它是生产量与需求量之间的差额，表明煤炭、电力仍得不到满足。同时还可得到各地区的短缺量，以及各地区短缺一吨煤对经济损失的最高限额，这可作为各地区选择节能还是设法输煤或输电的依据，以实现短缺条件下的能源最优配置。

（7）从时间上考虑到2005年，并按五年计划的要求，分成“八五”、“九五”、“十五”三个五年计划时间区段，直接为制定五年计划提供不同的方案服务。

（8）煤炭的生产按所有制进行了划分。这样可以看出煤炭生产结构和技术进步状况。

（9）模型还直接考虑了投资约束，可以得出满足一定需求情况下的煤电运的投资额。

此次运转结果，分高、中低三个方案，最近，根据邓小平、江泽民同志讲话精神，我们核对了一下，三个方案基本上与 GNP 增长率分别为 7%、8%、9% 相对应，现仅将到 2000 年的主要结果报告如下：

运用 CTS 模型对 2000 年煤、电、运系统预测的主要结果

GNP 增长率	煤炭需求量（亿吨）	煤炭生产量（亿吨）	电力需求总量（亿度）	发电总量（亿度）	短缺量（折原煤万吨）	所需投资（亿元）	环境排灰量（万吨）	环境排硫量（亿吨）
7%	14.91	14.56	12535	11861	3468	5143	26763	1809
8%	15.35	14.98	12814	12136	3653	5334	27336	1843
9%	16.59	15.67	13982	13128	9170	5912	28684	1923
9% ~10% 之间考虑环境减排灰硫 10%	16.79	15.38	14693	13975	14115	6703	24968	1684

测算结果的主要结论

（1）从模型运转结果来看，若按 GNP 增长率 9% 计算，到 2000 年煤炭需求量这 16.59 亿吨，电力需求总量 13982 亿度，煤炭生产为 15.67 亿吨，煤炭短缺量（含电煤）为 9170 万吨，短缺的原因主要是运输问题。因为模型考虑的交通运输项目是按“八五”、“九五”、规划项目和部分设想的项目，这些项目已全被选上，仅能满足 15 亿吨原煤生产量或 14 亿吨商品煤的调运量，若按 9% 的速度，必须上新项目。

（2）按 GNP 增长率 8% 计算，到 2000 年煤炭需求量约为 15.34 亿吨，全国煤炭生产 14.98 亿吨，山西、陕西、蒙西总生产煤炭 2000 年为 5.76 亿吨，为全国煤炭生产量的 38.44% 。如果按 9% 的速度，该地区 2000 年煤炭生产量基本上可维持在 5.7 亿吨，原因是基地外运通路能力不足。京津在 9% 的增长速度下，2000 年煤炭需求 1.54 亿吨，自产 8900 万吨，需净调入 6500 万吨。东北地区需求量为 3.22 亿吨，自产 1.94 亿吨，东蒙产 3700 万吨，需调入 9100 万吨，模型运转结果仅能调入 5300 万吨，尚有 3800 万吨缺口等。

（3）从交通运输的状况看，“三西”煤炭基地煤炭外运通道已全部饱和，到 2000 年基地煤炭外运通路最大只能满足 3.6 亿吨。如果按 9% 速度计算，“三西”煤炭基地至少要外运煤炭 4.4 亿吨，缺口 8000 万吨外运量。同时运量通道及南北通道已饱和，新建的京九线由于和它相连的有关线路能力限制而不能满足大量煤炭分流的需要。同时，与煤炭外运通道相接的有关铁路和港口能力基本饱和，也不能满足需要，北方沿海港口煤炭下水能力基本饱和，至 2000 年规划最大下水能力为 15200 万吨至 18000 万吨，南方煤炭接卸能力全面不足。

（4）按9%的速度计算，十年共需投资5912亿元，投资额均以90年不变价计算，其中煤炭投资1420亿元，电力投资额为3492亿元，交通运输投资为1000亿元。煤炭矿井和矿区建设投资不同地区有一定差异。乡镇矿吨煤约为100～140元/吨，地方矿约为160～240元/吨，统配矿约为200～300元/吨，电力投资为：火电为2200元/千瓦，水电为3000～4500元/千瓦，核电为6000～10000元/千瓦。交通运输投资是按项目计算的，考虑“八五”、“九五”与运煤有关的规划项目，并综合有关实际部门和有关专家的设想放入模型的。

（5）关于环境问题。煤炭运输环境是CTS研究的一个重要方面，在模型中考虑了煤炭燃烧的排灰量及排硫量，不仅有排放总量，还有分地区的排放量，其中排灰量包括煤燃烧后的煤渣，也包括飞尘。

几点初步建议：

（1）GNP增长率为9%的情况下，首先应解决煤炭外运通道问题。建议大秦线运输能力达到1.3亿吨，秦皇岛港煤炭下水能力提高至1.3亿吨，与大秦线配套。第二条通道朔石、石黄能力可增大到1亿吨，与之配套的黄骅港能力达到1亿吨。改造集通线，使该线能力达到2000万吨，以提高出关煤炭运输能力。同量可考虑上三条煤浆管道：孟县至潍坊，长治至徐州，彬县至襄樊，可增加基地煤炭外运能力2500万吨。

（2）煤炭生产必须进一步增加“三西”煤炭基地的投资，进一步开发内蒙古东部地区褐煤资源，同时要增加洗煤。

（3）调整产业结构，沿海及东北重工业基地应发展低能耗产业，大力发展第三产业。

（4）考虑环境与节能，减少排灰与排硫总量，电厂要上除硫装置。

（5）东南沿海可进口部分煤炭，同时增大接卸港的能力。

史清琪
1992年6月

附录：

关于《中国煤炭及电力输送系统规划》项目赴美参加弗朗兹·艾德曼奖决赛的汇报

国家计委经济研究中心与世界银行合作项目——《中国煤炭运输研究》课题组部分成员，由国家计委魏礼群秘书长带队一行七人，于1994年4月18日至4月29日，赴美参加了美国国际第23届管理科学弗朗兹·艾德曼奖的决赛活动，行前，国家计委副主任叶青、桂世镛同志及长期司、交能司、投资司等业务司局和经研中心的领导，听取了准备情况的汇报并观看了课题组的演示。

参赛小组抵美后立即投入工作，4月20日至22日在华盛顿与世行中国局交通处一起进行了赛前的准备和预演。在此期间，世行中国局新任局长霍普先生宴请了我们，中国驻世行执行董事出席。同时，还与中国局交通处代处长赫南·李维先生及部分官员进行了多次交谈，22日向世界银行官员和特别专家进行了参赛的公开预演。最后，与世行负责审查《中国煤炭运输研究》报告的有关专家与官员交换了意见。22日晚抵波士顿，在参赛现场进行了排练。24日我们和其他五个参赛队正式比赛及答辩，我们的报告及答辩效果很好。25日兄弟队之间交流，26日宣布获奖结果。印度塔塔财团塔塔钢铁公司因其研究成果应用效果显著而获第一名，称弗朗兹·艾德曼大奖。由于竞争激烈，这届与以往不同，除第一名外，其余5个项目没有再排名次，一律并列为弗朗兹·艾德曼奖的第二名。

弗朗兹·艾德曼奖是以美国管理科学鼻祖弗朗兹·艾德曼命名的，由美国管理科学研究年和管理科学研究所与运筹学会的管理学院联合举办评奖活动，每年一届，此次为第23届。这是美国和国际性管理科学的最高奖，代表国际先进水平，专门奖励管理科学研究中应用性强并能产生效益的研究项目。每年均有世界各地的40~50多个项目申请，12~13个项目进入半决赛，6个项目可进入决赛。我们这次的参赛活动是1993年10月由世界银行的专家提出申请的。国家计委副主任桂世镛同志和世界银行副行长伯尔肯先生代表用户予以推荐。1993年12月6日评出了6名参加决赛的项目，除我们以外还有印度塔塔钢铁公司的战略及经营管理的优化研究、美国贝尔公司的光纤通讯效益分析、日本汉辛高速公路公共公司的管理系统、美国数字设备公司（DEC）管理系统研究、美国军队关于美军重组优化研究。上述各参赛小组的构成，除各研究项目几位主要成员外，我委由秘书长魏礼群同志作为用户代表，美军由两位中将参与了主答辩，其他公司的主要负责人也都出席了会议。会上竞争激烈，会下友好交往，我们抓紧一切机会宣传中国的改革开放，中国队在评委及兄弟队成员中留下深刻而良好的印象。这是我国第一次进入这个国际先进水平的管理科学研究项目决赛并获奖，获得如此殊荣是很不容易的。

这次弗郎兹·艾德曼奖的奖励形式：①获奖的六个项目的研究报告将在1995年初发表在美国著名的《界面》杂志上。②颁发奖金：第一名1万美元，其余5名各1000美元。③报告及答辩过程的录像将向世界各国公开出售，作为高等学校的教学案例。

我们这次之所以获得成功，是来之不易的，《中国煤炭运输研究》是一个庞大的系统工程，是把中国的煤炭、电力生产、运输（输送）、消费及环境控制系统作为一个有机的整体进行研究，从而寻求在不同的煤炭、电力需求水平驱动下的最优的、系统的时间和空间结构布局。在系统结构的设计和假设方面，吸收了国内外已有研究的成果，并紧密结合中国的具体实际，从而形成了该模型系统性强、实用性强的显著特点，可为国家或地区煤电运规划提供决策咨询服务。该模型的求解选用了目前世界上较为先进的软件系统，可根据用户的要求快速运转后，提供大量的有用信息。该研究从1987年与世行中国局开始谈判，至今已六年之久，世行中国局交通处是该项目的合作者，负责对中国第六期、第七期交通项目贷款的项目官员瓦德华先生任该项研究的世行方负责人。由世行向日本人力基金会征得赠款30多万美元作为研究经费，我方部分成员专门去华盛顿世行总部进行了九个月的培训，部分成员赴美进行了一个多月的考察，世行还向我们提供了一批设备。在研究过程中，桂世镛同志及委经研中心的领导一直给予关心与支持，同时，还得到了委长期司、交通司、投资司、科技司及有关部委领导的具体指导与帮助，使该项目克服了重重困难，最终完成了这一决策支持系统。

在参赛过程中，我们无论是在世界银行还是在决赛现场，都进一步宣传了中国的改革开放和国家计委职能的转变。同时，世行官员对中国改革和发展也提出了一些建议。新任中国局局长霍普先生在谈到中国目前的经济形势时说，应当控制好通货膨胀，不然就会造成经济生活和社会秩序的混乱；在解决通货膨胀问题时，也应注意经济不要衰退，这是一个很难处理而又必须解决好的问题。世行中国局交通处代处长赫南·李维先生及交通处部分官员建议，中国应提高现有铁路的使用效益，搞节约型战略，准备先与我们合作进行“中国物流问题”的软科学研究项目。同时，他们还建议应逐步解决西部地区交通不便的问题，可通过发行债券和股票来筹集资金，也可考虑采用BOT方式，外国出钱出技术，建成后若干年内交付给中国。交通处准备很快来中国，找国家计委、铁道部、交通部、财政部等单位，研究世行交通贷款的使用问题，他们想突出解决集装箱运输问题。

在华盛顿期间，魏礼群同志应美国能源部贝特尔太平洋西北实验室的邀请，会见了美国白宫、能源部、环境保护的十多位官员和工作人员，以及一些关心中国经济建设的科研人员，阐述了我国在经济改革、能源价格、外资引进，节约能源和环境保护等方面的政策，并回答了与会者提出的有关问题。

《中国煤炭运输研究》项目已经结束，参赛活动也取得了圆满的结果。我们建议：

第一，向委内外新闻媒介宣传一下《中国煤炭运输研究》的获奖情况及其内容。

第二，在编制“九五”及2010年规划时，可参考《中国煤炭运输研究》的结果。将这个项目的研究成果应用于实践，为计划工作决策服务。

国家计委《中国煤炭运输研究》项目
赴美参加弗朗兹·艾德曼奖决赛小组
1994年5月5日
（史清琪撰写）

附　　录

附录一　国家发展和改革委员会经济研究所发展简史

国家发展和改革委员会经济研究所成立于1975年9月，前身为原国务院工资理论小组，是新中国成立后的第一个国家级综合性经济研究所。现为国家发展改革委宏观经济研究院管理的国家发展改革委九个研究所中唯一的综合性研究所，正局级事业法人。著名经济学家于光远、薛暮桥、柳随年、桂世镛、王积业、周才裕、王永治、刘福垣、陈东琪、刘树杰等先后担任所长。著名经济学家许涤新、刘国光、董辅礽、孙尚清、罗元铮、徐禾、赵履宽等曾在经济研究所工作。时任委领导宋平、房维中、王春正、魏礼群等曾担任兼职研究员。

经济研究所是以中长期经济发展战略与规划和宏观经济管理为主的综合性、政策性研究机构。主要研究方向为：国家和区域性经济发展战略与总体规划、宏观经济形势分析预测与财政货币政策、收入分配与消费，以及财政体制与税收体系、金融发展改革与监管、国有经济与企业改革发展、国内贸易与信用环境等重大理论与政策问题。

一、机构沿革

1975年邓小平同志主持中央日常工作，全面整顿各项工作，纠正极“左”经济理论观点，成立了国务院工资理论小组。后来，由于历史原因，国务院工资理论小组被迫停止，为了保存研究力量，计委党组遵照时任国务院副总理李先念同志指示，于9月下旬，在原国务院工资理论小组基础上着手组建国家计划委员会经济研究所。由原国务院政治研究室副主任于光远亲自组建并担任首任所长。

1982年，为突出以“计划经济研究”为中心，经济所更名为“计划经济研究所”。1988年国家计委组建经济研究中心（1995年后改为宏观经济研究院），经济所作为其下属机构，并将名称恢复为“经济研究所”。1998年，在宏观院机构调整中，农业、工业和流通三个研究室成建制析出，与原技术经济研究所合并成立产业经济与技术经济研究所，原宏观院综合部和技术经济研究所企业研究室并入经济所。1999年，国家计划委员会更名为国家发展计划委员会，经济所随之更名为“国家发展计划委员会经济研究所”。2001年，经济所与原国家发展计划委员会社会发展研究所、原国家发展计划委员会市场与价格研究所合并成立国家发展计划委员会经济社会发展研究所（简称“经济研究所”）。2003年，国家发展计划委员会更名为国家发展和改革委员会，经济社会发展研究所更名为“国家发展和改革委员会经济社会发展研究所”。2007年，国家发展和改革委员会社会发展研究所恢复，2008年，经济所名称调整为“国家发展和改革委员会经济研究所”，国家发展和改革委员会市场与价格研究所仍保留在经济研究所内，至2015年9月恢复独立运作。

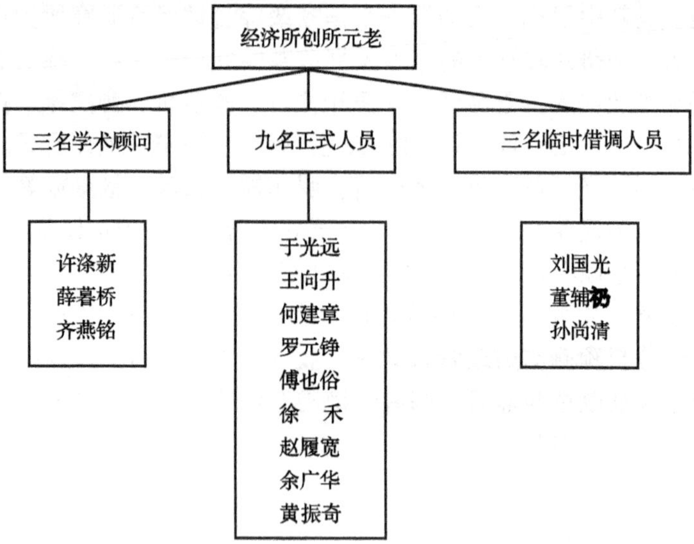

专栏1：综合研究部基本情况

宏观院综合研究部前身为国家计委经济研究中心综合研究组。1988年，国家计委经济研究中心组建，下设6个局级组（室），综合研究组是其中之一，主要职责是研究当前社会经济发展中和计划体制改革中的重大问题，并参加文件起草工作，由林兆木同志任组长，郭树清同志任副组长，邵宁、韩文秀等学者型领导以及周莹、罗精奋等前辈专家都曾在综合部工作。1995年，国家计委经济研究中心改建为国家计委宏观经济研究院，综合研究组改为综合研究部，在1998年宏观院机构调整中，综合研究部并入经济研究所。

专栏 2：社会发展研究所基本情况

社会发展研究所的前身为国家计划委员会人力资源开发利用研究所，1988 年 5 月成立，1995 年 1 月更名为国家计划委员会社会发展研究所，正司级全额拨款事业单位。历任所长有潘烽、郭继严和李建立等。合并前设 5 个研究室，分别为社会发展规划与政策、社会调查、人力资源、居民收入、社会保障研究室。研究重点为社会发展规划与政策、社会状况监测与调查、人力资源开发以及居民收入分配与消费、社会保障制度等问题。

2007 年分立后，其主要研究方向为研究当前社会发展、社会建设中的重大问题、为国民经济和社会发展宏观决策提供理论支持、政策思路和对策建议，下设社会管理、社会事业、社会政策 3 个研究室。

专栏 3：市场与价格研究所基本情况

市场与价格研究所原名国家物价局物价研究所，1980 年 5 月 26 日经国务院批准成立，1993 年并入国家计委，1995 年更名为国家计划委员会市场与价格研究所，正司级全额拨款事业单位。历任所长为路南、陈德尊、刘树杰。合并前设 5 个研究室，分别为市场与价格调控、价格理论与政策、收费理论与政策、流通理论与政策、市场与价格监测研究室。价格所的主要研究方向为流通体制与政策、价格体制与政策及商品市场与价格监管等问题。

二、办所方针

建所初期，依照国务院领导的指示，计委将经济所主要任务定位于“对于我国社会主义革命和建设中提出的经济理论、方针、政策问题以及国际经济问题进行研究”，着眼点在“社会主义革命和建设”。1979 年计委将经济所指导方针修正为“计划经济研究所要为计划工作服务，要同计委的工作紧密结合，计委经济所同社会科学院经济研究所不同，要侧重应用研究，要更加注意理论与实际的结合”。1994 年经济所指导方针进行重大调整，不再提及“计划工作”而代之以“主要研究国民经济发展战略、中长期规划、产业结构调整升级，以及经济体制改革的重大问题，经济形势跟踪分析和宏观调控的对策等”。1999 年经济所指导方针进一步明确为“负责经济问题平衡，宏观经济形势和微观经济运行、宏观调控理论与政策的研究”。2001 年，经济所与社会发展研究所、市场与价格研究所合并成立国家发展计划委员会经济社会发展研究所，指导方针调整为“负责社会主义市场经济和宏观调控的基本理论问题、宏观经济和宏观政策调控、经济社会发展的重大问题、价格理论与政策的研究”。2007 年随社会所恢复，发展改革委进一步将经济所办所方针修正为“负责研究国民经济发展战略、体制改革、宏观调控、价格监管的理论、政策和方法”。

三、科研成绩

经济研究所自成立以来，主要根据国务院及发展改革委的决策需要开展经济政策和理论研究工作。直接参与了若干宏观调控、产业政策、国民经济与社会发展规划、经济体制改革方案研究及相关中央文件起草工作。建所初期，主要研究按劳分配、价值规律等关系拨乱反正的重大理论问题，并对苏联东欧、美日等经济体制进行系统的比较研究。1979 年，时任所长薛暮桥等完成的“中国社会主义经济问题”研究受到有关方面高度重视。80 年代以来，对国民经济综合平衡、计划与市场的关系、经济体制改革与发展、宏观经济管理等问题进行深入研究。1984 年，时任所长柳随年等完成的“新中国经济史”研究，开创了共和国经济史研究之先河，引起了极大反响。1987 年，时任所长王积业等提出的“国家调节市场、市场引导企业”的经济运行模式为中央决策所采纳并写入党的十三大报告。青年学者王建提出的“国际大循环”战略思想，受到中央主要领导的重视和批示。90 年代以来，经济所加强发展战略与规划、宏观经济形势与政策，政府管制等领域的研究。时任所长周才裕作为我国第一个产业政策制定者，带领经济所对产业结构调整等问题进行了深入研究，对若干政策出台发挥了重要作用。1996 年，王永治副院长兼任所长时期，主持了《社会主义市场经济基本内涵和主要特征研究》，为党的十五大报告提供了重要参考。1997 年，时任所长刘福垣提出的“以人为本、以中（中小企业、中等收入阶层和中部地区）为重、全方位开放的发展观”受到有关领导的重视，并被国家“十五”、“十一五”规划采纳。2003 年，常修泽教授提出的超越企业产权范畴的广义现代产权制度，为党的十六届三中全会报告提供了重要参考。2004 年，时任所长陈东琪等提出的财政货币“双稳健”政策主张，获得广泛认同并被中央宏观调控决策采纳。2011 年，由时任所长刘树杰主持，举全所之力完成的《面向 2020 年的我国经济发展战略研究》，成为十八大报告起草组的重要参考资料之一，并获得了国家发展和改革委员会 2013 年度优秀研究成果一等奖。

（一）上报及批示情况

建所以来，我所涌现出一批批优秀的研究成果，提出了一系列新思想、新见解、新内容和有价值的学术论点，受到国务院和国家发展改革委的重视，不少观点和建议被中央决策采纳。许多研究报告或政策建议曾获中央国务院领导同志批示。其中，国务院历任主要领导朱镕基、温家宝、李克强，国务院其他领导同志姚依林、宋平、李岚清、黄菊、张高丽、姜春云、曾培炎、回良玉、汪洋、马凯、华建敏、郭金龙等肯定性批示 29 次。历任委领导陈锦华、徐绍史、丁关根、桂世镛、房维中、王春正、朱之鑫、段应碧、张国宝、吴新雄、毕井泉、佘健民、李子彬、彭森、杜鹰、连维良等，以及魏礼群、谢伏瞻、宁吉喆、韩文秀等相关部委级领导肯定性批示 60 次。

（二）获奖励情况

40 年来，经济所共获国际、国家及部委级奖励 40 余项。其中，国家级科技进步奖励两项、部委级科技进步和优秀科研成果奖 40 余项。1994 年获第 23 届国际管理科学弗朗兹·艾德曼奖一项，是迄今为止我国内地唯一获此奖励单位。获得孙冶方经济科学奖一项、薛暮桥价格研究奖 8 项。

（三）出版情况

建所 40 年来，以经济所（或经济所课题组）名义出版书籍共 22 本，其中中国经济丛书系列 7 本，以经济所名义出版 15 本。此外，以所内个人名义出版书籍近三百本。书籍围绕重大宏观经济问题，在社会各界尤其是决策层面引起肯定和广泛好评。其中，1979 年，时任所长薛暮桥完成的专著《中国社会主义经济问题研究》受到国内外的普遍重视；1984 年原经济史研究室完成的新中国第一部经济发展史——《中国社会主义经济简史》受到各界广泛好评，被翻译成多国文字出版。

经济所现有内部刊物《经济决策参考》与外部刊物《中国物价》。成立以来，经济所重视科研信息报送，编写并发行了众多内部刊物。包括上世纪 70 年代末及 80 年代初先后创编的《世界经济参考资料》、《计划经济研究》、《情况点滴》、《计划经济调研资料》、《科研简报》、《情报简讯》、《问题与建议》、《内部报告》及 80 年代末创编的《观点与思路》等。其中，《计划经济调研资料》于 2001 年更名为《经济决策参考》并延续至今。

（四）学术交流情况

经济所积极搭建内外部学术交流平台，现今内部交流平台包括读书会、青年读书班、各项协作小组，对外交流平台包括国宏论坛、课题汇报会及专题研讨会等。其中，曾培炎同志题写名称的国宏论坛已成为国家发改委宏观院的重要学术交流平台。

经济所与相关国际组织建立了良好的合作关系。与世界银行、亚洲开发银行、联合国人口基金会、联合国儿童基金会、国际劳工组织、能源基金会、加拿大国际开发署、澳大利亚国际发展署、巴西应用经济研究所、欧盟政策研究中心、欧洲国际经济研究所等建立了合作关系。在上述国际机构的支持下，就中国人口与发展、中国煤炭运输、妇女在改革开放中的地位、能源政策、能源体制改革、中小企业发展政策、新型工业化发展战略、县乡财政问题等领域进行了深入研究，研究成果获得有关方面的高度评价。

四、人员及组织建设

（一）领导班子建设

建所至今，经济所共组建过 12 套所领导班子。所长多为国内知名的经济学家，任期内提出了重要观点，为经济学界及经济发展实践做出巨大贡献。前 11 任所长依次为于光远、薛暮桥、柳随年、桂世镛、王积业、周才裕、王永治、刘福垣、陈东琪以及刘树杰。现任所长为宋立研究员，现任副所长为孙学工研究员、郭春丽研究员（女）。

表 1　经济所历届所领导班子组成

	所　长 （任职时间）	副　所　长
首任	于光远（兼） （1975. 10—1979. 8）	王向升
第二任	薛暮桥 （1979. 9—1982. 12）	浦寿昌、王向升、孙德山、吕忠铎、何建章、柳随年、田方、徐鸣、王积业、刘晓
第三任	柳随年（兼） （1983. 1—1984. 8）	何建章、王积业、吕忠铎、田方、刘晓
第四任	桂世镛（兼） （1984. 9—1987. 3）	王积业、梁秀峰、庞川、史清琪、徐棣华

续表1

	所　长 （任职时间）	副　所　长
第五任	王积业 （1987.4—1992.3）	史清琪、徐棣华、王绍顺（1990.4）、范茂发（1990.6）、徐法诚
第六任	周才裕 （1992.4—1995.9）	范茂发、王建（1993.3）、于小冬（1993.3）
第七任	王永治（兼） （1995.10—1998.5）	常修泽（常务）、范茂发、于小冬、马晓河、武士国（1997.4）
第八任	刘福垣 （1998.6—1999.8）	常修泽、马晓河、武士国
第九任	陈东琪 （1999.9—2007.12）	武士国、刘树杰（2001.11）、杨宜勇（2001.11）、吴晓华（2001.11）
第十任	刘树杰 （2008.1—2014.8）	宋立、臧跃茹、孙学工（2011.3）
第十一任	宋　立 （2014.9—　）	臧跃茹、孙学工、郭春丽（2015.8）

（二）科研人员设置

1975年，经济所成立时仅有15人，经过三年建设，人员增至30人，形成人员基本稳定的科研单位。1987年，经济所的职工数达到历史最高为117人。后因机构反复调整和人员成建制划出，人员有所减少。截至2014年12月，经济所有职工42人。

经济所高学历、中高级职称人才的占比一直比较大。目前具有副高及以上职称的人员占64%，具有硕士研究生及以上学历的人员占93%，45岁及以下人员占比71%，呈现出高学历、年轻化特点。现职人员中，国务院特殊津贴获得者4人，新世纪百千万人才工程国家级人选3人，研究员12人。

（三）研究室设置

建所初期，经济所设立大业务组，于1977年底划分为国内和世界经济两个研究组。1979年起，经济所改研究组为研究室，并逐渐增加科研室、组的数量，与计委各局对口以便配合计委工作。1984年后，经济所内设机构的总数一直保持14—15个。1998年在宏观院机构改革调整中，对经济所内设机构进行了较大幅度精简，部分人员、科室被成建制编入宏观院院部及兄弟研究所。

经济所现有编制8个内设机构，含办公室和7个研究室：发展战略与规划研究室，负责研究国家、地区及重要产业的发展战略与规划；经济形势分析预测研究室，负责研究宏观经济形势跟踪、预测和宏观调控政策；财政税收研究室，负责研究财政政策、财政税收与预算体制、国债管理等；货币金融研究室，负责研究货币政策、金融体制、金融发展与监管等；收入分配与消费研究室，负责研究收入分配理论与政策、消费行为与消费政策；信用体系与信用环境研究室，负责研究信用体系与信用环境建设；企业与创业研究室，负责研究国有经济与企业改革发展、创业、创新及中小企业政策；办公室（含科研处、党办），负责全所科研组织、财务、外事、文件收发与管理等日常行政管理和党委事务性工作。

（四）学术委员会

1980年5月，经计委党组批准，经济所成立首届学术委员会，由时任所长薛暮桥任主任委员，另有22名委员。2004年制定《国家发展和改革委员会经济研究所学术委员会章程》，明确所学术委员会相关制度。目前，所学术委员会负责职称审核评定、推荐上报、指导所基础课题选题、中期考核、验收结题等各环节，审核、评议及推荐各种奖项、选拔推荐各种优秀人才等多方面工作。目前，学术委员会由9名成员组成，设一名主任、两名副主任和一名秘书长。

表2　首届学术委员会人员组成名单

主任委员	薛暮桥
委员（22名）	顾明、房维中、杨波、甘子玉、廖季立、李成瑞、王忍之、王向升、孙德山、吕忠铎、柳随年、何建章、田方、庄启东、刘晓、王积业、庞川、任涛、马洪、苏星、李震中、刘国光

五、制度建设

经济所注重制度建设，在人事评聘、行政管理、科研管理等方面逐步探索完善，形成相对完备的制度体系。

（一）人事制度

1980 年所第一届学术委员会成立后制定职称评定制度，并于同年 11 月召开的学术委员会上审核、评议了经济所第一批高级职称。1992 年基本实现技术人员评聘。1995 年，《国家计委经济研究所关于聘任制的实施方案》制定后，在行政人员职务的聘任上开始对处级干部统一实行聘任制，而不再实行任命制。现已形成处级领导岗位竞聘、考核、试用与转正聘用等相对健全的聘任制度。

（二）行政管理制度

行政管理制度主要经历了五次集中制定和修订。第一次是在建所初期，制定《全所工作条例》、《工作职责暂行规定》。1983—1984 年，制定《所领导制度》、《研究室主任职责》和《有关费用项目开支办法》等条例。90 年代中期进行了第三次制度调整，制定《用章、用印制度》、《国家计委经济研究所关于职工请假制度和劳动纪律的规定》、《关于职工调入、调出、长期离岗的若干规定》等多项规定。2001—2002 年间完成第四次修订，以适应经济所与社会所、价格所合并成立经济社会发展研究所的需求。2007—2008 年完成了第五次修订，进一步完善了机要文秘、医疗报销、外出请假、接受采访以及财务方面的规定等。2008 年制定《〈经济决策参考〉管理暂行规定》，2009 年制定《关于做好院外网信息宣传工作的通知》，2014 年制定《关于向委报送优秀文章的通知》、《差旅费报销若干暂行规定》及《关于科研管理费提取的规定》等制度规范。

（三）科研管理制度

上世纪 80 年代后期，研究项目开始自带经费，与之相关的管理制度随之建立完善。1990—1991 年间，设立《科研项目管理制度》、《出国进修、外语培训制度》和《对科研项目管理制度的补充规定》等。1995—1998 年间，修改、制定《国家计委经济研究所课题管理办法》、《科研人员考核办法》，并出台《关于“短、平、快”课题研究项目的管理办法（试行）》。2001—2002 年及 2005 年三所合并时期，制定了《关于科研管理制度的规定》、《关于创收的制度规定》、《关于以所名义开展非研究性课题活动的若干规定》、《纵向课题管理制度》、《横向课题管理制度》、《所横向课题费收支制度》、《其他创收活动经费支出管理制度》、《关于重申、补充所有关规定的通知》、《国家发展和改革委员会经济研究所学术委员会章程》，系统地规范科研管理制度。2008—2009 年，制定《经济所学术委员会关于加强和改进基本科研业务专项资金课题管理的若干决定》。2013—2014 年，制定《对重点课题的几点要求》、《关于进一步加强我所横向课题合同管理的暂行规定》以及《经济所 2014 年基本科研业务经费课题管理的规定》，对基础课题、重点课题及横向课题的管理都进行进一步规范。

附录二　经济研究所主要学术活动

一、国宏论坛

“国宏论坛”是国家发展改革委经济研究所常设的供所内外专家和研究人员讨论经济热点问题、交流研究成果的内部学术交流平台。论坛创办于2002年，由时任所长陈东琪研究员提议设立，时任国家计委主任曾培炎同志为论坛题写名称。从2008年开始常规化，每年固定举行6次讨论会。论坛先后邀请了数十位国内外知名专家和学者来论坛发表演讲。

期数	日　期	演 讲 人	演 讲 题 目
1	2002年5月17日	刘国光	当前经济形势与政策取向
2	2006年5月15日	杨宜勇	我国积极劳动力市场的政策构建
3	2007年5月17日	宋立 曹建军	当前流动性过剩的趋势、影响与对策 城镇供热体制与价格改革
4	2008年3月10日	常修泽 王学庆	建设服务型政府 如何看待当前的价格走势
5	2008年4月21日	孙学工	次贷危机对欧盟经济的影响、相关措施及其启示
6	2008年6月2日	张燕生	在全球化条件下形成新竞争优势
7	2008年6月19日	Jean Pisani – Ferry	东亚、美国和欧洲的经济关系
8	2008年7月10日	刘元春 王小广	当前我国宏观经济形势与政策展望
9	2008年10月16日	刘福垣	我国十二五时期发展思路
10	2009年7月6日	Nicolas Véron	欧洲银行业问题及解决方案
11	2009年6月25日	许宪春	当前我国宏观经济形势及未来走势

续表

期数	日　期	演讲人	演讲题目
12	2009年6月11日	钟伟	当前宏观经济形势
13	2009年11月19日	Vivek Arora	IMF全球经济展望
14	2009年12月17日	郑超愚	宏观经济学的发展与前沿
15	2010年3月25日	王小鲁	结构调整与发展方式转变
16	2010年5月21日	Daniel Daco	欧元区主权债务危机
17	2010年8月30日	高世楫	从制度角度看政府监管：对理论与实践新动态的一些思考
18	2010年11月4日	蔡昉	人口转变、人口红利与刘易斯转折点
19	2010年11月25日	何帆	国际货币体系的演变与国际货币体系改革
20	2010年12月23日	牛建国	日本泡沫经济、日元升值的经验教训及其对中国的启示
21	2011年1月30日	魏辉	经济增长多要素生产率统计分析框架
22	2011年4月21日	陈东琪	今年我国经济形势分析
23	2011年5月23日	马晓河	下一步改革需要顶层设计
24	2011年6月30日	常修泽	体制三论：人本论、产权论、转型论—前半生经济理论研究的反思
25	2011年9月27日	路风	央企悖论
26	2011年12月8日	刘福垣	中间阶级的天然使命
27	2012年1月13日	Annika Melander	欧债危机的演进及应对
28	2012年2月29日	Murtaza Syed	2012年中国经济展望
29	2012年3月29日	关志雄	中国经济展望：短期与长期
30	2012年5月21日	张平	中国中长期经济增长中的潜在增长率计算和讨论
31	2012年6月8日	Papa N'Diaye	中国宏观经济展望
32	2013年2月28日	Il Houng Lee	全球经济展望报告
33	2013年4月17日	马骏 常欣	中国国家资产负债表

续表

期数	日　期	演讲人	演讲题目
34	2013年5月16日	李斌	驻美观感
35	2013年5月27日	曹远征	价、财、税配套改革——应对“新时期”挑战的改革选择
36	2013年6月27日	Ranil Salgado	就业与增长：IMF的分析与政策实施建议
37	2013年10月21日	Paolo Urio	西方新公共管理学的发展
38	2014年3月27日	徐林	对十三五规划相关问题的一些初步思考
39	2014年5月21日	李扬	失衡与再平衡
40	2014年6月5日	钟伟	互联网金融的理论、现状及趋势
41	2014年10月30日	滕泰	新供给主义经济学与软财富战略
42	2014年12月10日	屈宏斌	十三五时期我国潜在增长率评估
43	2014年12月11日	张明	跨境资本流动与中国货币政策
44	2015年3月17日	隆国强	新常态下我国对外开放新战略
45	2015年3月25日	Marco Buti	欧洲走出危机之路
46	2015年5月7日	秦海	互联网+的经济学分析
47	2015年7月28日	徐高	本轮A股市场异动的成因、发展及展望

二、读书会

为了开启所内“多读书、读好书”的良好风气，国家发展改革委经济研究所于2009年设立读书会，2010年开始改为定期举办，讨论范围涵盖经济发展战略、宏观经济形势以及市场规制和改革三大研究领域，是经济所学科建设的重要组成部分。

期数	日　期	主讲人	讨论书籍和文献
1	2010年2月8日	王蕴	《发展的形势：1950—1970》，钱纳里著
2	2010年4月29日	张岸元、王蕴、曾铮	《黑格尔哲学宏观经济学：全球失衡辩证分析》，芒哥著

续表

期数	日　期	主　讲　人	讨论书籍和文献
3	2010年6月10日	刘泉红、许生	《交易成本经济学》，威廉姆森著；《公共事物的治理之道》，奥斯特罗姆著
4	2010年8月23日	曹建军	《药品价格管理办法（征求意见稿）》
5	2010年9月20日	李世刚、王元	《反思宏观经济政策》，奥利弗·布兰查德、乔瓦尼·德·拉里恰、保罗·毛罗等
6	2010年11月8日	黄卫挺	2010年诺贝尔经济学奖获得者经济思想解读
7	2011年1月24日	曾铮、刘雪燕	福格尔："2040年中国经济总量将达到123万亿美元"
8	2011年3月14日	俞建国、杜飞轮	《中国的新兴政治经济学——"龙穴"中的资本主义》
9	2011年7月25日	安淑新	解读地方"十二五"规划《纲要》
10	2011年10月24日	曾铮、李世刚	《多极化：新的全球经济格局》
11	2011年10月31日	刘雪燕、王宇鹏	2011年诺贝尔经济学获奖者经济思想解读
12	2011年12月1日	王元、李世刚	"庞氏融资与金融稳定性"——明斯基金融理论与现实意义
13	2012年3月7日	研究室正副主任	解读《政府工作报告》
14	2012年4月23日	左传长	《大宗商品建模与定价：资源性产品市场行为分析方法》
15	2012年7月30日	肖潇、曹玉瑾、李清彬、刘方、刘志成	讨论博士毕业论文综述
16	2012年10月8日	曾红颖	我国基本公共服务均等化标准体系及转移支付效果评价
17	2012年11月1日	唐健、刘志成、曹玉瑾	解读2012年诺贝尔经济学奖获成果

续表

期数	日　期	主　讲　人	讨论书籍和文献
18	2012 年 11 月 29 日	党委委员、支部书记、支部委员	学习讨论“十八大”报告
19	2013 年 1 月 24 日	郭春丽、曾铮	第三次产业革命
20	2013 年 1 月 31 日	胡朝晖、价格司侯守礼、国土开发与地区经济研究所卢伟	特别活动：对近年我委中青年干部经济研讨会中的部分优秀论文进行深入讨论
21	2013 年 2 月 21 日	俞建国研究员和王学庆副研究员	特别活动：解读《旧制度与大革命》（托克维尔著）
22	2013 年 3 月 18 日	各研究室（副）主任	学习《政府工作报告》
23	2013 年 4 月 11 日	《面向 2020 年的中国经济发展战略研究》课题组成员	评读世界银行和国务院发展研究中心共同完成的《2030 年的中国：建设现代、和谐、有创造力的社会》
24	2013 年 7 月 18 日	曾铮、肖潇	讨论“中国是否已达刘易斯拐点”
25	2013 年 10 月 28 日	孙学工	介绍和点评著名经济学家 Barry Eichengreen 等关于经济增长减速的相关研究
26	2013 年 11 月 21 日	各支部委员	学习《中共中央关于全面深化改革若干重大问题的决定》
27	2013 年 12 月 23 日	李世刚	解读 2013 年诺贝尔经济学奖成果
28	2014 年 1 月 23 日	郭丽岩、刘志成、李清彬	解读达伦·阿西莫格鲁、詹姆斯·鲁宾逊合著的《国家为何衰落：权力、繁荣和贫困的根源》。
29	2014 年 3 月 13 日	各研究室负责人以及党支部书记	围绕学习《政府工作报告》的心得体会、如何理解社会主义核心价值观两个主题进行研讨

续表

期数	日　期	主 讲 人	讨论书籍和文献
30	2014 年 4 月 28 日	周适、王磊	读诺奖获得者埃德蒙·费尔普斯的新作《大繁荣——大众创新如何带来国家繁荣》
31	2014 年 7 月 17 日	唐健、张铭慎	介绍供给经济学理论脉络和代表作、“新供给经济学”主要观点并梳理了相关评价
32	2014 年 8 月 25 日	李清彬、杨帆、易信	读法国经济学家托马斯·皮凯蒂（Thomas Piketty）的新作《21 世纪资本论》
33	2014 年 11 月 17 日	各支部书记、委员	集体学习党的十八届四中全会精神
34	2015 年 1 月 26 日	王磊、刘方、曹玉瑾	解读 2014 年度诺贝尔经济学获奖者法国经济学家让·梯若尔的经济思想
35	2015 年 3 月 19 日	各研究室（副）主任	学习《政府工作报告》
36	2015 年 6 月 8 日	杜秦川	选读费景汉、拉尼斯合著的《增长和发展：演进观点》

三、亚洲宏观经济论坛

“亚洲宏观经济论坛”是国家发展改革委经济研究所承办的一项常规性国际会议，该会议由外交部和财政部共同管理的《亚洲区域合作专项资金项目》资助，旨在推进亚洲地区各国在经济等领域的合作和协调。自 2009 年以来，已成功举办三届“亚洲宏观经济论坛”，多位来自中国、日本、韩国、东盟国家的专家学者和官员以及国际货币基金组织和区域多边机构的代表出席论坛。

届数	日　期	论 坛 议 题
1	2009 年 10 月 22 日至 23 日	东亚经济：危机、复苏与政策
2	2011 年 11 月 25 日	东亚新兴经济体应对通货膨胀的国际经验
3	2013 年 5 月 24 日至 25 日	中等收入陷阱与东亚经济转型

四、近年重要研讨会

近年来，我所主办或联合主办多次较大规模研讨会，围绕反垄断、创业投资、PPP、药品生产与流通体制、“十三五”思路等，邀请国内外专家学者进行研讨交流。

日　　期	研讨会名称
2013 年 7 月 23 日	反垄断与我国经济发展和改革学术研讨会
2013 年 7 月 27 日	迈向早期阶段投资的中国创业投资研讨会
2014 年 3 月 12 日	公私合作伙伴关系（PPP）调研成果研讨会
2014 年 3 月 28 日	中国药品生产与流通体制改革成果发布会暨国际研讨会
2015 年 4 月 28 日	公私合作伙伴关系（PPP）发展研讨会
2015 年 5 月 17 日	国家社科基金重大项目《“十三五”时期我国发展环境、发展趋势和战略思路研究》中期成果研讨会

附图　国家发展和改革委员会经济研究所发展历史

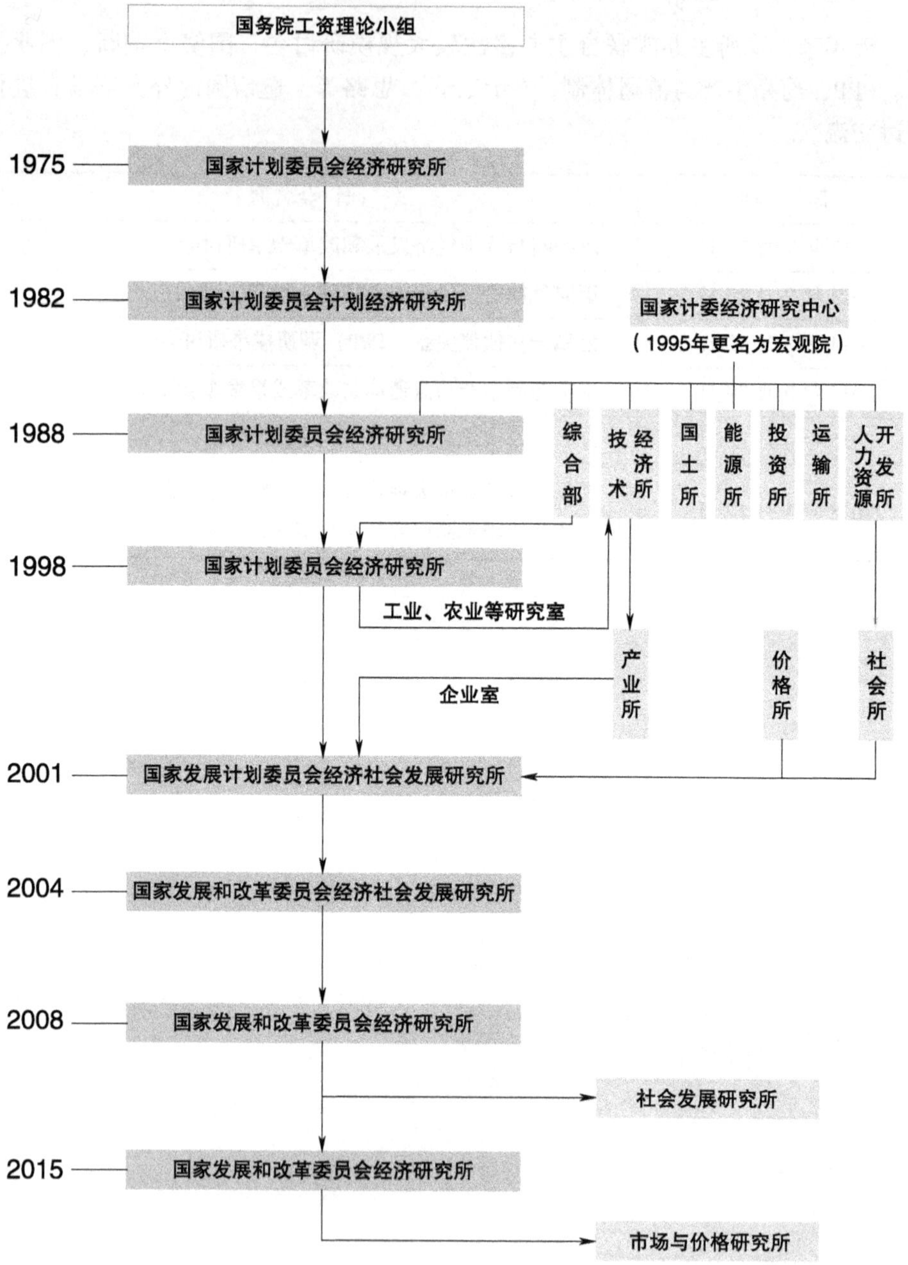

附录三　近年经济研究所承担的主要课题研究

国家发展和改革委员会委托课题

年　度	课题名称
1999	高技术产业跟踪分析与指标体系建立
	中国天然气产业价格改革研究
2001	我国21世纪初期重要商品储备体系
2002	中国企业债券市场发展战略及监管框架研究
2003	高技术产业发展形势跟踪分析
	国家间接投融资战略研究
	增强我国绿色照明企业竞争力对策研究
	“十一五”时期我国经济社会持续发展面临的风险及应对措施
	福建LNG价格形成机制研究
2004	高技术产业投融资体系问题研究
	“十一五”期间我国国内经济社会发展趋势分析
2005	长江三角洲地区产业发展与布局规划研究
	我国经济社会发展战略选择
	资源价格改革的基本思路
	“十一五”经济社会发展规划思路
	在科学发展观下的经济社会发展指标体系研究
	“十一五”规划期间国内外环境分析
	现代服务业体制创新问题研究
	外资并购国内企业相关问题研究
	欧盟国家国有石油储备经验及其对中国国有石油企业的借鉴意义

续表

年　度	课 题 名 称
2006	农产品进出口配额问题研究
	南水北调供水价格形成机制研究
	新型工业化模式研究
	利用国际商业融资的政策研究
	南水北调工程供水价格形成机制
	“十一五”规划相关约束性指标地区分解研究
	加强价格预警组织体系建设研究
	县乡财政问题研究
2007	中国经济和市场发展趋势
	上半年物价增长形势及下半年预测
	全面建设小康社会指标体系研究
	加入政府采购协议对我国产业竞争力的影响
	西气东输二线天然气市场开发研究
2008	深化财税体制改革研究
	关于生产要素、资源性产品价格改革
	转变对外贸易发展方式研究
	中国政府信息化投资与采购政策研究
2009	正确认识保增长和调结构的关系
	促进先进制造业与现代服务业融合发展的思路和对策
	经济周期和产业发展
	新形势下城镇化发展战略研究
	军品定价成本问题研究
	创业风险投资环境与政策研究
	信息化领域政府采购政策研究
	进一步推动投资消费关系优化调整的思路和建议
	推进发展规划法制化进程研究
	推进财税体制改革研究
	典型国家投资与消费关系的演变及启示
	“十二五”期间石油市场环境分析

续表

年　度	课 题 名 称
2010	转变对外贸易发展方式
	新背景下全球制造业调整趋势及中国的对策研究
	高端制造业发展规划研究
	促进先进制造业与现代服务业融合发展的思路和对策
	优化产业组织结构的思路和对策研究
	适应经济周期的产业发展对策规划思路研究
	扩大内需、拉动消费需求的对策措施研究
	水电价格形成机制改革
	东北地区装备制造业银行不良贷款处置模式及政策措施研究
2011	“十二五”油气行业发展政策研究
	“十二五”时期我国产业结构优化升级战略研究
	深化年度计划改革研究
	省直接管理县体制研究
	扩大进口政策研究
	老工业基地调整改造政策措施研究
	“十二五”循环经济发展区域布局研究
	加速推进基本公共服务均等化问题研究
2012	“十二五”时期构建扩大消费需求长效机制的初步研究
	实施振兴东北地区等老工业基地战略政策体系评价研究
	“十二五”时期我国产业结构优化升级战略研究
	结构性减税问题研究
	今后三年价格工作面临的新形势与主要任务
2013	生态文明建设重点难点问题研究
	完善宏观调控体系研究
	我国输入性通胀传导机制及影响研究
	加快构建多主体、多层次、多渠道住房供应体系的研究

续表

年　度	课 题 名 称
2013	节能环保税收优惠政策落实情况
	价格监管的基础理论
	天然气发电上网电价机制研究
	孟中印缅经济走廊建设相关问题研究
	新形势下中印经济合作战略研究
	中东欧在我对外经济战略重的作用与地位研究
	中国与印度战略经济对话规划合作——金砖国家合作战略研究
2014	“十三五”时期供给需求结构调整与供给需求管理政策研究
	长江三角洲城市群发展协调机制研究
	在国有企业发展混合所有制经济研究
	研究循环经济产业投资基金设立模式
	完善价格形成机制
	交通投融资政企合作研究
	城镇化背景下交通基础设施可持续投融资体系研究
	孟中印缅经济走廊基础设施应用 PPP 研究
	孟中印缅经济走廊经济效益分析评估研究
	巴基斯坦投资环境及相关法律政策研究
	创业投资在实施创新驱动发展战略中的地位和作用研究
2015	长江三角洲城市群发展协调机制研究
	加强政策预研储备问题研究
	东北地区民营经济发展改革问题研究
	推动发展中国家基础设施融资建设，促进全球经济增长
	构建结构性政策与结构性改革的微观机制研究
	清理和废除妨碍全国统一市场和公平竞争的各种规定和做法的相关研究
	增加消费有效供给释放居民消费升级潜力研究
	新形势下稳定国内能源生产供应和优化出口调节的研究
	促进大众创业、万众创新的对策研究

其他部委委托课题

年　　度	课 题 名 称	委托单位
2001	最近二十年西方国家的电信资费改革及对我国电信资费调整的启示	信息产业部
	国防科技工业企事业单位战略性重组研究	国防科工委
2002	用购买力平价进行的电信资费水平国际比较	信息产业部
2003	南水北调工程价格政策和投融资政策研究	水利部
	十一五经济、政策趋势对交通运输业发展的影响	交通部
2004	企业领导人员能力建设和管理	中组部、人事部
	国有企事业单位人才资源研究	人事部
2005	文化产业的垄断问题	经贸委
	东北老工业基地金融坏账处置问题研究	东北办
2006	振兴装备制造产业基金研究	东北办
2007	中央商贸流通企业国有经济布局与结构调整	国资委
	加强西部地区农村公共服务体系建设政策研究	西部办
	利用国内市场手段保护战略产业的国际经验研究	东北办
	我国国民经济和社会发展规划的指标体系	财政部
	经济增长潜力和“十二五”至2030年经济增长前景研究报告	
	邮政普遍服务研究	国家邮政局
	邮政“十一五”规划（及9项支持性研究）	
	我国农村能源供求格局变化趋势研究	能源办
	实施节能优先战略的重大问题研究	
	公用事业价格管理体制改革研究	商务部
	人才强国战略指标体系研究	人事部
2008	移动漫游费上限方案	信息产业部
	国际金融危机影响下的积极财政政策研究	财政部

续表

年　度	课 题 名 称	委托单位
2009	邮政价格形成机制研究	国家邮政局
	国际金融危机影响下的财政政策研究	财政部
	中国经济发展模式研究	中组部
2010	消费品有效供给	工信部
	开展淘汰落后产能企业职工权益保障对策措施研究	人社部
	邮政业结构调整和转型升级专项研究	国家邮政局
2011	工业经济运行预测、预警方法及模型构建	工信部
	十二五时期推进企业兼并重组的方向、路径及制度创新研究	国资委、工信部、财政部
2012	基于消费结构升级视角的经济增长和产业结构调整	国资委、工信部、财政部
	邮政法重要条款修改课题研究	国家邮政局
	邮政资费文件汇编	
2013	工业行业管理体制改革创新研究	工信部、财政部
	行业协会商会与行政机关脱钩工作总体实施方案研究	民政部
	结合税制改革完善结构性减税政策研究	国家税务总局
2014	支持京津冀协同发展的税收政策研究	国家税务总局
	宏观经济与税收关系分析研究	
2015	十三五农村清洁能源发展战略与政策研究	农业部
	经济新常态下税收制度应对研究	国家税务总局
	十三五时期推进新闻出版公共服务的重大措施和项目	国家新闻出版广电总局

宏观经济研究院重点和常规课题

年　　度	课 题 名 称
各年度	宏观经济形势跟踪、预测与对策研究
1998	大型企业集团发展模式研究
	买方市场条件下的经济运行特点研究及调控政策建议
	关于促进我国电信市场有效竞争机制建立的对策研究
1999	城乡消费结构趋势研究
	国有经济战略性改组与产业结构调整
	中国中小企业发展战略研究
	我国经济中长期增长潜力与经济周期研究
	中国资本市场发展战略与政策研究
	当前我国市场秩序建设中若干重大问题研究
2000	关于中国经济发展阶段问题研究
	中国经济增长的周期性问题研究
	中小企业融资问题研究
	在市场体系建设中打破地方市场分割对策研究
2001	中国电信运营体制改革的基本思路
	西气东输成本价格分析
	外资控股并购国有企业问题研究
2002	中国加入世贸组织后的就业问题研究
	完善货币传导机制研究
	垄断性行业的政府管制问题研究
2003	新形势下我国金融安全问题研究
	促进再就业政策落实情况跟踪研究
	“十一五”时期经济社会发展面临的风险及其应对措施
	扩大中等收入者比重的战略研究

续表

年　　度	课 题 名 称
2004	公共服务供给中各级政策发事权财权划分研究
	我国就业增长弹性系数变动趋势研究
	经济发展新阶段转变经济增长方式研究
	绿色 GDP 的内涵和统计方法研究
	改进宏观经济调控方式的研究
2005	促进公平分配的制度与政策研究
	增强自主创新能力研究
2006	深化财政税收体制改革的若干问题研究
	我国公平收入分配的制度模式选择
	增强消费对经济增长的拉动作用
2007	开放条件下证券市场风险防范研究
	进一步增强消费对经济增长的拉动作用
	促进我国基本公共服务均等化研究
	深化中央国有企业改革的思路和对策研究
	中国特色新型工业化道路的内涵与实现途径研究
	深化财税体制改革研究
2009	优化我国金融市场结构思路研究
	“十二五”时期扩大消费需求的思路与对策研究
2010	“十二五”时期加快转变经济发展方式的战略重点与实施路径研究
	积极财政政策转型与财政可持续研究
	市政公用事业改革与监管问题研究
	我国宏观经济形势跟踪与预测
	我国经济刺激政策的退出与转型研究
2011	我国经济潜在增长率研究
	面向 2020 年的我国经济发展战略研究
	扩大内需的长效机制研究

续表

年　　度	课 题 名 称
2012	消费升级问题研究
	我国宏观税负研究
	我国反垄断重点、难点及其对策研究
2013	人民币国际化战略与实施路径研究
	转变经济发展方式与深化改革研究
	宏观调控目标和政策手段机制化研究
2014	财税体制改革研究
	促进混合所有制经济发展研究
	加强市场监管体系建设研究
2015	重点领域改革的增长红利研究
	2013 年以来宏观经济政策实施效果研究

国家社科基金项目

年　　度	课 题 名 称	项 目 类 型
2009	我国发展规划评估理论方法	青年项目
2010	文化价格形成机制和政府文化价格管理研究	青年项目
2014	“十三五”时期我国发展环境、发展趋势和战略思路研究	重大项目

国际合作课题

年　　度	课 题 名 称	合 作 机 构
2005	支持节能与可再生能源发展的电价政策	能源基金会
2007	中国陕甘两省强化面粉推广	全球营养改善联盟
	中国面粉强化政策体系建设	
	公众营养改善宣教	联合国儿童基金会
	基于可持续发展的电价政策	能源基金会
2010	湖南省发展战略	亚洲开发银行
2012	深化中国药品生产和分配体制改革	英国大使馆
	促进创业资本投资早期创新企业的政策研究	
2013	关于中国医药生产和流通体制改革研究	英国大使馆
2015	ppp 融资问题研究	英国大使馆

地方政府委托课题

年　度	课题名称	委托单位
1999	江西省“十五”规划思路	江西省发改委
	天津市“十五”经济发展战略研究	天津市发改委
2000	四川天然气净化费问题研究	四川省发改委
2001	石家庄建设华北重要商埠总体规划	石家庄市政府
2003	河南新型工业化发展规划	河南省
	广州城市建设土地储备供应问题研究	广州市
	北京市天然气价格政策研究	北京市
2004	北京市产业布局规划研究	北京市发改委
	四川天然气调峰及其相关价格问题研究	四川省
	北京市“十一五”信用专项规划编制前期课题研究	北京市
2005	吉林省产业发展规划研究	吉林省
2006	北京天然气价格联动机制研究	北京市
2007	宁夏回族自治区分区域发展潜力研究	宁夏回族自治区发改委
	北京市价格定位及其价格调控思路研究	北京市
2008	北京市销售电价结构优化研究	北京市
	海南省主体功能区规划政策体系建设	海南省发改委
	山西省主体功能区规划政策体系建设	山西省发改委
	南宁市加工制造业基地建设规划	南宁市经委
2009	创新政府投资项目融资方式研究	北京市发改委
	北京市金融形势	
	“十二五”期间北京市人口发展的思路及相关政策研究	
	人均 GDP 超过 1 万美元后北京市经济社会发展的阶段性特征、发展重点及政策取向	
	广州开发区创新发展模式综合配套改革方案	广东省发改委
	哈尔滨市债券融资规划	哈尔滨市发改委
	湖南省韶山市规划	韶山市政府
	凉山州建设美丽富饶文明和谐安宁河谷总体规划	凉山州发改委
	加快转变宁夏经济发展方式研究	宁夏回族自治区发改委
	西安市“十二五”规划研究	西安市政府

续表

年　　度	课 题 名 称	委 托 单 位
2010	黑龙江省哈尔滨市债券融资规划（2010～2012年）	哈尔滨市发改委
	陕西省西安市“十二五”时期经济社会发展环境及阶段性特征研究	陕西省
	黑龙江省同江市经济和社会发展第十二个五年规划纲要	同江市经济计划局
	安徽省池州市国民经济与社会发展第十二个五年规划研究	池州市发改委
	云南省玉溪市国民经济与社会发展第十二个五年规划研究	玉溪市发改委
2011	北京市民办高校成本和收费问题分析报告	北京市发改委
	廊坊市空间布局与产业发展战略研究	廊坊市城乡规划局
	首都经济圈发展新商机	廊坊市人民政府
	乌鲁木齐综合配套改革试验	乌鲁木齐市经济技术开发区管委会
	黔中经济区发展战略研究	贵州省重大课题招标工作小组
	云南省食品安全“十二五”规划（2011～2015）	云南省发改委
2012	北京面向2020年的经济社会发展战略研究	北京市发改委
	利用价格杠杆促进社会管理	
	“十二五”规划实施中期评估规范研究	
	北京市高清交互数字电视收费政策研究	
	中央扶持西藏经济社会发展特殊优惠政策落实和运用研究	西藏自治区发改委
	天津市武清北部地区区域比较优势和发展定位研究	天津市城市规划设计研究院
	青岛建设宜居幸福的现代化国际城市评价指标体系研究委托协议书	青岛市经济发展研究院
	中国白酒金三角核心腹地总体规划	泸州市商务局

续表

年　度	课题名称	委托单位
2013	北京市“十二五”规划中期评估第三方评估	北京市发改委
	“十二五”时期中关村国家自主创新示范区发展建设规划中期评估	中关村科技园区管理委员会
	合肥市社会信用体系建设规划（2013~2020年）	合肥市发改委
	台州市国家民间投资改革创新示范区发展规划研究	台州市发改委
2014	北京市“十三五”规划前期研究课题	北京市发改委
	黑龙江省飞机租赁业发展问题研究	黑龙江省发改委
	资阳市国民经济和社会发展第十三个五年规划思路和纲要	资阳市发改委
	创新驱动经济有质量的稳定增长	深圳市政府发展研究中心
	“十三五”时期吉林省经济社会发展的国际国内环境研究	吉林省发改委
	健全完善现代市场体系的对策思路研究	江苏省发改委
	广西钦州“十三五”经济社会发展战略研究	钦州市发改委
2015	永州市国民经济和社会发展第十三个五年规划纲要编制	永州市发改委
	新区参与京津冀协同发展战略研究	大兴区发改委
	“十三五”时期江西省经济社会发展面临的国内外形势、发展趋势、发展思路和发展目标研究	江西省发改委
	咸阳市国民经济和社会发展第十三个五年规划纲要研究	咸阳市发改委
	东营市经济技术开发区“十三五”发展规划纲要	东营经济技术开发区管委会
	辽宁省“十二五”规划纲要总结评估	辽宁省发改委

企业政府委托课题

年　度	课题名称	委托单位
1998	企业集团体制模式研究	宝钢集团
1999	中国兵器装备集团摩托车产业研究	中国兵器装备集团
	兖州矿业集团改革与发展经验分析	兖州矿业集团

续表

年　度	课 题 名 称	委 托 单 位
2000	关于上海宝钢集团公司体制调整的建议	上海宝钢集团公司
	三九集团改制试点方案	三九集团
2002	上海宝钢集团公司明确实现“两个世界一流”的具体步骤和措施研究	上海宝钢集团公司
	我国食盐专营问题研究	中国盐业总公司
	万向集团增强国际竞争力研究	万向集团
2004	中国兵器装备集团公司“十一五”规划研究	中国兵器装备集团
	上海宝钢集团公司治理结构研究	上海宝钢集团公司
2006	装备制造业政策性金融模式研究	国家开发银行
2007	农村社会保障制度调查研究	东方证券公司等
	电价与物价指数关系研究	华东电网公司
	抽水蓄能电价形成机制研究	国网新源公司
	大唐国际煤化工产业发展规划研究	大唐公司
2008	川气东送目标市场营销策略研究	中石化
	人民币汇率制度与流动性问题研究	国家开发银行
	社会信用体系建设总体规划	
	天津港业务管理体制研究	天津港
2009	国家开发银行未来十年资金筹措规划	国家开发银行
	药品价格政策的影响分析	美国辉瑞中国投资公司
	城市管道燃气企业所得税与增值税政策研究	中国城市燃气协会
	健全供热管理制度	北京市热力集团
	北京市热力集团蒸汽与生活热水成本分析报告	
2010	长期稳定资金来源的十年规划	国家开发银行
	中国生物燃料市场国际化政策研究	中石油规划总院
2011	城市管道燃气企业所得税与增值税政策研究	中国城市燃气协会
	后危机背景下中国银行体系的发展	国家开发银行
	海南电网输配电价方案研究	海南电网公司

续表

年　度	课题名称	委托单位
2012	北京市燃气集团天然气定价成本及相关问题咨询报告	北京市燃气集团
	飞机租赁业发展相关政策研究	工银金融租赁有限公司
	中国—以色列经济社会发展和能源（天然气开发利用）规划合作报告	国家开发银行
	东帝汶金融专项规划咨询研究	
	北京歌华有线电视网络股份有限公司高清交互数字电视成本分析	北京歌华有线电视网络股份有限公司
	适应公司国际化发展战略的电价问题研究	国家电网
	深化药品价格形成机制改革研究	辉瑞投资有限公司
2013	国家开发银行拉美规划开发路线图研究	国家开发银行
	中西非七国国别援助指导意见研究	
	安徽企业走出去发展专项规划	国家开发银行安徽分行
	公平发展公共治理——加强中国法治和公民社会参与	国际经济技术交流中心
	河北交通投资集团公司金融业发展规划	河北交通投资集团公司
	中国医疗器械生产和流通体制改革研究	强生公司
	医保支付价格制度的国际比较研究	广东医药价格协会
	延长石油 CCUS 示范工程相关政策与经济评价研究	陕西延长石油有限责任公司研究院
2014	私募基金发展战略研究	祥天（北京）股权投资基金管理有限公司
	分布式可再生能源运营模式及补贴等政策研究	国网北京市电力公司
2014	中巴经济走廊远景规划——经济社会综合规划	国家开发银行
	柬埔寨、东帝汶、老挝三个国别指导意见研究	
	援助约旦国别规划	
	援助黎巴嫩国别规划	
	孟中印缅经济走廊合作规划	
2015	开发性金融支持新兴城镇化发展研究	国家开发银行
	伊江水电开发在孟中印缅经济走廊建设中的战略意义与实施策略	中电投云南国际电力投资有限公司

跋

值此全国上下编制“十三五”规划、科研机构建设高端智库之际，国家发展和改革委员会经济研究所迎来了成立四十周年的重要历史时刻。

四十不惑，回首往事，四十年风雨历程，四十载上下求索，经济研究所出身不凡，使命重大，传统光荣，成绩辉煌。前身是原国务院工资理论小组，是小平同志二次复出后专门组织的研究力量，由原国务院政治研究室副主任于光远前辈亲自组建并担任首任所长，可以说，是拨乱反正的参谋部，是经济学家从牛棚回归工作岗位的中转站，是新中国经济史研究的开创者，是改革开放的重要思想库，是市场经济条件下国家管理经济方式的设计者，是宏观经济形势分析的发源地，是国内产业政策研究的“孵化器”，是中小企业发展政策和国企改革研究的主阵地。经济研究所的主要职责是研究国家和区域性经济发展战略与总体规划，经济结构转型升级，宏观经济形势分析预测，财政政策与财政税收体制，货币政策与金融体制，收入分配与消费，信用体系与信用环境，国有经济与企业改革发展等重大理论与政策问题。

自成立以来，经济研究所主要根据国务院及发展改革委（原国家计委）的决策需要开展经济政策和理论研究工作，直接参与了若干宏观调控、产业政策、国民经济与社会发展规划、经济体制改革方案的研究及相关中央文件的起草工作。1979 年，时任所长薛暮桥等完成的专著《中国社会主义经济问题》，受到国内外的普遍重视。1984 年，原经济史研究室完成的新中国第一部经济发展史——《中国社会主义经济简史》受到广泛好评，并被翻译成多国文字出版。1987 年，时任所长王积业等提出的“国家调节市场、市场引导企业”的经济运行模式为中央决策所采纳，写入了党的十三大报告。同期，学者王建提出的“国际大循环”战略思想，得到了中央主要领导的重视和批示。1997 年时任所长刘福垣提出的“以人为本、以中（中小企业、中等收入阶层和中部地区）为重、全方位开放的发展观”受到有关领导的重视，并被国家“十五”、“十一五”规划采纳。2004 年，时任所长陈东琪等提出的财政货币“双稳健”政策主张，获得广泛认同并被中央宏观调控决策采纳。2011 年，时任所长刘树杰主持、举全所之力完成的《面向 2020 年的我国经济发展战略研究》课题成果，成为十八大文件起草的重要参考资料之一，并获得国家发改委优秀研究成果一等奖。当前，我们正在承担国家社科基金2014年重大项目，对“十三五”时期我国发展环境、发展趋势和战略思路进行研究，力争为“十三五”规划研究编制献计献策。

作为政府机构内设的研究所，经济所以撰写内部报告为使命，不可能成为前台明星，随时发布最新成果，而始终是幕后英雄。能为外界所见的，或是已被决策采纳的成果，或是决策支撑研究的副产品，或是受委托完成的定制品，科研成果的主体——内部报告则不能面市。在四十周年所庆来临之际，为了向社会展示我们的真实力，向前辈汇报我们的新成绩，几经斟酌，决定将部分我所作为主要完成单位的获奖成果结集出版，以飨读者，欢迎批评指正。

是为跋。

经济研究所第十一任所长

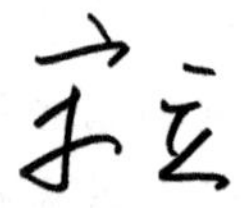

2015年9月3日